CW01336963

Konrad Ratz · Maximilian und Juárez

Konrad Ratz

# Maximilian und Juárez

Die Augenblicke der Gefahr
„Querétaro-Chronik"

Hintergründe,
Dokumente und
Augenzeugenberichte

Band II

Dieser Band wurde mit Unterstützung des Fonds
zur Förderung der wissenschaftlichen Forschung gedruckt.


Die Deutsche Bibliothek – CIP-Einheitsaufnahme

**Ratz, Konrad:**
Maximilian und Juárez : das Zweite mexikanische Kaiserreich und
die Republik ; Hintergründe, Dokumente und Augenzeugenberichte /
Konrad Ratz. – Graz : Akad. Dr.- und Verl.-Anst.
ISBN 3-201-01679-9

Bd. 2. Die Augenblicke der Gefahr („Querétaro-Chronik"). – 1998
brosch. : DM 81.00, sfr 73.50, öS 590.00


Satz: Konrad Ratz, Wien
Druck und Bindung: Wiener Verlag, Himberg
© Akademische Druck- u. Verlagsanstalt, Graz 1998
ISBN 3-201-01679-9
Printed in Austria

# INHALT

## BAND II
## DIE AUGENBLICKE DER GEFAHR
## („QUERÉTARO-CHRONIK")

# Die Augenblicke der Gefahr
## („Querétaro-Chronik")

# Einleitung

*Die Beschreibung der Ereignisse von Qurétaro ist der verwickeltste Teil der Geschichte des Kaiserreiches, und wenngleich Arrangoiz sich dabei nicht sehr ausgezeichnet hat, steht doch auch fest, daß die kritische Geschichtsschreibung in den letzten hundert Jahren hier keine allzu großen Fortschritte erzielt hat.*

Dieses harte Urteil von Martín Quirarte[1] trifft wohl im wesentlichen zu. Einer der Gründe für das Fehlen des Historikerinteresses an einer detaillierten Darstellung und kritischen Analyse dieses Zeitraumes mag dessen Kürze sein: Er reicht nur vom Abmarsch Maximilians und seiner kleinen Truppe aus der Hauptstadt am 13. Februar bis zum Tage seiner Erschießung am 19. Juni 1867. Außerdem waren bereits vorher die Würfel über das Schicksal des Imperio gefallen: der nordamerikanische Sezessionskrieg war zu Ende, das französische Expeditionskorps war vorzeitig abgezogen, und die Republik von Benito Juárez war militärisch erstarkt.

Ein weiterer Grund war, daß die Ereignisgeschichte dieses kurzen Zeitraumes durch die Memoirenliteratur einer Reihe von militärischen und zivilen Augenzeugen nahezu abgedeckt schien. Davon schrieben die meisten wie Blasio, Basch, Fürstenwärther, Hans, Kaehlig, Carlos Miramón, Peza/Pradillo, Pawlowszki, Felix und Agnes Salm Salm u. a. in Tagebuch- oder Berichtsform. Dazu kamen die frühen Rechtfertigungsschriften einiger Protagonisten wie der kaiserlichen Generäle Márquez und Ramírez de Arellano, des „Verräters" Miguel López sowie der 20 Jahre später erschienene umstrittene „Informe" Mariano Escobedos an die Regierung. Schließlich finden sich als Zeitdokumente die Berichte der nach Maximilians Gefangennahme nach Querétaro berufenen Diplomaten: des Preußen Anton Magnus, des Belgiers Hoorickx, des Franzosen Forest, des Italieners Curtopassi und der Österreicher Lago und Schmit von Tavera. Doch war es gerade diese Erinnerungs- und Berichtsliteratur, welche auf eine Reihe von Fragen hinwies, die z. T. noch heute ungelöst sind. Ihre Aufklärung sollte jedoch durch eine Synthese dieser Berichte erleichtert werden, wie sie in der vorliegenden Chronik versucht wird.

Ausgehend von der Ereignischronik gelangt man zu einer Reihe von Geschehnissen mit Schlüsselcharakter, über deren Hintergründe auch heute noch diskutiert und polemisiert wird. Diese kristallisierten sich in Mexiko schon sehr bald nach dem Ende des Kaiserreiches heraus. Der Kampf zwischen den besiegten Anhängern des Imperio und dessen siegreichen Gegnern wurde jahrzehntelang als eine Art von „Historikerstreit" weitergeführt. Dabei verhinderte aber die einseitige Argumentation der ehemals Beteiligten beider Seiten eine Ausgewogenheit der Darstellung. Der Chronologie der Ereignisse folgend, sollen diese Schwerpunkte aufgezählt und erläutert werden.

Einige der diskutierten Vorfragen lauten etwa: Warum verließ Maximilian seine Hauptstadt, um nach Querétaro zu ziehen? Was erhoffte er sich militärisch und politisch von dieser „Rochade"? Wollte er seine Regierung oder wollte diese ihn loswerden? Für E. C. Conte Corti[2] waren für Maximilians Entschluß rein militärische Gründe maßgebend: Seine wichtigsten Generäle, Miramón und Mejía, befanden sich mit ihren Truppen bereits in Querétaro, General Méndez war im Anmarsch. Maximilian wollte mit seiner 1.500 Mann starken Truppe zur etwa 7.000 Mann umfassenden kaiserlichen Hauptmacht stoßen und eine Entscheidungsschlacht gegen die Republikaner schlagen. Diese rückten mit etwa 40.000 bis 50.000 Mann in zwei getrennten Armeegruppen unter Escobedo und Corona gegen Querétaro vor.

Über die weitere Frage, ob Maximilian von diplomatischer Seite gedrängt wurde, nach Querétaro zu gehen, gibt es nur unbeweisbare Behauptungen. So sollen, wie der österreichische Geschäftsträger Lago annahm, der preußische Ministerresident Magnus, oder wie F. Salm mutmaßt, der englische Gesandte Scarlett in Orizaba dazu geraten haben. Lago, in bezug auf die Zukunft des Kaiserreiches ohnedies pessimistisch, riet jedenfalls dem Ministerpräsidenten Lares gegenüber zur Abdankung Maximilians und zu dessen Rückkehr nach Europa.[3] Die ausschlaggebende Empfehlung kam aber nicht von diplomatischer, sondern von Regierungsseite: Maximilian selbst bat am 9. Februar brieflich um den Rat seines Ministerpräsidenten Teodosio Lares, der nach einem eilig einberufenen Ministerrat in seinem Schreiben vom 10. Februar[4] den Zug nach Querétaro aus zwei Gründen vorschlug: erstens, um der Hauptstadt die Nöte einer Belagerung zu ersparen, und zweitens, um dem Gegner gegenüber militärische Stärke zu zeigen, wenn es mit der Juárez-Regierung zu Verhandlungen kommen sollte. Daß sich Maximilian von seiner Regierung in gewisser Weise unabhängig machen wollte, ist anzunehmen.

Die von Maximilian auf Anraten seiner Regierung, letztlich aber auch aus eigener Überzeugung verfaßten Vorschläge zur Einberufung eines Nationalkongresses sind durchaus konkret. Die Vorbereitungskommission sollte nach Möglichkeit in Querétaro zusammentreten. Der Kongreß sollte über die künftige Staatsform befinden. Beide Seiten sollten diese Entscheidung über Kaiserreich oder Republik anerkennen. Dies zu erwarten war freilich angesichts der militärischen Situation, welche den Republikanern einen baldigen Sieg versprach, höchst unrealistisch.[5] Es ist aber unzutreffend, daß – wie Quirarte annahm – Maximilian sich um jeden Preis an der Macht halten wollte.[6] Er konnte ja nicht unbedingt davon ausgehen, daß ein „Nationalkongreß" sich für das Kaiserreich aussprechen würde. Er suchte vielmehr nach einem „ehrenvollen" Abgang, den ihm auch eine negative Entscheidung durch eine solche Versammlung zu bieten schien. Sehr wahrscheinlich hoffte der Kaiser noch während seines Aufenthaltes in Querétaro längere Zeit auf eine Antwort von Benito Juárez. Er tat daher wenig, um die Streitigkeiten seiner Generäle zu schlichten, die eine offensive Aktion der Kaiserlichen noch vor der Vereinigung der getrennt auf Querétaro vorstoßenden republikanischen Armeekorps blockierten.

Dies führt zu einer weiteren Hauptfrage: Welche Gründe gab es für die Uneinigkeit unter den wichtigsten Generälen Maximilians – Márquez, Miramón, Méndez und Mejía –, und hat diese die militärische Situation zu Ungunsten der Belagerten beeinflußt? – Die Feindschaft zwischen Márquez und Miramón war tief eingewurzelt. Sie ging u. a. zurück auf die im Jahre 1859 von Márquez nach der Schlacht von Tacubaya verübten, international Aufsehen erregenden Massenerschießungen, für die Miramón als Oberkommandierender die Verantwortung übernehmen mußte und das von diesem etwas später gegen Márquez befohlene Militärgerichtsverfahren, das zu dessen vorübergehender Einkerkerung führte. In Querétaro war Márquez verstimmt darüber, daß Maximilian ihn statt zum Generalissimus nur zum Generalstabschef machte, um Miramón, den einstigen Präsidenten, der sich als Rivale und möglicher Nachfolger des Kaisers betrachtete, nicht zu kränken. Márquez sah Querétaro durchaus mit Recht als eine „militärische Mausefalle" an, aus der er bei erster Gelegenheit auszubrechen gedachte. Miramóns Plan, die heranrückenden beiden Armeekorps der Republikaner nacheinander getrennt zu schlagen, scheiterte an seinem Einspruch. Die im Feldzug in Michoacan kampferprobte Brigade des Generals Méndez wurde zu dessen Enttäuschung auf andere Einheiten aufgeteilt. Méndez selbst wurde zum Befehlshaber der „Reservebrigade" herabgestuft.

Der ohne besondere militärische Ausbildung durch Mut und Grausamkeit aufgestiegene General haßte seither vor allem den arroganten Miramón. Dieser wiederum behandelte den bei der Bevölkerung beliebten Indio-General und brillanten Reiterführer Mejía von oben herab. Das Ergebnis dieser gegenseitigen Blockaden der wichtigen Generäle, zwischen deren Hauptquartieren Kommunikationsmangel herrschte und der Abneigung des Kaisers, selbst zu entscheiden, war, daß die kaiserliche Armee in passiver Wartestellung verblieb und tatenlos zusah, wie der Belagerungsring sich schloß. Aus zahlreichen Details ergibt sich jedenfalls, daß Maximilian in Querétaro ein Spielball seiner unter sich zerstrittenen Generäle war.

Zu den umstrittensten, weil nicht eindeutig lösbaren Fragen zählt die Aufgabe, die Maximilian seinem Generalstabschef Leonardo Márquez anvertraute. Dieser erreichte es, vom Kaiser mit dem mündlichen Auftrag zu einer „vertraulichen Mission" als „Statthalter des Kaiserreiches" mit einer Reitertruppe von 1.200 Mann in die Hauptstadt entsandt zu werden. Maximilian erwartete eine baldige Rückkehr mit Entsatztruppen und Geld, Márquez dagegen faßte seine „allumfassenden Vollmachten" als Freibrief auf, in Mexiko-Stadt eine persönliche Gewaltherrschaft einzurichten. Er erlitt auf seinem eigenmächtig unternommenen Zug zum Entsatz des von Porfirio Díaz belagerten Puebla ein militärisches Debakel. Da aber keinerlei schriftlicher Auftrag ihn zu einer Rückkehr nach Querétaro verpflichtete, suchte er sich nach dem Zusammenbruch aus dem Exil in zwei Verteidigungsschriften[7] zu rechtfertigen. Corti war der durchaus vertretbaren Meinung, daß Maximilian zwar das Hauptgewicht auf eine baldige Rückkehr von Márquez mit Verstärkungen gelegt hatte, daß aber die mündlichen Vollmachten den Versuch, Puebla zu entsetzen, keineswegs ausschlossen.[8] Der mexikanische Militärhistoriker León Torral hält diesen Entschluß des „Lugarteniente" für gerechtfertigt, da der Fall Pueblas eine Bedrohung der Hauptstadt mit sich gebracht hätte.[9] Insgesamt hatte Maximilian jedoch Márquez eine Aufgabe gestellt, für welche die geringen Ressourcen des Imperio nicht mehr reichten.

Wenngleich Márquez seinen Auftraggeber in dessen ohnedies unrealistischen Erwartungen enttäuscht hatte, war auch das nachherige Verhalten Maximilians in mancher Hinsicht auf Irreführung angelegt. Durch bewußt gefälschte Nachrichten im offiziellen Boletín de Noticias verbreitete er in Querétaro illusorische Hoffnung auf baldigen Entsatz. Außerdem benützten Maximilian und die in Querétaro verbliebenen Anführer Márquez auch als Sündenbock für ihre eigenen Versäumnisse. Dies geht auch aus einem 1991 von mir erstmals veröffentlichten Dokument aus dem Archiv des belgischen Außenministeriums hervor: Es handelt sich um die an den belgischen Diplomaten Hoorickx im Gefängnis übergebene schriftliche Erklärung Maximilians, daß Márquez seine Weisung, mit Truppen und Geld nach Querétaro zurückzukehren, mißachtet habe. Der Exkaiser distanziert sich darin daher auch von allen von Márquez gesetzten Regierungshandlungen.[10] Dieses Dokument ist zwar noch kein Beweis für einen „Verrat" von Márquez, wohl aber dafür, wie wenig Maximilian in entscheidenden Situationen seinen Willen durchzusetzen verstand.

In der Querétaro-Chronik taucht nunmehr das wohl umstrittenste Problem auf, das mit dem plötzlichen und unblutigen Ende der Belagerung zusammenhängt. Am 15. Mai fiel Querétaro nach über 70-tägiger Belagerung fast kampflos in die Hand der Republikaner. Dies gelang hauptsächlich dank einer Aktion des kaiserlichen Obersten Miguel López. Dieser ermöglichte einer republikanischen Kommandoeinheit die kampflose Besetzung des kaiserlichen Hauptquartiers im Kloster La Cruz. Der Kaiser wurde zunächst von López selbst gewarnt und zur Flucht aufgefordert. Er konnte ungehindert durch die bereits eingedrungenen Republikaner durch die Stadt auf den Cerro de las Campanas gelangen, wo er vergeblich versuchte, einen letzten Widerstand zu organisieren. Schließlich kapitulierte er bedingungslos und gab sich Escobedo gefangen. Die „Operation López" dauerte mehrere Stunden, in denen der allgegenwärtig scheinende Oberst durch irreführende Befehle an die kaiserlichen Truppen jeden Widerstand gegen den Einmarsch der Republikaner vereitelte. Der äußere Verlauf der „Operation" ist durch zahlreiche Augenzeugenberichte (Hans, Fürstenwärther, Blasio und andere) gut dokumentiert. In die vorliegende Chronik wurde zusätzlich die aus dem Ungarischen übersetzte Darstellung von Ede Pawlowszki Rosenfeldi[11] aufgenommen, welche die auf ihre Weise geradezu genial zu nennende Täuschungsaktion des Miguel López in ihrer Bedeutung vielleicht am besten erkennen läßt.

Da es hier aber nicht zuletzt um die beiden Protagonisten Maximilian und Escobedo geht, zu denen López als Untergebener bzw. als Kollaborateur in Beziehung stand, wurden sehr bald zwei widersprechende Hintergrundversionen entwickelt. Von kaiserlicher Seite wurde López als „Verräter", von republikanischer Seite als ein von Escobedo „Gekaufter" bezeichnet. Escobedo bemühte sich, die Bedeutung von López herabzusetzen und die Einnahme der Stadt auf einen überraschenden Handstreich zurückzuführen. Außerdem betonte er über den ihm nahestehenden Chronisten Juan de Dios

Arias,[12] daß López im Auftrag Maximilians mit ihm verhandelt habe, um gegen die kampflose Übergabe der Stadt die Freiheit des Kaisers und seines Gefolges zu erkaufen. Letzteres habe Escobedo natürlich abgelehnt. Immerhin stand nun der Habsburger, der so viel Wert auf seine Ehre legte, als „Verräter" an seinen Generälen da. Diese Version, die Escobedo in seinem „Informe" von 1887 aufrechterhält, findet noch heute unter mexikanischen Historikern ihre Anhänger, obwohl Autoren wie Septién y Llata[13] und Junco[14] viel Quellenstudium und Scharfsinn aufgewendet haben, um das Gegenteil zu beweisen. Die These vom Verrat Maximilians wurde teilweise auch in Europa übernommen, so schon von Emile Ollivier[15], aber auch von neueren Autoren wie André Castelot[16] und Mia Kerckvoorde.[17] In der Memoirenliteratur österreichischer Teilnehmer an der Belagerung von Querétaro, in der Maximilian als hochgesinnter, integrer Charakter geschildert wird, galt dagegen López fast ausnahmslos als „Verräter".

Was ist der wahre Hintergrund der „Operation López"? Man muß wohl davon ausgehen, daß López in seiner großangelegten Aktion weitgehend das umgesetzt hat, was mit Escobedo vereinbart wurde. Daraus ist zu schließen, daß Escobedo vom Angebot des López sehr wohl Gebrauch gemacht hat, weil es der republikanischen Armee hohe Verluste ersparte. Da man andererseits von republikanischer Seite Maximilian so lange Bewegungsfreiheit gewährte, bis López seine „Operation" abgeschlossen hatte, ist auch anzunehmen, daß dies mit Wissen Escobedos geschah, um das Gewissen von López zu beruhigen. López erhielt als Belohnung für seine Dienste einen offensichtlich von ihm ausbedungenen beachtlichen Geldbetrag[18] und bewahrte, zum Unterschied von sämtlichen anderen ehemals kaiserlichen Offizieren, seine Freiheit. Daß der Oberst keinen direkten Befehl von Maximilian zur Aufnahme von Verhandlungen mit Escobedo bekam, hat er am Ende seines Lebens vor dem deutschen Arzt Ernst Below[19] zugegeben. Dessen Zeugnis wurde meines Wissens nicht ins Spanische übersetzt und scheint jedenfalls in der mexikanischen Literatur nicht auf.

Im Zusammenhang mit der Gefangennahme Maximilians, der am 15. Mai morgens auf dem Cerro de las Campanas bedingungslos kapitulierte, stellt sich u. a. die Frage, ob Maximilian von den Republikanern als Kriegsgefangener betrachtet wurde, wie er selbst zunächst annahm. Maximilian hatte dieses Verlangen bei seiner Kapitulation an Escobedo gestellt, der ihn jedoch ausweichend nur zu „seinem Gefangenen" erklärte. Der General trug zwei Tage darauf eine Reihe von Anliegen Maximilians telegraphisch an die Regierung heran. Darunter befand sich jedoch nicht die Frage, ob dieser als Kriegsgefangener zu behandeln sei. Vermutlich wußte Escobedo bereits, daß die Regierung die Absicht hatte, Maximilian wegen „politischer Verbrechen" vor ein Kriegsgericht zu stellen.

In die Zeit von Maximilians Gefangenschaft und des gegen ihn begonnenen Prozesses fallen die vielfach geschilderten Befreiungsversuche des Ehepaars Salm. Diese in den Memoiren der beiden Salms selbst, bei Basch, Hall und anderen Augenzeugen sowie in den Diplomatenberichten aufscheinenden Angaben enthalten jedoch nur punktuelle Aspekte. Erst in einer Zusammenschau rundet sich das Bild. Es führt zur Frage, wieweit diese Fluchtversuche aussichtsreich, ja wie weit sie überhaupt ernst zu nehmen waren. Gerade das letztere wird heute von mexikanischen Historikern zunehmend bezweifelt.

Corti, der die „Prinzessin" glorifiziert, hat behauptet, daß sie „in geradezu heroischer Weise bestrebt war, dem Kaiser mit allen nur erdenklichen Mitteln zu helfen". Er gibt auch ein Gerücht über ihr angebliches erotisches Angebot an Palacios wieder.[20] Daß es neben einer stadtbekannten Liaison – allerdings mit Villanueva – auch echte Vorbereitungen für eine Flucht gab, wie Bestechungen von Offizieren oder den Ankauf von Pferden, geht auch aus mexikanischen Quellen hervor, z. B. aus Escobedos Berichten an die Regierung oder aus den Memoiren der Gattin Miramóns, die sich damals in Querétaro aufhielt. Daß aber die von Agnes Salm „gewonnenen" Obersten Villanueva und Palacios, beide Vertrauensleute Escobedos, nur scheinbar als Fluchthelfer auftraten, war bereits den in Querétaro anwesenden ausländischen Diplomaten klar. Felix Salm war zweifellos ein tüchtiger und erfahrener Offizier. Er war aber privat ein skrupelloser Hochstapler, der in Österreich immense Schulden hinterlassen hatte. Seine zusammen mit seiner Frau, die ihm in diesem Punkt nicht nachstand, inszenierten Fluchtpläne waren in Querétaro ein offenes Geheimnis und schon deshalb zum Scheitern verurteilt. Ihr verstecktes Ziel war die Sammlung von genügend eindrucksvollen Beweisen für ihre Fluchtvorbereitungen, denn die Salms rechneten auf den finanziellen „Dank des Hauses Habsburg". Daß Lago den Hauptbeweis, nämlich den schriftlichen Fluchtplan, vernichtete, bedeutete das Ende dieser wahrscheinlich ohnedies illusorischen Hoffnungen. Es führte aber auch zum Ende von Lagos diplomatischer Laufbahn, da die in den Salm'schen Memoiren gegen ihn erhobenen Anschuldigungen beim Wiener Ministerium des Äußeren auf fruchtbaren Boden fielen.[21]

Noch heute umstritten ist auch das Militärgerichtsverfahren gegen den Exkaiser. Es begann am 22. Mai mit den Vernehmungen durch den Militäranwalt Manuel Azpíroz und endete am 13. und 14. Juni mit der öffentlichen Hauptverhandlung im Gran Teatro de Iturbide. Die drei Angeklagten Maximilian, Miramón und Mejía wurden zum Tod durch Erschießen verurteilt. Die Prozeßdokumente wurden in Mexiko erstmalig Ende 1867 als Anhang zur Geschichte der Nordarmee von Juan de Dios Arias herausgegeben.[22] Sie enthalten die Vernehmungsprotokolle, die Ankage, die Plädoyers der – zumindest was Maximilian betrifft – exzellenten Verteidiger und das von allen sechs Beisitzern einstimmig gefällte Urteil.[23] Man versteht nicht, wie die von Felix Salm in die Welt gesetzte Fehlinformation, drei Beisitzer hätten sich für Maximilians Tod, die drei übrigen für seine Verbannung ausgesprochen, und der Vorsitzende Platón habe zugunsten der Todesstrafe entschieden, nicht nur im Werk von E. C. Conte Corti, sondern auch bei heutigen Autoren wie J. Haslip[24] und M. Kerckvoorde[25] fortleben konnte.

Bei kritischer Betrachtung des Prozeßergebnisses kommt man zum Schluß, daß dieses aufgrund des Gesetzes vom 25. 1. 1862 von vornherein feststand, wenngleich es Benito Juárez unbenommen blieb, eine – von Maximilian übrigens gar nicht gewünschte – Begnadigung auszusprechen. Es kam jedoch – vor allem durch den von der Verteidigung vorgebrachten Einwand der Verfassungswidrigkeit dieses Gesetzes – zu einem nicht bloß leidenschaftlichen, sondern juristisch auf anspruchsvoller Ebene geführten Kampf der Argumente, worin auch die Ideologien beider Seiten sehr klar zum Ausdruck kamen. Diese Auseinandersetzung läßt auch heute nachvollziehen, worin der politische Kern des langjährigen, immer wieder zu Bürgerkriegen führenden innermexikanischen Konflikts bestand, in den Maximilian verwickelt wurde. Der Exkaiser beteiligte sich intensiv an der Erstellung seiner Verteidigung. Die Argumente der Anklage tat er allerdings zunächst als lächerlich ab. Es muß offen bleiben, ob ihm später bewußt wurde, daß er faktisch doch ein Instrument Napoleons III. und der französischen Intervention gewesen, und daß sein Kaiserreich von Anfang an auf lockerem Sand gebaut war. Den Tod nahm er, getröstet durch seinen religiösen Glauben, in bewundernswerter Ruhe auf sich. Auf diese Weise entging er einer Heimkehr nach Österreich mit dem Makel eines Gescheiterten.

# Der Weg nach Querétaro

Mittwoch, 13. Februar[1]
Es ist 6 Uhr morgens, die Stunde des Aufbruchs nach Querétaro. Kaiser Maximilian verläßt den der Kathedrale gegenüber liegenden Palacio Imperial über die Ehrenstiege, die in den großen Hof führt. Er hat dem langgestreckten, düsteren Gebäude, in dem die Vizekönige und sein Gegenspieler Benito Juárez residiert hatten, mit hohem Aufwand ein zweites Geschoß aufsetzen lassen, doch ist er hier nie heimisch geworden.

Im Hof erwartet ihn General Leonardo Márquez, dessen Feinde ihn wegen seiner Grausamkeit Don Leopardo nennen. Der klerikale „Ultrareaktionär" kommt nur widerwillig nach Querétaro mit, denn nur, wer die Hauptstadt besitzt, gilt international als Machthaber von Mexiko. Aber sein braunes Gesicht, dessen schwarzer Bart nur schlecht ein Wundmal verbirgt, bleibt undurchdringlich.

Neben ihm stehen der bärbeißige, breitschultrige Justiz- und Kultusminister Manuel García Aguirre, die Ordonnanzoffiziere Pradillo und Ormaechea, der kleine, sensible Leibarzt Doktor Basch aus Wien mit seinem kurzgeschnittenen Haar und dem dunklen Bart, und der ebenfalls kleine, junge, adrett gekleidete, dem Kaiser blind ergebene Sekretär Luis Blasio. Die spärliche zum Mitkommen bestimmte Dienerschaft – Maximilians Haushalt befindet sich aus Geldmangel in Auflösung – besteht aus dem schwarzlockigen ungarischen Koch Tüdös und zwei Kammerdienern, dem Österreicher Anton Grill und dem Mexikaner Severo. Auch Pater Augustin Fischer, ein rundlicher, kräftiger Mann mit bauernschlauem Blick, ist erschienen. Er, der jetzt Privatsekretär und wichtigster Berater des Kaisers ist, reist nicht nach Querétaro, sondern wird in Mexiko-Stadt bleiben, um – wie er stets betont – die Interessen des Kaisers gegenüber dessen hinterhältigen Ministern zu vertreten.

Die Infanterietruppen des Hannoveraners Baron Hammerstein-Equord, die aus 300 bis 400 Österreichern und etwa 500 Mexikanern bestehen, sowie die roten Husaren unter Fürst Carl Khevenhüller sind zum Abschied im Hof angetreten, – zu einem Abschied, an den sie nicht glauben wollen. Die beiden kriegserfahrenen Anführer und viele österreichische Offiziere, die erst kürzlich der mexikanischen

Nationalarmee beigetreten sind, haben am Abend zuvor beschlossen, ihre Truppen auf jeden Fall marschbereit zu halten. Dies ist umso leichter, als beide Einheiten im Palast kaserniert sind. Nun drängen sie den Kaiser, sie doch nach Querétaro mitzunehmen; schließlich sei ja ihre Anhänglichkeit an seine Person für sie das entscheidende Motiv gewesen, nicht mit dem aufgelösten Freikorps nach Österreich zurückzukehren – so argumentiert Khevenhüller.

Hammerstein möchte den Kaiser damit überrumpeln, daß er einfach meldet, sein Infanterieregiment stehe zum Abmarsch bereit. *Wir haben doch bestimmt, daß Sie – die Österreicher – hierbleiben* entgegnet Maximilian. Darauf Hammerstein beschwörend: *Nein Majestät, ich bleib nicht hier, ich gehe mit.* Maximilian ist jedoch nicht zu erweichen: *Mein lieber Hammerstein, Sie bleiben hier. Es wurde doch so bestimmt. Ich gehe nur mit den Mexikanern.* Lange genug hat er sich vorwerfen lassen müssen, nur eine Marionette Napoleons III. gewesen zu sein. Er hat sich, als er sich an die Spitze seiner Truppen stellte, spontan vorgenommen, diesen letzten, entscheidenden Kampf nur mit Einheimischen zu führen. Zu Hammerstein sagt er: *Sie bleiben hier, wir sehen uns ja wieder.* Hammerstein darauf verzweifelt: *Nein Majestät, wir sehen uns nicht mehr wieder.* Leider wird er recht behalten. Oberleutnant Julius Fleißig, der dabei steht und dieses Gespräch später aufzeichnet, wird bescheiden hinzufügen, daß es nur annähernd so erfolgt sein dürfte.[2]

*Die Pflicht gebietet mir*, setzt Maximilian Hammerstein, Khevenhüller (dem späteren Berichterstatter[3]) und den ihn umdrängenden Offizieren auseinander, *das Kommando meiner Armee zu übernehmen. Ihnen beiden vertraue ich, daß Sie unsere Sache gut führen werden. Sie bleiben mit den Österreichern zurück.* Die Offiziere suchen nach Worten, dann protestieren sie lebhaft: *Majestät, wir können, wir dürfen Sie nicht verlassen. Sie sind verloren! Diese Generäle hintergehen Sie. Es ist unsere heiligste Pflicht, Ihre Person zu beschützen. Deswegen blieben wir ja zurück. Keine Macht der Welt hätte es sonst verlangen können!*

Doch der Kaiser schüttelt den Kopf. *Sie sind hier nötiger als in Querétaro. Sie bleiben, es ist mein ausdrücklicher Wille.* So schickt er die enttäuschten Offiziere wieder zu ihren Truppen zurück. Nur Kodolich, Hammerstein und Khevenhüller bleiben noch bis zum Abmarsch mit ihm im Gespräch. Die drei Offiziere sind überzeugt, daß der Kaiser sie und ihre Truppen später doch noch nachkommen lassen will. Diese Hoffnung bleibt. Wenn es dann nur nicht zu spät ist!

Auch Wilhelm Knechtel, der jugendliche Gartendirektor des Kaisers, ebenfalls ein talentierter Tagebuchschreiber, steht mit Oberst Schaffer, der die Palastgarde kommandiert, wenn Graf Bombelles

verhindert ist, im Hof. Der Kaiser gibt dem Gartenkünstler noch den
strikten Befehl, sich regelmäßig in Chapultepec umzusehen. Im Park
soll bis zu seiner Rückkehr nichts verändert werden.[4]

Zum Schluß tritt der Kaiser auf den etwas hilflos dastehenden,
betagten Advokaten Teodosio Lares, seinen Ministerpräsidenten, zu.
Dieser, ein steifes, dürres Männchen mit bebrilltem Vogelgesicht,
kann noch immer nicht glauben, daß der Kaiser so ohne weiteres
seinem, mit vielen Hintergedanken gegebenen Rat gefolgt ist, die
militärische Entscheidung nicht in der Hauptstadt, sondern in
Querétaro zu suchen. Maximilian verabschiedet sich von ihm mit
einem mexikanischen Abrazo,[5] aber im Grunde ist auch er froh, von
ihm loszukommen. – Rundum ist die Stimmung gedrückt, und doch
ahnt keiner von denen, die zurückbleiben, daß sie den Kaiser, der
sich mit liebenswürdigem Kopfnicken nach allen Seiten verabschiedet und dann aufs Pferd steigt, zum letzten Mal gesehen haben.

Kein einziger Diplomat, auch nicht der Geschäftsträger Österreichs, Freiherr von Lago, ist zu diesem Abschied geladen worden.
Das diplomatische Korps wird erst später an diesem Tag durch ein
vom provisorischen Außenminister Murphy verfaßtes Rundschreiben verständigt werden, in dem es lakonisch heißt: *S. M., der Kaiser,
mein Allergnädigster Herr, hat heute die Hauptstadt in der Absicht
verlassen, bei den Operationen der Armee im Landesinnern anwesend
zu sein.*

Die Operationskolonne, die den Kaiser auf seinem Zug nach
Querétaro begleiten soll, steht seit 6 Uhr früh bei der Garita de
Vallejo – dem Stadttor, von dem die Straße nach Tacubaya führt. Sie
ist bunt zusammengewürfelt, schöpft aber aus den besten Einheiten:
100 Reiter und 461 Fußsoldaten der Guardia municipal de México,
zwei Linienbataillons mit zusammen 500 Mann, zwei Kavallerieregimenter mit insgesamt 219 Reitern, eine nur 20 Mann starke Abteilung des berühmten Elite-Kavallerieregiments der Kaiserin unter
Führung des eleganten Obersten Miguel López, der als Günstling des
Kaisers gilt, und schließlich 165 „Irreguläre Reiter" des kaisertreuen
Guerillaführers Garcés. Dazu kommen 94 Mann Bedienung für die
Artillerie, die aus zwei 15 cm Haubitzen, zwei Berghaubitzen und
vier Achtpfündern besteht. Diese nach europäischen Begriffen unan-
sehnliche Truppe ist, an mexikanischen Verhältnissen gemessen, eine
durchaus respektable Streitmacht, abgesehen davon, daß die fast
bankrotte Regierung des Kaiserreichs gar nicht mehr auf die Beine
stellen könnte. Diese Truppen haben sich in mehreren Treffen gegen
einen übermächtigen Gegner vorzüglich gehalten. Es waren dieselben, die in der Schlacht bei Monte de las Cruces einen uneinnehmbar

scheinenden Paß, der von einem doppelt so starken Gegner verteidigt wurde, bezwungen haben.

7 Uhr. – Die Kolonne bewegt sich schweigend durch die noch
ausgestorbenen Straßen der Hauptstadt. Der Auszug des Kaisers ist
streng geheimgehalten worden, da er eine Schwächung der Truppen
bedeutet, welche Mexiko-Stadt im Notfall verteidigen sollen. Schließlich verfügt der Stadtkommandant, General Tabera, jetzt nur mehr
über 4.000 Mann. Basch, der meist an der Seite des Kaiser reitet,
bemerkt den versunkenen Blick des Generals Márquez. Er macht sich
Gedanken über ihn, aber er kommt nur zum Schluß, daß dieser etwas
verbirgt.

8 Uhr. – Maximilian, Márquez und der Justizminister treffen bei
der Kolonne ein und werden lebhaft bejubelt. Bisher hat es der Kaiser
vermieden, neben dem ebenso energischen wie präpotenten französischen Marschall Bazaine die Scheinrolle des mexikanischen
Oberkommandierenden zu spielen. Nun aber, nach dem Abzug der
Franzosen – ohne deren Bajonette es allerdings nie ein Zweites mexikanisches Kaiserreich gegeben hätte – fühlt er sich endlich auch
militärisch unabhängig. So hat er persönlich als „Generalísimo" den
Oberbefehl über seine Truppen übernommen.

Nun setzt sich die Reiterkolonne, in der sich auch die Kutsche des
Ministers Aguirre befindet, auf der Straße nach Querétaro in Marsch.
Nach vier Meilen, im hügeligen Gelände vor Tlalnepantla, tauchen
kurz zwei Dutzend Reiter der Republikaner auf, rekognoszieren und
verschwinden wieder. Im Pfarrhaus des Örtchens speist man noch
ruhig mit dem Parroco zu Mittag und stößt mit Champagner auf den
guten Ausgang des Unternehmens an.

13 Uhr. – In der Hauptstadt hat Fürst Felix zu Salm Salm, der sein
amerikanisches Generalspatent aus dem jüngst beendeten Sezessionskrieg mit sich trägt, über den preußischen Ministerresidenten
Anton von Magnus von Kriegsminister Portilla die Bewilligung erhalten, zum Stabe des Generals Vidaurri zu stoßen, der sich bereit
macht, der Kolonne des Kaisers nachzureiten. Salm hat sich bisher
vergeblich bemüht, in Maximilians Nationalarmee unterzukommen.
Er muß mit aller Gewalt trachten, seine reichen militärischen Erfah-
rungen in irgendeiner Form zu Geld zu machen, da sonst die in
Europa, vor allem in Wien, zurückgelassene Schuldenlast eine ehren-
volle Rückkehr verhindern würde. Vidaurri teilt in keiner Weise Maximilians Manie, sich nur mit mexikanischen Truppen zu umgeben.
Seit 20 Jahren hat er einen deutschen Adjutanten, Rittmeister Will-
mann, einen Schwaben, der früher Uhrmacher gewesen ist. Vidaurri
nimmt den kriegserfahrenen Preußen Salm gerne nach Querétaro mit.

13 Uhr 30. – Die Vorhut der kaiserlichen Kolonne nähert sich der Hacienda La Lechería. Ein großes Gehöft dieser Art, mit seinen Wirtschaftsgebäuden, Corrales (Tiergehegen) und Huertas (Gemüsegärten), ist in der Regel von einer Steinmauer umgeben und kann wie ein Fort verteidigt werden. 600 Mann republikanische Kavallerie unter dem Guerilleroführer Catarino Fragoso halten den Hof besetzt. Márquez läßt die Infanterie der Guardia municipal mit Gewehrfeuer vorgehen und zwei Granaten auf die Hacienda abfeuern. Die zahlenmäßig unterlegenen Republikaner ziehen sich in Verwirrung in den nahen Ort Cuautitlan zurück, wo sie nochmals versuchen, die Straße zu sperren.

Nun läßt Márquez die von Oberst Díaz befehligte Kavallerie angreifen. Maximilian, selbst ein leidenschaftlicher Reiter, macht zum Entsetzen seiner Umgebung die Attacke mit. Er steht zum ersten Mal im Feuer und beweist dabei jene Kaltblütigkeit, die ihm in der Politik fehlt. Die Truppen feiern den raschen Sieg, indem sie den mutigen Kaiser akklamieren – Viva el Emperador! – und im Paradeschritt zum Hauptplatz von Cuautitlan marschieren. Dr. Baschs Resümee in einem Schreiben an Pater Fischer. *Vor Cohautitlán* (sic!) *lustiges Kugelpfeifen. Fragoso in die Flucht gejagt.*[6] Daß ihn Kugeln nervös machen, wird ihm erst etwas später klar werden. Maximilian, der endlich ein konkretes Ziel vor sich sieht, ist mit dem Tag zufrieden, obwohl er auf einen 13. fällt.

17 Uhr. – Der kleine Zug von General Vidaurri, der selber im Wagen an der Spitze fährt, verläßt Mexiko-Stadt und stößt ebenfalls bald auf Guerilleros, die aber von den kampftüchtigen Husaren leicht vertrieben werden. Salm bangt dem Zusammentreffen mit dem Kaiser entgegen, der bisher von dem „Preußen" – er stammt aus Westfalen, das damals zu Preußen gehörte – nichts wissen wollte, obwohl ihm ja bekannt sein mußte, daß die Salms zum Uradel Deutschlands zählten.

Am Abend treffen die kaiserlichen Truppen vor Cuautitlan ein, wo sie rasch Herr der Lage werden. Maximilian stellt für seinen ihn begleitenden Justizminister García Aguirre und für General Vidaurri, den er für morgen erwartet, die nötigen Vollmachten aus, alle Dokumente, die der Kaiser an seine Ministerien schickt, zu entwerfen und gegenzuzeichnen, Vidaurri für das Kriegs- und das Finanzministerium, Aguirre für alle übrigen Ressorts.[7]

Während des Abendessens ist Maximilian aufgeräumt und optimistisch – wie immer, wenn das Leben so abenteuerlich wird, daß er keine Zeit hat, an die ferne, kranke Charlotte und die ungewisse Zukunft zu denken.

Donnerstag, 14. Februar[8]

1 Uhr früh. – Als Vidaurri mit seiner Begleitung nach Cuautitlan kommt, schläft der Kaiser bereits. Der weißhaarige Don Santiago, der eher einem Yankee-Advokaten als einem General gleicht, und dessen Loyalitäten unergründlich sind, ist von Ausländern umringt. Er bringt neben seiner 30-Mann-Garde eine 53 Mann starke Abteilung des berühmten „Roten Husarenregiments" Khevenhüllers mit, die unter dem Kommando des Österreichers Theodor Kaehlig und des Ungarn Eduard Pawlowszki de Rosenfeld steht. Auch der Steirer J. N. von Fürstenwärther, der als Topograph in der Nationalarmee tätig ist, gehört dieser Truppe an. Der markanteste Ausländer ist jedoch zweifellos Felix zu Salm Salm.

Am Morgen formiert sich die Kolonne zum Weitermarsch. Der Kaiser hält hoch zu Roß Revue. Er reitet seinen berühmten Fuchsschecken Anteburro[9] mit mexikanischem Sattel und Zaumzeug und trägt den mexikanischen Generalsrock, jedoch ohne Epauletten, mit dunklen Hosen und kniehohen Reitstiefeln. So trifft er mit Vidaurri und den neu angekommenen „Ausländern" zusammen. Maximilian verzichtet auf jeden Protest und fügt sich ins Unvermeidliche, will er doch mit dem starken Mann Vidaurri keinen Streit. Und er läßt sich leutselig von seinen österreichischen Landsleuten begrüßen. Mit Salm, der diesem Treffen mit gemischten Gefühlen entgegengesehen hat, kommt es zu einem verbindlichen Gespräch. Er kann bleiben. Zu ihm wird der Kaiser bald ein starkes Vertrauensverhältnis entwikkeln. Sie sind nicht nur Hochadlige unter sich, mit verwandten Ehrbegriffen und Umgangsformen, sondern Maximilian ist insgeheim froh, einen so erfahrenen europäischen Militärexperten an seiner Seite zu wissen, da er im Grunde keinem seiner mexikanischen Generäle so recht vertraut. Als man ihm meldet, daß die Republikaner den Rückweg nach Mexiko ohnedies bereits abschneiden, hat er einen guten Grund, ohne Gesichtsverlust alle Ausländer mit nach Querétaro zu nehmen.

Der restliche Tag verläuft friedlich. Um 6 Uhr bricht man in Richtung Tepejí del Rio auf, das ohne Feindberührung abends erreicht wird. So kann sich Maximilian in aller Ruhe nachträglich mit der bisher verdrängten Frage befassen, wie sein Feldzug eigentlich finanziert werden soll. An Sánchez Navarro, seinen „Minister des kaiserlichen Hauses", der in Mexiko-Stadt geblieben ist, schreibt er voll des Lobes über sich selbst: *Ich habe versucht, bei meiner Reise größte Sparsamkeit für meinen privaten Bedarf und für mein Gefolge zu üben und die Kosten auf 50 Pesos pro Tag zu drücken, was im Monat 1.500 Pesos ausmacht, die aus meiner Zivilliste bezahlt werden.*[10] Notfalls ist Maximilian so bedürfnislos wie sein Bruder Franz Joseph. Aber seine persönlichen Einsparungen sind nur ein Tropfen auf den heißen Stein. Ahnt er bereits, daß Navarros ohnedies spärliche Geldsendungen angesichts der Kriegsereignisse bald ganz ausbleiben werden?

An diesem Donnerstag findet sich in Maximilians vor der Abreise erteiltem Auftrag der Franzose E. Burnouf, der dem Zivilkabinett angehört, in Acatlan, dem Hauptquartier von Porfirio Díaz ein, um diesem ein erstaunliches Angebot zu unterbreiten. Der wegen seiner politischen Mäßigung bekannte General soll das Oberkommando über die in Puebla und Mexiko-Stadt konzentrierten kaiserlichen Truppen übernehmen. Don Porfirio, echt empört oder Empörung markierend, lehnt ab und setzt von diesem frappierenden Schritt Maximilians alle Landesregierungen des republikanischen Herrschaftsbereiches in Kenntnis.

*Mexikanische Republik. – Hauptquartier der Ostarmee.*
*Hier ist M. Burnouf im Auftrag Maximilians eingetroffen, um mir den Oberbefehl über die in Mexiko-Stadt und Puebla konzentrierten Truppen anzubieten, wobei Márquez, Lares und Co. entmachtet werden sollen und Maximilian selbst das Land verlassen und die Macht der republikanischen Partei überlassen wird.* Er erinnert an ähnliche Angebote, die er während seiner Gefangenschaft in Puebla erhalten und empört abgelehnt habe und fährt fort: *... ohne Zweifel haben diese Europäer von uns eine traurige Vorstellung, daß sie sich nicht einmal die Mühe geben, mit der nötigen Klugheit vorzugehen und bei den Umtrieben ihrer bemühten Diplomatie die primitivsten Begriffe des gesunden Menschenverstandes vergessen. Ich habe mich wahrhaft überwinden müssen, um in Ruhe zu antworten und zu erklären, daß ich als kommandierender General des mir von der Regierung anvertrauten Armeekorps mit dem Erzherzog keine anderen Beziehungen eingehen kann, als ich gemäß dem Militärreglement mit dem Anführer einer feindlichen Streitmacht haben kann.*[11]
Kurz darauf erscheint dieses Schreiben, mit dem Maximilian vor seinen eigenen Anhängern desavouiert werden soll, in allen republikanischen Zeitungen.
Allerdings ist, wenn man einem späteren Bericht Burnoufs an den Kaiser vom 22. Februar glauben darf, kein dermaßen direktes Machtangebot an Díaz erfolgt. Vielmehr hatte man gehofft, den General zu bewegen, sich dem Kaiserreich anzuschließen. Burnouf gibt sich sicher: *Hätte ich im November den Auftrag zu dieser Mission erhalten, besteht nicht der geringste Zweifel, daß ich mit Díaz an meiner Seite und mit seiner Vorhut hinter uns in die Hauptstadt zurückgekehrt wäre. Unter*

*den jetzigen Umständen muß ich leider sagen, daß sich wieder der ewige Mañana-Geist durchgesetzt hat, an dem das Kaiserreich und die mexikanische Nation noch zugrunde gehen werden.* Schuld an Porfirio Díaz plötzlicher Charakterstärke sei aber das Übergewicht der Amerikaner und der Umstand, daß Juárez die Linientreue seiner Generäle durch Spitzel kontrolliere.[12] Daß Maximilians Annäherungsversuch an Porfirio Díaz zugleich mit seinem Kongreßangebot an Juárez erfolgt ist, geht daraus hervor, daß er, wie Burnouf feststellt, sich erhoffte, ein Übergehen von Díaz zum Kaiserreich würde bei einem allfälligen Nationalkongreß die Balance zugunsten des Imperio verschieben. – Diese Episode, wie immer sie im einzelnen verlaufen sein mag, wirft ein bezeichnendes Licht auf Maximilians Geheimdiplomatie, hinter der man immer das Bestreben erkennt, mit einem „Übertrick" die Situation in den Griff zu bekommen. Wieweit Maximilian ahnen konnte, daß es gerade der General sein würde, der als späterer autokratischer Präsident Mexikos die Pax porfiriana durchsetzen und viele der Reformwünsche Maximilians realisieren würde, bleibe dahingestellt; doch scheint der Kaiser instinktiv auf Díaz als den „natürlichen Nachfolger" gesetzt zu haben.

Freitag, 15. Februar[13]
Die nächste Tagstrecke führt nach San Francisco Zoyaniquilpan. Die Straße ist von kahlem Bergland gesäumt. Der Feind bleibt unsichtbar. Wie in Mexiko sowohl bei Liberalen als auch bei den Kaiserlichen üblich, wird Maximilians Truppe von zahlreichen „Soldaderas" begleitet, Dirnen und Ehefrauen, die den Soldaten das Essen bereiten und die Truppe mit Nachrichten und Gerüchten versorgen. In San Francisco Zoyaniquilpan, wo man Nachtquartier bezieht, erhält Márquez Mitteilung, daß der republikanische General José Cosio Pontones mit 600 Mann auf den Paß von Calpulalpan zumarschiert, um die Kolonne bei ihrem Durchmarsch von den Höhen aus unter Feuer zu nehmen.

Abends betreibt Maximilian weitere Geheimdiplomatie in der ihn offenbar beschäftigenden Nachfolgefrage: Er nimmt in einem Schreiben an Pater Fischer Bezug auf einen Brief Santa Annas, worin dieser sich als Maximilians Nachfolger empfohlen hatte. Der Kaiser ersucht Fischer, die Angelegenheit, die er noch vor seiner Abreise mit Lacunza und Lares besprochen habe, auf die lange Bank zu schieben, ohne jedoch dem Ex-Diktator die Hoffnung auf ein Come-back zu nehmen. Das Schreiben Santa Annas solle er zu den Geheimdokumenten in die eiserne Kasse legen. Um die Nachfolge auf diese Weise zu regeln, hätte sich Maximilian – wie gewisse Annahmen lauten –

zum Präsidenten einer Republik und Santa Anna zu seinem Oberkommandierenden machen wollen.[14] Das einzig Wahrscheinliche an
dieser Version dürfte aber sein, daß Santa Anna der kaiserlichen Regierung als Nachfolger Maximilians lieber als Juárez gewesen wäre.
Wie erwähnt, hatte auch der amerikanische Außenminister Seward
ähnliche Ideen gehabt, bevor er erkannte, daß Santa Anna nur mehr
ein Denkmal seiner selbst war.

Samstag, 16. Februar[15]

6 Uhr. – Die kleine Streitmacht bricht auf und gelangt zunächst unbehelligt in das Dörfchen San Miguel de Calpulalpan, wo man früh-
stückt. Tatsächlich haben 200 liberale Reiter unter den Guerillero-
führern Cosío und Galista, die der Freischar des Catarino Fragoso y
Martínez angehören, die als „Cuesta de Pajaritos"[16] bekannten Höhen links von der Paßstraße besetzt.

9 Uhr 30. – Márquez befiehlt trotz dieser Bedrohung den Durchmarsch der Kolonne an der feindfreien rechten Paßseite und schickt
eine starke Schützenabteilung gegen die linke Flanke vor, um die
lästigen Gegner zu vertreiben. Ein Großteil der Liberalen setzt sich
ab, doch richtet der durch Buschwerk und einen Graben gut geschützte Rest ein lebhaftes Gewehrfeuer auf die durchziehenden kaiserlichen Truppen. Maximilian reitet mit der Vorhut und steht bald,
trotz aller Vorhalte von Márquez und seiner Offiziere, wieder stoisch
mitten im Feuer. Sein Koch Tüdös wird neben ihm durch einen Schuß
in den Mund verwundet. Besonders kritisch wird die Lage, als den
Vorrückenden die Postkutsche aus Querétaro entgegenkommt, deren
zwölf Maultiere vor dem Gewehrfeuer scheuen und das Gefährt um-
stürzen. Man kann nun nicht mehr weiter und braucht eine halbe
Stunde, um die Postkutsche wieder aufzurichten. Als jetzt auch die
Kutsche des Ministers Aguirre aus der Gegenrichtung heranfährt,
glauben die Liberalen, in einem der Wagen reise Maximilian und
nehmen beide unter Feuer.

11 Uhr 30. – Nach zwei Stunden hat man den Paß mit sehr geringen Verlusten hinter sich gebracht und gelangt in die Ebene, wo
weitere Guerilleroangriffe von einem von dem Österreicher Malburg
geführten Husarenpikett und den „Irregulares" des auf seiten der
Kaiserlichen kämpfenden Guerillaführers Garcés zurückgeschlagen
werden. Salm beteiligt sich mit der ihm eigenen Kaltblütigkeit an der
Attacke und erschießt laut eigener Angabe seinen ersten Mexikaner.
Für ihn ist der Kaiser, der ihn so wohlwollend aufgenommen hat,
und von dem er insgeheim so viel erhofft, – nicht zuletzt die Bezahlung seiner Schulden – der militärische Held des Tages. In seinem

Erinnerungsbuch wird er berichten: *Und dann führte der Kaiser unsere beste Truppe, die Municipal-Garde zu Fuß, zum Sturm gegen die Anhöhe rechts vom Defilee* – gegen einen Ort also, der nach Angabe aller übrigen Augenzeugen feindfrei war, wenn auch die Kugeln darüber hinwegpfiffen ... Auch scheint der Eindruck, den Salm beim Kaiser hinterläßt, nicht der beste gewesen zu sein, da er zwar, wie die Ordonnanzoffiziere Peza und Pradillo später berichten, auf den Feind losgaloppiert, dann aber in sicherer Entfernung sein Pferd anhält und Pirouetten zu drehen beginnt, die auch dem Kaiser und seiner Umgebung auffallen. *Magnífico,* spottet der Kaiser, *wie ein Zirkusreiter ... wozu dieser lästige Mensch nur hergekommen ist ...?*[17]

14 Uhr. – Man trifft nach überstandener Gefahr in Arroyozarco ein. *Der Enthusiasmus der Truppen nach der Affäre war ungeheuer,* schreibt Basch an Fischer.[18] Auf Maximilian und die Offiziere wartet noch dazu in der Casa de Diligencias, der Poststation, das ausgezeichnete Essen, welches die Liberalen für sich haben anrichten lassen. Man erfährt mit großer Beruhigung, daß der weitere Weg nach Querétaro, der über San Juan del Río führt, frei ist. Gestern noch war dieser Ort in der Hand des Juaristenführers Ugalde, der sich aber auf die Nachricht vom Anrücken der kaiserlichen Streitmacht zurückgezogen hat.

Maximilian findet wieder Zeit, sich mit der Zukunft zu befassen. Aus Querétaro hat man ihm zugetragen, daß es dort recht aufwendig und ausgelassen zugeht: *Sobald ich nach Querétaro komme,* schreibt er mißbilligend an Pater Fischer, der freilich als Moralhüter schlecht geeignet ist, *muß ich dafür sorgen, daß die so geschwächte gute Ordnung wiederhergestellt wird, denn es ist traurig zu sehen, wie in so harten Zeiten wie diesen, wo hart gespart werden muß, es gewisse Leute gibt, die sich damit beschäftigen, Bälle zu veranstalten.*[19] Die Spitze geht vor allem gegen Miramón, der kurze Zeit auch Staatsoberhaupt Mexikos war und deshalb der derzeit angesehenste Mann in Querétaro ist. Er erholt sich in einem luxuriösen Patrizierhaus in der Calle de San Antonio von den Anstrengungen und Enttäuschungen seines erfolglosen Handstreichs gegen Zacatecas – dabei ist ihm Präsident Juárez knapp entwischt – und der anschließenden blutigen Niederlage bei San Jacinto. Der ehemalige General-Presidente ist gewöhnt, auf Staatskosten gut zu leben, und die Abwesenheit seiner ebenso klugen wie hübschen und energischen Gattin Concha Lombardo gibt in Querétaro zu mancherlei Gerüchten Anlaß. Vor allem aber weiß Maximilian, daß eine Gruppe von einflußreichen Queretanern dem General erst am 9. Februar erneut die Präsidentschaft angetragen hat, sofern er sich gegen das Kaiserreich erhebe.[20] Miramón hat aus Gründen der Ehrenhaftigkeit abgelehnt, aber Maximilian sieht in seinem Vorgänger, der erst Mitte der Zwanzig ist und den eleganten Charme seiner südfranzösischen Vorfahren geerbt hat, doch einen gefährlichen Rivalen. Er bereut bereits jetzt, daß er aus einem, letztlich ohnedies nicht eingehaltenen Prinzip Khevenhüllers heißen Wunsch abgeschlagen hat, ihn nach Querétaro zu begleiten. *Kümmern Sie sich darum*, schreibt er an Fischer weiter, *daß Khevenhüller so bald als möglich mit seinem Regiment abgeht, um sich mir anzuschließen.* Bedenkt er nicht, daß Khevenhüllers Husaren, wie sich bald zeigen wird, zu den besten Verteidigern der bereits von Truppen entblößten Hauptstadt zählen? Ist ihm das Schicksal der Hauptstadt bereits gleichgültig geworden?

Sonntag, 17. Februar[21]
Der Weg nach Querétaro ist endgültig frei. So erreichen die Truppen in einem Gewaltmarsch über zwanzig Meilen[22] San Juan del Rio, von wo es nur mehr eine knappe Tagereise nach Querétaro ist. San Juan ist die zweitgrößte Stadt der Provinz, ein „Querétaro im kleinen". Es hat so wie die Provinzhauptstadt selbst in der Kolonialzeit von den Silberfunden profitiert, die zu einträglichen Transportgeschäften führten, und es hat ebenso wie Querétaro neben der Viehzucht von der Töpferei, der Gerberei und der Textilmanufaktur gelebt. Heute gebietet hier ein kaiserlicher Präfekt, Don Manuel Domínguez, über zahlreiche Beamte. Er ist ein junger Arzt, der von den Liberalen zu den Kaiserlichen übergetreten und wegen seiner humanen Einstellung beliebt ist. San Juan ist seit kurzem Endpunkt der „Nördlichen Telegraphenlinie", die Mitte 1866 unter der Leitung des Österreichers Julius Uliczny von San Luis über Guanajuato und Querétaro hierher gelegt worden ist. Erst vor einem Monat haben die Liberalen den Telegraphenposten überfallen und den französischen Angestellten Petit Jean an einem Mast aufgeknüpft.[23] Beamte können sie notfalls ersetzen, nicht aber die aus Frankreich stammenden Telegraphenapparate, daher werden diese meist verschont.

Maximilian läßt sofort nach seiner Ankunft einen Tagesbefehl drucken und anschlagen, in dem er vor seinem Einzug in Querétaro die Verhältnisse klarstellt:

Er selbst ist Generalissimus des neugebildeten mexikanischen Heeres. Da die Franzosen abgezogen sind, ist man nun endlich frei „von fremdem Einfluß und Druck" und wird nur mehr die Ehre der mexikanischen Fahne hochhalten. General Márquez wird Generalstabschef, aber nicht, wie er erwartet hat, Oberkommandant der Armee. Miramón wird das erste Armeekorps führen, Castillo das zweite und Mejía das dritte. General Méndez, der mit kampferprobten Truppen von Michoacán heranzieht, wird das zweite Armeekorps verstärken. Von Vidaurri schließlich, der Gouverneur des Staates von Nuevo León ist, erwartet Maximilian, daß er eigene Truppen bilden und einen Nordfeldzug führen wird.[24]

Daß der Kaiser, der nach den leichten und raschen Erfolgen seiner kleinen, aber schlagkräftigen Truppe optimistisch gestimmt ist, danach trachtet, mit allen Mitteln in Querétaro Eindruck zu machen, zeigt sein Schreiben an Fischer. *Ordnen Sie in meinem Namen beim Münzamt die Prägung von möglichst vielen „Pesos fuertes"*[25] *an, damit bei der nächsten Geldsendung, die mit den Husaren kommt, schon die neugeprägten Münzen mit meiner Büste dabei sind, um diese ausgeben und im ganzen Land bekanntmachen zu können.* Auch die schon in Auftrag gegebenen Militärverdienst-Medaillen solle Khevenhüller mitbringen.[26] Mehr als auf die Goldpesos freut sich der Kaiser ganz gewiß auf die Husaren – aber in der einen wie in der anderen Hinsicht wird es bei der Vorfreude bleiben.

Montag, 18. Februar[27]
Die Truppen ziehen auf dem staubigen Camino Real – der Poststraße – weiter auf Querétaro zu. Am Abend ist man in Molino Colorado, vier Meilen von Querétaro entfernt, wo das Lager aufgeschlagen wird. Maximilian übernachtet in der Hacienda El Saúz. Wieder sendet er ein Schreiben mit Aufträgen an Fischer.
*Schicken Sie mir durch Khevenhüller folgendes: Zwei Exemplare des Buches, das Boleslawki gedruckt hat, normale, nicht Luxus Exemplare,*[28] *das Diario del Imperio*[29] *ab dem Tag unserer Abreise bis zum Tag des Abmarsches von Khevenhüller. Veranlassen Sie außerdem, daß Medaillen mit meiner Büste und der Kaiserin geprägt werden. Die Prägestempel sind in der blau tapezierten Schatulle im Glasschrank im Ministerratszimmer. Der Schlüssel zur Schatulle liegt in der Schublade des selben Schrankes.*

Maximilian, der von allem, was ihn interessiert, die kleinsten Details kennt, will sich offenbar wieder in seine Reden vertiefen, weil er weiß, daß er auch in Querétaro welche halten muß. Es interessiert ihn, was das Diario del Imperio, das dazu da ist, seine Handlungen zu glorifizieren, über den so erfolgreich begonnenen Zug nach Querétaro zu berichten weiß. Jene Medaillen schließlich, die ihn und Charlotte in nebeneinandergestellten Profilen zeigen, erinnern ihn an die Glorie vergangener Tage. Ob auch an das gemeinsame Glück, weiß niemand so recht. Die Aussicht auf das baldige Eintreffen dieser Gegenstände ist aber nichts im Vergleich zur Chance, nun doch bald Khevenhüller mit seinen roten Husaren an seiner Seite zu haben.

Unausgesprochen, aber doch in die Gedanken einbezogen, bleibt wohl die Möglichkeit einer durch eine militärische Niederlage erzwungenen überstürzten Abreise aus Mexiko. Khevenhüller und seine Husaren wären eine schlagkräftige Leibgarde, die ihn sicher nach Veracruz bringen würde. Sein Vertrauen zu den „Österreichern" ist in der Stunde der Gefahr gewachsen.

Dienstag, 19. Februar[30]
Die Szene für einen Einzug in Querétaro könnte nicht theatralischer gewählt sein. Von Molino Colorado gelangt man auf dem steinigen Camino Real auf die Höhe der Cuesta China,[31] von wo man auf dem Abwärtsmarsch bei jeder Straßenwindung Turm um Turm der zahlreichen Kirchen und Klöster der „priesterlichen Stadt" Querétaro im blendenden Sonnenlicht weiß aufleuchten sieht. Die aus dem 18. Jahrhundert stammende Wasserleitung mit ihren über 70 Bögen spannt sich zwischen der Stadt und der Cañada-Schlucht. So entfaltet sich allmählich das immer breiter werdende Panorama einer ganz und gar spanisch anmutenden Kolonialstadt mit ihren schachbrettartig angeordneten engen Straßen und rechteckigen Plätzen.

Zwischen 9 und 10 Uhr erreicht man die Höhe, von der die Straße nun in Windungen abwärts führt. Die Kolonne hält an und macht sich, so gut es geht, für den festlichen Einzug bereit. Maximilian schmückt sich mit dem großen Band des Mexikanischen Adlerordens, der höchsten Auszeichnung des Kaiserreiches, legt seinen grauen Reiseumhang und seinen berühmten weißen Sombrero ab und zieht die dunkelblaue mexikanische Generaluniform an. Schließlich wechselt er von seinem zahmen Reisepferd, das er scherzhaft Anteburro nennt, auf den feurigen Schecken Orispelo.

Der Anblick der etwa noch 800 m entfernten kaiserlichen Kolonne, die sich nun hangabwärts auf der staubigen, kurvenreichen Straße bewegt, ist für jene, die zu Maximilians Empfang vor dem Torgebäude der Garita de México Aufstellung genommen haben, überaus beeindruckend. Zwar hat Maximilian seine berühmte, mit blitzenden Silberhelmen ausgestattete Leibgarde in Mexiko-Stadt zurückgelassen, aber auch das Husarenpikett mit seinen roten Röcken und fähnchengeschmückten Lanzen nimmt sich prächtig aus.

Um halb 12 Uhr erreicht man das Zollhaus der Garita de México. In der davor liegenden Ebene von Carretas haben die Garnisonstruppen Aufstellung genommen. General Miramón und der Zivil- und Militärpräfekt der Stadt, General Escobar, halten kurze Reden. Auch der an rheumatischem Fieber chronisch erkrankte

Mejía mit seinem treublickenden Indiogesicht ist erschienen, ebenso wie eine Reihe anderer Generäle, unter ihnen Severo del Castillo. Schon am Vortag hatte ein Komitee prominenter Bürger die Vorbereitungen für den Empfang geleitet. Die Bewohner waren durch Ausrufer auf den Marktplätzen von San Antonio und del Carmen, auf dem Oberen und dem Unteren Stadtplatz und in den Vorstädten aufgefordert worden, ihre Häuser mit mexikanischen Trikoloren zu beflaggen und mit Blumen zu schmücken, obgleich es im Februar nur wenige gab. Jahre später erinnert sich Blasio:

*Vom Stadttor bis zum Stadtzentrum, in dessen Hauptstraße sich das Casino Español befand, das man als Quartier für den Kaiser ausersehen hatte, drängte sich eine Menschenmenge, welche den Kaiser und sein Gefolge mit begeisterten Rufen begrüßte. Es gab kein Fenster, keinen Balkon, keine Tür, die nicht mit Schabracken und Fähnchen geschmückt waren, und hübsche Damen warfen Blumen und klatschten beim Vorbeiziehen des Herrschers. Schließlich segelten Tausende von Blättern durch die Luft, auf denen eine Maximilian gewidmete Hymne stand.*

Dem abergläubischen Salm, dessen ins Auge geklemmtes Monokel die Verwunderung der Mexikaner erregt, fällt auf, daß *beim Einreiten in das Casino der Scheck des Kaisers stolpert, was seit uralten Zeiten als ein böses Omen angesehen* wird. Das Casino Español ist aber auch für das „Einreiten" denkbar ungeeignet, denn es gehört nicht zu den alten Großgasthöfen, an denen das damalige Querétaro so reich ist, und in denen sich Höfe für die Einfahrt von Wagen und Stallungen für Pferde befinden. Es ist jetzt ein Nobelrestaurant mit Spielsalons, wo sich übrigens auch der Club der Queretaner Kaufleute befindet.

Warum nimmt Maximilian nicht wieder in der luxuriösen Residenz des Bankiers Cayetano Rubio Wohnung, wie 1864, als er bei einem Blitzbesuch in Querétaro im Schulwesen Ordnung machen wollte? Maximilian wohnt bei dieser Gelegenheit lieber an einem anderen Ort. Er ahnt, daß die Belagerung, der Querétaro unweigerlich entgegengeht, für die Rubios und für alle Reichen der Stadt einen schweren Aderlaß durch Zwangsbeiträge bringen wird. Die Rubios werden zu denen gehören, die am meisten werden beisteuern müssen, und der oberste Kriegsherr wird anderes zu tun haben, als die Klagen des geschröpften Bankiers anzuhören.

Nach einem Empfang im Casino begibt man sich gemeinsam durch die von Neugierigen vollgestopfte Calle del Hospital Real,[32] eine der beiden Hauptstraßen Querétaros – die andere, parallel dazu laufende, ist die Calle de San Antonio – zum Tedeum in die Kirche des Klosters San Francisco, die als Kathedrale dient. Maximilian lebt mit der Kirche Mexikos in ständiger Spannung, seit er die Juárez'-

schen Reformgesetze bestätigt hat. Auch wegen Querétaro hat es Differenzen mit der Kirche gegeben. Da der Bischofssitz von Querétaro lange verwaist war, hat der josephinisch denkende Kaiser durchgesetzt, daß der bisher in Mexiko-Stadt lebende betagte Bischof Bernardo Gárate nach Querétaro entsandt werden soll. Aber, wie erwähnt, hatte der alte Würdenträger wenig Lust, sein bequemes Wohnhaus in der Hauptstadt zu verlassen, berief sich auf seine Krankheit, und das vermutlich wahrheitsgemäß, da er 1866 starb. So ist der Bischofsstuhl von Querétaro weiterhin vakant. Die höchste geistliche Autorität ist bis auf weiteres kein Bischof, sondern der Kanonikus Soria y Breña, auch Professor am Colegio Civil, der Hochschule Querétaros. Padre Soria ist ein asketisch wirkender, aber sanftmütiger und diplomatisch agierender Mann mit olivfarbenem Teint, dessen aufgeklärtes Wesen Maximilian zusagt. Der Kaiser kann nicht ahnen, welche Rolle Padre Soria schon bald am Ende seines kurzen Lebens für ihn spielen wird.

Nach dem Tedeum gibt es abermals, wie Basch ironisch formuliert, „erhebende Ansprachen" von seiten der Generäle Miramón und Escobar. Der letztere bemüht in seiner Rede die Geschichte Spaniens und Mexikos und schließt mit einer Versicherung, die sich allerdings nicht erfüllen wird: *Die Nachwelt wird Euer Majestät mit Recht den glorreichen Titel Maximilian der Große geben.* Schon jetzt aber gibt es in Mexiko viele, die vom „unglücklichen Kaiser Maximilian" sprechen, ein Epitheton, das ihn auch als historische Gestalt begleiten wird.

Das Casino mit seinen sich auf einen Balkon öffnenden Glastüren ist der geeignete Ort, um vom ersten Stock aus eine Truppenparade abzunehmen. Miramóns Infanterie und Mejías Reiterei defilierten unter den schmetternden Fanfarenklängen ihrer Bandas durch die Calle del Hospital. Die Nationalhymne wechselt mit „La Paloma",[33] für die es einen Spottext auf Escobedo gibt, den Oberbefehlshaber der republikanischen Nordarmee, mit der man es bald zu tun haben wird. Wegen seiner abstehenden Ohren vergleicht das Lied den düster blickenden General, der eher einem Mönch als einem Militär gleicht, mit einem Esel.

Maximilian diktiert ein Schreiben an Lares, bei dem er sich über die in Querétaro herrschende Verschwendung ausläßt und darüber klagt, daß Miramón den Indio Mejía klein halten will. Außerdem verlangt der Kaiser Geld.[34] Dann ist er nach all den Anstrengungen der siebentägigen Reise und des ereignisreichen Tages todmüde und entzieht sich dem Bankett, das die Generäle noch veranstalten. Vielleicht enthemmt diese Abwesenheit des Kaisers den über seine Mitnahme und, wie er es sieht, hierarchische Zurücksetzung dumpf grollenden Márquez, der sicher auch von den Anstrengungen der langen Reise übermüdet ist. So greift er, vom Weine erhitzt, den jugendlichen General Miramón an, dem er während dessen Präsidentschaft unterstellt war, und der ihn wegen Widersetzlichkeit gemaßregelt hatte. In einem „fulminanten Speech" – so der von solchen Szenen stets mitgerissene Basch – macht er sich mit seinem üblichen Sarkasmus über die jüngste Niederlage Miramóns in San Jacinto lustig. Auf dessen jugendliche Tollkühnheit werde die Anwesenheit Maximilians nun einen mäßigenden Einfluß ausüben. Miramón, der bei San Jacinto nicht nur eine Schlacht, sondern auch einen Bruder verloren hat, wird unter seiner bräunlichen Haut blaß und beherrscht sich nur mühsam.

Animositäten zwischen den einflußreichsten Generälen des Kaisers werden auch bald bei den Kriegsräten zutagetreten, wenn es um die Entwicklung einer einheitlichen Strategie geht. Für Márquez ist Querétaro eine „militärische Mausefalle", der er so rasch wie möglich zu entgehen trachtet. Miramón, der noch immer von Blitzsiegen träumt, wird ihn davon gewiß nicht abhalten. Méndez ist noch nicht hier, aber der Haß des durch Mut und Skrupellosigkeit aus eigener Kraft zum Chef aufgestiegenen Mestizen gegen Miramón, den „studierten" General aus französischem Adel, ist bekannt. Maximilian aber ist ein Generalissimus, der es liebt, die Entscheidung seinen Generälen zu überlassen. Deren gegenseitige Blockaden sind jedenfalls bereits absehbar.

Dies ist umso verhängnisvoller, als rein militärisch die Truppenkonzentration in Querétaro – man erwartet ja noch das Eintreffen des Méndez'schen Armeekorps – eine echte Chance darstellt, den Republikanern unter den Generälen Escobedo, Corona, Régules und Treviño entscheidende Schläge zu versetzen, wenn man sie nacheinander attackiert. Aber dieses „batir en detall",[35] wie man dazu in Mexiko sagt, müßte schnell geschehen, denn die Zentralprovinzen sind von kaiserlichen Truppen entblößt, Puebla verfügt über eine Garnison von kaum 2.000 Mann, und Porfirio Díaz wartet nur auf den endgültigen Abzug der Franzosen, um die Stadt einzunehmen. Das gleiche Schicksal könnte auch die Hauptstadt erleiden, in der sich die bei Maximilian akkreditierten Diplomaten schon die Köpfe zerbrechen, für wen sie sich nach einem Einzug der Juaristen deklarieren sollen, wie Italiens Gesandter Curtopassi[36] am 26. Februar 1867 nach Turin berichtet.[37]

Wie Márquez in diesen Augenblicken die Situation sieht oder darstellen will, geht aus einem Schreiben hervor, das er am gleichen Tag an den Ministerpräsidenten Teodosio Lares richtet.

*Sie können sich nicht vorstellen, lieber Freund, welche Vorteile wir mit dieser Expedition des Kaisers erlangt haben. Seine Majestät hat sich persönlich überzeugen können, daß an dem, was über die Situation des Landes gesagt wird, auch kein einziges Wort wahr ist. Was man dem Kaiser als Brigaden und Divisionen des juaristischen Heeres dargestellt hat, die abgestimmt und von einem gemeinsamen Zentrum aus operieren, sind in Wirklichkeit nur elende Banden von Übeltätern, die auf eigene Rechnung arbeiten, die keinerlei Zentrum kennen, und denen Benito Juárez wenig gilt. Diese Leute sind alles andere als einig, sie leben in völliger Anarchie, bekriegen sich gegenseitig und, da sie nicht kampffähig sind, fliehen sie beim ersten Schuß unserer Truppen, ungeachtet ihrer Zahl.*

Dieses Schreiben des Generalstabschefs erscheint in der ersten Nummer des von Oberstleutnant Manuel Ramírez de Arellano[38] edierten Boletín de Noticias, das die Queretaner in der Buchhandlung Castro, in der Calle del Hospital, in der auch das Casino liegt, um 6 Centavos kaufen können.[39] Die Aufgabe dieses Blättchens, das mehrmals wöchentlich herauskommt, ist es, „gute Nachrichten für das Volk" zu verbreiten, was zu den Regierungsmaximen des Kaisers gehört. Arellano übernimmt den Brief zwar zur Veröffentlichung, wird aber nach der Katastrophe in seinen Erinnerungen Márquez vorwerfen, durch solche Mitteilungen den Kaiser bewußt getäuscht zu haben.

Mittwoch, 20. Februar
Die Augenzeugen melden für diesen Tag keine „offiziellen" Ereignisse, außer daß General Méndez bereits in Celaya steht, das 5 Stunden von Querétaro entfernt ist, wo er mit Oberst Quiroga und dessen berühmten über 300 Reitern – den Caballeros de la Frontera – zusammentrifft.[40]

Maximilian diktiert Briefe. Er bedankt sich beim Alkalden von Querétaro für den prächtigen Empfang, übersendet Pater Fischer den Text mit Miramóns Ansprache[41] und verlangt von Minister Sánchez Navarro, daß er ihm sämtliche noch vorhandenen Auszeichnungen schicke.[42] Außerdem sollen – wie er schon bei Pater Fischer deponiert hat – 10.000 Goldpesos mit Maximilianbüste geprägt werden.

An diesem Tag hat Maximilian erstmals Zeit, sich Querétaro anzusehen. Die Stadt hat etwa 30.000 ständige Einwohner. Dazu kommen Massen von hereinströmenden Flüchtlingen, die bei Verwandten und Bekannten untergebracht sind. Die Konzentrationen von Truppen bei Kaiserlichen und Republikanern weisen auf einen bevorstehenden Kampf hin, und viele Landbewohner wähnen sich sicherer innerhalb einer großen Stadt. Querétaro hat damals nach der

Hauptstadt und Puebla die drittgrößte Bevölkerungszahl Mexikos. Es ist in der Kolonialzeit im Cuadras-Stil erbaut worden und gleicht somit einem Schachbrett. Die Straßen[43] verlaufen parallel und kreuzen sich im rechten Winkel. Die Häuser der einfachen Leute sind meist eingeschoßig, aus festgefügtem Stein erbaut und praktisch ohne Holzteile, abgesehen von einem einzigen Deckenbalken. Auch die Fußböden sind mit Steinplatten belegt. Mit ihren Flachdächern, auf denen man notfalls Brustwehren errichten und Geschütze aufstellen kann, eignen sie sich gut für eine Verteidigung. Es wird auch nicht möglich sein, die Stadt in Brand zu schießen, da es wenig Brennbares gibt. Die einfachen Bewohner haben fast keine Möbel. Sie schlafen auf Bastmatten. Nur die Truhen, in denen sie Wäsche und Kleidung aufbewahren, sind aus Holz.[44]

Querétaro besitzt zahlreiche Klöster, Kirchen und andere öffentliche Gebäude, die fest gebaut sind und sich gut für die Verteidigung eignen. Der Konvent de la Santa Cruz im äußersten Osten der Stadt ist mit 140 x 160 m Fläche, einer 3 m hohen Umfassungsmauer und kasemattenähnlichen Zellentrakten eine richtige Festung, ebenso das Kloster San Francisco im Stadtzentrum, in dessen Höfen man ein Arsenal schaffen wird. Die Stadtverwaltung hat ihren Sitz in der aus der Epoche der Vizekönige stammenden Casa de la Corregidora, 1867 Palacio Municipal genannt, dessen feste Mauern einen geräumigen Hof mit Bogengängen umschließen. Es gibt einige Großgasthöfe – Mesones genannt – und Hotels, in denen man ganze Truppenabteilungen samt ihren Pferden unterbringen kann. Nahe der Postkutschenstation – der Casa de Diligencias – ist in der historischen Casa de los Tratados, in der 1848 die Verträge von Guadalupe über riesige Gebietsabtretungen Mexikos an die USA ratifiziert wurden, ein Telegraphenbüro installiert. Allerdings sind die Leitungen nach San Luis bereits unterbrochen.

Problematisch für eine Verteidigung ist, daß die Stadt von einem Kranz von Höhen umschlossen wird, die für einen Belagerer ausgezeichnete Geschützstellungen abgeben. Von der bewaldeten Cuesta China an, über die Maximilian nach Querétaro gekommen ist, erstreckt sich eine nördlich der Stadt verlaufende Kette von Hügeln, die Cerros de la Cañada, de Patehe, de San Gregorio und de San Pablo. Südlich der Stadt, durch die Ebene von Carretas getrennt, liegen die Cerros del Cimatario und del Jacal. Nur im äußersten Westen dehnt sich die weite Ebene von Celaya. Diese kann sogar von den Verteidigern von Cerro de las Campanas aus beherrscht werden, der im Westen Querétaros allmählich zu bescheidener Höhe ansteigt, dann an seiner nördlichen Seite steil abfällt.

Dieses Querétaro des Jahres 1867 lebt erstaunlicherweise weitgehend vom Gewerbefleiß.[45] Die vom Ahnherrn der Industriellen- und Bankiersfamilie Rubio, Cayetano Rubio, Mitte des Jahrhunderts gegründeten Textilfabriken, vor allem die Fabriken von Hércules, einem kleinen Örtchen östlich von Querétaro, La Purísima und San Antonio, gehen auf eine lange Tradition der Stadt in der Textilmanufaktur zurück. Schon im 17. und 18. Jahrhundert bestanden hier Manufakturen (Obrajes), in denen Indios in fast leibeigenen Verhältnissen arbeiteten. Inzwischen stehen in den Textilfabriken moderne englische Spinnmaschinen, an denen Hunderte von „Peones" arbeiten, eine Klasse, für die Maximilian eine verbesserte Sozialgesetzgebung geschaffen hat. Daneben gedeiht das Handwerk. Überall sieht man schmiedeeiserne Gitter und Öllaternen, die das nächtliche Querétaro erhellen. Allerdings liegen die Fabriken außerhalb der Stadt, weil sie vom Wasser des Rio Blanco abhängig sind, einem Flüßchen, das im Norden träge dahinfließt, jedoch von den Obst- und Gemüsebauern voll für die Bewässerung nutzbar gemacht wird. Dazu gibt es eine Schleuse, die den Fluß in der Nähe des Cerro de las Campanas aufstaut und in Kanäle umleitet. Das Trinkwasser wird aus der östlich von Querétaro liegenden Felsenschlucht Cañada über den langen Aquädukt in die Stadt geleitet, wo es an vielen Straßenecken aus öffentlichen Brunnen sprudelt. Viele Häuser haben außerdem ihre eigenen Tiefbrunnen.

Neben der Industrie- gibt es eine Agrargesellschaft. Viele wohlhabende Bürger, die an den beiden großen Plazas oder in den vornehmen Calles del Hospital und de San Antonio in schönen, meist zweihöfigen Häusern wohnen, haben rund um Querétaro Landbesitz. Einige der in der Umgebung liegenden Haciendas sind luxuriös eingerichtet, so die Hacienda de San Juanico, die Bernabé Loyola gehört. Die südlich der Stadt gelegenen Haciendas de Carretas, de Callejas, die Casa Blanca und die Hacienda de la Capilla sind für Verteidigungsstellungen der Kaiserlichen geradezu prädestiniert. Sie haben feste Mauern, weite Höfe und geräumige Stallungen. Die Besitzer haben sich in ihre Stadtwohnungen zurückgezogen. So liegt also die Friedenswirtschaft in Erwartung einer kriegerischen Entscheidung darnieder. Doch wie immer im Kriegsfall, wird es bald andere Arbeiten geben: Schanzen müssen errichtet, Waffen und Munition gefertigt werden.

Die gebildete Gesellschaft Querétaros umfaßt nur wenige hundert Personen. Der Klerus ist Maximilian im allgemeinen wohlgesinnt, aber auch nur deshalb, weil die Republikaner viel radikaler gegen die Kirche vorgehen. Noch kann der Kaiser auf der Plaza de San

Francisco die Trümmer mehrerer Klöster sehen, welche die Republikaner in der „Guerra de la Reforma" durch Kanonensalven in Trümmer schossen. Die Patres Soria, Figueroa und Guisasola, die das geistliche Leben hier in Querétaro bestimmen, sind dem Kaiserreich gegenüber loyal. Der berühmte Padre Campa, der eine Berufung in die Notablenversammlung, welche die Wahl Maximilians beschlossen hat, ablehnte, ist dagegen ein unerschrockener Liberaler. Der lokale Geldadel, der vor allem durch die Familie Rubio repräsentiert wird, steht den politischen Auseinandersetzungen weitgehend neutral gegenüber, denn Juárez vertritt eher die Ideen des aufstrebenden Bürgertums als die der sozialen Revolution, obwohl seine Anhänger von den Kaisertreuen gern als „Rojos"[46] bezeichnet werden. Die ehemalige Jesuitenhochschule ist seit Jahrzehnten in ein Colegio Civil umgewandelt, auch Maximilian hat das nicht rückgängig gemacht. Ihre Professoren, unter ihnen einige Geistliche, aber auch bekannte Juristen, wie die Licenciados und mehrmaligen Rektoren Jesús María Vázquez und Próspero Vega,[47] die später als Verteidiger Maximilians und Mejías auftreten werden, sind gemäßigte Liberale.

Für die Unterhaltung der Bürger sorgt das wenige Schritte von der Plaza de San Francisco gelegene von Cayetano Rubio gestiftete Gran Teatro de Iturbide, wo es noch Vorstellungen gibt, weil sich die dort gastierende Wandertruppe nicht mehr auf die immer unsicherer werdenden Landstraßen wagt. Das Publikum ist bunt gemischt, man sieht dort sowohl schwarze Gehröcke, Halsbinden, bauchige Krinolinen und Spitzenschleier, als auch die Charro-Tracht der Landbesitzer und die Leinenkleider des Volkes.[48] Eine Stierkampfarena im Süden Querétaros bietet eher schlechte Corridas. Den Kaiser sieht man aber weder dort noch da. Er zieht es vor, zu Fuß oder zu Pferd, mit einem Begleiter plaudernd, durch die breiten Alleen der Alameda zu streifen, um Luft zu schnappen, oder sich unter die Leute zu mischen, wenn es Abend wird und die Kaffeehäuser, darunter ein französisches, ihre Tische auf die Straße stellen.

Donnerstag, 21. Februar[49]
General Ramón Méndez, der mit seinen Truppen aus Michoacán heranzieht, nähert sich bei glühender Hitze in Eilmärschen durch Sand dem westlich von Querétaro gelegenen Städtchen Celaya,[50] wo er seine 4.000 Mann kampieren läßt. Das geräumte Michoacán wird von den republikanischen Generälen Régules und Corona besetzt. Escobedo befindet sich mit der liberalen Nordarmee in Dolores Hidalgo. Beide Heeresgruppen stehen in Verbindung: Ihr Ziel ist es, die Kaiserlichen in der „Mausefalle" Querétaro einzuschließen.

Der Kaiser lädt die Befehlshaber der verschiedenen Truppen-Korps und die Behörden der Stadt zum Mittagessen. Erinnerungen werden wach, denn unter den Offizieren befinden sich auch die Obersten Joaquín Rodríguez und Ontiveros, welche Maximilians Thronannahmeerklärung von Miramar nach Mexiko brachten. Maximilian ist, wie sich Blasio erinnert, voll Zukunftsoptimismus. Der Glaube an das Imperio lebt noch einmal auf. Oberst López sitzt neben dem Monarchen und unterhält sich lebhaft mit ihm. Salm befindet sich den beiden schräg gegenüber und neidet diesem großen, blonden, helläugigen Mexikaner seine natürlich eleganten Umgangsformen und das Vertrauen, das der Kaiser ihm entgegenzubringen scheint. Allerdings: dieses angeblich so vertraute Verhältnis zu López wird von Leuten gerne übertrieben, welche die Distanz des Habsburgers zu allen, die ihm dienen, nicht merken, da er sie hinter gewinnender Leutseligkeit verbirgt. Er läßt sich die Schmeicheleien des Obersten gerne gefallen, aber was er wirklich von ihm hält, kann man einem von Maximilian handschriftlich auf Französisch verfaßten Büchlein entnehmen, in das er einige hundert Personen einträgt, mit denen er näher zu tun hat. Über sie gibt es kürzere oder längere Kommentare, auch Urteile, die man ihm zugetragen hat. Über López stehen nur einige lapidare Sätze, die aber zeigen, daß der Kaiser sehr wohl um die Doppelbödigkeit des Obersten weiß. *Er diente 1848 in der von den Nordamerikanern aufgestellten Konter-Guerilla. Nachdem Santa Anna ihn zuerst protegiert hatte, erklärte er ihn für vogelfrei wegen Vaterlandsverrats; er hat Mut, aber man stellt seine Ehrenhaftigkeit in Frage.*[51] Maximilian weiß also genau, daß López die Neigung zur Kollaboration mit der Gegenseite hat. Gebildet ist der Oberst in keiner Weise; namentlich seine Rechtschreibung läßt zu wünschen übrig. Der in so vielen Wissenschaften dilettierende Maximilian, der Dichter und Archäologen, Architekten und Gartenbaukünstler nach Mexiko geholt hat, findet in López keinen geistig gleichrangigen Gesprächspartner, mit dem er seine Ideen entwickeln kann. Aber – der Oberst ist unterhaltsam, spielt stets den Ergebenen und Verständnisvollen und hat das seltene Talent, geheime Wünsche zu erraten. Genau das sucht Maximilian in jenen Momenten, in denen er dem psychischen Druck der Krisensituationen zu entkommen sucht, in die er sich immer wieder hineinmanövriert. Das wird schließlich auch Salms Chance werden.

Freitag, 22. Februar[52]
Um 14 Uhr reitet der Kaiser dem von General Méndez geführten 4.000 Mann starken Veteranenkorps aus Michoacán entgegen. Noch

am Vormittag hat er seine hochgespannten Erwartungen an Pater Fischer geschrieben. ... *und dann reite ich Méndez entgegen, dessen tapfere Truppen für uns eine glänzende und sehr brauchbare Verstärkung bedeuten.*[53] Der untersetzte, bärbeißig humorvolle, ebenso tapfere wie grausame Méndez, einstmals im Zivilberuf Schneidergeselle, hat nie eine Militärakademie betreten, es aber durch natürliche Kriegsbegabung und seine Treue zum Imperio zum angesehenen und gefürchteten General gebracht. Er besitzt außergewöhnlichen persönlichen Ehrgeiz und fühlt für die akademisch ausgebildeten Militärs wie Miramón und Severo del Castillo nur Verachtung.

Der Anblick der Truppe, die eineinhalb Jahre ununterbrochen im Felde gestanden ist, ist für die europäischen Begleiter Maximilians einzigartig. Salm und die Österreicher, an militärische Eleganz gewöhnt, rümpfen die Nase. Die Uniformen der defilierenden Truppe, so noch vorhanden, sind zerschlissen, manche Reiter tragen als einzige Bekleidung des Oberkörpers ein wehendes weißes Hemd, andere haben die Patronengurte am nackten Leib. Viele Reiter tragen Sandalen und haben die Sporen an die bloßen Fersen geschnallt. Doch bleibt die Indiotruppe stolz und geordnet. Maximilian selbst weiß um den ausgezeichneten Kampfwert dieser Soldaten und verteilt reichlich Orden und Medaillen.

Um 16 Uhr, während die ermüdeten Méndez'schen Krieger schon in ihren Quartieren ruhen, findet südlich der Stadt, in der Ebene von Carretas, eine Parade aller übrigen Truppenteile statt. Auf die französisch-mexikanischen Jäger und die Guardia municipal de México folgt das historische Bataillon von Celaya, dessen Ruhm noch aus der Zeit der spanischen Vizekönige stammt. Sein letzter Oberst war der legendäre Agustín Iturbide, der erste Kaiser Mexikos. Nun tragen sie einfache braune Blusen und gleichen in nichts mehr der einst so berühmten Prätorianergarde von Maximilians kaiserlichem Vorgänger. Das von López angeführte Kavallerieregiment der Kaiserin und die österreichisch-mexikanischen Husaren mit ihren Uniformen aus rotem Stoff, den die Franzosen in Hülle und Fülle zurückgelassen haben, sind äußerlich einigermaßen ansehnlich. Was dann folgt, wird von den altgedienten Berufsoffizieren verächtlich als „Chinaca verde – Grüne Freischärlerbande" abgetan, als genaue Entsprechung zur „Chinaca roja", jenen wie die italienischen Garibaldini rotblusigen Freiwilligen, die auf seiten von Juárez für die „Libertad" kämpfen. Auch die Artillerie mit ihren rund fünfzig Geschützen rollt, von Maultieren gezogen, dröhnend durch den Staub. Die Geschütze sind zwar dank der Umsicht von Oberst Arellano in gutem Zustand, doch das Bedienungspersonal ist neu und ungeübt. Der Oberst ist aber nicht nur ein blendender Improvisator, wenn es darum geht, Munition zu produzieren. Er ist selbst ein ausgezeichneter Kanonier. Von ihm werden die Artilleristen während der Belagerung lernen, mit den Geschützen so umzugehen, daß sie der Schrecken der Angreifer sein werden.

Abends feiert man wieder voll Optimismus und hochtönenden Reden bei einem großen Diner im Saal des Casinos. Das Gelage wird vom turbulenten Auftritt eines jungen, hochgewachsenen, aber ziemlich korpulenten jungen Mannes in Zivilkleidern, den ein Adjutant von General Márquez hereinbringt, unterbrochen. Ernst von Pitner, der früher dem mexikanischen Korps österreichischer Freiwilliger als Oberleutnant angehört hat, möchte dem Kaiser ein ihm widerfahrenes und ihn empörendes Unrecht schildern. Er ist nach der von den Liberalen gewonnenen Schlacht von San Gertrudis aus monatelanger Gefangenschaft mit einem republikanischen Paß, ausgestellt vom Juaristengeneral Escobedo, auf Parole entlassen worden. Das bedeutet das Versprechen, nicht wieder gegen die Republik zu kämpfen. In Querétaro hat ihn der stets mißtrauische Márquez als vermutlichen Spion sofort verhaften lassen. Doch Pitner beteuert, er sei nur gekommen, um sich für den Kaiser in Querétaro zu schlagen. Daß er dabei sein unter Druck gegebenes Wort bricht, mögen ihm andere vorwerfen; ihn selbst, einen kraftstrotzenden, kämpferischen Charakter, stört das wenig. Maximilian hat von den Bravourstücken des kampferprobten Österreichers, der ebenso gern schießt und ficht, wie er Tagebuch führt und gefühlvolle Briefe in die Heimat schreibt, gehört. Seine Vorliebe für seine Landsleute bricht sich wieder einmal Bahn. Einige Tage darauf ist Pitner Major im Stab von General Márquez. Die kommenden Kämpfe werden ihn stets in der vordersten Linie finden.

# Die denkwürdige Belagerung

Samstag, 23. Februar[54]

Nun sind sämtliche erwarteten Truppen in Querétaro versammelt. Das nützt General Miramón, um sich in Szene zu setzen. Seit alters her ist in Mexiko, ähnlich wie in Spanien, das feierliche Begräbnis eines politischen Mordopfers oder eines vom Feind Hingerichteten auch willkommener Anlaß, zur Vergeltung aufzurufen, Abscheu vor dem Gegner zum Ausdruck zu bringen. Joaquín Miramón, einer der vier Brüder des früheren „General-Präsidenten", ist zusammen mit etwa 140 Franzosen der juaristischen Massenhinrichtung nach der Schlacht von San Jacinto zum Opfer gefallen. Sogar die USA, sonst stets beflissene Schutzmacht der Republik, hatten gegen die summarischen Exekutionen protestiert, die Juárez nach seinem Gesetz vom 25. Jänner 1862, das allen Kollaborateuren der Franzosen die Todesstrafe androht, durchführen läßt.

Alle Offiziere werden zur Seelenmesse beordert. Sie findet in San Francisco statt, der zu einem umfangreichen Klosterkomplex gehörenden Hauptkirche Querétaros. Man versammelt sich auf dem davor liegenden Platz, welchen die Queretaner einfach die „Untere Plaza" nennen. Auf ihrer Südseite ragen die Trümmer der vor einigen Jahren von den Republikanern durch Kanonensalven mutwillig zerstörten Klöster in den Himmel. Mit Miramón, Márquez und Mejía nimmt auch der Kaiser an der Totenfeier teil. Er ist wie immer darauf bedacht, dem früheren Präsidenten, dessen Empfindlichkeit und geheime Aspirationen er kennt, äußerlich entgegenzukommen.

Unter der Riesenkuppel der mit Trauerfloren behangenen Franziskanerkirche liegen auf einer Bahre die Insignien eines kaiserlich mexikanischen Generals. Trauergesänge erschallen, dann beginnt das Requiem. Während am Schluß die Responsorien ertönen, krachen draußen die Ehrensalven der Infanterie. Auf der Plaza nimmt Miramón öffentlich die Kondolenzen des Kaisers und seiner Generäle entgegen – eine Demonstration der Einheit in der Stunde der Gefahr.

Gestern hat Miramón bei Arellano, der ihm wie stets seine gewandte Feder leiht – er ist, wie erwähnt, Herausgeber und Chefredakteur des offiziellen Boletín de Noticias –, einen Tagesbefehl bestellt. Dieser ist eine einzige Haßtirade gegen die Republikaner und endet mit den großsprecherischen Worten: *Soldaten! Man hat uns einen Fehdehandschuh hingeworfen, der ein Ringen auf Leben und Tod bedeutet. Erweisen wir doch unseren feigen Feinden die Ehre ihn aufzunehmen ... Doch ...: Wehe den Besiegten!*[55] Da nun schon das Gros der Republikaner unter dem Oberkommando von General Escobedo von San Luis Potosí auf der Straße nach San Miguel Allende heranrückt, beruft Maximilian für den morgigen Sonntag einen Kriegsrat ein. Doch heute schweifen seine Gedanken noch nach seinem so ungern verlassenen Retiro, dem Schloß Chapultepec. An Sánchez Navarro, den zum reinen Liquidator gewordenen Minister des verwaisten kaiserlichen Hauses, schickt er den Befehl, die gesamte restliche Dienerschaft zu entlassen, *da ja bereits alle Möbel und Wertgegenstände von Chapultepec weggebracht wurden* – nämlich nach Veracruz, um von dort gegebenenfalls mit einem österreichischen Kriegsschiff nach Miramar gebracht zu werden. Nur *der Mann, der den Garten auf dem Schloßhügel und die Wasserpflanzen betreut,* solle bleiben.[56] Gärten haben für Maximilian immer erste Priorität. Er wäre entsetzt, wenn er wüßte, daß Sánchez Navarro, wie Gartendirektor Knechtel später bezeugen wird, die besten und seltensten Pflanzen aus Chapultepec ausgraben und in seine eigene Villa in Santa Teresa bei San Angel bringen lassen wird.[57]

Sonntag, 24. Februar[58]
Am Vormittag wird auf der Plaza de San Francisco eine Feldmesse abgehalten. Die Bürger Querétaros umstehen und bestaunen die Truppen und den Kaiser. Zu Mittag gibt dieser für die hohen Offiziere der Brigade Méndez ein Bankett im nahen Casino. Nun ist er wieder in seiner Lieblingsrolle: Mexikaner unter Mexikanern. Aber nicht nur er, auch die Offiziere schätzen das, haben sie doch lange genug von Maximilians ausländischen Beratern vernommen, die Mexikaner eigneten sich höchstens als Hilfstruppen.

Am frühen Nachmittag tagt ein Kriegsrat. Dringende Entscheidungen stehen an. Zunächst werden die Truppen in eine „Ordre de bataille" eingeteilt. Die heikle Frage des Oberbefehls ist längst entschieden: Márquez erhält ihn nicht, er bleibt Generalstabschef. Der Kaiser selbst, obschon, wie er selbst erklärt „als Seemann" völlig unerfahren im Landkrieg,[59] ist Generalissimus. Die Machtaufteilung unter den rivalisierenden „großen" Generälen scheint dann relativ einfach: Die zwei Divisionen Infanterie unter Méndez und Castillo werden dem Kommando Miramóns unterstellt. Die Kavallerie befehligt Mejía, die Artillerie Arellano, der auch für die gesamte Munitionsversorgung zuständig ist.

**Aufstellung der kaiserlichen Truppen in Querétaro**

| RESERVEBRIGADE | Mann |
|---|---|
| Direkt dem Kaiser unterstellt | |
| Chef: General Ramón Méndez | |
| Infanterie: | |
| Geniekompanie | 96 |
| 1. Linienbataillon | 552 |
| 3. Linienbataillon | 507 |
| Kavallerie: | |
| 1. Kavallerieregiment (Regiment der Kaiserin) | 456 |
| Husarenpikett (Eskadron der roten Husaren) | 53 |
| Eskadron von Toluca | 33 |
| Sicherheitswache von México | 20 |
| 1 Feldbatterie und Bedienung | 76 |

*Zusammen: 1.793*

1. DIVISION (INFANTERIE) – GENERAL CASANOVA
    1. Brigade
        Chef: General Manuel Escobar

| 1. Schützenbataillon | 281 |
|---|---|
| 2. Linienbataillon | 772 |
| 1 Feldbatterie | 82 |
| 3 Berghaubitzen | 20 |

*Zusammen: 1.135*

    2. Brigade
        Chef: General José María Herrera y Lozada

| 14. Linienbataillon | 200 |
|---|---|
| Bataillon von Querétaro | 270 |
| Munizipalgarde von México | 461 |
| 3 Berghaubitzen | 21 |
| 1 Feldbatterie | 84 |

*Zusammen: 1.036*
*Stand der 1. Division: 2.171*

2. DIVISION (INFANTERIE) – GENERAL SEVERO DEL CASTILLO
    1. Brigade
        Chef: General Pedro Valdez

| | |
|---|---:|
| 1. Kaiserjägerbataillon | 308 |
| 15. Linienbataillon | 300 |
| Bataillon von Celaya | 402 |
| 1 Feldbatterie | 108 |
| 2 Berghaubitzen | 20 |

*Zusammen: 1.138*

2. Brigade
Chef: General Silverio Ramírez

| | |
|---|---:|
| 7. Linienbataillon | 524 |
| 12. Linienbataillon | 341 |
| 1 Feldbatterie | 87 |
| 3 Berghaubitzen | 24 |

*Zusammen: 976*
*Stand der 2. Division: 2.114*

3. DIVISION (KAVALLERIE) – GENERAL TOMÁS MEJÍA
1. Brigade
Chef: General José M. Gutiérrez

| | |
|---|---:|
| 4. Kavallerieregiment | 475 |
| 5. Kavallerieregiment | 345 |
| Berittene Munizipalgarde von México | 100 |
| Eskadron des Comandante Garcés | 125 |
| Eskadron von Miquilpan | 40 |

*Zusammen: 1.085*

2. Brigade
Chef: General Mariano Monterde

| | |
|---|---:|
| 6. Kavallerieregiment | 332 |
| 7. Kavallerieregiment | 94 |
| 9. Kavallerieregiment | 125 |
| Lanzenreiter (Grenzer) | 446 |
| Eskadron von La Barca | 38 |
| Eskadron von Zamora | 38 |
| Eskadron von Zinapecuaro | 62 |
| Eskadron von Tajimaro | 71 |
| Eskadron von Anganguco | 22 |
| Eskadron von Taretan | 22 |

*Zusammen: 1.250*

3. Brigade
Chef: Oberst Quiroga
„Tiradores del norte" (Berittenes Schützenregiment)          314

*Stand der 3. Division: 2.649*

PLATZDIENST VON QUERÉTARO
Chef: General Manuel M. Calvo
Bataillon von Zamora          228
Kompanie von San Juan del Río          43
Kompanie von Huichapán          39
Gendarmerie          52

*Zusammen: 362*
*Totalstand: 9.089* [60]

Nach Waffengattungen bestand die Streitmacht Maximilians in Querétaro Ende Februar aus 5.304 Mann Infanterie, 3.263 Mann Kavallerie und 522 Mann Artillerie mit 5 Feldbatterien und 2 Bergbatterien mit zusammen 40 Geschützen. Der Kampfstärke nach entsprachen diese etwas über 9.000 Mann, unter denen die in andere Einheiten übergeführten Méndez'schen Truppen besondere Kampferfahrung besaßen und auch Mejías Kavallerie gut ausgebildet und erprobt war, einem Armeekorps. Es war naheliegend, mit dieser Streitmacht zu versuchen, die heranrückenden Armeen der Republikaner nacheinander anzugreifen und einzeln zu schlagen. Durch die in Mexiko übliche „Eingliederung" der Soldaten des geschlagenen Gegners in die eigenen Reihen wäre ein Anwachsen der kaiserlichen Kampfstärke nicht ausgeschlossen gewesen. Allerdings war eine solche Taktik mit dem Risiko einer Niederlage und damit dem sofortigen Verlust des Großteils der Truppen verbunden gewesen. Eine solche Gefahr konnte durch Einigelung in eine Verteidigungsstellung lange hinausgeschoben werden, allerdings gab man dadurch dem Gegner die Chance, seine Stärke so zu erhöhen, daß seine Überzahl zum Schluß entscheidend wurde.

Das Intrigenspiel, das Maximilian durch seine Funktion als Generalissimus verhindern wollte, beginnt nun trotzdem. Obwohl der Monarch ganz bewußt Márquez zum Generalstabschef und nicht zum Oberbefehlshaber der Armee ernannt hat, empfindet Miramón, der als ehemaliger „General Presidente" diese höchste Position anstrebt, dies als Zurücksetzung seiner Person. Er läßt sich von Arellano einen Brief an den Kaiser entwerfen, in dem er betont, daß er selbst als Staatschef Márquez zum Brigadegeneral ernannt hatte, ihm aber kurz darauf wegen Ungehorsams den Prozeß habe machen müssen, weshalb er sich jetzt nicht als seinen Untergebenen betrachten könne. Maximilian schreibt zurück, erklärt ihm geduldig die Funktion eines Generalstabschefs und unterstreicht die wichtige Rolle Miramóns als Armeeführer.[61] Dieser entgegnet nichts mehr, behält aber seine Ressentiments.

Der Kriegsrat muß zur Kenntnis nehmen, daß die 9.000 Mann, über welche die Kaiserlichen verfügen, angesichts der Truppenstärke der Republikaner von rund 30.000 Mann für entscheidende Aktionen zu wenig sind. Er beschließt daher allen Mexikanisierungswünschen des Kaisers zum Trotz, den Kommandanten von Mexiko-Stadt, General Tabera, anzuweisen, die ausländischen Elitetruppen nach Querétaro zu entsenden. Es handelt sich um das aus Österreichern bestehende Husarenregiment Khevenhüller, das ebenfalls aus Österreichern zusammengesetzte Infanteriebataillon Hammerstein, die vorwiegend aus Franzosen gebildete Gardegendarmerieabteilung unter Graf Wickenburg und die reitenden Jäger unter Gerloni und Czismadia. Daß diese Kräfte allerdings die einzigen sind, welche die Hauptstadt im Falle einer Belagerung durch General Porfirio Díaz wirkungsvoll verteidigen könnten, ist nicht nur dem erfahrenen Márquez klar, sondern auch den Ministern in der Hauptstadt, die bisher ähnliche Anforderungen durch ihren Widerspruch zu Fall gebracht hatten.

Don Leonardo sieht Querétaro als eine militärische Mausefalle an und strebt, von dunklen Machtgelüsten getrieben, für sich selbst eine Rückkehr nach Mexiko-Stadt an. Maximilian dagegen bezeichnet Querétaro bereits großartig als neue „Residencia del Imperio",[62] ohne sich freilich zu fragen, wie lange diese Herrlichkeit dauern kann.

Im Augenblick sind nur kurzfristige Lösungen gefragt: Es fehlt überall an Geld. Vidaurri, bekannt als Organisationsgenie, wird zum Finanzminister ernannt und mit der Eintreibung von Zwangsanleihen unter den wohlhabenden Queretanern beauftragt. Die Bevölkerung soll aber nicht nur finanziell, sondern auch durch Arbeit zur Verteidigung beitragen. Alle arbeitsfähigen Männer werden durch Dekrete, die Maximilian und Justizminister Aguirre unterzeichnen, zum Schanzen befohlen. Davon kann man sich allerdings durch einen Obolus freikaufen, sodaß nur Tagelöhner, in die Stadt geflüchtete mittellose Bauern und Sträflinge für die Arbeit übrig bleiben. Sie errichten unter Anleitung von Angehörigen der Genietruppe einen inneren Barrikadenring, der die Einnahme Querétaros durch einen Handstreich verhindern soll, sobald Maximilians kleine Heeresmacht die Stadt zur Entscheidungsschlacht im Landeszentrum verlassen wird. Auch Minister Aguirre, der – breitschultrig und untersetzt – wie ein baskischer Bauer aussieht, verschafft sich durch Mithilfe beim Schanzen Bewegung und Popularität.

**Montag, 25. Februar**[63]
Nach Meldungen von Flüchtlingen gibt es bereits Streifscharen von republikanischen Guerillas im Vorfeld der regulären Heeresmacht. Ein Guerilleroführer namens Franco – die Republikaner nennen ihn immerhin Oberst – hat im nahegelegenen Celaya übel gehaust, während die Bewohner von Nautla den „Bandenhäuptling" Busta selbständig vertrieben haben.

Militärische Rituale und Paraden sollen nun in Querétaro die Stimmung heben und die neue Truppeneinteilung der Öffentlichkeit vorführen. Miramón und Mejía nehmen vor den staunenden Bewohnern in den engen Straßen der sonst so ruhigen Stadt die Defilees von Infanterie und Kavallerie ab. Méndez hält außerhalb, in der Ebene von Carretas, Revue über seine früheren kriegserfahrenen Kämpfer, 4.000 Mann, von denen er widerwillig über die Hälfte an andere Einheiten abgeben muß. Als Chef der Reservebrigade gebietet er jetzt nur mehr über knapp 1.900 Mann, ist dafür aber direkt dem Kaiser unterstellt. Der ehemalige Schneidergeselle, ein rhetorisches Naturtalent, münzt den schmerzlichen Machtverlust in mannhafter Rede in einen zu Herzen gehenden Abschied von alten Kriegskameraden um. Sein Bewunderer, der Franzose Albert Hans, ein gebildeter junger Mann, der als Unterleutnant der Artillerie, aber auch als schreibgewandter Sekretär und Betreuer einer mobilen Druckerei die Kampagne in Michoacán mitgemacht hat, folgt Méndez in das aus Eliteeinheiten aller Waffengattungen zusammengesetzte Reservebataillon. Er ist einer jener Offiziere, die nicht nur Sekretärsdienste bei den Generälen oder beim Kaiser selbst versehen, sondern sich bald auch als Chronisten jener künftigen Ereignisse betätigen werden, deren Dramatik sie jetzt noch nicht erahnen.

Auch Maximilian trägt mit seiner österreichisch-humanitären Art zur Hebung der Stimmung der verunsicherten Bevölkerung Querétaros bei, die sich auf schwere Zeiten einstellt. Er besucht Spitäler, Altersheime, das Armenhaus und das Gefängnis, wo er Almosen verteilt.[64] Er will ein Kaiser sein, den auch der kleine Mann hört und sieht. Viele Bewohner der Stadt werden sich ihr Leben lang an den hoch aufgeschossenen, blondbärtigen Habsburger erinnern: Wie er, die Hände auf dem Rücken, schlenkernden Schrittes und mit freundlich abwesendem Lächeln über die Plaza de la Independencia schreitet. Wie er regelmäßig, in vertrautem Geplauder mit einem seiner Offiziere, im Schatten der hohen Bäume der Alameda seine Spaziergänge absolviert. Wie er sich des Abends durch die wogende Menge drängt, eine Zigarre rauchend, und dann und wann einen Passanten um „lumbre" – Feuer – bittet. ...[65]

Dienstag, 26. Februar
Die Bevölkerung Querétaros erwartet jeden Augenblick, daß die Kaiserlichen losschlagen, aber nichts geschieht. Die republikanischen Generäle Corona und Escobedo befinden sich bereits in Guanajuato und bereiten sich für den Anmarsch auf Querétaro vor. Maximilian, fest entschlossen, sich nicht in den Streit seiner Generäle um die einzuschlagende Strategie einzumischen, hat Zeit für neue Bekanntschaften. Der junge Priester Francisco Figueroa besucht ihn im Casino.[66] Der Kaiser gewinnt ihn sofort mit seinem Charme. In wenigen Wochen wird Figueroa zu jenen gehören, die Maximilian auf dem Cerro de las Campanas sterben sehen.

Mittwoch, 27. Februar
Der Kaiser wendet sich in einem teilchiffrierten Schreiben in spanischer Sprache abermals an Fischer, den er drängt, die Regierung zu regelmäßigen Geldsendungen nach Querétaro zu verhalten.
*Pflicht des Ministeriums ist es, alles zu unternehmen, daß ich jeden Monat über eine Summe von 150.000 Pesos verfügen kann. Wenn ich damit rechnen kann, werde ich eine feste und geregelte Vorgangsweise einschlagen können, wenn nicht, wird meine Verantwortung für die Zukunft enden ... Ich habe zu meinem Amüsement die berühmte Aussendung von Porfirio Díaz gelesen. Es scheint, daß Burnouf betrunken[67] war, sonst hätte er ohne die geringste Erlaubnis nicht soviele Lügen verbreiten können. Falls Lares oder andere Leute von dieser tollen Angelegenheit erfahren, ermächtige ich Sie, alle Dummheiten dieses armen Kerls zu dementieren, der natürlich nicht aufgrund meiner Idee, sondern auf Vorschlag eines anderen auszog ... Stellen Sie fest, ob es wahr ist, daß Bazaine in seinem eigenen Haus ausgeraubt wurde, das wäre eine ausgezeichnete Strafe der Vorsehung. Einer meiner Agenten erzählt mir, daß man ihm gar nichts geraubt hat, sondern daß er dieses Gerücht nur verbreitet, um unter diesem Vorwand große Summen an unsere Feinde zu senden.*[68]

Maximilians Vertrauter, dem der Kaiser gleichermaßen über Geldsorgen und Tratsch berichtet, sitzt an diesem Tag in seiner Kanzlei im Palacio de México und schreibt seinerseits deutsch an Maximilian: ... *Nach allen hier einlaufenden Nachrichten scheint es hervorzugehen, daß die*

*Dissidenten doch beabsichtigen, Eurer Majestät eine Schlacht zu liefern und in der Zwischenzeit Puebla und Mexiko ganz und gar einzuschließen ... weshalb die Gelegenheit brieflich zu verkehren bald vorbei sein wird. Ich erlaube mir deshalb, Eurer Majestät zu sagen, daß nun alle Pakete in Sicherheit gebracht sind, mit Ausnahme der eisernen Kiste, welche morgen ebenfalls versandt werden wird.*[69]

Anschließend trägt auch er mit kleinen Bosheiten zur Unterhaltung Maximilians bei, dessen Spottsucht er gerne entgegenkommt:
*Von energischen Maßnahmen, welche die gegenwärtige Situation erfordert, ... darf man in Gegenwart der beiden alten Frauen Lares und Lacunza nicht sprechen. Denn sogleich lächelt Marín denselben zu und Mier ... runzelt seine Stirne, und damit bleibt jeder Vorschlag zurückgewiesen, höchstens ist Lacunza so gnädig zu erwidern, ich hätte sollen Soldat werden ... Ich befürchte, daß man uns eines schönen Tages aus dem Schlafe wecken wird mit der Nachricht, die Stadt Mexiko ist republikanisch.*

Zum Schluß serviert Fischer dem Kaiser noch eine bittere Wahrheit, an die Maximilian sehr bald wird glauben müssen:
*... ich bitte Eure Majestät, einen Augenblick zu berücksichtigen, daß wenn man sich in Puebla, Mexiko und Querétaro einschließt, so brauchen die Dissidenten keinen Schuß zu tun, sondern indem man alle Verbindungen abschneidet, ist die Frage rein eine Hungerfrage.*[70]

Den Abend verbringen viele Queretaner sowie zahlreiche kaiserliche Offiziere „im Iturbide", dem Stadttheater. Man hat Eugène Sues Roman „Mathilde" dramatisiert. Danach begibt man sich in die sich übertrieben als „fondas francesas" bezeichnenden Gastwirtschaften.[71] Maximilian zieht es vor, den Abend in Gesellschaft einiger Getreuen im Casino bei dem „boliche" genannten Kegelspiel zu verbringen. Alle wissen, es sind ihre letzten ruhigen Momente vor dem herannahenden Sturm.

### Donnerstag, 28. Februar[72]

Einige Tage vergehen mit hektischen Truppenübungen, die nur darüber hinwegtäuschen, daß die kaiserliche Führung nicht weiß, was sie eigentlich will. Die republikanischen Vorhuten haben mit 1.000 Mann Kavallerie bereits San Miguel de Allende erreicht, das nur 14 Meilen von Querétaro entfernt ist, und in Celaya haben die juaristischen Generäle Corona und Régules ihre Truppen aus Jalisco und Michoacán zur Westarmee vereinigt. Im Süden Querétaros sperren die Guerrilleroführer Fragoso und Carbajal die Straße nach Mexiko-Stadt, und im Nordosten okkupiert General Rivera die Straße durch die Cañada in die Sierra Gorda, wo Mejías kaisertreue Indios stehen.

Jetzt wäre für die Kaiserlichen der richtige, besser gesagt, der letzte Augenblick gekommen, dem erst im Aufmarsch begriffenen Gegner entgegenzurücken und seine Einheiten nach einem wohldurchdachten taktischen Plan einzeln zum Kampf zu stellen und zu schlagen. Warum aber geschieht nichts? – Einerseits wartet Maximilian auf eine Antwort auf sein Kongreßangebot an Juárez, andererseits auf Truppenverstärkungen und Subsidien aus Mexiko-Stadt, die gar nicht kommen können, weil die Regierung die Hauptstadt nicht völlig entblößen kann. So liefern diese Maximilian nur eines: den bitter nötigen Sündenbock für das eigene Nichtstun. *Das Ministerium und insbesondere Campos (der Staatssekretär für Finanzen) spannen ein Lügengewebe, dessen nächstes Resultat das Ausbleiben des Husarenregimentes und der gezogenen Geschütze und die Zusendung von nur 29.000 Piastern* (statt der angeforderten 100.000) *waren,* diktiert der Kaiser dem Oberleutnant des Husarenpiketts Theodor Kaehlig in seine bruchstückhaften Memoiren.[73]

Gegen Márquez, der den heftigsten Widerstand gegen ein Aufgeben der Operationsbasis Querétaro leistet, kann Maximilian auch deshalb nichts ausrichten, weil er in Gedanken noch immer in der Hauptstadt weilt. Seine Enttäuschung über die Minister, die ihm vertröstende Briefe schreiben, aber nichts unternehmen, und gegen die auch der energische Pater Fischer nicht aufkommt, seine Sorge um das Schicksal des aufgelösten österreichischen Freikorps und seiner Dienerschaft auf Schloß Chapultepec, die keinen Lohn mehr erhält, und schließlich die Frage, was man wohl im Ausland über sein Verlassen der Hauptstadt denke, blockieren seine ohnedies nicht sehr große Entschlußkraft. Seine deutschsprachigen Korrespondenzen mit Pater Fischer, den er beauftragt, weiterhin den Ministerräten beizuwohnen und ihm die Protokolle über diese zuzusenden,[74] und dem früheren Schiffskapitän Schaffer, dem alten Bekannten aus der österreichischen Marine, den er zum Oberstleutnant der Palastgarde gemacht hat, dienen als Ventil für Ärger und Enttäuschungen, sind aber im Grunde Zeitverlust, weil Maximilian schon jetzt ahnt, daß er aus der Hauptstadt nichts mehr zu erwarten hat.

Freitag, 1. März[75]
Jeder vertreibt sich die Zeit auf seine Art. Felix Salm, der dem Stabe Vidaurris angehört, ist für dessen neue Aufgabe, die Queretaner zu Geldabgaben zu verhalten, als Ausländer nicht der richtige Mann. So vergnügt er sich mit Theaterbesuchen. Salm findet die dort gespielten Stücke „herzlich schlecht", was vielleicht auch mit seinen rudimentären Spanischkenntnissen zu tun hat. Leichter für Ausländer zu

fassen sind da schon Stierkämpfe. Die dicht gefüllte Arena befindet sich neben der Alameda, dem Stadtpark, in dem sich Maximilian des öfteren zum Spaziergang einfindet. Da die Pferde der Picadores in jener Zeit noch keinen wattierten Schutz tragen, richten die Stiere unter ihnen ein Blutbad an, bevor sie selbst verendend in die Knie gehen. Für Salm, der sich bisher am Menschenblut des Kriegsgegners nicht gestoßen hat, ist dieses Kampfspiel nur ein neuer Beweis für die moralische Verkommenheit der Mexikaner.

Der Kaiser besucht weder den Stierkampf, noch sieht man ihn im Theater. Wenn er sich unterhalten will, liest er, philosophiert mit seinem Leibarzt, dessen scharfe Zunge er schätzt, oder er spielt Kegel – boliche –, Domino oder Whist. Und er hält Ausschau nach intellektueller Gesellschaft. Der Justizminister García Aguirre macht ihn mit einem zum Geschichtsschreiber gewordenen Advokaten, Don Ignacio Alvarez, seinem täglichen Tischgefährten, bekannt. Alvarez hat Miramón auf seinem Vorstoß nach Guanajuato begleitet und war in der Schlacht von San Jacinto dabei. Dieser und Mejía singen das Loblied des Chronisten, von dem sich Maximilian (wieder einmal) eine Geschichte seines Kaiserreiches erwartet. Er zeichnet ihn mit dem Guadalupekreuz aus. Sein täglicher Umgang mit Miramón und Mejía bringt Alvarez in den Besitz wertvollster Informationen, die er in seinem Tagebuch festhält, und der Kaiser selbst sorgt, daß er alle verfügbaren Daten erhält. Aguirre nennt ihn den „Chronisten Seiner Majestät".[76] Er wird einer der wichtigsten Augenzeugen des letzten Tages der Belagerung sein.

Aber der Kaiser schätzt auch militärische Schauspiele. Heute gibt es eine Revue von Mejías Kavallerie. Mejía ist im Moment wieder einigermaßen gesund. Der Kaiser glaubt überhaupt, daß seine Krankheit vor allem psychisch bedingt ist, da der junge, spöttische Miramón den einfachen, treuen Indio unterdrückt und bloßstellt, wo er nur kann.

Hoch zu Roß neben dem Kaiser blickt Mejía stolz auf seine wohltrainierte Kavallerie. Pferde und Uniformen sind besonders gut gepflegt. Ein Teil der Reiter besteht aus den Caballeros de la Frontera, den „Grenzern", sowie „Irregulares", zusammengesetzt aus Strafkompanien vom Rio Grande del Norte, die zum Teil Ausländer sind. Ihr Chef Quiroga soll ein natürlicher Sohn General Vidaurris sein. Als „Vidaurri-Leute" haben sie in dessen liberaler Phase sogar gegen Mejías Truppen gekämpft, bevor sie mit Vidaurri das Banner wechselten und zum Kaiserreich übergingen.

Mejías Gedanken sind in der Calle del Descanso, in dem einfachen Haus, in dem seine junge Frau Agustina ein Kind erwartet. Zum Unterschied von dem Ex-Präsidenten Miramón, der mit der wohlhabenden Concha Lombardo verheiratet ist und auch in Querétaro ein ansehnliches Bürgerhaus als sein standesgemäßes Hauptquartier requiriert hat, in dem er große Gesellschaften und Gelage gibt, ist Mejía bis auf einige Äckerchen in der Sierra Gorda und ein paar Kühe praktisch ohne Vermögen. Und seine Krankheit ist – leider – durchaus nicht seelisch bedingt, sondern ein schmerzhaftes rheumatisches Fieber, das, wie Dr. Licea, sein Arzt,[77] befürchtet, aber nicht ausspricht, wahrscheinlich nur ein Sympton einer beginnenden Lungenkrankheit ist. Es kann natürlich nicht ausbleiben, daß im ebenso klerikalen wie klatschsüchtigen Querétaro auch andere Theorien über einen „schändlichen" Ursprung dieser Krankheit umgehen, und als geborener Mexikaner kennt Mejía den Erfindungsreichtum jener, die ihn diffamieren wollen, obwohl er bei den meisten Queretanern als „Don Tomasito" äußerst populär ist.

Samstag, 2. März[78]
Die Kriegskasse ist praktisch leer. 150.000 Pesos müssen durch eine Zwangsanleihe aufgebracht werden. Der Palacio Municipal auf der Plaza de la Independencia ist Schauplatz einer Versammlung von sorgfältig gekleideten Herren, meist würdigen, älteren Honoratioren. In einer Sitzung aller Vermögensbesitzer wird eine Kommission gebildet, welche die Aufteilung vornehmen soll. Diese „Junta cuotizadora"[79] entscheidet nicht nur nach Vermögensumfang, sondern auch nach politischer Einstellung. Wer liberal denkt, muß mehr beitragen.

An der Spitze der Reichen von Querétaro steht natürlich die mehrfach erwähnte Familie Rubio. Der Stammvater, Don Cayetano Rubio, ist bereits siebzig und hat die Geschäfte seiner zahlreichen Textilfabriken und der Rubio-Bank in Querétaro seinen Söhnen Carlos und Manuel übergeben. – Ein anderer Reicher, der durch die Zwangsabgabe zum Handkuß kommt, ist Bernabé Loyola. Er ist der Besitzer der südöstlich von Querétaro gelegenen ausgedehnten Hacienda de San Juanico, auf der es Schafweiden, Getreidefelder und Wälder gibt. Der Hacendero aus baskischem Stamm, der Härte und Bauernschlauheit besitzt, hat erst kurz zuvor ein Regiment Franzosen zwangsweise zu Gast gehabt und ist beim Herannahen der Republikaner aus seiner reich ausgestatteten Wohnung, die sogar den Luxus eines Klaviers aufweist, nach Querétaro geflüchtet. Seinem politischen Credo nach ist er zwar liberal, doch hält er sich lieber im sicheren kaiserlichen Querétaro auf, als daß er noch einmal eine Art Gefangener des bei ihm einquartierten Kriegsvolkes ist. Während er hier in Querétaro in einer bequemen Wohnung auf der Plaza de la Independencia die weitere Entwicklung abwartet und inzwischen

mit General Méndez mit der Sicherheit des wahrhaft Reichen um die
von ihm zu entrichtende Abgabe feilscht, fällt es den Republikanern
umso leichter, sich von seiner Hacienda zu nehmen, was sie brauchen. Und sie brauchen eine ganze Menge: Vieh, Maultiere, Getreide,
nicht zuletzt das spärliche Holz. General Escobedo benötigt zum Beispiel zur Verbindung mit San Luis Potosí, dem vorläufigen Sitz der
Regierung Juárez, eine intakte Telegraphenleitung. Loyola hat jüngst
Bäume fällen lassen, und das Holz eignet sich – leider – trefflich
für die Masten. So leistet Don Bernabé doppelt: in Querétaro die
Zwangsabgabe an die Kaiserlichen und in San Juanico die ebenso
unfreiwillige Baumlieferung an die Liberalen. Von der Dachterrasse
seines Hauses, das im Volksmund nach einem ausgebrannten Geschäftslokal „Portal Quemado" heißt, kann er sogar durch sein Fernrohr sehen, wie sie seine Baumstämme mit Maultieren abschleppen.
Später wird er die Kämpfe zwischen Belagerern und Belagerten als
unbeteiligter Zuseher beobachten und auf seine sehr zivilistische Art
und Weise beschreiben.[80]
   Während seine Beauftragten bei den Bürgern von Querétaro Geld
eintreiben, fühlt sich Maximilian, hier durchaus österreichisch denkend, verpflichtet, sich vor den geplagten Einwohnern zu rechtfertigen. Allerdings liebt der Kaiser keine direkten Konfrontationen mit
dem Volk. So richtet er ein Handschreiben an Minister Aguirre, mit
dem Auftrag, es im Boletín de Noticias abzudrucken.
   Sein auf diese Weise veröffentlichtes (letztes) politisches Programm ist ebenso eindeutig wie undurchführbar: *Ein von der Nation
gewählter Kongreß, der wahre Ausdruck der Majorität, mit freier Vollmacht
ausgestattet, ist das einzige Mittel, den Bürgerkrieg und das so traurige
Blutvergießen zu beenden. Jedoch jene Männer, die vom Fortschritt sprachen,* – gemeint sind die Liberalen – *wollten oder konnten sich nicht
einer solchen Entscheidung unterziehen ... sie wollten als blinde Parteigänger nur mit dem Schwert in der Hand herrschen. ... Wenn wir im Kampfe
unterliegen sollten, dann wird das Urteil des Landes Uns Gerechtigkeit
widerfahren lassen, es wird sagen, daß Wir die wahren Verteidiger der
Freiheit gewesen, ... daß Wir im guten Glauben den Schritt getan haben,
das Prinzip des nationalen Willens triumphieren zu lassen. ...*[81]
   Glaubt Maximilian noch an einen Sieg seiner Truppen? Am Nachmittag kommt Salm ins Casino zum Kaiser, der sich eben gewohn-
heitsgemäß für den nachmittägigen Ausritt vorbereitet. Vor dem Fürsten, der nie mit hochfahrender Kritik an den Mexikanern spart, hat
auch Maximilian keine Hemmungen, zumal die Mexikaner die
deutsch geführten Gespräche nicht verstehen. Während sie zu Pferd
durch die geometrisch angelegten breiten Wege der Alameda – des

Stadtparks Querétaros – traben, bringt ein Adjutant dem Kaiser ein Schreiben aus Mexiko. Nachdem dieser es gelesen hat, sagt er zu Salm: *Sehen Sie einmal dieses Gesindel! Die Kerle haben Angst und wollen die Truppen nicht schicken. Sie sagen, die Hauptstadt sei in Gefahr. Sie haben nur Angst für sich selbst.* Leider haben „die Kerle" berechtigterweise Angst, denn in wenigen Wochen wird die Hauptstadt tatsächlich von einer republikanischen Übermacht unter Porfirio Díaz eingeschlossen sein und sich mit ungenügenden Kräften mühsam verteidigen müssen. Die Hoffnung Maximilians auf Verstärkungen aus der Hauptstadt erweist sich jedenfalls als illusorisch. An einen glückhaften Ausgang des Krieges kann auch er nicht mehr glauben, ihm geht es um die Ehre des Namens Habsburg und um sein Ansehen vor seiner Familie, denn bei unglücklichem Ausgang scheint vorläufig nur der Ausweg einer Rückkehr nach Österreich zu bleiben.

Und so schreibt er auch an den österreichischen Naturwissenschaftler, den beleibten geistlichen Professor Bilimek, der am Gymnasium von Orizaba jener jüngst vergangenen Zeiten gedenkt, da er an jenem prachtvollen, mit Cuernavaca vergleichbaren Orte mit dem Kaiser Schmetterlinge jagte, während der dort tagende Staatsrat die Frage einer möglichen Abdankung des Souveräns behandelte: *In den nächsten Tagen werden wir unser Glück versuchen. Gelingt uns der Schlag, so hoffe ich, daß wir uns bald in Mexiko, oder an einem Punkte des Inneren wiedersehen. Gelingt er nicht, so haben wir wenigstens als ehrliche Leute gekämpft und bewiesen, daß wir es doch noch einige Wochen länger als die weltberühmten, glorreichen Franzosen ausgehalten haben.* Und auf ein Thema eingehend, das den Naturgeschichtsprofessor mehr interessiert als die möglichen Entwicklungen des Krieges: *Ich habe, während die Kugeln um uns pfiffen, in dem interessanten Wald von Calpulalpan die schönsten Schmetterlinge ruhig dahinflattern sehen, und hier in Querétaro haben wir eine Gattung Wanzen entdeckt, cimex domesticus Queretari, welche die zweifache Anzahl Stich- und Saugwerkzeuge zu haben scheint und das Erstaunen aller Ankommenden erregt.*[82] Maximilians philosophischer Abstand zur Realität, die ihn gerade umgibt, ist bezeichnend. Er schützt sein Innenleben, verhindert aber jedes tatkräftige Eingreifen. So ergötzt es ihn auch, dem geistlichen Naturwissenschaftler in das nunmehr entdeckte Vorleben des Pater Fischer einzuweihen: *Ihren Busenfreund und geistlichen Collegen Fischer habe ich hier in Mexiko zurückgelassen, wo er ein Opfer peinlichster Sorge für seine und der übrigen Staatsmänner Existenz ist. Dagegen habe ich auf meinem jetzigen Zuge Fischers aufgetrieben. Ich meine nämlich den vielbesprochenen Herd des frommen Hirten, oder um klarer zu sprechen, ich bin endlich auf die Spur der Fischerschen Familie gekommen. Es ist keine dunkle Sage, kein Bild der*

*Phantasie, die Fischers existieren in Fleisch und Blut, „verbum caro factum est!"Nur hat die Sache ihren bedenklichen Haken. Ein Freund des Hauses, der die heitere Geschichte mitangesehen hat, der die Facta bis in die kleinsten Details kennt, hat uns hier in Querétaro die jocose Wahrheit mitgeteilt. Ob außerdem noch amerikanische Fischers von der vorsündflutlichen Zeit her bestehen, als ihr Freund und College noch amerikanischer Advocat war, weiß ich nicht, darüber müssen Sie die Spuren verfolgend seiner Zeit Aufschluß geben.*[83]

Am Abend erhält der Kaiser die beruhigende Nachricht, daß bereits die ersten Einzahlungen der Bürger Querétaros in die Kriegskasse erfolgt sind. Nachdem nun Geld eingeht und auf Truppenverstärkungen ohnedies nicht zu rechnen ist, schreibt Maximilian an seine Regierung, sie solle vorläufig keine Truppen schicken. Doch ohne Truppen sind auch keine Geldsendungen möglich; also solle man ihm Wechsel übermitteln. Der Kaiser mag nun schreiben was er will, seine Befehle bleiben in Mexiko-Stadt unbeachtet.

Sonntag, 3. März[84]

Querétaro befindet sich nun knapp vor der Einschließung: In San Miguel Allende stehen die Republikaner unter dem Oberbefehl General Escobedos mit 2.800 Mann Infanterie, 2.000 Reitern und 18 Geschützen. Mit ihm marschiert General Treviño, dessen 4.000 Reiter die beste Kavallerietruppe Mexikos sind. Sie sind ausgezeichnet bewaffnet, beritten und diszipliniert. Im Südwesten nähert sich General Corona mit der Westarmee auf der Straße nach Acámbaro. Im Süden, auf der Straße nach Mexiko-Stadt, ziehen sich die Truppen des Gegners zusammen und besetzen San Juan del Rio. Im Norden, in der Sierra Gorda, hat General Rivera den Paß von Chichimequillas besetzt. Damit ist bis auf wenige Unterbrechungen ein Gürtel um die Stadt gezogen, der einen unmittelbar bevorstehenden Angriff erwarten läßt.

Maximilian weiß genau, daß Miramón nur auf seinen Befehl zum Gegenschlag wartet. Er ist der schnelle Angreifer, der hohes Risiko nicht scheut. Sein Vorschlag, die noch getrennt operierenden Heeresgruppen Corona und Escobedo, zwischen denen rund 60 Meilen liegen, nacheinander zu attackieren und zu schlagen, bevor sie sich noch vereinigen können, hat einiges für sich. Aber der Generalstabschef Márquez ist dagegen, und für den „Generalissimus" genügt das, um Miramóns Eifer zu bremsen. Der Kaiser wird später entscheiden. Er wird seinen Entschluß, wie zumeist, so lange aufschieben, bis es zu spät ist. Es wird immer sicherer, daß Querétaro einer lange dauernden Belagerung entgegeht. Artilleriedirektor Arellano nützt die Wartezeit, um rastlos Munition anfertigen zu lassen: 8.000 Patronen werden pro Tag hergestellt.

Als es dunkel wird, befindet sich Maximilian im vertrauten Kreis beim Abendessen, eine Situation, in der er sich wohlfühlt. Da sitzt der beschäftigungslose Justizminister Aguirre, der trotz allem seinen bärbeißigen baskischen Humor nicht verloren hat. Da sitzen wieder Oberst Joaquín Rodríguez und Major Ontiveros,[85] die im April 1864 Maximilians Thronannahmeerklärung nach Mexiko gebracht hatten, während der künftige Souverän den Umweg über Rom nahm. Da sind noch die Ordonnanzoffiziere Pradillo und Ormaechea – und zwei eifrige Tagebuchschreiber, Dr. Basch und Sekretär Blasio, die sich viele Jahre später an die Gespräche erinnern werden. Man kommentiert ziemlich resigniert die Lage. Was war eigentlich geblieben vom Imperio, dessen Grenzen von Paso del Norte bis Chiapas reichen sollten? Die kaiserlichen Fahnen wehen nur mehr über Mexiko-Stadt, Querétaro, Puebla, Orizaba und Veracruz.

Montag, 4. März[86]
Corona marschiert mit seiner Heeresgruppe von Celaya nach Apaseo – ganz in der Nähe Querétaros –, läßt diese aber außerhalb des Ortes kampieren. Man ist zum Angriff bereit. Auch Escobedos Truppen sind aus San Miguel abmarschiert und nähern sich Querétaro.

Maximilians Handschreiben an Minister Aguirre erscheint im Boletín de Noticias, aber wen interessiert das jetzt noch? Die Einwohner Querétaros erwarten jeden Tag den Angriff der liberalen Truppen, und die Armee bereitet sich auf den Kampf vor. Das „Regiment der Kaiserin", das im geräumigen Hotel del Aguila Roja logiert, erhält bereits den Befehl zum Säbelschleifen.

Dienstag, 5. März[87]
Westlich des Cerro de las Campanas, in der Ebene von Celaya, drei Meilen von Querétaro entfernt, zeigen sich in der Morgendämmerung die ersten Infanterieeinheiten der Liberalen. Es sind die Truppen Escobedos, bestehend aus den Bataillonen aus Nuevo León, Coahuila, Durango, Zacatecas und San Luis Potosí, insgesamt sollen es rund 17.000 Mann sein. In einigem Abstand rücken von Südwesten her die Einheiten Coronas nach, die aus Sinaloa, Sonora, Jalisco und Colima kommen, zusammen rund 18.000 Mann. Eine Vereinigung dieser zwei Heeresgruppen allein ergibt bereits eine vierfache Truppenüberlegenheit gegenüber den Kaiserlichen.

Nach einer großen Inspektion und Schießübungen der Division Miramón beruft der Kaiser am Nachmittag den Kriegsrat ein.

Márquez, Miramón, Mejía, Méndez und Castillo kommen. Von einem kaiserlichen Angriff kann jetzt nach so langem, entschlußlosem Zuwarten nicht mehr die Rede sein. So ist man sich rasch einig. Die Truppen werden für morgen in die vorbereiteten Verteidigungspositionen befohlen. Im Norden wird Castillo den Straßenzug entlang des Rio Blanco besetzen, eines trüben, träge dahinziehenden, durch Schleusen gestauten größeren Baches. Im Süden soll Mejías Kavallerie in den Höfen der Casa Blanca, einer weitläufigen Hacienda, kampieren. Das Zentrum der nach Westen, wo der Gegner steht, ausgerichteten Verteidigung ist der Cerro de las Campanas, auf dem Verschanzungen errichtet werden. Dort werden ein Schützenbataillon und eine gemischte Batterie stehen. An den Cerro werden sich die zwei Infanteriedivisionen Miramóns anlehnen. Im Stadtzentrum bleibt nur mehr die Reservetruppe unter Méndez. Da man für morgen, Aschermittwoch, einen Angriff erwartet, schickt man Priester und Mönche zu den Regimentern, damit sie die Beichte abnehmen.[88] Dr. Basch und die mexikanischen Ärzte stellen sich auf einen blutigen Kampftag ein.

Aschermittwoch, 6. März[89]
Um 4 Uhr früh rufen die Glocken der Kirchen zur ersten Messe. „Staub bist du, und zu Staub sollst Du werden". – Maximilian verläßt mit seinem Stab das Casino. Durch dichten Nebel bewegt sich die Reitergruppe auf den Cerro de las Campanas zu. Die Truppen sind rundum im Anmarsch auf ihre Stellungen, in den Nebelschwaden sieht man von ihnen höchstens Umrisse, aber man hört ihren Marschtritt, das Getrappel der Pferde und das Rollen der Kanonen.

Um 7 Uhr dringt die Sonne durch die verdunstenden Nebelschwaden. Die kaiserlichen Truppen stehen in Schlachtordnung: In Nord-Südrichtung zwischen dem Hügel San Gregorio und dem Cerro de las Campanas die Division General Castillos, dann bis zur Hacienda de la Capilla die Division General Casanovas, und schließlich Mejías Reiterei an der linken Flanke der Schlachtlinie, um das Stadttor „Garita de Pinto". Die Reservebrigade unter Méndez wartet 600 m östlich davon, auf dem Platz vor der den Rubios gehörigen Tabakfabrik, nahe dem Stadtzentrum. – Fern im Westen zeichnet sich am Horizont die feindliche Truppenlinie ab, deren Bajonette in der Sonne blitzen. Coronas Einheiten stehen bei den Haciendas La Calera, Estancia de las Vacas und El Castillo; die Escobedos weiter nördlich bei der Hacienda de Alvarado.

Der Kaiser reitet unter dem Geschmetter der Trompeten im Galopp die Verteidigungslinie ab. Er ist ein gewandter, ja passionierter

Reiter, anders als sein steif zu Pferde sitzender Bruder Franz Joseph. Er genießt den Augenblick, der ihn, den Seemann, erstmals in seinem Leben an die Spitze eines kampfbereiten Landheeres stellt. Am Fuße des Cerro trifft er wieder mit Miramón und Márquez zusammen. Miramón spricht sich wieder jugendlich feurig für einen sofortigen Angriff aus, er rechnet mit dem Enthusiasmus der schon bis zum Äußersten gespannten Truppen. Aber Márquez winkt trocken ab, verweist auf die Übermacht des Feindes und den Vorteil der eigenen gut ausgebauten Verteidigungsstellungen. So geschieht den Tag über gar nichts, denn auch die Republikaner halten sich zurück. Escobedo hat von Juárez Weisung, Querétaro menschenschonend einzunehmen, auch wenn es Zeit kostet.

Um 8 Uhr morgens ist Maximilian wieder im Stadtzentrum, doch nach einem Besuch der Aschermittwochsfeier in der Kirche San Francisco beschließt er, sein Hauptquartier vom Casino direkt auf den Cerro de las Campanas zu verlegen.

Nachmittags ist wieder Kriegsrat. Dieser bestätigt einstimmig, daß die Kaiserlichen nun den Angriff des Gegners abwarten sollen. Um 5 Uhr nachmittags reitet Maximilian abermals zur Inspektion der Linien. Er kehrt gar nicht mehr ins Stadtzentrum zurück, sondern beschließt, bereits jetzt die Nacht auf dem Cerro zu verbringen und im Freien zu kampieren. Er lehnt es ab, das auf dem Cerro aufgeschlagene elegante Zelt Miramóns zu benützen; er wird auf einer Sarape auf dem Boden schlafen. Der Habsburger, der unbefangen allen Luxus genießt, wenn er ihn haben kann, wird sofort genügsam, ja bedürfnislos, wenn die Situation um ihn kritisch wird. Die Generäle, die ihre bequemen Stadtquartiere auch jetzt nicht verlassen, belächeln das insgeheim, doch bei den Soldaten macht es ihn populär. Der Kaiser möchte aber auf alle Fälle seinen Leibarzt bei sich haben, und so übersiedelt Basch, der kleine, bärtige Doktor mit dem stechenden Blick, auf den Cerro.

Der hochintelligente, sensible Jude aus Wien ist in schwierigen Situationen ein kühl kalkulierender, ausdauernder Intellektueller, der den Krieg zwar nicht liebt, ihn aber mit der Resignation seiner leiderfahrenen Rasse, so gut es geht, aushält. Notgedrungen bewegt er sich auch zu Pferd fort, wenn es sein muß. *Zum Glück ist der Kaiser jetzt durch das trocken sonnige Wetter von den Beschwerden des Wechselfiebers frei, fühlt sich wohl und ist durch all die kriegerischen Vorbereitungen wohltuend abgelenkt von der Absenz der Kaiserin und dem Wissen um ihre Geisteskrankheit.* Basch macht seine Tagebuchnotizen im Telegrammstil, doch er weiß: eines Tages wird er – kraft seines guten Gedächtnisses – rückblickend ein ausführliches, spannendes Tagebuch zusammenstellen, das auch seine Käufer finden soll.[90]

Während Menschen, Pferde und Maultiere hinter den Brustwehren des Cerro in buntem Durcheinander herumliegen, diktiert Maximilian einen Aufruf an seine Truppen, unter denen freilich die wenigsten lesen können: *Soldaten! Wir stehen vor Ereignissen, die endgültig das Schicksal unseres geliebten Vaterlandes entscheiden werden. Nicht blinde Leidenschaft noch Parteigeist haben uns zu diesem Feldzug veranlaßt. Die Pflicht legt das Schwert in unsere Hände. Es geht um die Festigung unserer Unabhängigkeit und um die rasche Beendigung eines blutigen Krieges. Darauf richtet sich unser ganzes Verlangen. Denkt daran und kämpft tapfer, kraftvoll und ausdauernd ...* Für den Fall des Sieges warnt er seine Soldaten vor unüberlegten Racheakten. Und er endet stilgerecht martialisch: *Gegeben im Feldlager auf dem Cerro de las Campanas zu Querétaro um 10 Uhr abends am 6. März 1867.*[91]

### Donnerstag, 7. März[92]

Da die Höhen nördlich von Querétaro dem Gegner eine hervorragende Artillerieposition bieten würden, besetzen die Kaiserlichen den San Gregorio, auf dem sich eine alte Kirche befindet. Weil man den Angriff der Republikaner aus dem Westen erwartet, wird die Reservebrigade zum Torgebäude (Garita) an der Straße nach Celaya verlegt. Im äußersten Osten der Stadt bildet das Kloster von Santa Cruz, von der Bevölkerung kurz „die Cruz" genannt, ein festungsartiges Bollwerk. Dort kommandiert im Augenblick General Calvo, ein betagter Veteran, der nur mehr ein Bein und einen Arm hat. Er hat stets seinen halbwüchsigen Sohn um sich, der ihm, soweit das geht, die fehlenden Gliedmaßen ersetzt, ihn stützt, ihm den Säbel hält, wenn er seine Soldaten anfeuert.

Die Bevölkerung ist verängstigt, weil das Gerücht umgeht, die Liberalen wollten im Falle ihres Sieges die „kaisertreuen Queretaner" samt und sonders liquidieren. Schon um dieser bangen Ungewißheit zu entgehen, verlangen viele Einwohner Waffen, stellen ein Freiwilligenkorps auf und besetzen damit die Barrikaden.

Seit dem Morgengrauen erwartet man den gegnerischen Angriff. Aber die Sonne steht schon hoch über den Bergen und man hört nur einzelne Gewehrschüsse, die zwischen den beiderseitigen Vorposten gewechselt werden. Um 9 Uhr macht der Kaiser einen Inspektionsritt entlang des Rio Blanco, wo die Division Castillo in Verteidigungsstellungen liegt. Das Viva-Rufen der Soldaten hört man bis auf den Cerro. Dort wird unter der Leitung des Majors von Görbitz, eines Generalstabsoffiziers Miramóns, intensiv geschanzt,

Geschützbettungen werden angelegt und ein Pulvermagazin wird eingerichtet.

Mit dem Cerro des las Campanas hat sich Maximilian mittlerweile vertraut gemacht. Er hat auf dem nördlichen Abhang eine wie in den Felsen eingehauene Nische entdeckt, die im Schatten von hohen Nopal-Kakteen liegt. Und schon genießt der für Naturschönheiten so empfängliche Monarch das idyllische Plätzchen, von dem aus man die in zartem Blau schimmernden Bergketten der Sierra Gorda sehen kann. Hier speist er, abgeschieden von den kriegerischen Vorbereitungen, zu Mittag und diktiert Blasio Briefe. Er macht die Grotte auch zu seinem Schlafgemach, sein Kammerdiener Grill schläft vor dem Eingang.

Obwohl der Kaiser nach außen hin stets ein Beispiel von stoischer Ruhe und Würde, gepaart mit spöttischem Humor, gibt, kann man an den von ihm gezeichneten Dokumenten ablesen, wie sehr er das Auf und Ab des Gefahrenpegels verspürt. An diesem Tag, an dem erstmals die Möglichkeit einer entscheidenden Schlacht, die für den Kaiser Gefangenschaft oder sogar Tod bedeuten kann, auftaucht, unterzeichnet er zusammen mit Justizminister Aguirre ein Dokument, in dem er versucht, die Frage seiner Nachfolge für den Fall seines Todes zu regeln. Drei ähnliche Dekrete folgen später. Alle diese Dokumente, die am 7., 12. und 20. März sowie am 11. Mai unterzeichnet werden, sollen nach seinem Tod von seiner Regierung veröffentlicht werden. Keines wurde jemals publiziert. Nur durch juaristische Zeitungen wird die Öffentlichkeit nach der Hinrichtung Maximilians erfahren, daß es diese Verfügungen überhaupt gegeben hat.

Heute setzt Maximilian für den Fall seines Todes eine Regentschaft ein, die aus dem Ministerpräsidenten Teodosio Lares, General Leonardo Márquez und dem Vorsitzenden des Staatsrates, José María Lacunza bestehen soll. Als Ersatzmänner werden die Minister Tomás Murphy und General Mejía zu Vizeregenten ernannt.[93]

Solche höhere Weichenstellungen bleiben den Einwohnern Querétaros verborgen; viele unter ihnen beschäftigt ein anderer Kummer: Márquez hat den Stadtpräfekten aufgefordert, sämtliche Maultiere zu beschlagnahmen und dem Train-Kommandanten Oberst Lozano zu übergeben. Man wird sie brauchen, um Munition, Kanonen und andere Waffen zu transportieren. Die meisten Maultiere werden die Belagerung nicht überleben, sondern geschlachtet und verzehrt werden.

Freitag, 8. März[94]

Um Mitternacht wird der Kaiser geweckt. Man vermutet eine Bewegung des Gegners gegen die rechte Flanke. Maximilian versammelt

sofort die Generäle zum Kriegsrat. Der Abschnitt wird den vermute-
ten Bewegungen der Republikaner entsprechend verschoben. Die
Fortifikationen an der Nordflanke des Cerro werden verstärkt, wozu
man Häftlinge aus dem Gefängnis heranzieht. Bei Tag beobachtet
man dann, daß die Republikaner sich tatsächlich gegen die Querétaro vom Norden her beherrschende Höhe des San Pablo zu bewegen. All das deutet auf einen bevorstehenden Angriff gegen den
Cerro hin. Darauf wird das Reservebataillon vom Zentrum näher an
den Cerro heran verlegt. Dieser scheint immer mehr zum Mittel-
punkt der kaiserlichen Verteidigung zu werden. Seine Besatzung
wird durch das Bataillon von Celaya und vier weitere Geschütze
verstärkt; insgesamt zählt die Batterie bereits acht Kanonen. Über
den Rio Blanco nördlich des Cerro wird eine für Geschütze passier-
bare Brücke geschlagen.

Um 9 Uhr nähert sich eine feindliche Kavallerieabteilung, um das
Terrain zu rekognoszieren. Drei Granaten werden unter „Hurra"-
Gebrüll gegen sie gefeuert – die ersten der beginnenden Belagerung –, ein Dutzend Reiter bleibt tot auf der Strecke, der Rest sucht in
schärfstem Tempo das Weite.

Dann inspiziert der Kaiser den linken, südlich des Cerro gelegenen Flügel seiner Truppen. Er spricht mit einzelnen Offizieren und
Soldaten, hört gerne, daß man mit Essen und Sold zufrieden ist, was
Lob für die Kriegsintendanz des Generals Vidaurri bedeutet, verleiht
eine neue Fahne und hält eine Ansprache. Darauf geht es zum östlichen Ende der Stadt, zur Cruz, wo Barrikaden und Schanzen aufgeworfen sind. Dort sind auch ein Spital und das Artilleriedepot
eingerichtet.

Wieder zurückgekehrt ins Feldlager, hält er „Ministerrat". Allerdings hat er nur zwei Minister um sich, Aguirre und den erst
kürzlich zum Finanzminister ernannten General Vidaurri, der derzeit auch als Organisator der Versorgung erfolgreich tätig ist.
Ihnen klagt er, daß das in der Hauptstadt verbliebene Rumpf-
ministerium seit seiner Abwesenheit nur unnützes Zeug treibt.
Heute hat man ihm einen ebenso wortreichen wie nichtssagen-
den Bericht geschickt, der, wie Maximilian später zu Basch bemerkt,
an Berichte der chinesischen Mandarine an den Sohn des Himmels
erinnert. Basch schreibt an Fischer: *Der lange Bericht des ersten Manda-
rins* – womit offenbar Premierminister Lares gemeint ist – *soll größtenteils Eifersüchteleien gegen Vidaurri enthalten, die, wie Sie sich leicht
vorstellen können, die Allerhöchste Galle in nicht geringe Bewegung gebracht haben. Zum Glück wirken die langen Ritte zu den Vorposten
kalmierend.*[95]

Die liberalen Truppen unter General Corona stoßen im Laufe des Tages auf die Hacienda San Juanico vor, deren Besitzer Bernabé Loyola nach Querétaro geflüchtet ist. Corona richtet in der luxuriös ausgestatteten Hacienda sein Hauptquartier ein. Seine Truppen vereinigen sich nun tatsächlich, wie von den kaiserlichen Generälen befürchtet, ohne daß diese versucht haben, es zu verhindern, mit der Nordarmee unter General Escobedo. Damit ist die reale Möglichkeit gegeben, um Querétaro einen Belagerungsring zu ziehen und der Stadt alle Zufuhren, die Wasserversorgung und die Postverbindungen abzuschneiden.

Samstag, 9. März[96]
Vorläufig beschäftigen die Republikaner die Kaiserlichen nur durch Vorpostengefechte und Scharmützel, die Maximilian an die Reitermanöver nomadisierender Araber erinnern. Dabei sprengen zwei gegnerische Gruppen aufeinander bis auf Schußweite zu. Zuerst bewirft man sich mit ausgesuchten Schimpfworten, dann werden schrille Kriegsrufe ausgestoßen, die an die Schreie der Komantschen und Apachen erinnern. Schließlich löst sich einer der Reiter aus der Gruppe, sprengt auf die Gegner zu, feuert sein Gewehr ab, macht kehrt und galoppiert davon. Weicht eine Gruppe zurück, stürmt die andere auf den „besiegten" Feind los. Dabei schießt man vorwiegend in die Luft. Etliche solcher Kugeln schwirren Basch, der das ganze vom Cerro aus verfolgt, um die Ohren.

Hinter solchen Spielen verbirgt sich, von den Kaiserlichen vorläufig noch unbemerkt, eine große Flankenbewegung der Republikaner, welche das befestigte Querétaro vom Süden her über den Wallfahrtsort El Pueblito, Santa Maria Amealco und die Nordflanke des Cimatario umgehen soll. Ein Ziel der Operation ist es, zwei schwere Geschütze von der Straße von Chichimequillas im Norden der Stadt zur Cuesta China zu bringen, die beherrschende Höhe im Südosten. Dies gelingt während der folgenden Nacht.

Den Kaiserlichen wird aber schon vorher klar, daß der Feind seine Truppen von Westen nach Osten verschiebt, und sie folgen dieser Bewegung. Die 1. Infanteriedivision General Castillos verläßt den Cerro und bezieht wieder Positionen am Ufer des Rio Blanco. Die auf den Fluß mündenden Straßen werden verbarrikadiert und auf den Flachdächern der angrenzenden Häuser Brustwehren errichtet. Auch die Reservebrigade marschiert vom Hang des Cerro zurück in die Stadt und lagert nahe beim Zentrum auf der Plaza de la Fábrica, dem Platz vor der Tabakfabrik. Südlich der Stadt besetzen Vorposten des Gegners die Hacienda del Jacal. Die Reiter Quirogas greifen diese an und vertreiben die Republikaner nach kurzem Kampf.

Sonntag, 10. März[97]

Der Sonntagmorgen beginnt mit Gewehrfeuer-Geplänkel beider Seiten. Maximilian befiehlt, solange es noch möglich ist, Streifzüge in die Umgebung zu unternehmen, um Vieh und Nahrungsmittel zu beschaffen. Der Reiterführer Quiroga dringt mit 600 Caballeros de la Frontera in die Ebene von Celaya vor und bringt nach einem kleineren Scharmützel 200 Stück Hornvieh ein. Weniger erfolgreich sind 50 Mann Infanterie, die in Richtung der Cuesta China auf Nahrungssuche gehen. Ihre Ziele sind die Haciendas La Purísima und Hércules, die beide Carlos Rubio gehören. Sie finden einige Kühe, Kälber, Schafe und Pferde, werden jedoch von 150 republikanischen Reitern, die sich in der Nähe verborgen halten, angegriffen und müssen sich mit ihrer Beute in die Cruz zurückziehen. Mejías Truppen zünden inzwischen Felder im Feindgebiet an, um der Nahrungsversorgung für die republikanische Kavallerie Abbruch zu tun.

Im Westen, in der Ebene von Celaya, paradieren die nunmehr vereinigten liberalen Truppen von 10 Uhr an drei Stunden lang vor dem Oberbefehlshaber Escobedo. Nach einem Inspektionsritt um die ganze kaiserliche Linie trifft Maximilian um halb 1 Uhr gerade noch rechtzeitig auf dem Cerro de las Campanas ein, um das Schauspiel mit anzusehen. Lächelnd bemerkt er zu seinen besorgt blickenden Generälen: *Ich sehe in dieser Revue des Feindes nur den Ausdruck des pflichtschuldigen Respektes gegen mich als Souverän.* Während sie die Szene beobachten, trägt ihnen der Wind die Töne der Clairons zu. Man wartet jedoch vergeblich auf einen republikanischen Angriff.

Bei einem Kriegsrat um halb 2 Uhr spricht sich Maximilian unter dem Einfluß von Márquez dagegen aus, die ihm im Westen offenbar angebotene Schlacht anzunehmen. Die Stellungen der Kaiserlichen zu beiden Seiten des Cerro seien ausgezeichnet. Würde man sich entschließen, sie zu verlassen, wäre ein Flankenstoß der republikanischen Reserve, die im Norden, bei San Pablo steht, wahrscheinlich. Man wird also abwarten, zumal angeblich General Olvera, Mejías Freund, mit Verstärkungen aus der Sierra Gorda unterwegs ist. Miramón protestiert, es sei ein arger Verstoß gegen die Regeln der Kriegskunst gewesen, nicht schon vor Tagen den Feind angegriffen und seine Konzentration verhindert zu haben.[98] Der Kaiser versucht die Wogen zu glätten und schließt die Diskussion mit der Bemerkung, eine Entscheidungsschlacht sei sicher notwendig, zumal jede Initiative der Kaiserlichen dem Feind zeige, *daß um mich die besten Generäle des Landes versammelt sind.*[99] Doch der wieder aufgebrochene alte Konflikt zwischen Miramón und Márquez bleibt virulent.

Nach dem Kriegsrat bestürmen die Generäle den Kaiser, sein Leben nicht mehr unnütz aufs Spiel zu setzen, doch er, der instinktiv die Gefahr sucht, lehnt ab. Mejía meint mit seinem indianischen Spott: *Majestät müssen sich schützen, wenn Ihnen etwas zustößt, wird jeder von uns Generälen Präsident werden wollen.* Maximilian antwortet: *Jetzt kann ein furchtsamer Kaiser der Sache wenig nützen.*[100] Er bleibt auf dem Cerro und läßt sich nur dazu bewegen, in einem türkischen Zelt zu übernachten, das seinerzeit Almonte in Paris gekauft hat und das sein jetziger Besitzer Mejía ihm anbietet. Auch Miramón und Márquez, die bisher in ihren Stadtquartieren geschlafen haben, bequemen sich jetzt, wie Maximilian und Mejía auf dem Cerro in Zelten zu übernachten. So nimmt das Hauptquartier immer mehr das Aussehen eines befestigten Lagers an.

An diesem Tag trinken die Bewohner Querétaros das letzte Wasser, das auf den über 70 Bögen des alten Aquädukts aus der Cañada in die Stadt strömt. Im Laufe des Nachmittags haben die Republikaner die Wasserleitung beim dritten Bogen nahe der Hacienda La Purísima unterbrochen. Von der Cruz aus kann man sehen, wie sich das Wasser in einer Kaskade in die Ebene ergießt und die Weiden überschwemmt. Eine einschneidende Beeinträchtigung der Wasserversorgung entsteht dadurch jedoch noch nicht, denn die Stadt ist mit über 70 guten Brunnen versehen.

Während des Tages hat der Gegner die geplante Flankenbewegung hinter der nördlichen Hügelkette vorgenommen. Seine Artillerie ist auf dem Cerro de San Pablo postiert geblieben, der ein ausgezeichnetes Schußfeld auf die Stadt bietet, ein Großteil der Truppen hat einen scheinbaren Rückzug bis Santa Rosa Jáuregui unternommen, marschiert jedoch dann, unbemerkt von den Kaiserlichen, die auf den feindlichen Aufmarsch im Westen fixiert sind, über Chichimequillas auf die im Osten Querétaros gelegene Schlucht La Cañada zu. Damit ist Querétaro im Westen und Norden von starken Kräften des Gegners bedroht.

Montag, 11. März[101]
Die scheinbare Konzentration des Gegners im Westen nutzend, dringt um 2 Uhr nachmittags Miramón mit 1.500 Mann in die im Osten Querétaros gelegene Schlucht La Cañada vor, um zu rekognoszieren. Er vertreibt die dort festgesetzten Guerillaführer Carbajal und Miranda und kommt mit 55 Stück Hornvieh sowie zweihundert Schafen und Ziegen, etlichen Pferden und Mais für 4.000 Tortillas zurück. Die in Richtung Cañada marschierenden Einheiten der Republikaner treffen dort erst nachher ein, tauchen aber dann nach und

nach auf allen Cerros auf, die Querétaro umgeben. Auch auf der Cuesta China, über die im Südosten Querétaros der Camino Real nach Mexiko-Stadt führt, wird eine schwere Batterie der Liberalen aufgestellt, deren Geschütze sich auf die festungsartige Cruz richten. Das Kommando führen dort die Generäle Rocha und Régules, während General Corona, nunmehr Escobedos Stellvertreter in der Belagerungsarmee, sein Hauptquartier auf dem Cerro de Carretas aufschlägt.

Mejías Reitern fällt ein amerikanischer Captain, der auf seiten der Republikaner kämpft, in die Hände. Man sperrt ihn ein, sonst geschieht ihm nichts. Maximilian hat ausdrücklich befohlen, das Leben der Gefangenen zu schonen. Während der Belagerung wird es keine einzige Exekution von Gefangenen geben.

Dienstag, 12. März[102]
Mit starken Kräften unternehmen die Kaiserlichen Rekognoszierungen. Man will feststellen, wie weit der Belagerungsring reicht. General Castillo stößt mit einer Brigade aus den Kaiserjägern, dem Regiment der Kaiserin und anderen Kräften über den Cerro de San Pablo auf der Straße nach San Miguel de Allende vor. Nicht weniger als 2.000 Reiter Mejías, die in die Ebene von Celaya vorrücken, decken diesen wichtigen Vorstoß. Castillo stellt fest, daß es auf dem Cerro de San Pablo keine republikanische Artillerie gibt, stößt jedoch dann auf starke gegnerische Kräfte unter General Zepeda und muß sich mit einigen Verlusten zurückziehen. Der Oberst der Kaiserjäger, Villasana, wird verwundet. Mejías Reiter stoßen auf starke Kavallerieeinheiten General Guadarramas und ziehen sich zurück. Ein weiterer Aufklärungsversuch in der Cañada, östlich der Stadt, führt zum Zusammenstoß mit den nunmehr bereits eingetroffenen republikanischen Truppen unter General Rivera.

Die kaiserlichen Kriegsberichte, die im Boletín de Noticias erscheinen, sprechen von erfolgreichen Rekognoszierungen, doch die Erkenntnis daraus ist bedrückend: Mit der Bewegungsfreiheit ist es vorbei, die Einschließung ist nahezu vollendet. Es gibt für die Kaiserlichen keine einzige freie Straße mehr, die breit genug wäre, ihren umfangreichen Train durchzulassen. Die einzige noch offene Verbindung ist eine schmale Straße nach Amealco, südöstlich von Querétaro.

Zu Mittag läßt Maximilian Fürst Salm rufen und trägt ihm – anstelle des verwundeten Oberst Villasana – das Kommando über die Kaiserjäger – Cazadores del Emperador – an. Damit ist Salm, der Brigadegeneral im nordamerikanischen Sezessionskrieg gewesen ist, wenigstens als mexikanischer Oberst anerkannt. Allerdings betrachten dies mexikanische Offiziere, denen der hochfahrende Salm ein Dorn im Auge ist, als große Ungerechtigkeit gegenüber Villasana, dessen Verwundung am linken Arm nur als Vorwand dient, um dem Fürsten endlich eine Kommandostelle zu verschaffen.

Die Cazadores, auch Chasseurs franco-mexicains genannt, sind „Internationale". Sie bestehen laut Salm aus 700, laut Peza und Pradillo jedoch nur aus 300 Mann, von denen der größere Teil Franzosen sind; außerdem gibt es Deutsche, Ungarn und Mexikaner. Hier kann Salm, der zwar gut Französisch und Englisch, aber kaum Spanisch beherrscht, auf französisch kommandieren. Das Bataillon bildet das Zentrum der am Rio Blanco von General Castillo gehaltenen Stellung. Bei der kommenden Frontverlagerung gegen Westen wird es die Verteidigung des Puente Grande übernehmen, der Brücke, über welche die Straße in die nördliche Vorstadt San Sebastian führt, die Salm aus unerfindlichen Gründen stets San Luis nennt. Die Brücke wird durch eine Schanze gesperrt, hinter der drei Zwölfpfünder stehen. Dort befindet sich die von den Republikanern am häufigsten, aber stets vergeblich berannte Verteidigungsbastion der Kaiserlichen.

Auf dem Cerro beginnt um halb 7 Uhr ein Kriegsrat. Die Beobachtung der Lagerfeuer bestätigt die schon seit längerem vermutete Verschiebung der feindlichen Kräfte von Westen nach Osten. Die Feuer flackern spärlicher in der Ebene von Celaya, dichter dagegen auf dem Hügel San Pablo, in der Cañada und auf der Cuesta China. Der Grund für die Frontverlagerung ist klar: Bei einem Angriff aus der Ebene von Celaya wäre die kaiserliche Artillerie auf dem Cerro in klarer Überlegenheit gewesen. Wenn es den Republikanern dagegen gelingt, ihre schweren Waffen auf den Bergen zu postieren, die Querétaro in einem weitgespannten Bogen von Nordwesten bis Südosten umgeben, ist es umgekehrt. Die „militärische Mausefalle" wird dann zusätzlich zur Zielscheibe für die Artillerie. Eine Möglichkeit, diese Absicht des Gegners zu durchkreuzen, haben die Kaiserlichen nicht. Die Republikaner „führen" bei diesem mörderischen Tanz.

Allen ist klar, daß unter diesen Umständen der Cerro de las Campanas seine Bedeutung als Zentrum und Bollwerk der Verteidigung eingebüßt hat. So wird beschlossen, das Hauptquartier in das Kloster de Santa Cruz zu verlegen. Dieses liegt der neuen Hauptmacht des Gegners gegenüber und bietet mit seinen vielen über bizarre Stiegenaufgänge erreichbaren Flachdächern und dem Kirchturm eine ausgezeichnete Beobachtungsposition. Das Kloster ist inzwischen durch

General Calvo festungsmäßig ausgebaut worden und bietet hinter dicken Mauern Schutz auch vor starkem Beschuß.

Wie immer, wenn größere Veränderungen bevorstehen, erwacht Maximilian aus einer gewissen Traumverlorenheit, die er sich auch bei hektischer Routineaktivität „leistet". Der Kaiser fühlt wieder einmal, daß es jetzt ernst werden könnte. Er hält den Moment für gekommen, seine politische Zukunft für den Fall einer nicht mehr auszuschließenden militärischen Niederlage wenigstens auf dem Papier abzusichern. So unterschreibt er ein bereits in Mexiko-Stadt von Pater Fischer mitinspiriertes Dokument, in dem es u.a. heißt:

*... daß ich die Rechte des Souveräns nur beibehalten werde, solange ich meine völlige Freiheit behalte; sodaß für die mexikanische Nation und die Welt mein formeller und uneingeschränkter Verzicht auf die Krone Mexikos ab jenem Augenblick als erfolgt gelten soll, in dem ich endgültig gefangengenommen und ohne Hoffnung auf Rettung durch eigene Mittel bin. ...*

Für diesen Fall ersucht Maximilian die Kaiserin und seinen Bruder Franz Joseph, keinerlei Lösegelder anzubieten und den eigentlichen Adressaten, den Präsidenten des Staatsrates, Lacunza, diese Thronentsagungsurkunde zu veröffentlichen.

Mit diesem seltsamen Dokument einer an Bedingungen geknüpften Thronentsagung, *gegeben im Feldlager auf dem Cerro de las Campanas, Querétaro, 12. März 1867,*[103] begibt sich der Kaiser einmal mehr in die Abhängigkeit von der Entscheidung anderer. Wer sollte es verantworten zu beurteilen, ob und wann Maximilian endgültig und unrettbar gefangen war? Der Justizminister, der mancherlei von seinem Kaiser gewöhnt ist, unterzeichnet ebenfalls, obwohl er seine Zweifel an der Vollziehbarkeit der Verfügung hegen mag. Vorläufig bleibt die Urkunde jedenfalls geheim, damit die Moral der Kämpfer nicht leidet.

Der Kaiser denkt aber nicht nur an den Fall der Gefangennahme, sondern auch an den Todesfall. Daher beschließt er, seinem 1864 in Miramar abgefaßten Testament ein Kodizill beizufügen, in dem er zwar der Kaiserin das Eigentum an seinen Archiven zuspricht, in der Zwischenzeit jedoch Pater Fischer als allmächtigen Kustos einsetzt, der das Recht besitzt, alle ihm historisch wertvoll erscheinenden Dokumente zu veröffentlichen. Maximilian denkt in dieser Stunde, in der er den Cerro verläßt, an seine Rechtfertigung vor den Menschen und an den Schutz seiner Ehre, die nicht nur seine eigene, sondern zugleich auch die des Hauses Habsburg ist.

*Ich, Kaiser Maximilian, habe beschlossen, meinem an meinem Wohnsitz Miramar im Jahr 1864 ausgestellten Testament folgende Verfügungen als Kodizill des genannten Testaments anzufügen und ordne an, dieselben als meinen letzten Willen einzuhalten. Erstens: Sollte es Gott fügen, daß ich innerhalb des Staatsgebietes von Mexiko durch Kriegseinwirkung oder Krankheit sterbe, verfüge ich, daß mein europäisches und mein mexikanisches Archiv in das Eigentum meiner erhabenen Gemahlin, Kaiserin Charlotte,[104] übergehen. – Zweitens ordne ich an, daß bis zur Übergabe der genannten Archive an die Kaiserin, diese in der Obhut des Priesters Agustin Fischer verbleiben, dem ich das Recht verleihe, alle jene Schriftstücke der genannten Archive zu veröffentlichen, die ihm wichtig und geschichtlich interessant erscheinen.[105]*

Neben Maximilian und Aguirre unterzeichnet auch General Márquez, dem damit blitzartig klar wird, wie der Kaiser selbst seine Zukunftsaussichten einschätzt. Nüchtern wie er ist, hält er es nun umso mehr für ratsam, seine Zukunft nicht mehr an die des Kaisers zu binden. Da die Dokumente auf möglichst sichere Art nach Mexiko gebracht werden müssen – Kuriere kommen derzeit kaum mehr lebend durch –, hat er nun einen willkommenen Vorwand, um dem Kaiser anzubieten, sie persönlich, natürlich unter entsprechender Bedeckung, nach der Hauptstadt zu bringen. Wenn er dazu noch Entsatz in Aussicht stellt, wird Maximilian wohl rasch zustimmen. Es bleibt nur mehr abzuwarten, daß sich die Situation so weit zuspitzt, daß der Wunsch nach einer Entsatztruppe alle anderen Überlegungen zurückdrängt.

## Mittwoch, 13. März[106]

Die Republikaner haben die Hügel im Norden der Stadt, San Pablo und San Gregorio und die östlich und südöstlich anschließenden Höhenzüge bis zur Cuesta China besetzt. Auf dem Südhang des San Pablo steht ein schweres Berggeschütz und auf dem Gipfel ein Zwölfpfünder. Auch auf den übrigen Erhebungen bis zur Cuesta China befinden sich nun Batterien der Republikaner, darunter auch gezogene Parrot-Geschütze, die weittragend und zielsicher sind. Ganz Querétaro liegt nun in ihrem Feuerbereich.

Die über den Rio Blanco führende Brücke („Puente Grande"), welche die Innenstadt mit den nördlichen Vorstädten verbindet, ist nun das Zentrum der Verteidigung. Der linke Flügel der Kaiserlichen, wo Miramón kommandiert, lehnt sich an den Cerro de las Campanas, der rechte, unter dem Befehl von General Méndez, an die Cruz. Im Süden stehen die Reiter Mejías weiterhin zwischen der Alameda und der Casa Blanca. Die Reservebrigade, die unmittelbar dem Kaiser untersteht, wird nun von General Márquez befehligt.

Am Vormittag zieht Maximilian mit seinem Gefolge in das neue Hauptquartier. Ein Umzug an einem 13. kommt dem abergläubischen Kaiser wenig gelegen, aber die Vernunft sagt auch ihm, daß die Cruz ein ideales Hauptquartier darstellt. Das Kloster, auf dem Sangremal-Hügel gelegen, ist ein weitläufiger Gebäudekomplex, der im Westen aus einer Kirche und den Wohntrakten mit den Zellen der früheren Mönche besteht, Franziskaner, die von der republikanischen Regierung vertrieben worden sind. Im Norden, wo die Landstraße nach Mexiko-Stadt vorbeiführt, und im Süden, wo eine fruchtbare Huerta voll von Obstbäumen und Gemüsegärten angrenzt, ist das Kloster durch hohe Mauern aus Felssteinen gesichert.

Östlich des Gebäudekomplexes liegen einige „Corrales" – der Tierhaltung dienende Höfe. Im äußersten Osten enden die Umfassungsmauern in einem Friedhof mit einer kleinen Kapelle – Panteón genannt –, dessen niedrige Mauern einem Angreifer einen relativ leichten Einstieg ermöglichen. Dann fällt das Gelände steil ab und ist dicht mit Stangenkakteen – Nopales – bewachsen. Maximilian hat befohlen, diesen schwachen Punkt zu besetzen und das Kakteengestrüpp, das dem Gegner das Heranpirschen erleichtert, umzuhauen, aber bisher ist nichts geschehen, weil Márquez das nicht als dringlich ansieht.

Die Besatzung des Klosters besteht aus zwei Bataillons der Brigade Méndez, auf den zahlreichen mit Brustwehren versehenen Flachdächern sind die Sappeurkompanie und 40 Österreicher unter Hauptmann Linger postiert. Auf dem Dach des Klosters steht eine Berghaubitze, welche die nördliche Vorstadt San Sebastian bestreicht. Auf dem Platz vor der Kirche – der Plazuela de la Cruz – sind hinter Brustwehren einige Achtpfünder plaziert worden.

Der Kaiser bezieht eine Mönchszelle im ersten Stock. Während seine Generäle ganze Patrizierhäuser für sich beschlagnahmt haben, lebt Maximilian im wahrsten Sinne des Wortes auf engstem Raum. Seine Zelle ist durch eine dünne Wand zweigeteilt in einen Arbeits- und einen Schlafraum. Wenn Maximilian schläft, nächtigt sein mexikanischer Kammerdiener Severo im Arbeitsraum. Die Zelle betritt man von einem Innengang, doch gibt es auch einen zweiten Ausgang auf einen ungedeckten Hofgang, von dem aus Türen in mehrere benachbarte Zellen führen. In den anschließenden Räumen wohnen der Sekretär Blasio und zwei Ordonnanzoffiziere. General Castillo hat eine größere Zelle an der Ecke des Ganges, in der er auch schläft. Er ist und bleibt der einzige General, der das Hauptquartier mit Maximilian teilt. Der Gang wendet sich dann im rechten Winkel in einen angrenzenden Flügel mit den Zellen für weitere Generalstabsoffiziere, Fürst Salm Salm, den Arzt Basch und einige Diener.

Die Cruz hätte Räume genug gehabt, um alle kommandierenden Generäle bequem unterbringen zu können, doch diese sind weitgehende Handlungsfreiheit gewohnt, wollen offenbar auch nicht immer verfügbar sein und ziehen es daher vor, für sich zu wohnen. Maximilian ist seinerseits gar nicht sosehr darauf erpicht, laufend mit militärischen Fragen befaßt zu werden, in denen ihm ohnedies jede Erfahrung fehlt. Er befriedigt sein unverzichtbares Lesebedürfnis, schreibt an einem Erinnerungsbuch für die Nachwelt, das aber über das Anfangskapitel kaum hinauskommt, arbeitet gelegentlich an seinem berühmt-berüchtigten Hofzeremoniell, über das die Mexikaner heimlich lachen. Die Zusammenarbeit mit den Generälen beschränkt sich auf die Kriegsräte, in denen der „Generalissimus" jenen stets die letzte Verantwortung zuschiebt, oder auf Einzelbesuche, in denen jeder der militärischen Granden seine Ideen und persönlichen Interessen gegenüber denen der anderen durchzusetzen versucht.

Um halb 6 Uhr nachmittags feuern erstmals die feindlichen Geschütze von der Cuesta China. Gegen die dicken Mauern der Cruz prasselt eine reiche Auswahl von Granaten, Vollkugeln und konischen Projektilen. Maximilian stört das nicht einmal dann, wenn er sich auf Beobachtungsposten auf einer Dachterrasse (azotea) befindet. Vielen beginnt aufzufallen, wie sehr er sich bei Beschießungen exponiert.

Im republikanischen Lager entwirft man einen Angriffsplan für den morgigen Tag. Ziel ist es, mit der gesamten Streitmacht konzentrisch auf die Stadt vorzurücken, um zu rekognoszieren und möglichst nahe Belagerungspositionen aufzubauen. General Corona soll mit leichten Kräften einen Scheinangriff auf die Cruz unternehmen, wobei es aber darum geht, die Stellungen der Kaiserlichen an der Garita de México und der Alameda zu erkunden. Der Ablenkung der Kaiserlichen soll auch das Erscheinen einer starken Kavallerietruppe General Guadarramas südlich von Querétaro dienen.

Bei General Escobedo stellt sich im Lauf des Tages ein Offizier ein, der für das Gelingen der Belagerung Entscheidendes leisten soll, Oberst Manuel Balbontín. Er bringt nicht nur mit der Postkutsche aus San Luis Geld für den Sold der Truppen, sondern er ist als Leiter der Waffen- und Munitionsfabrik von Monterrey, der bedeutendsten im republikanischen Bereich, für die Versorgung der Belagerungsarmee mit Kriegsgütern zuständig. Juárez hat, wie erwähnt, Escobedo angewiesen, Querétaro mit einem Minimum an Menschenverlusten einzunehmen. Der Widerstand der Kaiserlichen soll notfalls mit massiven Bombardements gebrochen werden. Oberst

Balbontín plant die langfristige Munitionsversorgung durch Einsatz von Postkutschenkonvois, doch infolge der schlechten Straßen, in denen „Diligenzen" oft in Spalten rutschen und stundenlang hängenbleiben, werden Engpässe unvermeidlich sein. Wieviel Munition tatsächlich bei einem Großangriff mit starker Artillerieunterstützung verbraucht wird, soll Balbontín morgen selbst erfahren.

## DER ERSTE STURM

Donnerstag, 14. März[107]

Früh am Morgen sucht Oberst Balbontín General Escobedo in seiner Hacienda auf. Er möchte endlich die Frage der Munitionsversorgung mit ihm klären. Aber dazu ist jetzt keine Zeit. Adjutanten kommen und gehen, der General ist im Aufbruch. Er erklärt Balbontín hastig, er plane lediglich eine Konzentrationsbewegung, um seine Truppen näher an die Stadt heranzuführen. Balbontín ärgert sich im stillen, einmal, weil Escobedo jetzt keine Zeit für die so wichtige Munitionsfrage hat, und dann, weil er ihn offenbar belügt. Denn Escobedo hofft doch wohl, in Wirklichkeit mehr zu erreichen.

Escobedos Absicht ist es zunächst tatsächlich, die Aufmerksamkeit der Belagerten durch einen Scheinangriff auf die Cruz abzulenken. Dabei soll auch durchaus versucht werden, das Hauptquartier einzunehmen, falls die Situation günstig ist. Hauptangriffsziel ist jedoch der im Norden von Querétaro gelegene San Gregorio, ein Berg, den die Kaiserlichen nur schwach besetzt haben. Der Besitz dieser Erhebung, auf der eine Kirche steht, ist für die Republikaner von strategischer Bedeutung, da sie von dort mit schweren Geschützen das Stadtzentrum beschießen könnten. Weiters wären sie von diesem Punkt aus in der Lage, durch die gegen den Rio Blanco steil abfallende Vorstadt San Sebastian wuchtige Angriffe gegen die „Große Brükke", das Zentrum der kaiserlichen Verteidigungslinie am Rio Blanco im Norden Querétaros, vorzutragen.

Die Truppenbewegungen der Republikaner sind von der Stadt aus schon seit dem Morgengrauen zu beobachten. Sie lassen keinen Zweifel daran, daß ein Sturm auf die Stadt bevorsteht. Von der Cuesta China bewegen sich auf der nach Mexiko-Stadt führenden Landstraße ab 8 Uhr große Kavalleriemassen, General Treviños Reiterei. Ihnen folgen mehrere Infanteriebataillone. In der Ebene von Carretas angelangt, bildet die Kavallerie eine mehrgliedrige Schlachtlinie, ohne jedoch noch vorzurücken. Die Infanteriebataillone marschieren gegen die von den Kaiserlichen besetzte Hacienda de Carretas, einen Eckpunkt der Verteidigung.

Um 9 Uhr besichtigt der Kaiser zusammen mit Dr. Basch die großen Klosterhöfe der Cruz, die von Soldaten des Bataillon del Emperador besetzt sind. Kommandant des Hauptquartiers ist jetzt General Méndez, dessen Reservebrigade schon in der Nacht in das Kloster eingerückt ist. Alle Zugänge zu dem festungsähnlichen alten Bau sind durch Schanzen mit Batterien abgesichert. Eine von diesen kommandiert der Artillerieleutnant Albert Hans, trotz seines deutschen Namens Pariser und während langer Zeit Sekretär von General Méndez. Hans ist ein begeisterter Freund der mexikanischen Lebensart und wird dies bis zu seinem Lebensende bleiben. Seinen mit französischer Lebhaftigkeit geschriebenen Aufzeichnungen merkt man an, wie tief er das mexikanische Abenteuer miterlebt hat.[108]

Der Scheinangriff im Süden, zu dem General Corona etwa 9.000 Mann einsetzt, beginnt nach einem mehrstündigen Aufmarsch um halb zehn Uhr mit einer neuerlichen Beschießung der Cruz durch die Batterien auf der Cuesta China. Die Angreifer werfen zuerst Infanterie und Artillerie in den Kampf, später wird Reiterei herangeholt. Sie kommt aus der Estancia de las Vacas nahe beim Örtchen El Pueblito und rückt bis zur Höhe der Casa Blanca vor, in der Mejía sein Hauptquartier hat. Die Absicht ist, Mejías Reiter herauszulocken, um die Casa Blanca zu entblößen und diesen strategisch wichtigen Punkt durch einen Infanterieangriff zu nehmen. Eine Blitzattacke Mejías treibt jedoch die republikanischen Reiter auf die Estancia de las Vacas zurück.

Vom Dach der Cruz aus beobachten Maximilian und seine Stabsoffiziere gespannt den Angriff. Méndez befiehlt einige Minuten Feuerpause. Während der eingetretenen Stille kündigen die erwarteten Trompetensignale dem Hauptquartier den Erfolg an. Doch Mejías Reiter kehren sofort wieder in die Casa Blanca zurück, um den gefährdeten Süden der Stadt zu schützen.

Ein erster rascher Stoß der angreifenden republikanischen Infanterie, die durch andere Reitereinheiten unter General Treviño in der Ebene von Carretas unterstützt wird, richtet sich gegen die Südflanke der Cruz, an der sich die durch eine hohe Mauer geschützte Huerta – der idyllische Gemüsegarten des Klosters mit seinem Wasserbehälter – befindet. Da General Corona den Angriff nicht selbst führt, sondern in seinem Hauptquartier in San Juanico bleibt, kommt bald Verwirrung in die Reihen. Der junge, sehr aktive General Rocha, der unter anderem über eine Einheit Galeana-Jäger – eine Elitetruppe des Hauptquartiers – und das Gros der Artillerie verfügt, befiehlt am exponierten linken Flügel des Angriffs. Dieser ist einerseits durch die stets ausfallsbereite Reiterei Mejías in der Casa Blanca, andererseits

durch die in der Alameda aufgestellten kaiserlichen Batterien bedroht. Bald ist ein lebhaftes Geschützduell im Gang, wobei die besser
geübten Kanoniere auf der kaiserlichen Seite stehen. Das dichte Abwehrfeuer der Verteidiger der Cruz und die Kartätschen, die aus der
Alameda abgefeuert werden, bringen die Angreifer ins Wanken. Es
gelingt ihnen jedoch, das im Vorfeld der Cruz auf dem Sangremal-
Hügel liegende Kirchlein San Francisquito zu besetzen, das ihnen
gute Deckung gegen den verheerenden Beschuß aus der Alameda
bietet. Dort bringen sie ihre eigenen Berghaubitzen in Stellung und
beschießen nun auch aus dieser Richtung die Cruz.

En diesem Augenblick beginnt Escobedo im Norden der Stadt mit
einem massiven Beschuß des Cerro de las Campanas und wirft an
die 12.000 Mann in den Kampf um den San Gregorio. Rund um
diesen Berg haben die Republikaner ihre Geschützstellungen eingerichtet. Das Artillerie- und Gewehrfeuer von beiden Seiten ver-
schmilzt zu einem einzigen Dröhnen, vor dem Nord- und dem Ost-
teil Querétaros steigt dichter Pulverdampf auf. Die Kaiserlichen haben ihre gesamte Reserve auf die Nordflanke konzentriert. Auch
während des Angriffs auf die Cruz sind keine Einheiten abgezogen
worden, denn der Scheinangriff ist von den Belagerten durchaus als
solcher erkannt worden.

Um 11 Uhr besetzt Miramón mit einer Brigade und zwei Feldgeschützen die Alameda, um die Abwehr im Süden zu stärken. Als
Mejía, der dadurch Bewegungsfreiheit gewonnen hat, sieht, daß die
Angreifer in die kleinen Straßen der südöstlichen Vorstadt – des
Sangremal, wo vor allem Indios wohnen – einsickern, und die republikanische Reiterei immer näher an die kämpfende Infanterie heranrückt, schickt er seine Kavalleriebrigade abermals zum Angriff. Doch
Mejías Veteranen stehen hier ebenso kampferfahrene Soldaten gegenüber. Sie lassen die Attacke an sich herankommen, dann feuert die
republikanische Artillerie auf kürzeste Distanz. Mejías Reiter erleiden empfindliche Verluste, erkennen ihre Unterlegenheit, wenden
abteilungsweise und galoppieren zurück. Der liberale General Rocha
bewundert in seinem Bericht ausdrücklich ihre Disziplin. Mejía seinerseits meint nachher zum Kaiser, er habe, solange er in Mexiko
diene, noch nie den Feind in solcher Stärke und Vollkommenheit
gesehen. Allerdings waren die meisten der heutigen Gegner bereits
in der von den Republikanern gewonnenen Schlacht von San Gertrudis aufeinander getroffen und hätten daher wissen müssen, mit
wem sie es zu tun hatten.

Der San Gregorio, auf dem die Kaiserlichen nur schwache Kräfte
stehen haben, wird von den Republikanern zuerst mit Geschoßen

eingedeckt, dann angegriffen und schließlich eingenommen. Ihr weiterer Vorstoß durch die Vorstadt San Sebastian auf die Große Brücke bleibt jedoch liegen. Das viel umkämpfte, durch eine Adobe[109]-Schanze mit drei zwölfpfündigen Kanonen befestigte alte Bauwerk liegt am Ende der Calle del Puente, die ihrerseits einen in Süd-Nord-Richtung laufenden Straßenzug abschließt, welcher von der im Zentrum Querétaros gelegenen Plaza de San Francisco, am Iturbidetheater vorbei zum Ufer des Rio Blanco führt. Jenseits des an vielen Stellen leicht zu durchwatenden Flusses, gegenüber der Brücke, öffnet sich ein Platz, von dem aus zwei gabelförmig auseinanderlaufende Straßen aufwärts zum San Gregorio führen. Durch diese Straßen kommen nun die angreifenden Republikaner herunter, stürmen auf die Brücke zu, bleiben aber im Kartätschenfeuer der Verteidiger liegen.

An der südwestlichen Ecke des Platzes, links vor der Großen Brücke – aus der Sicht der Verteidigung –, liegt der Mesón de la otra banda – der „Gasthof am anderen Ufer". Nach mehrmaligen Angriffen ist es den Liberalen gelungen, sich in diesem weitläufigen Bau festzusetzen. Um halb fünf Uhr Nachmittag unternimmt Oberst Salm mit seinen Cazadores, – die er erstmalig in gebrochenem Spanisch anfeuert: „Adelante muchachos!" – einen Gegenstoß in die Vorstadt San Sebastian und erobert ein achtpfündiges Parrott-Geschütz. Die kaiserlichen Batterien auf dem Cerro de las Campanas unterstützen den Vorstoß. Der „Mesón" wird genommen, in den angrenzenden Häusern werden mehr als dreihundert liberale Soldaten aufgestöbert und zu Salms Entsetzen kurzerhand massakriert. Salm kann nichts dagegen tun. Für die Franzosen unter den Cazadores ist dies einfach die Rache für die Erschießungen ihrer Landsleute durch Escobedo nach der Schlacht von San Jacinto.

Salm möchte seinen Erfolg ausbauen und fordert Verstärkung an. Der gerade mit seinem Regiment der Kaiserin hinter der Brücke haltende elegante Oberst López winkt ab – dies sei kein Terrain für die Kavallerie. Doch auch seine mexikanischen Chefs refüsieren die Hilfeleistung – dem präpotenten Ausländer, dem der Kaiser ihrer Meinung nach viel zu viel vertraut, wird der Ruhm eines Sieges in Mexiko nicht gegönnt. Daher wird Salm auch im offiziellen Kriegsbericht im Boletín de Noticias, der erst am 14. April erscheint, nicht namentlich erwähnt. Doch da ist man bei dem ebenso tapferen wie großsprecherischen Westfalen an den Unrechten gekommen. In seinen Tagebuchnotizen sorgt der Fürst schon selbst für seinen Nachruhm ... Und die deutschsprachigen Augenzeugen – Baron Fürstenwärther, Kaehlig und Pitner erfahren von Salms Heldentaten wenig später von ihm persönlich im Kaffeehaus. Der Kaiser wird im vertrauten Gespräch gesondert informiert.

Die Cruz ist etwa eine Stunde lang in ernster Gefahr, als es den Republikanern gelingt, den gegen den Befehl Maximilians fast unbesetzten Friedhof einzunehmen. Die dort postierten 15 Österreicher unter Oberleutnant Swoboda müssen der Übermacht weichen. Die Republikaner erklimmen die Grundmauer des erhöht angelegten Friedhofs und pflanzen auf der Kapelle – Panteón genannt – ihre rote Fahne auf. Vom Dach aus nehmen Scharfschützen die Azoteas und die Schießscharten der östlichen Umfassungsmauer des Klosters mit Erfolg unter Feuer. Dort stehen etwa 40 Österreicher von der Guardia municipal de México unter dem blonden Hauptmann August Linger. Er hat vorher im österreichischen Freikorps gedient und von dessen Kommandanten Graf Thun den Spitznamen „Hauptmann mit der Bordeauxnase und dem Mayonnaise-Gesicht" erhalten. Ihn trifft jetzt eine tödliche Kugel. Schließlich werfen sich die Verteidiger durch eine rasch geöffnete Mauerlücke im Bajonettangriff auf den eingedrungenen Gegner. Die Aktion leitet Oberstleutnant Juan de Dios Rodríguez, der schwer verwundet wird, – er ist einer der legendären Helden der Verteidiger von Querétaro. Die improvisierte Mauerlücke erweist sich als zu eng, und als Méndez die aussichtslose Aktion abbrechen läßt, ist der Rückzug nur Mann für Mann möglich, so daß es im dichten Gewehrfeuer zahlreiche Tote gibt.

Nun greift Márquez, der es offenbar Méndez zeigen will, persönlich in den Abwehrkampf ein. Wahrscheinlich überlegt er dabei auch, daß man ihn später dafür verantwortlich machen könnte, daß der Friedhof zum Schwachpunkt der Verteidigung wurde, und möchte die Scharte auswetzen. Er leitet mit der für ihn typischen verbissenen Kaltblütigkeit mehrere Ausfälle gegen das „Panteón" und die umliegenden Häuser. Dabei erbeutet man eine amerikanische Waffe, ein sechzehnschüssiges Revolvergewehr, genannt „Henry-Stutzen", das dem Kaiser überreicht wird. Dieses hebelbetätigte, 44 mm Repetiergewehr hat 15 Patronen im Magazin und eine 16. in der Gewehrkammer. Tests in der US-Armee hatten gezeigt, daß in 340 Sekunden 120 Schüsse abgegeben werden konnten. Man brauchte also samt Neuladen für einen Schuß nur 3 Sekunden.[110] Im kaiserlichen Lager gibt es diese verheerend wirkende Schußwaffe überhaupt nicht, was man noch sehr zu spüren bekommen wird. Escobedos Leibgarde ist dagegen dank der nordamerikanischen Waffenhilfe an die Republik des Benito Juárez durchwegs damit ausgerüstet.

Der Kaiser hält sich während der Kampfhandlungen ständig auf dem Platz vor der Cruz auf. Er trägt die Uniform eines mexikani-

schen Divisionsgenerals und den breitkrempigen Sombrero jarano,
dessen Ränder mit goldenen und silbernen Borten bestickt sind. Granaten und Gewehrkugeln schlagen neben ihm ein. Um ihn stehen
Márquez, Méndez, der Artilleriechef Oberst Arellano und einige
Generalstabsoffiziere. Als eine Granate vor ihnen platzt, ducken sich
alle, nur Maximilian bleibt aufrecht stehen. Alle spüren: er fürchtet
den Tod nicht. Einige fragen sich bereits, ob er ihn nicht sogar sucht.

Hauptmann Baron Fürstenwärther, der von Gebäuden und Ge-
fechten Skizzen und Pläne anfertigt und ein exaktes Kriegstagebuch
führt, das allerdings erst viele Jahre nach seinem Tod veröffentlicht
werden wird, steht mit einem Fernrohr bewaffnet auf dem Turm der
Klosterkirche, deren Glocken im ständigen Kugelregen leise anschlagen, beobachtet die Feindbewegungen und ruft sie dem Kaiser und
Márquez zu. Zu Mittag weiß man, daß die Republikaner bereits zurückgehen. Gegen 2 Uhr werden zahlreiche Gefangene in die Stadt
gebracht. Einer davon, ein amerikanischer Offizier, wird vor den Kaiser geführt. *Warum kämpfen Sie für die Dissidenten?* fragt ihn Maximilian auf englisch. *Weil ich Republikaner bin und die Unabhängigkeit Mexikos verteidigen will,* antwortet der Amerikaner, der trotzig seinen
Sombrero auch vor dem Kaiser nicht abnimmt. Méndez reißt ihm
den Hut vom Kopf: *Sie stehen vor dem Kaiser!* Maximilian lächelt nur,
er hat die Unhöflichkeit gar nicht beachtet. Er bereinigt peinliche
Situationen meist mit distanziertem Humor: *General Méndez,* sagt er
scherzend, *da haben Sie einen Mann, der unsere Unabhängigkeit verteidigen will. Den lege ich Ihnen ans Herz.* Und er befiehlt, den Amerikaner
mit allem Notwendigen zu versorgen.

Um 5 Uhr 30 hört das Feuer auf, die Republikaner ziehen endgültig ab. Im Süden räumen sie die Kirche San Francisquito. Maximilian,
der immer noch auf der Plazuela de la Cruz steht, wird von allen
Seiten beglückwünscht.

Miramón erscheint voll Siegesfreude vor dem Kaiser, beide umarmen sich. Eine Banda spielt die leicht an die Marseillaise erinnernde
mexikanische Nationalhymne. Auch Maximilian ist überglücklich
über den Erfolg, er will und muß jetzt unter seinen Soldaten sein,
steigt aufs Pferd und inspiziert sämtliche Truppen in den äußersten
Linien. Überall hält er Ansprachen, den Cazadores, unter denen viele
Franzosen sind, macht er das Kompliment, die Zuaven Mexikos zu
sein. Salm Salm reicht er die Hand. Durch die ständigen Viva-Rufe
der Soldaten werden aber die Republikaner auf Maximilian aufmerksam und beschießen seinen jeweiligen Aufenthaltsort mit Granaten
und Vollkugeln, ohne jedoch Schaden anzurichten. Abends besucht
Maximilian das Spital in der Cruz. Oberstleutnant Rodríguez – der

Held des Tages – ist so schwer verwundet, daß die Ärzte ihn aufgegeben haben. Doch überraschenderweise erholt er sich langsam und wird bald wieder ein Kommando übernehmen.

An diesem Abend herrscht in der Stadt fieberhafte Begeisterung. Die Menge wogt durch die Straßen. In den Hotels – El Aguila Roja, Casa de Diligencias, Hidalgo – treffen sich die Offiziere beim noch reichlich vorhandenen Essen. Die meisten sind sich jetzt allerdings über die hohen Kampfqualitäten der Liberalen einig.

Um 8 Uhr abends tönt vom Cerro de los Molinos, wo General Corona sein Hauptquartier aufgeschlagen hat, ein Kanonenschuß, das vereinbarte Zeichen für den endgültigen Rückzug der Liberalen auf die Ausgangspositionen. Die Republikaner zählen an die 1.000 Tote und Verwundete. Nunmehr richten auch sie Lazarette ein: eines östlich der Stadt, in der Fábrica de Hércules, die den Rubios gehört, und eines im Nordwesten, in der Hacienda de Alvarado. Oberst Balbontín registriert besorgt den Munitionsverbrauch: 861 Artilleriegeschoße und an die 60.000 Gewehrpatronen. Für ihn ist bereits jetzt klar, daß die Belagerer mehr Munition verbrauchen als die Maestranza[111] in San Luis Potosí jemals liefern kann. Zudem kommen ständig neu rekrutierte Truppen an, die völlig ohne Munition sind. Die Kaiserlichen verzeichnen Verluste an Toten und Verwundeten von etwa 350 Mann. Sie haben sieben- bis achthundert Gefangene gemacht, die größtenteils – wie in Mexiko üblich – in die eigene Armee eingegliedert werden.

Es gibt auf beiden Seiten nur Sieger. Die Belagerten sehen in dieser ersten Schlacht einen entscheidenden Abwehrerfolg, der ihnen ihre Überlegenheit in Führung und Truppenqualität zu beweisen scheint. Die Republikaner wieder berufen sich darauf, daß General Escobedo den Angriff nur zum Zwecke der Rekognoszierung, nicht der raschen Einnahme Querétaros geplant hat. Der nüchterne Dr. Basch vermerkt allerdings, daß die Belagerten jetzt „enger cerniert als gestern" seien. Beide Seiten haben aber erkannt, daß dieser Kampf noch lange dauern wird, bis eine Entscheidung fällt. Die numerische und geschützmäßige Überlegenheit der Republikaner wird durch die bessere Disziplin, die persönliche Einsatzfreude von Miramón und Mejía, die selbst in die Kämpfe eingreifen, die bessere Ausbildung der kaiserlichen Artilleristen und die wohlausgebauten Stellungen am Stadtrand weitgehend wettgemacht. Allerdings: die Kaiserlichen können ihre Verluste trotz aller wirklichen oder eingebildeten Erfolge niemals wettmachen, während die Republikaner immer neue Truppen und Versorgungsgüter aus ihrem Hinterland heranholen.

Freitag, 15. März[112]
Deserteure melden, daß die Republikaner demoralisiert sind. Im kaiserlichen Lager herrscht dagegen Triumphstimmung. Am Vormittag, während die republikanische Batterie auf der Loma de Carretas, einem südlich der Stadt gelegenen Hügel, Granaten in die Cruz sendet, tritt Maximilian mit Márquez, Méndez und Offizieren seines Stabes vor zwei auf der Plazuela de la Cruz im Karree aufgestellte Bataillons. In deren Mitte steht das gestern von acht Kaiserjägern unter Fürst Salm eroberte Parrot-Geschütz. Es ist ein „gezogenes", d.h. mit Drill versehenes Geschütz. Die „rifled ordnance" ist die große Innovation im Geschützwesen der Nordamerikaner, doch haben die Republikaner auch einige gezogene Geschütze, die aus Österreich stammen, Beutekanonen aus Kämpfen mit dem österreichischen Freiwillenkorps.

Nun folgt eine Zeremonie, welche schon die Franzosen im Italienfeldzug praktiziert haben. Die Bandas schmettern und die zwei Fahnen senken sich. Der Kaiser hält eine seiner Ansprachen, die ihm so leicht von der Zunge gehen. Er dankt den beiden Einheiten für die bewiesene Bravour und, da er nicht jeden einzelnen dekorieren könne, heftet er an beide Fahnen das Kreuz des mexikanischen Adlerordens. Die Fahnen heben sich wieder, Viva-Rufe ertönen. Die acht Kaiserjäger erhalten silberne und goldene Tapferkeitsmedaillen. Dann spricht Márquez: Nie werde der Kaiser seine Truppen verlassen – eine bemerkenswerte Feststellung für jemanden, der insgeheim bereits daran denkt, sich möglichst bald für immer aus der militärischen Mausefalle Querétaro abzusetzen.

Abends vor dem Kriegsrat trifft Maximilian mit Salm zusammen, von dem er, der im Landkrieg Unerfahrene, sich zunehmend beraten läßt. Der Feind, meint Salm, sei jetzt dermaßen demoralisiert, daß man gleich am nächsten Morgen einen weiteren entscheidenden Schlag führen solle. Warum nicht mit der ganzen Infanterie einen Angriff gegen San Gregorio und San Pablo führen? Warum nicht dann – nach errungenem Sieg – weiter nach San Luis Potosí, dem jetzigen Sitz der republikanischen Regierung vordringen? Und warum nicht nachher General Vidaurri noch weiter nach dem Norden vorschicken, nach seiner Heimatprovinz Nuevo León, wo sein Name etwas gilt? Dort würde man reiche Vorräte erbeuten, eine bedeutende Armee organisieren. – Salm ist nie um große Pläne verlegen. Der Kaiser überlegt dessen reale Position in der Entscheidungshierarchie und lenkt das Gespräch wohlweislich sogleich auf Márquez, der Erfahrung aus vielen Kämpfen besitze und das Land kenne. Dieser sei, wie Salm wohl wisse, dafür, in Querétaro zu bleiben. Im anschließenden Kriegsrat setzt sich dann allerdings unter dem Eindruck des gestrigen Erfolges Miramón doch mit einem Vorschlag durch: Am nächsten Morgen vor Tagesanbruch soll der San Gregorio angegriffen werden.

Um 9 Uhr abends unternimmt der Gegner noch im Schutz der Dunkelheit einen Angriff gegen die Große Brücke, wird aber vom Batallón de Celaya blutig abgewiesen. Gleichzeitig nimmt die Beschießung zu. Im republikanischen Lager hat Balbontín den Munitionsverbrauch des Vortags erhoben: 56 Achtpfünder-Kanonenkugeln, 40 Granaten und 106 Kartätschen für 12 cm Berghaubitzen, 58.000 15 mm Gewehrkugeln und 30.000 Kugeln für Spencer Karabiner sind verfeuert worden. Nur diese wenigen Kaliber hat es im „Parque general", dem Munitionsdepot, das im Tal zwischen den Bergen San Pablo und San Gregorio liegt, überhaupt gegeben. Nun aber ist dieses praktisch leer. Die liberale Armee verfügt nur mehr über jene Munition, welche die Soldaten in den Patronentaschen und die Kanoniere in ihren Protzkästen haben. Balbontín geht zu Escobedo, berichtet und insistiert. Dem Oberkommandierenden wird klar, daß er Gefahr läuft, die Belagerung unversehens aufgeben zu müssen. Zum Glück für ihn wird von den Kaiserlichen diese Schwachstelle der Belagerer nie so richtig erkannt. Mit dringenden Briefen an die Juárez-Regierung ausgestattet, verläßt Balbontín in einer Postkutsche den Kriegsschauplatz.

Samstag, 16. März[113]

Schon um 4 Uhr morgens erscheint Maximilian mit seinem Stab auf dem Cerro de las Campanas, um von dort den Angriff auf den San Gregorio zu leiten. Doch im Fort liegen merkwürdigerweise noch alle im Schlaf. Nichts ist vorbereitet. Erst jetzt werden die Truppenabteilungen auf ihre Posten geschickt. Maximilian begibt sich auf der Suche nach Miramón zur Großen Brücke. Doch der General ist nicht zu sehen. Man schickt nach ihm, aber er kommt nicht. Die Truppen bewegen sich in völliger Verwirrung zwischen der Plaza de San Francisco und der Großen Brücke. Die anrückende Artillerie kommt auf diesem Straßenzug nicht voran, weil eine Barrikade und zusammengebrochene Wägen den Weg behindern. Das Kavallerieregiment der Kaiserin mit López an der Spitze drängt sich gewaltsam durch das Chaos. Schließlich räumt man die Hindernisse weg, aber nun ist es für einen Angriff schon zu spät. Méndez rät dem Kaiser, der wieder auf den Cerro de las Campanas zurückgekehrt ist, dringend die von dem ihm so verhaßten Miramón gewollte Aktion abzubrechen. Márquez, der von Anfang an dagegen war, bekräftigt das. Dem Kaiser bleibt nichts anderes übrig, als den Befehl zum Abbruch des Unternehmens zu geben. Er erfährt jetzt, daß Miramón einfach verschlafen hat …

Während der Kaiser in die Cruz zurückreitet, eilt Márquez mit dem schriftlichen Rückmarschbefehl zu Miramón, der nun doch eingetroffen ist und gerade mit erhobenem Degen vor seinen Truppen steht und sie zum Kampf anfeuert. Es kommt zur Auseinandersetzung zwischen den Rivalen. Die Cruz sei von Truppen entblößt, die Reserve noch nicht auf Posten, argumentiert Márquez mit seinem undurchdringlichen Gesicht und weist den schriftlichen Rückzugsbefehl Maximilians vor. Miramón, blaß vor Wut, stößt den Degen in die Scheide und schleudert seine Kappe auf den Boden. Dann erst beordert er seine Truppen zurück in die Quartiere. Er galoppiert ins Stadtzentrum und erfährt unterwegs, daß für die Cruz überhaupt keine Gefahr bestanden hat. Vor dem Palacio Municipal trifft er auf Vidaurri und fordert ihn auf, dem Kaiser zu melden, mit ihm, Miramón könne er weder für einen weiteren Angriff noch für die Kriegsräte zählen. Vidaurri aber hütet sich, diese Wutreaktion dem Kaiser zu melden, aber dieser erfährt trotzdem davon. Was soll er tun? Miramón kann und will er nicht maßregeln. Schließlich läßt er, um das Gesicht zu wahren, zwei Offiziere aus dem Stabe Miramóns einsperren, weil sie den General nicht rechtzeitig geweckt haben. Ob man den Angriff auch später mit der gleichen Erfolgschance hätte durchführen können, darüber wird jetzt lebhaft gestritten. Miramóns Schatten Arellano macht Márquez zum Sündenbock. Er habe mit seiner Lüge, die Cruz sei ungeschützt, den Kaiser böswillig dazu getrieben, den Angriff abzubrechen.[114] Dieser wird auf Montag, den 18. März verschoben.

Für die Liberalen sind die Truppenbewegungen in der Stadt, die sie von den Höhen aus beobachten können, zunächst rätselhaft, doch erfahren sie bald durch ihre Spione die Ursache. Da bei ihnen ein frischer Munitionstrain eingetroffen ist, bombardieren sie Querétaro am Vormittag aus allen Rohren. Hauptziele der Beschießung sind die Cruz, das Karmeliterinnenkloster, in dem sich eine der insgesamt sechs improvisierten Munitionsfabriken[115] befindet, der Cerro de las Campanas, die Alameda mit ihren Artilleriestellungen, die Casa Blanca und die Große Brücke. Die Republikaner kennen auch das Gebäude in der Calle San Antonio, in dem sich Miramóns Hauptquartier befindet. Die meisten dafür bestimmten Geschoße fliegen jedoch darüber hinweg und treffen das Hotel de Diligencias, die Poststation.

Die Einwohner beginnen sich fatalistisch mit der ständigen Beschießung abzufinden. Der tagelangen Einschließung müde, gehen

sie wie gewohnt ihren Geschäften nach, machen Spaziergänge und
nützen die Balkons. Theater und Stierkampfplatz sind jetzt geschlossen, aber die Kaffeehäuser sind gedrängt voll und namentlich ein
von einem Franzosen geführtes Lokal an der Plaza de San Francisco dient als Nachrichtenbörse für die Offiziere. Über den miß-
glückten Angriffsplan gegen den San Gregorio liefert die Gerüchte-
küche der Stadt bereits die gern gehörte Erklärung: Miramón habe
keineswegs in Morpheus Armen seine Pflichten verschlafen, sondern
sei den erotischen Reizen einer üppigen Dame aus Querétaro erlegen. Da Miramón ein jugendlicher Bonvivant und seine Gattin
Concha Lombardo samt Kindern in Mexiko-Stadt geblieben ist, wird
die ebenso pikante wie unbeweisbare Geschichte bereitwillig geglaubt und bereichert die Legenden um die „denkwürdige Belagerung".

Sonntag, 17. März[116]
Am Vor- und am Nachmittag gibt es nur Vorpostengeplänkel, dann
und wann werden einzelne Kanonenschüsse gewechselt. Maximilian
besucht die Messe und nimmt seine gewohnten Spaziergänge durch
das Stadtzentrum und die Alameda wieder auf. Er findet nun endlich
Zeit, wieder an jene Welt zu denken, die er in der Hauptstadt zurückgelassen hat, an das sicherlich schon halb ausgeräumte Chapultepec
und an den Palacio Nacional, in dem seine zurückgelassene Regierung sitzt, von der er wenig weiß, außer daß er von ihr Geld und
Truppen erwartet, die nicht kommen. So diktiert er ein Schreiben an
Sánchez Navarro, den Minister seines kaiserlichen Hauses, das in
voller Auflösung begriffen ist. Er beschwert sich wieder einmal über
den Finanzminister, der ihm versprochen habe, dem Finanzverwalter
von Querétaro 10.000 Pesos zu übersenden. Dies sei aber eine Lüge
gewesen, vielmehr, so verbessert er nach nochmaligem Durchlesen,
*eine von so vielen Lügen.* Stolz verweist er dagegen auf den *gewaltigen
Angriff des Feindes am 14. März* und auf die *heldenhafte Verteidigung der
unter meinem Befehl stehenden Truppen … Ihr Mut und ihre Begeisterung,
die sie bei jeder Gelegenheit an den Tag legen, heben täglich meinen Stolz
auf meine Soldaten und die Befriedigung darüber, daß ich mich an ihre
Spitze gestellt habe.*[117] Querétaro ist, wie er unbewußt fühlt, trotz allen
Widrigkeiten und Gefahren, die er hier durchmachen muß, und die
sicherlich nur schlimmer werden können, ein Höhepunkt seines Lebens, weil er die Kriegstugenden seiner Vorfahren in sich verspürt,
für die man in Österreich keine Verwendung gefunden hatte.
     Um 9 Uhr abends hört man von der Brücke her wieder lebhaftes
Geschütz- und Gewehrfeuer. Die Republikaner haben ein Bataillon

von 300 Mann an die Brücke vorgeschoben. Sie wissen durch ihre Spione von dem geplanten Ausfall, die dort stehenden Truppen General Castillos dagegen nicht. Diese befürchten einen Angriff auf die Brücke und eröffnen das Feuer. Die Republikaner ihrerseits glauben nun, daß der Ausfall der Verteidiger beginnt und lassen ihre ganze Artillerie spielen. Die Garnison erwidert das Feuer aus allen Rohren.

Wieder einmal verschießen die Liberalen die Reste ihrer spärlichen Munition, und das an jenem selben Sonntag abend, an dem Oberst Balbontín in San Luis Potosí im Regierungspalast mühsam zu Juárez vordringt und ihn beschwört, ihm alle Vollmachten zur Ankurbelung der Munitionserzeugung zu übertragen. Der republikanische Kriegsminister schickt durch Postkutschentransporte sofort einige tausend Patronen, die in San Luis noch vorhanden sind, in Escobedos Lager, aber Balbontín erhält einen Brief an den Gouverneur von Nuevo León, mit dem Auftrag, ihn in der Munitionsfabrik von Monterrey, in der auch österreichische Gefangene arbeiten und gelegentlich auch Sabotageakte unternehmen, mit freier Hand schalten und walten zu lassen.

Die Republikaner betreiben in aller Eile die Errichtung von Fortifikationen entlang des Belagerungsringes. Aus dem Raum Mexiko-Stadt sind neue Kräfte unter den Generälen Riva Palacio und Martínez nach Querétaro beordert worden, die bereits in Tepejí del Río stehen. Und da zwischen San Luis und Querétaro 220 km liegen und möglicherweise Entscheidungen nötig sind, die Escobedo nicht allein treffen soll, befiehlt Juárez, die Telegraphenlinie zwischen beiden Städten, die durch die Kaiserlichen errichtet, aber kurz darauf durch die Kriegshandlungen unterbrochen wurde, wiederherzustellen.[118] Das Holz für die Masten hat Escobedo bereits in der Hacienda San Juanico beschlagnahmen lassen.

Montag, 18. März[119]
*Verehrter Herr Padre Fischer!*, beginnt Dr. Basch sein Schreiben[120] an den seltsamen Priester, der Schlauheit und Machtwillen besitzt, dem Maximilian blind vertraut und der fast alle mexikanischen Minister zum Feinde hat. Basch schreibt ihm, weil er den Drang verspürt, sich ohne Folgen über alles auszulassen, was ihn hier bedrückt und ärgert. *Nach dem Sieg vom 14.ten verhalten sich die Dissidenten ziemlich ruhig. Noch halten sie uns zwar in Observation, scheinen aber vorderhand nach der Lektion, die sie erhalten haben, nicht zur abermaligen Aufnahme eines Angriffes geneigt ... Das Ende des Erfolges ist jedenfalls noch abzuwarten, steht aber, wie es scheint, vor der Tür,* fügt er hinzu und beweist damit, wie wenig er von den wahren Kräfteverhältnissen der Gegner

weiß. Seinem kaiserlichen Herrn geht es zum Glück jetzt gesundheit-
lich sehr gut, was sich auch darin äußert, daß der Kaiser ausgiebig
über seine eigene Regierung schimpft. *S. M. ist sehr erbost darüber, daß
weder Geld noch Nachrichten aus Mexiko-Stadt kommen und hat sich direct
darüber ausgesprochen, wie schlecht die Miserabilität und Faulheit der Regierung in Mexico die hiesigen Verhältnisse beeinflußt* ... *Es wird uns hier
immer klarer und klarer, daß die Herren in Mexico aus Feigheit oder aus
weiß was für Nebenabsichten das Geld ausschließlich in Mexico behalten
und verwenden und daß die Nichtabsendung des Convois* ... *seinen Grund
ausschließlich darin fand, die Exc. Mandarine vor irgend einem Ungemach
zu sichern. Daß die Minister in allen ihren Berichten von der Rückzugslinie
México-Veracruz sprechen, ist wohl der beste Beweis für ihre Feigheit und
Beschränktheit.* Salm, der in der Cruz eine benachbarte Zelle bewohnt,
hat Basch gebeten, über Fischer auch seiner Frau Agnes Nachricht zu
geben, *daß er sehr wohl und zufrieden ist*, seit er die Kaiserjäger kommandiert.

Auch Maximilian diktiert, die Kampfpause nutzend, einen Brief,[121]
um nochmals Sánchez Navarro darauf hinzuweisen, daß er auch auf
Geld für seine Casa civil – den dürftigen Hofstaat aus zwei Kammerdienern, einem Sekretär, dem Arzt und dem ungarischen Koch – wartet, nur 1.500 Pesos pro Monat, weil man ja umsonst in den Kloster-
zellen wohnt.

Maximilian beginnt allmählich zu ahnen, daß es sinnlos ist, von
der Regierung in der Hauptstadt irgend etwas zu verlangen oder gar
zu erwarten. Der einzige, der ihm finanziell in Querétaro helfen
kann, ist Carlos Rubio. Dieser gewährt dem Kaiser sehr diskret jedes
Darlehen, das er wünscht, zumal dies gerade jetzt ein brauchbares
Argument ist, den Umfang der Zwangsanleihe, die alle reichen Bürger zahlen müssen, für das Bankhaus Rubio zu reduzieren.

Abends geht Maximilian, so wie in den letzten und in den kommenden Tagen auf der Plazuela vor der Cruz eine Stunde lang mit
großen Schritten auf und ab. Sein Sekretär Blasio begleitet ihn mit
gezücktem Notizblock. Um sich von der in jeder Hinsicht kritischen
Situation abzulenken, diktiert ihm der Kaiser – Blasio glaubt zu träu-
men – weitere Absätze für ein neues Hofzeremoniell.[122] So gerne er
selbst über Menschen lächelt und über ihre Schwächen spottet, hier
opfert er dem Herrschertabu. Sein Ceremonial de la Corte weist ihn
als widerspruchsvollen Nachfahren von Kaisern aus, deren Autorität
nie in Frage stand, weshalb sie es aber auch nicht nötig gehabt hatten, ihre Hofzeremonielle selbst zu redigieren.

**Dienstag, 19. März**[123]
Die Republikaner erhalten Nachricht, daß der kaiserliche General
Olvera, ein enger Freund von Tomás Mejía, aus der Sierra Gorda
seine Reiter gegen Querétaro vorschickt, um die republikanische
Nachhut anzugreifen. In Querétaro weiß man davon gar nichts, aber
die Liberalen senden ihm auf alle Fälle ihren General Aureliano
Rivera mit seiner Kavallerie entgegen – Olvera allerdings kommt gar
nicht.

**Mittwoch, 20. März**[124]
Während sich die Truppen Riva Palacios bereits in Arroyozarco befinden, konferiert Maximilian den ganzen Tag über in der Cruz mit
einzelnen Generälen. Veränderungen in der Befehlsstruktur werden
vereinbart. Einige Generäle, denen man die Schuld am vereitelten
Ausfall am 16. März zuschreibt, verlieren ihre Kommandos. Méndez
befehligt jetzt die erste Infanteriedivision, die Reserve geht an Oberst
López, der auf diese Weise automatisch auch Befehlshaber in der
Cruz wird. Salm, mit dem sich Maximilian immer öfter berät, erhält
das Kommando über die gesamte 1. Brigade. Er übt so zwar eine
Generalsfunktion aus, bleibt aber mit Rücksicht auf die Mexikaner
trotz seines nordamerikanischen Generalspatents Oberst. Da er nun
die Kaiserjäger abgeben muß, wird der mutige Oberstleutnant Pitner
deren Kommandant.

Die Generäle stellen Maximilian aber auch vor, welche Strategie
man angesichts der Einschließung und des mangelnden Entsatzes verfolgen solle. Seine „vier M" – Márquez, Miramón, Mejía und Méndez – äußern vier verschiedene Meinungen, der Artilleriechef Arellano eine fünfte. Der Kaiser aber weiß, wie er den Konflikt lösen wird.

Um 5 Uhr nachmittags treffen sich die kaiserlichen Chefs zum
Kriegsrat in der Cruz: Miramón, Mejía, Márquez, Méndez, Castillo
und Arellano, der das Protokoll führt. Der Kaiser und Generalissimus wartet, bis alle ihre Plätze eingenommen haben. Dann eröffnet
er die Sitzung. Etwas ironisch verweist er auf die „fünf Ansichten",
die er heute vernommen habe. Dann erinnert er an Orizaba, wo er
den Ministern die Entscheidung über seinen Verbleib in Mexiko-
Stadt überlassen habe. Das gleiche Rezept verordnet er jetzt: *Was Sie
mir sagen werden, meine Herren, über den Zustand unserer Armee, und
welche Kriegsoperationen wir zu unternehmen haben, werden Wir ohne
Wanken annehmen.* Dann fordert er sie auf, ohne seine Gegenwart zu
verhandeln und verläßt den Raum.

Die Generäle müssen sich erst fassen, hat doch jeder gemeint, den
Kaiser überzeugt zu haben. Arellano referiert inzwischen über die

fünf verschiedenen Ansichten: Rückzug der gesamten Armee; Rückzug nur der Truppen unter Zurücklassung des Wagenparks, der Geschütze und des Kriegsmaterials; weitere Verteidigung Querétaros mit allen Kräften; Teilung der Kräfte – eine Gruppe würde zur Verteidigung der Stadt in Querétaro bleiben, eine andere nach Mexiko-Stadt durchbrechen und Verstärkung holen; schließlich Schaffung einer Schutztruppe für den Kaiser für den Fall einer Niederlage und Ernennung eines anderen Oberbefehlshabers, der das Gros des Feindes angreifen solle. Die letztere Ansicht ist natürlich die von Miramón und wird von dessen Sprachrohr, Arellano, unterstützt, allerdings soll sie nur einen Ausweg für den extremen Notfall darstellen, der noch nicht gekommen sei.

Miramón lädt zur Diskussion ein. Méndez spricht zuerst, aber er sagt nur, er werde sich der Mehrheit anschließen. Castillo rät zur weiteren Verteidigung, bis der Feind angreift, dann werde man ihn sicher zurückwerfen. Vidaurri, inzwischen Kriegs- und Finanzminister geworden, setzt ebenfalls auf Verteidigung, rät aber, *die feindliche Macht links von Cerro de las Campanas zu vernichten um ... aus der gegenwärtigen Lage herauszukommen*. Mejía möchte ebenfalls, daß man sich in Querétaro verteidigt, Schwächen des Gegners ausnützt, um ihn zu schlagen und Verstärkungen aus Mexiko-Stadt heranzuholen. Márquez äußert etwas, das nach Übereinstimmung mit Mejía klingt, doch scheint er nicht alles zu sagen, was er denkt.[125] Miramón schließlich findet Vidaurris Gedanken attraktiv, die Republikaner zwischen den Straßen von Celaya und San Juanico anzugreifen.

Maximilian wird geholt. Er ist in den zwei Stunden der Diskussion ziemlich nervös geworden, weil ein Beschluß zum Rückzug für ihn das Ende seiner mühsam errungenen Unabhängigkeit bedeutet hätte. So gesteht er den Generälen, er habe *zwei Stunden in wahrer Agonie verbracht*. Er findet es *vortrefflich, daß die Verteidigung des Platzes fortzudauern hat*.

Die weiteren Details nimmt er gelassen zur Kenntnis: Die linke Seite des Cerro de las Campanas vom Feind freizumachen, die berittenen Irregulares gegen die republikanische Nachhut zu schicken, die Frage der Verstärkungen aus Mexiko-Stadt neuerlich zu behandeln und Geld für den Sold der Truppe zu beschaffen.

Auf dem Kriegsratsprotokoll fehlen zwei wichtige Unterschriften, die der Generäle Márquez und Vidaurri. Ist es deshalb, weil beide sich gleich nach dem Kriegsrat mit Maximilian einschließen? Márquez wird später sagen, ihr Gespräch mit dem Kaiser sei noch in Gegenwart der Junta erfolgt, Arellano wird im Gegenteil behaupten, es habe sich um Geheimgespräche gehandelt. Was sie beschließen, geht jedenfalls über die protokollierten Entscheidungen des Kriegsrates hinaus und bleibt geheim: Márquez hat als Statthalter des Kaiserreiches – Lugarteniente del Imperio – nach Mexiko-Stadt zu gehen, Vidaurri wird ihn als künftiger Ministerpräsident begleiten, als Schutz werden sie das 5. Dragonerregiment und die zwei Einheiten der irregulären Kavallerie unter Oberst Quiroga mitnehmen.

Márquez erreicht bei dieser Gelegenheit auch eine Änderung des Dekrets über die Einsetzung einer Regentschaft für den Todesfall: In diesem Fall wird nicht Lares, sondern er, Márquez, die Regentschaft führen. Als Lugarteniente del Imperio wird er ja der offizielle Stellvertreter des Kaisers sein; somit ist es nur logisch, ihn sozusagen versorglich bereits zum Nachfolger Maximilians zu ernennen.

Was aber soll Márquez in der Hauptstadt überhaupt unternehmen? Das ist eine jener Fragen, über die es in alle Zukunft keine schlüssige Antwort wird geben können, weil jeglicher schriftlicher Auftrag bewußt vermieden wurde. Maximilian hat die Gewohnheit, die wirklich wichtigen Dinge nicht beim Namen zu nennen, allen Problemen, solange er kann, aus dem Weg zu gehen. So hat er es schon 1864 bei seinem Besuch bei Papst Pius IX. in Rom gehalten, aus dem Ergebnis aber nichts gelernt. Auch jetzt, bei diesem entscheidenden Gespräch mit Márquez, wird jede schriftliche Fixierung seiner *vertraulichen Sondermission*, wie der Kaiser es später nennen wird, vermieden. Maximilian deutet offenbar nur an, was er hier in Querétaro braucht, nämlich Geld und Soldaten. Márquez weiß das ohnehin, er weiß aber auch, daß beides in Mexiko-Stadt nicht so schnell beschaffbar sein wird. Er will von Maximilian ausdrücklich unbeschränkte Vollmachten, womit der Kaiser einverstanden ist.

Márquez wird später zu seiner Rechtfertigung den kaiserlichen Befehl auf seine Art interpretieren:
*Kaiser Maximilian sandte mich nicht nach Mexico, um die dortige Garnison zu sammeln und nach Querétaro zu führen, sondern im Gegenteil, um in der Eigenschaft als sein Statthalter die Haupstadt des Kaiserreiches zu beschützen um sie als Verbindungszentrum zu erhalten, für den Fall, daß in Querétaro eine mißliche Lage eintreten sollte.*[126]

Einen Lugarteniente del Imperio hat Maximilian schon einmal ernannt, nämlich Almonte, als die Regentschaft geendet und er selbst seine Herrschaft noch nicht angetreten hatte, doch wurden damals keinerlei Befugnisse festgelegt. Im Estuatuto Provisional del Imperio kommt diese Funktion gar nicht vor. Maximilian scheint diesen, dem spanisch-mexikanischen Staatsrecht fremden Begriff dem österreichischen Verwaltungsrecht, das in allen Kronländern k.k. Statthaltereien vorsah, nachempfunden zu haben. Márquez nimmt jedenfalls die Statthalterschaft als eine „umfassende Bevollmächtigung". Er interpretiert sie als „facultades omnímodas", um in Mexiko-Stadt Ordnung zu machen, und um von dort, mit oder ohne Kaiser, den Kampf weiterzuführen. Die einzige schriftliche Instruktion, die er mitnimmt, weil er sie ohne Zweifel bei Maximilian selbst angefordert hat, ist ein Schreiben des Kaisers an Teodosio Lares,[127] den bisherigen Ministerpräsident, das diesen auffordert, Márquez als Statthalter anzuerkennen und seinen Platz an Vidaurri abzugeben. – Die Republikaner haben es leichter, mit ihrer provisorischen Hauptstadt zu verkehren, denn ab nun ist das Hauptquartier Escobedos bereits durch die wiederhergestellte Telegraphenlinie mit dem Regierungssitz in San Luis Potosí verbunden.

Donnerstag, 21. März[128]
Heute ist San Benito, Namens- und zugleich Geburtstag des Präsidenten Juárez, den die Kaiserlichen als Expräsidenten ansehen. Die Republikaner begehen ihn mit einer verstärkten Beschießung Querétaros, deren Einwohner nach der schon Wochen dauernden Einschließung an Nahrungsmangel und Ruhr leiden. Man hofft nun, daß Miramón bei dem für morgen geplanten Ausfall einige der im liberalen Lager eingelangten Karren mit Lebensmitteln erbeuten wird.

Fürstenwärther,[129] der mit den topographischen Arbeiten beauftragte Offizier seines Generalstabes, ist von Miramón im Auftrag des Kaisers gebeten worden, in eine Planskizze die Aufstellung der Truppen für den Ausfall am Freitag einzutragen. Miramón sieht sich das Croquis an und gibt Fürstenwärther die nötigen Hinweise. Nachher, als Fürstenwärther vor dem Kaiser steht, fragt dieser mit spöttischem Lächeln, ob denn Miramón überhaupt imstande gewesen sei, den Plan zu lesen und ob er die topographischen Zeichen kenne. Fürstenwärther bejaht erstaunt, schließlich weiß er, daß Miramón Professor an der Militärakademie von Chapultepec gewesen ist. Maximilian schüttelt den Kopf. *Das ist nicht die starke Seite meiner Herren Generäle.* In Gesprächen mit seinen Landsleuten oder mit anderen Europäern läßt der sich so gerne als Wahlmexikaner gebende Maximilian immer wieder durchblicken, daß er von den Kenntnissen mexikanischer Minister oder Militärs wenig hält. Miramón, Márquez und Arellano rechnet er aber zu den wenigen Ausnahmen.

Fürstenwärther erhält von Maximilian den Auftrag, in Zivilkleidung unauffällig die Beschaffenheit der Wege nach der Estancia de las Vacas zu untersuchen. Es handle sich, so deutet ihm der Kaiser harmlos an, um eine Umgehung der feindlichen Linien, um den Republikanern in den Rücken zu fallen und sie zwischen zwei Feuer zu nehmen. Dabei könne man auch einen ganzen Versorgungstrain der Republikaner erbeuten, der vor kurzem eingetroffen sei. Vorsichtig geht Fürstenwärther in Zivilkleidern das militärische Niemandsland zwischen den Linien ab, ständig eines Überfalls durch streifende Patrouillen des Gegners gewärtig.

Maximilian denkt jetzt doch nochmals über seine Vereinbarung mit Márquez nach. Es ärgert ihn, daß er vor dem stechenden Blick des dunkelhäutigen Márquez oft zurückweicht und das Gespräch rasch abbricht. So teilt er nun das, was er gestern hätte fixieren sollen, seinen Vertrauenspersonen, dem Pater Fischer und dem Schiffskapitän Schaffer in fast gleichlautenden Briefen mit. Er berichtet Fischer,[130] daß Vidaurri Ministerpräsident ist und zusätzlich das Finanzministerium übernehmen wird. Und dann heißt es: *Außer diesen Maßnahmen sende ich den General Márquez mit unumschränkten Vollmachten* – damit bestätigt Maximilian, was Márquez später stets für sich in Anspruch nehmen wird –, *damit er unter die alten Weiber Ordnung bringe, die herabgekommene Moral hebe und meine wahren Freunde stütze und schütze. Daß Sie unter die letzteren gehören, versteht sich von selbst, und daher hat Márquez mündliche Instructionen von mir Ihre Person betreffend …* Im Falle einer Räumung von Mexiko-Stadt nämlich *hat Márquez den Auftrag, Sie, Schaffer und Knechtl im Centrum der operierenden Truppen mit sich zu nehmen. Unter solchen Umständen möchte ich das Archiv gerettet wissen …* Es folgen Anweisungen über die Versorgung der Wertgegenstände, die bei ausländischen Legationen zu hinterlegen seien. Wohin aber sollen sich die „operierenden Truppen" bewegen? Hierüber erfolgt eine für den Kaiser typische Andeutung: *Da wir hier gänzlich Mangel an guten Büchern leiden, wünsche ich, daß Sie eine kleine, aber gute Auswahl von Werken mitnehmen.* Nun folgt eine Wunschliste dessen, was er hier – nämlich in Querétaro – vermißt, von der Sammlung seiner Reden und Briefe, über Gesetzeswerke, die alle Hofchargen enthaltenden Almanaques de la Corte bis zu einer Sammlung des Diario del Imperio. Damit aber kein Zweifel über das vom Kaiser gewünschte Marschziel der „operierenden Truppen" besteht, bestellt Maximilian für sich noch anderes. *Da man im ganzen Land keinen guten Wein findet, wäre es wünschenswert, daß eine gewisse Anzahl guten Bordeaux's mitgenommen würde . ..."* Aus diesen Zeilen eines verschlossenen Briefes, den Márquez Fischer überbringt, läßt sich schließen, was Maximilian erwartete, allerdings nur für den Fall, daß die Hauptstadt aufgegeben werden müßte: nämlich den Entsatz Querétaros durch die aus Mexiko-Stadt abzuziehenden Truppen. Dies ist aber das letzte, was Márquez selbst wünscht. Er möchte seine von Maximilian zugesicherten „unbeschränkten Vollmachten" gerade dazu nutzen, um sich selbst in der Hauptstadt bis zuletzt an der Macht zu halten. Die Briefe an Fischer und Schaffer diktiert Maximilian Dr. Basch, dem er auch andeutet, Márquez habe von Mexiko-Stadt mit Sukkurs nach Querétaro zurückzukehren. Für die Überbringung durch Márquez liegen noch weitere versiegelte Schreiben bereit, darunter eines an den Vorsitzenden des Staatsrates, José María Lacunza, der im Amt bleibt. Er darf diesen Brief aber nur öffnen, falls Maximilian in Gefangenschaft geraten sollte. Das Schreiben enthält die Urkunde vom 12. März über die bedingte Abdankung.

Am Abend meldet Fürstenwärther dem Kaiser: Weder der Weg über die Hacienda del Jacal, noch die Straße über Pueblito sind für Geschütze und schwere Fuhrwerke geeignet. Maximilian ändert seinen vorgeblichen Plan. Nun soll ein Ausfall gegen San Juanico erfolgen, wo man eine Menge von Proviantwagen des Gegners gesichtet hat. Nur wenige Eingeweihte wissen, daß die Hauptabsicht dieses Vorstoßes darin liegt, die Liberalen von jenem Unternehmen abzulenken, an dem nun alles hängt: dem Durchbruch des Leonardo Márquez durch den noch lockeren Belagerungsring.

Freitag, 22. März[131]

Um 4 Uhr früh begibt sich der Kaiser auf den Cerro de las Campanas, um die Aktion von dort zu beobachten. Das Kommando führt Miramón, der aber über die eigentlichen Pläne des Kaisers mit Márquez nicht unterrichtet ist. Die Absicht des Generals ist es bloß, sich in einer blitzschnellen Operation der bei San Juanico stehenden etwa zwanzig Karren mit Lebensmitteln zu bemächtigen und dann schleunigst nach Querétaro zurückzukehren.

Die Cazadores mit Salm und Pitner marschieren an der Spitze, dann folgen eine Batterie von vier Geschützen und eine Schützenkompanie. Vor dem Dörfchen San Juanico, das vier Kilometer von Querétaro entfernt liegt, stoßen sie auf feindliche Infanterie. Die Kaiserlichen gehen zum Bajonettangriff über. Die Republikaner weichen bis auf die hinter dem Dorf liegende Hacienda, General Coronas Hauptquartier, zurück, werden aber vorübergehend auch aus dieser vertrieben.

Die Hacienda de San Juanico, Eigentum des nach Querétaro geflüchteten liberalen Grundbesitzers Bernabé Loyola, ist voll von kostbaren Möbeln und Teppichen. Nun liegen überall Vorräte, Waffen und Karten; einen Raum hat man zur Kanzlei umgestaltet. In aller

Eile läßt Salm die dort liegenden Papiere mitnehmen, in der Hauptsache lange Listen der vor Querétaro kämpfenden republikanischen Truppen. Inzwischen durchsuchen andere Gruppen die Ställe und Vorratskammern. Von den Ochsen, Kühen, Ziegen und Schafen, die man noch am Vortag in Fülle beobachten konnte, sind die meisten inzwischen schon verteilt worden, ebenso die Munition, aber 24 Wagen und etliches Vieh kann man doch erbeuten und zurückbringen.

Da taucht Guadarramas Reiterei – bedrohliche 3.000 Mann stark – jenseits des Flusses auf, der die Straße nach San Juanico säumt. Quiroga mit seinen Fronterizos wirft sich ihr nur halbherzig entgegen, ist er doch schon in Gedanken bei seinem riskanten Einsatz heute nacht als Eskorte von General Márquez. Mit beträchtlichen Verlusten muß er sich vor der Übermacht rasch zurückziehen. Die Infanteristen der Guardia municipal de México halten aber so lange stand, bis die Beute in Sicherheit ist. Man kommt fast unangefochten wieder an die Flanke des Cerro de las Campanas. Allerdings lassen die auf dem San Gregorio stationierten Batterien der Republikaner einen wahren Hagel von Geschoßen auf die zurückmarschierende Kolonne los. In einer halben Stunde fliegen weit mehr als 200 Kugeln über den Cerro und wirbeln auf der anderen Seite Erde und Staub auf. Miramón läßt die Vollkugeln einsammeln, da auf kaiserlicher Seite bereits erheblicher Munitionsmangel besteht.

Der Kaiser, der sich vor allem über die reiche Beute an Proviant freut, beglückwünscht Salm und nennt die Cazadores wieder einmal *die Zuaven von Mexiko*. Irgendwann an diesem ereignisreichen Tag nimmt er sich aber auch Zeit, an etwas ganz anderes zu denken: Er hat dieser Tage ein Schreiben aus Miramar erhalten, in dem ihm sein Freund, der Legationsrat Herzfeld, mitteilt, daß in der Miramar-Kasse kein Geld mehr vorhanden sei, weil die Ankunft der Kaiserin, die mit mehreren mexikanischen Dienern reist und nach dem Ausbruch ihrer Geisteskrankheit der ständigen ärztlichen Betreuung bedarf, erhebliche Kostensteigerungen verursacht hat. In einem Schreiben an den Präfekten von Miramar, den Legationsrat Radonetz,[132] das er Dr. Basch diktiert, legt Maximilian mit der für ihn typischen Detailgenauigkeit dem Präfekten dar, welche Kosten er einsparen könne. So könne er nötigenfalls die mexikanischen Diener der Kaiserin zurückschicken. Andere Ausgaben Charlottes seien aus dem „Fonds der Kaiserin", nicht aus der „Miramar-Casse" zu bezahlen. Er fordert Radonetz auf, eine Kommission zu bilden, die eine genaue „Generalrechnung" seit dem Tag der Kronannahme – 10. April 1864 – legt, und zwar getrennt nach Ein- und Ausgaben jeweils in Europa und in Mexiko. Innerhalb von drei Wochen soll die Kommission unter anderem herausfinden, was Maximilian „infolge europäischer Ausgaben" noch vom mexikanischen Staate zu fordern hätte – einem Staat freilich, der, wie Maximilian wohl weiß, nichts mehr zahlen kann. Die Endabrechnung sei *unter meiner Adresse und reserviert an das Commando der Elisabeth resp. Capitain v. Gröller* zu senden. Das österreichische Kriegsschiff, das vor Veracruz kreuzt, ist für Maximilian jetzt bezeichnenderweise die einzige noch sichere Adresse. Wer kann jetzt eigentlich noch zweifeln, daß er im Innersten zur Abreise nach Europa entschlossen ist?

Im Laufe des Tages gibt es abermals Kriegsrat. Es geht jetzt um die letzten Details des schon beschlossenen Ausbruchs. Die eigentliche Aktion dieses Tages soll um 11 Uhr nachts einsetzen. Márquez und Vidaurri erhalten eine Eskorte von nicht weniger als 1.100 Reitern. Salm, der bei den Kriegsräten nicht anwesend ist, will später erfahren haben, Márquez habe vor allen Generälen erklärt, daß er in vierzehn Tagen wieder in Querétaro sein werde, koste es, was es wolle.[133]

Um 8 Uhr abends sucht Basch mit den für Márquez bestimmten Briefen diesen in seinem Quartier in der Calle de San Antonio auf. Einen davon hat Maximilian noch heute diktiert, zweifellos wieder auf Ersuchen Márquez'. Darin wird Fischer aufgefordert, Márquez den Zifferncode auszuhändigen, unter dem der Kaiser mit dem Leiter seiner Privatkanzlei brieflich verkehrt. Márquez wird auf diese Weise Einblick in die gesamte Korrespondenz des Kaisers mit seinem Vertrauten haben und so erfahren, was Maximilian denkt – auch über ihn.

Basch hat den Auftrag, so zu tun, als wisse er nicht, wer die Briefe befördern solle, denn die Aktion Márquez wird streng geheim gehalten. So tritt er in das Zimmer des Generals, wo dieser im Halbdunkel auf seinem Bett liegt und beim Eintritt des Arztes erschreckt auffährt. Hat er wirklich über seinen selbstsüchtigen Plänen gebrütet, wie später vermutet werden wird, oder ist er einfach aus einem Schlummer aufgeschreckt? Basch registriert die Reaktion, mißt dem Ereignis aber jetzt noch keinerlei Bedeutung bei. Er entschuldigt sich für die Störung und ersucht Márquez, vereinbarungsgemäß, die Briefe einem angeblich abgehenden Kurier zu übergeben.

Bei völliger Dunkelheit verläßt Márquez mit seiner Eskorte in der Nähe der Casa Blanca die Stadt, in die er nur widerwillig gekommen ist. Die Republikaner, müde von den Kämpfen des Tages, bemerken die vorsichtig vorantrabende Kolonne nicht, die El Pueblito passiert und dann nach Süden zu zieht, wo sie eine Lücke im Belagerungsring sucht und findet. Nachdem die feindlichen Linien im Rücken liegen, geht es auf Nebenpfaden zwischen dem Cimatario und der Hacienda El Jacal zum Camino Real, auf dem man unbehelligt den Rückmarsch in die Hauptstadt antritt. Wenige Stunden vorher sind hier noch die nach Querétaro beorderten Truppen der republikanischen Westarmee unter General Riva Palacio durchgezogen …

Samstag, 23. März[134]
Wann haben die Republikaner den geglückten Durchzug von Márquez durch ihre Linien bemerkt? Mit Sicherheit noch vor Tagesanbruch. Ihre späteren Kriegsberichte tun die Episode zwar in wenigen Sätzen ab, wie immer bei beiden Kriegsparteien, wenn es um das eigene Mißgeschick geht. Im Augenblick aber ist, wenn man Überläuferberichten glauben darf, ihre Aufregung groß: Ist es nicht denkbar, ja sogar wahrscheinlich, daß mit Márquez auch Maximilian entkommen ist? Zur Beruhigung für Escobedo kann aber, sobald es tagt, Maximilians Anwesenheit von den auf Anhöhen gelegenen Beobachtungsposten der Republikaner eindeutig festgestellt werden, denn der Monarch trägt bei seinen täglichen Frontinspektionen mit Vorliebe seinen hellen Sombrero jarano. Also drängt sich eine weitere für sie günstige Schlußfolgerung auf: Die Belagerten sind durch den Abzug einer starken Kavallerietruppe wesentlich schwächer als bisher. Escobedo avisiert die Regierung in San Luis Potosí vom Durchbruch des gefürchteten Márquez. Porfirio Díaz und andere Generäle der Südarmee, die das noch kaiserliche Puebla belagern, werden aufgerufen, die Bewegungen von Márquez zu beobachten, der aber ungehindert bis in die Hauptstadt gelangt.

Dagegen haben die Belagerer selbst durch die in der Nacht eingetroffenen Truppen unter Riva Palacios Befehl bedeutenden Zuzug erhalten. Mehr als 40.000 Mann mit etwa 70 oder 80 Geschützen stehen der kaiserlichen Besatzung gegenüber, die jetzt nur mehr über 6.500 Mann und 40 Geschütze verfügt. Damit ist ein rascher weiterer Sturmangriff auf Querétaro für die Liberalen ein Gebot der Stunde.

Escobedo hält, wie Salm am Abend durch einen rachsüchtigen Überläufer erfährt, der auf Escobedos Hacienda lebt, und dem man alle Habseligkeiten abgenommen hat, noch am Nachmittag einen Kriegsrat ab. Nachdem am 14. März der Einbruch in die nördliche Verteidigungslinie gescheitert ist, möchte es Escobedo nun im Süden versuchen. Neues Angriffsziel ist die Casa blanca, Hauptquartier Mejías und Lager seiner wohltrainierten Kavallerie, die aber durch die Márquez mitgegebenen Einheiten an Gefechtsstärke verloren hat. Anders als im Norden, wo man es mit einem verschanzten Flußufer und einer dicht gebauten Häuserzeile mit vielen Flachdächern zu tun hat, auf denen die kaiserliche Artillerie hinter Brustwehren postiert ist, dehnt sich im Süden nur die Ebene von Carretas aus, ein hervorragendes Angriffsterrain für Infanterie und Kavallerieeinheiten, die noch dazu auf dem Flachhang des Cimatario ungestört aufmarschieren können.

Escobedos geheim gehaltener Angriffsplan ist folgender: General Treviño besetzt mit zwei Divisionen der Nordarmee, der Eingreiffußtruppe des Hauptquartiers und dem Batallón de Supremos Poderes die gesamte Nordlinie zwischen dem San Gregorio und dem Molino de San Antonio, einer den Rubios gehörenden Textilspinnerei. General Guadarrama bleibt mit seiner Kavalleriedivision im Westen, auf der Straße nach Celaya, bei Pueblito und San Juanico. Im Osten, vor der Cruz, soll sich eine Division unter General Corona möglichst nahe an das Hauptquartier heranarbeiten. Der Hauptstoß aber soll vom Süden erfolgen, unter Einsatz der frisch angekommenen Truppen des Generals Riva Palacio. Unter diesen ungefähr 7.000 Mann befinden sich auch zwei Bataillone der Pintos, scheckiger Indianer. Sie sollen, ohne von dem langen Marsch ausruhen zu können, gleich in die Schlacht geworfen werden, damit sie von den schon länger hier befindlichen Einheiten, die teilweise schon demoralisiert sind, nicht angesteckt werden. Angreifen sollen ferner die dem Hauptquartier zugeteilte Reiterei unter Escobedos Adjutanten Doria[135] und zwei Infanteriedivisionen. Den Angriff im Süden wird General Corona leiten, den Angriff im Norden Escobedo selbst. Noch am Abend wird Escobedos Geheimbefehl allen republikanischen Chefs zugestellt.

Die 30.000 Mann zu koordinieren, die den Angriff unternehmen sollen, ist eine schwierige Aufgabe. Escobedo verläßt sich dabei hauptsächlich auf seine Feldadjutanten. Einer davon ist neu ernannt – Oberstleutnant Manuel Azpíroz. Der 28-jährige, aus Puebla gebürtige Jurist war bereits Jefe político dieser Stadt, dann Abgeordneter beim liberalen Kongreß, der die Verfassung von 1857 beschlossen hat. Wie so viele liberale Licenciados ist er Offizier geworden, aber mehr als das Militärwesen interessiert ihn immer noch die Jurisprudenz. Er hat als überzeugter Liberaler ein Werk mit dem bezeichnenden Titel: „Die Freiheiten des Individuums als Grundlage des internationalen Privatrechts" geschrieben. Vor dem Krieg hat er sein Brot auch als Rechtsanwalt verdient. Gelegentlich befaßt er sich mit der Frage, was mit Maximilian geschehen soll, wenn man ihn einmal gefangen nehmen sollte. Viele Offiziere, die Licenciados sind wie er, meinen, er solle vor Gericht gestellt werden, wie einst Kaiser Iturbide. Azpíroz weiß noch nicht, daß es ausgerechnet ihm zufallen wird, die genaue Anklage gegen Maximilian zu formulieren, denn eigentlich denkt er an eine diplomatische Karriere. Normalerweise verwendet ihn Escobedo im Hauptquartier für schriftliche Arbeiten, oder er schickt ihn mit wichtigen Anliegen zu Juárez. Er nimmt an, daß Azpíroz den morgigen Tag ungefährdet überleben wird, da dieser – so wie übrigens Escobedo selbst auch – allzu lautem Gefechtslärm gern aus dem Wege geht.

Vor Riva Palacio hat Escobedo besonderen Respekt. Erstens stammt er aus vornehmer Familie. Sein Vater Mariano war unter verschiedenen Regierungen Justizminister und konnte es sich leisten, obwohl in der Hauptstadt wohnend, eine Berufung Maximilians zum Minister und Paradeliberalen abzulehnen. Er selbst, Vicente, ist‾ Historiker und Literat, unter anderem Verfasser des Textes zum Spottlied: „Adiós Mamá Carlota", das ungeheuer populär geworden ist. Er gilt politisch als einer der „Caudillos de la independencia". Als solche fühlen sich aber auch Corona und andere liberale Generäle. So kann Escobedo nur hoffen, daß die Unabhängigkeit der Linienchefs morgen nicht zu weit gehen wird.

In Querétaro wird erst am Morgen allgemein bekannt, daß Márquez in geheimer Mission die Stadt verlassen hat, und daß er mit Entsatz binnen zwei Wochen zurückkehren soll. *Sofern er es nicht so macht wie 1860 in Guadalajara*, kommentieren trocken die älteren Offiziere. Diese Stadt war damals, unter der Präsidentschaft Miramóns, von den Liberalen belagert worden und sollte durch Márquez entsetzt werden. Dieser aber erschien erst, als Guadalajara bereits gefallen war …

Anstelle von Márquez wird General Severo del Castillo zum Generalstabschef ernannt. Er ist aus dem berühmten Colegio Militar – der Kriegsschule von Chapultepec – hervorgegangen, ein erfahrener Taktiker und der kaiserlichen Sache unbedingt ergeben. Er ist klein und schwächlich, seine Sprache ist leise und schüchtern, außerdem hört er kaum mehr. Zum Unterschied von Márquez zieht er auch gleich von seinem früheren Quartier auf der Plaza de la Independencia in die Cruz um. Seine Zelle liegt nur wenige Schritte von der Maximilians entfernt. Mit ihm kann sich der Kaiser jederzeit beraten.

Dank der unermüdlichen und einfallsreichen Tätigkeit von Oberst Arellano, dem das gesamte Waffen- und Munitionswesen der Kaiserlichen anvertraut ist, ist die Feuerkraft der Verteidiger ungebrochen. Er hat eine Salpeter- und eine Pulverfabrik eingerichtet, weiters zwei Gießereien für Kanonenkugeln und Granaten. Das Bleidach des Theaters wurde bereits zu Gewehrkugeln vergossen, viele Kirchenglocken sind bereits eingeschmolzen. Schließlich läßt er, da es fast keine Patronenhülsen aus Metall mehr gibt, solche aus Karton herstellen, wie man sie auch im nordamerikanischen Sezessionskrieg verwendet hat. Natürlich müssen auch viele gefangene Republikaner bei der Munitionserzeugung zwangsweise mitarbeiten.

## DER ZWEITE STURM

Sonntag, 24. März[136]

Das Angriffsziel der Republikaner, die Casa Blanca, bildet einen nach Süden auskragenden Vorsprung der kaiserlichen Verteidigungslinie. Diese Bastion hat allerdings den Nachteil, daß man sie von den Hängen des Cimatario nicht nur völlig einsehen, sondern auch zielsicher unter Beschuß halten kann. Das weitläufige Gehöft, in dem derzeit Méndez und Salm wohnen, ist, so gut es ging, befestigt und mit einigen Geschützen versehen worden. Vor allem erhält es notfalls durch die in der Alameda aufgestellten Batterien, wo General Miramón kommandiert, von der linken Flanke her wirksamen Feuerschutz.

Escobedo ist so sehr daran gelegen, die Casa Blanca einzunehmen, weil gerade an dieser Stelle, wie der gelungene Durchzug der Márquez'schen Kolonne gezeigt hat, der Belagerungsring noch eine Lücke besitzt, die es zu schließen gilt. Haben die Republikaner einmal die Casa Blanca genommen, wollen sie von dort aus ein Laufgrabensystem um den Belagerungsring anlegen.

Um 3 Uhr früh beginnen die Republikaner ihre Truppenbewegungen. Ein Trompetensignal aus der Cruz ruft die Verteidiger auf ihre Posten. Um halb 5 formieren sich die Truppen Coronas und Riva Palacios zum Angriff. Um 6 Uhr – die Sonne geht in dieser Jahreszeit erst um etwa 7 Uhr auf – schickt General Corona von der Cuesta China über die Straße nach Mexiko rund 12.000 Mann herab. Sie bewegen sich in einer Nord-Südfront, also senkrecht zu den kaiserlichen Stellungen, langsam über die höhergelegenen Hänge des Cimatario nach Westen bis auf die Höhe der Casa Blanca, bleiben jedoch außerhalb der Schußweite der Artillerie der Verteidiger. Unterstützt durch drei Kavalleriekolonnen und 18 Geschütze breiten sie sich bis zur Garita del Pueblito aus.

Die Kaiserlichen vermuten zuerst, daß es dem Feind nur darum gehe, die Frontlücke zwischen der Hacienda del Jacal und dem Cimatario, wo Márquez durchgebrochen war, zu schließen. Doch bald ist klar, daß es sich um einen Angriff auf die südlichen Positionen der Verteidigung handelt. Um 9 Uhr eröffnen die kaiserlichen

Batterien das Abwehrfeuer. Um 10 Uhr wird Salms Brigade von der Flußlinie zur Verstärkung in die Alameda beordert. Der Angriff beginnt erst um 2 Uhr nachmittags bei glühender Hitze. Die angreifenden Truppen haben seit der Früh nichts getrunken und sind am Verdursten.

Einer der republikanischen Generäle und späterer Zeitzeuge ist der junge Sóstenes Rocha, der die Reserve befehligt. Er bringt gegen 7 Uhr seine Geschütze auf dem Hang des Cimatario in Stellung und beginnt mit der Beschießung der Alameda. Er sieht voll ungläubigem Erstaunen, daß General Corona, der im Süden den Oberbefehl führt, mehrere Infanteriekolonnen direkt gegen die Alameda losschickt, obwohl diese den stärksten Punkt der Verteidigung bildet. Die anstürmenden Truppen gehören zur Westarmee unter Riva Palacio, ihnen hat man gesagt, es sei ein Leichtes, die kaum befestigte Stadt einzunehmen. Die Angreifer, die noch dazu in geschlossener Formation bleiben, statt sich in Schützenketten aufzulösen, rücken 400 m weit bis zu den kaiserlichen Gräben vor. Erst als sie auf 50 Meter herangekommen sind, gibt General Miramón den Feuerbefehl.

Das schlagartig einsetzende Gewehr- und Kartätschenfeuer fordert zahlreiche Opfer. Der Angriff gerät ins Stocken. Die Angreifer tragen, wie die ganze liberale Armee, weiße, leinene Jacken und Hosen, an denen in verschiedenen Farben die Regimentsbezeichnungen angebracht sind. Das Gros der Westarmee hält an den Hängen des Cimatario in perfekter Schlachtordnung, doch ohne einzugreifen, fast wie unbeteiligte Zuseher eines mörderischen Spektakels. Der Kartätschenhagel aus der Alameda reißt blutige Lücken in die weißen Massen der Angreifer, die in zwei Kolonnen völlig ungedeckt anrücken. Der Artilleriekommandant Oberst Arellano leitet selbst das Feuer. Der Kaiser verfolgt mit dem Perspektiv die Kämpfe vom Flachdach der Cruz aus. Neben ihm stehen General Castillo und zwei mexikanische Stabsoffiziere sowie die beiden Österreicher Swoboda und Fürstenwärther.

Um 3 Uhr greifen die Republikaner auch die Cruz an, unterstützt von der Batterie auf der Cuesta China. Es ist ein Scheinangriff, aber der Beschuß ist gefahrvolle Realität. Eine der Granaten prallt gegen eine Kuppel, springt zurück und platzt im Niederfallen unmittelbar vor dem Kaiser. Doch weder er noch seine Umgebung leiden Schaden, während drei auf dem Flachdach postierte Soldaten schwer verwundet werden. Kurz darauf begibt sich Maximilian in das Stiegenhaus, um einen gefangenen republikanischen Hauptmann zu verhören. Draußen dröhnen die Einschläge. Fürstenwärther hält bei der Tür zur Dachterrasse Wache. Nach beendetem Verhör will der Kaiser wieder in aller Ruhe ins Freie treten, doch Fürstenwärther hält ihn ab, da inzwischen die Einschläge allzu zahlreich erfolgen. Maximilian sieht das ein, zieht aber auch Fürstenwärther zu sich ins Treppenhaus. Unter den Papieren des gefangenen Hauptmannes findet man auch einen Bericht an den republikanischen General Corona, wonach man des nachts eine lange kaiserliche Reiterkolonne gesichtet habe, die aus Querétaro über das Gebirge zog. Nun erst weiß Maximilian wirklich, daß Márquez mit seinen Truppen durchgekommen ist.

Miramóns Infanterie unternimmt einen Ausfall aus der Alameda. General Méndez führt zu Pferd mit dem Ruf „Viva el Emperador" das Bataillon de Iturbide zum Bajonettangriff. Die Reihen der Angreifer, durch das Kartätschenfeuer schon arg gelichtet, fluten in Unordnung zurück. In diesem Augenblick der Verwirrung galoppieren etwa 800 Reiter Mejías aus der Casa Blanca in einer Blitzattacke mit eingelegten Lanzen nach vor, stutzen jedoch bald vor dem heftigen Gewehrfeuer des Gegners, der sich zum Karree formiert hat. Noch dazu feuert die republikanische Artillerie jetzt aus ihren ausgezeichneten Positionen auf den Hängen des Cimatario zielsicher über die Köpfe der eigenen Infanterie hinweg in die Reihen der Reitertruppe.

Mejía, der immer noch leidend ist, hat die kritische Situation seiner Kavallerie vom Flachdach seines Hauses in der Calle del Descanso beobachtet und beschließt einzugreifen. Mühsam besteigt er sein Pferd und reitet trotz seines rheumatischen Fiebers auf den Kampfplatz. Er hat wiederholt bewiesen, daß er, der sonst so Schweigsame, die Gabe besitzt, im richtigen Moment wirksam zu handeln. Und so entreißt er einem seiner Reiter die Lanze und stürmt mit einem berühmt gewordenen Ausruf: Muchachos, así muere un hombre! (Burschen, so stirbt ein Mann!) auf den Gegner zu. Angefeuert durch das Beispiel drängen Mejías Reiter wieder voran und jagen die Flüchtenden vor sich her, hinauf auf die Hänge des Cimatario. Die Republikaner müssen das Geschützfeuer einstellen, um nicht die eigenen Truppen zu gefährden. Erst vor dem Gros der republikanischen Armee kommt der Angriff zum Stehen. Auf kaiserlicher Seite sind bloß vier Bataillone Infanterie, 800 Mann Kavallerie und eine Feldbatterie eingesetzt, denen eine republikanische Übermacht von 25.000 Mann mit 20 Geschützen gegenübersteht, die aber durch unkoordinierte Führung jetzt größtenteils gelähmt sind.

Rocha sieht diesem Debakel zuerst fassungslos zu. Dann aber wirft er dem Gegner eine Kavallerieeinheit entgegen. Mejías Reiter haben schon Gefangene gemacht – der Österreicher Major Malburg allein 50 Mann und eine Fahne –, sie wenden und galoppieren in die

Casa Blanca zurück. Als Rocha selbst an der Spitze seines Infanterie-bataillons auf dem Kampfplatz vor der Alameda eintrifft, hält dort nur noch ein einziges republikanisches Bataillon, umgeben von Gefallenen, stand. Die Banda in ihrer Mitte schmettert in schrillen Tönen die Nationalhymne, die in beiden Lagern die gleiche ist.

Es ist jetzt klar, daß der Angriff auf die Casa Blanca fehlgeschlagen ist. So ordnet Riva Palacio, der geschworen hat, heute Querétaro zu erstürmen, widerwillig der Rückzug an. Nun aber gilt es nur mehr, Opfer zu vermeiden und Vorteile aus dem doch erzielten Geländegewinn zu ziehen. Der Blutzoll der Republikaner ist mit rund 1.400 Toten und 400 Verwundeten beachtlich, die Verluste der Kaiserlichen, welche die meiste Zeit in gedeckter Stellung gekämpft haben, betragen dagegen offiziell nur etwa 90 Tote und Verwundete. Selbst die amtlichen Berichte der Republikaner gestehen dem Gegner den Sieg zu, und doch sind sie es, die den längerfristigen Vorteil für sich verbuchen können: Sie haben ihre Frontlücke endgültig geschlossen. Ein Ausbruch der Belagerten wird von jetzt an nur mehr mit größten Blutopfern möglich sein. Nun können die Republikaner mit dem Ausheben von Laufgräben mit Brustwehren und Batteriestellungen beginnen.

Als die Schlacht vor der Alameda beendet ist, reitet Miramón vor den Kaiser, springt vom Pferd und meldet den Sieg. Maximilian vergißt vor Glück die zwischen ihnen bestehende Rivalität und dankt ihm mit einem freundschaftlichen Abrazo. Miramón genießt ebenfalls den Augenblick, nimmt seine Mütze ab, wendet sich zu den Umstehenden und ruft mit seiner begeisterten Kommandostimme: Viva su majestad, el Emperador! Neben Miramón steht Oberst Arellano, der Artilleriekommandant, der viel zum heutigen Erfolg beigetragen hat. Maximilian überreicht ihm die grüne Schärpe: *Jetzt sind Sie General.* Dann begibt sich er sich unter dem Jubel seiner Truppen zu Pferd auf den Kampfplatz. Auch General Méndez erhält seine Anerkennung: Er wird von nun an die gesamte Südlinie kommandieren.

Salm bleibt mit seiner Brigade zwischen Alameda und dem Stadttor zur Straße nach Pueblito. Er logiert mit General Méndez zusammen in einem Zimmer der Casa Blanca. Der gemütlich-grausame Méndez empfindet sogar etwas wie Sympathie für den extravaganten, so kalt scheinenden Deutschen, der dennoch voll Überschwang ist, wenn Maximilian sich in seiner persönlichen Art mit ihm auf deutsch unterhält. Méndez dringt in den Fürsten, den Kaiser zu überreden, Querétaro zu verlassen, wo sie alle nur Leben und Ehre einbüßen würden. Über Miramón sagt er kein gutes Wort.

Die Lazarette der Republikaner in den Haciendas Hércules und Alvarado, El Jacal und San Juanico sind überfüllt. Des Nachts tragen die Kaiserlichen die Toten vor der Front zusammen, legen sie auf Haufen und verbrennen sie. Der Gegner, der offenbar nicht versteht, was vor sich geht, schießt plötzlich in die brennenden Leichenhaufen.

**Montag, 25. März**[137]

Am Vormittag besucht der Kaiser, begleitet von seinem Stabe, die gefangenen republikanischen Offiziere, die sich in einem großen Saal der Cruz befinden. Sie haben eine bange Nacht hinter sich, in ihren Gesichtern vermischen sich Müdigkeit, Resignation, Angst und Neugier. Maximilian findet für die „Dissidenten" Worte eines großmütigen Siegers: *Ich werde nicht vergessen, daß wir Sie im Kampf gefangen genommen haben. Sagen Sie mir nur, wenn Sie etwas brauchen. Sie werden in mir einen Freund finden. Nur Hoffnung, ich werde Sie bald Ihren Familien wiedergeben.*[138] Die Mexikaner, die in ihren ständigen Bürgerkriegen fast nur Härte erfahren haben, hören solche Worte der Menschlichkeit mit Verwunderung. Aber der Kaiser meint es ernst, er läßt ihnen Nahrung, Decken und Geld ausfolgen.

Die Republikaner, welche die Stadt bald da bald dort bombardieren, was große Opfer unter der Zivilbevölkerung fordert, haben wieder einmal fast ihre gesamte Munition verschossen. Escobedo richtet daher dringende Schreiben an die Gouverneure der benachbarten Provinzen – Jalisco, Guanajuato, Aguascalientes und Zacatecas –, bei ihnen lagernde Munitionsvorräte der Belagerungsarmee zuzuführen. Da man befürchtet, Márquez könne mit Entsatztruppen zurückkehren, sendet Escobedo ihm General Guadarrama mit 4.000 Reitern auf der Landstraße in Richtung Hauptstadt nach. Unter den Truppen befinden sich auch die Galeana-Reiter, Escobedos persönliche Leibgarde, mit ihren gefürchteten 16-schüssigen amerikanischen Stutzen, angeführt von seinem Adjutanten Juan Doria. Noch funktioniert die Späher- oder Spionagetätigkeit der Kaiserlichen so gut, daß sie sogleich in Erfahrung bringen, daß Escobedo Márquez eine *starke Cavallerie-Colonne nachgesandt* habe, wie Salm in sein Tagebuch schreibt.[139] Sonderkuriere werden an General Porfirio Díaz und an andere republikanische Befehlshaber gesandt, um sie zu informieren, daß Márquez die liberalen Linien durchbrochen hat. Der republikanischen Regierung schreibt Escobedo schließlich, um die gestrige militärische Niederlage einzugestehen.[140] – Der Lugarteniente ist nicht mehr einzuholen und denkt auch gar nicht daran, nach Querétaro zurückzukehren.

Die Republikaner befestigen nun auch ihre Stellungen, die bereits einen vollständigen Einschließungsring bilden. Etwa tausend Indios arbeiten an der Errichtung der Fortifikationen. Hinter den Brustwehren stehen Scharfschützen – meist Nordamerikaner aus der „Legion of honor", die sofort schießen, wenn sich ein Kopf aus den kaiserlichen Schützengräben blicken läßt. Auch in Querétaro läßt Maximilian die dem Kampf am meisten ausgesetzten Stellen befestigen. Die durch Gräben und Schanzen gesicherte „innere Verteidigungslinie" geht im Osten von der Cruz aus und erstreckt sich bis zum Kirchlein San Francisquito, verläuft dann am südlichen Stadtrand zwischen der Alameda und der Casa Blanca, und erreicht im Westen über die Hacienda La Capilla den Cerro de las Campanas. Im Norden lehnt sie sich an den Fluß zu beiden Seiten der Großen Brücke. Die engen Häuserzeilen zwischen der San Antonio-Fabrik und der Cruz bedürfen keiner eigenen Verschanzungen.

Am Nachmittag besichtigt Maximilian die Waffendepots und Munitionswerkstätten. Er ist vom Ergebnis begeistert. *Zwar gibt es Geschoße, die wir hier nicht anfertigen können,* schreibt er einige Tage darauf an Fischer, *doch das Pulver wird ausgezeichnet, und es werden auch Arbeiten durchgeführt, die große Genauigkeit verlangen, was Oberst Arellano seine Beförderung zum General eingetragen hat. Sogar das Dach des Theaters haben wir für das Gießen von Gewehrkugeln verwendet. ... Die Glocken des Carmen Klosters sind schon eingeschmolzen worden. Ich habe durch General Reyes viele Arbeiten durchführen lassen, um die Stadt völlig abzuschließen, wie sich das für eine belagerte Stadt gehört. Die Kavallerie lasse ich zu Fuß kämpfen, damit sie uns in den Gräben nützt und wir notfalls die Pferde essen können.*[141]

An Márquez, von dessen Aktionen er sich entscheidende Hilfe verspricht, schreibt er ermunternd: *Ihr und Vidaurris heldenhafter Entschluß, haben wie erwartet in der Armee eine ausgezeichnete Wirkung gezeigt.* Und nachdem er den gestrigen Abwehrsieg geschildert hat, bringt er nochmals seine in Márquez gesetzten Hoffnungen zum Ausdruck: *Wenn es die Stärke unserer Garnison in Mexiko-Stadt erlaubt, daß Sie mit einer beachtlichen Streitmacht ausziehen, und wenn Sie uns auf eine absolut verläßliche Weise den Plan, den Sie verfolgen wollen, bekanntgeben, können wir mit ein wenig Glück mit allen Kräften* (des Feindes) *fertigwerden und ihnen die Artillerie wegnehmen.*[142]

Da von drei Ausfertigungen dieses Schreibens nur eine in die Hand von Márquez gelangt, muß angenommen werden, daß die Republikaner die anderen zwei abgefangen und die Erwartungen Maximilians erfahren haben. Der 4.000 Mann starken Reitertruppe des republikanischen Generals Guadarrama, die Márquez verfolgt und die von der Belagerungsarmee jederzeit verstärkt werden kann, fällt nun die Aufgabe zu, einen Vorstoß des Lugarteniente auf Querétaro zu verhindern. Márquez wird jedoch weder einen solchen Vorstoß versuchen, noch auch seine eigentlichen Absichten dem Kaiser berichten.[143]

Durch einen Boten, dem es gestern gelungen ist, während der Verwirrung der Kämpfe nach Querétaro zu gelangen, erfährt man in der Stadt, daß Porfirio Díaz bereits am 2. März Puebla eingenommen hat. – Am Abend machen die Kaiserlichen zwei Ausfälle, einen im Norden und einen im Westen, ohne allerdings viel zu erreichen.

### Dienstag, 26. März[144]

Die rasche Errichtung der Schanzen und Fortifikationen ist nur durch ein gewisses Ausmaß von Zwangsarbeit für die Zivilbevölkerung zu bewältigen. Ein kaiserliches Dekret verpflichtet jeden arbeitsfähigen Mann zum Schanzenbau, doch kann man sich durch Bezahlung einer den Vermögensverhältnissen entsprechenden Befreiungstaxe loskaufen. Die Taxen sind jeden Sonntag im voraus für die ganze Woche zu entrichten.

Der Kaiser besichtigt den Schanzenbau. Ab und zu fallen Schüsse, doch im großen und ganzen ist es ruhig. Maximilian hat Zeit nachzudenken, und er reflektiert voll Abenteuerlust, wenngleich mit leiser Ironie über sich selbst, wobei er einen Vertrauten aus alten Tagen, den Präfekten von Miramar, Radonetz, als Adressaten wählt.

*Alle Meine alten Seekameraden werden sich wundern, Mich an der Spitze einer wirklichen Armee zu wissen. Der Admiral muß für den Augenblick ruhen, und für jetzt bin Ich ein activer General en Chef, mit hohen Stiefeln und Sporen und mit einem riesigen Sombrero. Von der Gewohnheit des Admirals bleibt Mir nur das Perspektiv, welches Mich nie verläßt. Ich betreibe Meine neue Aufgabe mit wahrer Passion und finde in der Kriegführung einen wahren Reiz, besonders mit so enthusiastischen und tapferen Truppen, wie unsere jungen Scharen es sind. Wie Ich einstens in der Marine bei Tag und Nacht Inspectionen gemacht habe, und Schiffe und Casernen gerne überraschte, so inspiciere Ich jetzt die Vorposten und mache nächtliche Überraschungen in den äußersten Trancheen. Der Feind kennt uns schon so genau, daß täglich, wenn Ich zu Pferd oder zu Fuß bei den Vorposten oder Vorwerken erscheine, mit Granaten, gezogenen Geschoßen und Gewehrkugeln förmlich auf Mich und Meinen Stab wie auf Scheiben geschossen wird. Während der Action vom 24. platzte eine Granate auf drei Schritt von Mir, ohne jemand zu tödten. Ein Stück dieser Granate werde Ich Ihnen für Unser kleines Museum in Miramar schicken. Ich muß hervorheben, daß Ich in dieser Campagne nur von Mexikanern umgeben bin und daß sich derzeit von Europäern an Meiner Seite in Querétaro nur Mein Arzt Dr. Basch und aus der Dienerschaft Grill befindet, während Mein Gegner Juárez reichlich mit Nordamerikanern versehen ist.*[145] Auf den preußischen Militärexperten Salm, den kampferprobten Österreicher Major Pitner, die Österreicher Fürstenwärther, die Brüder Kaehlig, Pachta, Malburg und viele andere, mit denen er in Querétaro deutsch spricht, vergißt er geflissentlich, weil er seinen Bekannten und Verwandten in Österreich, den Europäern, zeigen will, wie mexikanisch er schon geworden ist.

Jetzt, da die Republikaner einen lückenlosen Belagerungsring um Querétaro gezogen haben, läßt Escobedo eine lokale Telegraphenlinie von seinem Hauptquartier auf dem Cerro de Patehé nach allen vier Fronten legen, um bei Ausfällen der Kaiserlichen rascher reagieren zu können. Das Holz für die Masten holt man sich wieder von der Hacienda San Juanico, deren Besitzer Bernabé Loyola vom Dach des Hauses „Portal Quemado" der Aktion mit seinem Fernrohr zusieht und sich vornimmt, wenn alles vorüber sein wird, seinem liberalen Gesinnungsgenossen Escobedo dafür eine Rechnung zu präsentieren.

Mittwoch, 27. März[146]
Der Mesón de la otra banda – der Gasthof am jenseitigen Ufer –, ein weitläufiges Gebäude aus Adobeziegeln, welches dem Puente Grande vorgelagert ist und zum nördlichen Stadtteil San Sebastian gehört, wird als Vorwerk in den Brückenkopf der Kaiserlichen einbezogen. Das Bauwerk wird verbarrikadiert und mit einem starken Detachement besetzt.

Die Republikaner fühlen sich dadurch in ihrer Bewegungsfreiheit eingeengt. Ab 9 Uhr abends versuchen sie, mit mehreren Bataillonen den Gasthof zu stürmen. Zugleich feuern ihre Batterien auf dem Bergrücken des San Gregorio auf die Besatzung der Flußlinie. Eineinhalb Stunden lang folgt Ansturm auf Ansturm, aber die Kaiserlichen halten den Mesón. Der Gegner zieht sich zurück, doch bis Mitternacht hört man noch das Gewehrfeuer der Plänkler.

Die Leiden der Zivilbevölkerung durch die Beschießung sind für Salm erschütternd, doch wundert er sich, wie fatalistisch die Menschen dem Tod gegenüberstehen: *In der Casa Blanca sah ich, daß eine Frau, als sie ihrem Mann das Mittagessen brachte, von einer Kugel getroffen tot zu Boden fiel. Das erste, was der betrübte Gatte tat, war, daß er aus dem Busen derselben ihr Geld und ihre Cigarretten herausholte; dann schleppte er sie fort, ohne in irgendwelche Klagen auszubrechen.*

Donnerstag, 28. März[147]
Früh am Morgen wird Salm in der Casa Blanca von seinem Adjutanten wachgerüttelt. Als er sich schlaftrunken die Augen reibt, sieht er Maximilian vor sich stehen. Der Kaiser, ein notorischer Frühaufsteher, ist auf Kontrollgang, läßt aber Salm – der es liebt, spät zu Bett zu gehen – weiterschlafen. Er geht zu Fuß und ganz ohne Begleitung weiter durch die Gräben und erkundigt sich bei den Soldaten, ob sie Sold und Menage richtig erhalten. Diese Methode, regelmäßig angewendet, verfehlt ihre Wirkung auf die einfache Mannschaft nicht.

Am Nachmittag kommt Maximilian zurück, diesmal zu Pferd und mit Gefolge. Sogleich schlagen rundherum die republikanischen Granaten ein. In der Casa Blanca steigt der Kaiser ab und raucht mit Méndez eine Zigarette. Salm lädt er ein, ihn täglich um 2 Uhr nachmittag, wenn nichts besonderes in den Stellungen passiert, zu besuchen. Da die Generäle aneinander kein gutes Haar lassen, braucht der Kaiser eine Person seines Vertrauens, um sich auszusprechen. Salm ist dem Habsburger, von dem er persönlich für sich so viel erhofft, bedingungslos ergeben. Die Mexikaner aber sehen das Vertrauensverhältnis mit wachsendem Mißtrauen.

Die Republikaner beginnen auf dem Cerro del Jacal und auf den Hängen des Cimatario Schanzen für Batterien aufzuwerfen und Annäherungsprofile zu ziehen. Dazu werden Arbeiter verwendet, die sie aus Celaya und aus dem Bajío de Guanajuato herangebracht haben. Escobedo erfährt heute, daß Márquez gestern in Mexiko-Stadt angekommen ist. Er nimmt an, daß der General, sobald er über die nötigen Truppen und Geldmittel verfügt, wieder zum Entsatz nach Querétaro aufbrechen wird. Er will ihm daher eine bedeutende Streitmacht entgegensenden.

Freitag, 29. März[148]
Den erhaltenen Nachrichten zufolge soll sich Márquez mit 6.000 Mann aller Waffengattungen nach Querétaro im Anmarsch befinden. Daran ist bloß richtig, daß Márquez mit rund 4.000 Mann – Österreichern, Belgiern und Mexikanern – die Hauptstadt verlassen hat, allerdings mit der Absicht, das von Porfirio Díaz belagerte Puebla zu befreien.

In und um Querétaro wird geschanzt. Die Republikaner haben auf dem Rücken des San Gregorio, welcher vom Norden her die ganze Stadt beherrscht, in einer etwas eingebogenen Linie fünf „Fleschen"[149] aufgeworfen, die von der Kirche San Gregorio bis zur Kapelle Cruz blanca reichen. Sie werden nun mit 23 Geschützen armiert.

In der Stadt gehen die Lebensmittel zur Neige, es gibt nur mehr Restbestände von Fleisch und Reis. Man behilft sich bereits mit Hunde- und Katzenfleisch, hofft aber auf baldige Abhilfe, heißt es doch, daß Márquez innerhalb von acht Tagen Entsatz bringen werde. Miramón übersendet dem Kaiser eine prächtige Fleischpastete. Kaum hat Maximilians Tischrunde davon gekostet, erscheint Miramón selbst und fragt, wie es geschmeckt habe. Alle bestätigen, daß die Pastete ausgezeichnet war. Darauf Miramón: *Also, wenn immer Sie so etwas essen wollen, brauchen Sie es mir nur zu sagen, denn ich bin zuhause reichlich mit Katzen versorgt.* Maximilian, der wohlweislich nur die Teigumhüllung gekostet hat, amüsiert sich. Blasio notiert den Vorfall für sein Tagebuch.

Die Kämpfe ruhen, und so nimmt Maximilian wieder jene privaten Korrespondenzen auf, die ihn innerlich entlasten. Er schreibt seinem Freund Herzfeld nach Miramar, wobei er allerdings selbst nicht recht glaubt, daß der Brief diesen wirklich erreichen wird. Da er befürchtet, daß die abziehenden Franzosen alle Briefe, die von ihm selbst ausgehen, abfangen könnten, muß Dr. Basch so tun, als wäre der vom Kaiser diktierte Brief der des Arztes – ein beliebter Trick Maximilians, der in Chapultepec seine eigenen Briefe an den Präfekten von Miramar, Radonetz, auch von seinem Gartendirektor Knechtel firmieren ließ. Ein weiterer Grund dafür ist, daß sich Maximilian nach Herzenslust über seine Ex-Verbündeten, die Franzosen, auslassen kann: *Ihr Marschall war ein ehrenwerther Mann, denn vor seiner Abreise hat er die Möbel verkauft, welche der Regierung gehörten und den Wagen Santa Annas, den er vom Staat geliehen und in dessen Besitz sich nicht einmal Juárez gesetzt hatte, in klingende Münze umgewandelt. Es ist notorisch erwiesen, daß er mit Porfirio Díaz verhandelt und Waffen und Munition an die Dissidenten verkauft hat. Nicht genug an dem, Bazaine, der ehrenwerthe Marschall, ließ noch achtundvierzig Stunden vor seinem Scheiden Waffen und Munition vernichten, so viel er konnte, ja er hat auch direkten Verrath getrieben, dadurch, daß er um vier Stunden früher, als seine Meldung lautete, abging, und für diese ganze Zeit die Linienwälle der Stadt unbesetzt blieben.*[150] Der Gedanke liegt nahe, daß es Maximilian nicht so unrecht gewesen wäre, wenn dieser Brief tatsächlich den Franzosen in die Hände gefallen wäre. Der Haß auf den um zwanzig Jahre älteren Bazaine, der den Schattenkaiser stets wie einen unerfahrenen Schulbuben behandelt hatte, verfolgt den gekränkten Habsburger auch noch in Querétaro.

Samstag, 30. März[151]

Die Republikaner lassen die gestern auf dem San Gregorio neu aufgestellten Batterien spielen. Um 10 Uhr unternehmen sie einen neuen Angriff gegen den Mesón de la otra banda, doch scheitert dieser abermals am Widerstand der dort kämpfenden drei Kompanien.

Um dem bereits sehr fühlbaren Wassermangel in der Stadt abzuhelfen, läßt General Miramón Grabungen durchführen, um den Río Blanco teilweise in die Stadt umzuleiten.

Ab 4 Uhr nachmittag verteilt der Kaiser auf dem Platz vor der Cruz Dekorationen an Offiziere und Mannschaften, die sich in den Kämpfen besonders ausgezeichnet haben. Er steht vor einem mit Blumengirlanden und Fahnen geschmückten Zelt. Mehrere Banden spielen Märsche, Kanonen feuern Salven ab. In der ersten Reihe vor dem Kaiser stehen die Generäle Miramón, Mejía, Castillo, Méndez, Arellano und Valdez. Auf Befehl des Kaisers tritt Salm dazu. Während er den Ausgezeichneten die bronzene Verdienstmedaille, die höchste ihrer Gattung, an die Brust heftet, spricht der Kaiser zu jedem einzelnen persönliche Worte und gibt ihm den mexikanischen Abrazo. Als er zu Salm kommt, flüstert er ihm auf deutsch zu: *Ich möchte gerne mehr für Sie tun, aber ich kann es vorläufig nicht.* Dann verteilt er die goldene und die silberne Verdienstmedaille an Unteroffiziere und Soldaten. Auch dem abwesenden Márquez, auf dessen Rückkehr alle warten, wird eine Medaille verliehen.

Mit europäischen militärischen Aufzügen verglichen, bietet die Szene dieser „Gran fiesta militar" einen eher dürftigen Anblick. Der Stabsoffizier Kaehlig berichtet: *Die Braven Querétaros waren durchaus keine prunkhaften Erscheinungen, vielmehr mitunter fast zum Erbarmen aussehende Gestalten mit verwitterten Gesichtern, in den zerrissensten und geflicktesten Uniformen, jedoch immerhin bei aller ihrer Dürftigkeit von strammer, selbstbewußter Haltung.*

Nach der Ordensverleihung tritt Miramón vor die versammelten Generäle, nimmt dem Ordonnanzoffizier Oberst Pradillo, der die Auszeichnungen trägt, eine bronzene Medaille ab und wendet sich mit einer feurigen Ansprache an den Kaiser, dem er zugleich unter den Jubelrufen der Soldaten diese höchste Auszeichnung für Tapferkeit vor dem Feind an die Brust heftet.

Maximilian ist von dieser noblen Geste echt überrascht und gerührt. Er hört aus der Rede Miramóns vor allem heraus, daß es ihm gelungen ist, gerade hier in Querétaro zu jenem „Volkskaiser" zu werden, der ihm stets als das Ideal vorschwebt. *Nie stieg ein Souverän vom Range Eurer Majestät von der Höhe seines Thrones herab, sich auf gleiche Stufe mit dem Soldaten stellend, dessen Dürftigkeit und Blöße ihres-*

*gleichen in der Welt sucht, des Soldaten, welchem Eure Majestät erhabene Beispiele von Tapferkeit, Patriotismus und Ausdauer zu geben wußte. ... Die Armee, auf das Wohlwollen Eurer Majestät bauend, dekoriert Sie mit der Medalla del mérito militar.* So wenigstens wird es später in der von Arellano angefertigten gedruckten Version der Rede heißen.[152] Maximilian dankt mit kurzen, bewegten Worten und umarmt gerührt seinen Rivalen Miramón.

Was Maximilian und seine Generäle in diesem Augenblick als erhebendes Schauspiel der patriotischen Zusammengehörigkeit von Kaiser und Volk empfinden, beurteilen die Republikaner, die sehr bald davon erfahren, als Zeichen der Eitelkeit, der Großsprecherei und Speichelleckerei, die bei den Kaiserlichen vorherrsche.

Sonntag, 31. März[153]

Salm wird durch eine Ordonnanz zum Kaiser in die Cruz befohlen. Er soll dort zwei Deserteure, Elsässer, die früher bei der französischen Fremdenlegion waren, vernehmen. Beide gehören der Artillerie an und sind erst gestern vor Querétaro angekommen. Der eine, Johann Mut, würde gerne in die kaiserliche Armee eintreten und bietet sich an, die genaue Position der republikanischen Batterien auf dem San Gregorio auszukundschaften. Salm gibt dem Mann fünf Pesos und läßt ihn an die äußerste Schanze bringen, der andere wird als Geisel zurückbehalten.

Von 3 bis 5 Uhr nachmittags beginnen die Republikaner aus ihren umgestellten Batterien auf dem San Gregorio ein andauerndes Probeschießen auf die Stadt, bei dem das Theater und die nahegelegene Poststation – das Hotel de Diligencias – wieder stark beschädigt werden.

Gegen halb 10 Uhr wird der Elsässer durch eine Patrouille zurückgebracht und berichtet, daß auf der östlichen Spitze des Berges zwei Batterien hinter soliden Steinwällen stehen. Zwei Gebirgsgeschütze sind vor der Kapelle San Trinidad in Stellung gebracht worden. Er bietet sich an, Salm von den Häusern beim Mesón de otra banda aufwärts durch die Gärten bis zur Kirche San Sebastián und weiter auf den Cerro de San Gregorio zu führen. Maximilian beschließt, diese Position noch in derselben Nacht anzugreifen und wenigstens die zwei vorgeschobenen Geschütze zu nehmen. Er läßt Miramón rufen, während Salm mit dem Elsässer nach der Casa Blanca zurückkehrt.

Montag, 1. April[154]

Die Republikaner halten den Südhang des Cerro de San Gregorio mit der Brigade aus Guanajuato unter General Florencio Antillón besetzt. Ihnen zu Füßen liegt die nördliche Vorstadt Querétaros, San Sebastian, mit ihren gewundenen Gäßchen, die von der Höhe aus schlecht einsehbar sind. Zu den republikanischen Linien bestehen Lücken bis zu 600 m, weil keinerlei Reserven bereitgestellt sind. Die Kaiserlichen besitzen für den Fall des eigenen Angriffs den großen Vorteil der genauen Ortskenntnis. General Antillón hat dies dem republikanischen Hauptquartier wiederholt vorgestellt und auch Werkzeuge zur Befestigung seiner Linien angefordert, aber bisher ist nichts geschehen.

Salm wird um 2 Uhr morgens geweckt, steht um 3 Uhr mit den Cazadores unter Major Pitner in der Calle del Puente und erhält Verstärkung durch die Munizipalgarde von México, das Bataillon von Celaya unter Oberstleutnant Sosa und andere Einheiten. Zugleich stellen die Kaiserlichen 1.000 Mann Reiterei nördlich des Cerro de las Campanas auf, um den Angriff zu decken. Diesen soll General Valdés, der Oberbefehlshaber der „Nordlinie" leiten. Geplant ist ein Vorstoß in gerader Linie bis zu einem „Cruz del Cerrito" genannten Punkt, und von dort weiter bis zur Kuppe des San Gregorio, wo die dort plazierten feindlichen Batterien erobert werden sollen.

Um 4 Uhr trifft sich Salm mit General Miramón, der voll Enthusiasmus die Operation geplant hat. Sechs Infanteriebataillone, insgesamt etwa 1.800 Mann stehen für den Angriff bereit. Um 5 Uhr bricht Salm an der Spitze seiner Infanterietruppe auf und rückt rasch bis vor die Kirche von San Sebastián vor. Die dortige Besatzung wird von den Cazadores unter Major Pitner überrumpelt, die Kirche und das Pfarrhaus werden besetzt. Auf dem Höhenrücken des San Gregorio gehen die kaiserlichen Truppen weiter vor und nehmen auch die Kapelle San Trinidad. Die davor aufgestellten zwei Geschütze werden von Pitner und Hauptmann Anton Maier, einem Tiroler, erobert. General Antillón, der sein Quartier in der Kapelle hat, wird im Schlaf überrascht und kann – nur halb bekleidet – durch die Stachelkakteen entkommen, doch seine Frau wird als Gefangene nach Querétaro gebracht. Der Sturmangriff auf dem San Gregorio wird fortgesetzt. Pitner eilt mit seiner Kompanie voraus, wird aber mit Kartätschen und Gewehrfeuer empfangen und muß sich zurückziehen. Der korpulente Major, der schon vom Anstieg erschöpft ist und sein Pferd nicht bei sich hat, findet zu seiner Erleichterung einen Maulesel, auf dem er zurückreitet.

General Rocha ist am Vorabend von der Südfront – der Cimatario-Linie – in die Cañada, die im Osten Querétaros liegende, tiefe

Schlucht, durch die der Rio Blanco fließt, abkommandiert worden. Dort sollen seine Soldaten sich waschen. Vorsichtshalber läßt er dies brigadeweise vornehmen. Tatsächlich wird ab den frühen Morgenstunden Gewehrfeuer von den Position Antillóns hörbar. Rocha setzt seine Truppe in diese Richtung in Marsch und stößt schon bald auf die zurückflutenden Reste der Brigade von Guanajuato. Nun erscheinen seine überlegenen Streitkräfte, darunter die Elitetruppe des Hauptquartiers, die Supremos Poderes, im Sturmschritt auf dem Kampfplatz. Das Bataillon Nuevo León hat den Auftrag, die Hauptstraße von San Sebastian zu besetzen, um dem Gegner den Rückzug abzuschneiden. Die Kaiserlichen erkennen aber diese Absicht, bremsen Rochas Flankenbewegung und treten den geordneten Rückmarsch an, der von der Flußlinie aus durch das Kartätschenfeuer der Artillerie gedeckt wird. Auch von den Flachdächern des Mesón de la otra banda und anderen höheren Gebäuden feuern kaiserliche Schützen auf die Angreifer und halten den Weg für den Rückzug frei.

Um 9 Uhr werden unter dem Schall enthusiastischer „Dianas"[155] die Gefangenen und die beiden eroberten Geschütze in die Stadt zurückgebracht. Die Verluste halten sich in Grenzen. Auf beiden Seiten sind etwa hundert Mann gefallen oder verwundet. Unter den Verwundeten befindet sich ein enger Freund Miramóns, Oberst Farquet. Sein Zustand verschlimmert sich in den nächsten Tagen.

Salm nimmt diesen Erfolg für sich allein in Anspruch, während der Kommandant des Bataillons de Celaya, Sosa, die beiden Berghaubitzen ebenfalls selbst erbeutet haben und sich mit Salm deswegen sogar duellieren will, was der Kaiser verhindert. Mexikanische Offiziere bestreiten die Verdienste Salms, ja werfen ihm vor, auf dem San Gregorio viel Zeit vergeudet zu haben, was den erfolgreichen Gegenstoß der Republikaner ermöglicht habe.[156]

Die kaiserlichen Generäle senden in diesen Tagen Spione und Soldatenweiber in das liberale Lager, wo sie Proklamationen verteilen, in denen die Republikaner zum Überlaufen aufgefordert werden. Das Ergebnis ist nicht ermutigend, die Republikaner antworten, indem sie über den Fluß Schmähreden auf den Kaiser und die Generäle hinüberrufen.

Escobedo, der sein Hauptquartier im Rancho de Jesús María zwischen dem San Gregorio und dem San Pablo aufgeschlagen hat, beschließt, es von diesem exponierten Ort weiter nach Osten, an den südöstlichen Abhang des Cerro La Cantera zu verlegen. Von General Guadarrama weiß er nur, daß er mit seinen Reitern San Juan del Río verlassen hat und völlig im unklaren darüber ist, wo sich Márquez

mit seinen Truppen aufhält. Tatsächlich befindet sich dieser im Anmarsch auf Puebla, das von Porfirio Díaz belagert wird. Márquez'
Hoffnung, die Stadt entsetzen zu können, wird jedoch morgen zunichte werden, da es Porfirio Díaz gelingen wird, Puebla durch Einsatz aller Kräfte einzunehmen.

### Dienstag, 2. April[157]

General Rocha läßt jetzt die Hauptstraße – die Calle Real – und die
angrenzenden Häuser von San Sebastian besetzen, alle Straßenein-
mündungen verbarrikadieren, die höchsten Häuser mit Sandsäcken
befestigen und die Kirche mit einer ausreichenden Besatzung belegen. Kurz darauf ist diese Linie die am stärksten befestigte des
Belagerungsringes. Rocha übernimmt dort dauernd den Oberbefehl.
Ergebnis: Die Republikaner sind wieder 100 m näher an die kaiserlichen Verteidigungslinien herangerückt.

Auch im Süden, auf der Seite des Cimatario, haben die Republikaner die Befestigungsarbeiten des Belagerungsrings abgeschlossen.
So beginnt ein Stellungskrieg, ganz im Sinne der Anweisungen der
republikanischen Regierung. Juárez, entsetzt über die hohen Opfer,
trotz derer die Stadt noch immer standhält, hat befohlen, Querétaro
jetzt völlig abzuschließen, um die Kaiserlichen durch Hunger zur
Übergabe zu zwingen.

Am Fluß bei der Brücke haben die Verteidiger eine Schutzwand
aus dicken Holzbohlen installiert, hinter der die Pferde zur Tränke
geführt werden, ohne daß sie zur Zielscheibe der republikanischen
Scharfschützen werden können.

### Mittwoch, 3. April[158]

Den ganzen Tag über dauert das erbitterte Kanonenduell zwischen
den beiden gegnerischen befestigten Linien am Rio Blanco an. – Maximilian bespricht mit Salm die Lage. In einem deutsch geführten
Gespräch kann der Kaiser auch all seinen bösen Ahnungen hinsichtlich eines möglichen Verrates von Márquez Ausdruck geben. Dabei
ist er über seine eigenes Mißtrauen entsetzt und ruft aus: *Nein, nein,
das ist ja ganz unmöglich!* Nachricht von Márquez zu erhalten, wird
jetzt zum Haupterfordernis. Salm wird beauftragt, sich mit Méndez
über den besten Weg zu beraten, mit dem Lugarteniente Kontakt
aufzunehmen. Doch bisher sind noch alle ausgesendeten Kundschafter oder Boten von den Republikanern abgefangen, meist auch getötet worden.

Lebensmittel, Munition und Geld sind äußerst knapp. Maximilian
sieht sich gezwungen, eine Tür- und Fenstersteuer sowie eine weitere

Zwangsanleihe aufzuerlegen. Die Stadtverwaltung gibt dazu merkwürdig rasch ihre Zustimmung, vielleicht deshalb, weil man sich für Geld in Querétaro ohnedies kaum noch etwas kaufen kann.

Im republikanischen Lager bestätigt sich die Nachricht, daß Porfirio Díaz die Stadt Puebla eingenommen hat.[159] General Guadarrama, der sich im Anmarsch auf die Hauptstadt befindet und täglich Telegramme an Escobedo schickt, die seinen Standort angeben, erhält den Auftrag, Porfirio Díaz in Puebla aufzusuchen, um ihn zu einer Aktion gegen Márquez zu bewegen. Des Nachts brennen auf den Höhen um Querétaro – San Pablo, San Gregorio, El Cerrito, Patehé, Carretas, Cuesta China und Cimatario – die Freudenfeuer. Im belagerten Querétaro vermutet man, daß die Republikaner einen wichtigen Sieg errungen haben.

Donnerstag, 4. April[160]
Um halb 2 Uhr früh greifen die Liberalen plötzlich den Cerro de las Campanas mit lebhaftem Gewehrfeuer an. Es folgt ein Geschützduell zwischen dem Cerro und San Gregorio. Um 5 Uhr morgens wiederholt sich die Szene in abgeschwächter Form. Inoffiziell heißt es, daß Márquez bereits im Anmarsch auf Querétaro sei. Vermutlich sind das Gerüchte, die der Kaiser absichtlich verbreiten läßt.

An diesem Tag begannen von Washington aus die österreichischen Rettungsversuche für den bereits für verloren gegebenen Kaiser. Der österreichische Gesandte Baron Wydenbruck ersuchte Beust telegraphisch um Weisung, ob er die amerikanische Regierung um Intervention für den Fall von Maximilians Gefangennahme bitten sollte.[161]

Freitag, 5. April[162]
Den ganzen Tag über liefern sich die Vorposten Gefechte, namentlich bei den beiden Brücken. Der Mesón nördlich des Puente Grande, Brückenkopf der Verteidigung, wird immer mehr zur Festung ausgebaut und mit einer Berghaubitze armiert. Um halb 9 Uhr abends, nach einem gescheiterten Vorstoß der Kaiserlichen, versuchen die Republikaner abermals vergeblich, den Stützpunkt einzunehmen. Die Episode endet mit einigen Kanonenschüssen auf die Stadt. Von Márquez hat man weiterhin keine verläßliche Nachricht.

Samstag, 6. April[163]
Der Tag verläuft ohne besondere Neuigkeiten. Die Vorpostengefechte flauen ab, man hört kaum Kanonenschüsse. Über Márquez gibt es die wildesten Gerüchte, die sich gegenseitig widersprechen. Die Zah-

lungen aus der neuen Zwangsanleihe gehen so schleppend ein, daß Castillo Strafsanktionen verfügen muß. Arellano braucht allein für die Herstellung von Munition etwa 400 bis 500 Pesos täglich aus der Kriegskasse.

Mejías Krankheit verschlimmert sich, Dr. Licea, der ihn behandelt und der eigentlich Frauenarzt ist, glaubt an eine fortgeschrittene Tuberkulose. Der Indio-General muß viele Stunden im Bett zubringen, seine sonst dunkle Haut ist gelb geworden. Licea behandelt auch Miramón, der an einem Leberleiden laboriert, das an einer seiner Handflächen ein ständiges Jucken hervorruft.[164] Dr. Licea, ein Schwager des republikanischen Generals Refugio Gonzales, ist durch seine illustre Patientenschaft, die sich dem stets verständnisvoll lauschenden Arzt anvertraut, über viele militärische Situationen und Pläne informiert, die man sonst vor der Öffentlichkeit geheimhält. Die wenigsten wissen, daß Licea zu jener Gruppe von Queretanern zählt, die, als treue Parteigänger der Liberalen, den Belagerern Nachrichten zukommen lassen. Von den Flachdächern einiger Häuser aus klappt die Zeichenübermittlung ganz vorzüglich, und so sind die Republikaner stets über geplante Ausfälle, über die Stimmung in der Bevölkerung und über alle Illusionen, die man sich über einen baldigen Entsatz macht, bestens informiert. Auch der liberale Padre Nicolás Campa wird trotz seines geistlichen Standes jenem Spionenzirkel zugerechnet, ohne daß man es ihm beweisen könnte.[165]

**Washington**
Der österreichische Gesandte Wydenbruck entschließt sich, Seward aufzusuchen und ihn zu bitten, bei Juárez zu intervenieren. Seward weigert sich zuerst unter Berufung auf die Neutralität der Vereinigten Staaten, holt aber dann doch die Bewilligung von Präsident Johnson ein, an den amerikanischen Gesandten für Mexiko, der in einem Hotel in New Orleans residiert, zu telegraphieren. Er bekommt den Auftrag, *to communicate to president Juárez promptly and by effectical means, the desire of this Government that in case of capture the Prince and his supporters may receive the humane treatment accorded by civilized nations to Prisoners of war.*[166] Eine Kopie dieser Depesche wird auch dem republikanischen Gesandten Romero überreicht. Campbell denkt allerdings nicht daran, selbst nach Mexiko zu fahren, sondern entsendet einen Boten: John White soll Juárez in San Luis Potosí aufsuchen. Er wird dazu zwei Wochen brauchen.

Sonntag, 7. April[167]

In der Nacht wird Befehl gegeben, den Feind in der Hacienda de Carretas anzugreifen. Dann folgt ein Gegenbefehl. Angeblich soll eine Frau den „excelentísimo General Márquez" bei Cuautítlan gesehen haben, so daß man hofft, daß seine Truppen schon bald vor Querétaro stehen werden. An der Nordlinie wird der Mesón de la otra banda von den Republikanern abermals ohne jeden Erfolg angegriffen. Die Granaten schaden den Adobemauern kaum, weil sie diese einfach durchsieben, ohne zu explodieren. General Rocha befiehlt, eine Mine gegen den Mesón vorzutreiben, um die Bastion in die Luft zu sprengen. – Auch das wird nicht gelingen.

Montag, 8. April[168]

Der Tag bleibt ruhig; beide Seiten arbeiten am Stellungsausbau. Das Gerücht geht um, daß gegen Márquez bereits 12.000 Republikaner unterwegs sind, sodaß vor Querétaro nur mehr 13.000 Mann liegen sollen. Eine weitere Zwangsanleihe wird eingetrieben. Die Lebensmittel gehen aus, und man findet kaum mehr Futter für die Pferde außer Mais. Die Kavallerieabteilungen werden angewiesen, außerhalb der Verteidigungslinie Grünfutter zu suchen, was mit erheblichen Gefahren verbunden ist. Vor allem gibt es kein Brot mehr, da sich die Mühle im Besitz der Republikaner befindet. Nur die Nonnen des „Teresitas"-Klosters besitzen noch kleine Vorräte und verpflichten sich, das nötige Brot für die Bedürfnisse des Kaisers zu liefern. General Castillo läßt sogar die Präfektur anweisen, bei der Bevölkerung möglichst viele Decken zu requirieren. Kommandos gehen in den Häusern auf die Suche, die Bevölkerung reagiert mit Erbitterung und zahlreichen erfolglosen Beschwerden bei Castillo, da man auch Alten und Kranken die Decken wegnimmt. Sammelstelle ist die Cruz, von dort aus erfolgt die Verteilung an die Militärspitäler und die Soldaten in den Schützengräben.

Die Metzger der Stadt werden insgeheim ins Hauptquartier befohlen. Sie erhalten den Befehl, wegen des Mangels an Schlachtvieh Pferdefleisch zu verkaufen. Die Bevölkerung, die sich hauptsächlich von Maistortillas ernährt, fügt sich vorläufig ins Unvermeidliche.

Da sich große republikanische Truppenmassen von der Cuesta China aus gegen die Straße nach Celaya in Marsch setzen, glaubt man wieder, daß Márquez im Anzug sei, aber die Enttäuschung folgt auf dem Fuße.

Dienstag, 9. April[169]

Ein Aufruf Castillos sichert demjenigen, der es unternehmen würde, sichere Nachrichten aus Mexiko-Stadt zu beschaffen, eine Belohnung von 3.000 Pesos zu. Alle bisherigen Versuche sind fehlgeschlagen. Am selben Tage erhängen die Republikaner Marcos Uribe, den sechsten Kurier der Belagerten, der zu Márquez durchstoßen sollte.

In einem Kriegsrat geht es nun allen Ernstes um einen Ausbruchsversuch. Ein Vorschlag lautet, sich mit der gesamten Armee durchzuschlagen. Méndez ist dagegen, er hält seine Soldaten für gut beim Angriff, aber für unverläßlich beim Rückzug. Sodann schlagen alle Generäle, außer Miramón, dem ja hauptsächlich Infanterie untersteht, vor, daß sich der Kaiser mit der Kavallerie allein nach der Sierra Gorda durchschlagen soll. Dort steht noch der kaiserliche General Olvera mit 1.000 bis 1.200 Mann, und Mejía, den die Indios Don Tomasito nennen, genießt hohes Ansehen. Der Kaiser erklärt jedoch, es sei gegen seine Ehre, die Armee im Stich zu lassen, und er wolle sich lieber lebendig begraben lassen, als das tun.[170] Damit entspricht er den Erwartungen Miramóns, der sogleich behauptet, man könne die Stadt noch lange halten. Schließlich muß doch Márquez jeden Tag eintreffen.

Um dem Lugarteniente den Weg zu ebnen, entsteht sogleich der Plan, einen Ausfall gegen die Garita de México zu machen, sie zu nehmen und dann zu halten, um Márquez unterstützen zu können, wenn seine Truppen – wie man dies bereits in Tagträumen sieht – endlich die Cuesta China herabrücken. Zumindest aber könnte man bei dieser Gelegenheit einige Kuriere durch die feindlichen Linien bringen, die mit Márquez Kontakt aufnehmen sollten.

Als Salm dann mit Méndez in der Casa Blanca die Lage erörtert, spricht dieser wie gewohnt über Miramón nichts Gutes. Der Ex-Präsident scheine eine einfache Rechnung anzustellen: Falls Maximilian, wie er ja ursprünglich vorgehabt hat, das Land verlassen wolle oder müsse, sei er, Miramón, für konservative Mexikaner der beste Nachfolger …

Die Verluste der Pioniertruppe, die beim Aufwerfen von Schanzen dauernd von republikanischen Scharfschützen beschossen werden, nehmen zu. So müssen die Pioniere nicht nur Schützengräben ausheben, sondern auch die Gräber für die Gefallenen des eigenen Korps. Schon gibt es für sie einen eigenen Friedhof in der Huerta der Cruz.[171]

Maximilian hat, da die Lazarette an allem Not leiden und auch außerhalb derselben die Bedürftigen immer mehr werden, die Einrichtung einer Junta de Beneficiencia (Wohltätigkeitsverein) vorgeschlagen. Der Pfarrer von Santiago, Don Agustín Guisasola, stellt sich an ihre Spitze und bringt viele angesehene Bürger dazu, sich ebenfalls einzusetzen.

**Mittwoch, 10. April[172]**
Heute ist der dritte Jahrestag der Thronannahme. Um 9 Uhr vormittag begibt sich Minister Aguirre an der Spitze einer Deputation, der die höchsten Verwaltungsbeamten der Stadt angehören, gefolgt von den Generälen durch die von Trümmern übersäten Straßen in die Cruz. Aguirres Rede und Maximilians Antwort sind vorbereitet. Keiner kann es sich leisten, die triste Situation, in der sich das Kaiserreich an diesem dritten Jahrestag seiner Gründung befindet, zu übergehen.

Aguirre spricht vom Kampf *der beiden Prinzipien, die in diesem Moment einander den Triumph streitig machen* und meint: *Das Prinzip der Revolution ist schwach, ungeachtet seiner mächtigen äußeren Erscheinung, denn im Grunde genommen bedeutet es nichts anderes als den Willen einiger weniger, welche diesen dem Willen der Nation überordnen wollen. ... Das Prinzip des Kaiserreiches aber stützt sich, außer auf den Willen der Nation, auch auf das Recht*, schließt der Justizminister seine Ansprache. Genau so, nur mit umgekehrten Vorzeichen, hat stets der Jurist Benito Juárez argumentiert. Beide aber wissen, daß ihr eigenes Recht mit dem Sieg der Gegenseite endet.

Maximilian hat seinerseits die ruhigeren letzten Tage dazu benützt, jene Vergangenheit zu rekapitulieren, die ihn, wie er meint, mit innerer Logik dorthin geführt hat, wo er heute steht. Er erinnert – fast seine spätere Verteidigung vor dem Militärgericht vorwegnehmend – apologetisch an den guten Willen, die hohen Vorsätze, die ihn zur Thronannahme bewegten, nachdem das Plebiszit, wie er immer noch glaubt, den Willen der Nation klar bewiesen habe. Er erinnert an die Abdankungskrise in Orizaba, deren Lösung er seinen „Räten" überlassen hatte, und er äußert wieder einmal seinen Lieblingsgedanken, die Einberufung eines mexikanischen Nationalkongresses, der über die weitere Zukunft Mexikos entscheiden solle. Wer konnte ihm die Schuld daran geben, daß der Gegner davon nichts wissen wollte? Schließlich zitiert er aus früheren Reden den berühmt gewordenen Satz: *Ein rechter Habsburger verläßt nicht seinen Posten in den Augenblicken der Gefahr*, den ihm seine Mutter immer wieder nahegebracht hat.

*Meine Herren!*

*Umgeben von Gefahren und Schwierigkeiten jeglicher Art empfange ich Euch gerne an diesem Tag, an dem mein viertes Regierungsjahr beginnt, als die treuen Vertreter des gesunden und ehrenwerten Teils der Nation sowie unserer tapferen und ausdauernden Armee.*

*Drei Jahre harter Arbeit und großer Widerstände liegen hinter uns. Was ich als Frucht dieser harten Zeit ernten konnte, ist die Möglichkeit, meinen Mitbürgern die Dauerhaftigkeit und Aufrichtigkeit meiner Regierungsziele vor Augen zu führen.*

*Am Tag der Annahme meiner jetzigen Stellung legte ich in meinem fernen Geburtsland den Eid ab, mich voll und ganz der Verteidigung und Bewahrung meines neuen Vaterlandes sowie dem Ausbau seines Wohlstandes zu widmen.*

*Drei Jahre lang mußte ich einen harten Kampf gegen den mächtigen und starken Einfluß des Auslands kämpfen, der sich schließlich verderblich auf unser Land ausgewirkt hat. ... Ich habe gekämpft und den Sieg errungen, ohne deshalb auch nur einen einzigen Streifen unserer ruhmreichen nationalen Fahne einzubüßen.*

*Ich konnte mit Ausdauer und Mut kämpfen, da ich den Ursprung meiner Pflichten und die Grundlage meiner rechtmäßigen Herrschaft in den zahlreichen Protokollen fand, die von ehrenwerten Söhnen des Volkes nach Miramar gebracht wurden, ausgehend von der großen Mehrheit der Mexikaner, die mich zu ihrem Herrscher erwählten und als solchen annahmen.*

*Im Augenblick, als die Ausländer unser Staatsgebiet verließen, und damit einer meiner brennenden Wünsche erfüllt wurde, nämlich die Bewahrung der bedrohten Integrität und der Unabhängigkeit unseres Vaterlandes, kam ich zur Auffassung, daß mein weiteres Verweilen an der Spitze der Nation dieser zum Schaden gereichen könnte. Durch solchen Zweifel getrieben, berief ich den durch Gesetz bestimmten Kronrat ein, wobei ich darauf achtete, daß darunter die verschiedenen politischen Parteien und Farben vertreten waren, um in ihre Hand und Verantwortung eine für mein Gewissen so schwerwiegende und heikle Frage zu legen.*

*Die Minister und Staatsräte trafen umgehend ihre Entscheidung und brachten nahezu einstimmig ihre Meinung zum Ausdruck, daß es meinerseits eine schwere Pflichtverletzung wäre, wenn ich in den gegenwärtigen kritischen Umständen die Stellung aufgeben würde, zu der mich der Volkswille berufen hatte. Ich stimmte daher zu, mich ein zweites Mal zu opfern und den schwierigen Weg zu beschreiten, was durch bestimmte Hindernisse immer mehr erschwert wurde. Zugleich aber berief ich von Orizaba aus, lange vor meiner Rückkehr in die Hauptstadt des Kaiserreiches, die Nation zu einer konstituierenden Versammlung ein, um mich freiwillig deren endgültiger Entscheidung zu beugen, und um ihr die Regierungsakte, Staats-*

*akte, Dokumente und Abrechnungen meiner Herrschaft vorzulegen, was ich mit reinem Gewissen vor meinen Mitbürgern und der gesamten Welt vornehmen kann.*

*Euch, Ihr Herren, ist wohlbekannt, aus welchen Gründen der freie Zusammentritt einer solchen Versammlung bisher nicht möglich war. Unsere Gegner haben dies verhindert, und es scheint, daß sie, zum Unterschied von uns, nicht bereit sind, sich dem Willen der Nation zu unterwerfen. Wobei es wahrhaftig Tatsachen gibt, die bereits der Geschichte angehören und die kaum die unparteiische Beurteilung einer freien Versammlung vertragen würden.*

*Unsere Pflichten und unser Weg sind daher in Zukunft klar und eindeutig vorgezeichnet.*

*Wir müssen nicht nur die Unabhängigkeit, sondern auch die Freiheit verteidigen und sobald als möglich der Nation ihre Handlungsfreiheit wiedergeben, indem wir sie dem Druck des despotischen Terrorismus der sozialen Revolution entziehen.*

*Am 16. September 1865 sagte ich zu Euch: Mein Blut ist nun bis zum letzten Tropfen mexikanisch. Wenn es im göttlichen Ratschluß bestimmt sein sollte, daß neue Gefahren unser geliebtes Vaterland bedrohen, werdet Ihr mich in Euren Reihen um seine Unabhängigkeit und Unversehrtheit kämpfen sehen. Wer hier in Querétaro in diesen schwierigen und gefährlichen Tagen an meiner Seite steht, hat gesehen, daß ich Wort gehalten habe.*

*Vor einem Jahr habe ich an einem gleichfalls denkwürdigen Tag erklärt, daß es ohne Kampf und Blut keinen dauerhaften Sieg, keine politische Entwicklung und auch keinen dauerhaften Fortschritt gibt. Und ich habe hinzugefügt: ich bleibe auf meinem Posten, auf den mich der Wille der Nation berufen hat, ohne in meiner Pflichterfüllung zu schwanken; denn ein wahrer Habsburger verläßt nicht seinen Posten in den Augenblicken der Gefahr.*

*Hier stehe ich nun und kämpfe gerne an Eurer Seite. Verfolgen wir mit Ausdauer den Weg, den die Pflicht uns gebietet. Wolle Gott unsere Anstrengungen vergelten und uns als Lohn den Frieden und die Freiheit unseres Vaterlandes gewähren!*

*Möge Gott fügen, daß wir stets unbefleckten Gewissens ausrufen können: Viva la independencia!*[173]

Diese Rede Maximilians, wenige Wochen vor seiner Gefangennahme und nur zwei Monate vor seinem Tod gehalten, ist eine seiner aufschlußreichsten, weil sie in aller Kürze seine seelische Verfassung widerspiegelt: seine immer wieder erneuerte idealistische Zielvorstellung der nationalen Versöhnung, die jetzt endgültig an der Wirklichkeit gescheitert ist; seine Umdeutungen peinlicher Tatsachen: Daß seine Herrschaft weitestgehend auf den Bajonetten der Franzosen beruhte, hat er immerhin vor drei Jahren selbst im Vertrag von Miramar durch seine Unterschrift bekräftigt. Daß der vorzeitige Abzug der Franzosen zu Wutausbrüchen gegen Napoleon geführt hat, ist vergessen und durch die illusorische Hoffnung überlagert, mit seinen mexikanischen Anhängern allein den Kampf gegen Juárez gewinnen zu können. Der habsburgische Ehrbegriff dominiert nun alle seine Entscheidungen. Er will nicht als ein Fahnenflüchtiger abtreten. Lieber in Ehre sterben, als in Schande nach Österreich heimkehren.

Nach diesem eher tristen Akt – niemand glaubt ja mehr an einen Sieg des Imperio – empfängt Maximilian seine Generäle. Zum Jubel ist kein Grund, es sind Augenblicke der Schicksalsverbundenheit; wenn Querétaro fällt, haben die kaiserlichen Anführer keine Gnade vom Gegner zu erwarten. Miramón überreicht dem Kaiser ein Diplom, das, in einem hübschen Karton ruhend und in grüner Farbe mit reicher Goldverzierung wie ein Buch gebunden,[174] jene Ansprache enthält, die Miramón am 1. April anläßlich der Überreichung der bronzenen Tapferkeitsmedaille an der Kaiser gehalten hat. Maximilian dankt in kurzen Worten und zeigt auf die Auszeichnung, die er nun ständig trägt.

Den zu diesen Zeremonien nicht eingeladenen Salm läßt der Kaiser später zu sich bitten. Er sagt ihm, er wolle sich mit Miramón über den geplanten Angriff auf die Garita de México beraten, der auf Don Miguels Drängen schon am nächsten Morgen stattfinden soll.

Tatsächlich erhält Salm am Abend ein Handbillett Miramóns mit der Anweisung, um 3 Uhr morgens mit dem Bataillon Cazadores in der Cruz zu sein. Méndez hat Salm mißtrauisch gegen Miramón gemacht. Und tatsächlich – ist es nicht seltsam, daß Miramón für alle riskanten Unternehmungen ausgerechnet die Kaiserjäger einsetzt? Will er Salm etwa loswerden? Auch Major Pitner hat ähnliche Gedanken. Die Cazadores bekommen langsam das Gefühl, man verwende sie als Kanonenfutter. Man beschließt, den Kaiser darauf aufmerksam zu machen, jedoch erst nach dem Gefecht.

Donnerstag, 11. April[175]

Um 3 Uhr früh stehen die Cazadores einsatzbereit vor der Cruz. Salm trifft sich mit Castillo, in dessen Zimmer kurz darauf der Kaiser und etwas später Miramón erscheinen. Man studiert die Karte, der Kaiser geht Zigaretten rauchend auf und ab.

Miramón plant die Operation so: Die Garita de México liegt nur wenige hundert Meter von der Cruz entfernt. Salm soll mit den Cazadores und anderen Eliteeinheiten die Cruz durch eine Schießscharte verlassen, dann über die Straße, die nach Mexiko-Stadt führt, marschieren und die „Garita" im Sturm nehmen. Diese ist ein Gebäudekomplex bestehend aus Torgebäude, Gasthof, Höfen und Wagenremisen. Die Stellung ist befestigt und mit vier Geschützen versehen. Die rechte Flanke des Vorstoßes wird durch das Regiment der Kaiserin unter Oberst Gonzales sowie durch die Husarenschwadron unter Rittmeister Ede Pawlowszki Rosenfeldi gedeckt. Dieser ist Ungar, von riesenhafter Gestalt, mit einem „shakespearehaften" Gesicht, wie es später der New York Herald-Korrespondent Clerk ausdrücken wird, und hat angeblich schon mehrere Mexikaner eigenhändig getötet. Die Kavallerie soll von der Kirche San Francisquito aus auf einem anderen Weg direkt gegen die Garita vorstoßen. In deren Mauer soll es nach vagen Vorstellungen einiger Generalstäbler ein Loch geben, das eine Einstiegsmöglichkeit bietet.

Vom Platz vor der Cruz aus steigt die Truppe, wie geplant, durch die Schießscharte einer Schanze. Auf der Ausfallstraße nach Mexiko-Stadt marschiert sie zunächst entlang der Nordmauer der Cruz voran, dann steil abwärts auf die Bogen der Wasserleitung zu. Plötzlich gerät sie unter heftigen Beschuß aus einer östlich der Straße liegenden Hacienda, die der Garita gegenüberliegt. Vor den Schießscharten der Garita entwickeln sich für die Kaiserlichen verlustreiche Kämpfe. Den angeblich vorhandenen Einstieg findet niemand. Vom Dach des Torgebäudes der Garita geben die Republikaner Dauerfeuer auf die anstürmenden Cazadores.

Diese müssen sich unter schweren Verlusten zurückziehen. Major Pitner erleidet eine Kopfverletzung. Der polnische Graf Pototski, der nach der letzten Revolution aus seiner von Rußland beherrschten Heimat geflohen ist und unter dem Namen Lubic wenig beachtet bei den Cazadores kämpft, wird durch eine Kugel am Knie verwundet. Basch amputiert ihm im Spital ein Bein. Der Kaiser besucht den jungen Adeligen, ernennt ihn zum Leutnant und überreicht ihm das Ritterkreuz des Guadalupe-Ordens. Wenige Tage darauf stirbt Pototski an einer Lungenentzündung, das Ritterkreuz an seine Brust drückend.

Obwohl man nachträglich den Angriff auf die Garita als einen Aufklärungszug hinstellt, weiß jeder, daß der Versuch, noch einmal den Belagerungsring zu durchbrechen und Boten auf den Weg nach Mexiko zu bringen, gescheitert ist. Nun versuchen Miramón und Arellano, Maximilian für einen neuen Plan zu gewinnen. In einem Schreiben malen sie die Lage in den düstersten Farben. Miramón, wie immer voll Ungeduld, will nicht länger auf Márquez warten. Ein Ausbruch des gesamten Heeres in letzter Minute, wenn wirklich kein anderer Ausweg mehr bleibt, würde die Moral der Truppen erschüttern. Das Heer, gehetzt von Escobedos Reiterei, würde eine Blutspur von Toten und Verwundeten zurücklassen.

Man schlägt Maximilian daher vor, selbst mit 1.000 Reitern in Richtung Mexiko-Stadt durchzubrechen, um Márquez zur Rückkehr mit neuen Truppen zu zwingen. Sollte der Kaiser selbst Querétaro nicht verlassen wollen, soll Mejía diese Aufgabe übernehmen. Miramón und Arellano würden zur Verteidigung Querétaros zurückbleiben, bis die Truppen des Lugarteniente ankämen. Erst wenn man wisse, daß Márquez geschlagen ist, würde man als letzten Ausweg den Ausbruch wagen. Noch am gleichen Abend findet ein Kriegsrat statt.

Maximilian lehnt es ab, Querétaro zu verlassen. Er hat aber mit Mejía gesprochen, der bereit ist, innerhalb von drei Tagen den Belagerungsring zu durchzubrechen.[176]

Freitag, 12. April[177]

In der Nacht geht der Kaiser mit López die Linien ab. Am Morgen beschießen die Republikaner die Cruz, auf der ganzen Linie gibt es Plänklergefechte. Noch immer kommt keine Nachricht von Márquez. Die Suche nach jemandem, der bereit ist, sich durch den Belagerungsring zu schleichen, hat endlich Erfolg. Es meldet sich ein junger Mann aus guter Familie, Pedro Sauto, der aus San Miguel Allende stammt und sich der Sache des Kaiserreiches verbunden fühlt. Mit Briefen ausgestattet, die er unter dem Hutband versteckt, verläßt er Querétaro gut gekleidet und erklärt Freunden, die er im republikanischen Lager findet, er müsse in den seinen Verwandten gehörigen Haciendas San Diego und Monjas Familienangelegenheiten regeln. Man glaubt ihm, weil Familienangelegenheiten bei Mexikanern auch in Kriegszeiten Vorrang genießen, durchsucht ihn zwar, findet aber nichts. So versucht er, durch die Linien zu gelangen. Doch ein unglücklicher Zufall wird ihm zum Verhängnis: Bei einer weiteren Durchsuchung fallen die Briefe unter dem Hutband heraus. Sie sprechen eine deutliche Sprache. Sauto wird gefangengenommen und als Spion standrechtlich erschossen.

Escobedo schreibt darüber (vermutlich irrtümlicherweise mit Datum vom 11. April) an Juárez, der bereits in San Luis Potosí ist:

*Wir haben Don Pedro Sauto festgenommen, der als Beauftragter Maximilians ausgewiesen und zu Márquez unterwegs war. Wie er ausgesagt hat war es sein Auftrag, auf die prekäre Situation der Stadt, den immer fühlbareren Lebensmittelmangel, hinzuweisen und im Hinblick darauf sollte er Márquez angeben, was zu tun sei. Dieser Herr Sauto soll heute aufgrund des Gesetzes erschossen werden.[178]*

Samstag, 13. April[179]

Um 6 Uhr morgens feuert die Artillerie der Kaiserlichen an der Flußlinie auf die Stellungen der Republikaner am nördlichen Ufer, die
ihre Batterien näher heranrücken wollen. Dann herrscht tagsüber äu-
ßerliche Ruhe bis zum Eintritt der Dunkelheit.

Ein deutscher Korporal der roten Husaren, namens Herz, meldet
sich als neuer Bote. Er war französischer Fremdenlegionär gewesen,
von den Liberalen gefangengenommen worden und in deren Armee
eingetreten. Vor kurzem von den Republikanern desertiert, war er
unter die Husaren eingereiht worden, die ihre Abgänge gerne mit
Überläufern deckten. Herz muß, um sein Ziel zu erreichen, viermal
die eng geschlossenen Linien der Republikaner passieren und zweimal einen Weg von 45 Meilen zurücklegen, auf dem sich dauernd
gegnerische Einheiten hin- und herbewegen. Er versucht bereits am
Abend sein Glück, kommt aber nicht einmal durch die Vorposten-
kette. Doch er hat nicht vor, aufzugeben.

Ein neues Dekret Maximilians, gegengezeichnet von Aguirre und
Castillo, teilt alle Männer zwischen 16 und 60 Jahren zu Schanzarbeiten ein. Innerhalb von 24 Stunden müssen sie sich stellen. Für Personen, welche diesen Arbeitsdienst nicht leisten können oder wollen,
ist, je nach Einkommen, eine Ablöse zwischen 25 Centavos und
15 Pesos zu entrichten. Alle Betroffenen erhalten vom Generalstab
ein Meldepapier oder einen Befreiungsschein. In den Wohnungen
hält die Polizei Nachschau – wer keines der beiden Papiere vorweisen kann, wird sofort festgenommen. Wer sich nicht innerhalb von
24 Stunden anmeldet, wird zu zwei Jahren Zwangsarbeit verurteilt.
Da Häftlinge an den äußersten Punkten des Verteidigungsringes arbeiten müssen, die ständig unter Gewehrfeuer liegen, kommt diese
Maßnahme einem Todesurteil gleich.

Am Nachmittag besucht Maximilian wieder General Méndez in
der Casa Blanca. Als er im Hof vom Pferd steigt, platzt gerade über
seinem Kopf eine Granate. Der stets kaltblütige Maximilian benützt
die Gelegenheit, um der Granate ein Kompliment zu machen.
Soldatenweiber schleppen die geplatzte Granate weg und bringen sie
nach der Cruz, wo sie für gesammelte Geschoße Zahlung nach einem
festen Tarif erhalten.

Gegen 7 Uhr abends, nach Eintritt der Dunkelheit, beginnen wei-
tere Angriffe der Republikaner gegen den Mesón de la otra banda.
Wie bisher schlagen sie fehl. Darauf überschüttet die gegnerische
Artillerie die Stadt mit einem Hagel von Geschoßen.

Sonntag, 14. April[180]

Am Morgen erblicken die an der Flußlinie liegenden Truppen der Verteidiger an einer freien Stelle im feindlichen Gebiet eine an einen Baum geknüpfte Leiche. Sie trägt an der Brust eine große Tafel mit den Worten „V. Correo" (Fünfter Bote). Wieder ist ein Versuch fehlgeschlagen, von Márquez Nachricht zu erhalten.

Als die Queretaner aus den Kirchen kommen, sehen sie auf Anschlägen ein neues Dekret Maximilians. Um den Truppen Lebensmittel zu verschaffen, können diese bei jedermann beschlagnahmt werden. Als „Bezahlung" verwendet man Gutscheine des Heeres-Requirierungskommissariates, von denen keiner mehr glaubt, sie jemals einlösen zu können.

Drei Pionierkompanien arbeiten an der Verbesserung der Befestigungsanlagen. Eine davon, die der Reservebrigade zugeteilt ist, errichtet an der Nordseite der Plazuela de la Cruz eine Flesche, welche im Bedarfsfalle die aus Mexiko kommende Einfallsstraße in die Stadt sperren kann. Zwangsweise werden auch Zivilisten eingesetzt, die sich nicht „freiwillig" gemeldet oder von der Arbeit freigekauft haben. Wer Widerstand leistet, wird stundenlang in den Latrinentrakt der Kasernen gesperrt, wo er aufrecht stehend ansehen muß, wie die Soldaten ihre Notdurft verrichten.[181]

Montag 15. April[182]

Um 7 Uhr morgens beginnt wieder die Beschießung Querétaros. Auf den Höhen der Cuesta China sammeln sich beträchtliche Kräfte der Republikaner, die auf der Landstraße Aufstellung nehmen. Es scheint sich um frisch angekommene Truppen zu handeln, die ständig Zuzug erhalten. Von Cerro de las Campanas her hört man Gewehrfeuer. Dort hat das kaiserliche Bataillon de Celaya einen Ausfall in Richtung der Hacienda San Juanico unternommen.

Mejías Gesundheitszustand verbessert sich nicht. Woran er eigentlich leidet, ist auch dem behandelnden Arzt, Dr. Licea, nicht ganz klar. Einerseits zeigen sich die Symptome eines rheumatischen Fiebers, denn Mejía kann vor Schmerzen kaum gehen. Andererseits deuten entzündete Bronchien und ständiger Husten auf Lungenschwindsucht hin. Don Tomasito ist abgemagert, das Gewand schlottert um seinen Körper. Seine junge Frau Agustina de Castro, die im siebenten Monat ihrer Schwangerschaft steht, pflegt ihn in seinem bescheidenen Haus in der Calle del Descanso, die von der Plaza de la Independencia in Richtung Alameda verläuft. Es ist jetzt klar, daß Mejía die letzten Donnerstag besprochene Mission, nach Mexiko-Stadt durchzubrechen, selbst nicht übernehmen kann. Da man ihm

dies schonend beibringen und zugleich seinen Rat hören will, beschließt Maximilian, daß sich die Generäle in seinem Haus treffen sollen. Als alle in einem niedrigen, dunklen Raum versammelt sind, stellt Miramón eingangs nicht ohne leisen Spott fest, daß der Kaiser wieder einmal beschlossen habe, die freie Beratung der Generäle nicht durch seine Anwesenheit zu stören. Dafür hat er Miramón einen Fragenkatalog mitgegeben, der, wie der General mit Recht sagt, *graves puntos* enthält. Die Fragen lauten:
- Soll Querétaro weiter verteidigt oder bereits aufgegeben werden?
- Wenn die Verteidigung weiter geht, wie soll man sich Lebensmittel, Futter und Geld beschaffen?
- Was soll mit den Pferden geschehen?
- Wie lange soll die Verteidigung noch durchgehalten werden?
- Soll eine Kommission von Generälen gebildet werden, die für die Beschaffung verantwortlich ist?
- Sollen General Moret und die Obersten Fürst Salm und Campos mit der Kavallerie den Durchbruch durch die feindlichen Linien wagen?

Ramírez de Arellano, Echo und Sprachrohr Miramóns, äußert sich als erster mit demselben leisen Spott. Bisher sei das meiste fehlgelaufen: Statt die Heeresgruppen des Feindes einzeln zu schlagen, habe man gezögert, bis diese sich vereinigt hatten, um sie so angeblich auf einen Schlag vernichten zu können. Dann habe man sich weiter aufs Warten verlegt, und als beschlossen war, sich in Querétaro einzuigeln, habe man vergessen, die Stadt ausreichend mit Lebensmitteln zu versorgen. Nachdem so indirekt der abwesende Márquez für das Desaster verantwortlich gemacht worden ist, gibt es einen Seitenhieb auf den gegenwärtigen Generalstabschef, Castillo, der offenbar genug davon hat, alle unpopulären Dekrete Maximilians exekutieren zu müssen und diese unangenehme Aufgabe den Generälen zuschieben will. Diese – so betont man – haben jedoch zu kämpfen; für Eintreibungen aller Art seien die Militärbehörden, sprich Castillo, verantwortlich. In Querétaro müsse man so lange durchhalten, bis man wisse, ob Márquez komme oder nicht. General Moret – ein Mann, der völlig von Miramón abhängig ist – sowie Salm und Campos sollen mit der Kavallerie durchbrechen, jedoch – wieder ein Seitenhieb, diesmal auf den nicht anwesenden Salm – unter dem Befehl des Generals, damit die Anweisungen, die Salm überbringt, auch dem Willen des Kaisers entsprechend ausgeführt werden. Damit hat Arellano klargestellt, was Miramón will, und so wird es auch beschlossen.[183] Mejía sitzt fiebernd und hüstelnd dabei, spricht aber kaum ein Wort.

Nun erst erhebt sich die Frage, wer bei dieser Aktion wirklich das Kommando führen soll. Moret ist zwar Titulargeneral, aber nur Oberstleutnant, während Salm Oberst in der regulären kaiserlichen Armee ist. Salm ist es klar, daß er gegen den Protegé Miramóns nichts ausrichten kann und er erklärt, sich jeder Anordnung zu fügen. Maximilian entscheidet salomonisch-österreichisch, man solle eben „Hand in Hand" operieren. Salm erhält als Adjutant den Österreicher Major Malburg.

Maximilian diktiert Basch seine Wünsche in die Feder: Márquez soll mit der gesamten Kavallerie nach Querétaro kommen. Falls er das nicht will, hat er innerhalb von 24 Stunden die Kavallerie an Fürst Salm zu übergeben. Salm nimmt aus Mexiko-Stadt 200.000 Pesos und die Privatgelder des Kaisers mit. Die Verteidigung der Hauptstadt hat gegenüber dem Entsatz von Querétaro Nachrang. Insgeheim erhält Salm noch die Vollmacht, Márquez und Moret zu verhaften, wenn er es für nötig hält, und Khevenhüller alle nötigen Befehle für den Marsch nach Querétaro im Namen des Kaisers zu erteilen. Das diplomatische Korps soll ersucht werden, einige Vertreter nach Querétaro zu entsenden, um auf die Juaristen einzuwirken, Grausamkeiten zu unterlassen, und zu verbreiten, daß der Kaiser nicht freiwillig nachgeben wird, wenn er nicht seine Macht an einen legalen Kongreß übergeben kann. Und dann kommen noch die Spezialwünsche des stets bildungs- und lesehungrigen Habsburgers: *Nach Auswahl des Baron Magnus einige gute Bücher historischen oder anderen Inhalts* sowie den *Band der Reden und Schriften des Kaisers* und dann noch *Zeitungen, inländische und europäische.*[184]

Während in der Cruz die Entscheidungen für den Durchbruchsversuch fallen, versucht Maximilian angesichts der hungernden Truppen Einmütigkeit zwischen sich selbst und den Generälen zu demonstrieren. Regimenter und Bataillone werden an Inhaber verliehen, deren Namen sie zu tragen haben. So gibt es plötzlich die Kavallerieregimenter „Kaiserin Carlota", „Tomás Mejía" und „Leonardo Márquez", die Linienbataillons „del Emperador", „Iturbide" und „Miramón" sowie das Jägerbataillon „del Emperador" und das Schützenbataillon „Ramón Méndez".

Kurz vor Mitternacht hat Oberst Kaehlig vom Husarenpikett den Korporal Herz, der sich als Kurier angeboten hat, zum Kaiser zu führen. Aber Herz ist nirgends zu sehen. Kaehlig ruft nach ihm, doch ohne Erfolg. Plötzlich aber steht Herz vor ihm, wie aus dem Boden gewachsen. Er hatte sich, ganz in unscheinbares Grau gekleidet, längs der Mauer ausgestreckt und an den Boden gedrückt. Offenbar wollte er eine Probe seiner Kunst des Sichunsichtbarmachens liefern.

Der Kaiser hat seine Privatbriefe vorbereitet. Einer ist an seine Mutter, die Erzherzogin Sofie gerichtet. Die Briefe sind auf winzigem Papier geschrieben, werden zum Format einer Zigarette zusammengerollt und zwischen wirkliche Zigaretten gesteckt. Boten sind ja vor allem dann gefährdet, wenn die Republikaner Briefe bei ihnen finden, die sie kompromittieren. Herz sagt niemandem, auf welchem Weg er die Stadt verlassen wird. Nach Mitternacht ist er verschwunden.

## Dienstag, 16. April[185]

Die Beschießung der Stadt geht fast den ganzen Tag über weiter. Die Bürger haben gelernt, dicht an der Mauer entlang der nicht bedrohten Straßenseite zu gehen, sodaß bis 6 Uhr abends keine Opfer gemeldet werden.

Der Kaiser diktiert die zur Durchführung seiner Wünsche nötigen Briefe an Márquez. Immerhin teilt er ihm mit, er habe Salms Befehle wie seine eigenen zu betrachten. Um Moret loszuwerden, weist er Márquez auf Salms Wunsch an, dem General notfalls in Mexiko-Stadt einen Posten zu verschaffen Und Basch muß auf sein Geheiß an den amerikanischen Konsul in Mexiko-Stadt, Otterbourg, schreiben, daß Maximilian auf „europäische Art" Krieg führe, wozu auch gehöre, daß die Gefangenen gut behandelt werden. Sollten die Juaristen nicht mit ihren Grausamkeiten gegenüber den Gefangenen aufhören, könne Maximilian – so Basch – das Racheverlangen der Mexikaner nicht mehr eindämmen:

*Ich erlaube mir, hierzu von Seiner Majestät aufgefordert, als völlig neutrale Persönlichkeit, Ihnen einige Daten zu übermitteln, von denen Sie womöglich am geeigneten Ort Gebrauch machen wollen.*

*Als Leibarzt S.M. bin ich natürlich im Lager der kaiserlichen Truppen in Querétaro. Vor uns steht ein Feind, der sich zwar liberal nennt, aber durch die Akte, die er vollführt hat, noch vollführt und, im Falle er siegt, wie die Aussagen seiner Gefangenen lauten, noch zu vollführen gedenkt, diese Bezeichnung, die von zivilisierten Europäern und Amerikanern geachtet wird, gänzlich Lügen straft. Ich will nicht von der bekannten Füsilade nach der Niederlage Miramóns und der Erschießung des verwundeten Bruders des Generals reden, ich will nur, um einen Beweis aus letzter Zeit anzuführen, mitteilen, daß die sogenannten Liberalen die Leiche eines neulich aufgefangenen und getöteten Kuriers angesichts unserer Leute aufgehängt haben, ein Vorgehen, dessen man sich von Comanches und Apaches nicht verwundern würde.*

*An der Spitze unseres Heeres steht ein europäischer Prinz, und schon dies ist vollkommen Bürgschaft dafür, daß von unserer Seite aus in europäischer Weise Krieg geführt wird. An 600 Gefangene, darunter 62 Offiziere,*

*sind jetzt in unserem Lager in Querétaro, allerdings nicht, wie dies in
Europa zu geschehen pflegt, auf freiem Fuße, unter Ehrenwort, aber wie sie
aus den beiden Briefen, die ich beilege, ersehen, in einer Weise behandelt, die
den Gefangenen selbst Achtung und Dankbarkeit gegen uns abzwingen
müßte. Daß übrigens nicht die Besten unter den Amerikanern für die Sache
von Juárez, ich kann unmöglich „Freiheit" sagen, kämpfen, davon gibt wohl
der Umstand Zeugnis, daß zwei gefangene amerikanische Offiziere schon
einen Tag nach ihrer Gefangennahme den Kaiser schriftlich um die Erlaubnis baten, in den Reihen seiner Armee dienen zu dürfen. Es ist schwer
anzunehmen, daß ihre Überzeugung sich nur durch den Anblick des Kaisers
so plötzlich geändert hat. Es wäre gut, wenn Sie unseren Gegnern auf
irgend eine Weise zu erkennen geben wollten, welch ein Unterschied zwischen ihrer und unserer Kriegführung besteht. Daß die Humanität in unserem Heere nur vom Kaiser repräsentiert ist, braucht, wenn man sich an die
Kriegführung der gerade jetzt den Kaiser umgebenden mexikanischen Generäle erinnert, nicht weiter erwiesen zu werden. Ich hebe dies deshalb hervor,
weil, wenn unsere Gegner ihr Verfahren nicht ändern, selbst der Kaiser sich
veranlaßt sehen würde, dem Drängen seiner Generäle und Offiziere nach
Rache nachzugeben.*

*Unsere Gegner mögen bedenken, daß nicht ein Gefangener, selbst nicht
Deserteure, von uns erschossen wurden, und daß wir 600 Geiseln von ihnen
in Händen haben. Hoffend, daß Sie im Namen der Humanität und der
Zivilisation die geeigneten Schritte tun werden, verbleibe ich ...*[186]

Dieses Schreiben zeigt, daß Maximilian für den immer wahrscheinlicher werdenden Fall einer Niederlage eine humanitäre Intervention der USA gegen befürchtete Erschießungen von Kriegsgefangenen zu erreichen suchte. Richtig ist, daß von den Kaiserlichen ein-
gebrachte Gefangene – es wurden aber in der Erbitterung der
Kämpfe nicht immer welche gemacht – in Querétaro auf ausdrücklichen Befehl Maximilians human behandelt wurden. Der Hinweis auf
„600 Geiseln" ist allerdings ein Druckmittel, das der betont humanitären Haltung des „ausländischen Fürsten" widerspricht, möglicherweise aber auch nur auf die Rechnung des reizbaren Basch geht, der
auf alles Mexikanische zunehmend mit Gift und Galle reagiert.

Castillo ist es nicht gelungen, seine Verantwortung für die Versorgung der Armee auf eine Gruppe von Generälen abzuschieben. Die
Ablöse für die Verpflichtung zu Schanzarbeiten wird teurer. Hand-
werker ohne feste Werkstatt, Landarbeiter, Dienstboten und alle Personen ohne Vermögen oder Arbeitsplatz haben pro Woche 25 Centavos zu bezahlen. Da in der ganzen Stadt das Gewerbe darniederliegt und keine Feldarbeiten verrichtet werden können, ist dieser
Personenkreis völlig mittellos und lebt von der Armenfürsorge. Inha-

ber von Gewerbebetrieben mit einem Kapital bis zu 500 Pesos, Staats-
beamte und Personen mit einem Vermögen bis zu 1.000 Pesos bezahlen pro Woche 50 Centavos. Die weiteren Ablösen sind nach dem
Vermögen gestaffelt. Für die Hausbesitzer erfindet man eine Steuer
von je einem Peso auf Türen, Balkone oder Fenster, die auf die Straßenseite gehen. Wer nicht innerhalb von drei Tagen bezahlt, hat den
10-fachen Betrag abzuführen.

Mittwoch, 17. April[187]
Der für Salm wichtigste Brief an Márquez ist diktiert:
*Sollten Sie aus hier unbekannten Gründen nicht geneigt sein, innerhalb von
vierundzwanzig Stunden zu erklären, ob Sie mit genügend Truppen zum
Entsatz der Stadt nach Querétaro marschieren werden, wird* (Salm) *nach
vierundzwanzig Stunden hierher zurückkehren. In diesem Falle ist es unser
fester Wunsch und wir haben es so ausdrücklich angeordnet, daß die gesamte Linien- und Nichtlinienkavallerie ihm unmittelbar unterstellt wird, und
er in Begleitung dieser Truppen und des Generals Moret augenblicklich so
rasch als möglich zurückkehrt.*[188]

Dem Ausbruchsplan zufolge soll die Kavallerieabteilung ausgehend vom Cerro de las Campanas den Fluß nach Norden überschreiten und im Galopp die Straße nach der Sierra Gorda einschlagen.
Sammelplatz für den Fall der Trennung durch Feindberührung ist
das Dorf Santa Rosa am Fuß der Sierra. Von dort soll die Abteilung
den kaiserlichen General Olvera, einen Freund Mejías aufsuchen,
von dem man Hilfe erwartet.

Mit Salm sollen die Husaren, rund 100 Mann, reiten, weiters etwa
70 Exploradores del Valle de México, leichte Reiterei. Zwei Österreicher, Major Malburg und Leutnant Bielek, werden Salm begleiten,
zusammen mit einem deutschen Kaufmann namens Schwesinger,
der bisher freiwillig in Spitälern gearbeitet hat, jetzt aber Querétaro
verlassen will.

Um 9 Uhr abends sind Salm und Moret beim Kaiser. Dieser
drückt dem Fürsten die Hand und sagt: *Salm, ich vertraue Ihnen viel
an, aber ich bin vollständig beruhigt bei der Überzeugung, daß ich es in
gute Hände gelegt habe.* Beim Weggehen besprechen sie das Vorgehen
während der Operation. Moret überzeugt Salm, es sei besser, wenn
seine Mexikaner die Avantgarde übernehmen, da sie als Guerilleros
die Gegend besser kennen. Dann geht Salm in ein französisches Kaffeehaus in der Calle del Hospital und trinkt bei spärlichem Abendessen mit den Offizieren seines Stabes reichlich Wein. Seine Gedanken
sind bereits in Mexiko-Stadt, bei Márquez, mit dem abzurechnen er
sich durchaus zutraut, und bei seiner jungen amerikanischen Frau

Agnes, von der er nur weiß, daß sie bei einem deutschen Kaufmann in Tacubaya logieren wollte.

Ausgerechnet an diesem Tag, an dem man den Ausbruch aus einer Stadt wagt, von der alle Eingeweihten wissen, daß sie unhaltbar geworden ist, wird dem Kaiser triumphierend gemeldet, daß nach wochenlangen Schanzarbeiten – sie haben am 25. März begonnen – die Befestigung von Querétaro abgeschlossen ist. Das Zentrum, die erhöht liegende Plaza de la Independencia mit dem Palacio Municipal, und der „untere Platz", die Plaza de San Francisco mit dem gleichnamigen Kloster und der „Hauptkirche", ist die „innere Linie". Dazu gehört die zwischen dem oberen und dem unteren Platz liegende Calle del Biombo, die so heißt, weil sie im leichten Zickzack wie eine spanische Wand verläuft. Hier liegt das Haus der Rubios, der fünfhöfige Wohnpalast im andalusischen Stil, den sich der Stammvater Don Cayetano hat erbauen lassen. Dazu gehören die beiden von Patrizierhäusern gesäumten Straßenzüge der Calle del Hospital, mit dem  Casino, das bereits in ein Lazarett verwandelt worden ist und die Calle de San Antonio, mit dem arg beschädigten Hotel de Diligencias – der Poststation – der Casa de los Tratados, in der 1848 der Vertrag von Guadalupe ratifiziert worden ist, und wo jetzt Arellano wohnt und nach den Intentionen Miramóns – dieser logiert gleich gegenüber – Artikel für das Boletín de Noticias schreibt. Dazu gehören auch die rundum liegenden Klöster, deren dicke Mauern den Lazaretten, Kasernen und Pulverfabriken der Kaiserlichen Schutz bieten. Diese „innere Linie" untersteht dem Stadtpräfekten General Escobar. Er verfügt über zwei Kavallerieregimenter, die als schnelle Eingreiftruppe gedacht sind, und die Munizipalgarde.

Die „äußere Fortifikation" ist in sechs Linien eingeteilt, welche die Namen der Kommandanten tragen:

Die „Maximilian-Linie" führt von der Cruz, dem östlichen Stützpfeiler der Verteidigung, nordwestlich durch die Chirimoyagasse bis an den Rio Blanco. Verteidigt wird die Linie durch die „kaisernahen Einheiten" des Husarenpiketts, der kaiserlichen Eskorte und des Offizierskorps. Die Hauptstreitkraft bilden zwei Linienbataillons. Dazu kommt eine Geniekompanie, welche die Cruz zu einer wahren Festung ausgebaut hat. Die sechs Geschütze stehen teils auf den Flachdächern, teils hinter den Mauern der Cruz sowie hinter zwei Redouten, die den Platz vor der Cruz gegen die Straße nach Mexiko-Stadt abschließen.

Die „Castillo-Linie" führt von der südlichen Umfassungsmauer der Cruz über das als Beobachtungsposten dienende Kirchlein San

Francisquito bis zur Westecke der Alameda. Dort stehen ein Schützenbataillon, Teile der Munizipalgarde, die Gendarmerie und fast 100 Artilleristen. Die sechs Geschütze sind in der Alameda postiert, von wo aus sie über ein ausgezeichnetes Schußfeld verfügen.

Die „Méndez-Linie" zieht sich von der Alameda über die Casa Blanca bis zum Torgebäude der Garita del Pinto. Dort stehen ein Linienbataillon, ein Jägerbataillon – die Cazadores del Emperador, wo Salm und Pitner kommandieren – und zehn Geschütze.

Die „Liceaga-Linie" zieht sich vom Torgebäude der Garita del Pinto über die alte Hacienda La Capilla – auf ihrem Grundstück liegt auch der Cerro de las Campanas – bis zur Garita de Celaya. Besetzt ist die Linie durch das Bataillon de Celaya und ein Kavallerieregiment. Da diese Linie kaum angegriffen wird, stehen dort nur vier Geschütze.

Die „Miramón-Linie" verläuft von der Garita de Celaya über den Cerro de las Campanas mit seinem Fort, dem westlichsten Stützpfeiler der Verteidigung, und reicht auf der nördlichen Seite des Hügels hinab bis zu einer Schleuse, die den Rio Blanco aufstaut. Das Bataillon von Querétaro, zwei Linienbataillons sowie neun Geschütze sind dort eingesetzt.

Die „Valdez-Linie" erstreckt sich von der Schleuse das südliche Ufer des Rio Blanco entlang über den Brückenkopf und dessen Vorwerk, den Mesón de la otra banda, bis zur Calle de Chirimoya. Drei Linienbataillons und acht Geschütze sichern diesen Abschnitt, gegen den sich besonders heftige Angriffe der Republikaner richten.

Fürstenwärther, der als Topograph tätig ist, hält die Befestigungslinien samt ihren Truppenstellungen in einer seiner vielen Skizzen fest. Er ist einer der Offiziere der kaiserlichen Eskorte, die in einem Gasthof nahe der Cruz stationiert ist. Der Steirer ist ständig zu Pferd oder zu Fuß unterwegs und fertigt eine Skizze nach der anderen für eine Kriegsgeschichte an, an der Maximilian arbeitet. Er weiß, daß das außer ihm niemand tut und denkt im stillen bereits auch an eine eigene militärgeschichtliche Veröffentlichung für die Zeit „nachher", wenn er wieder in Österreich sein wird. … Er rechnet die Truppenstärken der einzelnen Einheiten zusammen und notiert: *Es ergibt sich somit als Besatzung von Querétaro 6.609 Mann mit 43 Geschützen.*[189]

Das nächtliche Unternehmen, bei dem Moret und Salm nach Maximilians Worten „Hand in Hand" zusammenarbeiten sollen, wird von republikanischer Seite als „Achter Ausfall" gezählt. Für sie stellt es sich so dar, daß *mehrere feindliche Kolonnen unsere Kavallerie angriffen, die eine befestigte Linie nahe des Cerro de las Campanas deckte.*[190] Sinn und Zweck dieses Ausfalls war es nach Meinung der Liberalen, *den Ausbruch des kaiserlichen Obersten Zarazúa zu ermöglichen, der mit hundert Dragonern die Stadt verlassen und die Straße nach Celaya errei-chen konnte.*[191] So sieht es der republikanische General Arce und mit ihm der Chronist und enge Freund Escobedos, Juan de Dios Arias, der an der Geschichte der Nordarmee schreibt.

Die Wirklichkeit ist komplexer. Moret trifft vor halb 12 Uhr mit-tags noch vor Salm im Zelt von General Miramón auf dem Cerro ein. Auch General Escobar ist anwesend. Er ist Zeuge einer derben Zurechtweisung Morets durch Miramón wegen früher gemachter Fehler. Jetzt habe er aber Gelegenheit, sich zu rehabilitieren, meint Miramón abschließend. Moret, ein liebenswürdiger, stets elegant uni-formierter Mann, ist durch den Rüffel verunsichert. Als dann Salm eintrifft, wird der genaue Marschplan besprochen und vereinbart, daß die Infanterie beide Flanken auf den rechts und links von der Marschlinie laufenden Straßen decken soll. Die Sierra Gorda ist, falls es keine Zwischenfälle gibt, in etwa sechs Stunden zu erreichen.

Als die Vorhut von Oberst Zarazúa den Fluß durchwatet, steht der Mond über den Bergen. Das Wasser ist an der Schleuse tief aufge-staut, die Ufer sind steil. Es dauert lang, bis alle drüben angelangt sind. Plötzlich steigen im liberalen Lager Signalraketen auf, welche die Position der Angreifer angeben. Infanteriefeuer setzt ein. Salm vermutet, der Plan sei verraten worden. Als der Fluß überquert ist, stockt plötzlich Morets Vormarsch. Er kommt in dem mit Wassergrä-ben durchzogenen Gelände kaum vorwärts. Außerdem hat sich feindliche Infanterie zwischen ihn und die Vorhut von Zarazúas Reitern gedrängt, die tatsächlich auf der Straße nach Santa Rosa vorangaloppiert. Salm sieht, daß es jetzt unmöglich geworden ist, durch die Infanteriemassen durchzubrechen. Er ist empört über Morets Unentschlossenheit und über die Wahl dieses Mannes durch Miramón. Es gibt jetzt keine andere Möglichkeit mehr als die des schleunigen Rückzugs.

Dagegen gelingt es dem erfahrenen Guerillero Zarazúa, die sich ihm in den Weg stellenden republikanischen Einheiten zurückzu-schlagen und die Sierra Gorda zu erreichen. Man sagt, daß er auch die Post für General Márquez bei sich hat. Bis 2 Uhr nachts dauern die nun losbrechenden Feuergefechte an der Nordflanke an.

Donnerstag, 18. April[192]
Am Morgen sucht Salm mit *einem Gefühl der Demütigung und Scham* den Kaiser auf. *Ich weiß schon die ganze Geschichte,* ruft ihm Maximi-lian entgegen. Salm gelingt es offenbar, den Fehlschlag Moret und damit eigentlich Miramón in die Schuhe zu schieben. Er biete sich

nun an, das Unternehmen allein durchzuführen. Der Kaiser stimmt
zwar zu, hat aber offenbar die Idee bereits fallengelassen. So kritisiert
man gemeinsam die Unfähigkeit der mexikanischen Generäle. Salm
ist dadurch nur noch wichtiger geworden. Als äußeres Zeichen dafür
verspricht Maximilian, ihn zu seinem Flügeladjutanten zu ernennen.
    Um 8 Uhr abends geht die Beschießung wieder los und erreicht
um 1 Uhr früh ihren Höhepunkt. Außerdem ertönt Gewehrfeuer
von der gesamten Belagerungslinie. Gefangene sagen aus, in einem
Tagesbefehl sei angeordnet worden, daß jeder republikanische Soldat
bis zu acht Schüsse abzugeben habe.

Freitag, 19. April[193]
Der republikanische General Guadarrama ist, nachdem er zur Niederlage von Márquez beigetragen hat, mit seiner Reiterei wieder zurückgekehrt und verstärkt die Kräfte der Belagerer. Die Republikaner
beginnen nahe am Cerro de las Campanas einen Graben zu ziehen.
Eine Menge Arbeiter sind eingesetzt, mehrere Bataillons decken das
Vorhaben, das für das Fort gefährlich zu werden droht. Es kann sich
um Vorarbeiten zu einer Mine handeln. Durch einen Bajonettangriff
eines kaiserlichen Linienbataillons, gefolgt von einer Husarenattacke,
werden die Arbeiter vertrieben. Man macht 40 Gefangene und erbeutet über 200 Schanzwerkzeuge.
    Während eine republikanische Berghaubitze aus sicherer Höhe
Schuß auf Schuß auf eine Grabenposition der Belagerten abgibt und
diese nahezu zerstört und 10 Scharfschützen des Bataillons Durango
von oben die Bedienungsmannschaften kaiserlicher Geschützstellungen zur Zielscheibe nehmen, geht die Bevölkerung schweigend und
bedrückt in die Kirchen – es ist Karfreitag, ein wahrer „Viernes de
pasión" für die hungernden Bürger, aber auch für den Kaiser. Fünfzehn Offiziere haben an General Mejía eine Eingabe gemacht, in welcher der populäre General gebeten wird, von Maximilian die Aufnahme von Übergabeverhandlungen mit den Republikanern zu verlangen. Mejía fühlt sich zu krank, selbst etwas zu unternehmen, auch
ist er im Zweifel, ob ein solcher Schritt der richtige wäre. Aber er
möchte dem Kaiser doch zeigen, welche Stimmung bereits in der
Armee herrscht und schickt ihm den Brief. Maximilian, an den abso-
luten Gehorsam in der österreichischen Armee gewöhnt, kann diesen
Ausdruck mexikanischer Meinungsfreiheit, die er in Briefen an seine
Familie sonst immer wieder als positiv herausstreicht, gerade jetzt
nicht brauchen. In einer für ihn eher seltenen Zornesaufwallung läßt
er die drei ranghöchsten Unterzeichner, General Ramírez, Oberst
Rubio und Major Adame, verhaften und ins Gefängnis werfen. Er ist

äußerst betroffen und hält sich noch mehr an Salm. Dieser wird für ständig ins Hauptquartier kommandiert und bezieht eine Zelle in der Nähe des Kaisers. Maximilian möchte die Aussprachen mit dem Deutschen, die ihn entlasten, nicht mehr missen und stellt sich gegen jeden erneuten Versuch Salms, nach Mexiko-Stadt durchzubrechen. Salm soll jedoch um jeden Preis Leute finden, die Nachricht von Márquez verschaffen können. Er klammert sich immer mehr an den Gedanken, daß Márquez einfach kommen muß.

Der Mangel an Lebens- und Futtermitteln wird immer fühlbarer. Die Maultiere der Artillerie krepieren massenweise, die Kadaver wandern in die Fleischbänke. Das Fleisch ist bereits vielfach verdorben.

### Samstag, 20. April[194]

Während die Republikaner ihr Dauerfeuer auf die Dächer der Stadt unterhalten, trifft sich im Ratssaal des Palacio Municipal, der traditionsreichen Casa de la Corregidora, eine Gruppe wohlhabender Bürger zur Entrichtung einer weiteren Zwangsanleihe. General Méndez präsidiert die Versammlung mit sarkastischem Humor. Don Bernabé Loyola, der schwerreiche Besitzer der Hacienda von San Juanico, der gleich schräg gegenüber in der Casa del Portal Quemado wohnt und von dem man 1.000 Pesos fordert, erklärt gleich zu Beginn, kein Geld mehr zu besitzen, was leider wahr ist. Juan Rubio, der Bruder des Bankiers Carlos Rubio, der nur einige Schritte von hier in der Calle del Biombo residiert, soll ebenfalls 1.000 Pesos entrichten. – Nach etlichen Ausflüchten legt er immerhin 500 auf den Tisch. Und da ist noch der reiche und schlaue Spekulant und Wucherer Guadalupe Barragán. Er hat vergeblich versucht, sich zu verstecken. Ein Adjutant des Generals hat ihn entdeckt und gewaltsam hergeführt. Barragán soll 50 Pesos zahlen und sagt, er habe sie nicht. Méndez sieht ihn durchdringend an, während er eine Geschichte erzählt: In Michoacan habe er Geld bekommen, indem er alle Zahlungsunwilligen innerhalb eines auf dem Boden gezogenen Kreises aufrecht stehen ließ. Wer aus dem Kreis trat, wurde mit Stockschlägen wieder hineingetrieben, und für je 10 Stunden Widerstand hatte er 10 Pesos mehr zu zahlen. Die Geschichte, ob wahr oder erfunden, tut ihre Wirkung. Guadalupe Barragán zahlt sofort. Aber im stillen formuliert er bereits die Anklage gegen die kaiserlichen Machthaber in Querétaro, die er einmal vor den republikanischen Behörden erheben will.[195]

Der Kaiser steht während des Bombardements auf dem Glockenturm der Cruz. Plötzlich schlägt eine Vollkugel durch das Fenster in

das Innere des Turmes, prallt gegen mehrere Wände und bringt alle
Anwesenden in höchste Gefahr. Grau vom herabgefallenen Kalk-
staub verlassen Maximilian und seine Begleiter den Turm. Einige
Tage vorher ist an dieser Stelle durch eine platzende Granate Oberst
Loaiza schwer verwundet worden. Beide Beine mußten ihm ampu-
tiert werden und er starb kurz darauf. Heute wird er im Kloster San
Francisco bestattet.

Am Abend findet sich unter Salms Cazadores ein Elsässer namens
Muth, der gegen eine Prämie von 2.000 Pesos bereit ist, ein in seiner
Schuhsohle verborgenes Zettelchen an Márquez zu überbringen und
von diesem Nachrichten zu holen. Er erhält zunächst 25 Pesos Reise-
geld und macht sich noch in der Nacht auf den Weg.

Sonntag, 21. April[196]
Maximilian erfüllt sein Versprechen: Ab heute ist Salm sein Flügel-
adjutant an Stelle von Oberst Ormaechea, der zur Kavallerie versetzt
worden ist.

So wie Maximilian den mexikanischen Generälen mißtraut, so
kritisch steht er auch den mexikanischen Ärzten gegenüber. Und so
wird Doktor Basch mit der Aufgabe betraut, Abhilfe zu schaffen. Das
„Doktorchen" – doctorcito – wie ihn Maximilians Umgebung mit
leichtem Spott nennt, besitzt einen scharfen Blick. Für ihn sieht es so
aus, als überließen die mexikanischen Ärzte die Krankenpflege gänzlich den Händen unerfahrener Krankenpfleger und besichtigten
höchstens von Zeit zu Zeit die allerschwersten Fälle. Die mexikanischen Kollegen empfinden das natürlich anders. Am Abend gibt es
eine erste Konferenz, bei welcher der Konflikt offen zutage tritt. Sie
protestieren gegen die „Neuerungen", die Basch vorschlägt, weil sie
die „antigua usanza" für besser halten. Sie sehen sich durch Basch als
einen pedantischen, ahnungslosen Ausländer zurückgesetzt, drohen
mit Streik oder Austritt. Der bisherige Chefarzt meldet sich krank.
Basch geht hilfesuchend zum Kaiser. Dieser ernennt ihn umgehend
zum Generalinspekteur aller Spitäler in Querétaro mit unbeschränkten Vollmachten. Basch, zäh und idealistisch, will mit guten Beispielen predigen. Das Casino soll in ein Modellazarett umgewandelt werden. Er und der deutsche Arzt Dr. Prantl leiten das Haus. Die dort
praktizierten Vorgangsweisen sollen zur Norm erklärt werden. Basch
ist sicher, daß nun die mexikanischen Kollegen beeindruckt sein und
sich danach richten werden. Die Queretaner sind voll Erstaunen und
Bewunderung darüber, daß der Kaiser sich sosehr um die Krankenpflege annimmt. Daß er sogar die Gefangenen besucht, erregt vielfach Widerwillen.

In der Nacht beginnen für Maximilian größere Aufregungen. Salm schläft schon in seiner Zelle in der Cruz. Da kommt Kammerdiener Severo, weckt ihn und ruft ihn zum Kaiser. Dieser ist bereits halb angekleidet. Jemand habe ihm mitgeteilt, sagt er, daß Miramón die Absicht habe, ihn im Hauptquartier zu verhaften. *Ich habe nicht einen Augenblick daran geglaubt,* sagt er zu Salm, *allein es ist doch zweckmäßig, für alle Fälle, Vorsichtsmaßregeln zu treffen.* Wer die Meldung überbracht hat, ist von ihm nicht herauszubekommen, wahrscheinlich Méndez, vermutet Salm. Der Fürst alarmiert die Husaren. Aber die Nacht vergeht, ohne daß etwas Verdächtiges passiert. Nur die Nervosität steigt.

In San Luis Potosí trifft der von Campbell entsandte John White ein und überbringt Juárez die Note Sewards. Es beginnen mehrtägige Beratungen der Regierung, welche über die Einmischung der Vereinigten Staaten in die inneren Angelegenheiten der Republik empört ist.

Montag, 22. April[197]
Seit Mitternacht schießt die gegnerische Artillerie auf die Stadt. Erst um 4 Uhr tritt wieder Ruhe ein. Um halb 5 Uhr früh, – um diese Zeit steht der Kaiser regelmäßig auf – läßt er Miramón rufen. Die Unterredung findet hinter verschlossenen Türen statt. Später sagt Maximilian zu Salm: *Ich glaube der junge General ist doch treu.* Aus dem Munde des gleichaltrigen – 35-jährigen – Kaisers mag dieser Ausdruck seltsam klingen, aber wahrscheinlich hat er ihn von Márquez, der 47 Jahre zählte, übernommen; auch Castillo, Mejía und Méndez waren bereits Anfang der Vierzig.

Miramón erhält durch einen Boten aus dem republikanischen Lager ein Schreiben seines Freundes, des liberalen Obersten José Rincón y Gallardo,[198] der mit ihm zusammentreffen möchte. Miramón kennt die angesehene Familie, aus der der Oberst stammt. Eine von dessen Verwandten[199] ist sogar Hofdame der Kaiserin gewesen. Offenbar halten die Republikaner den Moment für gekommen, zur Übergabe aufzufordern. Miramón sagt nicht einmal seinem Bruder Carlos, der ebenfalls als Offizier in Querétaro Dienst tut und wie er ein Tagebuch führt, etwas über den Inhalt, doch ist er nicht abgeneigt, mit Rincón zu sprechen. Um 9 Uhr trifft er sich mit Rincón zwischen den Linien auf dem Puente Grande, während auf beiden Seiten die Waffen schweigen. Auch dessen Begleiter, General Rocha und Oberst Montesinos sind alte Bekannte Miramóns. Sie bestürmen ihn, die verlorene Sache des Kaiserreichs aufzugeben und ins republikanische Lager überzutreten. Miramón, stets auf seine Ehre bedacht, lehnt ab und wirft den Republikanern seinerseits vor, nicht auf die Kongreßidee Maximilians eingegangen zu sein. Miramón lehnt jede Kapitulation ab; auch einen mehrtägigen Waffenstillstand gesteht er nicht zu.

Um 2 Uhr treffen republikanische Verstärkungen ein, die vermutlich aus San Miguel de Allende kommen. Die kaiserlichen Generäle nehmen an, daß dadurch jene Truppen ersetzt werden sollen, die gegen Márquez gezogen sind. Die Hoffnungen, die man in diesen setzt, bestehen immer noch. Es heißt, daß er über Morelia heranziehen soll, man vermutet ihn bereits nahe von Celaya, westlich von Querétaro.

*Gute Nachrichten für das Volk* veröffentlicht das amtliche Boletín de Noticias: *General Márquez wird zweifellos innerhalb weniger Tage hier eintreffen, wonach die verdiente und vaterlandsliebende Bevölkerung von Querétaro den Augenblick erleben wird, in dem ihre Leiden ein Ende finden werden.*

Allerdings hat – vermutlich später – Basch gehört, daß diese Meldung von den Republikanern selbst erfunden und den Belagerten zugespielt worden sei, weil das Bewußtsein der Aussichtslosigkeit die kaiserlichen Generäle immer mehr zu verzweifelten Ausbruchsversuchen getrieben habe.

Am Nachmittag kommen allerdings völlig anders lautende Nachrichten aus dem Hauptquartier von General Corona in der Hacienda del Jacal. Dort hat ein Mann aus Querétaro eine Unterredung der Generäle belauscht. Er erzählt, daß diese sich über die Niederlage freuten, welche General Márquez zwischen Puebla und Mexiko-Stadt erlitten habe. *Das ist nicht wahr*, ruft der Kaiser erregt, *denn zwischen Mexiko-Stadt und Puebla hat Márquez nichts zu tun.* Über „Maximiliano" haben die Generäle auch gesprochen. Wenn man ihn gefangen nehme, müsse man ihn erschießen. Aber einige befürchten, daß die Regierung ihn begnadigen und nach der Küste transportieren werde. Dagegen gebe es auch noch ein Mittel, habe Corona gemeint, man könne ihn einfach durch die Eskorte erschießen lassen.

General Castillo findet eine weitere erschließbare Geldquelle: die von Notaren oder Banken verwalteten Konkursmassen. So erhält Carlos Rubio den Befehl, 1.384,– Pesos, die nach dem Konkurs der Firma Ruiz und Ruiz bei ihm hinterlegt worden sind, abzuliefern, im Weigerungsfalle wird ihm angedroht, ihn bei den Schützengräben dem feindlichen Feuer auszusetzen. Rubio verspricht, „mañana" etwas zu unternehmen.

Dienstag, 23. April[200]
Carlos Rubio bleibt nichts anderes übrig, als die beschlagnahmte
Konkursmasse der Militärbehörde zu übergeben. Da es gegen diese
in Querétaro keine Rekursmöglichkeit gibt, wendet er sich an eine
Institution, die unabhängig von allen politischen Systemen seit der
Kolonialzeit verläßlich funktioniert: das Notariatswesen. Den Archiven der Notare Querétaros kann man den Aufstieg des Hauses Rubio
entnehmen: Fabriksgründungen, Landkauf, Wasserrechtsfragen.
Nun soll Protest gegen den Übergriff der Militärbehörde eingelegt
werden. Rubio erscheint mit den zwei Masseverwaltern, Romillo
und Barasorda, vor einem der vielen Notare Querétaros, die auch
während der Belagerung voll aktiv sind, und gibt zu Protokoll, daß
Tomás Prieto, der Zahlmeister des Generalkommandos der kaiserlichen Armee ihm 1.384 Pesos abverlangt habe. Nur unter Zwang habe
er das Geld ausgeliefert und haben die Masseverwalter eine Empfangsbestätigung der Behörden entgegengenommen.

Bei einem Ausfall Miramóns gegen San Juanico machen die Kaiserlichen einen Gefangenen, der ihnen berichtet, daß am 10. April
kaiserliche Truppen bei San Lorenzo, in der Nähe von Puebla, eine
Niederlage erlitten haben, und daß Márquez jetzt wieder in Mexiko-
Stadt sein soll.

Die Versorgungslage wird immer schlechter, und als Salm bei Maximilian ißt, findet er das Essen herzlich schlecht. Bei Dr. Basch habe
er gestern viel besser gegessen, meint er. Der Grund: Basch läßt sich
das Essen von seinem ungarischen Burschen bereiten. *Der schlechte
Mensch!*, ruft der Kaiser scherzend, *ich werde ihm den kostbaren Burschen wegnehmen lassen*; und das geschieht tatsächlich, womit sich die
Versorgung des Kaisers etwas bessert.

Arellano hat bei den vorspringenden Winkeln der Cruz beim
Panteón zwei Batterien anlegen lassen, eine ist gegen die Garita de
México gerichtet, die andere gegen ein republikanisches Geschütz,
das man auf der Straße beim Aquädukt installiert hat, um die Cruz
zu beschießen.

Die Republikaner versuchen immer wieder, den Mesón de otra
Banda in die Hand zu bekommen. Da sie diesen nicht einnehmen
können, versuchen sie jetzt, das Gebäude einfach zusammenzu-
schießen. Zu diesem Zweck wird die Mauer eines schräg gegenüber
liegenden Hauses durchbrochen und im Inneren dieses Hauses, etwa
30 m vom Mesón entfernt, eine 24-pfündige Haubitze aufgefahren.
Seit 12 Uhr mittag sendet sie Schuß um Schuß gegen den ersten Stock
des Mesón. Doch alles ist zwecklos, denn die weichen Adobemauern
sind der beste Schutz des Hauses: die Geschoße durchlöchern die

Mauern, ohne viel Schaden zu verursachen. Andere Geschoße der viel zu hoch gerichteten Kanone überfliegen das Ziel und treffen das Hotel de Diligencias, das von Einschüssen bereits übel zugerichtet ist.

Die Gerüchte um Márquez sind vielfältig und einfallsreich. Es heißt, er stehe bereits in Salvatierra, zwei Tagesmärsche von Querétaro entfernt. Seine Vorhut unter General Tabera soll sich bereits mit der republikanischen Kavallerie geschlagen haben. – Bei den Republikanern mehren sich die Indizien, daß die Belagerten wieder einen Ausfall planen. So tun sie alles, um ihre Verschanzungen zu verstärken.

Mittwoch, 24. April[201]
Der befestigte Belagerungsring um Querétaro ist vollendet. Auf allen dominierenden Höhen sind außerdem Schanzen für die Batterien aufgeworfen. Diese stehen auf den Anhöhen Loma de Carretas, Loma del Cimatario, Cerro del Jacal, San Gregorio und an dessen östlichem Abhang beim Molino Blanco. Die „Circunvalación" – Zernierungslinie – verläuft von der Hacienda de Carretas, über die Garita de México, die Hacienda de Callejas, die Ebene de Carretas bis zum Abhang des Cimatario und die Brücke bei der Hacienda del Jacal. Von dort aus zieht sich bis zur Loma de San Pablo ein eigens ausgehobener breiter Graben, der die Ebene von San Juanico durchschneidet. In diesen Graben haben die Republikaner Wasser aus dem Rio Blanco geleitet. Von San Pablo läuft ein weiterer Graben ostwärts bis zur Hacienda La Era. Dort beginnen Verschanzungen, die in weitem Halbrund zu den Badeplätzen am Cerro de Patehé und weiter zur Hacienda de Carretas reichen.

Im Boletín de Noticias erscheint eine Liste aller wohlhabenden Bürger Querétaros, die täglich einen Zwangsbeitrag an die Kriegskasse abzuführen haben. Carlos Rubio, Chef des gleichnamigen Bankhauses, steht mit 120 Pesos täglich an der Spitze, gefolgt von seinem Bruder Manuel mit 100, während ein weiterer Bruder, Juan, nur 10 Pesos beitragen muß. Don Bernabé Loyola, Besitzer von San Juanico, wird trotz aller Proteste auf 60 Pesos eingeschätzt. Ein Herr Berdusco muß für die Casa de Diligencia 70 Pesos entrichten, die Familie Samaniegos, aus der der frühere Präfekt Querétaros stammt, und die Mejía versprochen hat, die Patenschaft für sein noch ungeborenes Kind zu übernehmen, zahlt 80. Der Apotheker Mariano Maldonado, der während der Belagerung mehr umsetzt als je zuvor, entrichtet 20 Pesos, der Kanonikus Ladrón de Guevara ebensoviel, der Vertreter des Pfarrers Becerril 30, der Modearzt Vicente Licea, den

man auch „den Arzt der Generäle"[202] nennt, dagegen nur 5 Pesos.
Insgesamt umfaßt die Liste der Zwangsbesteuerten etwa 200 Personen, weniger als 1% der Bevölkerung.

In der Nacht nehmen die Kaiserlichen vor der Cruz einen republikanischen Hauptmann und bei der Casa blanca einen Unteroffizier
gefangen. Beide haben sich im Zustand der Trunkenheit verlaufen.
Der Unteroffizier erzählt ebenfalls, daß kaiserliche Truppen bei San
Lorenzo geschlagen worden sind, und daß Márquez tags darauf wieder in Mexiko-Stadt eingetroffen ist.

Punkt 7 Uhr früh beginnen die neuen von Arellano in der Cruz
installierten Batterien gegen die Hacienda de Carretas und das Torgebäude der Garita de México zu feuern. Die überraschten Republikaner ziehen sich vorübergehend aus der Garita zurück.

Der Kaiser befindet sich wieder auf Beobachtungsposten auf dem
Turm der Cruz. Um ihn herum stehen Mejía, der zum erstenmal
wieder ausgegangen ist, Miramón, Arellano, Reyes, der Chef der Pio-
niertruppen, Moret, López, der Österreicher Major Malburg, Pradillo,
Salm und andere Offiziere. Die Fenster der Turmstube sind zum Teil
mit Adobes vermauert. Plötzlich schlägt eine 12-pfündige Vollkugel
durch eines der Fenster und prallt an die gegenüberliegende Wand.
Kalk und Staub überschütten die Anwesenden. Miramón sieht aus
wie ein Müller, aber mit seiner üblichen Kaltblütigkeit lacht er vor
allem über Salm, dessen nagelneue Uniform über und über beschmutzt ist, und der sich wundert, daß er nichts sieht, weil er sein
verstaubtes Monokel, über das die Mexikaner weidlich spotten, im
Auge behalten hat. ... Der Kaiser, wie so oft an die Nachwelt denkend, befiehlt, die auf dem Boden liegende Kugel aufzuheben, die
Anwesenden einzugravieren und als Andenken nach Miramar zu
schicken. ...

Ein Kurier, der vor etwa 10 Tagen von Querétaro abgegangen ist,
kommt mit Nachrichten aus Mexiko-Stadt zurück. Niemand erfährt,
was er berichtet, aber der Kaiser tut äußerlich vergnügt und versichert, alles stehe zum besten. Um 3 Uhr nachmittags macht Miramón
vom Cerro de las Campanas aus wieder einen seiner Blitzausfälle
gegen San Juanico, um die Schanzarbeiten des Gegners, der sich methodisch an die kaiserlichen Linien annähert, zu stören. Es ist der
Abschnitt, wo General Rocha kommandiert. Nach republikanischer
Zählung ist es der neunte Ausfall. 200 Mann Infanterie und 250 Reiter nehmen daran teil. Die Republikaner weichen vor der Wucht der
Kavallerieattacke zurück.

22 Gefangene werden eingebracht, hauptsächlich Schanzarbeiter,
aber auch einige Soldaten des Regierungsgardebataillons „Supremos

Poderes" sind darunter. Diese führt man ins Hauptquartier. Albert Hans kommt gerade aus der Cruz, als sie herangebracht werden. Sie tragen Uniformen aus grauem Drillich mit gelben Aufschlägen und schwarze Tschakos. Da sie den Kaiserlichen schwer zu schaffen machen, sind sie gefürchtet und gehaßt. Kein Wunder, daß sie finster dreinschauen. Doch wo Maximilian selbst bestimmt, wird an Gefangenen nie Rache geübt.

Miramón weiß, daß sein Überraschungserfolg von kurzer Dauer sein wird, weil die Republikaner infolge ihrer zahlenmäßigen Überlegenheit bald wieder dort stehen werden, von wo er sie vertrieben hat, aber er hat diese Selbstbestätigung nötig, denn am gleichen Tag muß er um 7 Uhr abends zur Bestattung eines seiner besten Freunde, Oberst José María Farquet. Im Halbdunkel der Kirche San Francisco ist der beliebte Offizier aufgebahrt, Degen und Orden liegen auf dem Sarg. Miramón steht versunken daneben, während die Totengebete gesprochen werden.

Donnerstag, 25. April[203]
Heute erfährt man endlich die ganze Wahrheit über Márquez. Der von Salm ausgesendete Elsässer, Unteroffizier Muth, kommt von seiner gefahrvollen Mission zurück. Während draußen das Bombardement weitergeht, sitzt Salm in der Zelle des Kaisers und protokolliert den Bericht Muths. Dieser war nach dem Verlassen Querétaros gleich in die Hände republikanischer Vorposten gefallen und hatte sich als Deserteur erklärt. Wie es auf beiden Seiten üblich war, wurde er einem Bataillon zugeteilt, wo er Nachrichten sammelte. Jetzt, nach seiner geglückten Rückkehr, erfährt Maximilian, daß Márquez am 8. oder 9. April von Porfirio Díaz bei San Lorenzo vernichtend geschlagen wurde, seine ganze Artillerie eingebüßt hat und nur dank der roten Husaren – man nennt sie wegen ihrer kleinen ungarischen Hüte „Sombreros Chiquitos" – nach Mexiko-Stadt entkam, wo er jetzt von Porfirio Díaz belagert wird. Am 20. April, als Muth Querétaro verließ, hat man ihm eine Prämie von 2.000 Pesos versprochen. Tatsächlich gibt man ihm jetzt 100 und verspricht weitere 500 oder 600 am 15. Mai zu zahlen. Infolge der Ereignisse kommt es aber dazu nicht mehr. – Maximilian weiß jetzt, was er wissen muß und informiert auch Miramón. Er beschließt, sich, sobald es geht, mit der Armee durchzuschlagen. Castillo soll dafür die Planung übernehmen.

Basch erfährt von alledem nichts, er vernimmt nur, daß heute nacht wieder eine Aktion zur Überrumpelung des San Gregorio stattfinden soll. Der Hügel beherrscht den Eingang zur Sierra Gorda, die im Volksmund auch Sierra de Mejía heißt. Der Angriff soll durch

Freiwillige aus dem Cazadores-Bataillon erfolgen, unterstützt durch die Brigade Salm. Falls die Überraschung glückt, soll General Valdez mit zwei Bataillons den San Gregorio besetzen, andernfalls den Rückzug decken.

Die Militärbehörde hat erfahren, daß in den Lagern des Kaufmannes Don Angel de la Peña, dem spanischen Vizekonsuls, Mais lagert. Als ein Beamter der Intendanz die Auslieferung fordert, hißt der Vizekonsul zunächst die spanische Flagge und beläßt diese als Zeichen des internationalen Rechtsbruchs solange am Mast, bis das Kommando den Mais abtransportiert hat. Der Beamte Romero befleißigt sich zwar großer Höflichkeit, doch beschlagnahmt er außerdem noch 2.000 Pesos, die er vorfindet und fordert noch mehr Geld. Auch darüber wird ein Notariatsakt erstellt.

Freitag, 26. April[204]
Weder nachts noch tagsüber kommt es tatsächlich zu einem Ausbruchsversuch. Diesmal ist ein sprachliches Mißverständnis die Ursache. Miramón sollte „a las doce" (um 12 Uhr Mitternacht) angreifen. Er hat aber „a las dos" (um 2 Uhr früh) verstanden. Um diese Stunde wird aber im gegnerischen Lager bereits Reveille geblasen, das Überraschungsmoment fällt weg. Der Angriff wird auf morgen verschoben, der Plan völlig geändert. Miramón überzeugt Maximilian, daß der Durchbruch im Süden erfolgen muß. *Morgen wird Márquez angreifen*, sagt Maximilian, völlig gegen sein besseres Wissen, zu Basch, *und wir mit ihm.* Der Angriff soll in zwei Kolonnen erfolgen: Die erste unter General Castillo soll die Hacienda de Callejas angreifen, die zweite unter Miramóns Kommando auf die Höhen des Cimatario vorstoßen. Dort hofft man dann durchzubrechen.

Abends werden die Glocken geläutet, und die Hornisten müssen auf der Plaza de la Cruz antreten und „Diana" (Reveille) blasen, weil angeblich gute Nachrichten gekommen sind. … Das „Volk" soll offenbar in Sicherheit gewiegt werden, weil man annimmt, daß ein zu frühes Bekanntwerden der Ausbruchsvorbereitungen beim konservativen Teil der Bevölkerung Querétaros eine Panik auslösen würde: Dem Abzug der Garnison wäre der Einmarsch der Republikaner auf dem Fuße gefolgt.

Der Kaiser glaubt wirklich an einen möglichen Durchbruch. Er läßt sein Gepäck und das Archiv in kleine Mantelsäcke packen, welche die Husaren hinter sich auf die Pferde nehmen sollen. Kammerdiener Grill besorgt diese Arbeiten in Salms Zimmer schon den ganzen Tag über. Salm wird zum Jefe de la Casa imperial ernannt und erhält somit auch das Kommando über die ungarischen Husaren und über die mexikanische Leibwache. Die Husaren stehen unter dem Kommando des riesenhaften ungarischen Rittmeisters Pawlowszki, der sich Jahrzehnte später noch im Ersten Weltkrieg mobilisieren lassen wird.

Man muß, wie gesagt, damit rechnen, daß die Republikaner nach einem geglückten Durchbruch Querétaro einnehmen und Rache an Unschuldigen nehmen könnten. Es ist daher vielleicht kein Zufall, daß man einen amerikanischen und einen mexikanischen gefangenen Offizier veranlaßt, Briefe an den Kommandanten der amerikanischen Ehrenlegion, Captain Georges W. Green und den liberalen General Corona zu schreiben. Captain Brady versichert seinem Landsmann: *Unsere Wohnung ist bei weitem besser, als wir erwarteten und besser, als ich je gedacht, daß sie Kriegsgefangenen gegeben würde. Das gleiche können wir alle auch hinsichtlich unserer Behandlung bestätigen.*

Im republikanischen Lager wurde der Ausfall durchaus erwartet. Carlos von[205] Gagern, ein deutscher Adeliger mit sozialistischen Neigungen, der lange an der Kriegsschule von Chapultepec unterrichtet hat und jetzt für die Republik kämpft, hat die Bewegungen der Kaiserlichen genau beobachtet. Er nimmt an, daß sich der Hauptstoß gegen den Cimatario richten wird. Genau dort hat jedoch Escobedo Truppen abziehen lassen, um die von General Régules verteidigte Südlinie zu verstärken.

Gagern, dessen Brigade den Cimatario verteidigen soll, trägt seine Besorgnis Escobedo vor. Dieser aber findet wie immer schöne Worte, um das Problem von sich wegzuschieben: *Wo Oberst Gagern das Kommando führt, kann ich ruhig sein.* Gagern, der eine behelfsmäßige Steinhütte nahe der ersten Grabenlinie bewohnt, verbringt eine unruhige Nacht.

### DIE SCHLACHT VOR DEM CIMATARIO

Samstag, 27. April[206]

Um 4 Uhr stehen die kaiserlichen Einheiten, 2.000 Mann Infanterie und 1.000 Reiter, kampfbereit in ihren Stellungen. Die Batterien in der Alameda sind durch Geschütze aus der Cruz verstärkt worden. Auch Albert Hans wird mit seiner Batterie in die Alameda verlegt. Kaum hat er seine Geschütze dort installiert, sieht er, daß der Kommandant der Alameda Kartätschen verteilen läßt, und daß in der Dunkelheit Bataillon um Bataillon zwischen der Alameda und der Kirche San Francisquito Aufstellung nimmt. Die Artilleristen sind im unklaren gelassen worden, ob ein Ausfall oder ein Durchbruch geplant ist. Sie wissen, daß sie im Falle eines Durchbruchs geopfert werden müssen, da es dann unmöglich ist, schwere Stücke mitzuführen.

In der Cruz stehen die Pferde der Husaren gesattelt bereit, um jeden Augenblick dem Kaiser folgen zu können. Salm, Basch, Pradillo und López warten beim Kaiser. Maximilian hat verbreiten lassen, es handle sich um eine Kombination mit Márquez. Doch er und Salm wissen genau, daß alle Hoffnungen auf Márquez Schimären sind. Was der Kaiser in diesen Augenblicken tatsächlich erhofft, ist ein Durchbruch in Richtung Mexiko-Stadt.

Noch herrscht völlige Ruhe. Bei den Gräben der Republikaner und an den Hängen des Cimatario, über dem langsam die Morgenröte aufsteigt, blinken nur vereinzelte Wachfeuer. Als die Sonne aufgeht, hören die Truppen in der Alameda die Clairons des Gegners Reveille blasen. Das ist für die Kaiserlichen das Zeichen zum Angriff. Er wird durch plötzliches heftiges Artilleriefeuer eingeleitet. Die Batterien mit Feldgeschützen zwischen der Casa Blanca und San Francisquito sind fast eine Stunde lang in vollem Feuereinsatz. Da man im Falle eines gelungenen Durchbruchs die Geschütze ohnedies zurücklassen muß, spart man nicht mehr mit Munition.

Für die Republikaner im Südabschnitt des Belagerungsgürtels unter den Generälen Canto und Régules kommt dieser Feuerüberfall völlig unerwartet. Die weißgekleideten Soldaten suchen voll Verwirrung Deckung, oder sie verlassen die Gräben und laufen zurück. Nur wenige Geschütze erwidern das Feuer. Der Oberkommandierende des Südabschnitts, General Corona, ist wieder einmal nicht zur Stelle. Er hat in der Nacht General Riva Palacio aufgesucht, der in der Hacienda de Carretas sein Hauptquartier hat, und über die Möglichkeit eines Ausfalls der Kaiserlichen gesprochen. Dann hat man ein frugales Frühstück genommen und sich nochmals auf die Steinbänke zur Ruhe gelegt. Für einen möglichen plötzlichen Ausfall der Kaiserlichen ist nicht vorgesorgt worden.

So beginnt der Großangriff der Kaiserlichen mit einem ungebrochenen Überraschungseffekt. Zuerst geht General Castillo am linken Flügel mit heftigem Gewehrfeuer gegen die vom Gegner besetzte Garita de México und die Hacienda de Callejas vor, doch das ist nur ein Ablenkungsmanöver. Der Hauptstoß erfolgt völlig unerwartet aus der Alameda. Im Schutz der hohen schattigen Bäume hat Miramón während der Kanonade genügend Zeit gehabt, 2.000 Mann Infanterie und 1.000 Reiter bereitzustellen. In wuchtigem Ansturm werden die drei Grabenlinien des Gegners rasch nacheinander von der Vorhut unter General Moret überrannt. An der Spitze der Kolonne kämpfen die Cazadores unter dem entschlossenen Major Pitner. Dieser nimmt gleich im ersten Anlauf die vorderste feindliche Linie, die von Carlos von Gagern befehligt wird, und erbeutet ein Geschütz. Dabei wird Gagerns Adjutant, der frühere preußische Gardeoffizier von Glümer, gefangengenommen. General Méndez folgt mit der Hauptangriffskolonne. Nach zwei Stunden ist das Drittel der Belagerungslinie, das vor der Angriffsfront liegt, von den Republikanern praktisch aufgegeben. Castillo, der an der linken Flanke des Angriffskeiles gegen die Hacienda de Callejas vorgeht, ist weniger glücklich, denn die Republikaner verteidigen das Gehöft erfolgreich.

Ein rascher Vorstoß der Infanterie auf die Hänge des Cimatario bringt die Kaiserlichen in den Besitz von etwa 20 verlassenen Geschützen samt Munitionskarren und Versorgungsgütern. Papiere und Gepäck der juaristischen Generäle bleiben in den Zelten und Hütten zurück und werden gesammelt. Während die Beute in die Stadt gebracht wird, beginnen die Kaiserlichen mit einer Schwenkung die Front der Republikaner nach links aufzurollen. Die Kavallerie unterstützt wirksam das Manöver. Der republikanische General Riva Palacio zieht sich mit seinen Truppen auf die höher gelegenen Berghänge zurück, ohne einen einzigen Schuß abgefeuert zu haben. 17 Bataillons der Republikaner sind zersprengt. Nach dem Urteil des liberalen Generals Rocha zeigt sich hier, daß die republikanischen Streitkräfte weniger als mittelmäßige Qualität aufweisen. Nur die verhältnismäßig kleine Nordarmee kann es an Disziplin, Ausbildung und Mut mit den kaiserlichen Truppen aufnehmen. Rocha, der mit seinen Truppen bei San Juanico steht und sich bemüht, durch das Sumpfland um El Jacal das Kampfgebiet zu erreichen, weiß: Wenn die Kaiserlichen ihren Angriff mit gleicher Wucht fortsetzen, ist der Belagerungsring unwiderruflich gesprengt.[207]

Aber in diesem Augenblick begeht Miramón – und mit ihm Maximilian, der es als Generalissimus hätte verhindern können – einen entscheidenden Fehler. So wichtig erscheinen den an allem notleidenden Belagerten das erbeutete Vieh und die eroberten Kanonen samt Munition, daß auf Miramóns Befehl Bataillon um Bataillon kehrt macht, die eigenen oder fremden Maultiere vor die erbeuteten Kanonen oder Wagen spannt und unter Siegesgeheul den Rückweg nach Querétaro antritt. So wird die Stoßkraft der Angriffskolonnen entscheidend geschwächt.

Vom Turm der Cruz hat Maximilian den Angriff beobachtet. Als er sieht, daß seine Truppen vordringen und daß ein Geschütz nach dem anderen von den jubelnden Bürgern der Stadt auf den Platz vor der Cruz geführt wird, befiehlt er seinem Gefolge, sich dort für den Abmarsch bereit zu halten. Noch gilt für ihn der Durchbruchsplan. Mit López, Pradillo, Salm und der österreichisch-mexikanischen Husarenschwadron reitet er zusammen mit General Arellano vor die Alameda, bejubelt von den triumphierend ihre Beute einbringenden Soldaten. Die „Hurrah"-Rufe der Soldaten nehmen kein Ende. Maximilian grüßt nach allen Seiten und galoppiert mit seinem Stab auf die Hänge des Cimatario zu.

Die Stadtbewohner eilen scharenweise auf den verlassenen Kampfplatz hinaus, sammeln lang vermißte Lebensmittel, schmükken die erbeuteten Geschütze mit Laub und Blumen, spannen sich selbst vor die schweren Stücke und schleppen diese enthusiastisch durch die engen Gassen der Stadt. Die auf den Kirchtürmen verbliebenen Glocken schwingen in wildem Siegesläuten. Miramón, der an der Seite des Kaisers auf den Cimatario zu reitet, sieht den Augenblick gekommen, Maximilian zu bereden, nach seinem großen Sieg nichts weiteres mehr zu unternehmen. Er will seine Infanterie retten, die einen Durchbruch nicht mitmachen könnte. Er bittet zur Sicherheit Maximilian ausdrücklich um die Erlaubnis, die Truppen *concentrieren zu dürfen, um in unsere Verteidigungslinie zurückzukehren, da es kein Objekt mehr vor derselben zu nehmen gab.*[208] Maximilian stimmt in seiner Begeisterung zu. Damit ist praktisch der Durchbruchsplan aufgegeben. Maximilian sieht nur Miramóns Erfolg und ist guten Mutes. Salm ruft er zu: *Sehen Sie, der junge General ist doch gut.*

Inzwischen ist Méndez zur Hacienda del Jacal, dem linken Flügel der Südfront der Republikaner vorgestoßen. Dort ist General Coronas Hauptquartier. Der General hat sich bereits in Sicherheit gebracht, doch Papiere und Karten blieben zurück. Während Miramón in der Alameda bleibt, trifft Maximilian auch dort mit seinem Stabe ein und läßt alle Dokumente sammeln. Langsam festigt sich in ihm der gefährliche, illusorische Gedanke, daß man – wie Miramón ihm immer wieder versichert hat – wann immer man wolle, den Durchbruch schaffen könne. Für heute beschließt er endgültig, Querétaro nicht zu verlassen. Zusammen mit Arellano reitet Maximilian zur Casa Blanca zurück. Miramón, der erkennt, daß er sich durchgesetzt hat, reißt sein Käppi vom Kopf und ruft: *Soldados! Viva su Majestad el Emperador.* Donnernde Viva-Rufe der Truppen folgen. Maximilian ist nun völlig umgestimmt, er genießt gerührt den Jubel seiner Soldaten, setzt sein leutselig-majestätisches Lächeln auf und antwortet: *General, meinen Glückwunsch zu diesem brillanten Sieg.* Miramón dankt gemessen und vergißt nicht, auch seinen Intimfeind Méndez gebührend zu loben. *Señor, auch General Méndez hat sich in der Schlacht in gewohnter*

*Weise bewährt.* Méndez, der weiß, was Miramón von ihm hält, verneigt sich wortlos. Rundum Jubel – die Truppen bereiten sich schon auf eine Siegesparade durch die Stadt vor. Doch der Tag ist noch nicht gewonnen, im Gegenteil. Als Miramón am Scheitel des Cimatario berittene Schützen der Republikaner auftauchen sieht, begreift er plötzlich, wie gefährlich die Situation geworden ist. Er beordert das Kavallerie-Regiment der Kaiserin zu einem neuen Vorstoß in die Frontlücke, aus der noch ein Munitionszug zu bergen ist.

Doch die Lage hat sich gewandelt. Als Escobedo von der Höhe des Cimatario aus neue Truppenmassen aus der Casa Blanca vorstoßen sieht, läßt er sofort an die 6.000 Mann Reserven mobilisieren, schickt aber zunächst seine bewährten Galeana-Jäger gegen das Regiment der Kaiserin, dessen Reiter die Hänge des Cimatario hinauf galoppieren. Die mit teils 8-, teils 16-schüssigen amerikanischen Repetiergewehren – Spencer-Büchsen – ausgestatteten Galeana-Jäger schwärmen aus zu einer Schützenkette und eröffnen von oben ein vernichtendes Gewehrfeuer gegen die kaiserlichen Kavalleristen. 14.000 Patronen werden im Nu verschossen. Die Reiter stutzen und wenden sich zum Rückzug. Doch kaum haben sie die frühere Frontlinie erreicht, stoßen sie auf die aus der Casa Blanca vordringenden frischen kaiserlichen Einheiten, deren Flanken von Miramóns Kavallerie, die gleichfalls zu Schützenketten ausschwärmt, gedeckt sind. Die etwa 300 Galeana-Jäger müssen sich trotz ihrer Feuerüberlegenheit zurückziehen.

Inzwischen ist General Rocha auf Escobedos Hilferuf von San Juanico aus, über das Sumpfgebiet bei El Jacal, an die Ausläufer des Aquädukts herangekommen, wo er den Oberkommandierenden in nervöser Spannung antrifft. *Corona hat seine Position aufgegeben,* stößt Escobedo hervor, *und seine neuntausend Mann sind zerstreut. Erobern Sie die Stellung zurück. Um jeden Preis.* Rocha antwortet selbstbewußt, er kenne seine Pflicht. Escobedo unterstellt ihm die zurückweichenden Cazadores de Galeana. Tatsächlich gelingt es Rocha, die fliehenden Truppen mit seinen frischen Einheiten aufzufangen, einige schon entmutigte Chefs anzufeuern und auf dem Hang des Cimatario die zersprengten Truppen neu zu formieren. Von hier oben sieht Rocha, wie die Galeana-Jäger, ständig rückwärts feuernd, in gestrecktem Galopp zurückreiten, überschüttet von einem Kugelhagel der numerisch überlegenen Angreifer. Oberst Doria, der Anführer der Galeana-Jäger und Adjutant Escobedos, sieht der Flucht seiner Leute wie gelähmt zu, doch kann Rocha wenigstens seinen Stellvertreter ermuntern, mit Teilen der Jäger zu wenden und die vordringenden

Reiter der Kaiserlichen – „Irregulares" – erneut anzugreifen. Diese beginnen im abermaligen Feuer der amerikanischen Revolvergewehre zu weichen, doch können sie nicht zurück, weil ihnen auf dem Fuß vier bis sechs Bataillons folgen, hinter denen sich die Masse der kaiserlichen Kavallerie staut. Während Maximilians Truppen weiterhin an einem Hang des Cimatario hinaufdrängen, steigen die Mannschaften Rochas auf einer anderen Seite, uneingesehen von den Kaiserlichen, ebenfalls auf die Höhe des Cimatario. Sie erreichen den Gipfel noch vor den kaiserlichen Truppen, formieren sich in Schlachtordnung und eröffnen aus dieser vorteilhaften Stellung das Feuer auf die auf breiter Front ungeordnet aufsteigenden Bataillone Maximilians.

Das Bild, das sich Rocha bietet, ist unvergeßlich: *Vergebens befahlen ihre Offiziere und Chargen mit lauten Rufen, sich in Schlachtordnung aufzustellen, dafür war jetzt keine Zeit mehr, alles verschmolz zu einer einzigen, wirren Masse, die Vorhut brachte Unordnung ins Zentrum und dieses in die Nachhut. Die Soldaten, noch unschlüssig, ob sie fliehen oder bleiben sollten, liefen ziellos hin und her und schossen in die Luft. Man sah das Aufblitzen der Säbel der Offiziere, die damit auf ihre Leute einschlugen, alle brüllten Befehle, die niemand verstand und befolgte – das Geschrei war so laut, daß es sogar das Gewehrfeuer übertönte.* Der Kaiser und Miramón sind nun mitten im Strudel der Flüchtenden. Erstmals erlebt Maximilian eine Flucht mit.

In diesem Moment greifen die Batterien der Alameda ein, die heute durch zahlreiche Geschütze verstärkt worden sind. Zielgenau richten die Kanoniere ihre Geschoße auf den Gipfel des Cimatario, von dem aus das verheerende Gewehrfeuer der Republikaner kommt. Die von den Granateneinschlägen aufgeworfenen Erdfontänen liegen in exakten Reihen. Schon geraten die verfolgenden Republikaner ins Wanken.

Da befiehlt Rocha seiner Infanterie: A la bayoneta! Die in der Nachhut mitziehenden Bandas schlagen den Generalmarsch, die Galeanajäger werfen ihre todbringenden Karabiner auf den Rücken und gewinnen rasch die Flanke des Gegners. Nun ist die Flucht der Kaiserlichen allgemein. Wer zurückbleibt, wird niedergestochen oder ergibt sich. Über einen Teppich von Gefallenen arbeiten sich die Republikaner bis zu ihren ursprünglichen Linien vor. Doch vor deren Brustwehren sammeln sich die Kaiserlichen zu erneutem Widerstand. Noch einmal gelingt es den Republikanern, durch Flankenangriffe der Galeanajäger die Truppen Maximilians zur Flucht auf die Casa Blanca zu treiben. Der Kaiser und Miramón, die – durch die Husaren gedeckt – glücklich der gefahrvollen Situation entronnen sind, stehen auf dem Flachdach und beobachten den Vorstoß der Cazadores de Galeana, die voll Mut, aber ohne Aussicht auf Erfolg, die Batteriestellungen der Kaiserlichen angreifen, von denen aus Arellano ein vernichtendes Kartätschenfeuer leitet.

In diesem Augenblick wird Rocha gemeldet, daß den Republikanern die Munition ausgegangen ist, und daß Escobedo angeordnet hat, lediglich die alte Belagerungslinie zu besetzen, die von General Corona aufgegeben wurde. Rocha beordert seine Reiter zurück zu den Gräben. Dort ist alles umgestürzt, verbrannt, zerbrochen. Doch die Wagen mit Munition und Mundvorrat, welche die Kaiserlichen nicht mehr rechtzeitig in die Stadt bringen konnten, gehören wieder den Liberalen. Kurz darauf erscheint Escobedo zur Besichtigung der zurückeroberten Linien, hält eine lobende Ansprache, verspricht Orden und veranlaßt Beförderungen.

In Querétaro ist der Siegesjubel unbeschreiblich. Die Straßen sind voll von Bürgern, die Körbe von Lebensmitteln und Futter heimschleppen, von versprengten Soldaten, die ihre Truppenkörper suchen. Auf dem Platz vor der Cruz stehen die 21 eroberten Geschütze aneinandergereiht und geschmückt. Und doch: Für die Kaiserlichen bedeutet dieser Tag trotz glänzender Einzelerfolge und trotz ihres moralischen Sieges eine strategische Niederlage. Die einmalige reale Chance, den Durchbruch zu erzielen, wurde vertan, nur um Beute einzubringen, durch welche die langsame Agonie der Belagerten nur noch verlängert wird. In diesen Augenblicken des Triumphes aber will dies niemand wahrhaben.

Während des rund drei Viertelstunden dauernden Gefechts sind nach republikanischen Angaben 700 Soldaten gefallen, 200 Republikaner und 500 Kaiserliche. Nach den Berichten der Kaiserlichen gibt es auf beiden Seiten rund 400 Ausfälle. Bei den Republikanern können sie leicht ersetzt werden, bei den Kaiserlichen zählt jeder Verlust.

Nach dem Kampf läßt sich Maximilian, wie gewohnt, die Gefangenen vorführen. Er steht vor der Cruz, in mexikanischer Generalsuniform. Der Preuße Glümer mißdeutet in seinen kurzen Memoiren die Uniform und das Käppi des Kaisers: *Er trägt einen blauen Anzug mit vergoldeten Knöpfen und eine Marinemütze. Sind sie Deutscher?*, fragt ihn der Kaiser. Glümer scheint es nicht opportun zu sein, nach 1866 zuzugeben, daß er Preuße sei. So hört ihn Salm sagen: *Ich bin Amerikaner.* Allerdings wird es später in Glümers Memoiren anders lauten, nämlich stolz: *Ich bin Preuße ...*

Dann hat Maximilian mit Miramón eine einstündige Unterredung in seiner Zelle. Miramón, nun voll des Triumphes, dürfte auf seiner alten Idee bestanden haben, Querétaro noch mindestens drei bis vier

Monate halten zu können. Maximilians Gefolge hat noch immer alles zum Abmarsch gepackt und wartet auf das Zeichen zum Aufbruch. Als der Kaiser anschließend zu Castillo ins Zimmer kommt, bestürmen ihn der General und Salm, die Stadt zu verlassen. Salm hat das Gespräch aufgezeichnet.

Salm: *Eure Majestät, wollen Sie mir die Gnade gewähren, daß ich freier und offener mit Ihnen reden darf, als ich es unter anderen, weniger gefährlichen Umständen wagen würde?*

Maximilian: *Ich wünsche, daß Sie unter allen Umständen, auch unter den besten Verhältnissen, immer frei und offen zu mir reden.*

Salm: *Nun, Eure Majestät, so beschwöre ich Sie, verlassen Sie diese unglückliche Stadt, wo Eure Majestät ein sicherer Tod erwartet.*

Und er versucht, den Kaiser zu überzeugen, daß man im Augenblick immer noch an jedem Punkt durchbrechen könne, vor allem nach der Sierra Gorda. Jene Seite habe Escobedo durch Wegnahme der Truppen, die im Süden die Wendung herbeigeführt haben, geschwächt. Doch müsse der Durchbruch sofort erfolgen, bevor die abgezogenen Truppen wieder in ihre alten Positionen zurückkehren.

Aber Miramón hat den Kaiser zum Bleiben überredet, und so muß Salm nun jene Argumente vernehmen, die Maximilian noch am Morgen gar nichts bedeutet haben: *Und was soll aus dieser unglücklichen Stadt werden, die so treu zu uns gehalten hat? Und was aus unseren armen Verwundeten, die wir nicht mitnehmen können?* Auch gestatte ihm seine militärische Ehre nicht, die Stadt aufzugeben und die schwere Artillerie zurückzulassen. Aber er beruhigt Salm: Miramón habe ihm ohnedies bereits vorgeschlagen, morgen einen Angriff auf den San Gregorio zu machen. ...

Salm insistiert. *Nun, wenn denn Eure Majestät durchaus bleiben und einen Angriff gegen San Gregorio machen wollen, so beschwöre ich Sie, es nicht morgen, sondern augenblicklich, in einer Stunde zu tun.* Vergeblich. Salm erhält Befehl, die Husaren und die Leibwache wieder einrücken zu lassen. Des Kaisers Gefolge beginnt wieder mit dem Auspacken.

Der Munitionsverbrauch der Republikaner war ungeheuer. Am Abend schreibt Oberst Zenea – ein späterer Gouverneur des Staates Querétaro – seinem besorgten Freund Oberst Balbontín:

*Ich bin ganz verzweifelt, weil ich befürchte, daß wir keinen einzigen Angriff mehr überstehen werden, nicht nur wegen der vielen Widrigkeiten, die uns treffen, sondern weil uns zum Beispiel gerade jetzt, wo das Feuer am stärksten war, im Munitionslager ganze 4.000 15 mm Patronen übrig geblieben sind.*

Juan de Dios Arias, ein Offizier und Freund Escobedos, der kurz darauf eine „Geschichte der Nordarmee" schreiben wird, steht nicht an zuzugeben: *Der Ausfall der Kaiserlichen vom 27. war zweifellos einer der kraftvollsten und erfolgreichsten. Hätten sie sich nicht mehr als zwei Stunden damit aufgehalten, die Beute vom Kampfplatz in die Stadt zu bringen und anstatt dessen die Republikaner an einer der Flanken attackiert und wären dann nach Mexiko-Stadt oder an einen anderen Ort südlich der Stadt marschiert, hätten sie die Belagerer in eine kritische Lage gebracht.*

Im Bericht Miramóns an den Kaiser über die Schlacht am Cimatario wird die Fehlentscheidung des „jungen Generals", zuerst die Beute einzubringen und nicht sofort durch die entstandene Frontlücke der Republikaner durchzubrechen, elegant kaschiert und die Verantwortung gekonnt auf den Kaiser abgeschoben. Carlos von Gagern, der natürlich erst später davon erfährt, kommentiert diesen Bericht lakonisch: *Pintar como querer – malen nach Belieben.* Gagerns Privatkorrespondenz ist übrigens den Kaiserlichen in die Hände gefallen, als sie den ersten Graben der Republikaner einnahmen. Einige Österreicher lesen nun in Querétaro diese Briefe und delektieren sich an den Details. Maximilian erfährt davon, läßt die noch vorhandenen Briefe sammeln und sendet sie durch einen Parlamentär an Gagern zurück, dessen Familie auch in Österreich einen guten Namen hat.

In den republikanischen Zeitungen, die den Kaiserlichen im Lager des Gegners in die Hände fallen, ist die Korrespondenz zwischen Maximilian und seinem Ministerpräsidenten Lares vom Februar 1867 veröffentlicht, in der der Kaiser die katastrophale Situation des Reiches schildert, worauf Lares ihm empfiehlt, sich zum Endkampf nach Querétaro zu begeben und für den Fall von Verhandlungen auf bestimmten Bedingungen zu bestehen. Die Korrespondenz ist echt, und Maximilian weiß das am besten, doch es ist ihm peinlich, daß es die Öffentlichkeit erfahren hat. So nimmt er, in seinem typischen Bestreben, besonders schlau zu sein, zu einem seiner absurden Auswege seine Zuflucht. Er läßt den Schriftwechsel nochmals im Boletín de Noticias veröffentlichen, jedoch mit dem Hinweis Arellanos, er sei gefälscht. ...

Für Maximilian ist der Tag zwar militärisch gewonnen, doch auf diplomatischer Ebene ist, ohne daß man in Querétaro davon weiß, eine für sein Leben unheilbringende Entscheidung gefallen. Der republikanische Außenminister Lerdo de Tejada antwortet mehr als kühl auf die überbrachte Botschaft von Seward: *Sollten Personen in Gefangenschaft geraten, dürften diese nicht als gewöhnliche Kriegsgefangene behandelt werden können, da ihre Verantwortlichkeiten im Völkerrecht und in den Gesetzen der Republik definiert sind.*[209] Es scheint, daß die blutige Schlacht auf dem Cimatario, über deren Verlauf die republikanische Regierung telegraphisch informiert war, diesen Beschluß beschleunigt hat, da mit einer Gefangennahme Maximilians zu rechnen war.

Sonntag, 28. April[210]
Der Angriff auf den Gregorio ist unterblieben – wahrscheinlich war die Idee von Maximilian gar nicht ernst gemeint und der Vorschlag nur zur Beruhigung Salms erfolgt. Bei näherer Überlegung zeigt sich, daß man gar nicht genügend Munition besitzt, schließlich auch, wie der Kaiser jetzt glaubt, keine besondere Eile hat, weil man doch – so Miramón – eigentlich jederzeit durchbrechen könnte.

Auf beiden Seiten herrscht Kampfesmüdigkeit, sogar die Artillerie schweigt. In Querétaro werden die gefangenen Soldaten, wie in Mexiko üblich, auf die eigenen Truppenkörper verteilt. Jetzt ist die Stunde der Ärzte gekommen. Die Lazarette sind überfüllt. Dr. Basch arbeitet fieberhaft in den weiten, mit Verwundeten überbelegten Sälen des San Francisco Klosters im Stadtzentrum. Um ihn bewegen sich die wenigen mexikanischen Ärzte, die es hier gibt. Sie alle sind wütend auf den Ausländer, der sie von oben herab behandelt und ihnen andeutet, sie wüßten und könnten nichts, während sie doch überzeugt sind, es sei genau umgekehrt. Eine Junta de Caridad, die der Priester Agustín Guisasola leitet, den man in Querétaro die „Göttliche Vorsehung der Armen nennt", sammelt Decken und Verbandsstoff, denn es mangelt an allem, vor allem an Watte und Binden.

Zwischen den Linien liegen bei glühender Hitze republikanische und kaiserliche Verwundete durcheinander. Niemand hilft ihnen, denn kaum wagt es jemand aus dem kaiserlichen oder dem republikanischen Lager, ihnen näher zu kommen, wird schon von der anderen Seite auf ihn geschossen.

Ein Republikaner torkelt im Zustand der Volltrunkenheit den kaiserlichen Linien zu, welche er für die eigenen hält. Der Schuß eines kaiserlichen Postens durchbohrt seinen Tschako, der zu Boden fällt. Der Betrunkene hebt ihn seelenruhig auf, beteuert seine Liebe zur „Libertad" und möchte zu General Régules geführt werden, um sich zu beschweren. Man macht sich den Spaß, ihn zu General Méndez zu führen, der sich als republikanischer Offizier ausgibt, um den Überläufer wider Willen auszuhorchen. Méndez sagt ihm auf den Kopf zu, daß er zu den Verrätern übergehen wollte. *Ich, zu den Verrätern? Niemals!*, lallt der Republikaner entrüstet, weil er immer noch annimmt, er sei bei seinen eigenen Leuten. General Méndez insistiert: *Lüg' nicht, du wolltest zu Méndez überlaufen!* Darauf der Betrunkene: *Was, zu diesem Banditen, der Arteaga und Salazar umbringen hat lassen, niemals! Ich bin zwar betrunken, aber nicht verrückt.* Méndez wird jetzt ernstlich böse. *Hör mal, du sprichst mit Méndez selbst!* Der Berauschte bricht in ein schallendes Gelächter aus. *Sie, Méndez ... mi general, Sie machen sich über mich lustig, um mir Angst einzujagen. Der ist doch in der Stadt, da drüben, mi general. Er versteckt sich, aber wir finden ihn schon, mi general, und erschießen ihn wie einen Hund.* Nun muß auch Méndez wieder lachen: *Du kannst Gott danken, daß du betrunken bist, und daß der Kaiser hier ist, sonst würdest zu bereits vor diesem Haus hängen.* Er läßt ihn abführen. Albert Hans, der das köstliche Gespräch später notiert, und andere können ihn lange nicht überzeugen, daß er sich in Querétaro befindet. Aber zum Schluß, als vor ihm die Türme der Cruz auftauchen, kommt doch die große Erkenntnis über ihn: *... und ich habe geglaubt, ich sei im Lager von General Corona. ...*

Escobedo sitzt in seinem Hauptquartier und schreibt beschwören-de Worte an General Porfirio Díaz:

*Bis jetzt habe ich den Feind in Querétaro festhalten können, in der Hoff-nung, daß Sie kommen und ihn mit meinen und Ihren Kräften niederzwin-gen können. So hätte der Krieg, der das Land zerreißt, seinen glücklichen und endgültigen Abschluß mit der Vernichtung sämtlicher Hauptanführer der Verräterpartei gefunden, die dort Zuflucht gesucht haben ... Damit Sie besser meine Situation begreifen und sich danach richten, teile ich Ihnen mit, daß wir gestern einen sechsstündigen Kampf mit Masseneinsatz hat-ten, der mich viel Munition gekostet hat, und obwohl wir den Feind auf die Stadt zurückgeworfen haben und 300 seiner Leute fielen, haben wir ihm nicht sehr geschadet. Er hat sich nämlich vorher unserer Linien bemächtigt ... und uns drei Feld- sowie sechs Berggeschütze abgenommen und, obwohl ich ihn dank der Reserven wieder zurückgeworfen habe, fehlen mir jetzt Mannschaften und Geschütze, und die Munition ist fast aufgebraucht, sodaß ich weniger denn je für den Notfall gerüstet bin.* So klagt Escobedo, wobei er genau weiß, daß die Belagerung der Hauptstadt, deren Ein-nahme das strategische Hauptziel der Republikaner ist und sein muß, von Porfirio Diaz nicht einfach aufgegeben werden kann.

Montag, 29. April[211]
Maximilian denkt noch voll Begeisterung an die große Aktion vom 27. April – die „Schlacht am Cimatario" – zurück, die er unter dem Einfluß Miramóns als bedeutenden Sieg betrachtet. Und obwohl er kaum annehmen kann, daß der Brief seinen Adressaten erreicht, schreibt er sich seine Begeisterung in einem Brief an den Innenmini-ster Iribarren von der Seele.
*Nachdem sich unsere Stadt mit höchster Anstrengung halten konnte, ob-wohl Márquez ihr nicht die Entsatzhilfe geleistet hat, die er sollte, haben*

*Wir vorgestern dem tapferen Miramón befohlen, die feindlichen Linien auf
dem Cimatario anzugreifen, die von 10.000 Mann mit 20 Geschützen verteidigt wurden. Eine Stunde genügte unseren Soldaten, um diese 10.000
Mann zu schlagen und ihnen 20 Kanonen abzunehmen, wobei 500 Gefangene gemacht und der Rest dieser umfangreichen Streitmacht zersprengt wurde. Vielleicht werden wir die Belagerer schon sehr bald dazu zwingen, ihr
Lager aufzuheben und sie endgültig schlagen, worauf wir sofort unserer
geliebten Hauptstadt zu Hilfe eilen werden. Es kommt daher sehr darauf an
... sie energisch zu verteidigen, ihr Kriegsmaterial unermüdlich zu vermeh-
ren, sie selbstversorgend zu machen, um lange Zeit durchzuhalten.* [212]

In diesem Augenblick der Euphorie hat er vergessen, daß er noch
vor kurzem die Hauptstadt von ihren besten Truppen entblößen
wollte, um Querétaro zu entsetzen.

Am selben Tag berichtet General Escobedo an Präsident Juárez
über das nämliche Ereignis. Er schreibt voll Besorgnis und erbittet
Instruktionen, wie er sich angesichts der *kritischen Situation, in welche
die Ereignisse dieses Tages uns versetzt haben* verhalten soll. Zu diesem
Zweck entsendet er sogar einen Beauftragten, Oberstleutnant Manuel Azpíroz, als „lebenden Brief". Azpíroz soll Juárez wohl um bessere
Munitionsversorgung angehen und ihn notfalls zu größeren Menschenverlusten autorisieren, um Querétaro endlich einnehmen zu
können. Weiters soll er ihn vermutlich befragen, was in dem Fall zu
geschehen hätte, daß Maximilian in die Hände der Republikaner fiele.

Dr. Basch ist zwar nun Generalinspektor der Spitäler, doch ist er
sosehr mit praktischen Einsätzen überhäuft, daß er den Vorsitz bei
der Sanitätskommission nicht führen kann. So ernennt Maximilian
den vielseitigen Justizminister Aguirre zum neuen Vorsitzenden.

General Arellano steht als Artilleriedirektor vor halbleeren Muni-
tionsdepots. Er weist daher sämtliche Artillerieoffiziere an, nur im
Falle eines feindlichen Angriffes Feuer geben zu lassen. Auch den
Truppenabteilungen wird das Fassen von Munition ungeheuer erschwert. Die Soldaten sind dadurch demoralisiert, denn nichts ist
ihnen lieber, als aus dem geringsten Anlaß die Kugel aus dem Rohr
zu jagen. Wichtig ist dabei nicht sosehr, daß die Kugel trifft, sondern,
daß es knallt. Das Pulver wird immer schlechter, und neu gefaßte
Granaten explodieren nicht. Man beginnt darüber zu reden, was
wohl Arellano mit den 300 Pesos macht, die er für die Herstellung
von Munition täglich aus der Kriegskasse bezieht.

Dienstag, 30. April[213]
Die Kaiserlichen halten sich strikt an die Vorschrift, nicht zu schießen, wenn sie nicht angegriffen werden. Die Republikaner dagegen

nützen die ungewohnte Feuerpause der Verteidiger, um Geschoß auf Geschoß in die Stadt und gegen die Brustwehren der Verteidigungsstellungen zu jagen. Die Belagerten arbeiten unausgesetzt an der Verstärkung der Befestigungen. Miramón konferiert mit dem Kaiser. Gerüchte laufen um. So heißt es, man plane einen Ausfall gegen die Hacienda de Callejas und die Garita de México, um die Republikaner zu einer Entscheidung zu zwingen. Die Lebensmittellage ist katastrophal, es mangelt vor allem an Mais, Kartoffeln, Gerste, Reis und Kaffee.

Umso optimistischer heißt es nun in einem Tagesbefehl, der auch im Boletín de Noticias erscheint, daß der Ausfall am 27. eine Kombination mit General Márquez gewesen sei, der aber nicht rechtzeitig eintraf. Dabei sei es Kurieren gelungen, Nachrichten aus Mexiko-Stadt und Guadalajara zu bringen. Die Hauptstadt sei zwar eingeschlossen, aber gut verteidigt, und die Bevölkerung sehe mit Enthusiasmus dem Sieg der kaiserlichen Truppen entgegen. Guadalajara sei von General Lozada erobert worden, der bereits zum Entsatz Querétaros heranrücke. Auch General Olvera, Mejías Freund, warte in der Sierra Gorda mit 4.000 Mann die Ankunft von Márquez ab, um dann vereint mit diesem dem Feind in den Rücken zu fallen. Diese Nachrichten lösen anfangs großen Jubel unter der Bevölkerung aus, doch erfährt man bald durch Soldatenweiber und andere Nachrichtenträger, daß sie erfunden sind.

Am Nachmittag greifen die Kaiserlichen tatsächlich von der Kirche San Francisquito aus mit einer Pionierkompanie die vor der Hacienda de Callejas liegenden republikanischen Stellungen an. Sie nehmen einige Schanzen ein und erobern eine Batterie. An diesem Frontabschnitt kommandiert auf republikanischer Seite der General und Literat Vicente Riva Palacio. Über die Kämpfe erfährt Oberst Balbontín beunruhigende Details von Oberst Zenea. Mitten im Abwehrkampf sei einem Bataillon aus Nuevo León die Munition ausgegangen. Man habe mit dem Bajonett standgehalten. Zwar sei Balbontíns letzte Sendung eingetroffen, aber *24 Stunden lang waren wir völlig entblößt.*

Mittwoch, 1. Mai[214]
Nach republikanischer Zählung unternehmen die Kaiserlichen den zwölften Ausfall, der eine Vorbereitung für einen weiteren Durchbruchsversuch nach dem Muster des – fast – erfolgreichen Vorstoßes auf den Cimatario darstellt. Insgesamt sind 2.000 Mann bereitgestellt. Den Oberbefehl führen Miramón und Castillo, die auf eine Wiederholung des militärischen Wunders vom 27. April hoffen. Es geht um

die Einnahme der Hacienda de Callejas und der Garita de México, jener Stützpunkte der Republikaner, aus denen diese dem kaiserlichen Angriff auf den Cimatario durch Entsendung von Verstärkungen entgegenwirken könnten.

Am Morgen wird im Schutze der Kirche San Francisquito eine kleine Kolonne der kaiserlichen Infanterie unter dem Kommando von Oberst Joaquín Rodríguez von der Guardia municipal de México gebildet. Die Angriffstruppe besteht aus den Cazadores franco-mexicanos, dem bereits ruhmreichen dritten Linienbataillon und einer Pionierabteilung. Dann treffen auch der Kaiser und die Generäle Miramón und Arellano ein. Rodríguez, ein hübscher Mann mit blondem Schnurrbart, früherer Feldadjutant des Kaisers und einer jener Mexikaner, die in Miramar gewesen waren, wird zu Maximilian gerufen. Albert Hans überliefert das folgende Zwiegespräch:

*Rodríguez, der Angriff, den Sie führen werden, ist entscheidend für das Schicksal der Stadt. Ich bin sicher, daß Sie wie immer Ihre Pflicht tun werden. Ich verspreche Ihnen eine Belohnung, die Ihrer würdig ist.*

*Señor,* antwortet Rodríguez mit einer Verbeugung, *heute werden mich Eure Majestät zum General ernennen, oder ich werde fallen.*

Darauf teilt Rodríguez seinen Stoßtrupp ein, während Arellano schweres Geschützfeuer auf die Hacienda de Callejas richtet, die genommen werden muß, bevor man die Garita de México angreift. Rodríguez werden mit einem Mal die Schwierigkeiten und Gefahren bewußt, welche ein Angriff auf die gut befestigte und bestückte Hacienda bietet. Er ruft den Ordonnanzoffizier Pradillo zu sich und übergibt ihm sein Guadalupe-Kreuz sowie Briefe an seine Braut und an Verwandte. Trotz aller Warnungen führt er den Angriff – ein „Himmelfahrtskommando" zu Pferd an, da er ein *schlechter Fußgänger* sei.

Es ist 10 Uhr. Wie immer führt der Österreicher Major Pitner die Avantgarde. Die Republikaner sind durch den heftigen Beschuß zermürbt und räumen wider Erwarten die Hacienda de Callejas, ohne einen Schuß abzugeben. Die kaiserliche Batterie wird nun in der Hacienda aufgestellt und gegen die Garita de México gerichtet. Rodríguez führt seine Truppe sofort weiter gegen das Torgebäude, das vom republikanischen Oberst Vicente Jiménez verteidigt wird. Dort geraten sie allerdings an einen Feind, der wirksam aus zahlreichen Schießscharten feuert.

Der Angriff kommt zunächst gut voran. Kavallerie, Infanterie, Soldatenweiber und Maulesel stieben fluchtartig beim hinteren Tor des Gebäudes hinaus. Dann stürzt Rodríguez, von einer Kugel ins Herz getroffen, tot vom Pferd und der Angriff stockt, zumal Escobedo inzwischen rasch seine Reserven – das erste Bataillon von Nuevo León und Einheiten des Gardebataillons Supremos poderes unter Oberst Miguel Palacios – zum Gegenstoß herangeführt hat. Der Franzose Domet kann noch Rodríguez' Leichnam in Sicherheit bringen, dann weichen die Kaiserlichen fluchtartig zurück. Auf republikanischer Seite fällt der Kommandant der Garita, Oberst Carillo, und Oberst Carlos von Gagern wird so schwer verwundet, daß ihm ein Arm amputiert werden muß. Auch Oberst Palacios – der übrigens mit Rodríguez gemeinsam in französischer Kriegsgefangenschaft war – wird verwundet.

Maximilian beobachtet vom Turm der Kirche San Francisquito den Kampf, während rundherum die Kanonenkugeln einschlagen, welche die republikanischen Batterien auf dem Cimatario abfeuern. Nun nehmen republikanische Scharfschützen, die aus der Hacienda de Callejas, welche von der kaiserlichen Infanterie wieder geräumt wird, zurückgezogene Batterie unter Beschuß, die die Zugänge zu den Stellungen der Verteidiger abschirmt. Einige Kanoniere fallen, General Arellano richtet selbst die Geschütze, dann zieht er sich mit Miramón und dem Kaiser in die Cruz zurück. Auf dem Weg dorthin erleidet er durch eine verirrte Kanonenkugel, die in einem Straßenwinkel ausläuft, eine Prellung.

Wie in solchen Fällen auf beiden Seiten üblich, wird der mißglückte Angriff von den Kaiserlichen in einer offiziellen Meldung wieder als erfolgreiche Rekognoszierung hingestellt. Über die Verluste schweigt das Bulletin, doch dürften sie etwa so hoch gewesen sein wie die des Gegners, ungefähr 300 Mann. Auch die Cazadores haben hohe Verluste erlitten, die Entmutigung ist allgemein. Man beklagt den Hunger, spricht offen davon, daß man Márquez nicht mehr erwarten kann, daß man sich hier nutzlos abschlachten lassen muß. Oberstleutnant Pitner, der erst kürzlich einem allzu aufrührerischen Soldaten eine Kugel durch den Kopf geschossen hat, ist selbst wieder verwundet. Als Hans im Spital der Cruz vor dem Leichnam von Joaquín Rodríguez steht, beschleicht auch ihn ein Gefühl der Verzweiflung. Und Maximilians Sekretär Luis Blasio erinnert sich, daß Rodríguez, als er sich knapp vor dem Angriff bei ihm verabschiedete, bereits von Todesahnungen geplagt war.

Donnerstag, 2. Mai[215]
Um 9 Uhr vormittags verläßt der Leichenzug mit dem Sarg von Oberst Rodríguez die Cruz. Maximilian geht mit einigen Offizieren an der Spitze. Dann folgt die stark dezimierte Einheit der Guardia municipal de México, Gewehre und Trommeln mit Trauerflor um-

wunden. Die Clairons der Banda haben ihre Dämpfer aufgesetzt.
Während der Sarg von vier Unteroffizieren langsam durch die engen
Straßen zur Kirche La Congregacion getragen wird, dröhnen wieder
die Kanonen der Republikaner, die von ihren Beobachtungsposten in
den Bergen alle Bewegungen in der Stadt einsehen können. In der
ebenso wie die Cruz Ende des 17. Jahrhunderts erbauten Kirche wird
ein Requiem abgehalten. Wie alle in Querétaro gefallenen kaiserlichen Stabsoffiziere, wird auch Rodríguez in der Kirche selbst bestattet.

Miramón erscheint erst gegen Ende der Zeremonie und entschuldigt sich beim Kaiser. Dieser ist besonders niedergeschlagen. Die Tränen laufen ihm während des Requiems über das Gesicht. Auch die
Soldaten von der Guardia municipal, die von Rodríguez' Regiment
noch übrig sind, haben feuchte Augen. Der Tod des populären, tapferen Joaquín Rodríguez macht ihnen allen deutlich, daß angesichts
der Übermacht des Gegners alle persönlichen Opfer vergeblich sind
und ihre Lage aussichtslos ist.

Hofkaplan Pater Aguirre versucht, Maximilian am Nachmittag
auf andere Gedanken zu bringen. Er hat für 4 Uhr einen Photogra-
phen in die Cruz bestellt. Maximilian bemerkt mit Galgenhumor, der
Pater habe wohl geschickt die Gelegenheit benutzt, solange er noch
am Leben sei, sich ein Andenken von ihm zu verschaffen. Basch, der
selbst voll Sarkasmus ist, notiert das Bonmot sofort. Als Maximilian
später das kunstlose, schlecht belichtete, auf modische Art aus
Bodenhöhe aufgenommene Bild sieht, auf dem er düster vor sich hin
starrt, bereut er wahrscheinlich seine Zustimmung zur Aufnahme. Ist
diese aufgeschossene, triste blickende Gestalt auf dem Bild, die
durch die hohen Stulpenstiefel und den breiten Sombrero nur noch
hagerer wirkt, ein wahrer Don Quixote, identisch mit jenem leutselig
blickenden jungen Mann, der vor drei Jahren voll Hoffnung und
guter Absichten in Veracruz an Land ging? Maximilian beschließt für
sich: So wie es bisher von seinem Aufenthalt in der Stadt keine Fotos
gab, wird es auch in Zukunft – solange er noch in diesem unglück-
seligen Querétaro ist – von ihm keine Aufnahmen mehr geben. Möge
man sich doch mit den prächtigen Bildern begnügen, die sein inoffi-
zieller Hofphotograph François Aubert[216] mit unvergleichlichem Geschick und Geschmack von ihm, Charlotte und den Größen der im-
perialen Gesellschaft Mexikos hergestellt hat.

Wohl um sich aus der Lethargie zu reißen, beschließt man an
jenem Nachmittag, am nächsten Morgen den San Gregorio anzugreifen, von wo der stärkste Beschuß ausgeht. Vielleicht kann man so
einen Weg für den Durchbruch in die Sierra Gorda öffnen. Sonst gibt

es noch Gespräche über den angeblich nahenden Entsatz, aber die Stimmung ist schon so gesunken, daß niemand mehr wirklich daran glaubt.

General Castillo, dem niemand die traurige Aufgabe abnehmen will, aus den ohnedies schon ausgeplünderten Stadtbewohnern das letzte herauszupressen, hat im Hauptquartier den Befehl Nr. 458 unterzeichnet, in dem er die Masseverwalter der in Konkurs gegangenen Firma Sosa Hermanos unter Androhung strengster Strafen auffordert, die Konkursmasse der Firma – Wäsche – an die Heeresverwaltung auszuliefern.

Es ist vermutlich auch an jenem traurigen Nachmittag, daß auf der Höhe der Cuesta China wie ein Bote aus einer anderen Welt ein gelber Postwagen auftaucht, der von vier Maultieren gezogen wird. Da auch einige Soldaten daneben reiten, vermuten die Kaiserlichen zuerst, Juárez sei angekommen. Doch in der Kalesche reist nicht der Presidente Constitucional, dessen Kutsche schwarz ist, sondern eine junge Dame, die ein miserables Spanisch mit nordamerikanischem Akzent radebrecht, es aber trotzdem verstanden hat, sich nicht nur mit einem mexikanischen Begleiter – einem Sr. Parra –, sondern auch mit Empfehlungsbriefen an Carlos Rubio und an General Escobedo zu versehen. Die etwa 27-jährige Dame ist mehr als attraktiv, von entwaffnender Naivität, gepaart mit spielerischer Energie, die das kriegerische Szenario von Querétaro in der missionarischen Überzeugung betritt, als amerikanische Dea ex machina große Dinge bewirken zu müssen und zu können.

Agnes Elisabeth Winona Leclerc Joy, durch Heirat mit dem damals in nordamerikanischen Diensten stehenden Fürsten Felix zu Salm Salm und zum Entsetzen von dessen uradeligen deutschen Verwandten zu dem Titel „Fürstin" gelangt, ist nach eigenen Recherchen immerhin ein später Abkömmling aus dem englischen Herrscherhaus der Plantagenet. Ihre Vorfahren gehörten zu den frühen Einwanderern Amerikas, was in der nordamerikanischen Republik fast einem Adelsprädikat gleichkommt. Auch eine entfernte Verwandtschaft zu Abraham Lincoln wurde rechtzeitig festgestellt. Die später aufgetauchte, wohl herabsetzend gemeinte Behauptung, sie sei in ihrem Vorleben „Kunstreiterin" gewesen, dürfte reine Erfindung sein. Sie selbst lehnt es ab, über ihre Vergangenheit zu sprechen oder zu schreiben. Doch heute kann jeder sehen, daß sie auf dem Rücken der Pferde genau so gut zuhause ist wie ihr uradeliger Gemahl – im damaligen Nordamerika übrigens keine besonders unterscheidende Eigenschaft, auch nicht in Mexiko, ist doch auch Miramóns Gattin eine gute Reiterin, und auch Charlotte saß gerne zu Pferd.

Die eigentliche Berufung von Agnes Salm war jedoch eine typisch nordamerikanische: Sie war eine erfolgreiche Lobbyistin. Neben Mut, Schönheit und spöttischer Beredsamkeit, verbunden mit einer gewissen journalistischen Begabung, besaß sie vor allem zwei erfolgbringende Eigenschaften: Umwerfende Respektlosigkeit und klettenartige Lästigkeit. Daneben operierte sie mit einer verborgenen Waffe, nämlich mit dem sicheren Wissen, keine Kinder bekommen zu können. Zweckliaisons – falls es solche gab – konnten daher für sie folgenlos bleiben. Gerne und theatralisch ließ sie sich jedenfalls von Verehrern umschwärmen. Ein entsprechender Ruf war die Folge, namentlich bei den europäischen Offizieren in Mexiko-Stadt, was ihr aber herzlich gleichgültig oder, im Gegenteil, sogar willkommen gewesen sein dürfte. Daß sie die Phantasien ihrer männlichen Zeitgenossen beflügelte, daran konnte jedenfalls kein Zweifel bestehen, ein Zustand, den sie genoß.

Ihre vergangenen Erfolge als Lobbyistin waren beachtlich: Sie hatte noch in den Staaten durch beharrliches Antichambrieren bei einflußreichen Politikern und Journalisten für ihren Gatten ein Generalspatent und den Posten eines Militär- und Zivilgouverneurs von Nordgeorgia erwirkt. Sie hatte den kurzlebigen Präsidenten Lincoln ebenso wie dessen Nachfolger Johnson sowie Gordon Bennet, den Zeitungsmagnaten und Begründer des New York Herald, bezaubert, dessen Sohn ihr den Terrier „Jimmy " geschenkt hatte, der sie auf allen ihren Wegen begleitete, und den sie auch in der gelben Kutsche mit sich führte. In Mexiko, wo Damen in Männerangelegenheiten wenig mitzureden hatten, packte sie die Mächtigen, die sie für ihre sehr praktischen Ziele brauchte, bei ihrer meist angeborenen Galanterie. Sowenig sie allerdings bisher an den Kaiser selbst herangekommen war, so sehr war es ihr gelungen, Hilfestellungen für ihre Reise nach Querétaro beim preußischen Ministerresidenten in Mexiko, Baron Magnus, und beim republikanischen General Porfirio Díaz zu erhalten, der ihr schließlich sogar eine Kutsche und Begleitschutz bot.

Die gelbe Kutsche bewegt sich nun auf der staubigen Landstraße der Cuesta China hinter den republikanischen Belagerungsstellungen auf die östlich von Querétaro liegende Hacienda de Hércules zu. An den Hausherrn, Don Carlos Rubio, besitzt sie ein Empfehlungsschreiben, das seinen Adressaten zwar nicht erreichen kann, denn der Bankier befindet sich im belagerten Querétaro, aber es genügt, daß man sie dort ihre Kleider wechseln läßt, während Herr Parra die „princesa" im Hauptquartier Escobedos, auf dem Cerro de Patehé anmeldet. Die Empfehlung verhilft ihr bei Rubios auf der

Hacienda verbliebenem Mayordomo auch zu einem Pferd, doch hat er keinen Damensattel. So sitzt sie auf einem hölzernen mexikanischen Sattel, als sie vor dem Zelt Escobedos eintrifft.

Der General kommt gerade aus einer Besprechung mit seinen Stabsoffizieren, und obwohl ein amerikanischer Offizier der Legion of honor dabei ist, läßt er sich lieber von einem englisch sprechenden Mexikaner dolmetschen. Agnes Salm ersucht Escobedo, sie nach Querétaro durchzulassen, wo sich ihr Gatte befinde, der verwundet sei und den sie pflegen wolle. Escobedo würde sogleich von einer Verwundung Salms erfahren haben, da der Nachrichtendienst aus der belagerten Stadt ausgezeichnet funktioniert. Er weiß also, daß Salm nicht verwundet ist, und außerdem möchte er nichts entscheiden. Daher legt er Agnes Salm nahe, mit einem Empfehlungsschreiben zu Präsident Juárez nach San Luis zu fahren, dieser möge entscheiden. Und da er ohnedies vorhat, Azpíroz nach San Luis zu schicken, bietet er ihr diesen als Beschützer und Wächter an. Der Gedanke, den mexikanischen Präsidenten aufzusuchen, wäre Agnes nicht im Traum gekommen, doch nun, da Escobedo es ihr anbietet – um sie loszuwerden –, sieht sie ein erfolgversprechendes Aktionsfeld vor sich.

Was Agnes in diesen Stunden bewegt, ist leicht zu erraten. Natürlich möchte sie nach so vielen Monaten der Trennung mit ihrem Mann zusammentreffen, mit dem sie eine Art Kumpelverhältnis verbindet. Doch wichtiger scheint es ihr, in San Luis zu erfahren, was passiert, wenn Querétaro in die Hände der Republikaner fällt, was früher oder später der Fall sein muß. Was hat Juárez mit Maximilian vor? Rechtzeitige Informationen darüber könnten sie in die Lage versetzen, in Querétaro, sobald sie die Stadt betreten könnte, auf bewährte Weise zu agieren. So nimmt sie das Angebot Escobedos, am nächsten Morgen in der nach San Luis Potosí abgehenden Diligence zu reisen, gerne an.

Freitag, 3. Mai[217]
Um 3 Uhr früh geht die Postkutsche nach San Luis fahrplanmäßig von einem mehrere Meilen von Querétaro entfernten Dorf ab, wohin sich Agnes Salm rechtzeitig begibt. Oberstleutnant Azpíroz erwartet sie dort. Er hat bereits Billetts für sich und die ihm noch nicht bekannte Princesa de Salm Salm gelöst. Azpíroz, der eine diplomatische Karriere anstrebt, spricht geläufig Englisch, somit gibt es keine Verständigungsschwierigkeiten. Escobedos Auftrag ist natürlich, die rätselhafte Dame, soweit es geht, auszuhorchen. Über seine eigene Mission weiß Azpíroz zu schweigen. Inzwischen hat er diese

mit Escobedo mehrfach abgeklärt. Der General möchte Juárez nahe-
legen, im Falle der Gefangennahme des Kaisers, ihm den Prozeß zu
machen, denn das sei der Wunsch vieler seiner Offiziere. Für einen
Prozeß braucht es jedoch Dokumente für die Anklage sowie eine
staats- und völkerrechtlich stichfeste Anklageschrift, die nur von der
Regierung erstellt werden kann. Hauptsächlich diese Fragen hat
Azpíroz mit Juárez, dem Justizminister Iglesias, dem Außenminister
Lerdo de Tejada und dem Kriegsminister Mejía zu besprechen.

Vier Stunden danach, um 7 Uhr früh, beginnt unter der Führung
Miramóns, der „das Wunder des Cimatario" wiederholen will, der
Angriff der Kaiserlichen von der Flußlinie im Norden aus gegen den
Cerro de San Gregorio. Miramón kennt Escobedos Taktik, in Momen-
ten drohender Gefahr seine umfangreichen Reserven einzusetzen.
Daher sieht sein Plan, den er Maximilian voll Begeisterung vorge-
schlagen hat, vor, daß General Castillo einen Scheinangriff auf die
südlich der Stadt gelegene Hacienda de Callejas unternimmt.

Vier Kolonnen Infanterie stehen im Norden zum Angriff bereit.
Miramón wartet ungeduldig darauf, daß Castillos Kanonen im
Süden zu dröhnen beginnen. Aber dort bleibt es ruhig. Miramón
kocht vor Ungeduld, aber alles Warten ist vergeblich. Castillo hat
sich einfach in seinen Vorbereitungen verspätet. Um nicht noch mehr
Zeit zu verlieren, gibt Miramón trotz allem das Zeichen zum Angriff.

Wie schon des öfteren spielen die Angreifer, sie seien Überläufer,
indem sie die Gewehrkolben nach oben strecken und „Libertad"
brüllen. Die Republikaner lassen sich im Moment täuschen, die erste
Grabenstellung wird überrannt und die Hacienda La Era eingenommen. Dort fällt der republikanische General Antillon, der jüngst vor
einem kaiserlichen Angriff in Unterkleidern geflüchtet ist. Miramón
läßt den Gefallenen ins kaiserliche Lager schaffen. Die republikanischen Verteidiger ziehen sich in die Gräben auf dem Hang des San
Gregorio zurück und fordern Verstärkungen an, die, nachdem
Miramóns Kriegslist versagt hat, pünktlich eintreffen. Der kommandierende republikanische General Treviño wird am linken Bein verwundet, aber der Angriff der Kaiserlichen – der dreizehnte Ausfall,
niemand weiß noch, daß es auch der letzte sein wird – kommt zum
Stehen und verwandelt sich bald in einen Rückzug.

Wieder einmal ist in der Cruz alles für den Abmarsch bereit, falls
der Feind in die Stadt dringen sollte. Maximilian, Salm und Arellano
sehen von der Kuppel der Cruz dem Angriff zu. Wieder schlägt eine
Vollkugel in den Turm, welcher der Kaiser nur knapp entgeht. General Méndez ist krank vor Ärger über den seiner Meinung nach sinn-
losen Ausfall, der nur Opfer gekostet hat.

Immerhin hat man Gefangene gemacht, die im Hof des Klosters von San Francisco verhört werden. Auf dem Weg dorthin trifft Maximilian auf zahlreiche Verwundete. Das Casino, sein früherer Wohnsitz, ist mit Verwundeten überfüllt. Die Gefangenen sagen aus, in ihrem Lager stünde alles vortrefflich, man hätte Querétaro schon genommen, wenn die Generäle nicht so uneinig wären. Vom Turm der Kathedrale aus beobachten inzwischen Fürstenwärther und Swoboda, daß sich im Süden Querétaros auf den Hängen des Cimatario bedeutende Kavalleriemassen sammeln. Da man von dort her einen Großangriff befürchtet, läßt Maximilian Miramón anweisen, den Angriff abzubrechen – überflüssigerweise, da der Rückzug ohnedies bereits im Gange ist.

Nach dem Mißerfolg kommt Miramón niedergeschlagen zum Kaiser, der ihm nur anteilnehmend die Hand drückt. Nicht nur sie wissen jetzt, sondern jeder, der militärisch denken kann, weiß es: Die Kaiserlichen sind am Ende, der Gegner gewinnt täglich an Stärke. Jeder weitere Versuch auszubrechen ist aussichtslos. Und mit Márquez ist nicht mehr zu rechnen.

Oder vielleicht doch noch? Unter den Augenzeugen gibt es nur einen – Oberleutnant Kaehlig – der noch einen anderen Grund für den „Rückzugsbefehl" erfährt. Offenbar ist er in der Nähe, als dem Kaiser ein gewisser Don Guadalupe Valencia vorgeführt wird, der während des heftigsten Kampfes tollkühn zu den Kaiserlichen vorgedrungen ist und vorgibt, ein Bote von General Márquez zu sein. Die Briefe, die er vorweist, sind von Márquez und Vidaurri unterzeichnet und führen die genauen Truppengattungen an, die von Mexiko-Stadt aus zum Entsatz Querétaros unterwegs sind. Man wird bald erfahren, daß diese Nachrichten von den Republikanern gefälscht sind, um die Kaiserlichen irrezuführen. Die Qualität der Fälschung ist jedoch so ausgezeichnet, die angeführten Details sind so glaubwürdig, daß sich der Kaiser und der stets optimistische Miramón täuschen lassen, zumal sie gerne glauben möchten, was die Nachrichten verheißen. Miramón jedenfalls erzählt seinem Bruder Carlos, daß Márquez mit 8.000 Mann unterwegs nach Querétaro ist.

Der Nahrungsmittelmangel wird immer sichtbarer. Immer mehr arme, ausgehungerte Bewohner irren durch die Straßen und flehen die Soldaten um Brot an. Die dünne Schicht der Reichen leidet noch keine Not, in ihren Kellern gibt es genügend Vorräte. Doch blicken auch sie mit Sorge in die Zukunft, denn seit Monaten ist das wirtschaftliche Leben zum Stillstand gekommen. Man beginnt an „nachher" zu denken, an den Aufbau unter gründlich geänderten politischen Machtverhältnissen. ... Es kann nicht mehr allzulange dauern.

Samstag, 4. Mai[218]

Die Stadt wird wieder heftig beschossen. Im Tagesbefehl wird die gestern erhaltene Falschmeldung des Überläufers Guadalupe Valencia als hoffnungspendende Neuigkeit verkündet. Die Kirchenglocken werden geläutet, und in den Kasernen bläst man Siegesfanfaren. Der private Nachrichtendienst der Queretaner funktioniert jedoch besser: Seit heute weiß man in Querétaro, daß Márquez Anfang April bei Puebla geschlagen wurde.

Da die Armen von Querétaro keinen Mais mehr haben und zu Schleichhandelspreisen keinen kaufen können, verfügt General Castillo, daß alle Bewohner, die noch Maisbestände besitzen, diese innerhalb von 24 Stunden beim Hauptquartier zu melden haben. Wer dies unterläßt, ist kriegsgerichtlich zum Tode zu verurteilen. Wer seine Bestände angibt, darf ein Drittel davon auf eigene Rechnung verkaufen, muß aber die restlichen zwei Drittel der Präfektur abliefern, die diese zu Niedrigpreisen an die Bevölkerung abgibt.

Dagegen gibt es fast eine Fleischschwemme, denn es sterben so viele Pferde und Maultiere an Futtermangel, daß die Besitzer sie nur um einen lächerlichen Preis beim Fleischer losschlagen können. So erzielen Tiere, die normalerweise zwischen 150 und 200 Pesos kosten, nur mehr eine halbe Goldunze oder $7^1/_2$ Pesos. Freilich ist ein Großteil dieses Fleisches schlecht, so daß die Ruhr sich immer mehr ausbreitet.

Sonntag, 5. Mai[219]

Im republikanischen Mexiko wird seit dem 5. Mai 1862, an dem die Verteidiger von Puebla unter dem jungen General Zaragoza die französischen Angreifer mit blutigen Köpfen zurückschlugen, dieser Tag als Nationalfeiertag begangen.

Den ganzen Tag hört man von Querétaro aus dem feindlichen Lager, wo auch der Wein in Strömen fließt, die Bandas spielen. Man hört die Soldaten „Viva" rufen und „Mueran los traidores – Tod den Verrätern!" Die Schützen, die einen Friedhof nördlich des Rio Blanco besetzt halten, brüllen den Verteidigern über den Fluß zu, daß bald ein Angriff und dann Massenhinrichtungen erfolgen werden.

An diesem kampffreien Tag schreibt Escobedo einen eher vorsichtigen Brief an Porfirio Díaz, der ihm Hilfslieferungen versprochen hat:

*Mit diesen Hilfsmitteln (Artillerie und Gewehrmunition) – sofern Sie mir diese rasch schicken – glaube ich, die Belagerung mit der Aussicht weiterführen zu können, daß sich entweder die Stadt ergibt oder der Feind bei einem möglichen Durchbruchsversuch geschlagen wird. Meine Kräfte haben nämlich nichts von ihrer Moral eingebüßt, während die des Gegners, wie ich höre, stark gelitten hat.*

Eine handstreichartige Einnahme der Stadt, wie sie in wenigen Tagen tatsächlich erfolgen wird, sieht er in diesem Moment in keiner Weise voraus.[220]

Daß Querétaro an diesem Gedenktag wieder aus vollen Rohren beschossen wird, verwundert niemanden. Zwei Erlebnisse mit Kanonenkugeln werden überliefert. Zu Mittag befindet sich im Kloster der „Teresitas", einem klassizistischen Bau im Süden Querétaros, die Ehrwürdige Mutter Sor María del Pueblito im Kreuzgang über der Sakristei der Klosterkirche. Plötzlich schlägt eine Granate, die vom San Gregorio abgefeuert wurde, durch ein Fenster an der Westseite der Kirche und fällt genau vor dem Tabernakelaltar zu Boden, ohne zu explodieren. Das zylindrische Geschoß, das etwa 15 cm Durchmesser aufweist, wird zum Andenken an das Wunder von den frommen Schwestern in einer Nische des Altars aufbewahrt.

Am Nachmittag liegt Salm in seinem Zimmer in der Cruz auf dem Feldbett und unterhält sich mit mehreren Besuchern. Da schlägt eine Vollkugel in einen danebenliegenden Saal ein, reißt den Mittelpfeiler um und prallt abgeschwächt an die Wand, hinter der Salms Feldbett steht, durchschlägt sie aber nicht.

Die Belagerten, die laut Dr. Baschs Tagebuch *einen Tag der Erholung* genießen, erwarten sich auch einen ruhigen Abend. Doch um 7 Uhr, als es bereits dunkelt, steigen plötzlich, wie Blasio nicht ohne naive Bewunderung berichtet, *tausende von vielfarbigen Leuchtkugeln* auf. In der Stadt wird es taghell. Gleichzeitig stürmen die Republikaner unter heftigem Gebrüll, knatterndem Kleingewehrfeuer und unterstützendem Kanonendonner auf den Puente Grande los. Die Kaiserlichen, mit kühleren Köpfen in gedeckter Stellung, feuern so wirkungsvoll in die anstürmenden Reihen, daß diese nach einer Viertelstunde in voller Auflösung zurückfluten. Von der Cruz aus nehmen sich die Kämpfe wie ein nächtlicher Feuerzauber aus. Um 10 Uhr nachts, also erst nach drei vollen Stunden, hört das Bombardement schlagartig auf. Auf den umliegenden Hügeln brennen die Freudenfeuer der Republikaner.

Die beschwingte Feder Arellanos steigert sich im offiziellen Bericht über diesen Tag zu sarkastischen Wendungen. *Das Bachanal der Juaristen am 5. Mai endete mit einem Angriff auf die Brücke um 7 Uhr abends, zu einer Zeit, als der Alkohol die Köpfe der Belagerer bereits total verwirrt hatte. Wir wußten schon aus langer Erfahrung, daß der Festungskrieg und die Kunst Vaubans nicht die starke Seite der Truppen der Volksverführer sind. Nicht aber wußten wir, daß die Juaristen hierzu vor allem eine genügende Anzahl Schnapsfässer brauchen. Diese neue Anwendung des Alkohols in der Kriegskunst wird für die Industrie von großem Vorteil sein.* Weder Arellano, der solches schreibt, noch Oberleutnant Kaehlig und Baron Fürstenwärther, die das Boletín de Noticias mit diesem Bericht am 9. Mai kaufen und diesen in ihr Tagebuch übertragen, ahnen, daß es sich um die allerletzte Ausgabe des kuriosen Amtsblättchens handelt.

Da durch die heftige Beschießung zahlreiche Einwohner Querétaros obdachlos geworden sind, weist Maximilian den Departementspräfekten Dominguez an, durch Anschlag kundzumachen, daß alle Obdachlosen gegen einen Einweisungsschein der Präfektur in die Klöster aufgenommen werden können.

## Montag, 6. Mai[221]

Da es jetzt eine Menge Pferde- und Maultierfleisch gibt, werden durch ein Dekret des Alkalden José Antonio Septién *auf Dauer der Belagerung* in fünf Stadtbezirken insgesamt acht Fleischbänke eingerichtet. Dort soll an die Armen der Stadt kostenlos Fleisch auf Bezugsscheine verteilt werden und zwar ein halbes Pfund pro Person und Tag. Leider ist das abgegebene Fleisch oft schon halb verdorben, so daß die gut gemeinte Maßnahme nur noch dazu beiträgt, daß sich die Ruhr immer mehr verbreitet. – Da das jüngste Dekret über die Ablieferung der Maisvorräte trotz angedrohter Todesstrafe wenig Wirkung zeigt, wird eine Kommission eingerichtet, die Hausvisitationen durchführen soll.

An diesem Montag unterzeichnet Generalstabschef Severo del Castillo in seinem Arbeitszimmer in der Cruz ein Ernennungsdekret, worin der bisherige Leutnant Antonio Jablonski, Schwadronskommandant, zum Oberstleutnant der Kavallerie im Regiment der Exploradores de San Luis ernannt wird. Er erhält ein vorläufiges Patent mit der Auflage, dieses, *sobald die Umstände es erlauben* beim Kriegsministerium in der Hauptstadt bestätigen zu lassen. Jablonski, dessen Name in historischen Dokumenten in den verschiedensten Schreibarten auftaucht, ist Berufsoffizier und ein Vertrauter von Oberst López, der ihm wahrscheinlich diese Beförderung verschafft hat. Er ist polnisch-jüdischer Herkunft und hat vor seiner Einwanderung nach Mexiko einige Zeit in Spanien gelebt. Er wird in den nächsten Tagen zusammen mit López eine wichtige, aber letztlich undurchsichtige Rolle spielen.

Dienstag 7. Mai[222]
Zu den Regierungsmaximen Maximilians gehört es, „gute Nachrichten für das Volk" zu verbreiten. Daher erscheinen die von den Republikanern gefälschten Meldungen über das baldige Eintreffen der Generäle Márquez und Vidaurri nochmals im Boletín de Noticias:
*Es lebe die Unabhängigkeit! Es lebe der Kaiser! Es lebe die mexikanische Armee! – Es wäre sinnlos, aus Furcht vor dem Feind die von General Márquez und General Vidaurri an S. M. gelangten Nachrichten geheim zu halten. Wir veröffentlichen sie daher zur Erleichterung der Armee und der Einwohner dieser tapferen, so schwer betroffenen Stadt. Die Verteidiger und Anhänger der nationalen Sache werden mit Begeisterung die guten Nachrichten lesen, die unser erhabener Herrscher aus Mexiko-Stadt empfangen hat. Die ewigen Zweifler und die Feinde der Ordnung können sich einmal mehr überzeugen, daß das Heer und die Bevölkerung nur noch kurze Zeit leiden müssen, bis die Juaristen geschlagen und die Gesellschaft von den Übeln, mit denen sie die Demagogie bedroht, befreit sind.*

*S. M. Majestät hat folgende Nachricht erhalten:*

*Sire:*
*Wie ich bereits die Ehre hatte, E. M. in meinen Mitteilungen vom 16. und 19 d. M. zu melden, habe ich am 17. Mexiko-Stadt mit den folgenden Armee-Einheiten verlassen ...* (Es folgt eine genaue Aufzählung der Truppen und ihrer Anführer, ein Umstand, der zeigt, daß die Republikaner durch ihre Spione über die in der Hauptstadt herrschenden militärischen Verhältnisse genau informiert waren.) *Die Zahlmeisterei ist ausreichend mit Geldmitteln versehen.*
*S. E. General Vidaurri schlägt einen anderen Weg als meine Truppen ein. Unser Treffpunkt ist die Hacienda de la Jornada. In Mexiko-Stadt bleibt eine ausreichende Garnison unter General Tabera zurück.*
*Ich kann E. M. versichern, daß in bezug auf die Sicherheit und Verteidigung der Hauptstadt, für die durch die verbleibende Garnison reichlich gesorgt ist, keinerlei Befürchtungen bestehen müssen.*
*Ich habe die Ehre, E. M eine Mitteilung S. E. des Generals Vidaurri beizulegen*
*Monte Alto, 27. April 1867*
*Der General en Chef*
*Márquez*

*Sire:*
*Da es nicht sicher ist, ob dieser Brief in die Hände E. M. kommt, halte ich es*
*für angebracht, Einzelangaben über die Operationen der Armee sowie über*
*die voraussehbaren und unvorhergesehenen Hindernisse zu unterlassen, ge-*
*gen die General Márquez und ich anzukämpfen hatten, um den Befehlen*
*E. M. zu entsprechen. Ich beschränke mich darauf, E. M. mitzuteilen, daß*
*wir unsere Operationen gegen die vor Ihrer Stadt liegende Belagerungs-*
*armee begonnen haben.*

*Ich beehrte mich, wie bereits in vorhergehenden Mitteilungen, E. M. zu*
*versichern, daß das Kabinett bereits gemäß den Wünschen E. M. gebildet*
*wurde und daß während meiner Abwesenheit in demselben Herr Iribarren*
*den Vorsitz führen wird, dessen Fähigkeiten und Energie E. M. bekannt sind.*

*Die Moral in der Hauptstadt und deren Verteidigungzustand sind in*
*höchstem Maße befriedigend.*

*Ixtlahuaca, 23. April 1867*
*Der Finanzminister*
*Santiago Vidaurri*

Soweit die vom Gegner fingierten beruhigenden Meldungen, welche
die Belagerten von Verzweiflungsakten abhalten sollen. Maximilian
läßt sie zwar veröffentlichen, ist aber höchst skeptisch geworden.
Sechs Wochen sind es bereits her, daß Márquez Querétaro verlassen
hat. Der Kaiser selbst glaubt nicht mehr an einen Entsatz durch seinen Lugarteniente. Basch und andere hören ihn nun immer häufiger
von „Verrat" sprechen. Und in diesem Sinn wendet er sich auch
schriftlich an Márquez:

*Mein lieber General Márquez:*
*Die physische und moralische Verfassung unserer Armee und der Bevölke-*
*rung von Querétaro nach 64 Tagen drückendster Belagerung macht die*
*Verteidigung des Platzes für einen noch längeren Zeitraum unmöglich. Wir*
*übersenden Euch in der Beilage einige Exemplare der Dekrete, die wir erlas-*
*sen mußten, um Euch vom Ernst unserer Lage ein Bild zu geben. Das Wohl*
*der Nation und des Heeres sowie die Rettung dieser treuen und wichtigen*
*Stadt erfordern, daß Ihr mir täglich drei Kuriere jeweils mit einer Eskorte*
*von 25 bis 50 Reitern sendet, damit diese durch überraschende Vorstöße in*
*die Stadt gelangen können. Es ist absolut notwendig, daß Ihr uns auf diese*
*Weise Nachrichten über Eurer Kommen, den Tag, an dem und die Punkte,*
*an welchen Eure Truppen die Belagerer angreifen werden, sowie den Fort-*
*schritt Eures Anmarsches mitteilt. Dieser letzte Teil Eurer Instruktionen*
*ist von allergrößter Bedeutung, denn unser weiterer Aufenthalt in Queré-*
*taro ist bereits fast unmöglich. Unsere Armee hat in ihrer kritischen Situa-*

*tion und in Erwartung der von Euch zu sendenden Hilfe einen Heroismus und stoischen Mut ohnegleichen entfaltet. Vor dem Vaterland und vor der Geschichte werdet Ihr daher der einzig Verantwortliche für die Umstände sein, die sich aus Eurer Verspätung ergeben, welche bereits über jedes vernünftige Maß hinausgeht.*

*Maximilian* [223]

Damit ist deutlich gesagt, daß Maximilian die Verantwortung für die voraussehbare Katastrophe Márquez auflasten möchte. Jene allerdings, die sich ausrechnen können, daß Márquez bestenfalls einige Tausend Soldaten nach Querétaro in Marsch setzen könnte, wodurch dann allerdings eine wirksame Verteidigung der Hauptstadt unmöglich wäre, meinen, der Kaiser mache Márquez eigentlich ungerechtfertigterweise zum Sündenbock für die verfahrene militärische Lage des Imperio.

Mittwoch, 8. Mai[224]
Durch die dauernde Beschießung sind zahlreiche Stadtbewohner obdachlos geworden. Maximilian verfügt ihre Unterbringung in leerstehenden Klöstern und größeren Gebäuden.

Donnerstag, 9. Mai[225]
In der Nacht zum 13. April hatte der Korporal der roten Husaren, Herz, als Kundschafter Querétaro verlassen. Da er nicht wieder auftauchte, nahm man an, er sei wie alle anderen Kundschafter von den Republikanern gefangengenommen und erschossen worden. Doch plötzlich taucht Herz wieder auf und verlangt, zum Kaiser geführt zu werden. Was er ihm sagt, dringt nicht an die Öffentlichkeit. Es ist aber leicht zu erraten, daß es nur jene Befürchtungen bestätigt, die in bezug auf Márquez schon lange bestanden. Jedenfalls verfügt der Kaiser die Auszahlung der ausgesetzten Belohnung von 3.000 Pesos. Als Herz erfährt, daß die Kriegskasse diese Summe nicht aufbringen kann, ohne die Soldauszahlung zu gefährden, verzichtet er großzügig auf die Belohnung. Sollte man in die Lage kommen, diese Summe entbehren zu können, möge man an ihn denken. Diese Heldentat eines kleinen, aber mutigen Mannes erfährt man in Querétaro nicht, denn den Boten schlechter Nachrichten möchte man nicht ins Licht der Öffentlichkeit bringen. Nur Oberleutnant Kaehlig, der Herz persönlich kennt, erfährt davon und nimmt den bemerkenswerten Fall in seine Erinnerungen auf.

Am 27. April, beim großen Ausfall gegen den Cimatario, hatte man dem Gegner eine schwere Haubitze abgenommen. Die Inschrift darauf lautete: La Tempestad, última razón de las naciones. (Das

Donnerwetter: die Ultima ratio der Völker.) Ein Peloton aus der Batterie von Albert Hans soll das gewaltige Geschütz, das in einem Vorhof der Cruz steht, nun zum Einsatz bringen.

Da das Geschütz besonders weit trägt, möchte sich Miramón, der mit seinem Schatten Arellano erschienen ist, einen besonderen Spaß erlauben. Die beiden beobachten einen nordöstlich liegenden Berghang – den Cerro de la Cantera –, wo man ein Zelt erkennt, über dem eine kleine Fahne flattert. Sie sind sicher, daß es sich um Escobedos Zelt, also um das Hauptquartier der Republikaner handelt. Nach einigen Probeschüssen ist das schwere Geschütz gerichtet, und nun wird Geschoß auf Geschoß gegen Don Marianos Zelt abgefeuert, aus dem zum Gaudium Miramóns zahlreiche Personen Hals über Kopf hinauslaufen.

Von den republikanischen Batterien aus ist der Aufstellungsort des Geschützes nicht einsehbar, aber der aufsteigende weiße Pulverdampf verrät ihn bald. Ein Hagel von Geschoßen geht auf die Cruz nieder. Als die Batterie, die beim Aquädukt steht, großkalibrige Kugeln herüberschickt, die furchterregend pfeifen, läßt Arellano das „Donnerwetter" einstellen.

An diesem Tag stirbt in Paris einer der gläubigsten Initiatoren des Zweiten mexikanischen Kaiserreiches: José María Gutierrez de Estrada.[226]

Freitag, 10. Mai[227]
Die Beschießung des republikanischen Hauptquartiers wird fortgesetzt, bis Escobedo seine Zelte abbrechen und sie außerhalb der Schußweite der Haubitze wieder aufbauen läßt.

Heute morgen brechen Requiriertrupps der kaiserlichen Militärverwaltung unter dem Befehl des brutalen Tomás Prieto in das Stadtzollamt ein, das zur Finanzbehörde Querétaros gehört. 103 Säcke mit Zigarren, Tabak, Kakao, Sardinen, Zimt, Rotwein, Cognac, Mandeln und anderem lang Entbehrten werden beschlagnahmt. Die Beamten Luis Rivera MacGregor und Joaquín Aparicio erhalten dafür Empfangsbestätigungen, die nach dem Endsieg des Kaiserreichs eingelöst werden können. …

Am Vormittag verleiht der Kaiser Orden. Die Zeremonie kann wegen des ständigen Beschusses nicht, wie bisher, auf der Plazuela de la Cruz stattfinden. So verlegt man sie in den Palacio municipal. Diesmal kommen auch die Artilleristen zum Zug. Albert Hans wird das Kreuz des Guadalupeordens zuerkannt, doch der Kaiser kann ihm nur das Band an die Brust heften, denn Ordenskreuze gibt es schon lange keine mehr.

Zur Feier des Ereignisses begibt sich Hans in ein französisches Restaurant, dessen Besitzer gegen ein exorbitantes Entgelt einen Ziegenbraten in einer seltsam schmeckenden Sauce auf den Tisch bringt. Ein als Gourmet bekannter österreichischer Husarenleutnant – es kann nur Theodor Kaehlig oder sein Bruder Friedrich gewesen sein – bezeugt aber, daß Ziegen ganz anders schmecken. Er tippt auf Hund. Der peinlich befragte Restaurantinhaber ergeht sich in vagen Beteuerungen, und da es nichts anders zu essen gibt, machen sich die hungrigen Offiziere über den rätselhaften Braten her. Ein nicht eingeladener Kamerad, der der Runde offenbar den Schmaus neidet, äußert lautstark die Überzeugung, das Fleisch müsse sehr ungesund sein, denn die streunenden Hunde im Gefolge der mexikanischen Truppen ernährten sich nur von Aasen. Darauf vergeht den meisten Tischgenossen der Appetit und das Mahl kommt zu einem abrupten Ende.

Der Nachmittagsspaziergang des Kaisers, ein fast schon geheiligtes Ritual, findet trotz allen Beschusses vor der Cruz statt. Acht Granaten platzen in der Nähe des illustren Spaziergängers. Heute geht Salm an seiner Seite. Maximilian bemerkt plötzlich, daß Basch und Fürstenwärther auf einer Bank vor dem Eingang des Klosters sitzen. Er schickt Salm zu ihnen mit dem Befehl, sie mögen sich in Sicherheit bringen. Er selbst setzt seinen Rundgang mit Salm fort, spricht aber kein Wort. *Granaten und Kugeln schlugen in unangenehmer Menge ein; allein, keine wollte das stille Sehnen des Kaisers erfüllen*, schreibt Salm später. Der Fürst, ein sensibler Abenteurer, dem viel am leichten Lebensgenuß, aber wenig am Leben selbst liegt, worin er Maximilian ähnlich ist, erahnt zum ersten Mal die verhüllte Todessehnsucht des Kaisers. Maximilian hat alles gewagt und fast alles verloren – „nur die Ehre nicht", wie man damals sagte. Wenn er an eine ruhmlose Heimkehr denkt, an ein deprimierendes Zusammentreffen mit seiner geisteskranken Gattin, die ihm nie mehr das sein kann, was sie war, an mögliche bittere Auseinandersetzungen mit Franz Joseph, scheint ihm offenbar der Tod die bessere Lösung, ja die Erlösung zu sein. Hand an sich legen würde er niemals; das verbieten ihm Religion und Habsburgerehre. Der Tod, den er für sich sucht, muß von fremder Hand erfolgen. Vorläufig bietet der ständige Beschuß eine Chance, daß eine gnädige Kugel ihn trifft. Daß sich sein Todeswunsch sehr bald auf andere Weise erfüllen wird, kann er damals noch nicht ahnen.

Am Abend kommt Oberst López, gegenwärtig Kommandant der Cruz, wegen einer kleineren organisatorischen Angelegenheit zum Kaiser. Es gehe darum, erklärt er, der Infanterie, welche die Cruz verteidigt, und die zur Guardia Municipal de México gehört, eine Ruhepause zu verschaffen. Er schlägt vor, daß Oberstleutnant Jablonski, der wie López dem Regiment der Kaiserin angehört, mit Kavalleristen – den irregulären Exploradores de San Luis – eine Linie der Cruz am Panteón besetzen darf. Der Kaiser nickt Gewährung, die Gründe sind einleuchtend, eine Ablösung kann nicht schaden. Die Abteilung Jablonskis rückt in den östlich des Klosterkomplexes gelegenen Garten ein. In dessen dicker nördlicher Umfassungsmauer war eine Schießscharte ausgehauen, aus der man mit einem Geschütz über die Straße und die von den Republikanern bereits eingenommenen Häuserzeilen schoß. Dieses Geschütz wird nun zurückgezogen und einer Batterie beigegeben, welche den kommenden Ausfall unterstützen soll.

*Jablonski war ein geborener Mexikaner*, schreibt Salm, *aber dem Namen nach wahrscheinlich von polnischer Herkunft. Er war ein besonderer Freund von López und mit ihm sehr vertraut.*[228] Angesichts der kurz darauf durch den Oberst ausgelösten Ereignisse erinnern sich einige Augenzeugen, daß sie López mit Mißtrauen gegenüberstanden. Einer davon ist Basch, ein scharfer, manchmal ungerechter Menschenbeobachter und -beurteiler. Ihm fällt auf, daß López auf die Frage des Kaisers nach den Gründen der ständig zunehmenden Desertionen nur mit Ausflüchten antwortete. Zu Basch selbst hat López gesagt, daß er am liebsten diesem Land ganz ferne wäre: *que a mí me pesa como mexicano con tanta canalla y pícaros* – er bedaure sehr, ein Mexikaner zu sein, wo es in diesem Land so viele Schurken und Galgenvögel gebe. *Ich ahnte nicht*, fügt Basch hinzu, *daß er in diesen Worten sein eigenes schuldbeladenes Gewissen reden ließ.*

López Vergangenheit war die eines geschickten Opportunisten, dessen Taktik darin bestand, sich den jeweils Mächtigen anzudienen. Im Krieg gegen die Nordamerikaner hatte er diesen Dienste geleistet und war deshalb aus der Armee ausgeschlossen, aufgrund seiner militärischen Fähigkeiten aber später wieder eingestellt worden. In der kaiserlichen Armee war diese unerquickliche Vorgeschichte weithin bekannt. Maximilians Absicht, López zum General zu machen, scheiterte daher auch am Einspruch der maßgeblichen Heerführer. Da es López opportun schien, dem Kaiser zu Diensten zu sein, wo immer sich Gelegenheit bot, gehörte er bald zu jenen Männern, auf die Maximilian zählte.

Wenn er auch Oberst blieb, so stand er doch in der realen Hierarchie als „Günstling des Kaisers" an besonderer Stelle. Maximilian, den damaligen europäischen Treuebegriffen verhaftet, schätzte „Ergebenheit". Diese Eigenschaft war unter den ihn umgebenden Mexikanern nur auf subalterner Ebene zu finden, während die hochgestellten Personen Maximilian, für die er ein Fremder war und blieb, zwar mit viel Respekt vor seiner europäischen Kultur, aber auch mit hohem Selbstbewußtsein entgegenkamen, weil sie überzeugt waren, in Mexiko besser Bescheid zu wissen als er.

Es verwundert nicht, daß, wie Basch und andere Augenzeugen immer wieder betonen, der hochgewachsene und hübsche López wegen seiner blauen Augen und seines blonden Haares auf einige Augenzeugen höchst unmexikanisch wirkte. López war eben in vieler Hinsicht „anders", und Basch beschreibt dies auch in einer bezeichnenden Hundegeschichte. Maximilian besaß nämlich ein „Bebelle" genanntes Hündchen, das sehr an ihm hing und gegen alle Besucher freundlich war, ausgenommen gegen López, auf den es stets bellend und beißend losfuhr.

López war, das kann man aus vielen Beispielen sehen, ein Mann mit zahlreichen Schwächen, die ihm selbst sehr bewußt waren. Dazu gehörte zum Beispiel sein niedriger Bildungsgrad, auf den seine mangelhafte Orthographie schließen läßt. Er besaß aber auch ein feines Sensorium für die geheimen Wünsche und Ängste anderer. Da Maximilians Ehrbegriffe ihm des öfteren das zu tun verboten, was er eigentlich gewollt hätte, wirkte die Anwesenheit des geistig anspruchslosen, aber immer verständnisvollen Oberst López auf ihn entlastend. Dies mag das Erfolgsgeheimnis des so seltsam unmexikanischen Mexikaners gewesen sein.

An diesem Freitag spricht man in Maximilians Umgebung immer wieder von einem neuerlichen Ausbruchsversuch. Márquez hat man endgültig abgeschrieben. Ziel des Durchbruchs konnte nicht mehr die Hauptstadt sein, denn dann hätte man selbst im Erfolgsfall die Armeen Escobedos und Coronas im Rücken und die Truppen Porfirio Díaz vor sich gehabt. Die kaiserliche Streitmacht wäre mit Sicherheit aufgerieben worden.

Anders sah es mit einem Durchstoß in Richtung Sierra Gorda aus. Diese war Mejías eigentlicher Machtbereich, die ihm treu ergebenen Indios konnten einen Landsturm bilden, welcher die schwer zugänglichen Pässe solange verteidigen würde, bis Maximilian mit seiner Truppe unterwegs nach dem Golf von Mexiko war, wo die österreichische Korvette „Elisabeth" unter dem Kommando des Linienschiffskapitäns von Gröller kreuzte.

Die Details zu diesem Plan sollen morgen in einem Kriegsrat festgelegt werden. Maximilian hat López jedoch bereits mitgeteilt, daß dieser als Kommandant der Cruz auch das Kommando über die Eskorte übernehmen soll. López mußte dies zweifellos als für sich höchst gefährlich und zukunftsbedrohend empfinden. Er mußte wohl annehmen, daß die Republikaner ihn im Fall seiner Gefangennahme für seine den Franzosen geleisteten Dienste mit der Todesstrafe büßen lassen würden. Er beschließt, etwas Entscheidendes für seine eigene Sicherheit zu tun, nämlich, gegen die Zusage der Schonung seines Lebens und entsprechende materielle Belohnung, mit den voraussichtlichen Machthabern von morgen zu kollaborieren – und das ist für ihn nichts Neues, sondern genau das, was er schon immer getan hat. Andererseits läßt sich dieser Plan auch damit rechtfertigen, daß durch die Vermeidung einer blutigen Schlacht auf beiden Seiten Tausende von Leben gerettet würden. Wenn es ihm noch dazu gelänge, von den Republikanern Zusagen zu erhalten, Maximilian zu schonen, würde sein Plan einen höchst humanitären Anstrich erhalten. Wobei er sich sogar überlegt, ob nicht auch Maximilian für diese humanitäre Lösung zu gewinnen wäre.

Fürstenwärther hat nach seiner Gefangennahme aus dem Mund republikanischer Offiziere – er nennt einen „Obersten Eduard Meier und mehrere andere feindliche Oberoffiziere" – gehört, daß Escobedo angeblich bereits an diesem Freitag durch López die Grundzüge des Durchbruchsplanes erfahren hat. Dabei war es für ihn vor allem wichtig, zu wissen, welchen Weg die kaiserliche Truppe nehmen würde, den über die Cañada oder den über San Pablo und Santa Rosa zum Chichimequilla-Paß. Escobedo verlangte, daß López die Realisierung des Planes möglichst lange hinauszögere und im gegebenen Moment durch Raketensignale mitteile, welche Straße die Eskorte eingeschlagen habe. Über eine Zusammenkunft zwischen Escobedo und López zu einem so frühen Zeitpunkt gibt es jedoch keinerlei Augenzeugenberichte. Sicher ist nur, daß es mehr oder minder übereinstimmende Gerüchte gab, die nach dem Fall Querétaros darüber in der republikanischen Armee selbst zirkulierten.[229] – An diesem Freitag gilt jedenfalls für Maximilian und seine Umgebung López als treu und zuverlässig, sonst hätte ihm der Kaiser die militärische Leitung des Durchbruchs nicht anvertraut.

Samstag, 11. Mai[230]

Um die Moral der Truppen zu heben, ist eine Anzahlung auf den lang geschuldeten Sold notwendig. So beschließt das Hauptquartier, die im Stadtzollamt beschlagnahmten Güter zwangsweise an Händler zu verkaufen. Vor einem Notar bezeugt Don Vicente Chavez, daß man ihn gezwungen hatte, 30 Arrobas Tabak zu je 7 Pesos zu kaufen, für die er als Anzahlung 110 Pesos abliefern mußte.

Der Entschluß zum Durchbruch versetzt alle in hektische Aktivität. Zu Mittag findet in der Cruz im Zimmer von General Castillo ein

Kriegsrat statt. Salm bleibt in einem Nebenraum. Ab und zu geht der Kaiser hinüber und berät sich mit ihm. Harte Entscheidungen müssen getroffen werden: Infanterie und Artillerie sind marschbehindernd und müssen zurückbleiben. Eine Reitertruppe von 1.300 Mann soll den Kaiser eskortieren. Sie ist wie folgt aufgebaut: An der Spitze das von López angeführte Regiment der Kaiserin, dann ein unter Salms Befehl[231] stehender Teil der Leibeskorte des Kaisers, bestehend aus den irregulären Caballeros de la Frontera (ehemaligen Vidaurri-Leuten), dann zwei Züge Husaren unter Führung von Oberleutnant Kaehlig und Rittmeister Pawlowszki. Dann folgen der Kaiser und seine Generäle, umgeben von den ausländischen Offizieren, darunter Pachta, Malburg und, wie Blasio[232] ihn nennt, *der tapfere Hauptmann Pitner* (er ist in Wirklichkeit Oberstleutnant). Darauf folgt ein weiterer Zug Husaren unter Kaehligs Bruder Friedrich, wie dieser Oberleutnant, ein Lancierregiment unter Graf Pachta, ein weiteres Kavallerieregiment und verschiedene Reiterabteilungen. Da man die Laufgräben der Republikaner übersteigen muß, läßt man durch die Zwangsarbeiter aus der Bevölkerung aus dem Holz des Stierkampfplatzes, der sich nahe an der Alameda befindet, einige transportable Brücken bauen.

Während des Abzugs sollten dreitausend Indios, die aber erst bewaffnet werden müßten, die Gräben besetzen, ein lautes Gewehrgeknalle unterhalten und am Morgen, sobald die Republikaner die Situation erkennen, einzeln in ihre Häuser zurückkehren. Mejía ist überzeugt, daß sich mehr als genug Leute für diesen Landsturm finden werden, denn fast alle Fabriksarbeiter sind arbeitslos und darben. Als Termin wird der Morgen des 14. Mai festgesetzt.

In Maximilians Denken steigt wieder das Gefahrenbewußtsein. Das Todesrisiko bei einem solchen Ausbruchsversuch ist für alle Beteiligten enorm. Und so unterzeichnet er auf alle Fälle nochmals ein Dekret über eine Regentschaft – das vierte und letzte. Allerdings besteht das Problem, daß Maximilian dieses Dokument in seiner Zelle in der Cruz verwahren, es bestenfalls auf die bevorstehende „Reise" mitnehmen, es aber nicht mehr nach Mexiko-Stadt in die Hände seiner Regierung gelangen lassen kann. In diesem Dekret wird auf die komplizierten Verfügungen, die er am 7., 12. und 20. März erlassen hat (Abdankungserklärung, die im Falle seiner endgültigen Gefangennahme zu veröffentlichen ist), nicht mehr eingegangen. Diese bleiben jedenfalls nach dem Willen des Kaisers voll aufrecht. Jetzt geht es nur mehr um den Todesfall, der drohend vor Augen steht. Für diesen wird eine Regentschaft mit Lares, Lacunza und Márquez vorgesehen. Letzterer ist zwar an die dritte Stelle zurückgereiht worden, ist aber, da er immer noch Lugarteniente ist, aus einer Regentschaft nicht wegzudenken.

Um 8 Uhr abends läßt der wachhabende Kommandant des Mittelabschnitts der inneren Befestigungslinie, José de Jesus Santa Anna, Oberst López melden, daß Oberst Pedro González die dortigen Gräben wiederholt unbesetzt gelassen hat. ... Die Moral der Kaiserlichen bröckelt immer mehr ab.

### Sonntag, 12. Mai[233]

Ein ausgemergelter Ochse wird von den Republikanern auf die kaiserlichen Gräben zugetrieben. Zwischen den Hörnern haben sie ihm einen Zettel befestigt, auf dem zu lesen ist: *Damit ihr zu essen habt und lebendig in unsere Hände fällt.* Die Belagerten jagen darauf ein halb verhungertes Pferd auf die Stellungen der Belagerer zu, das ebenfalls einen Zettel trägt. *Damit ihr uns nachkommt, wenn wir durchbrechen.*

Der Zwangsverkauf von beschlagnahmtem Tabak macht Schule. Heute zwingt Oberst Redonnet den Kaufmann Don Isidro Alvarado zu einem Kauf um 100 Pesos. Es gibt einen notariellen Protest mehr.

General Castillo und Minister Aguirre unterzeichnen den Aufruf an die „Bürger von Querétaro", sich freiwillig zur Aufstellung eines Landsturmes zu melden. Der General, der selbst dem Stamme der Otomí angehört, rechnet dabei vorwiegend mit den Indios. Die Vorbereitungen für den Ausbruch laufen auf Hochtouren, werden aber geheimgehalten.

Die Desertionen und Kollaborationsangebote an die Republikaner nehmen zu. Ein kaiserlicher Sergeant Miguel Colich läßt Escobedo anbieten, er würde den von ihm gehaltenen Abschnitt der Verteidigungslinie übergeben, falls man ihm sein Leben zusichert. Der Oberbefehlshaber reagiert nicht.

### Montag, 13. Mai[234]

Der Aufruf erscheint an allen Straßenecken, und Mejía selbst reitet durch die Straßen, zeigt sich den Bewohnern, um für seinen Landsturm zu werben. Er erzählt überall herum, daß man einen entscheidenden Angriff beabsichtige, während dessen der Landsturm die von den Linien abgezogenen Truppen ersetzen und die Stellungen halten solle. Der Befehl, die Waffen wegzuwerfen und in die Häuser zurückzukehren, sollte erst in letzter Minute erteilt werden. – Bald melden sich die ersten 300 Männer, im Vertrauen auf Sold und Verpflegung sowie auf das Versprechen, dann für immer der Militärdienstpflicht enthoben zu werden. In 48 Stunden werden es an die tausend sein, welche die Präfektur und die Viertelämter belagern,

um aufgenommen zu werden. Es mangelt nicht an Menschen, wohl
aber an Waffen. Oberleutnant Theodor Kaehlig hat den Auftrag, Waffen zu beschaffen und zu verteilen. Er erinnert sich:
*Umsonst durchsuchte ich die Waffenvorräte im Arsenal, diese waren allerdings nicht unbedeutend, jedoch zum größten Teil defekt und die Schießwaffen von so verschiedenem Kaliber, daß zu deren Verwendung mindestens 10 Munitionssorten erforderlich waren; so gelang es mir kaum einige hundert brauchbare Gewehre zusammenzubringen, die unter die zuströmenden Freiwilligen verteilt wurden.*

Man mobilisiert Arbeiter, um die nötigen Reparaturen durchzuführen. Arellano meldet am Abend, die Versorgung mit Waffen und Munition sei erst zum Teil möglich gewesen. Mejía hat in Voraussicht dieser Schwierigkeiten schon am Morgen den Kaiser durch Salm bitten lassen, das Unternehmen von der Nacht vom 14. auf die des 15. zu verschieben.

Wieder zwingt Oberst Redonnet einen Kaufmann, Francisco de Paula Mesa, beschlagnahmten Tabak um 700 Pesos zu kaufen. Der Queretaner erhält nicht einmal eine Empfangsbestätigung.

Unter den hochgestellten Anhängern des Kaiserreichs macht sich Angst bemerkbar, denn bei einem Ausbruchsversuch werden die meisten von ihnen in der Stadt zurückbleiben müssen. So beginnen sie, sich rechtzeitig in den Häusern liberaler Bürger zu verstecken. Der kaiserliche General Mariano Reyes findet im Haus von Bernabé Loyola Unterschlupf. Auch andere tauchen gegen Abend unter.

Dienstag, 14. Mai[235]
Maximilian hat von den Generälen seit Tagen ein Dokument verlangt, in dem sie die Lage analysieren und eine endgültige Lösung vorschlagen sollen. Heute vormittag wird das Papier vorgelegt. Von Arellano verfaßt, aber von Miramón inspiriert, ist es eine eindeutige Rechtfertigungsschrift für jene, die nun keinen anderen Ausweg sehen, als Querétaro, die letzte „Residencia del Imperio", wie Maximilian die Stadt in einem Brief an Fischer nannte, endgültig aufzugeben. Das Dokument ist aber auch eine Anklageschrift gegen Márquez. Es wirft alle Schuld für die unhaltbare Lage auf den abwesenden Lugarteniente, der es verhindert habe, die anrückenden feindlichen Armeen – so wie Miramón dies vorgeschlagen hatte – nacheinander anzugreifen und zu schlagen. Wie Arellano später behauptet, habe Maximilian sogar ausdrücklich gewünscht, daß die Generäle ihre Anschuldigungen gegen Márquez zusammentragen.[236] Dieser wird auch zum Sündenbock für die mangelnde Vorsorge gegenüber einer absehbaren Belagerung erklärt. Man hätte in den um-

liegenden Haciendas rechtzeitig genügend Getreide und Futter requirieren sollen. Nach Hinweisen auf die ruhmreiche Verteidigung gegen einen ständig stärker werdenden Feind wird nicht unterlassen zu betonen, daß der Kaiser es war, welcher Márquez so vertrauensvoll zum Lugarteniente del Imperio ernannt hat. Freilich hätte der Statthalter des Kaiserreiches innerhalb von zwei Wochen Entsatz bringen und so vieles wieder gutmachen können, was durch seine Schuld fehlgelaufen war. *Aber infolge eines höchst bedauerlichen Verhängnisses ist das nicht geschehen*, formuliert Arellano.

Alles was seither die in Querétaro verbliebenen Generäle ins Werk gesetzt haben – so das Dokument –, hätte nur Erfolg haben können, wenn Márquez mit Entsatz zurückgekehrt wäre. Das Lamento über die Unterlassungen von Márquez wird ergänzt durch die Aufzählung dessen, was nun alles in Querétaro an unbedingt Nötigem fehlt: Munition, Nahrungsmittel, Futter, Geld. Die Schlußfolgerung lautet: Da man mit einem Feind, der das Leben des besiegten Gegners nicht achtet, – hier denkt man an San Jacinto – keine Vereinbarungen treffen kann, bleibt als Ausweg nur der sofortige Angriff zur Erzwingung des rettenden Durchbruchs.[237] Maximilian und die Generäle sind ohnedies schon seit Tagen dazu entschlossen.[238]

Am Vormittag hat der Kaiser eine Unterredung mit Miramón, der ihm einen Ausfall mit dem gesamten Heer vorschlägt, da er nicht die Infanterie, die ja er selbst befehligt, zurücklassen möchte. Maximilian weiß, daß nur ein Durchbruch von Berittenen Aussicht auf Erfolg hat, daher verschiebt er die letzte Entscheidung auf den für 10 Uhr abends einberufenen Kriegsrat. Miramón läßt inzwischen bei den Belagerern das Gerücht verbreiten, der Ausfall werde an der Nord- und Ostlinie erfolgen.

General Escobedo hat für den lange erwarteten Ausbruchsversuch der Belagerten zunächst den Plan entworfen, diese zuerst durchzulassen, dann aber mit 12.000 Reitern über sie herzufallen. Im Laufe des 14. Mai wird dieser Plan jedoch noch zweimal geändert werden. Der republikanische General Arce, Befehlshaber der 2. Division der Nordarmee, berichtet dazu:

*… Um Kaiser Maximilian und seine Hauptanhänger zu schonen, beschloß er* (Escobedo) *die Besetzung des genannten Platzes am 15. Mai bei Tagesanbruch; und in Folge dessen erhielten wir Commandanten der Circumvallationslinie Instructionen, damit der Angriff gleichzeitig, heftig und gewaltig in dem Augenblick erfolge, als unsere um das Hauptquartier postirte Artillerie uns das Zeichen zum Kampf gegeben haben würde.*[239]

Die „Schonung" Maximilians und seiner „Hauptanhänger" hatte gewiß keine humanitären Gründe, sondern war geplant, damit die republikanische Regierung in die Lage versetzt würde, sie als Angeklagte vor Gericht stellen zu können. Mit einer raschen „Besetzung" von Querétaro konnte aber Escobedo, der durch Monate hindurch mit allen Mitteln vergeblich versucht hatte, die Stadt zu erobern, realistischerweise nur dann rechnen, wenn er auf die Kollaboration eines kaiserlichen Anführers zählen konnte. Der von Arce erwähnte Bereitschaftsbefehl vom 14. Mai setzt also einen vorherigen Kontakt zwischen López und Escobedo voraus.

Am Vormittag besucht Maximilian in Begleitung Salms noch einmal die Spitäler. Es quält ihn, daß die Verwundeten zurückbleiben müssen. Er ordnet an, daß das Pflegepersonal in den Spitälern zu bleiben hat. Noch weiß in der Stadt fast niemand über den Ausbruchsplan Bescheid. Nur er, die Generäle und ein paar Vertraute kennen ihn.

Der Kaiser denkt auch in anderer Hinsicht an die Zeit „danach". Nach dem Einzug der Republikaner werden nämlich alle Klosterschwestern auf die Straße gesetzt werden, denn in der Republik des Benito Juárez darf es nach der „Reforma" nur mehr „Ex-Conventos" geben. Er nimmt sich vor, die „Teresitas", die im Kloster der unbeschuhten Karmeliterinnen leben und ihm täglich Brot und Mehl in die Cruz geliefert haben, zu verständigen, daß sie am Abend ihr Kloster verlassen. – Um 9 Uhr abends wird ein Knabe, Valentín Frías, an der Hand seiner entsetzten Mutter vor dem Kloster stehen und mit großen Augen zusehen, wie die Nonnen paarweise verschleiert aus dem Tor kommen. Bei der Pforte angelangt, umarmen sie die Äbtissin und küssen die Türschwelle. Einige fromme Frauen und hochgestellte Damen erwarten sie und bringen sie bei sich unter. Die Äbtissin ist die einzige, für die ein Wagen bereitsteht. ... Das Bild wird sich dem Knaben unauslöschlich einprägen, und viele Jahre später wird er ein nostalgisches Buch über die Straßen des alten Querétaro schreiben und die Szene zurückrufen. *Ich sah meine Frau Mutter und die Tante weinen, und auch ich weinte.* ...[240]

Auch dem Rückweg zur Cruz teilt der Kaiser Salm vertraulich mit, daß er ihn zum General ernannt und ihm eine Dekoration zugedacht habe. Dies müsse aber im Augenblick geheim gehalten werden, da sonst der Ärger einiger mexikanischer Offiziere erregt würde. Nach dem Verlassen Querétaros aber wolle er die Ernennung bekanntgeben. Offiziell bleibt Salm in Mexiko Oberst, auch wenn er eine Brigade befehligt hat. Dies hat den fürstlichen Abenteurer nicht gehindert, sich später in einer geborgten Generalsuniform photographieren zu lassen.

Am Nachmittag öffnet Maximilian Dr. Basch gegenüber sein Inneres: *Ich bin erfreut, daß es endlich einmal zum Schlusse kommt, und ich habe die beste Hoffnung, daß wir reüssieren. Teilweise baue ich auf mein gutes Glück, das mich bis jetzt nicht verlassen hat. Und, halten Sie es für ein Vorurteil oder nicht, morgen ist der Namenstag meiner Mutter, das, glaube ich, wird mir Glück bringen.* Basch glaubt nicht an solche Dinge, aber auch er hofft auf gutes Gelingen. Jedenfalls scheint Maximilian überzeugt zu sein, daß der Durchbruch gelingen wird. Auch Blasio bezeugt, daß Maximilian sicher war, am nächsten Tag bereits außerhalb von Querétaro zu sein.

Um halb 3 Uhr nachmittags nähern sich ein Gemeinderat von Querétaro und der Priester Guisasola der Cruz. Der Gemeinderat, der in einem 20 Jahre später geschriebenen Leserbrief an die Zeitung EL NACIONAL ungenannt bleiben wollte, hat zwischen dem 10. und 13. Mai mehrmals das Hauptquartier aufgesucht, um sich für die Freilassung eines jungen Queretaners, den die Kaiserlichen gefangengenommen hatten, einzusetzen. An der Ecke der Zelle Castillos stehend, hat er angeblich ein Gespräch zwischen López und einem Unbekannten belauscht, worin es um die kampflose Übergabe Querétaros gegangen sein soll. Nun treffen die beiden auf dem Weg zur Cruz General Castillo, dem der Gemeinderat über den Vorfall berichtet. Castillo tut solche Vermutungen als völlig unmöglich ab und rät, sie keinesfalls dem Kaiser zu melden. Trotzdem versuchen der Gemeinderat und Guisasola, den Kaiser zu sprechen, der mit Miramón, Mejía, Méndez und anderen Generälen lebhaft diskutiert. Da sie aber an den Monarchen nicht herankommen, müssen sie unverrichteter Dinge in die Stadt zurückkehren.[241]

Nachmittags versichert General Arellano dem Kaiser, daß die Bewaffnung der Freiwilligen noch vor dem Abend abgeschlossen sein wird. Der Kaiser ordnet daher an, die für den Abmarsch bestimmten Truppen bei Einbruch der Dunkelheit bereitzustellen. Seit etwa 4 Uhr nachmittags laufen die Vorbereitungen. Miramón versammelt die Korpskommandanten in seinem Wohnhaus. Pedro González, Chef des Regiments der Kaiserin, wird zum besonderen Schutz des Kaisers während der Operation bestimmt. Da man bei einem Durchbruch in die Sierra Gorda den Rio Blanco überschreiten muß, sollen die schon früher gebauten transportablen Holzbrücken eingesetzt werden.[242] Wenn der Durchbruch scheitern sollte, ist eine Rückkehr in die Stadt praktisch ausgeschlossen, denn die Verteidigungslinien werden geräumt. In anderen Worten: die Stadt wird den Republikanern höchstwahrscheinlich auf jeden Fall kampflos in die Hände fallen.

Im Laufe des Tages sind bei Blasio 5.000 Pesos abgeliefert worden, die aus der letzten Zwangsabgabe der Bürger Querétaros stammen. Die aus kleinen Münzen bestehende Summe läßt der Kaiser an die berittene Guardia municipal de México verteilen, die ihn begleiten wird. Blasio denkt bei dieser Gelegenheit auch gleich an seine eigenen Ersparnisse. Als er dann am Spätnachmittag nichts mehr zu tun hat, gewährt ihm der Kaiser Ausgang. Der kleine, bescheiden selbstsichere, stets adrett gekleidete junge Mann besucht seinen Bekannten, Oberst Castañeda y Nájera, der nicht zu den Truppen gehört, die den Ausbruch mitmachen sollen. Ohne ein Wort über den ihm bekannten Fluchtplan zu verlieren, gesteht er ihm doch, er befürchte für die kommenden Tage das Schlimmste. Er habe vier Monatsgehälter gespart und hier in Querétaro die Reisespesenvergütung natürlich nicht verbraucht. Das Geld liege in der Bank des Carlos Rubio. Er übergibt dem Oberst alle Bestätigungen, damit dieser, wenn er nach dem Ende der Belagerung nach Mexiko-Stadt zurückkehre, vorher das Geld beheben und dann Blasios Mutter überbringen könne. Und er umarmt und verläßt den Freund ohne zu wissen, ob er ihm „hasta luego" (auf bald) oder „Adiós para siempre" (Adieu für immer) sagen soll.

Um 8 Uhr abends schickt Maximilian Salm und dessen Bekannten, den deutschen Kaufmann Schwesinger, mit dem er in seiner Zelle zusammenwohnt, in López' Haus. Es liegt in der Calle Sola, nahe bei der Plazuela de la Cruz. Der Oberst empfängt sie höchst ruhig und unbefangen. Selbstverständlich seien alle Befehle des Kaisers ausgeführt worden.[243]

Die Nacht des 14. Mai bricht an. Die Truppen stehen seit Einbruch der Dunkelheit in Bereitschaft. Die Kavallerie hält ihre Pferde gesattelt, das Regiment der Kaiserin trägt die Galauniform, die Geschütze, die den Ausbruch unterstützen sollen, sind schon von den Brustwehren zurückgezogen. Die Protzkasten sind soviel wie möglich mit Munition versehen worden. Um Mitternacht soll der Ausbruch beginnen. Die noch vorhandenen Restbestände an Mais werden an das Regiment der Kaiserin, die Husaren, die Leibeskorte und die ausländischen Offiziere verteilt.

Auch die Kasse des Kaisers wird aufgeteilt. Dem Kaiser werden zwanzig Goldunzen zugeteilt, ebenso wie den Personen seines Haushalts, dem Ordonnanzoffizier Pradillo, Oberst Campos sowie Salm und Blasio. Sie sollen die Goldstücke in den in Mexiko üblichen Geldkatzen (víboras, eigentlich „Giftschlangen") um den Leib gegürtet tragen. López kommt noch ganz spät, um halb 11 Uhr abends, zu Blasio, um sich seinen Anteil zu holen. Für ihn sind jedoch nur mehr hundert Silberpesos übrig, worüber er sich bitter beklagt. Blasio antwortet gekränkt würdevoll, daß López nicht auf der ihm vom Kaiser übergebenen Liste stehe, und daß ihm eigentlich nicht einmal die 100 Silberpesos zustehen, die López schließlich doch einsteckt.[244]

Die im Garten der Cruz stehenden Artilleristen, zu denen Albert Hans gehört, haben bis zum Abend keine Ahnung, daß eine große Operation geplant ist. Der Grund ist klar, die Artillerie muß ja zurückgelassen, „geopfert" werden. Oberleutnant Salgado, Hans' Vorgesetzter, gibt ihm eine vorsichtige Version der Planung an: Die Cruz werde in den frühen Morgenstunden sicherlich angegriffen, die Artillerie möge daher ihre Pflicht tun, er selbst müßte allerdings an einem Ausfall teilnehmen. ... Schließlich erfährt Hans von seinem neuen Burschen, der aus der Stadt zurückkommt, daß vor der Cruz transportbereite Kanonen stehen und daß das Regiment der Kaiserin, in rote Galauniform gekleidet, bereits mit dem Satteln beschäftigt sei. Langsam dämmert es Hans auf, daß man die Artillerie hier zurückläßt, und daß er selbst nach der Einnahme der Stadt als Franzose höchst gefährdet ist. Aber, sein Familienname ist ja deutsch, kann er sich nicht als Deutscher oder Österreicher ausgeben? So überlegt der Pariser Hans, und stellt sich dazwischen immer wieder die bange Frage: „Reverrai-je la France? Paris?" Später kommen der Kommandant der Friedhofswache, der Franzose Goutron, und sein Unterleutnant Domet. Sie haben Wachdienst, und so kann Hans endlich etwas schlafen.[245]

Miramón verbringt diesen Abend in seinem luxuriösen Quartier, wo er mit Arellano das Nachtmahl einnimmt. Auch andere Offiziere sind zugegen und erwähnen, daß Mejía und Castillo Wind von den Ausbruchsplänen bekommen haben und Näheres wissen wollen. Doch Miramón und Arellano hüllen sich in Schweigen. Dann werden die beiden durch einen Adjutanten Maximilians zum Kriegsrat gerufen.[246]

Um 10 Uhr beginnen die Beratungen. Dabei soll es eigentlich nur darum gehen, den genauen Angriffspunkt festzulegen, denn der Zeitpunkt für den Ausbruch ist bereits mit 11 Uhr festgelegt.[247] Doch man verbeißt sich in Nebenfragen. Man sollte die Truppen nach geglücktem Durchbruch bezahlen, doch fehlt dazu das Geld. Und die Pferde, von denen der Durchbruch abhängt, sind wegen des Futtermangels ausgemergelt. Plötzlich – um etwa 11 Uhr nachts – kommt der Adjutant Arellanos, der Franzose Hauptmann Quiriès, und teilt mit, daß vom Landsturm bisher nicht mehr als 300 Personen mit Waffen und Munition versehen werden konnten. Dann erscheint Oberst Redonnet mit dem Ersuchen des kranken General Méndez,

das Unternehmen um 24 Stunden zu verschieben, da er an die Soldaten seiner alten Brigade eine Ansprache halten wolle. Dem Kaiser ist
es sichtlich unangenehm, daß er nun den Kriegsrat abbrechen muß.
Aber Miramón, der ohnedies nur widerwillig zum Ausbruch bereit
ist, weil er immer noch hofft, auch seine Infanterie mitnehmen zu
dürfen, meint, daß es zum Durchbrechen noch immer Zeit genug sei
und daß ein längeres Zögern das Gute habe, daß es den Feind ein-
schläfere und sorglos mache.[248] Die Generäle stimmen dem zu, und
den Truppen wird befohlen, in ihre Quartiere zurückzukehren. Der
neue Termin lautet: 16. Mai, 3 Uhr früh.

Miramón kehrt gegen halb 12 Uhr teils erleichtert, teils erzürnt
nach Hause zurück und beordert die Truppen in ihre ursprünglichen
Stellungen, nur die beiden Batterien, die den Ausbruch unterstützen
sollen, bleiben an ihren Plätzen, die eine auf dem Platz vor der Cruz,
die andere vor den Zeughaus im Kloster San Francisco. Carlos, ein
Bruder Miramóns, der fast stündlich Eintragungen in sein Kriegstagebuch macht, schreibt nach der Rückkehr seines Bruders: *Eine
Schlacht wird es nicht mehr geben, bloß einen Ausbruch mit Waffengewalt,
damit sich rettet, wer kann.* Nach dem Fall Querétaros wird von den
Freunden Miramóns behauptet, dieser habe sich gegen die Verschiebung gewehrt und warnend gesagt: *Gott behüte uns in diesen 24 Stunden.*[249] Aber von den Ohrenzeugen hat das niemand gehört.

Es ist nun halb 12 Uhr nachts. López erscheint beim Kaiser. Dieser
heftet ihm die bronzene Tapferkeitsmedaille an die Brust – ein Rätsel
für Salm, als er davon erfährt. Die Auszeichnung sei die Belohnung
für die Ausführung von Maximilians angeblichem Auftrag, mit
Escobedo zu verhandeln, – so werden später jene Historiker annehmen, die Maximilian als Verräter an seinen Generälen sehen. Allerdings scheint die Verleihung einer Tapferkeitsmedaille für die Durchführung von geheimen Verhandlungen mit dem Gegner, noch dazu,
wenn der angebliche Wunsch Maximilians nicht erfüllt wurde,[250] wenig plausibel. Wahrscheinlicher wäre es jedenfalls, daß sich die
Gewinnerseite mit geldlichen oder sonstigen Leistungen für den Kollaborateur erkenntlich zeigte, wie dies im Fall López auch geschehen
wird. Warum aber dann die Medaille? Wenn man davon ausgeht,
daß Maximilian in López zu diesem Zeitpunkt noch immer den
höchst gefährdeten Anführer des Ausbruchsversuchs sieht, den er
noch dazu für die Frustration der von seinen Generälen verhinder-
ten Beförderung zum General entschädigen möchte, scheint die
Dekorierung durchaus verständlich. Basch hört vom Kaiser nur, er
habe noch Details über den Ausbruch mit López besprochen.[251] Und
wieder eine bezeichnende Aussage: *Ich habe ihm aufgetragen, er möge,*

*falls ich beim Durchbruch verwundet würde, und er sähe, daß ich der Gefangenschaft nicht entrinnen könne, durch eine Kugel mein Leben enden.*[252]

López dagegen berichtet über das Zusammentreffen mit Maximilian folgendes: *Voll Besorgnis fragte er mich nach dem Resultat meiner Sendung, und als er es wußte, fragte er: „Haben Sie mit dem commandirenden General selbst gesprochen?" Als ich es bejahte, verabschiedete er mich mit der Miene der Trostlosigkeit und gab den Befehl, die Pferde des Stabes und des Regiments der Kaiserin, die zum Abmarsch bereit waren, absatteln zu lassen und zog sich hierauf zurück, sich niederzulegen.*

Bevor sich Maximilian zum Schlafen in seine Zelle zurückzieht, trifft er gegen halb 1 Uhr nachts noch mit Salm zusammen: *Ich weiß, Sie sind nicht damit einverstanden, daß ich noch einen Tag zugesetzt habe,* sagt er zum Deutschen. Salm kann das nicht leugnen. *Mit zwölfhundert Gewehren und vier Kanonen läßt sich Lärm genug machen, um die Absicht unseres Ausfalls zu maskieren,* antwortet er. Maximilian dagegen meint, daß es auf einen Tag nicht ankomme, ersucht aber, daß Husaren und Leibeskorte gesattelt bleiben.[253] Oberst López ist jedoch schon unmittelbar nach dem Kriegsrat, um etwa 11 Uhr, in der nahe der Cruz gelegenen Kaserne der Leibeskorte erschienen, wo Kaehlig gehört hat, wie er als Kommandant der Cruz befohlen hat, die Pferde abzusatteln. Die Männer der Eskorte, einschließlich der Husaren, schlafen schon. Sie werden auch nicht gestört, denn alle Augenzeugen berichten, daß es in dieser Nacht auf den 15. Mai innerhalb und außerhalb der Stadt außergewöhnlich ruhig ist. Man hört weder Gewehrfeuer noch Kanonenschüsse.[254]

Bei Einbruch der Dunkelheit hat der republikanische General Arce Instruktionen von Escobedo erhalten, in der Vorstadt Costilla, in einer der Cruz gegenüberliegenden Grabenstellung – sie liegt zwischen dem Schlachthaus und dem Santiago-Friedhof, auch „Panteón" genannt –, bereit zu sein, einen kaiserlichen Offizier zu empfangen, der sich angeboten habe, an jenem Punkt in das liberale Lager zu kommen und General Escobedo etwas wichtiges mitzuteilen. Arce vertraut diese heikle Aufgabe einem seiner Bataillonskommandanten, José María Rangel, an. Dieser begibt sich an den angegebenen Ort und wartet.[255]

Von der Nordmauer der Cruz bis in die von den Republikanern besetzte Vorstadt sind es nur wenige Schritte. Als Kommandant der Cruz hat López jede Bewegungsfreiheit, auf eigene Gefahr kann er auch Inspektionsgänge außerhalb der Mauern machen. Heute besteht allerdings für ihn keine Gefahr. Kontakte zwischen den Kriegsgegnern hat es in Querétaro durch Parlamentäre oder geheime Mittelsleute regelmäßig gegeben. López hat auf diese Weise das Treffen mit General Escobedo arrangieren lassen. Der General hat bereits sein Hauptquartier im Zelt auf dem Cerro de Patehé verlassen und sich an einen neutralen Ort begeben, in das Quartier von Oberst Julio María Cervantes. Es befindet sich in der „Molino de San Antonio" genannten Baumwollspinnerei, die etwa 20 Gehminuten nordöstlich von der Cruz, jenseits des Rio Blanco liegt.

López hat schon am Abend, bei der um 6 Uhr stattfindenden Wachablöse, den ihm ergebenen Unterleutnant García mit 25 Mann zur Bewachung der nördlichen Umfassungsmauer abgestellt. Nun steigt er durch eine der Schießscharten auf die Böschung vor der Mauer. Zugleich mit ihm verläßt García mit seiner Truppe die Cruz und geht zum Gegner über.[256] López geht durch das Vorfeld mit den durch Beschuß zersplitterten Stangenkakteen, überquert die Straße und zeigt sich vor der Brustwehr des ersten republikanischen Grabens, der zwischen dem Schlachthaus und dem „Panteón" liegt. Dort verlangt er den Abschnittskommandanten Oberst Cervantes zu sprechen. Dieser sitzt gerade mit anderen Offizieren im Gebäude der Baumwollspinnerei San Antonio beim Essen, und dorthin bringt man López. Dieser sagt, er sei ein Parlamentär der Kaiserlichen und verlange den Oberkommandierenden zu sprechen. Als der rasch (höchstwahrscheinlich bereits vorher) benachrichtigte Escobedo eintrifft, empfängt er López (scheinbar) ziemlich kühl und schickt dann seine Begleiter hinaus. Er braucht weder Augen- noch Ohrenzeugen. Nach einigen republikanischen Berichten findet die eigentliche Unterredung in dem nahegelegenen Zelt von Oberst Cervantes statt. Arce und den anderen Offizieren, die draußen warten, kommt die Besprechung lang vor, Escobedo betont später, sie habe nur kurz gedauert. Was gesprochen wurde, wissen nur die beiden Gesprächspartner.

López selbst behauptet in seiner Rechtfertigungsschrift, einen klaren Auftrag des Kaisers ausgeführt zu haben, den er wie folgt umreißt: *In der Nacht des 14. Mai fragte mich der unglückliche Fürst, ob ich den Mut habe, meine Linie zu verlassen, um den Feind aufzusuchen und mit ihm zu unterhandeln. Auf meine Zusage hieß er mich im tiefsten Geheimnis die Stadt verlassen und vom feindlichen Generale freien Abzug für seine Person, das Regiment der Kaiserin und einige Personen seines Gefolges fordern. Ich handelte demgemäß ... in einer Conferenz, die nicht 5 Minuten überdauerte, legte ich den Wunsch des Kaisers vor. Escobedo beauftragte mich, dem Erherzoge zu sagen, daß er von seiner Regierung keine Vollmacht zu irgend einer Garantie oder Bedingung habe, sondern den Befehl, ihn zur Übergabe auf Discretion[257] zu zwingen oder den Kampf fortzusetzen. Mit diesem Bescheide trat ich nach Mitternacht den Weg in unser Lager an.*[258]

Escobedo läßt später berichten, daß López laut dessen Aussage im Auftrag Maximilians zu ihm gekommen sei. Seine Botschaft: Maximilian lasse ihm die Übergabe der Stadt anbieten; als Gegenleistung solle Escobedo ihn und seine Eskorte entkommen lassen.[259] López redet sich heiß, um Escobedo wenigstens eine vage Zusage bezüglich der Sicherheit des Kaisers zu entlocken.[260] Der bereits kampfesmüde Kaiser werde sicherlich seine eigenen Generäle von einem Verzweiflungskampf abhalten. In Querétaro stehe es schlecht, Hunger, Not und Elend hätten Bevölkerung und Verteidiger zermürbt.

Nach dieser von seinem Freund und Leibhistoriker Juan de Dios Arias[261] gegebenen Version des Gespräches, macht Escobedo, getreu seinen von der Regierung erhaltenen Weisungen, keinerlei Zusagen. Das ist durchaus wahrscheinlich, da Escobedo sich aus Prinzip bei allen kritischen Situationen in Schweigen hüllt oder einsilbig wird, um freie Hand zu behalten.

Unabhängig von seiner Weigerung, wirkliche Garantien für die persönliche Sicherheit Maximilians zu gewähren, geht Escobedo jedoch, wie die späteren Ereignisse zeigen, auf das zweite, – und eigentliche – Anliegen von Miguel López ein, nämlich sein persönliches Kollaborationsangebot. Dieses besteht darin, gegen die Zusicherung seines Lebens und einer entsprechenden Belohnung den Republikanern den kampflosen Einstieg in das Hauptquartier zu ermöglichen. Allerdings wünscht er nicht, daß jemand davon erfährt, denn seine militärische Ehre erfordert es, Querétaro durch einen Handstreich zu gewinnen.

Nach dem Gespräch gibt er den Befehl, López zunächst unter Bedeckung zur Cruz zurückzubringen.[262] Dann aber beginnt er eine hektische Aktivität. Die offenbare Schwäche der Belagerten (und die Zusage von López, mit den Republikanern zu kollaborieren) muß jetzt gleich zu einem entscheidenden Sturmangriff auf Querétaro genutzt werden. So tritt eine erste Änderung des ursprünglichen Planes der Belagerer ein, den ausbrechenden Kaiserlichen den Weg zu öffnen und ihnen dann mit überlegener Reiterei in den Rücken zu fallen. Arces Truppen werden durch die Bataillons Supremos Poderes und „Primero de Nuevo León" verstärkt. Kurz darauf wird der Plan nochmals abgeändert. Oberst José Rincón y Gallardo erhält von Escobedo den Befehl, mit 29 Mann vor der Nordmauer der Cruz Aufstellung zu nehmen und López zu erwarten, der gegen 3 Uhr früh in das republikanische Lager zurückkehren und dem Kommandotrupp als Wegweiser vorangehen soll.[263]

Zum Kommandanten des Angriffs hat Escobedo General Francisco A. Vélez ausersehen, der früher Anhänger der französischen Intervention und des Kaiserreiches war und erst am 31. Dezember 1866 zu den Liberalen übergegangen ist.[264] *Um vier Uhr früh kommt López, um Sie mit diesen Truppen zu führen,* sagt ihm Escobedo, *nehmen Sie in der Linie von Arce Aufstellung, die der Cruz gegenüber liegt und warten Sie dort auf López.* Vélez hat Profilierung bei den Republikanern nötig und beeilt sich zuzustimmen, doch kann er nicht umhin zu fragen, warum Escobedo, der in seiner Armee über 60 Generäle, die bewährte Liberale sind, verfügt, ausgerechnet ihn aussucht, der ein Neuling in der Partei ist. Doch Escobedo, der genau weiß, warum, bestimmt nur lakonisch: *S i e werden gehen!* – So trifft der immer schlaue Oberkommandant die in doppelter Hinsicht beste Lösung: Geht das Unternehmen fehl, trifft die Schuld keinen der altbewährten Parteigänger, da sich aber Vélez und López als langjährige Kämpfer im selben Lager kennen,[265] wird der alte mit dem neuen Überläufer wohl besser kooperieren als mit einem unbekannten, so daß die Chancen für einen guten Ausgang steigen.[266]

Nach Arces Angabe ist der nunmehrige Befehl, die Cruz in den Morgenstunden des 15. Mai anzugreifen, nur die Erneuerung einer Order vom Vortag. Das heißt, daß der Besuch von Oberst López bei Escobedo nicht der erste im republikanischen Lager war, wo ja López Freunde in den Personen des Brüderpaars Pepe und Pablo Rincón y Gallardo besaß.[267] Arce gibt auch an, daß es López im Gespräch mit Escobedo übernahm, die Republikaner zu einer Einstiegstelle in der Mauer der Cruz zu führen und innerhalb dieser durch verwirrende Befehle jeden Widerstand auszuschalten. Diese Angabe ist deshalb glaubwürdig, weil López kurz darauf genau so vorgeht.

## Mittwoch, 15. Mai[268]

Um 2 Uhr morgens – so wenigstens lautet eine spätere Anschuldigung Salms gegen López – geht dieser in Begleitung eines in Zivil gekleideten republikanischen Generals zu dessen Orientierung durch das Kloster und seine Höfe.[269] Um 3 Uhr kommt López, wie mit Escobedo vereinbart, geführt von Rangel zu dem von Oberst José Rincón y Gallardo kommandierten Grabenabschnitt gegenüber der Mauer des Friedhofs der Cruz. Rincón führt ihn zu General Vélez, der die Kommandooperation leiten soll.[270]

Der republikanische General Arce ist Augenzeuge des Einstiegs, er gehört zu jenen Offizieren, die zusammen mit den Generälen Vélez und Feliciano Chavarria, Oberst José Rincón y Gallardo und anderen im Morgengrauen des 15. unter der Führung von Miguel López auf die große Schießscharte in der Nordmauer der Cruz zugehen.

Die Mitteilungen über den Einstieg der republikanischen Kommandoeinheit in die Cruz, die Vélez und José Rincón später dem gefangenen Miramón gegenüber machten – mit dem sie so gut standen, daß sie ihm gerne zur Flucht verholfen hätten –, sind widersprüchlich und enthüllen die von Escobedo getroffenen „Sprachregelungen". Vélez, dem die Führung dieses „Kommandounternehmens" anvertraut war, stellt es in Absprache mit Escobedo so dar, daß man den Einstieg selbst gefunden und dann López im Friedhof der Cruz überrascht und mit gegen seine Schläfe gerichteter Pistole[271] gezwungen habe, die Führung der Angreifer zu übernehmen. Dies war die mit Escobedo abgesprochene offizielle Version, die auch Escobedos Leibchronist Arias wiedergibt. Der Hauptgrund dafür war, daß Escobedo es im Grunde als unehrenhaft empfand, die Einnahme Querétaros einem Verrat und nicht einer militärischen Großleistung zu verdanken. Um sein Gesicht zu wahren, mußte die Einnahme Querétaros wie ein von ihm selbst veranlaßtes erfolgreiches und menschenschonendes Kommandounternehmen aussehen. Rincón aber, der als Mitbesitzer eines Bankhauses in der Hauptstadt von Escobedo nicht abhängig ist und viele Verbindungen zum Imperio besessen hat, wird nichts daran finden, Miramón später zu sagen, was er zu wissen glaubt. Er wird berichten, daß López in das republikanische Lager, mit dem er schon seit zwei Tagen in Kontakt stand (wahrscheinlich mit José Rincón selbst) kam und anbot, die Cruz um 4 Uhr früh zu übergeben. Escobedo habe den Vorschlag angenommen und Vélez und Rincón beauftragt, mit zwei Bataillons, insgesamt 700 Mann, das Kloster zu besetzen. López habe die eigenen Schildwachen getäuscht, indem er mitteilte, feindliche Überläufer wollten in die Cruz und er werde sie führen.

López tritt jedenfalls genau auf diese Weise in Aktion. Er wendet dabei eine ebenso simple wie erfolgreiche Taktik an, um seine eigenen Leute zu täuschen und die republikanische Abteilung einzuschleusen. Er befiehlt den Wachen, die an der Schießscharte stehen, durch die der Einstieg erfolgen soll, ohne Waffen zu einer abseits liegenden Mauer zu gehen, weil dort die Brüstung einzustürzen drohe. Während die kaiserlichen Soldaten im Dunkeln herumtappen, läßt er an der verlassenen Schanze die Republikaner „einsteigen", die sich gleich der weggestellten Gewehre bemächtigen.

Auf kaiserlicher Seite hat von den Augenzeugen nur Albert Hans den „Einstieg" der von López geführten republikanischen Truppen-

abteilung ausführlich und hautnah beschrieben. Diesem Bericht[272] ist
folgendes zu entnehmen:

Es ist 2 Uhr morgens und nächtlich kühl. Hans wird, wie vereinbart, von dem alten Sergeanten Guzmán geweckt, der sich nun seinerseits dem Schlummer hingibt. Hans geht, um sich den Schlaf zu
vertreiben, auf der Holzplattform, auf der die Batterie aufgebaut ist,
auf und ab, um zu sehen, ob die Wachen nicht schlafen. Eingehüllt in
eine Sarape setzt er sich auf eine 8 cm Kanone und wartet ungeduldig auf das Einsetzen eines republikanischen Bombardements in dem
Augenblick, in dem der – wie man ihm gesagt hat – für jetzt geplante
Ausfall der Kaiserlichen beginnen soll.

Plötzlich hört er in der Dämmerung Schritte, die auf die Holz-
plattform zukommen. Es ist López, den er an seiner silberbestickten
Uniform erkennt. Hans salutiert vor dem Kommandanten der Cruz.
López sagt hastig, indem er auf die ihm folgende Abteilung zeigt.
*Das sind Infanterieverstärkungen. Wecken Sie die Kanoniere und lassen sie
dieses Geschütz von der Schießscharte wegziehen und nach links wenden.*
Hans glaubt, der Moment des Ausfalls sei gekommen und weckt die
Kanoniere. Der alte Guzmán erwacht aber für López' Geschmack zu
langsam und dieser überschüttet ihn mit Beschimpfungen. Dann
wiederholt er seine Anordnungen vor Hans, der sich langsam zu
wundern beginnt, und entfernt sich eiligst. Hans gehorcht aber
pünktlich und fügt der Kanonenladung noch ein Paket Schrapnell-
ladung bei. Dann dreht er das zurückgezogene Geschütz links zur
Seite.

Eine außerhalb der Mauer stehende Infanterieabteilung, geführt
von einem Offizier, steigt durch eine neben der Batterie liegende
Schießscharte ein, und zwar bei jener Artillerieplattform, die von
Jablonskis Leuten besetzt ist. Hans will sich den abgeschnallten Degen und seine Sarape wieder umnehmen, aber diese sind verschwunden. Da damit nur die Neuankömmlinge zu tun haben können, wendet sich Hans an den Offizier. Dieser ist aber wenig mitteilsam. Da
hört er von seinen Kanonieren, daß man auch ihnen die Musketen
weggenommen hat. Verwundert wendet sich Hans abermals an den
Offizier und fragt, zu welchem Korps seine Abteilung gehört. *Zur
Brigade Méndez* sagt dieser mit festem Ton. Hans hat dieser Brigade
selbst jahrelang angehört, kennt aber diesen Offizier nicht. Jetzt wird
er mißtrauisch. Er fordert ihn auf zu sagen, zu welchem Zweck er
eigentlich hier sei. Der Offizier klärt ihn auf: Eine kaiserliche Brigade
wollte meutern und den Feind einlassen, aber zum Glück habe man
die Verschwörung entdeckt, und daher werden jetzt alle Wachtposten abgelöst. Hans glaubt schließlich diese Geschichte.

Als er vernimmt, daß López beim Friedhof ist, möchte er ihn jetzt doch selbst befragen. Er will von der Plattform heruntersteigen, aber das *Alto ahí!* („Halt, wer da?") eines Wachposten hält ihn auf. Als Hans, ärgerlich geworden, einem Infanteristen, der die Muskete eines seiner Kanoniere trägt, die Waffe entreißen will, geht dieser mit gefälltem Bajonett auf ihn los. Der Offizier verhindert zum Glück den Zusammenstoß. Hans fragt ihn lautstark, was da eigentlich los sei, aber dieser gibt auf jede Frage nur ein stereotypes *No se preocupe* („Keine Aufregung!") von sich. *Hinter all diesen Lügen, muß Verrat im Spiel sein*, stößt Hans schließlich hervor. Er spricht ausgezeichnet spanisch, wenngleich mit französischem Akzent. Der Offizier läßt sich schließlich herbei, dem Ausländer die Wahrheit zu sagen, die ja doch bald an den Tag kommen muß: *Sie brauchen keine Angst zu haben, Señor, Sie sind unter Soldaten der regulären Armee. Wir gehören zum Bataillon Supremos Poderes der Republik.* Hans erstarrt, jetzt weiß er: Der Gegner ist in der Cruz. *Und Oberst López hat Sie hier hereingeführt?*, fragt er noch. *Cierto* („Gewiß"), antwortet der andere lächelnd, *aber seien Sie unbesorgt. Wir gehören zur regulären Armee*, und dann folgt großes Lob auf die tapferen Verteidiger.

Schließlich befiehlt man Hans, sein Geschütz gegen die Cruz zu richten. Dann werden er und Hauptmann Goutron unter Bedeckung zum Kloster gebracht, dessen breite dunkle Masse in völliger Stille daliegt. Die Besatzung scheint noch ganz ahnungslos zu sein. Ein republikanisches Bataillon dringt gerade durch eine Seitentür ein. Kein einziger Schuß fällt. Da man den General Vélez, zu dem man sie bringen will, nicht findet, schafft man Hans und Goutron wieder zurück zur Geschützplattform, die von der Truppe Jablonskis besetzt ist, und weiter durch die Schießscharte auf die Straße. Zu seinem Erstaunen bemerkt Hans jetzt, daß der straßenseitige Zugang durch eine aus Adobeziegeln gegen die Mauer aufgeschichtete Treppe erleichtert ist. Ein Spalier aus republikanischen Bajonetten erwartet sie draußen. Sie sind die ersten Gefangenen, viele werden folgen.[273]

Der Kaiser weiß zwar seit dem Vortag, 11 Uhr abends, daß der Durchbruchsversuch verschoben wurde, aber die Aufregung läßt ihn trotzdem erst gegen 1 Uhr einschlafen. Um halb 3 Uhr läßt er Dr. Basch holen. Maximilian hat einen heftigen Kolikanfall und fühlt sich elend. Der Arzt vermutet, daß offenbar auch der Kaiser ein Opfer der Ruhr geworden ist, die wegen der verdorbenen Kost – die Soldaten leben von fauligem Maultierfleisch und trinken verseuchtes Wasser aus den Brunnen, in die man Kadaver geworfen hat – in ganz Querétaro grassiert. Er gibt Maximilian ein Opiat, bleibt aber noch bis halb 4 Uhr bei ihm.

Nachdem die wichtigsten Teile der Cruz ohne jeden Widerstand besetzt worden sind, eilen Jablonski und López gegen 5 Uhr [274] auf den Trakt zu, in dem sich die Zellen von Maximilian und seinem Gefolge befinden. Jablonski öffnet zuerst die Tür des schlaftrunkenen Blasio, der im Dunkel der Zelle nicht erkennt, wer da hereintritt. *Gehen Sie rasch den Kaiser wecken,* ruft ihm Jablonski zu, *der Feind hat die Cruz besetzt.* Der halbangekleidete Blasio macht jetzt Licht und erkennt den Oberstleutnant. Blasio kann die nebenan liegende Zelle des Kaisers nur über den Gang erreichen. Als er hinaustritt, sieht er im Dämmerlicht die grauen Uniformen und hohen Tschakos der Supremos Poderes. Sie warten regungslos und schweigend. Blasio tritt in die Zelle des Kaisers, die zweigeteilt ist. In der einen Hälfte, die an Blasios Zelle grenzt, schläft Maximilian. Blasio, der Sekretär, fühlt sich für das Wecken nicht zuständig, sondern fordert den Kammerdiener Severo dazu auf, der in der anderen Zellenhälfte sein Lager hat.

Der Kaiser erwacht langsam, er steht noch unter dem Einfluß des eingenommenen Opiates. Er will nicht glauben, was Blasio ihm sagt und kleidet sich nur langsam an. Da platzt Jablonski in die Zelle und treibt zur Eile an. Blasio eilt nun in die Zelle, wo General Castillo und Oberst Manuel Guzmán schlafen. Dieser erwacht zuerst, empfängt die Nachricht, weckt den General, holt seine Pistole und eilt auf die Zelle des Kaisers zu, aus der soeben Jablonski tritt. Dieser ruft ihm zu: *Oberst, der Feind ist schon in der Huerta und im Friedhof.* Guzmán will sich aber selbst überzeugen, eilt über die Haupttreppe durch einen und einen zweiten Hof und betritt durch eine Tür mit vorgelagerter Schanze, „Tambor" (Trommel) genannt, die Huerta. Im Dunkeln sieht er eine Schützenkette auf sich zukommen, dahinter drei Züge mit den hohen Tschakos der Supremos Poderes. Er weiß genug, will durch den „Tambor" zurück, doch sieht er auch hier republikanische Offiziere, mitten unter diesen Oberst López. *Was ist los?*, erkundigt er sich verwirrt bei diesem. Keine Antwort – López scheint sich hinter den Republikanern zu verstecken. Doch Guzmán durchschaut das Spiel erst, als man ihn gefangennimmt und zur Artillerieplattform von Leutnant Hans führt, wo sich auch schon andere Gefangene befinden. Ihnen allen hatte López gesagt, die eindringende Truppe gehöre zu den Einheiten von General Márquez, dem es gelungen sei, durch den Belagerungsring in die Stadt zu gelangen.[275]

Blasio hat auch den Ordonnanzoffizier Oberstleutnant Pradillo geweckt, der bei einem Rundgang feststellt, daß die Republikaner bereits die Plazuela de la Cruz besetzt haben. Mit dieser Nachricht eilt er zu Maximilians Zelle.

Inzwischen tritt Jablonski wieder auf den Gang und läuft mit López weiter zur Zelle des Fürsten Salm. Er irrt sich aber und dringt bei Basch ein, der nebenan wohnt. *Wo ist der Fürst Salm?,* rufen die beiden Männer, *man soll ihn rasch wecken.* Dann eilen sie ohne jede Erklärung weiter – der ausländische Doktor ist ihnen gleichgültig. Basch überlegt, vermutet einen Überfall, weckt seinen Burschen, der in der gleichen Zelle schläft und befiehlt ihm, sein Pferd zu satteln. Dann geht er zu Salm in den Nebenraum.

Dieser ist fast gleichzeitig von López selbst geweckt worden. *Schnell,* hat der Oberst ihm zugerufen, *retten Sie das Leben des Kaisers! Der Feind ist schon in der Cruz.*[276] Als Basch eintritt, ist Kammerdiener Grill gerade bei ihm und befiehlt Salm zu Maximilian. *Ich muß zum Kaiser,* ruft Salm dem Doktor zu. *Machen Sie schnell, wir sind überrumpelt. Sagen Sie Fürstenwärther, er soll die Husaren aufsitzen und vor die Cruz rücken lassen.* Salm hat keine Ahnung, daß López sie am Vorabend hat absatteln lassen.[277]

Basch mobilisiert Fürstenwärther, der in die Husarenkaserne eilt und Alarm schlägt. Dann kommt Severo, der mexikanische Kammerdiener, und ruft Basch zu Maximilian. Salm tritt vorher beim Kaiser ein. Dieser ist fast fertig angekleidet und völlig gefaßt. Er ruft ihm zu: *Salm, wir sind verraten. Gehen Sie hinunter und lassen Sie die Husaren und die Leibeskorte ausrücken. Wir wollen dann nach dem Cerro und sehen, wie wir die Sache in Ordnung bringen. Ich werde gleich folgen.*[278] Während er sich fertig macht, läßt er von Grill seinen blanken Säbel an die Tür stellen. Salm stürzt hinaus und eilt über die Haupttreppe auf die Plaza de la Cruz. Inzwischen kommt Pradillo zu Maximilian und meldet, daß auch der Platz vor der Cruz vom Feind besetzt ist. Die acht Geschütze auf der Plaza sind mit den Mündungen der Stadt zu gekehrt worden.

Nun kommt Basch in die Zelle Maximilians. Der Kaiser ist bereits angekleidet und völlig ruhig. *Es wird nichts sein,* sagt er, *die Feinde sind in die Huertas eingedrungen. Nehmen sie Ihre Pistole und folgen Sie mir auf den Platz.* Der Arzt eilt in seine Zelle zurück, wo ihm sein zurückgekehrter Bursche sagt, ein unbekannter Offizier habe ihm die Pferdedecken weggenommen. Sie finden diese im Hofgang des Klosters, wo Soldaten stehen. Basch hält die grauen Uniformen der Supremos Poderes für kaiserliche. Als er den Offizier wegen der Decken anspricht und im Zuge der Auseinandersetzung nach seinem Revolver greift, läßt der Offizier ihn entwaffnen und festnehmen. Er wird im Kirchturm der Cruz gefangengehalten.[279]

Salm eilt inzwischen unangefochten über die Haupttreppe in den Hof und durch einige Gänge auf den Platz vor dem Kloster. Er sieht jetzt weder kaiserliche noch republikanische Soldaten. López hat nämlich die Infanteriekompanie, die zusammen mit einer halben Schwadron vom Regiment der Kaiserin vor der Cruz den Sicherheitsdienst versehen hat, abgezogen.[280] Auf dem Platz trifft er Fürstenwärther, der ihm sagt, daß er bereits unterwegs sei, um die Husaren zu mobilisieren. In der Morgendämmerung sieht Salm noch, daß ein hinter einer Brustwehr auf der Plaza stehendes Geschütz – ein 36-Pfünder – umgeworfen worden ist[281] und Soldaten durch die Schießscharte kommen, die er für Angehörige der Supremos Poderes hält. Er betritt nochmals das Kloster und eilt wieder die Haupttreppe hinauf, wo ihm auf der siebenten oder achten Stufe ... von unten[282] der Kaiser entgegenkommt. Maximilian ist in seiner üblichen Generaluniform, trägt jedoch wegen der Morgenkühle einen weiten grauen Umhang und hält in jeder Hand einen Revolver. Castillo folgt ihm auf dem Fuß. Salm nimmt dem Kaiser die Pistolen ab und ruft ihm zu: *Majestät, es ist die allerhöchste Zeit. Der Feind ist da.* An der Türschwelle seiner Zelle hat sich der Kaiser an seine Begleiter gewendet, und Pradillo hat gehört, wie er sagt: *Entweder wir kommen von hier weg oder wir sterben, das ist der einzige Weg.*

Noch auf der Haupttreppe treffen sie auf einen ersten Wachposten der Supremos Poderes, der ihnen aber nicht in den Weg zu tritt, sondern bloß seine Waffe schultert. Im Hof steht ein ganzes republikanisches Bataillon, aus dem man sie nach dem Oberst Yepez fragt. *In der Huerta,* antwortet Pradillo und eilt weiter.

Als sie wenige Minuten vor 5 Uhr morgens zum Tor kommen, das auf die Plazuela de la Cruz führt,[283] sehen sie, daß bereits Republikaner die dort aufgestellten Geschütze bewachen. Der Kaiser bringt seine Pistole in Anschlag. Die Gruppe – Maximilian, Castillo, Pradillo und Salm, alle in voller Uniform, sowie Blasio, der einzige Zivilist – will zu dem nahegelegenen Mesón de la Cruz eilen, wo die Husaren untergebracht sind. Republikanische Soldaten springen vor und verwehren ihnen das Weitergehen. Salm hebt den Revolver, aber der Kaiser winkt ab und ruft *Vorwärts!* Da erscheinen nebeneinander Miguel López und der Republikaner José Rincón y Gallardo. Wie der letztere später angibt, sagt López, der den Kaiser sofort erkennt, leise zu ihm: *Laß sie durch!*, worauf Rincón, getreu seinen von Escobedo erhaltenen Anweisungen, López zu folgen, zu seinen Leuten den absurden, weil allem Augenschein widersprechenden Satz sagt: *Que pasen, son paisanos* (Sie können passieren, das sind Zivilisten).[284] Die Soldaten gehorchen, obwohl trotz der Dämmerung jeder die Uniformen, die Säbel und die Pistolen sehen kann. Salm blickt den Kaiser erstaunt an. Der aber sagt ihm nach einem Blick auf José Rincón, den er offensichtlich an seiner hellen Gesichtsfarbe und seinem hängenden blonden Schnurrbart erkannt hat:[285] *Sehen Sie, es schadet niemals, wenn man Gutes tut. Man findet zwar unter zwanzig neunzehn Undankbare, aber doch hie und da einen Dankbaren. Das hat sich soeben bewährt. Die Schwester des feindlichen Offiziers war sehr häufig bei der Kaiserin, die ihr viele Wohltaten erwiesen hat. – Tun sie Gutes, Salm, wenn immer Sie können.*[286] In der Familie Rincón gab es Liberale und Konservative und eine Verwandte von José Rincón, Luisa Quijano de Rincón y Gallardo, war sogar Palastdame bei Kaiserin Charlotte gewesen.

Diese berühmt gewordene Episode zeigt eindeutig, daß Maximilian zunächst einmal Gelegenheit zur Flucht gegeben werden sollte. Obwohl Escobedo das nicht zugeben kann, weil es den Befehlen seiner Regierung zuwiderlaufen würde, scheint es, wie die Vorgänge klar zeigen, doch ein Teil der Abmachung gewesen zu sein, um López für die Kollaboration zu gewinnen und es ihm zu ermöglichen, vor Maximilian und seinen Anhängern sein Gesicht zu wahren. Indes scheint es völlig klar zu sein, daß die Fluchtgelegenheit nur eine zeitlich und örtlich beschränkte war. Später hätte Escobedo, der seiner Regierung gegenüber ein Entkommen des Kaisers nicht hätte verantworten können, Maximilian zweifellos verfolgen und festnehmen lassen, zumal er ja durch López die von diesem angebotenen Verstecke innerhalb Querétaros erfahren hätte.

Daß die Einnahme und Besetzung der Cruz so glatt und unblutig verlaufen ist, versetzt Escobedo und die Offiziere seines Generalstabs in Euphorie. In ersten triumphierenden Telegrammen wird die Wahrheit durchaus ausgesprochen. So kabelt Escobedo bereits um 5 Uhr morgens an den Gouverneur von Michoacán, Justo Mendoza:
*Ich bin so glücklich, Ihnen mitteilen zu können, daß in diesem Augenblick, fünf Uhr, das Kloster Cruz von unseren Truppen besetzt wurde. Der Stabsoffizier, der dort kommandierte, überlieferte es uns mit zwei Bataillons, die sich auf Diskretion ergaben.*

Noch näher an die Wahrheit kommt ein Telegramm, daß der republikanische General Régules um 5 Uhr 30 an den genannten Gouverneur von Michoacán schickt:
*Ich freue mich, Ihnen mitzuteilen, daß jetzt um 5 Uhr 30 unsere Kräfte die sogenannte Cruz eingenommen haben, die uns durch den dortigen Kommandanten samt zwei Bataillonen, die sich bedingungslos ergaben, übergeben wurde. ...*[287]

Im Verlauf des Morgens wird Escobedo jedoch vorsichtiger. Verrat gilt auch bei den Republikanern als keine soldatische Tugend. Es muß ihm der Gedanke gekommen sein, daß Maximilian mindestens den Versuch machen werde, eine letzte Verteidigung zu organisieren.

Escobedo ist entschlossen, diese Gelegenheit für einen sicht- und hörbaren Sieg der republikanischen Waffen zu nutzen.

Ganz in diese Richtung geht ein Telegramm, das der von Escobedo politisch unter Druck gesetzte General Vélez, der vereinbarten Sprachregelung entsprechend, nach der Einnahme der Cruz über die Ringleitung an Escobedo absendet und das später von López zu seiner Entlastung[288] zitiert werden wird:

*Heute morgen hatte ich die Bewegung ausgeführt, die Sie mir gestern nacht anzuvertrauen beliebten, deren Ziel die Einnahme des Forts und des Klosters de la Cruz war. Eine halbe Stunde hat unseren tapferen Truppen zur Besetzung der ganzen Stadt genügt – es waren die Bataillone Supremos Poderes und Nuevo León, mit welchen ich die brillante Waffentat ausführte. Sie haben sich mit Ruhm bedeckt ... Die ganze Garnison des Platzes, die Artillerie und der Train befinden sich in unserer Gewalt. Einige Generale sowie Maximilian entzogen sich der Gefangenschaft durch Flucht in Richtung auf das Fort de las Campanas. Ich beglückwünsche Sie zu dem Ruhm, den das unter Ihrem würdigen Befehle stehende Heer errungen hat. Freiheit und Unabhängigkeit. Querétaro, 15. Mai 1867. Francisco A. Vélez.*

Von der Cruz bis zur Plaza de San Francisco, dem Stadtzentrum, benötigt ein flotter Fußgänger etwa eine Viertelstunde. Als die Gruppe um Maximilian an der Husarenkaserne im Mesón de la Cruz, einem Großgasthof mit mehreren Höfen, in denen die Pferde angepflockt sind, vorbeikommt, wird Pradillo hineingeschickt, um die Husaren eiligst zur Plaza de San Francisco zu beordern[289] und für Maximilian ein Pferd zu beschaffen.[290] Aber die Husaren sind gerade erst beim Aufsatteln, und Maximilian hat Eile. So gehen sie zu Fuß weiter, während Pradillo mit seinem eigenen Pferd und dem des Kaisers der Gruppe nacheilt. Als er um halb 5 Uhr beim Haus des Advokaten Ignacio Alvarez[291], den Maximilian gern als seinen Chronisten bezeichnet, vorbeikommt, ruft er diesem zu, daß in der Stadt unheilvolle Dinge vor sich gehen. Kurz darauf erreicht er die Gruppe des Kaisers beim Palacio municipal.

*Señor*, sagt Pradillo, *da ist das Pferd Eurer Majestät.* Doch Maximilian winkt ab: *General Castillo und die anderen haben auch keine Pferde, wir gehen zu Fuß.*[292] Er gibt Befehl, sein Pferd auf den Cerro zu bringen. Fürstenwärther, der gerade aus der Kaserne heraustritt, schließt sich der zu Fuß dahineilenden Gruppe an. Maximilian sendet von unterwegs reitende Boten zu Miramón und Mejía mit dem Befehl, ihre Truppen auf den Cerro de las Campanas zu dirigieren.

200 Schritte hinter ihnen hält ein republikanisches Infanteriebataillon. Erst als sie weitergehen, setzt sich auch die Truppe wieder in Bewegung. Alvarez, der neugierig auf die Straße geeilt ist, hört

wie die Soldaten *Viva la libertad* schreien, und wie López, der sie zu
Pferd und in voller kaiserlicher Militäruniform führt, ihnen ärgerlich
zuruft: *Seien Sie still, es ist noch nicht Zeit!*[293]

Bevor die Gruppe des Kaisers zur Plaza de San Francisco kommt
– sie eilt gerade durch die in leichtem Zickzack verlaufende Calle del
Biombo – bleibt Maximilian wieder stehen, um auf Mejía zu warten,
der in der Calle del Descanso, nur wenige Minuten von hier entfernt,
wohnt. Das Infanteriebataillon hält ebenfalls an. Erst als nach einigen
Minuten vergeblichen Wartens – während Fürstenwärther sein in der
Nähe eingestelltes Pferd holt – die Gruppe weitereilt, setzt sich auch
das Bataillon wieder in Marsch.[294]

Noch in der Calle del Biombo holt sie ein Reiter ein – López in
seiner Paradeuniform und voll bewaffnet. *Señor, alles ist verloren*, ruft
er dem Kaiser zu, *der Feind ist in der Cruz und wird bald die ganze Stadt
besetzt haben. Sehen Sie die feindliche Truppe näherkommen?* Der Kaiser
glaubt, es handle sich um ein Bataillon der Guardia Municipal, doch
ein Offizier seiner Begleitung klärt ihn auf, es sei der Feind.

Wieder nähert sich López: *Majestät können sich in diesem Haus oder
in einem anderen verstecken, das ist der einzige Weg für Ihre Rettung.*
Dabei deutet er auf die in der gleichen Gasse rechts liegende Casa
de Rubio, die das Wohnpalais des reichsten Mannes von Querétaro
ist. Weiter aber ging das Rettungsangebot nicht, wie Ohrenzeuge
Pradillo versichert.[295] *Verstecken?*, antwortet der Habsburger verächtlich, *niemals! Gehen wir zum Cerro de las Campanas, dort finden wir
vielleicht noch Teile unserer Truppen.*[296]

López aber folgt der Gruppe nicht, sondern galoppiert zurück
zum Bataillon. Vor Maximilian steht jedoch überraschenderweise,
offenbar auf López Befehl von einem mexikanischen Reitknecht vorgeführt, sein prächtiger Scheck Orispelo. Castillo und Salm beschwö-
ren Maximilian, das Pferd zu besteigen, doch der Kaiser weigert sich.
*Wenn Sie meine Herren, zu Fuß gehen, gehe ich auch zu Fuß.*

In der Präfektur im Palacio Municipal, auf der Plaza de la Independencia, dem „Oberen Platz", den Maximilian vor kurzem durchschritten hat, warten die etwa 300 Indios von Mejías Landwehr, die
Arellano bewaffnen konnte. López läßt sie ihre Waffen auf der Plaza
zusammenstellen. Kurz darauf schickt man sie nach Hause.

Auf der selben Plaza steht im Hof der Casa Septién, wo Méndez
wohnt, ein Pferdegespann mit Wagen bereit, offenbar in Vorbereitung auf den Durchbruchsversuch. Aufgeschreckt durch den Marschtritt der Soldaten scheuen die Tiere, galoppieren samt dem Wagen
aus dem Tor und schleudern diesen gegen die Mauer der Präfektur,
wo er zerschellt. Unmittelbar danach kommt Méndez aufgeschreckt

und halb bekleidet aus dem Tor und überblickt die Situation. Er weiß: Für ihn, der Juárez' Freund, den aus Querétaro stammenden General Arteaga, gefangennehmen und als Rebellen hat erschießen lassen, wird es bei den Republikanern keine Gnade geben, wenn sie ihn fassen. Er muß unter allen Umständen untertauchen. Er läuft, um sich zu verbergen, in das gegenüberliegende Haus, welches der Volksmund wegen eines früheren Brandes im dortigen Geschäftslokal „Portal Quemado" (Brandstätte) nennt. Will er etwa zu Bernabé Loyola, mit dem er zur Zeit der Zwangsanleihen so manchen augenzwinkernden Handel abgeschlossen hat, und der in diesem Hause wohnt? Unter den dortigen Arkaden angelangt, fühlt er sich jedoch, obwohl es noch dämmrig ist, nicht sicher genug. Als Liberaler kann es sich Loyola gewiß nicht leisten, ihm Zuflucht zu gewähren. Schließlich schleicht Méndez durch die Bogengänge an der Ostseite der Plaza weiter bis zu einem Seitengäßchen – dem Callejón de Don Bártolo –, wo er in einem der kleinen zweigeschoßigen Häuser verschwindet. Für den Augenblick ist er gerettet.

In einem anderen Eckhaus der Plaza hat General Arellano sein Quartier. Als republikanische Soldaten in das Haus eindringen, gibt er sich für einen Untergebenen des Artilleriechefs aus und gibt ihnen, um der Festnahme zu entgehen, eine prächtige goldene Uhr. Kaum sind sie wieder weg, entkommt er über die Flachdächer der angrenzenden Häuser. Später findet er ein Dauerversteck in der „Casa del Mirador"[297] nahe der Alameda und kann nach Tagen sogar unerkannt aus Querétaro in die Hauptstadt flüchten.

Als Maximilian und sein Gefolge auf die Plaza de San Francisco im Stadtzentrum kommen, ist das im Kloster befindliche Waffenarsenal bereits von den Republikanern besetzt. So gehen sie weiter durch die Calle del Hospital, vorbei am ehemaligen Wohnsitz des Kaisers, dem Casino, das in ein Lazarett umgewandelt worden und noch von Hunderten Verwundeten belegt ist. Dort treffen sie auf Castillos Adjutanten, Hauptmann Jararo, den der Kaiser beauftragt, Miramón zu verständigen, daß er ihm mit möglichst vielen Truppen auf den Cerro de las Campanas folge. Dann nähern sie sich dem Hotel del Aguila Roja, in dem das 1. Kavallerieregiment einquartiert ist. Bevor sie aber noch dort anlangen, taucht der heute wahrhaft allgegenwärtige López wieder auf. Er hört, wie Maximilian befiehlt, das Regiment auf den Cerro de las Campanas zu beordern. López bietet sich an, diesen Befehl selbst zu überbringen und reitet in Richtung auf das Hotel voraus. Nachdem die Gruppe das Hotel passiert hat, reitet ihr López wieder nach. Als sie jedoch eine Barrikade des „inneren Verteidigungsringes" umgehen, bleibt er plötzlich hinter ihnen zurück. Der Kaiser wird erst jetzt zum ersten Mal mißtrauisch: *Wo ist López hin?*, hört Fürstenwärter ihn fragen und dann nachdenklich hinzufügen: *Dem Jablonski verdanke ich meine Rettung, er hatte den Feind in der Cruz entdeckt und mich zuerst avisiert.*[298]

Während Maximilian und seine Begleiter den Weg auf den Cerro de las Campanas einschlagen, wobei der Kaiser und Salm gemeinsam General Castillo, der einen Schwächeanfall erlitten hat, den Hang hinaufschleppen müssen, erleben die Husaren und die Leibeskorte, die Maximilian folgen sollen, eine groteske Situation.[299] Fürstenwärther hat den Befehl des Kaisers, ihnen auf die Plaza de San Francisco nachzureiten, Oberst Campos, dem stellvertretenden Kommandanten der Truppe überbracht. Der martialische Husarenrittmeister Ede Pawlowszki wird mit seiner Abteilung als erster mit dem Aufsatteln fertig. Da in zwei Höfen, die zur Straße führen, die Reiter noch nicht soweit sind, verläßt Pawlowszki mit seiner Truppe die Kaserne durch ein Tor, das auf eine Nebengasse führt. Minuten später folgt Kaehlig mit dem Rest der Husaren auf dem gleichen Weg, da auf der Hauptstraße bereits Republikaner zu sehen sind. Hier sind die verlassenen Gassen noch merkwürdig ruhig, nichts deutet auf Truppenbewegungen hin. Die Queretaner schlafen noch. Die Reitergruppe muß auf ihrem Weg zum Zentrum durch einen Außenbezirk, auch an republikanischen Schanzen und Brustwehren vorbei, die von Soldaten besetzt sind, die aber, anders als sonst, seltsamerweise nicht auf sie schießen.

Als sie die Calle del Biombo hinunterreiten, beginnt Geläute vom Turm von San Francisco. Da in Mexiko wichtige Ereignisse durch Glockengeläute – repique genannt – angekündigt werden, fragt sich Pawlowszki, ob dadurch wohl das Eintreffen von General Márquez oder der eigene Ausbruch signalisiert werden solle. Daß die Glocken aber in Wirklichkeit von den Republikanern geläutet wurden, die, von López geführt, bereits seit etwa 6 Uhr morgens San Francisco, das Standquartier des Feldzeugamtes besetzt haben,[300] kommt niemandem in den Sinn. Das Geläute, in das auch die Glocken einiger anderer Kirchen einfallen, gibt den um Querétaro bereitstehenden republikanischen Truppen das vereinbarte Zeichen zum letzten Sturm auf die Stadt, deren strategische Punkte bereits in ihrer Hand sind. Als triumphierende Antwort auf das Glockengeläute beginnen die Bandas der eindringenden Republikaner mit ihren Clairons den Weckruf „Diana" zu blasen.[301] Im Süden und Norden der Stadt setzt nun mit einem Schlag Gewehr- und Kanonenfeuer ein.

Die unter den Kaiserlichen herrschende Verwirrung zeigt der Augenzeugenbericht Pawlowszkis:[302]

*Zu jedem anderen Zeitpunkt hätten wir ... das Geläute richtig deuten können. Jetzt aber, da wir voller Zweifel über das Geschehen waren, blickten wir fragend hinauf zum Turm (der Kirche von San Francisco), dessen Geläute zu deuten wirklich eine schwierige Aufgabe war. Vielleicht meldete General Márquez seinen Anmarsch. Man hatte ihn nämlich gerufen, uns aus der Falle zu retten, oder wenigstens mitzuwirken, die feindlichen Linie zu durchbrechen, um an einen sicheren Ort zu gelangen. Oder könnte das Geläute dazu dienen, unseren Ausbruch anzukündigen, oder noch anders könnte es eine Art Hilferuf an Márquez sein?*

*So etwa dachten alle, aber nur eines glaubte niemand, daß nämlich die Glocken nicht von unseren eigenen Leuten, sondern vom Feind geläutet wurden. Wir begriffen nicht, wie sie imstande waren, auf den Turm zu gelangen. Und schon gar nicht ahnten wir, daß mit diesem Geläute der Feind seinen Angriff ankündigte und die schon durchgebrochenen Truppen jetzt Querétaro besetzten.*

*Hinter der Rückwand der Kirche war ein schmales Gäßchen,[303] worin zwei Kanonen postiert waren. In beschleunigtemTrab näherten wir uns der Kirche, also in Richtung Hauptplatz, um uns schnellstens Sr. Majestät – gemäß der Anweisung – anzuschließen. Und weil neben dem Glockenschall Kanonendonner vom Südteil der Stadt zu hören war, kamen wir zum Schluß, daß der Ausbruch wahrscheinlich bereits begonnen hatte.*

*Aber noch bevor wir ganz zur hinteren Ecke der Kirche gelangten, – ich ritt an der Spitze meiner Truppe – trat auf einmal Oberst López in Begleitung von einigen mir unbekannten Offizieren aus einer Seitentür der Kirche heraus, kam näher und blieb dann vor uns stehen. Mit der Hand gab er ein Zeichen und aus seinem Mund vernahm ich den Befehl, daß meine Kompanie stehen bleiben sollte. Das Erscheinen von López überzeugte mich, daß wir am Ziel angelangt waren. Da nämlich López gewöhnlich in des Kaisers Umgebung zu finden war, glaubte ich, daß er auch jetzt von Sr. Majestät gesandt war, um mir Anweisung zu erteilen.*

*Als meine Kompanie stehengeblieben war, ritt ich allein zu López und meldete, daß ich die Anweisung habe, mit meiner Kompanie zum Hauptplatz zu reiten, um uns Sr. Majestät anzuschließen. Ich bat außerdem, mir Kenntnis zu geben, ob sich der Aufenthaltsort Sr. Majestät geändert habe, damit ich mich nach den neuen Umständen richten könnte. Nicht einmal der kleinste Verdacht bestand gegen López, da er doch einer der Männer war, denen der Kaiser am meisten vertraute. Ich konnte daher nicht ahnen, daß er Verrat beging und mir Anordnung ohne Zustimmung Sr. Majestät gab.*

*López sagte nur soviel zu meiner Beruhigung, daß S. Majestät in Sicherheit sei. Danach ging er weiter, hinter meine Kompanie und hielt beim Kommandanten dieser Berittenen,[304] woraus ich schloß, daß er dieser Truppe eine besonders dringliche Anweisung gab und mich nachher auch davon unterrichten würde, weshalb ich ihm sofort dorthin folgte.*

*López redete mit dem Kommandanten der kleinen Kavallerietruppe, und zwar mit so leiser Stimme, daß ich davon nichts verstehen konnte; nur das eine sagte er zum Schluß mit lauter Stimme, daß er ihm das Pferd überlassen solle, worauf der betreffende Hauptmann vom Pferd stieg und es ihm bereitwillig übergab. Nachdem er vom Pferd gestiegen war, hörte ich Kommandorufe, und darauf gehorchte die kleine Truppe sofort.*

*Da ich für meinen Teil mir diese eigenartigen Maßnahmen nicht erklären konnte, wandte ich mich wieder López zu, der jetzt schon auf dem Pferd saß, um Anweisungen und Aufklärung einzuholen. Er richtete nur dieses Wort an mich: „Tun Sie, was dieser Oberst Ihnen befiehlt." Und damit ritt er fort, in Richtung Cruz. Als ich mich umblickte, sah ich dort tatsächlich einen Obersten, der mir gleich die Anweisung gab, daß meine Mannschaft vom Pferd steigen solle. Da mir dieser Oberst völlig unbekannt war, verlangte ich von ihm Aufklärung, zu welchem Zweck und auf wessen Befehl ich so handeln solle. Um die quälende Unruhe abzuschütteln, wollte ich mit meiner Kompanie weitermarschieren, aber der unbekannte Oberst[305] stellte sich zusammen mit anderen Offizieren vor mich hin und sagte: „Herr Hauptmann, ich bin bereit, Sie aufzuklären: Sie und die ganze Garnison sind unsere Gefangenen, da es den Truppen der Republik gelungen ist, an mehreren Punkten in Querétaro einzudringen und die Ausgänge zu besetzen. Schauen Sie sich um! Sie werden sehen, daß überall republikanische Soldaten stehen. Daher wird den eingeschlossenen Herren Hauptleuten zur Vermeidung unnützen Blutvergießens nichts anderes übrigbleiben, als selbst zu kapitulieren, weil nicht nur Sie, sondern die gesamte Garnison und wahrscheinlich auch der Kaiser schon in Gefangenschaft geraten sind."*

*Kaum hatte der genannte Oberst seine Lageschilderung beendet, kam eilends vom Platz der Hauptkirche – der Plaza de San Francisco –, meinen Namen rufend, ein Stabsoffizier, der niemand anderer war als Major Pradillo, der Kommandant der Leibwache des Kaisers, den S. M. zu General Escobedo geschickt hatte, um die Kapitulation zu melden. Major Pradillo, unterwegs mit diesem Auftrag, erblickte mich mit meiner Truppe, und um mir jeden Zweifel zu nehmen, teilte er mir mit, daß der Kaiser sich ergeben habe, was er auch uns selbst zugestand, da S. Majestät nicht unnütz Blut vergießen wollte. ... Nachdem ich zur Überzeugung gelangt war, daß wir tatsächlich in eine Falle geraten waren, und daß mit einer Flucht weder das Schicksal des Kaisers noch das unsere verbessert werden konnte, kapitulierten auch wir und stiegen von den Pferden ...[306]*

Kurz darauf erscheint auch die Reiterschwadron von Oberst Jablonski, die, wohl instruiert von ihrem Anführer, in „Viva la libertad"-Rufe ausbricht. Sie wird nicht gefangengenommen, sondern wahrscheinlich gleich den Republikanern eingegliedert. Jablonski selbst bleibt wie López auf freiem Fuß.

Auf das Signal des Glockengeläutes von San Francisco, in das noch die Glocken zahlreicher anderer Kirchen einfallen, hat der letzte Anmarsch der Republikaner auf die Stadt begonnen. Die durch López' Anweisungen völlig verwirrten Verteidiger leisten kaum Widerstand. Als im Süden die liberalen Bataillone vom Cimatario heruntermarschieren, gehen zuerst das 12., dann das 3. und 2. Linienbataillon zum Gegner über. Nur das Jägerbataillon unter Major Pitner ist bereit zum Kampf. Doch Pitner selbst, der erfahren hat, daß der Kaiser auf dem Cerro ist, gibt dem Österreicher Hauptmann Maier den Befehl, das Bataillon in die Stadt zu führen. Er selbst eilt auf den Cerro. Maier, bei dem hauptsächlich die bei den Cazadores befindlichen Europäer geblieben sind, während sich die Mexikaner absetzten, kommt aber mit dem Rest seiner Truppen nur bis in die Calle de San Antonio, wo er auf republikanische Kavallerie stößt, die ihn und seine Leute auf die Plaza de San Francisco abdrängen und dort entwaffnen.[307]

An der Brückenlinie im Norden hatten schon in der Nacht massenhafte Desertionen stattgefunden, und beim Beginn des Glockenläutens geht der Rest der kaiserlichen Truppen mit dem Ruf „Viva la Libertad" zu den Republikanern über.[308]

Inzwischen hat Escobedo, der militärischen Lorbeeren nachjagt, befohlen, Teile der Stadt sowie den Cerro de las Campanas, auf dem sich die Kaiserlichen zu sammeln beginnen, zu beschießen. Eine Granate schlägt nahe bei den Pferden der schon abgesessenen Husaren ein. Die Pferde scheuen und galoppieren in Richtung Kaserne zurück. Auf der Plaza vor der Cruz steht ein marschbereites liberales Infanteriebataillon, das durch den Lärm der wildgewordenen Pferde in Panik versetzt wird, weil es eine Kavallerieattacke befürchtet. Die Soldaten laufen wild auseinander, nur ein Teil bleibt stehen, feuert auf die Tiere und richtet unter ihnen ein Blutbad an.

In jenem Augenblick, in dem sich die Husaren ergeben haben, ist der Kaiser aber noch keineswegs gefangen, sondern hat den Cerro de las Campanas erreicht und wartet ungeduldig auf das Eintreffen Mejías, Miramóns, der Husaren und anderer Truppenverbände.

Miramón kommt, als das Glockenläuten beginnt, gerade zusammen mit seinem Adjutanten, dem Deutschen Major von Görbitz, von einer Besichtigung der Nordlinie zurück, die er trotz der zahlreichen Desertionen noch für kampffähig hält. Bevor er auf die Plaza de San Francisco kommt, erreicht ihn die Nachricht, daß die Republikaner die Cruz besetzt haben und die kaiserlichen Truppen, welche die

Alameda verteidigt hatten, sich ins Zentrum zurückziehen. Auf der Plaza angelangt, wird sein Ordonnanzoffizier Ordoñez von einem Republikaner zu Pferd angegriffen. Miramón gibt einen Pistolenschuß gegen den Angreifer ab, trifft jedoch nicht. Der Republikaner schießt zurück und verletzt Miramón im Gesicht und an einem Finger der linken Hand. Miramón verfolgt den Reiter, der in die Calle del Biombo einbiegt, wo eine Gruppe von 50 Mann vom Bataillon „León" auf Miramón anlegt. Der General flüchtet, unterstützt von Görbitz, in seine nahegelegene Wohnung in der Calle San Antonio. Er gibt einige nicht mehr durchführbare Befehle an General Casanova und läßt nach seinem Arzt, Dr. Licea schicken. Da dieser nicht kommt und die Wunde arg blutet, verläßt Miramón seine Wohnung und geht selbst in die nahegelegene Calle de Capuchinas, wo Licea wohnt. Der Arzt, der Miramón während der Belagerung auch wegen seines Leberleidens behandelt hat, besteht, wie Miramón in seinem Tagebuch berichtet, auf einer nötigen Extraktion der Kugel. Vor der Tür erscheint General Casanova mit den Resten der kaiserlichen Kavallerie. Obwohl ihnen Miramón nahelegt, sich zu retten, bleiben Casanova, Moret und Miramóns Adjutant Görbitz, weil sie hoffen, der ehemalige General-Präsident Mexikos könne ihnen durch seine Beziehungen nützen.

Nach zwei Stunden schmerzhafter Chirurgie – Querétaro wird währenddessen von den Republikanern vollständig besetzt –, erklärt Licea dem vor Ungeduld zitternden Miramón, daß die Kugel nach dem Einschuß ohnedies wieder ausgetreten sei und beglückwünscht ihn zu seiner festen Kinnlade …

Nach dieser, wie Miramón glaubt, absichtlich hinausgezögerten Operation betritt der republikanische General Refugio González, der notabene ein Schwager Liceas ist, das Haus. Ihm ergeben sich alle im guten Glauben. Gonzáles bietet sich auch gleich an, sie in Sicherheit zu bringen, nimmt ihnen aber zunächst auf alle Fälle Pferde, Waffen und Gepäck ab. In der Tat scheinen die Beziehungen des Expräsidenten zu den Republikanern recht gut, denn als um 3 Uhr die republikanischen Generäle Rocha, Vélez, Echegaray und die beiden Brüder Rincón dem berühmten Gefangenen ihre Aufwartung machen, haben sie, wie sie vorgeben, schon alles für seine nächtliche Rettung vorbereitet. Es kommt aber nicht dazu, denn Miramóns Begleiter werden in die Cruz gebracht. Er selbst darf zwar dank seines Studienkollegen, Oberst Julio M. Cervantes,[309] den Escobedo zum Stadtkommandanten bestimmt hat, im Hause Liceas bleiben, doch wird er gut bewacht. Auf den Flachdächern der umliegenden Häuser stehen republikanische Posten. Ein gut gemeinter Rettungsversuch von zwei „Amigos", der republikanischen Generäle Cossío und Rivara,[310] während der Nacht schlägt fehl. Miramón resigniert, er weiß, daß er in Juárez' Gewalt ist. Selbstverständlich machen er und seine Freunde den Arzt für die versäumte Gelegenheit zur rechtzeitigen Flucht verantwortlich.[311]

Vom Standpunkt Liceas sieht der Verlauf allerdings anders aus: Er hat gleich erkannt, daß es in der Gesichtswunde keine Kugel, sondern höchstens einen Knochensplitter gibt. Er beruhigt den General: es bedürfe keiner Operation, die Wunde sei ungefährlich und werde von allein heilen. Er bietet ihm Pferde und einen Diener für die Flucht an. Miramón aber glaubt sich im Moment gar nicht gefährdet und besteht auf einem Eingriff. Nun muß Licea, der eigentlich Gynäkologe ist und in Querétaro nur zufällig zum „médico de los generales" avanciert ist, sein chirurgisches Besteck erst von einem Kollegen, Dr. Olloqui, holen lassen. Damit geht die meiste Zeit verloren. Dann operiert Licea und sucht in der Wunde nach dem Knochensplitter. Miramón schmerzt das zu sehr und er befiehlt ihm aufzuhören. Auch sei, wie Licea meint, General Gonzáles nicht an der späteren Festnahme Miramóns schuld. Vielmehr kam eine republikanische Streife ins Haus, die überall nach Flüchtlingen suchte und alle im Hause befindlichen Personen registrierte. Außerdem habe Miramón mit so vielen Republikanern Kontakt aufgenommen, daß sein Aufenthalt im Hause des Arztes öffentlich bekannt gewesen sei.

Liceas Apologie, die 20 Jahre später erscheint,[312] ist gegen die zweifellos kaum haltbare Anschuldigung gerichtet, er habe Miramóns Aufenthalt den Republikanern verraten. Sie wird allerdings jene nicht ganz von seinen guten Absichten überzeugen, die wissen, daß ihn kurz nach dem Ende des Kaiserreiches ein republikanisches Gericht überführte, mit Requisiten, ja sogar mit Leichenteilen von Maximilian und Mejía üble Geschäfte gemacht zu haben. Auf diese erwiesene Untat geht er gar nicht ein. Was für ein Opportunist Licea war, zeigt auch die von ihm selbst erzählte Episode, daß er, während er Miramón bei sich hatte, verstohlen ein verhängtes Bild durch das Zimmer trug und in ein Außenfenster stellen wollte. Als Miramón darauf besteht, das Bild zu sehen, zeigt er es ihm: Es ist der Sieger, Benito Juárez. Damit sinkt die Beziehung zwischen den beiden auf den Nullpunkt. Was man Licea allerdings glauben kann, ist, daß Miramón, der in unerschütterlichem Selbstbewußtsein eine Flucht mit Hilfe seiner Freunde für jederzeit möglich hält, den günstigen Zeitpunkt versäumt hat. Seinem Bruder Carlos Miramón gelingt es dagegen, sich im Hause des Advokaten Jesús María Vázquez zu verstecken.[313]

Um halb 6 Uhr früh – kurz nachdem das Glockenläuten aufgehört hat – befinden sich Maximilian, Castillo, Salm, Pradillo, Blasio und Fürstenwärther auf dem Cerro de las Campanas. Dann trifft Mejía mit zwei Adjutanten ein. Es kommen auch Offiziere aller Truppenabteilungen, die übergetreten oder entwaffnet worden sind. Neben Blasio ist Ignacio Alvarez, welcher der Gruppe des Kaisers gefolgt ist, der einzige Zivilist auf dem Cerro. Er erinnert sich:

*Der Kaiser wußte, daß er Opfer eines Verrats geworden war, doch bis jetzt hatte er keine Ahnung, wer der Verräter war. Ja, er äußerte Verdacht gegen einen anderen Chef, den er seit dem 3. Mai in seinem Notizbuch vermerkt hatte, wie er uns allen vorlas. Doch als nach und nach die Anwesenden erzählten, was ihnen aufgefallen war, gelangte man zur Meinung, daß der Verrat durch Miguel López begangen worden war.*[314]

Als Besatzung des kleinen Forts auf dem Cerro dient das Bataillon Celaya, das noch etwa 200 Mann stark ist. Zehn Minuten nach der Ankunft des Kaisers sprengen eskadronsweise die Reiter des 1. und 4. Kavallerieregiments unter Graf Pachta und Oberst Ormaechea heran. Irrtümlich hält der Kaiser die rot uniformierten Reiter für seine „treuen Husaren", – diese sind allerdings bereits im Zentrum Querétaros gefangen. Als die Republikaner vom San Gregorio aus die heransprengenden kaiserlichen Reiter bemerken, nehmen sie den Berghang mit Granaten unter Beschuß. Zahlreiche Reiter werden getroffen und bleiben auf der Strecke.

Mejía, Salm, Pitner und andere schlagen jetzt dem Kaiser vor, solange es noch Zeit sei, durchzubrechen und sich mit den anwesenden Offizieren, dem fast vollständigen 4. Kavallerieregiment und den drei Eskadronen des 1. Kavallerieregiments in die Sierra Gorda durchzuschlagen. Dem Kaiser scheint der Plan plausibel, doch möchte er auf Miramón und die Husaren warten.[315]

Inzwischen schieben die Republikaner ihre Batterien vom Cimatario bis zur Hacienda de la Capilla vor, so daß jetzt das Fort auf dem Cerro de las Campanas, das auch vom San Gregorio aus beschossen wird, in ein heftiges Kreuzfeuer gerät. Die Besatzung sucht in den Gräben Deckung, so gut es geht. Salm beobachtet, wie die kaiserlichen Truppen an der Südlinie jetzt in hellen Scharen zum Gegner überlaufen.[316]

Mejía drängt immer mehr auf einen Durchbruch, denn die Reiter können im Granatenhagel nicht mehr standhalten und beginnen schon einzeln und gruppenweise auszureißen. Doch der Kaiser möchte noch eine Frist von 10 Minuten, um auf Miramón und die Husaren zu warten. Sein wahrer Wunsch ist aber ein anderer, denn Salm, der an seiner Seite steht, hört jetzt den berühmt gewordenen deutschen Stoßseufzer: *Salm, jetzt eine glückliche Kugel.*[317] Aber sein Wunsch, auf diese Weise einer bedrückenden Gefangennahme zu entgehen, geht nicht in Erfüllung.

Maximilian übergibt Fürstenwärter drei kleine Schriftenpakete zur Verbrennung. Sie sind in drei Kuverts verschlossen, welche die Aufschriften „Gubernativas", „Caesse" und „Europeas y particulares" tragen.[318] Fürstenwärther eilt in das Zelt Miramóns, das seit dem Anfang der Belagerung hier steht und verbrennt die Papiere, darunter die begonnenen Memoiren Maximilians, welche er Kaehlig in Querétaro zu diktieren begonnen hat. Dieser besitzt davon noch Fragmente und wird sie 1879 in seinen Erinnerungen veröffentlichen. Blasio, der seine Erinnerungen erst 1905 herausbringt, gibt darin an, er selbst habe die Papiere mit Fürstenwärthers Hilfe verbrannt und zwar im Zelt des Kommandanten des Cerro, Oberst Gayón.[319]

*Das Bild war beeindruckend,* berichtet der Zivilist Alvarez. *Da waren ein paar Chefs, die unter den schwierigsten Umständen ihre Entscheidung trafen, etwa 800 Soldaten, die sich unterhalb des Cerro am Stadtrand zusammengefunden hatten, und die zum Kampf bis zum letzten bereit waren, wenn man ihnen diesen befahl; weiters die kleine Besatzung des Cerro aus dem Bataillon von Celaya, welche die Gräben in heroischer Ruhe besetzt hielt, und schließlich die zehntausend Mann, die den Cerro einschlossen, trunken vor Siegesfreude, und die ein so starkes Artilleriefeuer unterhielten, daß die gesamte Stellung in einer Rauchwolke verschwand. Im Augenblick, in dem der Tod seine schicksalsschweren Flügel über jenen Ort ausbreitete, war der Kaiser bereits weniger erregt als bei seiner Ankunft. Er wußte, daß der Moment gekommen war, in dem er alles verlieren würde, und schritt allein auf dem freien Platz der Befestigung auf und ab. Er kam auf mich zu, um mich zu fragen, wie vermieden werden könnte, daß seine Orden, Brieftasche, Uhr und anderen Gegenstände, die er nicht verlieren wollte, in die Hände der Gegner fielen. Ich sagte, sein Sekretär, Don José Blasio könnte das alles retten. In diesem Moment schlug eine Granate eine Elle weit von unserem Standort ein. Sie hüllte uns in Rauch und Staub, und wir hielten schon unseren Tod für sicher, den der Kaiser in aller Ruhe auf sich genommen hätte, denn nach diesem Vorfall sagte er zu mir: „Wie schön ist es, in diesen Augenblicken ein ruhiges Gewissen zu haben." Sodann kam Mejía heran und sagte, der Beschluß aller Chefs sei es, die kleine Streitmacht, die wir hatten, zu einem Angriffskeil zusammenzufassen, um den Feind, der uns umschlossen hielt, anzugreifen und entweder den Tod im Kampf zu finden, oder in die Sierra durchzubrechen. Der Kaiser hieß ihn selbst dazu die Befehle erteilen. Da jedoch Gayón, der Oberst des Bataillons von Celaya, der die Vorhut bilden sollte, dagegen beharrlich opponierte und auf die*

*Sinnlosigkeit eines solchen Unterfangens hinwies, riet schließlich auch Mejía zur Übergabe.*[320]

Als Fürstenwärther Maximilian Vollzugsmeldung über die erfolgte Verbrennung der Kuverts erstattet, scheint der Kaiser erleichtert – über den Inhalt der Kuverts wird daher noch viel gerätselt werden – und wendet sich dann mit einem fragenden Blick an Mejía. *Ya es tarde – es ist schon zu spät,* sagt dieser mit düsterem Bedauern. Auf weiteres Drängen des Kaisers erklärt er: *Wir haben nur eine Handvoll Kavallerie, von der ein Teil sehr unzuverlässig ist. Blicken Eure Majestät nur um sich und urteilen selbst. Mir liegt wenig daran, ob ich totgeschossen werde, aber ich will nicht die Verantwortung auf mich nehmen, Eure Majestät dem sicheren Tode entgegengeführt zu haben.*

Darauf läßt der Kaiser weiße Fahnen auf dem Fort aufpflanzen und schickt Oberst Pradillo mit einer weißen Parlamentärsfahne, die man mit einem Leintuch aus Gayons Zelt und einer Lanze improvisiert, in die Stadt, um Escobedo die Kapitulation anzubieten. Er wird von Maximilian beauftragt, mit Escobedo auf folgende Bedingungen hin zu verhandeln:

1. Wenn ein Opfer notwendig, sei er es allein.
2. Seine Truppen seien mit jener Rücksicht zu behandeln, die ihre Treue und Tapferkeit verdienen.
3. Die Personen seines Haushalts dürften in keiner Weise behelligt werden.[321]

Allein die republikanischen Batterien schweigen nicht, denn Escobedo will, daß die Besetzung der Stadt durch martialischen Kanonendonner den Anschein einer Eroberung erhält, den er für das geplante Siegestelegramm an Benito Juárez benötigt. Wenn Maximilian dabei umkommen sollte, ist man ihn auf die bequemste Art losgeworden. Noch eine halbe Stunde dauert der mörderische Beschuß.[322] Dann trifft Pradillo, der vergeblich nach Escobedo gesucht und auf dem Platz vor der Cruz López nicht als Gefangenen, sondern in gewohnter Uniform auf einem Fuchs reitend gesehen hat, auf der Plaza de San Francisco auf General Vicente Riva Palacio und ersucht ihn, die Beschießung einstellen zu lassen. Dies geschieht nun schon deshalb, weil man die vorrückenden eigenen Truppen nicht gefährden möchte.[323]

Nun ist jeden Augenblick die Ankunft Escobedos auf dem Cerro de las Campanas zu erwarten. Der Kaiser knöpft seinen Umhang auf, unter dem nun die Generalsuniform zum Vorschein kommt und stützt sich auf seinen Säbel. Rechts von ihm stehen Mejía und Castillo, links Salm, dahinter verschiedene Offiziere. Merkwürdiger-

weise nehmen die aufgeregten Augenzeugen – Salm, Fürstenwärther,
Blasio – die jetzt folgende Szene ganz verschieden wahr:

Eine Reiterabteilung kommt den Hang des Cerro herauf. Dann
löst sich aus dieser ein einzelner Reiter, der, wie Salm meint, der
republikanische General Echegaray[324] ist. Auf Maximilians Hinweis,
ein Parlamentär sei zu Escobedo unterwegs, und sein, Maximilians,
Blut möge das letzte sein, das vergossen werde, erwidert er nur, daß
General Corona der Kommandant der Linie sei.[325] Ihn findet man
schließlich beim Stadttor der Straße nach Celaya. Corona ist Kommandant der Westarmee. Der General habe seinen Hut gezogen, den
Kaiser mit „Vuestra Majestad" angesprochen und ihn zum Gefangenen erklärt.[326] Der Kaiser möchte zu Escobedo geführt werden. Nach
republikanischer Darstellung erklärt er auch, nicht mehr Kaiser von
Mexiko zu sein, was als sicher gelten kann, da Maximilian seine
gesamte weitere Strategie auf einer solchen Erklärung aufgebaut hat.
Weiteres hört Salm nicht mehr, da er sich vor allem darum kümmert,
Pferde für sich und den Kaiser zu bekommen. Schon vorher haben
Stallknechte beide Pferde Maximilians, den zahmen Anteburro und
den feurigen Orispelo, auf den Cerro gebracht. Corona bietet bis zum
Eintreffen Escobedos die Gewähr, daß niemand behelligt werden soll.

Man geht nun gemeinsam auf die Suche nach Escobedo. Maximilian sitzt wieder auf seinem zahmen Pferd Anteburro, und Salm reitet an seiner Seite. Um das feurige Reitpferd Orispelo, das ein Reitknecht herbeiführt, bricht ein heftiger Streit zwischen zwei Republikanern aus, bei dem der eine den andern niederschießt.[327] Nahe der
Garita de San Pablo, westlich des Cerro, stößt man endlich auf den
Oberkommandanten der Republikaner mit seiner Leibeskorte, den
Cazadores de Galeana. Maximilian begrüßt Don Mariano Escobedo
ernst, aber höflich und ersucht, mit ihm allein sprechen zu dürfen;
dies könnte in Miramóns Zelt geschehen. So reitet man zurück auf
den Cerro. Nur Mejía, Castillo und Pradillo begleiten den Kaiser, die
anderen werden gefangengenommen und abgeführt.

Unterwegs übergibt Maximilian seinen Degen an Escobedo und
erklärt: *Jetzt bin ich Ihr Gefangener, denn ich habe kein Mittel der Verteidigung mehr, da man mich verkauft* (vendido) *hat.* Escobedo nimmt den
Säbel, wie er zwanzig Jahre später mit seinem üblichen Pathos schreiben wird, „im Namen der Republik" entgegen, reicht ihn aber dann
etwas verlegen an seinen Generalstabschef Díaz de León weiter. Salm
meint gesehen zu haben, der Degen sei schließlich in den Händen
von General Mirafuentes gelandet.[328] Escobedo endlich erzählt seinem Leibchronisten Juan de Dios Arias, daß die Degenübergabe erst
nach der folgenden Unterredung stattgefunden hat. Dann werden

auch Mejía, Castillo und Pradillo als Gefangene abgeführt. Nur den Zivilisten Alvarez tastet man nicht an.

Im Augenblick hat niemand Zeit, daran zu denken, daß mit der Degenübergabe Maximilians, die einer bedingungslosen Kapitulation gleichkommt, das Imperio staatsrechtlich zu bestehen aufgehört hat. Zwar hält sich Márquez noch auf eigene Faust in der Hauptstadt, doch die ausländischen Diplomaten haben alle Beziehungen zu seiner Regierung abgebrochen. Auch in Veracruz und andernorts stehen noch einige wenige kaiserliche Truppen, die aber „ohne Fahne" kämpfen. Entscheidend ist: Benito Juárez besitzt keinen wirklichen Gegner mehr. Mit dem Sonnenaufgang des heutigen Tages, dem 15. Mai 1867, ist die mexikanische Republik wiederhergestellt. Was nun vor sich geht ist ein langes Nachspiel, bei dem es nicht mehr um den Staat, sondern um die Zukunft der einzelnen Akteure des früheren Imperio gehen wird.

Der ersten Aussprache zwischen dem Kaiser und Escobedo wohnten laut Salm nur er selbst und ein republikanischer General bei. Daß Escobedo die Anwesenheit Salms zuließ, ist nicht auszuschließen, da Salm auch bei einer späteren Unterredung zugezogen werden wird. Nach der Darstellung von Escobedos Chronisten Arias findet aber nur ein Vier-Augen-Gespräch statt. Alles, was später darüber berichtet wird, stützt sich auf die Aussagen Maximilians, Salms, Escobedos und des unbeachtet gebliebenen Zivilisten Alvarez, der das Gespräch auf kürzeste Distanz mithört.

Escobedo mustert den Kaiser lange schweigend. Schließlich nimmt Maximilian das Wort und sagt: *Wenn D. Benito Juárez hier wäre, würde ich ihm sagen:*[329] *Falls noch mehr Blut fließen soll, dann nehmen Sie allein das meine.*[330] *Das gleiche sage ich Ihnen und möchte, daß Sie ihm das mitteilen.* Weiters erbittet er Schonung für seine Armee und daß alle Personen seiner Umgebung, die es wünschen, sicher nach der Küste gebracht werden, um nach Europa eingeschifft zu werden. Escobedo erwidert trocken, er werde an seine Regierung berichten. Der Kaiser und die Seinen sollen als Kriegsgefangene behandelt werden. Über die Abdankungserklärung, die eigentlich das wichtigste Anliegen Maximilians darstellt, und darüber, was der Kaiser für sich erhofft, verliert Salm kein Wort.

Laut Arias ging die Unterredung ziemlich einseitig vonstatten: *Die Angelegenheit war schwerwiegend. Maximilian machte den gleichen Vorschlag, den schon López überbracht hatte: „Werden Sie mir gestatten, unter dem Schutz einer Eskorte einen Punkt an der Küste zu erreichen, von dem aus ich mich nach Europa einschiffen kann, wenn ich ehrenwörtlich versichere, nicht mehr nach Mexiko zurückzukehren?"*[331] – Escobedo antwortete lakonisch: *Es steht mir nicht zu, Ihre Bitte zu gewähren.* Darauf Maximilian: *Wenn es so ist, hoffe ich, daß Sie nicht zulassen, daß mir Unbill geschieht und daß man mich mit jener Achtung* (consideraciones) *behandelt, die einem Kriegsgefangenen* (prisionero de guerra) *zusteht – Eso es V. mío,* antwortet Escobedo.

Sinngemäß bedeutet das, daß Escobedo Maximilian als seinen persönlichen Gefangenen betrachtet. Damit läßt er die Frage, welche Rechte dem österreichischen Erzherzog einzuräumen sind, völlig offen. Da sich die beiden Bürgerkriegsparteien gegenseitig als „Dissidenten" bzw. als „Verräter" ansehen und bezeichnen, haben sie einander gleichermaßen kriminalisiert. Escobedo „mußte" bereits nach der Schlacht bei San Gertrudis über hundert gefangene Franzosen nach dem Juárez'schen Gesetz vom 25. Jänner 1862 erschießen lassen. Er dürfte daher bewußt jede Aussage vermieden haben, die Maximilian und seinen Generälen eine Behandlung als Kriegsgefangene gewährleistet hätte.

Die obigen Berichte über den Inhalt des Gespräches zwischen Maximilian und Escobedo sind nicht falsch, jedoch unvollständig. Das geht aus einem Telegramm Escobedos an Kriegsminister Mejía hervor, das er aber erst am 17. Mai abends absenden wird.

Nach dieser Unterredung wird Maximilian, um Aufsehen in der zum Teil kaisertreuen Bevölkerung, vielleicht auch Zusammenstöße mit den vielen betrunken durch Querétaro ziehenden republikanischen Soldaten zu vermeiden, auf einem großen Umweg südlich der Stadt in sein früheres Quartier in der Cruz zurückgeführt. Auf diesem Ritt begleitet ihn General Vicente Riva Palacio, den Maximilian besonders schätzt und den er ausdrücklich von der Anwendung des Gesetzes vom 3. Oktober 1865 ausgenommen hat. Don Vicente, Sohn eines früheren republikanischen Justizministers, Don Mariano, ist zwar kein vorbildlicher General, weil er bei entscheidenden militärischen Aktionen seiner Truppen eher in sicherer Distanz anzutreffen ist. Doch dies erklärt sich daraus, daß er kein Berufsmilitär, sondern ein aufsteigender Stern am literarischen Himmel Mexikos ist. Nicht nur die Worte zu dem überaus populären „Adios Mamá Carlota" stammen von ihm, sondern auch historische Romane und Geschichtswerke. Nach der Einnahme Querétaros hat er alle kaiserlichen Dokumente, die er nur finden konnte, seinem Privatarchiv einverleibt. Er wird diese in seinem vielbändigen Geschichtswerk „México a través de los siglos" verwenden.

Bevor sie zurückreiten, nähert sich ihnen ein volltrunkener Offizier aus dem Stab Riva Palacios, Oberst Antonio Salcedo. Er hält seine Pistole vor Maximilians Gesicht und beleidigt den Habsburger in Ausdrücken der obszönsten Kasernensprache. Maximilian wird blaß, wartet aber wortlos, bis der Betrunkene sich ausgetobt hat und wendet sich dann seinem ebenfalls stumm gebliebenen Begleiter zu.[332] Maximilian hat jetzt Mitgefühl und Helfer nötig. Salm hat uns das zwischen ihm und Don Vicente geführte Gespräch nicht überliefert, das er infolge seiner rudimentären Spanischkenntnisse kaum mitverfolgen konnte. Es kann aber kein Zufall sein, daß Maximilian später, nach Eröffnung des Miliärgerichtsverfahrens gegen ihn, primär an Don Vicentes Vater als seinen möglichen Verteidiger dachte. Im übrigen hat Maximilian nicht die geringste Ahnung, daß dieser Ritt durch die sonnenüberstrahlte grüne Umgebung Querétaros, zusammen mit einem geistig anregenden Begleiter, das vorletzte Naturerlebnis des von Bergen und Fluren so angetanen Erzherzogs sein sollte. Als sie nach ihrem Ritt über El Pueblito und die zerstörte Alameda durch den von seiner Indiobevölkerung verlassenen Stadtteil des Sangremal auf die Plaza de la Cruz kommen, schenkt Maximilian dem anteilnehmenden Begleiter sein Pferd Anteburro.

Früh an diesem Morgen betritt José Rincón y Gallardo zusammen mit Miguel López das äußerlich so unscheinbare, innen aber prächtig ausgestattete, fünfhöfige Haus des Bankiers und Industriellen Carlos Rubio. Dieser, der ständige Verbindungen zu den liberalen Belagerern unterhalten hatte, wollte mit ihnen auf das Ende der Belagerung anstoßen. Rincón weigert sich jedoch, gemeinsam mit López anzustoßen und soll geäußert haben: *Mit einem Verräter stoße ich nicht an.* Carlos Rubio gab darüber mehr als 20 Jahre später folgenden Bericht: *Ich wurde am Morgen des Falles von Querétaro etwa um 4 Uhr von einem Diener geweckt, der mir den Besuch einiger Offiziere meldete. Ich eilte in das Zimmer hinab, in welchem wir uns jetzt befinden und fand meinen Freund Oberst José Rincón Gallardo mit einem anderen Offizier und einer dritten, mir unbekannten Person. „Was gibt es", rief ich aus, „seid ihr Gefangene? Wie kommt ihr denn von der Belagerungsarmee in das Herz der Stadt hinein?" „Die Stadt ist genommen", antwortete er, „ich sterbe vor Erschöpfung. Gebt mir etwas Kaffee und Cognac, mein Freund!" – Ich ließ natürlich das Verlangte sofort holen, aber als man drei Tassen hereinbrachte, rief Rincón aus: „Nein, mit Verrätern trinke ich nicht, wenn er trinkt, trinke ich nicht". – Ich war höchstlich überrascht und erfuhr erst nachher, daß der unbekannte Oberst López war. – López selbst schwieg.[333]*

Auch der General Francisco O. Arce wird 20 Jahre später berichten:

*Alle behandelten ihn mit Ekel und Verachtung. Niemand gab ihm die Hand, niemand erwiderte seinen Gruß. Alle wichen wir ihm aus, wenn wir*

*ihm begegneten, entweder wandten wir ihm den Rücken zu oder wir wech-*
*selten die Straßenseite.*[334] Kommandant der Cruz ist nun der republikanische General
Vélez, der ihre kampflose Besetzung geleitet hat. Zwischen 7 und
8 Uhr etwa wird Maximilian in seine frühere Zelle zurückgebracht.
Diese ist durchsucht worden, alle Gerätschaften, eine silberne Wasch-
toilette,[335] Kleider, Bücher, Schriften (darunter die Dekrete über Abdankung und Einsetzung einer Regentschaft), Ordensdekorationen,
ein Siegelring – ein Geschenk Napoleons – sind verschwunden. Alles,
was politisch wichtig ist, ist beschlagnahmt, vieles ist einfach geplün-
dert worden. Nur das zusammenlegbare Reisebett aus Messing –
dessen Matratze aufgeschnitten worden ist – und ein Fauteuil aus
Mejías Zelt sind in der Zelle geblieben. Vor dieser stehen ein Doppelposten und eine Kompanie der Supremos Poderes; auf dem hofseitig
gelegenen, ungedeckten Gang lagert eine weitere Abteilung Soldaten.[336] In einem anderen, von diesem Hofgang erreichbaren Zimmer
werden Salm, Pachta, Blasio und Pradillo untergebracht. Mejía und
Castillo legt man in das frühere Zimmer des letzteren.[337]

So wie es bei Miramón der Fall war, so geschieht es auch bei
„Maximiliano de Hapsburgo", wie er ab jetzt genannt wird: Jeder
will ihn sehen. Er erhält sogleich zahlreichen Besuch, weniger aus
Mitgefühl als aus Neugierde. Vor allem die Brüder José und Pedro
Rincón sind es, die – zweifellos aus Sympathie für den ihrer Familie
verbundenen Ex-Monarchen – diesem anvertrauen, wie leicht man
dank der Kollaboration des Oberst López in die Cruz eingedrungen
sei. Allerdings lassen sie kein gutes Haar an dem Kollaborateur
selbst.[338] *Solche Leute sind gut, solange man sie braucht. Man verwendet*
*sie, gibt ihnen einen Fußtritt und stößt sie vor die Tür*, meint José
Rincón.[339] Auch Altamirano, einer der berühmtesten liberalen Politiker, zur Zeit Oberst, macht dem Habsburger seine Aufwartung und
ergeht sich in Höflichkeiten.[340] *Ich war sehr befried*igt, sagt Maximilian
später zu Basch, *von Altamirano zu hören, daß er hoffe, die republikani-*
*sche Regierung werde wohl viele meiner Gesetze, über die er sich lobend*
*aussprach, akzeptieren.*[341] Salm ist bei diesem Gespräch offenbar dabei
und legt warnend den Finger auf den Mund, als der ihm unbekannte
Offizier Maximilian über die Lage in der Hauptstadt und in Veracruz
befragt.

Auch Escobedo kommt zu Maximilian auf kurzen Besuch. Er muß
darauf sehen, daß der Exkaiser nicht entwischt, und kontrolliert, ob
die Bewachung ausreicht. Dem Habsburger begegnet er mit seinem
trockenen Lächeln und fragt ihn, wen er aus seiner Begleitung gerne
um sich hätte. Maximilian nennt seine Ordonnanzoffiziere Pradillo

und Ormaechea, den Fürsten Salm, Dr. Basch und Blasio. Escobedo gewährt das großzügig und läßt nach diesen Personen suchen. Basch hat einige aufregende Stunden hinter sich. Nach seiner Gefangennahme, über die er sich fast zu Tode ärgert, weil er sie sozusagen selbst provoziert hat, sperrt man ihn in den Turm der Cruz und gibt ihm zwei Mann zur Bewachung. Später führt man ihn auf den Platz vor dem Kloster und bringt ihn zusammen mit anderen Gefangenen, darunter den Dienern des Kaisers, Grill, Severo und Tüdös, nach der Hacienda de Carretas. Als sie bei San Francisquito vorbeikommen, werden die Gefangenen in zwei Gruppen geteilt: einerseits gemeine Soldaten, andererseits Offiziere samt Basch, der auch im Offiziersrang stand. Von dort sehen sie Oberst Pradillo, den Parlamentär mit der weißen Fahne, von republikanischen Reitern flankiert vorbeigaloppieren. Die Soldaten und Unteroffiziere werden in die Kirche der Cruz gebracht, die anderen nach Carretas geführt. In dieser Hacienda stellt sich Basch beim Kommandanten als Leibarzt des Kaisers vor, der krank sei und ihn benötige. Jener verspricht sehr höflich, das Nötige zu veranlassen. Tatsächlich erscheint um 10 Uhr ein Adjutant von General Vélez und holt Basch und die Diener zurück in die Cruz.[342]

Die Plazuela vor dem Kloster bietet einen unbeschreiblichen Anblick. Der Kirchturm, die Dachterrassen und die Fenster des Spitaltrakts der Cruz sind vollgestopft mit republikanischen Soldaten, die sich neugierig die herbeigebrachten Gefangenen ansehen. Offiziere zu Pferd lassen die erbeuteten Geschütze von früheren Mannschaften heranführen und zusammenstellen. Die ehemals kaiserlichen Soldaten sind bereits, wie in Mexiko üblich, in republikanische Einheiten eingegliedert, werden aber scharf im Auge behalten. Erbeutete Gewehre und Munition werden angeliefert.

Albert Hans ist unter jenen Gefangenen, die in die Kirche gesperrt werden sollen. Als er den Trubel auf dem Platz beobachtet, sieht er plötzlich López in seiner Galauniform vor seinem früheren Wohnhaus stehen. Den Ellbogen auf den Sattel seines prächtigen Pferdes gestützt, betrachtet er mit unbewegtem Gesicht die Szene. Er und Jablonski sind die einzigen kaiserlichen Offiziere, welche nicht gefangengenommen werden, sondern sich völlig frei bewegen können – ein offensichtlicher Dank der Sieger für geleistete Dienste.

Andere Gefangene, darunter Oberst Guzmán, sind aus der Huerta der Cruz durch die Schießscharte, die den Republikanern als Einstieg diente, ins Freie und von dort auf den Cerro de Patehé gebracht worden, wo auch Escobedos Hauptquartier ist. Guzman berichtet: ... *dort befand sich auch das Quartier von General Vélez ... Dort-*

*hin lud man uns, den Chef der Artilleriedivisión Oberst Salgado und mich, und etwas später Doktor Martínez, den Chef der Sanitätsabteilung unserer Armee, ein. Natürlich besprachen wir nichts anderes als die Belagerung von Querétaro, namentlich die Vorgänge von heute morgen. Unter* (den dort befindlichen republikanischen Offizieren) *gab es nicht den geringsten Zweifel, daß die Cruz von López übergeben worden war. Allerdings hieß es auch, daß General Vélez López nicht recht traute und ständig mit der Pistole im Anschlag neben ihm ging, um ihn beim ersten Verdacht niederzuschießen.*[343]

Als der befreite Dr. Basch um etwa 10 Uhr über den mit einer Abteilung der Supremos Poderes besetzten Gang in Maximilians Zelle tritt, vor der ein republikanischer Doppelposten steht, befinden sich dort neben dem Kaiser auch Salm, Blasio, Pachta und Pradillo. Durch die gegenüberliegende Tür, die auf den ungedeckten Hofgang geht, sieht man ebenfalls eine Abteilung Soldaten. Maximilian tritt auf den Arzt zu und umarmt ihn weinend. Dann beruhigt er sich wieder: *Ich bin froh, daß alles ohne neues Blutvergießen abgelaufen ist. So wie ich mir vorgenommen, so hab' ich's getan. Für Sie alle hab' ich gesorgt.*

An diese Worte, „So wie ich mir vorgenommen, so hab ich's getan", die Basch in seine alsbald auch in Mexiko erscheinenden Erinnerungen aufnimmt, werden sich in den nächsten Jahren und Jahrzehnten die gewagtesten Spekulationen politisierender Historiker und anderer Autoren knüpfen. Sie alle wollen eine Mitwisserschaft, ja Urheberschaft Maximilians an der Kollaboration von Oberst López beweisen oder widerlegen. Wenn man aber die „Planung" Maximilians für den Tag X seiner Gefangennahme – enthalten in den vier Dekreten über Abdankung und Einrichtung einer Regentschaft – berücksichtigt, so kann man darin durchaus ein Programm erkennen, das er im gegebenen Moment durchzuführen gedachte. Es ging ihm darum, Escobedo zu erklären, daß er nicht mehr Kaiser sei, und daß man seinen Anhängern die Rechte von Kriegsgefangenen gewähren sollte. Dies sieht er optimistischerweise als gelungen an, denn er urteilt in bezug auf Escobedo und Riva Palacio zufrieden: *Sie sind besser, als ich sie mir vorgestellt. Übrigens tue ich mir sehr viel darauf zugute, daß ich sie mit meinem Vorgehen während der Belagerung erzogen habe. Sie sehen die Folgen meiner Milde gegen unsere Gefangenen.*[344] Zudem beweisen die Berichte jener Augenzeugen, welche die Flucht Maximilians durch Querétaro und auf den Cerro miterlebt haben, daß der Kaiser in seiner Gutgläubigkeit zwar die Vorgangsweise von López lange nicht durchschaute, dann aber darüber empört war.

Die Spannungen der letzten Stunden haben Maximilian von seiner Krankheit abgelenkt und ihn aufrecht gehalten. Nun erst, da die

Entscheidung gefallen ist, verlassen ihn die Kräfte. Er muß sich hin-
legen und bekommt wieder Schmerzen. Aber er spielt Basch gegenüber noch einen kleinen Triumph aus. Er zeigt ihm die kleine Schach-
tel mit Opiumpillen, die der Arzt nachts vorher auf den Tisch neben
das Bett gestellt hat, und bemerkt lächelnd: *Sehen Sie* (eine für ihn
typische Wendung), *man muß nie den Kopf verlieren. Heute morgen, als
ich schon wußte, daß wir verraten waren, habe ich nicht vergessen, auch das
zu mir zu stecken.* Dann beauftragt er Basch, nach dem Befinden
von General Mejía zu sehen, der ebenfalls in die Cruz gebracht worden ist.

Anders als die Kammerdiener und der Koch, die man laufen ließ,
ist Blasio, der adrette Sekretär des Kaisers, mit den „gemeinen Soldaten" in die Kirche der Cruz gesperrt worden. Dort sind 600 Gefangene eingepfercht, man sitzt auf den Altären, in den Beichtstühlen und
auf den Bänken. Blasio darf die Kirche verlassen. Zuerst sucht er
seinen hohen Herrn auf, dann seine frühere Zelle. Bett und Möbel
sind verschwunden und auch, was ihm besonders leid tut, eine Kiste
mit Konserven. Auf dem Boden liegen leere und zerbrochene Fla-
schen. Nun weiß auch Blasio: seine frühere Welt hat aufgehört zu
bestehen.

Oberstleutnant Pitner und Major Malburg landen ebenfalls in
der Kirche der Cruz. Auch von ihnen ist die Spannung gewichen,
sie unterhalten sich auf deutsch und machen ihre Späße über
eine halb verhungerte Schildwache in zerlumpter Uniform. Oberst
Doria, einer der Adjutanten Escobedos bemerkt dies und sagt
hämisch: *Lachen Sie nur, Señores, aber diese Leute sind immer noch gut
genug, Sie tot zu schießen.* Worauf die beiden Österreicher schweigsa-
mer werden.

Erst um 4 Uhr nachmittags, also offenbar nach einiger Überlegung, läßt Escobedo aus dem „Lager vor Querétaro" an den Kriegsminister Mejía in San Luis Potosí folgende Siegesmeldung telegraphieren:

*Heute morgen um 3 Uhr haben unsere Truppen La Cruz durch einen Über-
raschungsangriff genommen. Kurz darauf wurde die Garnison des Platzes
gefangen und dieser durch unsere Truppen besetzt, während der Feind sich
in großer Unordnung und von unserer Artillerie auf das wirksamste beschossen, mit einem Teil seiner Truppen auf den Cerro de la Campana
zurückzog. Schließlich, um etwa 8 Uhr, ergab sich mir, ebenfalls auf dem
erwähnten Cerro, Maximilian mit seinen Generalen Castillo und Mejía auf
Diskretion.*[345] *Wollen Sie bitte dem Präsidenten meine Glückwünsche zu
diesem großen Sieg der nationalen Waffen überbringen. – Gezeichnet:
Mariano Escobedo.*

Juárez selbst kennt die Ereignisse nur aus dem Siegestelegramm Escobedos und gibt die Freudennachricht in einem Zirkulartelegramm tief bewegt weiter: *Es lebe das Vaterland! Querétaro wurde heute morgen um 8 Uhr gewaltsam (a fuerza viva) eingenommen. Maximilian, Mejía, Castillo und Miramón sind gefangen. – Benito Juárez.*[346]

Dieser Darstellung stehen zahlreiche Augenzeugenberichte gegenüber, wonach die Besetzung der Stadt, dank der Kollaboration des Obersten López, von der in Escobedos Telegramm natürlich keine Rede ist, fast ohne Widerstand der Kaiserlichen und damit ohne Blutvergießen erfolgte.

Der Name López wird in der republikanischen Kriegshistorie erst auftauchen, wenn Escobedos Sprachrohr, Juan de Dios Arias, Ende 1867 die Geschichte der Nordarmee veröffentlichen wird. Dann aber wird López im Auftrag Maximilians agiert, Escobedo jedoch jedes Ansinnen eines Handels zurückgewiesen haben. López, der Escobedo über die katastrophale Situation in der Stadt berichtet hat, wird nach dieser wohlabgeklärten Version lediglich zum Anlaß für einen rasch entschlossenen Escobedo, Querétaro nun endgültig durch einen genial vorbereiteten Handstreich einzunehmen.

Gegen Abend kommt Mejía in das Zimmer Maximilians, der, vermutlich weil er jetzt stärker sein Leiden spürt, die Zukunft wieder düster sieht: *Ich bin auf alles gefaßt*, sagt er zu Mejía, *und habe schon vollkommen mit mir abgeschlossen.* Der Indio ist ebenfalls resigniert, aber moralisch unerschütterlich. *Vuestra Majestad sabe muy bien*, sagt er mit seinem weichen Akzent, *que nunca he tenido miedo de un fusil – Eure Majestät wissen sehr wohl, daß ich mich nie vor einer Flinte gefürchtet habe.*[347] Er macht sich also keine Illusionen über das, was man mit ihm vorhat.

Maximilian und seine Begleitung haben seit dem vorigen Abend nichts gegessen. Als aber Carlos Rubio, der Bankier, ein einfaches Essen schickt, verteilt es Maximilian, der nicht viel Appetit hat, unter die Anwesenden.

# Die Gefangenschaft

Donnerstag, 16. Mai [348]

Während der Nacht geht es im Hof laut zu. Maximilian schläft unruhig. Basch weicht nicht von seiner Seite, und auch die beiden Diener verbringen die Nacht in der kleinen, zweigeteilten Zelle. Um 5 Uhr beginnen die Soldaten, angefeuert durch einen Offizier, zu trommeln und zu brüllen, um die Gefangenen im ersten Stock zu wecken.

Die republikanischen Militärbehörden wissen, daß sich viele Offiziere der kaiserlichen Armee irgendwo in Querétaro versteckt halten, um bei nächster Gelegenheit aus der Stadt zu fliehen. Heute früh lesen die Bewohner einen Anschlag, wonach jeder, der sich nicht binnen 24 Stunden stellt, erschossen wird. So kommen nacheinander die Generäle Escobar, Casanova, Valdez, Moret und der Minister Aguirre aus ihren Verstecken und geben sich gefangen. Nur Méndez und Arellano bleiben unbekannten Aufenthalts. Miramóns Bruder Carlos ist entkommen.

Am Morgen wird eine Namensliste sämtlicher Gefangener, geordnet nach ihren Rängen, aufgestellt. An der Spitze figuriert Maximilian, mit dem Titel Kaiser! Für die Schreiber waren die zahlreichen ausländischen Namen voll von Fallstricken: einige der Gefangenen haben ihre Namen wohl buchstabiert; anderen war es gleichgültig, wie man diese schrieb, und die Listenführer zeichneten auf, was sie zu hören glaubten. Auch die Nationalität war anzugeben, offenbar aber nicht nachzuweisen. Neben dem Namen des Franzosen Albert Hans steht die wahrheitswidrige Angabe: Österreicher. Der aus Paris stammende Hans hatte mit dieser Notlüge allerdings nur das kleinere Übel gewählt, denn obwohl Österreich kein kriegführendes Land war, standen doch noch Truppen österreichischer Herkunft in der Hauptstadt im Kriegseinsatz und das Freiwilligenkorps galt, wenn auch Österreich dafür keinen Peso bezahlte, für viele Republikaner einfach als österreichische Hilfstruppe. Aber was war das im Vergleich zum völlig beschmutzten Ruf der Franzosen, welche die Intervention angestiftet und so großes Unheil über Mexiko gebracht hatten! So hat Hans sich nach reiflicher Überlegung eben als Austríaco deklariert ...

Escobedo, der jetzt sein Hauptquartier in der Hacienda La Purísima hat, über deren Eingang ebenfalls das Wappen der Rubios prangt, erläßt einen Tagesbefehl an seine Truppen, worin es heißt:

*Die Rebellenstadt*[349] *Querétaro, das stärkste Bollwerk des Kaiserreiches, ist nach einem heldenmütigen Widerstand von zwei Monaten, der einer besseren Sache würdig gewesen wäre, gefallen. Ferdinand Maximilian, der sich selbst den Titel Kaiser verliehen hat, Miramón, Mejía, Castillo und eine große Anzahl von Generalen, Kommandeuren und Offizieren neben der ganzen Besatzung sind in unserer Gewalt ... Mit der Pflichttreue von Soldaten, welche die Unabhängigkeit ihres Vaterlandes verteidigen, ohne Nahrungsmittel und oft ohne eine einzige Patrone, habt Ihr ohne mit der Wimper zu zucken dem Tode getrotzt, im Kampf gegen die zahlreichen Truppen der Verräter und Ausländer, die mit jeder Art von Kriegsmaterial versehen, trefflich verschanzt, und von den besten Generälen der früheren Armee befehligt wurden, von Generälen, die schmählich gegen ihre Pflichten fehlten, indem sie sich mit den Invasoren verbündeten und bis zur letzten Stunde dem Ausländer eine Stütze waren, den ein anderer Ausländer, der Kaiser der Franzosen, auf einen mit den Bajonetten seiner Soldaten errichteten Thron setzen wollte. Aber diese Truppen sind geschlagen, ihre Reste nach Frankreich geflohen, um ihre Schmach zu verbergen, beladen mit den Verwünschungen eines ganzen Volkes, und um die traurige Kunde nachhause zu bringen, daß mehr als die Hälfte ihrer Kameraden mit ihrem Blute für die Launen ihres Herrschers bezahlt haben ...*[350]

General Vélez geht mit Truppen nach Mexiko-Stadt ab, um dort Porfirio Díaz bei der Belagerung zu unterstützen. General Echegaray übernimmt das Kommando in der Cruz. Basch schlägt Maximilian vor, den Chefarzt der Liberalen, Dr. Rivadeneyra, als Consiliarius rufen zu lassen, damit dieser bestätige, daß Maximilian nicht simuliert. Rivadeneyra kommt und ist über die stickige Luft in der kleinen Zelle entsetzt. Er will sich noch heute für ein besseres Quartier verwenden. Carlos Rubio schickt für den Kaiser das Essen, aber niemand kümmert sich um die Versorgung der übrigen.

Basch schleicht durch den Korridor zu seiner früheren Zelle. Auf dem Boden liegen die Reste seines Tagebuches. Rasch sammelt er alles auf und bringt die Notizen in Sicherheit – sie werden erst nach seinem Tode 1927 in einer Wiener Tageszeitung erscheinen.[351]

Um 7 Uhr abends gibt es draußen einen heftigen Lärm, zuerst einen dumpfen Knall, dann Schreie und Schüsse. Maximilian schickt Basch hinunter, um zu erfahren, was los ist. Der Vorfall ist in der Kirche der Cruz passiert: Dort sind 400 Offiziere eingeschlossen. Man ist gerade beim Verlesen der Namensliste, als plötzlich eine völlig unerklärliche Explosion in der Kirche erfolgt und diese in flackerndes Licht taucht. Unter den Gefangenen bricht Panik aus, alle drängen ins Freie. Die draußen stehende Wache glaubt an einen Aufstand und feuert in die Menge, einige Personen werden getötet, andere verwundet. Ein wachhabender Kapitän eilt aus der Kirche ins Freie, die Wachtposten draußen halten ihn für einen Flüchtenden und feuern auf ihn. Mit zerschmetterten Schenkeln wird er ins Spital geschafft. Und schon rollt man eine Kanone heran, um mit Kartätschen in die Kirche zu schießen. Zum Glück kommt ein besonnener republikanischer Offizier, Oberst Magana, der befiehlt, die Schießerei einzustellen und der eine beruhigende Ansprache hält. Endlich kann geklärt werden, daß alles auf einen Unfall zurückgeht. Die Republikaner hatten die den Kaiserlichen abgenommene Munition in der Kirche eingelagert; jemand hat eine Zigarette auf eine auf dem Boden gestreute Pulverspur fallengelassen, die zu einer Patronentasche führte.

Maximilian ist betroffen und nervös, läßt Magana zu sich holen und sagt ihm, für sich und seine Umgebung stehe er ein, aber man könne ihn nicht dafür verantwortlich machen, was die anderen Gefangenen tun. Blasio darf in seine frühere Zelle zurück, doch Bett, Möbel und Konservenvorräte bleiben verschwunden, ebenso wie die Schachteln mit Medaillen und Orden.

Freitag, 17. Mai[352]

Morgens um 9 Uhr fährt bei der Cruz eine Kutsche aus dem Besitz von Carlos Rubio vor. Dem Bankier, in dessen luxuriösem Haus Maximilian vor wenigen Jahren einige Tage logiert hat, geschieht durch die Republikaner kein Schaden, im Gegenteil: Der verzweigten Familie der Rubios steht in der Republik noch ein steiler Aufstieg bevor. Derzeit hält José Rincón, als Mitbesitzer einer Bank in der Hauptstadt Mexiko ein Branchenkollege, über Carlos Rubio seine schützende Hand. Er bespricht mit ihm, wie man López am besten die zugesprochene Geldsumme bezahlen kann. Sozusagen als Gegenleistung kümmert sich Carlos Rubio um den Kaiser, sorgt für gelegentlichen Transport und das tägliche Essen.

Heute soll Maximilian in das ehemalige Nonnenkloster der „Teresitas" überführt werden, dessen Bewohnerinnen auf sein Geheiß am 14. Mai abends ihr Haus verlassen haben, weil der Einzug der Republikaner ohnedies gleichbedeutend mit ihrer Delogierung gewesen wäre.

Der Gefängniskommandant General Echegaray, Dr. Basch und Kammerdiener Severo fahren im Wagen mit. Auch die Begleitung Maximilians, Salm und die gefangenen hohen Offiziere sowie Mini-

ster Aguirre, werden zu den „Teresitas" überstellt, müssen den Weg
aber zu Fuß gehen. Große Bedeckung ist aufgeboten, vor und hinter
dem Zug marschieren je ein Bataillon, links und rechts einige Kompanien. Als der Wagen von der Plazuela de la Cruz abfährt, bringt
plötzlich ein Mann, der aus der Wohnung von López in der Calle
Sola kommt, die Generalsmütze des Kaisers. „Was hatte López in der
Zelle des Kaisers zu schaffen?", fragt sich jetzt nicht nur Blasio. Immerhin hat López die Mütze und andere Gegenstände vor dem Zu-
griff der Republikaner bewahrt, doch nicht alle gibt er zurück.

Da der Wagen nicht schneller fahren kann als die Truppen
marschieren, dauert die Fahrt etwa eine halbe Stunde. Nur wenige
Bürger sind auf der Straße. Erstens hat niemand die Überstellung
avisiert. Zweitens ist es für viele peinlich, jemanden, dem man vor
kurzem noch laut zugejubelt hat, nun als Gefangenen zu sehen. Drittens gelten die Queretaner bei den Republikanern vorläufig noch
generell als „Imperialistas" und „Traidores", und da läßt man sich
lieber nicht allzuviel sehen.

Die Kirche der Unbeschuhten Karmeliterinnen, kurz „Teresitas"
genannt, liegt am südlichen Stadtrand. Sie sieht auf den ersten Blick
aus wie ein griechischer Tempel, denn der Architekt, der den Bau
1807 begann, huldigte dem klassizistischen Baustil. Der Eingang in
das Kloster liegt gleich neben der Kirche, und kaum ist man an der
Pforte vorbei in den großen Patio getreten, hört man unter Bäumen
einen Brunnen plätschern. Die Alameda, Maximilians früheres Spa-
zier- und Reitparadies, ist nur wenige Schritte von hier entfernt. Bisweilen weht von dort her eine sanfte Brise, vermischt allerdings mit
einem seltsam fauligen Beigeschmack. Der Grund dafür ist makaber:
derzeit ist die Alameda ein von Einschlägen zerpflügter Boden, in
dem oberflächlich verscharrt die Leichen von Gefallenen beider
Lager modern ...

Als Maximilian aus dem Wagen steigt, kommt gerade auch ein
anderer großer Zug an, die gefangenen Offiziere aus der Kirche der
Cruz, etwa 300 bis 400 Offiziere, die ehrerbietig das Haupt entblößen.
Der Kaiser hat stets eine wache Empfindung für die kleinen Ironien
des Lebens: *Kein Monarch*, sagt Maximilians lächelnd zu Basch, *kann
sich eines größeren Hofstaates rühmen.*

Während die Offiziere, streng nach Rängen geordnet auf verschiedene Räume des Klosters verteilt und listenmäßig erfaßt werden,
wird Maximilian und seine Begleitung über eine gewundene Treppe
in den ersten Stock geleitet. Dort weist man ihnen zwei Räume zu.
Sie sind zuerst leer, später bringt man aus der Cruz in den Raum
Maximilians dessen zusammenlegbares Feldbett – eine zweifellos

unbequeme Lagerstätte für einen Ruhrkranken – und den Lehnstuhl aus Mejías Zelt. Im zweiten Raum wohnt der „Hofstaat", wie Baron Fürstenwärther auf einer von ihm nachträglich, jedoch mit voller Ortskenntnis angefertigten Skizze notiert. Der Steirer, der nie wieder in seine Heimat zurückkehren, sondern als Apotheker in den USA sterben wird, war Topograph in der kaiserlichen Armee. Dank seiner Skizze wird man exakt wissen, in welchen Räumen welche Personen oder Chargen wohnten.[353]

Der „Hofstaat" besteht aus dem General Castillo und seinem Adjutanten Guzmán, dem Fürsten Salm, dem früheren Adjutanten des Kaisers, Ormaechea, dem Ordonnanzoffizier Pradillo und dem Sekretär Blasio. Dr. Basch hingegen schläft bei Maximilian. Der Doktor hat aus früherer Zeit freundschaftliche Beziehungen zu einem anderen jüdischen Arzt aus Querétaro, Dr. Ciurob, der Maximilian etwas Bettwäsche bringen läßt.

Im übrigen geht es zu wie in anderen mexikanischen Gefängnissen. Jederzeit kommen Besuche. Die Gefangenen lernen Leute kennen, mit denen sie nicht einmal während der Belagerung zu tun hatten. Viele von diesen übernehmen die spezielle Obsorge für einen Gefangenen. Im übrigen richtet man sich ein, wie es eben geht, schläft auf Kokosmatten und deckt sich mit Sarapes zu. Da Maximilian noch etwas Geld hat, läßt er alle notwendigen Utensilien, wie Kämme, Bürsten, Seife und Handtücher kaufen.

Auch Albert Hans befindet sich im „Teresitas"-Kloster. Er lobt die Sauberkeit der Nonnenzellen und die Wohltätigkeit der Bevölkerung, die, obwohl sie selbst noch halb verhungert ist, Lebensmittel für die vielen Gefangenen spendet.

Zwei Tage sind schon seit der Gefangennahme des Kaisers vergangen. Heute um 7 Uhr 30 abends findet Escobedo endlich Zeit, die von Maximilian geäußerten Anliegen telegraphisch an Kriegsminister Mejía zu melden.

*Als Maximilian gestern* (sic!) *gefangen genommen wurde, hat er folgende Anliegen an mich herangetragen. 1) Ich habe in der ersten Märzhälfte meine Abdankung verfügt, im Archiv, das in der Cruz beschlagnahmt wurde, ist eine beglaubigte vom Minister gegengezeichnete Kopie. Das Original ging an den Vorsitzenden des Staatsrates, José Maria Lacunza. 2) Wenn noch ein Opfer nötig ist, dann soll meine Person dieses sein. 3) Mein Gefolge und meine Dienerschaft möge man wegen ihrer Treue, mit der sie mit mir Gefahren und Leid geteilt haben, gut behandeln. – Er hat mir auch gesagt, daß er nichts anderes wünscht, als Mexiko zu verlassen, und man möge ihm die nötige Eskorte beistellen, bis er sich eingeschifft hat. Ich habe ihm gesagt, daß ich ihm nichts zugestehen und lediglich der hohen*

*Regierung Bericht erstatten kann, was ich hiermit tue, damit diese das nötige verfüge. M. Escobedo.*

In diesem Telegramm hat Escobedo zweifellos alle Anliegen Maximilians richtig wiedergegeben, die in jenem Gespräch vor zwei Tagen geäußert wurden. Lediglich die Frage, ob er Kriegsgefangener sei, hat er der Regierung nicht gestellt, vermutlich, weil er zu diesem Zeitpunkt schon weiß, daß die Regierung diesen Punkt bereits negativ entschieden hat.

Samstag, 18. Mai[354]

Schon freuen sich die Gefangenen, daß General Echegaray sie einigermaßen menschlich behandelt, da erfolgt ein Wechsel in der Gefangenenaufsicht. Neues Aufsichtsorgan ist General Refugio González, über den unter den Gefangenen das Gerücht umgeht, er sei ein „ehemaliger Räuber".

Maximilian hat zwei Koffer zurückbekommen, darin befinden sich etwas Kleidung, vor allem aber mehrere Bücher, darunter ein Lieblingswerk des Kaisers, die Weltgeschichte von Cesare Cantú, die Blasio in Querétaro gekauft hat.[355] Sie ist eine passende Lektüre für den illustren Gefangenen, denn Cantú befand sich ebenfalls im Gefängnis, als er dieses historische Werk abfaßte.

Maximilian befindet sich etwas besser, bleibt aber im Bett, trotzdem empfängt er Besuche, solche, die aus Neugier kommen, und die er nicht einmal grüßt, und solche, mit denen er gerne spricht. Auch einige „feindliche Offiziere", die Basch nicht kennt, kommen, nämlich, wie Pradillo berichtet, Pedro und José Rincón y Gallardo. Von ihnen erfährt Maximilian, was man bei den Republikanern über López denkt.[356] Daß der Gefangene auf solche Nachrichten kaum mehr reagiert, haben phantasievolle Beobachter später als Indiz für Maximilians Mitwissen an der Kollaboration von López gedeutet. Im Augenblick würde von den früheren Kaiserlichen kein Mensch auf solche Ideen kommen. Sie beunruhigen sich über Gerüchte, was mit ihnen geschehen soll. Eine Zeitlang heißt es, die Republikaner wollen alle Fremden erschießen.

Zu Mittag werden alle Gefangenen von einer Namensliste aufgerufen. Dieses langwierige „pasar lista" verdirbt allen die Laune. Basch schreibt sich in seinem Tagebuch seine Wut von der Seele:

*Wollte, ich hätte dieses verfluchte Land hinter meinem Rücken. Ich würde schwören, niemals wieder einen Fuß nach Amerika zu setzen. Weder die Yankees noch die Mexikaner sollen mich je wieder sehen, wenn ich nicht erschossen werde, was bei diesen Menschen noch gar nicht sicher ist. Nachtragend, egoistisch, rachsüchtig, roh, treulos, falsch, heuchlerisch, neidig, das sind die Kardinaltugenden dieser Leute. Tapferkeit ist ihnen wohl nicht abzusprechen, aber wer irgend einen von ihnen edelmütig nennen wollte, den heiße ich einen Lügner. Hätten unsere Offiziere um den Verrat von López gewußt, hätten sich viele ihm angeschlossen, aber López war eben auch ein Mexikaner, also egoistisch ... Mit welchem Gesicht ich mein Tagebuch in der Gefangenschaft schreibe, mit welcher Wut des Hasses und der Ohnmacht. Aber mehr denn je brauche ich Geduld. Weder im Kugelregen noch bei Operationen war mir je so unheimlich zu Mut wie jetzt im Gefängnis. Horden sind das, wenn sie sich auch als Soldaten aufspielen. Nicht nur ich, auch meine Art der ärztlichen Behandlung wird streng überwacht. Wenigstens werden die von mir unterschriebenen Rezepte in der Apotheke zurückbehalten.*

Als Basch nach seiner Rückkehr nach Europa solche Invektiven liest, merkt er, daß sie zur Veröffentlichung ungeeignet sind. Seine publizierten Erinnerungen sind ebenfalls chronologisch geordnet, doch sind die meisten verbalen Wutausbrüche getilgt.

Am Abend erkennt ein republikanischer Soldat vor einem Haus in der Calle de Bártolo den Diener von General Méndez. Er redet diesem zu und möchte ihn schließlich durch Drohungen dazu bringen, das Versteck seines Herrn zu verraten. Der Diener beteuert, er sei nur gekommen, weil die Gattin des Generals hier wohne. Ein republikanischer Offizier hört den Wortwechsel und holt eine Streife. Sie durchsuchen das Haus von oben bis unten, finden aber nichts. Der Diener und die Frauen des Hauses fordern sie auf, noch einen Hofraum zu durchsuchen, den sie noch nicht betreten haben und sich zu überzeugen, daß der Verdacht grundlos ist. Sie tun auch das auch, finden aber nichts. Schließlich setzt sich ein Soldat, vom Suchen ermüdet, an den Rand eines Fasses. Dieses kippt um, der Soldat klammert sich, um nicht zu fallen, an einen Blumentopf, der in eine Pferdekrippe stürzt. Darin kippt ein Brett und deckt eine Höhle auf, in der Méndez in Unterkleidern auf einem Strohlager liegt. Man verhaftet ihn, macht Escobedo Meldung und führt den General in das „Teresitas"-Kloster. Er, der den Freund von Benito Juárez, den aus Querétaro stammenden General Arteaga, füsilieren ließ, erwartet nun aufgrund des Gesetzes vom 25. Jänner 1862 das gleiche Schicksal für sich.

Um 8 Uhr abends holt man plötzlich Salm aus dem Zimmer. Pradillo meldet dem Kaiser mit düsterer Miene: *Ya se han llevado al príncipe ... Sie haben schon den Fürsten abgeholt.* Alle sind durch die herumschwirrenden Gerüchte über Erschießungen so betroffen, daß sie glauben, Salm nicht mehr zu sehen. Doch kurz darauf kehrt er wieder und berichtet, sie wollten nur sein Nationale aufnehmen.

Sonntag, 19. Mai[357]
Am Morgen verläßt Carlos Miramón, in Charro-Kleidung und mit
Dokumenten versehen, die auf den Namen Casimiro Martínez lauten, sein Versteck im Hause des Anwalts Vázquez. Die Aufmerksamkeit der republikanischen Besatzung, von der bereits Kontingente zur
Belagerung der Hauptstadt abgezogen werden, ist auf die bevorstehende Exekution des Generals Méndez konzentriert. Carlos
Miramón kann unbemerkt Querétaro verlassen.[358]
    Hans ist mit anderen Offizieren im Zellentrakt, einem Nebenge-
bäude des Klosters untergebracht. Um 8 Uhr morgens sieht er, wie
man Méndez aus einer der Zellen im Erdgeschoß führt. Hans, der
sein Dolmetsch und Sekretär war und ihn über alles verehrt, empfängt einen letzten freundschaftlichen Abrazo des Generals, der nicht
den Tod, nur die Unehre fürchtet. Er weiß, daß er bald erschossen
wird und legt seine Familie seinem besten Freund, Oberst Juan
Berna, ans Herz. Dann verabschiedet er sich von Mejía, mit dem er
die Nacht im gleichen Zimmer verbracht hat. Mejía sagt ihm mit
Tränen in den Augen: *Méndez, ich weiß schon jetzt, daß Sie auch heute
diesen Leuten so gegenübertreten werden wie immer.* Méndez antwortet:
*Da seien Sie unbesorgt, Don Tomás.* Er zündet sich eine Zigarette an,
drückt den übrigen Generälen die Hand. Dann führt man ihn über
den Bogengang gegenüber den Räumen Maximilians und seines Gefolges. Als er Salm am Fenster stehen sieht, winkt er ihm zu. Auf sein
Verlangen führt man ihn noch zu Maximilian. *Méndez,* sagt dieser zu
ihm, *Sie sind die Vorhut, wir kommen Ihnen bald nach ...*
    Dann führt man ihn in die Klosterkirche und gibt ihm zwei Stun-
den, um zu beichten, zu kommunizieren und sich von seiner Frau,
seinem 10-jährigen Sohn und seiner Schwester zu verabschieden. Die
zwei Stunden vergehen im Flug. Auf das heimliche Zeichen eines
republikanischen Offiziers, daß seine Zeit um ist, geht er, wie er sagt,
nur kurz hinaus, *um sich eine Zigarette anzuzünden,* läßt sich aber
gleich wegführen. In der Gasse, die zur Alameda führt, bilden die
Truppen ein Spalier. Dahinter drängen sich die Neugierigen und
die Anteilnehmenden. Méndez grüßt viele Bekannte. Neben dem
Exekutionsplatz, an der äußeren Mauer der Plaza de Toros, steht das
Haus, in dem Arellano sich versteckt hält. Er muß alles, was jetzt
kommt, mitanhören. Das Exekutionskommando wird von den
Cazadores de Galeana gestellt. Als „Verräter" muß Méndez sich mit
dem Gesicht gegen die Mauer stellen. Bevor die Schüsse krachen,
wendet er sich noch rasch um und ruft: *Viva México!* Dann fällt er auf
das Gesicht, ist aber noch bei Bewußtsein und bittet um einen Gna-
denschuß hinter das Ohr.

Salm erfährt diese Details, während er sich von einem republikanischen Offizier, der Schweizer und im Privatberuf Barbier ist, rasie-
ren läßt. Daß Salm sein gewohntes, bis auf den Schnauzbart glattes
Gesicht wiederherstellen läßt, hat seinen tieferen Grund. Er hat von
einem „Stabsoffizier Escobedos" (vermutlich Ricardo Villanueva) erfahren, daß seine Frau in kürzester Zeit in Querétaro eintreffen muß.
Es wird aber doch noch so lange dauern, bis sein Gesicht wieder voll
Stoppeln ist ...

Hauptmann Antonio Ortega, Wachkommandant des Gefängnisses, sucht nach der Hinrichtung von Méndez alle Offiziere heraus,
die in dessen Stabe dienten, als er den republikanischen General
Arteaga gefangennehmen und erschießen ließ. Fünf Männer melden
sich, darunter Fürstenwärther. Zwei Stunden lang, bis 12 Uhr mittags, läßt er sie im Glauben, sie würden ebenfalls zur Exekution
geführt. Dann verkündet er ihnen grinsend, die Exekution sei ab-
gesagt ...

Jeder fragt sich, was nun mit Maximilian und den Spitzen seines
Heeres geschehen soll. In der republikanischen Armee verstärken
sich die Stimmen jener, die eine exemplarische Bestrafung, sprich die
Todesstrafe, verlangen. General Corona, der Maximilian auf dem
Cerro de las Campanas als erster gefangennahm und ihm bei dieser
Gelegenheit bestimmte „Garantías" in Aussicht stellte, möchte jetzt
Juárez gegenüber klarstellen, daß er damit in keiner Weise die Entscheidung seiner Regierung prejudizieren wollte. Es gehört jetzt vielmehr zu jenen, die sich eindeutig für die Todesstrafe einsetzen.
*Ich teile die allgemeine Stimmung meiner Mitbürger, welche in diesen trau-*
*rigen Gestalten die Urheber unserer politischen Wirren, des Niederganges*
*unserer Interessen und des so großen Blutvergießens sehen. Ich bin über-*
*zeugt, daß die Zukunft der Republik, die Sicherung unserer Unabhängigkeit*
*und die Festigung unserer inneren Ordnung unmittelbar davon abhängen,*
*welche Haltung die Hohe Regierung ihnen gegenüber einnimmt.*[359]

Major Görbitz hat einen Brief eines deutschen Kaufmannes aus
San Luis erhalten, in dem dieser behauptet zu wissen, daß Präsident
Juárez aufgrund der Intervention der europäischen Mächte und
Nordamerikas davon absehen will, noch mehr Blut zu vergießen.

Dem Kaiser, der die Nacht gut verbracht hat, geht es besser, die
Dysenterie hat nachgelassen. Er empfängt mehrere Besuche, darunter auch Damen aus Querétaro, die ihm ihre Dienste anbieten und
versprechen, Wäsche zu besorgen. Die meisten Besuche sind allerdings Neugierige, selbst subalterne Offiziere, die „Maximiliano" sehen wollen. *Diese Art von Neugierde ist wirklich schon unanständig,* sagt
Maximilian zu Basch, *was wollen wir übrigens tun? Dazu werden sie*

*mich nie bringen, daß ich ihnen überhaupt Ärger und Unmut zeige.* Wütend notiert Basch in seinem echten Tagebuch: *Unerhörte Impertinenz! Escobedo gibt lumpigen Offizieren seiner Eskorte die Erlaubnis, den Kaiser zu sehen. Ich glaube, nächstens werden sie ihn für Geld zeigen. Kerle, die in Europa zu Hausknechten zu schlecht wären, und nach denen man sich nicht auf einen Stuhl setzen darf, ohne Ungeziefer zu bekommen.*

Am Nachmittag kommt unerwartet General Escobedo, begleitet von seinem Generalstabschef Díaz de León und dem eleganten Pionieroberst Ricardo Villanueva. Er schließt sich eine halbe Stunde mit Maximilian ein, und alle, die draußen warten, hoffen oder bangen einer Entscheidung entgegen. Dann öffnet sich die Tür und Escobedo und seine Begleitung lassen sich in den Nebentrakt führen, um auch mit Mejía zu sprechen.

Maximilian sagt nur, es habe sich um einen Austausch von Höflichkeiten gehandelt. Wesentliches kann auch nicht gesprochen worden sein, denn Escobedo ahnt zwar, was die Regierung mit Maximilian vorhat, doch befindet sich sein Beauftragter, Oberstleutnant Manuel Azpíroz, noch in San Luis, man erwartet ihn für 22. Mai in Querétaro mit genauen Instruktionen für Escobedo. Falls jedoch, wie der General mit ziemlicher Sicherheit annimmt, Maximilian der Prozeß gemacht wird, kann man ihn nicht hier lassen, sondern muß ihn in ein Sicherheitsgefängnis bringen, und dafür ist Villanueva zuständig, der Oberaufseher über alle ausländischen Gefangenen ist. Vielleicht hat also das halbstündige Gespräch den Sinn gehabt, daß sich Escobedo und Villanueva den künftigen Hauptangeklagten ansehen, sich nochmals mit den Ideen und Reaktionen des noch unbefangenen Maximilian vertraut machen, bevor diesem klargemacht wird, daß sein letzter Lebensabschnitt begonnen hat.

Zwischen 6 und 7 Uhr abends trifft mit der Postkutsche aus San Luis – offenbar telegraphisch avisiert – Agnes Salm Salm ein und quartiert sich gleich im Hotel de Diligencias ein. Es ist heute schon zu spät, um Escobedo in seinem Hauptquartier in der Hacienda la Purísima zu besuchen.

Die Nacht bricht an. Zum Unterschied von gestern vermag Maximilian kein Auge zu schließen. Das Zimmer, das an sein Gefängnis stößt, ist nämlich mit einem Dutzend Wachsoldaten belegt worden, die alle 10 Minuten „Centinela alerta" brüllen. Auch Baschs Nerven sind bis zum Reißen gespannt, und wie gewohnt reagiert er sich in seinem Tagebuch ab.

*Wenn sie nur recht schreien, trompeten und trommeln, glauben sie sichtlich, daß sie gute Soldaten sind. Sie sind aber jedesmal davongelaufen und nur schmutziger gemeiner Verrat konnte sie überhaupt triumphieren*

*machen. Ein armseliger Triumph! Eine Armee von vierzigtausend Mann dringt durch Verrat nach zweiundsiebzig Tagen in eine nicht zu verteidigende Stadt, der schon vier Wochen fast alle Mittel fehlen.*
Solche Überlegungen mögen unangemessen sein für einen Mann, der selbst nie im Kampfe stand, aber sie sind typisch für den Beginn einer europäischen Legendenbildung, welche die Verlierer heroisiert und die Sieger herabsetzt.

### Montag, 20. Mai[360]

Am Morgen versucht die „Princesa" einen Wagen aufzutreiben, um zu General Escobedo zu fahren. Allerdings sind während der Belagerung fast alle Mietwagen zu Bruch gegangen. Aber sie hat ohnedies bereits das Reitkostüm an und sucht nach einem Pferd. Ein republikanischer Offizier lädt sie ein, das seine zu benützen, das vor der Tür steht. So reitet Agnes im Damensitz, aber auf einem Herrensattel, gefolgt von einem indianischen Diener, durch das Stadtzentrum zur Cruz und von dort an den Bögen der Wasserleitung vorbei bis zur Hacienda la Purísima.

Escobedo empfängt die amazonenhafte Amerikanerin, die, wie sie immer wieder sagt, mit Präsident Johnson verwandt ist, – während sie den Europäern gegenüber die „Fürstin" hervorkehrt – mit großer Liebenswürdigkeit, hinter der sich ein ebenso großes Mißtrauen verbirgt. Sie ersucht ihn, den Kaiser und ihren Mann besuchen zu dürfen, was Escobedo gewährt, wobei er ihr den eleganten Pionieroberst Villanueva als Dauerbegleiter (und Bewacher) zuweist.

Villanueva widmet sich dieser angenehmen Mission mit genußvoller Ausdauer. Er unterhält sich mit Agnes auf englisch, denn obwohl er selbst sogar deutsch spricht, weil er in Preußen Artilleriewesen studiert hat, versteht Agnes die Sprache ihres Gatten nur schlecht, ihr Spanisch ist rudimentär und ihr Interesse, es zu lernen, gleich Null.

Im Hotel de Diligencias kleidet sich Agnes um und erscheint in damenhaftem Aufzug wieder. An der Seite des galanten und zuvorkommenden Villanueva, von dem sie sich viel erhofft, begibt sie sich durch die Stadt, wo die Aufräumungsarbeiten in vollem Gang sind, zu dem am Stadtrand gelegenen „Teresitas"-Kloster. Der Kaiser befindet sich dort ziemlich wohl, seine unerschütterliche Ruhe ringt Basch Bewunderung ab. Maximilian richtet sich, wie bei allen Wartezeiten, auf Lektüre ein. Durch Vermittlung Pitners ist Heines Romanzero beschafft worden.

Zwischen 10 und 11 Uhr kommen Agnes Salm und Villanueva an. Im Tagebuch der Prinzessin heißt es:

*Wir durchschritten einen Hof und gingen eine sehr schmutzige Treppe hin-
auf, wo ein abscheulicher Geruch herrschte. Dies und der wüste Soldaten-
lärm im ganzen Kloster machten mich ganz schwindlig. Wir traten in ein
kleines schmutziges Zimmer, in welchem mehrere Offiziere auf Cocos Matten auf der Erde lagen. Alle sahen sehr schmutzig und vernachlässigt aus.
Ich fragte nach meinem Manne und ein kleiner höflicher Herr, Herr Blasio,
sagte mir, daß er sich im nächsten Zimmer beim Kaiser befinde und gleich
kommen werde. Er hatte kaum ausgesprochen, als mein Mann kam. Er war
nicht rasiert, trug einen mehrere Tage alten Kragen und sah aus, als käme er
aus einem Kehrrichtfaß, obwohl nicht schmutziger als seine anderen Kameraden. Ihn so und unter solchen Umständen wiederzusehen, ergriff mich
sehr. Ich weinte und fiel in seinen Armen fast in Ohnmacht.*

Dann wird sie von Maximilian, der im Bett liegt, empfangen. Er
drückt und küßt ihre Hand. Agnes Salm berichtet über die eigen-
mächtigen Verfügungen von General Márquez in Mexiko-Stadt, der
Dekorationen und Titel verteilt, über ihre Gespräche mit Porfirio
Díaz, dem sie ein Empfehlungsschreiben an Juárez entlockt hat, in
dem er „ihre persönlichen Qualitäten und ihre stets betonte Verwandtschaft mit Präsident Johnson" erwähnt.[361] Nachdem sie ihren
Besuch bei Präsident Juárez geschildert hat, bietet sie Maximilian an,
eine Zusammenkunft zwischen ihm und Escobedo zu vermitteln.
Maximilian läßt es geschehen. Salm hat von seiner Frau auch erfahren, daß Juárez sich verpflichtet fühlt, das Gesetz vom 25. Jänner
1862 gegen Maximilian und die führenden kaiserlichen Generäle anzuwenden, aber davon sagt er Maximilian lieber nichts.

Agnes Salm sucht abermals General Escobedo auf. Dieser fühlt
sich etwas kränklich, erwartet aber den Besuch zweier Schwestern,
die er schon lange nicht gesehen hat und die ihn pflegen werden.
Tatsächlich lädt er sie ein, ihn zusammen mit Maximilian und ihrem
Mann zu besuchen.

Villanueva, dem bald darauf Oberst Palacios nachkommt, besorgt
an der einzig erfolgversprechenden Stelle, bei Carlos Rubio, einen
Wagen. Auch eine Eskorte wartet vor der klassischen Säulenfassade
der Kirche.[362] Der Kaiser gibt Basch vor seinem Weggehen noch einen
Brief Arellanos, den er insgeheim erhalten hat, mit dem Auftrag, ihn
zu vernichten, wenn er nicht mehr zurückkommen sollte – *was sehr
leicht möglich ist.* Dann reicht er der Prinzessin seinen Arm und so
schreiten sie, gefolgt von Salm und Villanueva, die Treppe hinunter
in den Hof, während die Gefangenen aus ihren Zellen herbeieilen
und Maximilian mitleidig und ehrfürchtig begrüßen.

Palacios sieht sich die herbeigekommenen Gefangenen an und
erkennt plötzlich den unverwechselbaren hochgewachsenen und

korpulenten Ernst von Pitner, den er noch von der Schlacht von San
Gertrudis her kennt. Er weiß auch, daß Pitner auf Parole entlassen
wurde und versichert ihm, diesmal werde er nicht mit so heiler Haut
davonkommen. Pitner versucht zu erklären, doch Palacios grinst nur
hämisch. Darauf Pitner unerschrocken: *Ich kann keinen ehrenhafteren
Tod sterben als in der Gesellschaft des Kaisers.*

Der Kaiser fährt inzwischen am Aquädukt entlang. Das Ehepaar
Salm verwechselt in den beiderseitigen Memoiren die Hacienda La
Purísima systematisch mit der Hacienda de Hércules, weil beide an
der gleichen Landstraße liegen, die in die Cañada führt. La Purísima
ist die erste der Haciendas, zu der man gelangt. Dort hat Escobedo
sein Hauptquartier, und dort empfängt er auch Maximilian. Die
Hacienda de Hércules, zu der die gleichnamige Fábrica de Hércules,
eine Bauwollspinnerei der Rubios, gehört, ist zur Zeit ein Militärlaza-
rett. Beide haben einen vorgelagerten Park mit Springbrunnen.

Bei der Purísima angekommen, werden sie in einen Garten
geführt, wo sie Escobedo, vor einem Bassin mit Springbrunnen stehend, erwartet. Der General hat das Zusammentreffen als ein gesell-
schaftliches Ereignis arrangiert: Zwar sind Verhandlungen zwischen
Salm und Villanueva vorgesehen, doch das kann nur ein Schein-
gespräch sein, denn Escobedo darf sich auf nichts einlassen, da er auf
Instruktionen seiner Regierung wartet. Warum er einer Verhandlung
zugestimmt hat, ist ziemlich klar: Einerseits möchte er Maximilian,
solange es geht, in Sicherheit wiegen, andererseits bietet das Ereignis
eine phantastische Gelegenheit, seinen beiden Schwestern einen gefangenen Kaiser zu zeigen ...

Der nun folgende Vorgang läßt an Absurdität nichts zu wünschen
übrig. Obwohl Escobedo genau weiß, daß es nichts zu verhandeln
gibt, läßt er sich von Salm im Namen Maximilians in Form eines
Briefes Vorschläge machen. Maximilian seinerseits nimmt es jetzt mit
der bisherigen Interpretation seiner Abdankungsurkunde, nach der
er gar nicht mehr Kaiser ist, nicht mehr so genau und läßt sich von
Salm als „mon Seigneur et Souverain" titulieren. Denn das Schreiben
wird, weil Salm nicht genügend Spanisch beherrscht, auf französisch
abgefaßt, einer Sprache, die zwar Villanueva, nicht aber Escobedo, an
den es gerichtet ist, versteht.

Maximilian schlägt also vor, die Krone Mexikos offiziell niederzulegen – was er an sich schon getan hat. Er will feierlich versprechen,
sich nicht mehr in die politischen Angelegenheiten Mexikos einzumischen. Er möchte seinen Generälen und militärischen Führern befehlen, die Waffen niederzulegen und die befestigten Plätze zu übergeben. Die Kommandanten der ausländischen Truppen sollen angewie-

sen werden, die Waffen zu strecken und sich unter dem Schutz der liberalen Streitkräfte nach Veracruz zur Einschiffung zurückzuziehen. Er empfiehlt die ihm treu ergebenen Generäle und Offiziere der Großmut der neuen Machthaber. Er und seine Umgebung sollen durch eine von Escobedo auszuwählende Eskorte nach Veracruz gebracht werden, ebenso alle gefangenen Ausländer. – Im wesentlichen handelt es sich um die Wiederholung von bereits vorgebrachten, von Maximilians Standpunkt gesehen durchaus vernünftigen Vorschlägen, allerdings werden Souveränitätsakte vorausgesetzt, die ein Exkaiser nicht mehr vornehmen kann.

Gleichwohl nimmt Escobedo das für ihn völlig bedeutungslose Papier entgegen, verspricht, seiner Regierung zu berichten und läßt gegen 8 Uhr abends den von den Gesprächen völlig erschöpften Maximilian in sein Gefängnis zurückbringen.

Was aber berichtet nun Escobedo telegraphisch seiner Regierung an diesem 20. Mai um 9 Uhr abends, also nach Abschluß der ausführlichen Gespräche mit Maximilian?

*Telegramm aus Querétaro nach San Luis Potosí, eingelangt am 20. Mai 1867 um 9 Uhr abends. Sie werden ersucht, dem Bürger Präsidenten der Republik bekannt zu geben, daß der hohen Regierung als Kriegsgefangene 8.000 Mann Soldaten zur Verfügung stehen, welche wieder in die Armee eingegliedert worden sind, weiters fünfzehn Generäle, zwanzig Obersten und 350 Personen der Rangklassen Oberstleutnant bis Leutnant. Da ich bisher keine Instruktionen bekommen habe und mich dringend an den Operationen beteiligen muß, welche gegen die Hauptstadt der Republik durch General Díaz unternommen werden, dessen Befehlen ich mich unterstellt habe, und angesichts der kurzen Entfernung, die uns vom Sitz der Hohen Regierung trennt, hat man mir vorgeschlagen, ich möge vorsehen, daß Maximilian und die wichtigsten ausländischen Anführer und Verräter noch heute unter entsprechender Bedeckung dorthin (San Luis Potosí) abgehen. Seit der Einnahme Querétaros habe ich von allen Seiten Briefe bekommen, in denen verlangt wird, daß man gegen die Schuldigen vorgeht, und das hätte ich sicherlich aufgrund der Befugnisse, welche mir das Heeresreglement verleiht, gemacht und sie nicht der Hohen Regierung überstellt. Die Übergriffe und Grausamkeiten aller Art, die von den Ausländern und den Verrätern verübt worden sind, haben Tausende Familien ruiniert und Waisen und schreckliches Elend hinterlassen. Dies verlangt eine baldige exemplarische Bestrafung dieser Unheilbringer, die alles ihren Ambitionen und Leidenschaften geopfert haben. Jetzt, wo Querétaro besetzt ist, glauben die Bewohner, daß Wohlstand und Ruhe gesichert sind und erwarten von der Hohen Regierung, daß eine Periode des Friedens für die Republik anbricht, sofern nur das Gesetz die Schuldigen trifft. Escobedo.*[363]

Die Verhandlungskomödie hat also in Escobedo nur den Wunsch geweckt, das Problem Maximilian unter dem Vorwand, er selbst müsse Porfirio Díaz zu Hilfe eilen, direkt an die Regierung in San Luis abzuschieben. Freilich zeigt es große Naivität, zu meinen, daß Juárez sich selbst mit dem Odium einer Verurteilung Maximilians belasten werde.

Heute hat General Francisco Paz seine Unterschrift auf eine penible Zusammenstellung der Bestände der republikanischen Artillerie vor und nach der Belagerung gesetzt. Die erstellten Statistiken sind beeindruckend. Man ersieht daraus, daß die Artillerie 4.386 Vollkugeln und 3.424 Granaten verschossen hat. Über eine Million Gewehrkugeln wurden abgefeuert. Etwa 70.000 Schuß wurden aus Spencer-Büchsen, 4.100 aus Henry-Stutzen abgegeben. Unter den 67.490 erbeuteten Gewehrpatronen befanden sich 12.320 aus österreichischer Erzeugung. Auch der Munitionsmangel zu gewissen Zeiten wird klar aufgezeigt. So gab es am 11. April, als die Kaiserlichen die Hacienda de Carretas angriffen, keine einzige Patrone für 15 mm Gewehre, und man mußte sich mit Enfield-Patronen behelfen. Noch prekärer war die Lage am 1. und am 7. Mai, als es im Munitionsdepot keine einzige Infanteriepatrone mehr gab. Gemessen an der Anzahl der Kanonen, war die Artillerie der Belagerer mit 57 Kanonen etwa gleich stark wie die der Belagerten mit 55. Abgesehen von den später eingetroffenen 5 schweren Belagerungsgeschützen (4 gezogene 24 cm Geschütze und eine 36 cm Haubitze) war das Durchschnittskaliber der Kaiserlichen höher; dagegen besaßen die Republikaner die moderneren Modelle (Chartrand hook).[364]

Dienstag, 21. Mai[365]
Salm ist empört: 12 französische Offiziere, *welche bei der Belagerung von Querétaro meist als Zahlmeister fungiert und sonst nichts gethan*, haben General Escobedo ihre Dienste angeboten. Die von den Republikanern in Querétaro herausgegebene Zeitung „La Sombra de Arteaga" – ihr Titel, „Der Schatten Arteagas" soll an den von Méndez hingerichteten liberalen Anführer, den Freund des Presidente Constitucional, erinnern – veröffentlicht die Namen der Zwölf, zusammen mit einem Brief Escobedos. Darin schreibt er verächtlich, *daß die Sache der Liberalen von ihnen selbst ausgefochten wird* und (er) *die Dienste von Leuten nicht annehmen kann, die angesichts ihrer Leidensgefährten ein so schändliches Anerbieten machten, und von denen später unter ähnlichen Umständen wieder dasselbe zu erwarten ist.* Man kann sich denken, mit welchen Gefühlen Miguel López solche Äußerungen liest. Eine Gruppe von anderen gefangenen Offizieren französischer Nationali-

tät übersendet aus diesem Anlaß „A sa Majesté Maximilien, Empereur du Méxique" ein Schreiben, in dem sie sich energisch vom Vorgehen ihrer Landsleute distanzieren und sich abschließend mit voller Unterschrift als des Kaisers „les très-humbles et les trés fidèles sujets" bezeichnen, wozu unter den gegebenen Umständen Mut gehört.

Salm erhält auch ein Briefchen eines gefangenen Husaren zugesteckt, das auf die Nöte der einfachen ausländischen Soldaten hinweist, die ja nicht, wie die Mexikaner, einfach in republikanische Abteilungen eingegliedert werden können.

*Ew. Durchlaucht! Es bittet Sie im Namen aller übrigen gefangenen Kameraden der gehorsamst Gefertigte, um Gottes Barmherzigkeit Sr. Majestät dem Kaiser unsere traurige Lage schildern zu wollen, damit wir nicht als treue Diener Sr. Majestät Hungers sterben müssen. Seit unserer Gefangennehmung am 15. haben die Meisten bis heutigen Tages fast keinen Bissen genossen, so daß bereits sich jeder den Tod auf eine andere Weise wünscht. Bitte daher Eure Durchlaucht eine milde Spende bei Sr. Majestät für uns gnädigst erwirken zu wollen.*

*Ivan Budsky,*

*gefangener Husar, im Namen seiner Kameraden*

Ab heute erhalten die Gefangenen aber wenigstens das, was von der Menage der republikanischen Truppen übrigbleibt, dazu wird alter, halbverschimmelter Zwieback verteilt.

Maximilian und seine Umgebung sind im Zustand äußerster Erregtheit und versuchen, aus den kleinsten Details Schlüsse über ihr weiteres Schicksal zu ziehen. Agnes ist wieder bei Escobedo und bis Mittag noch nicht zurückgekehrt. Der mexikanische Oberarzt Rivadeneyra, den Basch schon etwas näher kennt, und der sie nicht unfreundlich behandelt, ist nach Mexiko-Stadt abgereist. Daraus glaubt Maximilian ableiten zu können, daß er selbst bald nachreisen werde.

Um 5 Uhr nachmittags kommt Agnes Salm ihren Gatten besuchen, hat aber ihren Erlaubnisschein vergessen. Der wachhabende Offizier weist sie starrköpfig ab, Agnes muß in ihr Hotel zurück und den „Permiso" holen. Salm geht inzwischen wütend auf und ab. Der Kaiser amüsiert sich darüber und bemerkt lächelnd zu den anderen Herren: *Sehen Sie den Löwen im Käfig.* Agnes kommt mit Villanueva zurück und berichtet: Sie war im Hauptquartier und hat sich bei Escobedo bemüht, für Maximilian ein besseres Logis zu finden; eine der am Stadtrand liegenden Haciendas dürfte ihr vorgeschwebt sein, die bessere Luft und – nebenbei – bessere Fluchtmöglichkeiten bieten würde. Villanueva meint nur, das einzige, was man über die Zukunft wisse, sei, daß in zwei Tagen genaue Instruktionen aus San Luis kommen werden.

# Das Militärgerichtsverfahren, die Fluchtversuche und die Intervention der europäischen Diplomaten

In Wirklichkeit hat ein Telegramm des Kriegsministers aus San Luis an Escobedos Hauptquartier die Ungewißheit bereits beendet. Es verfügt die Eröffnung eines Militärgerichtsverfahrens und enthält die Anklagepunkte gegen Maximilian: Dieser sei Hauptinstrument der französischen Intervention gewesen; er sei, ohne andere Rechtstitel als einige ungültige Abstimmungen, als Usurpator gekommen, er habe ausländische Truppen ins Land gebracht und die legitime Regierung bekämpft. Er habe ein blutiges Dekret erlassen, aufgrund dessen zahlreiche Hinrichtungen erfolgt seien. Und seinen falschen Kaisertitel habe er erst abgelegt, als er mit Gewalt dazu gezwungen wurde.

Das Regierungsdokument betont, daß die im Juárez'schen Gesetz vom 25. Jänner 1862 angedrohten Strafen für die während einer Kriegshandlung angetroffenen Täter sofort nach deren Identifizierung vollzogen werden können. Diese „Strafen" sind fast in allen von jenem Gesetz angeführten Fällen mit der Todesstrafe identisch. Nun wünsche aber die Regierung ausdrücklich ein ordnungsgemäßes Gerichtsverfahren, um den Angeklagten Gelegenheit zu geben, sich zu verteidigen. In Frage kommt allerdings nur ein Militärgerichtsprozeß, und zwar gegen Maximilian und seine Helfer Miramón und Mejía. Bezüglich der übrigen in Querétaro festgenommenen Offiziere wird eine Namensliste angefordert.[366]

Mit diesem Anklagebefehl ist für Escobedo der Verlauf der nächsten Wochen vorbestimmt. Ihm fällt als Gerichtsherrn die Einleitung des Militärgerichtsverfahrens, die Ernennung des Anklägers und der Mitglieder des Gerichts zu. Er ist aber auch dafür verantwortlich, daß Maximilian, Miramón und Mejía in sicherem Gewahrsam bleiben. Es muß an diesem Abend hektische Besprechungen gegeben haben, denn mit dem Empfang des Telegramms liegt jene Verantwortung, die Escobedo so gerne auf die Regierung abgeschoben hätte, ganz eindeutig wieder bei ihm. General Refugio González, der mit der Aufsicht über die Gefangenen beauftragt ist, redet Escobedo zu, Maximilian im Kapuzinerinnenkloster unterzubringen.

Mittwoch, 22. Mai[367]

Nachts brüllen die Wachen wieder ihr monotones „Centinela alerta!"
So halten sie sich – und die Gefangenen – wach. Im „Teresitas"-
Kloster weiß man vormittags noch nichts über die Entscheidung aus
San Luis. Man hofft auf einen Umzug in ein besseres Quartier, in eine
Wohnung mit Garten ... Der republikanische General Blanco besucht
Maximilian und erzählt, daß General Corona die Baumwollfabriken
Rubios besucht habe, die offenbar bereits wieder in Betrieb sind. Und
er insistiert auf einem Detail, offenbar einer Lektion. *Denken Sie sich,
Señor, während dieser ganzen Zeit ist Corona entblößten Hauptes herumge-
gangen.* Nachdem Blanco gegangen ist, meint Maximilian zu Basch:
*Muß man nicht über diese mexikanischen Demokraten lachen? Den Hut
abnehmen, nennen diese Leute: sich volkstümlich machen. Es scheint, als ob
Blanco beabsichtigt hätte, mir Respekt vor den Republikanern beizubringen,
sie sind doch in der Tat erbärmlich klein.*

Am Nachmittag gegen 3 Uhr erfahren sie nur, daß sie um halb
5 Uhr in ein anderes Gefängnis verlegt werden sollen. Zunächst werden Maximilian, die Generäle und Salm geholt. Basch und die anderen Personen des Gefolges müssen warten.

Das neue „Militärgefängnis" ist das Capuchinas-Kloster, das nahe
dem Stadtzentrum in der Calle de Capuchinas liegt, einem Gäßchen,
welches die beiden Hauptstraßen Querétaros, die Calle del Hospital
und die Calle de San Antonio, verbindet. Die für die Fahrt nötige
Kutsche besorgt Villanueva wieder bei Carlos Rubio. Agnes Salm
fährt mit Maximilian im Wagen.

Querétaro betreibt den Wiederaufbau. Die Instandsetzung der Fabriken hat begonnen, ein Teil der arbeitenden Bevölkerung ist schon
dorthin zurückgekehrt. Doch das Stadtzentrum, durch welches der
Wagen fährt, ist noch von Trümmern übersät, welche das Bombardement von den Mauern und Dächern gerissen hat. Die Stadt ist noch
voll von Militär. In der Calle de San Antonio läßt Escobedo das neue
Hauptquartier einrichten. Dort wird jetzt auch das Telegraphenbüro
untergebracht. Gleich daneben wird ein Bürgerhaus mit großem
Patio als sein Privatquartier requiriert. Escobedo braucht nur auf das
Flachdach zu steigen, um direkt die Fassade des Capuchinas-Klosters
vor seinen Augen zu haben – sicher ist sicher.

Maximilians künftige Gefängniszelle liegt im ersten Stock des
Klosters, aber sie ist noch nicht bereit. So bringt man ihn in einem
größeren Saal im Erdgeschoß unter, von dem sich bald herausstellt,
daß hier die Totengruft des Klosters ist, das Pantheon, in dem die
Nonnen begraben liegen. Der Raum ist feucht und lichtlos, an den
Wänden befinden sich Steintafeln mit den Namen der verstorbenen

Kapuzinerinnen, die hier begraben sind. Maximilian verliert bei diesem Anblick seine gewohnte Ruhe. *Das kann nicht mein Zimmer sein. Das ist ja ein Totengewölbe! – Das ist ein böses Omen.* Das ist sogar Villanueva zuviel. Er geht zu González und wirft ihm diese Roheit vor. Die Antwort erfährt Agnes von Villanueva. *Ja, das ist sein Zimmer, und hier soll er wenigstens diese Nacht schlafen, damit er sich daran erinnert, daß seine Zeit bald abgelaufen ist.*

Die Generäle werden in einem großen Saal, und Salm sowie Maximilians Gefolge – Basch, Pradillo, Ormaechea und Blasio – in einem Raum neben der „Totengruft" untergebracht. Auch Miramón – mit verbundenem Kopf – kommt hierher, der Kaiser umarmt ihn.

In dieser Behausung empfängt Maximilian einen wichtigen Besuch. Der hamburgische Vizekonsul in San Luis Potosí, John Bahnsen, der bei der republikanischen Regierung akkreditiert ist, kommt ausdrücklich als Helfer. Der noch junge Mann mit dunklem Backenbart empfindet als Deutscher Solidarität zu dem gefangenen „deutschen Fürsten" zumal auch alles, was er für Maximilian zu leisten imstande ist, sein Ansehen in der hanseatischen Republik heben und deren Beziehungen zu Österreich stärken muß.

Bahnsen weiß, was in San Luis bereits Tagesgespräch ist: Man wird Maximilian den Prozeß machen. Der junge Diplomat, der sich in Querétaro ungehindert bewegen kann, kennt hier einen bekannten Juristen, José María Vázquez, den ehemaligen Rektor des Colegio Civil, der noch dazu in Verfahrensrecht brilliert. Vázquez ist ein überzeugter gemäßigter Liberaler, was ihn auch den Republikanern als Verteidiger annehmbar erscheinen lassen würde. Und er kennt sicher noch andere berühmte Juristen, die die Verteidigung Maximilians und seiner Mitangeklagten übernehmen würden.

So kann Maximilian nicht ganz ohne Trost versuchen, in der „Totengruft" Schlaf zu finden. Immerhin hat man für ihn ein Bett in eine Ecke gestellt, daneben ein Tischchen mit Kerze. Da liegt nun der Habsburger, übt sich wieder in Ruhe und Gelassenheit und liest beim Schein einer Kerze seinen geschätzten Césare Cantú. Basch schläft neben dem Kaiser, ist aber über die Situation so wütend, daß er nachher nicht mehr weiß, ob er auf einer Truhe oder auf einem Tisch geschlafen hat.

Escobedo aber läßt einen langen Brief an Juárez schreiben, der dem Präsidenten zeigen soll, daß er sich jetzt seiner Pflichten wieder wohl bewußt ist. Darin heißt es:
*Heute habe ich die Gefangenen getrennt; an einem Ort sind Maximilian und alle Generäle, an einem anderen die übrigen. Sie sind gut bewacht, und bei der Garnision, die wir haben, ist nichts zu befürchten.*[368]

Donnerstag, 23. Mai[369]

Für Basch überraschend schläft Maximilian in der „Totengruft" ruhig mit nur wenigen Unterbrechungen. Am Morgen bekommen sie auf Escobedos ausdrückliche Anordnung neue Zellen zugewiesen. Sie münden auf einen kleinen Hof mit blühenden Orangenbäumen. Maximilian ergeht sich mit dem devoten Blasio zwischen den Orangenbäumen. Er erklärt dem Sekretär, daß die liberale Regierung ihn sicherlich nach Europa ausreisen lassen werde.

*Und dann,* schwärmt er, wie Blasio sich erinnert, *träumerisch, kommen Sie mit mir. Wir gehen zuerst nach London, dort bleiben wir ein Jahr, lassen uns das Archiv aus Miramar kommen und schreiben die Geschichte meines Kaiserreiches. Dann gehen wir nach Neapel, und dort werde ich eine kleine Villa in einem der schönsten Orte der Umgebung mieten, von wo aus man zugleich das herrlichste Land- und Seepanorama genießen kann. Und in meiner Yacht Undine mache ich zusammen mit Ihnen, Dr. Basch, dem alten Bilimek und vier Dienern, meinem alleinigen Gefolge, kleinere Seefahren zu den griechischen Inseln. Wir fahren nach Athen, dann an den Küsten der Türkei entlang, und dann möchte ich den Rest meiner Tage mitten in der Adria zubringen, auf der Insel Lacroma. Wenn Sie dann in Ihre Heimat zurückkehren wollen, wo die Zeit die politischen Leidenschaften abgekühlt und den Parteienhaß besänftigt haben wird, gebe ich Ihnen soviel Geld, daß Sie heiraten und glücklich mit Ihrer Familie leben können. Aber wenn Sie in Europa bleiben wollen, werde ich für Sie schon einen guten Posten bei einer Gesandtschaft finden.*

Im Hof spielt ein blutjunger Offizier der Wache auffällig mit einer kleinen Puppe. Sie trägt eine Krone auf dem Kopf, hat einen blauen Frack und rote Hosen an. Über dem Gesicht liegt eine Maske. Schiebt er sie weg, kommt ein Totenkopf zum Vorschein ... Salm macht Maximilian darauf aufmerksam. Ja, das ist die Wirklichkeit!

Freitag, 24. Mai[370]

Nach unruhig verbrachter Nacht übt sich Maximilian wieder in Selbstbeherrschung. Selbst Palacios, den Basch die „schielende Katze" nennt, merkt dies und findet mitleidige Worte für den Ex-Monarchen.

Am Vormittag kommt Bahnsen in Begleitung eines Herrn Stephan. Maximilian, Salm und die beiden Besucher sprechen deutsch miteinander. Bahnsen weiß aus sicherer Quelle, daß nicht nur ein Prozeß gegen Maximilian bevorsteht, sondern daß es sich um ein Militärgerichtsverfahren handeln wird. Stephan meint, um sich blickend, es könne doch nicht schwer sein, von hier zu echappieren.

Bahnsen hat bereits mit Jesús María Vázquez gesprochen. Dieser würde die Verteidigung übernehmen und hat als weitere juristische Kapazitäten die Licenciados Martínez de la Torre und Mariano Riva Palacio, den Vater des liberalen Generals Vicente Riva Palacio empfohlen. Beide wohnen allerdings in der belagerten Hauptstadt. Bahnsen steckt Basch diese auf einen Zettel notierten Mitteilungen zu. Aber der junge Diplomat ist niedergeschlagen, weil er sich trotzdem wenig Chancen für Maximilian in einem Militärgerichtsprozeß erhofft. Und als er im Lauf des Tages mit Agnes Salm, die er von San Luis her kennt, zusammentrifft, bestärkt sein klägliches Gesicht diese in der Idee, die Oberst Villanueva, aus welchen Gründen auch immer, seiner Begleiterin ständig einträufelt: *Nichts als die Flucht kann den Kaiser retten.*

An diesem Vormittag ruft Escobedo seinen Feldadjutanten Manuel Azpíroz zu sich ins Hauptquartier und überreicht ihm „angesichts seiner Eignung und ehrenvollen Laufbahn" die schriftliche Ernennung zum Militäranwalt (Fiscal) in der Causa Fernando Maximiliano de Hapsburgo (die falsche Schreibweise des Namens Habsburg ist offenbar aus der nordamerikanischen Presse übernommen worden. Peinlicherweise ist dieser Name aber selbst im kaiserlichen Hofalmanach falsch angegeben, nämlich Habsbourgo. Azpíroz kümmert sich zuerst darum, daß Maximilian, Miramón und Mejía, die bis jetzt ungehindert miteinander verkehrt haben, in Einzelhaft kommen, um keine Absprachen treffen zu können. Das muß Palacios besorgen, der bei den „Capuchinas" unter General González den speziellen Oberbefehl über die Wachmannschaften hat. Zu Mittag sitzt Salm mit Maximilian im Innenhof des Klosters unter einem großen Zitronenbaum. Oberst Palacios ruft Salm beiseite: Er solle Maximilian mitteilen, er werde jetzt in eine besondere Zelle gebracht, abgesondert von den anderen, denn sein Prozeß werde heute beginnen. Also „incomunicado".[371] Salm bringt dies Maximilian schonend bei. Darauf Maximilian: *Sehen Sie, sie gehen langsam vor, aber sicher. Es hat bald ein Ende.*

Die Soldaten haben aus der Klosterkirche Holzgegenstände zusammengetragen, die sie zum Feuermachen verwenden. Auch ein hölzernes Christusbild wurde verheizt. Die Dornenkrone ist auf die Erde gefallen, und Salm hebt sie auf. Dann ruft Maximilian den Kammerdiener Grill, läßt seine Sachen packen und gibt ihm die Dornenkrone, die er in seiner neuen Zelle aufhängen soll.

Nachdem Azpíroz beruhigt ist, daß die Angeklagten „incomunicados" sind, sucht er sich einen tüchtigen Gerichtsschreiber. Die Wahl fällt auf einen beamtenhaft aussehenden, schon älteren Soldaten mit Schnurrbart, der der dritten Kompanie der Supremos Poderes angehört und Jacinto Meléndez heißt. Sein Vorleben ist unbekannt, der Mann ist jedoch sowohl kalligraphisch als auch orthographisch so sattelfest, daß er wohl schon vorher als Gerichtsschreiber und während des Krieges auch bei der Armee als Schreiber tätig war. Da er offenbar nur in der Schreibstube heimisch war, fehlte ihm die Gelegenheit, in der Armee aufzusteigen. Immerhin – seit halb 4 Uhr ist Meléndez „Escribano" des Prozesses, und das genügt, um in die Geschichte Mexikos einzugehen, da die von ihm geschriebenen Prozeßdokumente unter Angabe seines Namens mehrmals veröffentlicht werden.

Er wird von nun an nicht mehr in dem Kloster, das den Supremos Poderes als Kaserne dient, tätig sein, sondern in der Casa de la Zacatecana,[372] wo Azpíroz wohnt, amtiert, Permisos ausstellt und seine Prozeßdokumente diktiert.

Azpíroz schickt Meléndez gleich zur Finanzdirektion von Querétaro, damit er dort Stempelpapier für Strafsachen besorge. Doch im Zuge der Kriegsereignisse ist das vorhandene Papier ausgegangen und niemand hat daran gedacht, welches nachzudrucken. Meléndez kommt konsterniert zu Azpíroz zurück und meldet dies. Azpíroz nimmt diese bürokratische Hürde auf bürokratische Art: Im Protokoll verfügt er, daß vorläufig gewöhnliches Papier zugelassen wird. Die Finanzdirektion erhält den Auftrag, Stempelpapier zu 13 Centavos das Blatt schleunigst nachdrucken zu lassen und zwar mit Datum 23. Mai, einen Tag vor dem Prozeßbeginn ...

Gegen 4 Uhr nachmittags wird im Kapuzinnenkloster umgezogen. Die neue Zelle befindet sich im ersten Stock. Maximilian und seine Begleitung gelangen aus dem Hof über eine gewundene Treppe dorthin. Diese mündet oben in einen Bogengang, der den Hof an drei Seiten umschließt. Zuerst durchqueren sie die Schmalseite des Bogenganges. Linkerhand öffnen sich zwei Türen zu Zellen, wo auf Maximilians späteres Ersuchen einerseits die Kammerdiener Grill und Severo, andererseits Basch wohnen dürfen. Wo die Schmalseite und eine Längsseite des Ganges den rechten Winkel bilden, ist Maximilians künftige Gefängniszelle. Sie hat ein Fenster und eine Tür, die beide auf die Längsseite gehen. Rechts an seine Zelle anschließend, gibt es noch zwei weitere Zellen. Diese sind für Miramón und Mejía bestimmt.

Um 6 Uhr darf Basch die zweite Zelle an der Schmalseite des Bogenganges, die im rechten Winkel zu der Maximilians liegt, beziehen. Allerdings ist jetzt auch er „incomunicado". Man hat die wenigen Möbelstücke, über die Maximilian bei den „Teresitas" verfügte, in das neue Logis bringen lassen und noch einen Tisch dazugestellt. Der Raum wirkt dumpf, weil er wenig Licht hat. Da Tür und Fenster sich nach Süden öffnen, ist die Mittagshitze stark spürbar, und es kann sich kein Luftzug bilden.

Salm darf nicht mit in den ersten Stock. Er beginnt mit Palacios, der während seiner Kriegsgefangenschaft in Frankreich passabel Französisch gelernt hat, über die Zukunft Mexikos zu politisieren. Juárez sollte gegenüber Maximilian Milde walten lassen, belehrt der Fürst den Mexikaner, ähnlich wie die Regierung der Vereinigten Staaten gegenüber den geschlagenen Konföderierten. Aber das Beispiel Amerika zieht nicht. *Die Nordamerikaner sind unsere geborenen Feinde*, sagt Palacios mit Überzeugung. *Wir wollen weder mit den Amerikanern noch mit euch zu tun haben, wir können ohne euch existieren.* Und als Salm dann bittet, mit Maximilian zusammensein zu dürfen, gibt der Wachkommandant nur vage Äußerungen von sich.

Die ersten Besucher in Maximilians neuer Behausung treffen bald ein. Oberst Azpíroz und der Soldat Jacinto Meléndez scheinen gewartet zu haben, bis Maximilian definitiv untergebracht ist.

Der Jurist Manuel Azpíroz, der, wie schon erwähnt, Verfasser eines rechtswissenschaftlichen Werkes über Völkerrecht ist, traut sich durchaus zu, als Militäranwalt die von der Regierung vorgegebene Anklage gegen Maximilian, Miramón und Mejía erfolgreich zu vertreten. Die im Gesetz vom 25. Jänner 1862 enthaltenen Straftatbestände sind ja durch öffentlich bekannte Handlungen Maximilians und seiner Regierung erfüllt. Die Verteidigung könnte natürlich, so überlegt er vermutlich auch, die Rechtmäßigkeit des Gesetzes selbst in Frage stellen. Aber wird sie auf diese Idee kommen?

Als Maximilian die beiden Uniformierten mit ihren Aktentaschen bei sich eintreten sieht, weiß er bereits, was ihn erwartet. Oberstleutnant Azpíroz stellt sich als „Fiscal" vor und kündigt an, daß er nun zur Vernehmung schreiten werde. Er und sein Begleiter lassen sich beim Tisch nieder und breiten ihre Papiere aus. Meléndez stellt das Tintenfaß auf und zückt die Feder.

Das nun beginnende Gespräch läßt sich sinngemäß aus dem Protokoll entnehmen:

*Werden Sie auf alle meine Fragen wahrheitsgetreu antworten?*, beginnt Azpíroz. *Dazu bin ich bereit*, antwortet Maximilian, *aber ich verlange eine schriftliche Anklage, drei Tage Zeit, um sie zu prüfen, und einen Anwalt. Außerdem halte ich ein Militärgericht nicht für zuständig, um über eine politische Anklage zu entscheiden.* Er betont, daß ihm alle Dokumente und Beweismittel fehlen, sodaß er in politischen Fragen gar keine fundierten Aussagen machen könne.

Azpíroz möchte zunächst auf solche Fragen gar nicht eingehen. Er fragt nach genauem Namen, Maximilians Titel, seinem Geburtsort und den Umständen seiner Gefangennahme. Der Ex-Monarch beantwortet das alles, ohne zu zögern, bis Azpíroz die Frage stellt, welche Gründe ihn bewogen hätten, nach Mexiko zu kommen. *Auf politische Fragen antworte ich nicht vor einem Militärgericht*, erklärt Maximilian wieder kategorisch. Azpíroz hat aber ein ganzes politisches Frageprogramm vorbereitet. Welchen Titel er habe, um sich Kaiser von Mexiko zu nennen? Warum er Krieg gegen die mexikanische Republik geführt habe? *Alles das sind politische Fragen*, wiederholt Maximilian, *auf die ich vor einem Militärgericht nicht antworten werde.*

*Ihre Verstocktheit kann nur dazu führen*, droht der über diese Taktik irritierte Azpíroz, *daß das Gericht annimmt, daß Sie auf Ihre Verteidigung verzichten. Man müßte dann über Sie im Zustand der Mißachtung des Gerichts urteilen.*

Der Exkaiser bleibt dabei: Rein politische Fragen könne er vor einem Militärgericht nicht beantworten, zumal ihm alle Dokumente fehlten.

Der Militäranwalt muß nach dem Reglement alle nicht beantworteten Fragen noch zweimal wiederholen und Meléndez gleichzeitig das Protokoll diktieren. Er beobachtet die Reaktionen dieses seltsamen österreichischen Erzherzogs, den er zum erstenmal längere Zeit hindurch sieht und mit dem er sich in den nächsten Tagen und Wochen wird intensiv beschäftigen müssen. Zwischen den protokollierten Fragen kommt es immer wieder zu Gesprächen über den Inhalt des Gesetzes, nach dem hier verhandelt werden soll, und von dem Maximilian offenbar wenig weiß. Nur als er am 5. Oktober 1865 auf Drängen Bazaines ein Gesetz gegen die „Dissidenten" erlassen mußte, hätten ihm seine Juristen erklärt, Juárez habe schon früher ein ähnliches Dekret veröffentlicht. Azpíroz verspricht, ihm das nächstemal die Rechtsgrundlagen seines Prozesses mitzubringen. Später wird sich Azpíroz erinnern, daß der so „verstockte" Archiduque, wenn er in Azpíroz nicht seinen Ankläger, sondern einen intelligenten Gesprächspartner sah, recht mitteilsam (expansivo) wurde.

Azpíroz bricht um etwa 7 Uhr abends die Befragung ab, denn er möchte noch Mejía und Miramón verhören. *Sie werden morgen um 10 Uhr vormittag wieder befragt. Sie haben also genug Bedenkzeit.* Darauf erklärt er ihm, er sei nun „incomunicado", dürfe also mit den anderen Angeklagten nicht verkehren.

Als Azpíroz und Meléndez die Zelle verlassen haben, geht Basch zu Maximilian. Die Tür hinter ihm ist halb offen, ein Wachposten blickt in die Zelle. Trotzdem gelingt es dem Arzt, Maximilian den von Bahnsen erhaltenen Zettel unbemerkt zuzustecken.

Der Erzherzog liest und sagt: *Ich habe schon ganz so gehandelt, wie mir der Advokat hier anrät. Ich bin doch selbst so ein Stück Advokat, mit mir werden sie einen harten Kampf haben. Ich ergebe mich nicht so leicht. – Die Anklage ist so lächerlich ungeschickt und gehässig gemacht, daß ich, wenn ich vor einen Kongreß kommen würde, gar keinen Verteidiger wählen möchte. Ich habe mich übrigens mit dem Fiscal sehr gut unterhalten ...* Basch merkt, wie die mit dem Prozeß beginnende geistige Tätigkeit Maximilian in gute Laune versetzt ...

Während er Basch angeregt viele Einzelheiten des Verhörs erzählt, befragt Azpíroz in der Zelle nebenan Mejía.

Der Indio erklärt, 47 Jahre und Witwer zu sein. Gewisse Fragen des Privatlebens des berühmten Generals werden für immer rätselhaft bleiben, aber daß Don Tomás mit Agustina de Castro, die von ihm ein Kind erwartet, gültig verheiratet ist, weiß in Querétaro jeder und ist dokumentierbar. Offenbar möchte der General seiner Gattin, die wahrscheinlich seine zweite ist, keine Schwierigkeiten bereiten, und Azpíroz ist das gleichgültig.

Den politischen Fragen weicht Mejía keineswegs aus. Für ihn, den Konservativen und Kirchentreuen, hat es stets nur einen Feind: die Liberalen gegeben. Daher haben ihn diese stets verfolgt und gezwungen, zu den Waffen zu greifen. Er hat angenommen, daß das Kaiserreich von der Volksmehrheit gewünscht wurde, und die Franzosen nur insoweit unterstützt, als sie zur Errichtung des Imperio beigetragen haben. Auch als er den Fall des Kaiserreiches kommen sah, habe er als Mann von Ehre beschlossen, gemeinsam mit diesem zugrundezugehen. Das Protokoll, das Azpíroz diktiert, spiegelt nicht ohne bewundernden Unterton die Geradlinigkeit dieser Aussagen. Der Militäranwalt weiß auch, daß Mejía einmal den gefangenen Escobedo freigelassen und ihm so das Leben gerettet hat. Daher, wenn jemand Chancen hat in diesem Prozeß, dann Don Tomasito.

Als Basch nach längerem Gespräch Maximilians Zelle verläßt, stößt er auf Azpíroz, der gerade aus Mejías Gefängnis kommt. Er kennt Basch nicht und muß erst von Palacios aufgekärt werden, daß dieser der Arzt Maximilians ist. Dann sagt er, dieser dürfe natürlich mit dem Erzherzog verkehren, müsse aber spanisch sprechen. Und schon betritt er die Zelle Miramóns.

Der gefangene General-Presidente zögert nicht, Azpíroz seine politische Philosophie vorzusetzen: Er sei nach seinem Sturz ins Ausland gegangen und als er 1863 nach Mexiko zurückkehrte, sei das

Imperio bereits fest etabliert gewesen. Zwar habe die liberale Regierung den Kampf fortsetzen wollen, aber viele liberale Generäle wollten eine Verhandlungslösung. Die Notablenversammlung und die vielen Beitrittsprotokolle hätten ihn bestärkt, daß das Imperio dem Volkswillen entspreche. Als die Franzosen abzogen, sei er umso überzeugter gewesen, das Kaiserreich werde sich halten können. Er, Miramón, sei immer ein Feind Napoleons gewesen, doch habe er keine Chance erkennen können, die Franzosen im Kampf zu besiegen. Seine Gegnerschaft zu den Franzosen habe auch dazu geführt, daß man ihm im Kaiserreich mit einem ehrenvollen Auftrag ins Ausland abgeschoben habe. Erst beim Abzug der Franzosen sei er wieder zurückgekommen und habe für das Kaiserreich gekämpft.

Während Azpíroz seine um Objektivität bemühten Formulierungen diktiert, erhält er, vermutlich über Palacios, Maximilians Anfrage, ob dieser ein Telegramm an den preußischen Ministerresidenten in Mexiko-Stadt, Baron Magnus, absenden dürfe. Azpíroz, der den Auftrag Juárez' kennt, dem Exkaiser alle Möglichkeiten der Verteidigung einzuräumen, zögert nicht zuzustimmen. Wenig später zeigt man ihm den Telegrammtext:

*Haben Sie die Güte, baldmöglichst zu mir zu kommen mit den Advokaten D. Mariano Riva Palacio und Rafael Martínez de la Torre oder einem anderen, um meine Verteidigung zu übernehmen, doch wünsche ich, daß dies unverzüglich geschehe, da keine Zeit zu verlieren ist. Vergessen Sie nicht die nötigen Dokumente. Maximilian.*

Azpíroz genehmigt die Weitergabe, und Palacios veranlaßt, daß die Depeche von einem reitenden Boten nach San Juan del Rio gebracht wird, da die Telegraphenleitung von dort nach Querétaro noch nicht wiederhergestellt ist. Von San Juan aus kann man in das Hauptquartier von General Porfirio Díaz in Guadalupe Hidalgo telegraphieren.

Es ist *zu fortgeschrittener nächtlicher Stunde*, wie Azpíroz ins Protokoll diktiert, daß das Verhör abgeschlossen wird. Der Militäranwalt läßt Posten vor Miramóns Tür stellen und verläßt das Kloster, das von jetzt an als „Militärgefängnis" im Protokoll aufscheint.

In Querétaro ist an diesem Mittwoch eine zweite Namensliste[373] der Gefangenen erschienen, in der Maximilian nicht mehr als Emperador, aber immerhin noch als Archiduque aufscheint. Die Gefangenen beschaffen sich nach Möglichkeit solche Listen, um zu sehen, ob ihre Bekannten darunter sind und um sie als Kuriosität mit nach Hause zu nehmen. Auch Maximilian bekommt früher oder später eine solche Liste in die Hand. Ihm ist vor allem wichtig zu erfahren, welchen Rang man ihm zuerkennt. Als er liest, daß er als österreichischer Erzherzog geführt wird, fühlt er sich beruhigter, weil er glaubt, daß die bei europäischen Kriegen den gefangenen Mitgliedern regierender Häuser gegenüber gepflegte respektvolle Schonung auch in Mexiko üblich ist.

Diese Annahme spiegelt sich auch in einem späteren Gespräch zwischen Maximilian und Miramón wider, das der General seiner Frau Concha erzählte:

Maximilian: *Nein, General, glauben Sie nur nicht, daß man einen Erzherzog von Österreich so leicht erschießt. Es tut mir leid für Sie, denn mich werden Sie in die Kutsche des Herrn Rubio setzen und nach Veracruz schicken.*

Miramón: *Gott gebe, daß es so sei. Denn dann haben wir unsere Pflicht doppelt erfüllt.*[374]

Der Prozeßbeginn ist in Querétaro Tagesgespräch. Daß man dem Exkaiser, Miramón und dem populären Mejía einen Prozeß macht, an dessen Ausgang wenige zweifeln, läßt bei einem großen Teil der Bevölkerung die emotionalen Wogen hochgehen. Miguel López, der trotz seiner Behauptung, von den Republikanern gefangengenommen worden zu sein, und sein Kamerad Jablonski sind die zwei einzigen kaiserlichen Offiziere, die nicht auf der Gefangenenliste stehen, sondern frei herumgehen. López wird der Boden zu heiß. Auf Anweisung von Escobedo muß Oberst Yeppes, der Kommandant der Supremos Poderes, ihm eine Bestätigung ausstellen, wonach er von den Republikanern in der Huerta der Cruz gefangengenommen worden sei.[375] Ähnliche Bescheinigungen stellen ihm andere republikanische Offiziere aus. López verlangt auch und erhält von Escobedo einen befristeten Reisepaß, um in seiner Heimatstadt Puebla „Familienangelegenheiten in Ordnung zu bringen". Bei seiner Rückkehr Ende Juni, so hofft er, wird alles vorüber sein.

Samstag, 25. Mai[376]

Basch findet die „Incommunication", die streng gehandhabt wird, sehr „peinlich". Miramón und Mejía dürfen weder untereinander noch mit dem Ex-Kaiser verkehren. Der ungarische Koch Tüdös muß sogar die Speisen einem Wachposten übergeben, der sie dem Erzherzog bringt. Der Arzt darf nicht zu oft zu Maximilian, um nicht Aufmerksamkeit zu erregen. Er bringt den Tag größtenteils allein in seiner Zelle zu, die völlig ohne Möbel ist. Stundenlang geht er die Diagonale seines Logis auf und ab.

Ab 10 Uhr warten die Angeklagten auf den Fiscal, aber dieser kommt nicht. Er brütet in der Casa de la Zacatecana über dem Anklagebefehl der Regierung, den er nun Punkt für Punkt in eine Liste mit konkreten Beschuldigungen verwandeln muß. Am meisten ärgert ihn Maximilians Ablehnung des Kriegsgerichts. Schließlich fügt er den elf bereits formulierten Anklagepunkten noch zwei weitere an. Damit möchte er dem hochmütigen Habsburger zeigen, daß in Mexiko sein falscher Kaisertitel ihm keinerlei Sonderbehandlung vor Gericht verschafft.

Agnes Salm besucht ihren Gatten im Gefängnis und rapportiert alle Gerüchte, die sich bereits um den Prozeß ranken. So soll das Verfahren gegen Maximilian, Miramón und Mejía einschließlich der Urteilsvollstreckung nur drei Tage dauern, dann sollen jeweils weitere drei Offiziere, in abfallender Rangfolge, behandelt werden. Salm macht sich an die interessante Berechnung, wann die Reihe an ihm sein wird.

Endlich gelingt es ihm, von Palacios die Erlaubnis zu erhalten, mit Maximilian zu sprechen, jedoch nur in Gegenwart eines Offiziers der Wache. Dieser ist jedoch zufällig Salms Schweizer Barbier, der gegen eine Erkenntlichkeit an der Tür wacht, daß niemand sie überrascht.

Maximilian weiß ja schon, daß ihm der Prozeß gemacht wird. Er hat aber nichts dagegen, daß – wie Salm hoffnungsvoll vorschlägt – Agnes abermals nach San Luis Potosí geht und bei Juárez versucht, wenigstens bis zum Eintreffen der zu erwartenden Prozeßverteidiger Aufschub zu gewinnen.

Erst um 18 Uhr ist Azpíroz mit seinen Vorbereitungen soweit, daß er in Begleitung von Meléndez mit der Anklageschrift bei Maximilian erscheint. Der Erzherzog gibt ihm zunächst offiziell die gewählten Verteidiger, Mariano Riva Palacio und Rafael Martínez de la Torre bekannt. Azpíroz informiert ihn, daß, falls diese Verteidiger nicht rechtzeitig aus Mexiko-Stadt in Querétaro eintreffen, er auch hiesige Verteidiger nehmen könne.

Dann verliest er der Reihe nach die 13 Anklagepunkte: Maximilian habe sich den Franzosen als Werkzeug für ihre Intervention zur Verfügung gestellt (1). Er habe eine fiktive Abstimmung und eine von den Franzosen einberufene Notablenversammlung als Volkswille anerkannt (2) und sei so zum Usurpator der Macht im Staate geworden (3). Er habe über die Rechte und Interessen der Mexikaner gewaltsam verfügt (4), Übergriffe der Franzosen ermöglicht und durch seine Kriegsgerichte eine Unzahl von Todesurteilen verhängen lassen (5). Er habe österreichische und belgische Hilfstruppen nach Mexiko gebracht, ohne daß deren Heimatländer mit der Republik im Kriegszustand waren (6). Er habe das Dekret vom 5. Oktober 1865 erlassen, wonach jedermann, der die Waffen gegen das Kaiserreich erhob, der Todesstrafe verfiel (7), und er habe als Begründung dafür behauptet, die republikanische Regierung habe vorher das Land verlassen (8). Er habe nach dem Abzug der Franzosen den falschen Kaisertitel aufrechterhalten und sich nur durch Gewalt zur Kapitulation entschlossen (9). Er habe seine Abdankung erst für den Fall verfügt, daß er gewaltsam dazu gezwungen werde (10). Er habe Anspruch auf die Behandlung eines im Kriege besiegten Souveräns erhoben (11). Schließlich habe er unberechtigterweise die Zuständigkeit des Militärgerichts, über seine Handlungen zu urteilen, abgelehnt (12) und habe durch Aussageverweigerung seine Mißachtung des Gerichts gezeigt (13).[377]

Maximilian hört aufmerksam zu, macht sich Notizen und erklärt weiterhin nach jedem Anklagepunkt, daß es sich um eine politische Frage handle, auf die er vor einem Militärgericht, das hierfür nicht zuständig sei, nicht antworten werde. Da jede Frage zweimal wiederholt werden und die Antwortverweigerung immer einzeln protokolliert werden muß, vergeht die Zeit im Flug. Schließlich ist es 21 Uhr.[378]

Alle sind erschöpft, doch Maximilian, der nun weiß, was man ihm vorhält, schreibt für seine künftigen Verteidiger noch in Schlagworten ein spanisches Exposé über seine eigene Sicht der Vergangenheit. Daraus ergibt sich, wie kritiklos er Gutiérrez de Estrada und Aguilar vertraute, als diese ihm anhand der Landkarte von Mexiko die Repräsentativität der erhaltenen Adhäsionsakten „nachwiesen".[379]

Gegen 11 Uhr erreicht es Agnes Salm, mit ihrem Mann zu Maximilian geführt zu werden. Man bespricht die Prozeßproblematik, vor allem die Kürze der Termine, die eine gut vorbereitete Verteidigung unmöglich macht. Agnes bietet sich an, eilends nach San Luis zu reisen, um von Präsident Juárez einen Prozeßaufschub zu erbitten. Als Bahnsen und Villanueva Agnes Salm im Hotel de Diligencias besuchen, werden sie von der energischen Amerikanerin mit der Frage überrascht:

*Wer will nach San Luis Potosí gehen und Juárez um Aufschub bitten?* Bahnsen ist ungehalten: *Niemand will hingehen! – Um Aufschub bitten! Das ist gänzlich unnütz. Sie kennen Juárez nicht. Ich kenne ihn besser. Daran ist gar nicht zu denken.*

*Nun Oberst,* sagt Agnes zu Villanueva, *Ihnen kann ich es nicht zumuten. Aber ich, eine Frau, will gehen. Wollen Sie mich zu Azpíroz begleiten und ihn um Erlaubnis bitten, daß ich den Kaiser noch in dieser Nacht sehen darf?*

Agnes Salm und Villanueva suchen Azpíroz kurz vor Mitternacht in seiner Wohnung auf. Sie finden ihn bereits schlafend, doch Villanueva weckt ihn und bringt das Anliegen vor. Erstaunlicherweise ist Azpíroz gar nicht ungehalten über die Störung, sondern gibt die Erlaubnis, wie Agnes findet, mit besonderer Bereitwilligkeit. Es ist auch klar warum: Sein Auftrag lautet, erstklassige Verteidiger zuzulassen, damit das unvermeidliche Urteil trotz der bestmöglichen Verteidigung zustandegekommen sein wird. Außerdem wächst sein Ruhm als öffentlicher Ankläger mit der Qualität der Verteidigung. Nebenbei mag er froh sein, die ebenso lästige wie undurchsichtige Dame wieder auf einige Tage los zu werden.

Sonntag, 26. Mai[380]
Nach Mitternacht findet sich Agnes, immer noch von Villanueva begleitet, bei den Capuchinas ein und weckt ihren Gatten, der angekleidet in seiner Zelle schläft. Gemeinsam mit Bahnsen und Salm gehen jetzt Agnes und Villanueva noch zu Maximilian, und dieser richtet ein eigenhändiges Schreiben an Juárez, worin er den Präsidenten um Prozeßaufschub ersucht:
*Querétaro, 25. Mai 1867. Señor: Da ich die spanische Rechtssprache nicht genügend beherrsche, wünsche ich für den Fall, daß meine Verteidiger sich etwas verspäten, daß man mir die für meine Verteidigung und die Regelung meiner persönlichen Angelegenheit nötige Zeit gewährt.*

Palacios läßt den Text dieses Schreibens, das Bahnsen an sich nimmt, vorab telegraphisch nach San Luis übermitteln. Das Original trifft dort erst am 28. Mai ein.[381]

Inzwischen ist es 1 Uhr morgens geworden. Aber Agnes, die – möglichst mit Maximilians Handbillett – zu Juárez möchte, braucht noch ein Schreiben Escobedos an diesen, um überhaupt Chancen zu haben, dort vorgelassen zu werden. Unverfroren wie sie ist, geht sie noch in der Nacht in Escobedos Wohnung. Sie hat Glück, denn der General kommt gerade mit seinem Adjutanten Oberst Doria von einer Unterhaltung und ist bestens gelaunt. Er diktiert ein paar Zeilen für Juárez und eine Order an die Poststation – in deren Hotel Agnes wohnt –, ihr Postmaultiere für die Reise zur Verfügung zu stellen. Im Hotel trifft sie Bahnsen, der plötzlich vom vorher zugesagten Herborgen seines Wagens nichts mehr wissen will. Trotz allem bringt Agnes ihn dazu, daß er sie um 5 Uhr morgens im Begleitung seines mexikanischen Kompagnons in dem leichten Wägelchen abreisen läßt. Es scheint sogar, daß sie ihn überreden kann, ihr den Brief Maximilians an Juárez mitzugeben, den er bis jetzt bei sich getragen hat. Aber er will nicht schuld daran sein, daß dieser zu spät in die Hände des Präsidenten gelangt. Mit fünf Postmaultieren und zwei Kutschern fährt Agnes los. Übrigens waren Bahnsens Bedenken gerechtfertigt: Weil die Zugtiere mit der leichten Last über Stock und Stein dahinsausen, kommt es bald zum Bruch der Deichsel, die man mit Stricken wieder mühsam zusammenflickt, denn umkehren wird Agnes keinesfalls. Bahnsen hat ihr nolens volens auch angeboten, sie könne in seinem Haus in San Luis bei seinen Schwestern wohnen.

Am Vormittag gehen Azpíroz und Meléndez in Mejías Zelle. Der General gibt seinen Verteidiger an: Próspero Vega, so wie Vázquez Professor der Jurisprudenz am hiesigen Colegio Civil. Azpíroz kennt bereits die Verteidigungslinie Mejías. Er hat die Waffen gegen die Republik nur zur Selbstverteidigung erhoben, weil die Liberalen ihn verfolgt haben. Er hat das Imperio akzeptiert, weil er annahm, daß das Volk dahinterstehe. Im Laufe der Zeit habe er sich allerdings vom Gegenteil überzeugt. Er habe dann versucht, sein Kommando zurückzulegen, was aber von der kaiserlichen Regierung nicht angenommen worden sei. Und da habe er aus Ehrgefühl beschlossen, der Sache treu zu bleiben, um nicht desertieren zu müssen. *Aus falschem Ehrgefühl*, korrigiert Azpíroz. Darauf Mejía: *Mein Ehrgefühl, ob richtig oder falsch, ist immer das gleiche.*

Die Beschuldigungen, der Intervention und dem Imperio gedient zu haben und an deren Verbrechen mitschuldig geworden zu sein, bestreitet er: Verantwortlich könne man ihn nur für seine persönlichen Taten oder Befehle machen. Azpíroz schließt das Protokoll und läßt den gewählten Verteidiger Próspero Vega für heute zur „Stunde des Abendgebetes" zu sich zitieren.

Währenddessen unterhält sich Salm mit Villanueva auf französisch, eine Sprache, die beide gut beherrschen. *Maximilien est perdu,* sagt der Oberst immer wieder. Sofort beginnt Salm an Flucht zu denken, und da man ihn jetzt ohne weiteres beim Exkaiser vorläßt, versucht er, ihn für diese Idee zu gewinnen. Maximilian will aber nicht „davonlaufen". Er denkt vielmehr daran, eine persönliche Unterredung mit Präsident Juárez anzustreben.

Um 11 Uhr erscheint Escobedo wieder einmal unangemeldet bei Maximilian, und wie immer, weiß man nicht wozu. Escobedo will offenbar ab und zu seine Gefangenen abtasten. Vielleicht will er sehen, wie die künftigen Opfer reagieren. Dafür gestattet er nun, daß Tüdös dem Ex-Monarchen das Essen persönlich bringen darf.

Über diesen Besuch existiert jedoch ein 20 Jahre später in seinem Auftrag abgefaßter Bericht[382] Escobedos, in dem er ihn allerdings – seine Datenangaben sind notorisch ungenau – auf den 28. Mai verlegt. Nach dieser Aussage habe es sich um eine ganz bedeutsame

Unterredung gehandelt, denn von Maximilian sei wieder der Fall
López zur Sprache gebracht worden.

*Während meines Aufenthaltes im Raum Maximilians brachte er die Sprache
auf seine unglückliche Lage und ging sogar so weit, mich zu fragen, ob ich
wisse, wie die republikanische Regierung die Verteidiger von Querétaro
behandeln werde. Ich antwortete, ich kenne das Gesetz, nach dem ich beauftragt sei, das Gerichtsverfahren zu führen, und daß ich im speziellen dazu
keine Anweisungen erhalten habe, was mich zur Annahme bringe, daß die
Hohe Regierung entschlossen sei, das Gesetz einzuhalten.*

*Ich sah, daß der Erzherzog in Erregung geriet, doch nahm er sofort
wieder den bekümmerten Ausdruck an, den ich an ihm seit der Einnahme
der Stadt bemerkte. Er litt wirklich geistig und körperlich. Als ob er meine
Antwort nicht gehört hätte, sagte er, er habe mir für viele Aufmerksamkei-
ten zu danken, die umso schätzenswerter seien, als sie sich an einen Menschen im Unglück richteten. Er erwarte aber von mir noch einen ganz
besonderen Gefallen. Die damit verbundenen Verpflichtungen seien für
mich nicht folgenreich, doch wenn ich darauf einginge, wäre sein Gewissen
von einer Bürde befreit, denn trotz seiner liberalen Ideen hielt er seine
erlauchten Vorfahren in achtungsvoller Erinnerung. Er bedeutete mir gefaßt, daß er vielleicht zum Tode verurteilt würde, und daß er das Urteil der
Geschichte befürchte, wenn diese sich eines Tages mit seinem flüchtigen und
zum Scheitern verurteilten Reiche befassen sollte. Er fragte mich, ob ich
bereits mit Oberst López gesprochen habe. Als ich dies bejahte, sagte er
weiter, daß er soviel Geistesstärke nicht aufbringen könne, den Vorwurf zu
ertragen, den seine Leidensgenossen ihm machen würden, sollten sie je von
dem in seinem Auftrag zwischen mir und López geführten Gespräch erfahren. Daher ersuche er mich, schon angesichts seiner unglücklichen Situation, über dieses Gespräch Stillschweigen zu wahren, was für mich weder
schwierig noch unehrenhaft sei. Ich erklärte ihm, daß er nach außen als ein
Opfer des Verrates von López dastehe, dessen ruhmlose Tat mit allen Schrek-
ken einer schändlichen Treulosigkeit geschildert werde, daß ich jedoch keinerlei Interesse hätte, Enthüllungen über die Vergangenheit zu machen.
Daß er aber eigentlich, anstatt sich an mich zu wenden, sich an López
wenden sollte, der ja durch diese Ereignisse moralisch geschädigt worden
sei. Der Prinz erwiderte, daß López nicht sprechen würde, solange er selbst
schweige. Daß ich mir nur für eine kurze Frist Schweigen über das Ergebnis
dieser Unterredung auferlegen müßte, nämlich solange die Prinzessin Charlotte noch lebe, welche die Hinrichtung ihres Gatten nicht überleben werde.
Als letzten Einwand gegen die flehentliche Bitte des Erzherzogs erklärte ich,
daß es mir einfach unmöglich sei, dieses Geheimnis zu bewahren, da ja seine
Verteidiger, Generäle und ausländische Gesandte bzw. die Prinzessin Salm
Salm, die alle in ihrer Gewalt stehenden Mittel anwandte, um ihn zu retten,*

*nicht aufhören würden, die Versionen zu verbreiten, welche es über den Verrat des López und sein unqualifiziertes Verhalten seinem Herrn und Beschützer gegenüber gab. Trotz allem bestand der Erzherzog darauf, ich möge dieses Geheimnis wahren und bedeutete mir, die Prinzessin Salm sei angewiesen, nicht nur nichts in diesem Sinne verlauten zu lassen, sondern auch jene Personen, die sich für ihn einsetzten anzuweisen, in ihren Gestionen keinerlei Hinweise auf die Untreue des Oberst López zu treffen. Er versicherte mir, daß alle diese Personen sich genau daran halten und den genannten Oberst nicht erwähnen würden ... Die Situation des Prinzen und seine gebrochene Gesundheit, seine Gefangenschaft und die Aussicht, bald zum Tode verurteilt zu werden, sowie sein Wunsch auch nach seinem Tode einen Ruf ohne Tadel zu bewahren, rührten mich, und aus Rücksicht für den unglücklichen Gefangenen erklärte ich mich bereit, das Geheimnis zu wahren, solange bis nicht die Umstände mich zwingen würden, den Schleier zu lüften, der bis jetzt über den Umständen liegt, welche am 15. Mai 1867 die Einnahme Querétaros beschleunigten.*

Da Maximilian in diesen Augenblicken bereits von Azpíroz genau wußte, in welcher Gefahr er schwebte, wäre eine diesbezügliche Anfrage an Escobedo mehr als überflüssig gewesen. Agnes Salm hatte zu diesem Zeitpunkt noch keinen der späteren Fluchtversuche geplant, die Escobedo so sehr in Aufregung versetzen werden. Und für die Einflußnahme der Verteidiger und Diplomaten auf die Haltung der Regierung in San Luis war jeder Hinweis auf den Verrat des Oberst López irrelevant. Er wird im späteren Prozeß von niemandem erwähnt werden.

So muß man annehmen, daß bei Escobedos kurzem Besuch ähnliches – nämlich nichts Konkretes – besprochen wurde wie wenig später, als Don Mariano bei Miramón vorbeikommt. Er fragt, ob er ihm irgendwie nützlich sein könne. Der General weiß, daß das nichts besagen will, aber er will ihn beim Wort nehmen und nimmt sich vor, ihm zu schreiben, ob er die ihm weggenommenen Pferde zurückhaben könne ... Glaubt er wirklich, daß er sie noch brauchen wird?

Mit der Außenwelt werden geheime Botschaften ausgetauscht. Feldkaplan Aguirre, der offenbar frei umhergeht, bietet Maximilian in einem Brief, der in eine Zigarre hineingewickelt ist, seine Dienste an. Mit Salm verkehrt der Habsburger durch Zettel, die ins Brot gesteckt werden. Basch pflegt die Kontakte zu Rivadeneyra, dem republikanischen Chefarzt. Er erreicht, daß es ihm gestattet wird, in Maximilians Zelle zu schlafen. Er erleichtert seine gespannte Psyche wieder durch sarkastische Eintragungen in sein Tagebuch:
*Die Anklage ist gehässig und auf Lügen basiert und mit verlogenen Phrasen durchspickt. Echt mexikanisch. Die mexikanische Geschichte will sich*

*mit Kaisermorden bereichern. Verurteilt man uns nicht zum Tode, so wer-
den wir wenigstens zu Tode gequält, das haben die würdigen Schüler der
Inquisition ihr redlich abgelernt.*

Maximilian hat gestern auf politische Fragen die Antworten verweigert, doch sind ihm zu allen Anklagepunkten, auch ohne über
Dokumente zu verfügen, spontan Antworten eingefallen, die er (vermutlich) heute zu Papier bringt. Er zwar keine schriftliche Anklage
bekommen, aber er hat seine Notizen gemacht, und Azpíroz hat
lange genug darüber geredet. Er fühlt wohl, daß er sich dem Prozeß,
vor allem auch der Auseinandersetzung mit seinem eigenen politischen Gewissen, nicht mehr entziehen kann. Halb für sich, halb für
seine künftigen Verteidiger schreibt er seine Argumente zur Widerlegung der Anklage zusammen.

Dieses Dokument[383] hat folgenden Wortlaut :

*Anklagepunkte*

*1. Blindes Werkzeug der französischen Intervention ...*
*Tatsache, daß am 10. April ein freiwilliger Eid auf die Unabhängigkeit und
Integrität gegen den Willen der Franzosen abgelegt wurde; Tatsache, daß im
Vertrag von Miramar der Artikel über die Regentschaft[384] aufgenommen
wurde, Tatsache, daß Arroyo wenige Tage nach der Ankunft wegen der
Sonoraangelegenheit zurücktrat[385] und des Kampfes mit Montolon (sic!) in
der selben Frage und (eingefügt) bald Feindschaft mit Frankreich.[386] Die in
Frankreich befindlichen Kriegsgefangenen wurden gegen den Willen Napo-
leons freigelassen. Reise nach Rom. Erstes Ministerium mit dem als
franzosenfeindlich geltenden Ramírez.*
*2. Ankunft ... (?)[387] mit bewaffneter Macht ...*
*Adhäsionsakten in London von europäischen Rechtskundigen geprüft.
Ansprachen vom 3. Oktober und 10. April.[388] Die Notablen abgelehnt.[389]*
*Die Mehrheiten sind legaler als die revolutionären Grundlagen des
Plans von Ayutla. Ankunft ohne Truppen, nur mit der Familie.[390]*
*3. Übernahme der Verantwortlichkeiten eines Usurpators.*
*Ein von der Mehrheit Berufener ist kein Usurpator. Von fast allen
Regierungen der Welt anerkannt, darunter England und die Schweiz.
Usurpator ist jemand, der sich länger als seine gesetzliche Zeit an der
Macht hält.[391] Das Gesetz von 1862 steht im Gegensatz zur Verfassung.*
*4. Gewaltsam ... verfügt zu haben.*
*Nicht mit Gewalt, sondern mit Recht und Gerechtigkeit, wie es dem
Erwählten der Mehrheit zukommt, und wie es die Pflicht jedes Souveräns
ist. Mit den (Adhäsions-)Akten erhielt ich das Recht zur Verfassunggebung,
siehe die Ansprache vom 10. April.*

*5. Krieg geführt zu haben ...*
*Niemals habe ich Krieg geführt, bevor nicht die Franzosen das Land*
*verließen. Die Truppen standen nicht unter meinem Befehl. Auf die franzö-*
*sischen Kriegsgerichte hatte ich keinen Einfluß. Die Mexikaner machten*
*nichts. Immer Begnadigungen.[392] Vorwurf französischer Zeitungen wegen*
*zu großer Milde. Nachttelegraph.*
*6. Freibeuterkrieg ...*
*Verträge mit Österreich, Arrangement mit dem weisesten und liberal-*
*sten Monarchen Europas.[393] Beispiel der Irländer in den Vereinigten*
*Staaten.*
*7. Gesetz vom 3. Oktober[394]*
*Veröffentlichte Version im blauen Buch. Die liberalen (eingefügt), da-*
*für verantwortlichen Minister (Gesetz über Verantwortlichkeiten) kopierten*
*Juárez.*
*Recht des Souveräns. Französische Berichte, von ihnen in verschiedenen*
*Zeitungen (unleserlich, veröffentlicht?), um rasch und gründlich fertig-*
*zuwerden und das Leben ihrer Soldaten zu schonen. Die Mexikaner urteil-*
*ten nicht ohne ...(?) Begnadigung, die Tag und Nacht erteilt wurde. Am*
*21. Oktober 1866, als ich mich der französischen Unterdrückung entziehen*
*konnte, hob ich das Gesetz sofort auf.[395] Der Marschall diktierte einige*
*Passagen persönlich. Was durch (unleserlich) ... Juan Pablo Franco[396] ver-*
*übt wurde. Was bei Mir ... und mit den 109 Franzosen geschah.[397]*
*8. Manifest vom 2. Oktober*
*Erhaltene Informationen. Siehe damalige Zeitungen.*
*9. Wunsch, mich über die Interessen ... hinwegzusetzen.*
*Da ich kein Instrument der Franzosen war, folgte ich dem Drang meiner*
*Pflichten als Souverän und berief die Räte nach Orizaba ein. Gutachten der*
*Räte und Appell an meinen Mut. Proklamation an die Nation (vollständig*
*lesen).*
*Am Tag der Rückkehr Mission Garcías[398] und anderer. Franzosen for-*
*dern meine Abreise, um finanzielle Absprachen zu treffen und sich mit*
*Ortega zu einigen. Mein Hierbleiben rettet das Land.*
*Márquez war so wie andere Diplomaten seit 6 Monaten aus Ersparnis-*
*gründen in die Heimat zurückberufen. Miramón wurde nicht zurückberu-*
*fen, die anderen Personen, die mich umgaben, waren aus allen Parteien,*
*Linares, Lacunza, Orozco. Nach der Rückkehr nach México berief ich noch-*
*mals eine Junta ein. Deren Gutachten. Harte Arbeit, um einen Kongreß*
*einzuberufen. (Brief an Esteva)*
*10. Abdankung*
*So absurd, daß es keine Beantwortung braucht.*
*11. Im Krieg besiegter Souverän.*
*Escobedos Worte auf dem Serro de la Campana (sic!). Veröffentlichung*

*der Gefangenenliste, in der dreimal vom Kaiser die Rede ist. Tradition.*
*1865, vor dem Verrat der Franzosen und der amerikanischen Intervention,*
*herrschte ich fast im gesamten Land.*
*12., 13.*
*Auf derartige Argumente gibt es keine Antwort. Es gibt jedoch histori-*
*sche Beispiele (Jefferson Davis, Ortega). Ein Oberstleutnant und Hauptleu-*
*te können nicht über Fragen der hohen Politik urteilen.*[399]

Zur „Stunde des Abendgebetes" begibt sich Próspero Vega zu Azpíroz. Der bekannte liberale Advokat ist 43 Jahre alt. Er war seit 1860,
als ihn der republikanische Zivilgouverneur von Querétaro, General
Arteaga, eingesetzt hatte, immer wieder Rektor des Colegio Civil. Er
begann, so weit es ging, geistliche durch weltliche Lehrer zu ersetzen. Als die Franzosen 1863 Querétaro besetzten, traten er und viele
seiner Kollegen aus Protest zurück. Der geistliche Rektor, der ihm
folgte, wurde jedoch von Kaiser Maximilian, der im August 1864
nach Querétaro kam, um „Ordnung zu machen", umgehend abge-
setzt und Vega wieder eingesetzt. Gegenwärtig ist Vega ohne akademische Beschäftigung. Das Colegio ist seit Beginn der Belagerung
geschlossen. Vega denkt zwar über einen neuen Studienplan nach,
doch werden die Vorlesungen voraussichtlich erst 1868 wieder aufgenommen.[400] So hat er Zeit, sich der Verteidigung des in Querétaro so
beliebten Mejía zu widmen. Das teilt er auch Azpíroz mit und setzt
seine Unterschrift auf das Prozeßprotokoll.

Dann muß Azpíroz nochmals zurück in das Capuchinas-Gefängnis: Jetzt ist das Verhör Miramóns an der Reihe. Die Zeit drängt.

Miramóns Antworten auf die Anklagepunkte kommen wie aus
der Pistole geschossen:

Warum er gegen die verfassungsmäßige Regierung rebelliert
habe? Antwort: Von Rebellion könne keine Rede sein, denn er habe
diese Regierung nie anerkannt. Es folgen Wortgefechte über Details.
Warum er sich mit bewaffneter Gewalt zum Präsidenten der Nation
erklärt habe? Antwort: Erstens habe ihn eine Notablenversammlung
gewählt, zweitens sei er einem international anerkannten Präsidenten (Zuloaga) nachgefolgt, drittens wären auch die Juaristen nur mit
der Gewalt der Bajonette hochgekommen. Warum er in Tacubaya
Gefangene, darunter Ärzte und Zivilisten erschießen ließ? Antwort:
Dafür war Márquez verantwortlich. Warum er in der englischen Gesandtschaft Geld beschlagnahmen ließ, was mit ein Grund für die
Intervention war? Antwort: Das war nur eine Sicherungsverwahrung
für den Fall eines bewaffneten Konflikts. Und der wahre Grund für
die Intervention war das Zahlungsmoratorium von Juárez. Warum er

mit den französischen Interventionstruppen aus dem Exil nach Mexiko zurückkam? Antwort: Er wollte bloß beobachten, wie diese vorgehen. Er hätte diese bekämpft, wenn die Liberalen ihn nicht von den Amnestiebestimmungen ausgeschlossen hätten. Warum er nach Mexiko-Stadt zurückging, als dort eine ausländische Regierung herrschte? Antwort: Wenn er zurück zu Haus und Familie wollte, blieb keine andere Wahl. Warum er die Regierung eines Usurpators anerkannt habe? Antwort: Weil diese de facto in der Hauptstadt etabliert war. Warum er die Regierung Maximilians sechs Monate lang mit Waffengewalt unterstützt habe? Antwort: Maximilian war Wahlmexikaner und wollte nur an der Seite von Mexikanern kämpfen.

Miramón verfolgt eine klare Konfrontationslinie. Azpíroz versucht, ihn immer wieder durch Vorhalte und abermalige Vorhalte in die Enge zu treiben, aber Miramón nimmt sich kein Blatt vor den Mund, denn er weiß:

*Da ich den Anklagebefehl gelesen habe, der von Lerdo stammt, obwohl er von Mejía unterschrieben ist, kann kein Zweifel bestehen, daß wir in ein besseres Jenseits kommen und keine Macht der Welt uns retten kann.*

So steht es in seinem Tagebuch; und einleitend dazu hat er geschrieben:

*... Ich wurde mit den Beschuldigungen konfrontiert. Das hat vier Stunden gedauert und mir eine schlaflose Nacht beschert. Unter den wiederholten Vorhalten habe ich schrecklich gelitten und hätte lieber eine 80 mm Kugel im Kopf gehabt, als dem Ankläger zuzuhören.*[401]

Vor 10 Uhr abends erscheint Bahnsen bei Maximilian und übernimmt dessen inzwischen geschriebenen kurzen Brief an Juárez:

*Herr Präsident: Ich möchte Sie persönlich in schwerwiegenden, für das Land äußerst wichtigen Angelegenheiten sprechen. Da Sie dieses zutiefst lieben, hoffe ich, daß Sie sich einer Unterredung nicht verschließen werden. Ich bin bereit, mich trotz der Beschwerden meiner Krankheit auf den Weg in Ihre Stadt zu machen. Maximilian.*

Mit diesem Schreiben begibt sich Bahnsen zu Azpíroz, der es für die Prozeßakten kopieren läßt und dem Generalkonsul erlaubt, das Original Juárez zu überbringen.

## Montag, 27. Mai[402]

Bevor sich Azpíroz erschöpft zu Bett legt, diktiert er Meléndez, *daß ab nun halb zwei Uhr morgens, das Verfahren bis zum Ablauf der 60 Stunden, die das Gesetz bis zum Beginn der Verteidigungsfrist vorsieht, ruht.* Am Vormittag schickt er die Prozeßakten an Escobedo und weist vorsorglich darauf hin, daß die dann für die Verteidigung vorgesehenen

12 Stunden nicht ausreichen werden, da es sich um drei Angeklagte handelt.

Zu Mittag erfährt Maximilian von Vázquez und Bahnsen, daß sein Telegramm an Magnus, in dem er um Entsendung von Anwälten ersucht, von Porfirio Díaz in Guadalupe Hidalgo zurückgehalten wird. So sehr hält offenbar der Zivilist Juárez seine Generäle am Zügel, daß der sonst so selbständige Porfirio Díaz es nicht wagt, dieses Telegramm ohne Bewilligung der „Hohen Regierung" in die von ihm belagerte Hauptstadt weiterzuleiten. Der Exkaiser ersucht daher den Präsidenten telegraphisch, Porfirio Díaz dazu zu ermächtigen. Und da es ihm nun auch opportun erscheint, die Vertreter Österreichs und Belgiens beizuziehen, fügt er hinzu:

*Ich wünsche, daß Sie, Herr Präsident, diese Anordnung geben, damit die von mir berufenen Personen, die für meine Verteidigung unerläßlich sind, möglichst rasch kommen, wobei mit ihnen noch die Vertreter Österreichs und Belgiens, und, falls dies nicht möglich ist, diejenigen von England und Italien mitkommen sollen, da ich mit ihnen Familienangelegenheiten von internationalem Charakter regeln muß, die schon vor zwei Monaten hätten geregelt werden sollen. Maximilian.*

Um halb 4 Uhr nachmittags finden sich Azpíroz und Meléndez in der Wohnung Escobedos ein. 37 Seiten umfaßt bis jetzt das Prozeßprotokoll, das Azpíroz Escobedo überreicht, der weisungsgemäß aber wider Willen als Gerichtsherr agiert. Jetzt ist es höchste Zeit, sagt ihm der Militäranwalt, die Verteidigung auf die Beine zu stellen.

Da niemand weiß, wann und ob die aus Mexiko-Stadt angeforderten Verteidiger eintreffen werden, bedient sich Maximilian neben Vázquez noch eines weiteren Advokaten aus Querétaro, den ihm Feldkaplan Aguirre vermittelt hat.

Miramón hat von Azpíroz erfahren, daß der Exkaiser den Präsidenten Juárez schriftlich um eine Unterredung gebeten hat. Der Fiscal hat hinzugefügt, Maximilian sei „descompuesto" – fassungslos. Miramón bittet, den Kaiser sehen zu dürfen, und Azpíroz erlaubt es. Er und Meléndez wohnen der Unterredung bei, weil sie hoffen, Neues zu hören. Aber Maximilian, der, obwohl ihm vom Magen nicht gut ist, sich sehr freut, den „jungen General" wiederzusehen, sagt nur, was Azpíroz schon weiß – und offenbar nochmals hören soll –, daß er das Kriegsgericht für unzuständig hält.

**San Luis**
Zwischen 6 und 7 Uhr abends kommt Agnes Salm in San Luis an und wird im Hause Bahnsens, der ein reicher Geschäftsmann ist, von dessen Schwestern herzlich aufgenommen. Die Liebenswürdigkeit

dieser Damen ist erst vor kurzem Ernst Pitner während seiner aus Hausarrest bestehenden republikanischen Gefangenschaft zugutegekommen. Agnes eilt, so wie sie ist, zum Regierungspalast, doch der Präsident ist in einer Kabinettssitzung. Sie läßt ihm den Brief Escobedos zukommen und bestellen, daß sie persönlich ein Schreiben Maximilians überbringen möchte. Juárez lädt sie für morgen 9 Uhr zu sich.

## Dienstag, 28. Mai[403]
### San Luis
Um 9 Uhr sucht Agnes Salm in Begleitung von Bahnsens Bruder das Regierungsgebäude auf. Dort hat vor nicht allzulanger Zeit Miramón einen Teil seiner Präsidentenzeit zugebracht und seine ehrgeizige Gattin Concha die Spitzen der lokalen Gesellschaft empfangen. Juárez, der heute dort residiert, ist die Nüchternheit in Person. In seinen altväterischen Gehrock gekleidet, erwartet er mit unbeweglichem Gesicht die „princesa" in Begleitung des Justizministers Iglesias, der fließend englisch spricht.

Agnes Salm überreicht dem Präsidenten das Ersuchen Maximilians um Prozeßaufschub, dessen Inhalt dieser bereits aus dem früher übermittelten Telegramm kennt. Er schüttelt den Kopf, reicht das Schreiben an den Minister weiter und sagt:
*Die Verteidigungsfrist für Maximilian ist laut Gesetz drei Tage. Ich habe nach reiflicher Überlegung des Falles beschlossen, keinen Aufschub zu gewähren.*

Agnes wendet sich nun mit ihrer ganzen Beredsamkeit an Iglesias. Es könne doch nicht auf einige Tage mehr oder weniger ankommen. Ein überstürztes Vorgehen sehe schlecht aus. Die zivilisierte Welt wäre über Mexiko empört.

Den Präsidenten fleht sie an, sich die Sache bis 5 Uhr nachmittags zu überlegen. Die Herren sind der temperamentvollen Ausländerin gegenüber verlegen, sagen nicht ja, nicht nein. Aber sie gestatten ihr, um 5 Uhr wiederzukommen.

### Querétaro
Das Prozeßprotokoll geht nun an den jugendlichen Joaquín María Escoto, der als „Asesor militar" – militärischer Rechtsberater – fungiert. Er ist von der Regierung ernannt, hat die Einhaltung des Verfahrens zu überwachen, an den Hauptverhandlungen teilzunehmen und die Beisitzer über die Rechtslage „aufzuklären". Er sorgt dafür, daß die Regierungslinie eingehalten wird. Escoto befindet, daß bisher alles ordnungsgemäß gelaufen ist, daß nun die Verteidiger das

Wort haben und daß die Verteidigungsfristen für die einzelnen Angeklagten zusammenzurechnen seien. Das heißt also, daß in den nächsten drei Tagen die Plädoyers entstehen sollten und die Hauptverhandlung am kommenden Samstag und Sonntag stattfinden würde.
Um 4 Uhr nachmittag erhält Azpíroz die Prozeßakten zurück.

## San Luis

Um 5 Uhr eilt Agnes wieder die Stufen zum Palacio de Gobierno
hinauf. Iglesias wartet schon auf sie. Wortlos überreicht er ihr das
Originalschreiben, in dem der Aufschub bewilligt wird. Der Text soll
noch heute telegraphisch an Escobedo durchgegeben werden. Agnes
ist außer sich vor Freude über ihren Erfolg, will Juárez sehen, aber
der Präsident ist nicht mehr zu sprechen. Sie verläßt San Luis so
rasch es geht in Bahnsens Wagen. Ein Herr Daus, ein deutscher Kaufmann, der in Querétaro zu tun hat, begleitet sie.

## Querétaro

Nach 5 Uhr nachmittags geht das Telegramm aus San Luis ein, in
dem die Regierung den Angeklagten zugesteht, daß die Verteidigungsfristen erst ab dem Zeitpunkt laufen sollen, zu dem die Verteidiger eingetroffen sind.

Am Nachmittag wird zwischen Miramón und Mejía Sprechverbot
verhängt. Doch kann Miramón mit Maximilian sprechen, der ihm
sagt, daß er jeden Augenblick das Eintreffen der Gesandten
Preußens, Belgiens und Österreichs erwartet. Miramón hofft, daß seine Gattin Concha Lombardo sich diesen auf der Reise anschließen
kann. Diese ist allerdings bereits früher aus der Hauptstadt abgereist.

Bevor seine Gattin eintrifft, empfängt Miramón noch andere Besucher. Der Licenciado Moreno, Rechtslehrer am Colegio Civil,
kommt zu ihm und deutet an, nach allen Regeln des Rechts könne
man ihn zum Tode verurteilen. Miramón denkt sich, das werde wohl
von gewissen Personen abhängen ...

Ein weiterer Besucher, der nach großen Mühen von Azpíroz die
Erlaubnis erhalten hat, Maximilian allein zu sprechen, ist Freiherr
Karl von Gagern, der schon lange in Mexiko lebt, Lehrer an der
Kriegsschule in Chapultepec war, im Bürgerkrieg als republikanischer Offizier diente und die Belagerung mitgemacht hat. Als Freimaurer sieht er einen ganz speziellen Aspekt der Beziehung Maximilians zu Juárez. Der Presidente Constitucional ist ebenfalls „Masón",
und Gagern glaubt zu wissen, daß auch Maximilian dem Bunde angehört. In San Luis hat man ihm erklärt, Juárez wünsche Maximilian
deshalb nicht zu sehen, weil er fürchte, der Austriaco sei ebenfalls

Freimaurer und könnte sich ihm als Bruder zu erkennen geben, was eine weitere feindselige Vorgangsweise unmöglich gemacht hätte.

Als Gagern in den ersten Stock des Klosters hinaufsteigt, trifft er zuerst auf Basch, der ihn gleich deutsch anredet, obwohl Gagern republikanische Militäruniform trägt. Gagern erinnert sich nachher nicht mehr an das Gespräch, aber Basch weiß, daß er, der seinen Titel in Mexiko nicht führte, sich ihm als Edelmann und Bruder jenes Freiherrn von Gagern vorstellte, der in der österreichischen Armee im Ulanenregiment Kaiser Max dient. *Wir Republikaner sind doch nicht so blutdürstig wie Sie glauben,* fügt er angeblich hinzu (was Gagern in seinen Memoiren heftigst bestreiten wird), und Basch denkt für sich: Qui s'excuse, s'accuse.

Oberst Palacios instruiert die Wachen vor den Türen der drei Gefangenen, daß Gagern nur mit jedem allein sprechen dürfe. Dieser geht zuerst zu Mejía, den er von früher kennt und findet ihn sehr gebeugt, weil er an seine junge, von ihm leidenschaftlich geliebte Frau denkt, die er mit dem Kind, das sie erwartet, allein auf der Welt zurücklassen muß.

Dann betritt er die Zelle Miramóns, des seinerzeitigen Lehrerkollegen von der Militärakademie, den er auch von Berlin und Paris her kennt, über den er aber aus politischen Gründen nur Übles sagt. Der General sitzt, wie Gagern berichtet, den Kopf in die Hände vergraben, auf einem niedrigen Sessel, die verwundete Wange noch mit dem Verband bedeckt. Als er Gagern erkennt, springt er auf und gibt ihm die Hand. *Das hätten wir in Berlin und Paris nicht gedacht, daß wir uns so wiedersehen würden,* sagt er traurig. Gagern kann gar nicht antworten, denn – wie er später behauptet – in diesem Augenblick geht die Tür auf und Miramóns Frau, Concha Lombardo, stürzt in die Zelle und will sich Miramón an den Hals werfen. Doch dieser tritt einen Schritt zurück, deutet auf Gagern und sagt: *Hätte ich lieber den Rat eines guten Freundes wie Gagern befolgt, anstatt den Deinen, so wäre ich triumphierend in Querétaro eingezogen, während man mich jetzt hinrichten wird.* Gagern hatte Ende 1864 Miramón in Paris getroffen und ihm zugeredet, Maximilian einen Abschiedsbrief zu schicken und in republikanische Dienste zu treten. Der Kaiser hatte daraufhin Concha aufgefordert, nach Paris zu fahren und ihren Gatten zu „bekehren", was ihr gelang. So zutreffend die Bemerkung Miramóns gewesen wäre, so wenig wahrscheinlich ist es, daß er sie ausgerechnet im Moment des Zusammentreffens mit Concha gemacht haben soll. Außerdem kam, den Tagebucheintragungen Miramóns zufolge, Concha zum ersten Mal am 30. Mai zu Besuch ...

Gagern sucht nun seinen Hauptgesprächspartner Maximilian auf. Hier sein Bericht:

*Nachdem ich mich beim Kaiser hatte anmelden lassen, betrat ich seine Zelle und schloß die Tür hinter mir. Es war ein kleines, mit Ziegelsteinen gepflastertes, kalkgetünchtes Gemach, etwa vier Meter lang und zweieinhalb Meter breit, und hatte außer der Tür ein auf den ... Gang blickendes, vergittertes Fenster. An der hinteren Wand, mit dem Kopfende nach links, stand das broncene Feldbett des Kaisers. Das übrige Mobiliar war das denkbar einfachste. Maximilian, der sich unwohl fühlte, lag im Bette, den nur mit dem Hemde bekleideten Oberkörper halb aufrecht an mehrere weiß überzogene Polster gelehnt. Das in der Mitte gescheitelte Haar, der hellblonde Vollbart, sowie Hände und Nägel waren sorgfältig gepflegt. In seiner Physiognomie war der habsburgische Typus, hauptsächlich an der etwas vortretenden Unterlippe, deutlich erkennbar, der Gesamteindruck ein gewinnender. Aus den blauen Augen leuchteten Sanftmut und Wohlwollen, die Stimme klang weich. Er glich mehr einem Apostel als einem Helden.*

*Als ich an sein Lager trat, reichte er mir mit freundlichem, resigniertem Lächeln die Hand und sprach zu mir, noch ehe ich Zeit fand, ihn zu begrüßen, sich auf einen Satz meines ihm nach London übersendeten Memorandums beziehend, die unter den damaligen Umständen mich tief ergreifenden Worte: „Baron Gagern, Sie sind ein guter Prophet gewesen."*

*Ich versuchte darauf, durch die unter Freimaurern üblichen Zeichen mich ihm als Mitglied dieses Weltbundes zu erkennen zu geben. Meine Zeichen blieben unbeachtet. Später mischte ich in die Unterhaltung freimaurerische Ausdrücke und sagte ihm, er möge absehen von der Uniform, die ich trage, und nur einen Menschen in mir erblicken, der nicht allein mit Freuden bereit, sondern auch moralisch verpflichtet sei, ihm ... zu helfen. Maximilian dankte mir herzlich, zeigte aber nicht mit einem Wort. ... daß er meine freimaurerischen Andeutungen verstanden habe. Ich begriff, daß er dem Orden nicht angehöre.*

*Ich hielt es ... für meine Pflicht, ihn über die in den Vereinigten Staaten herrschende Stimmung aufzuklären. Ich wollte ihn hierdurch bestimmen, nicht länger sein Vertrauen auf fremde Diplomaten und fremde Regierungen zu setzen. Sein Optimismus war jedoch plötzlich so stark geworden, daß er sich durch keine meiner Bemerkungen aus ihm herausreißen ließ. Er suchte vielmehr mit vollster Seelenruhe, als ob es sich um eine akademische Frage, die ihn persönlich gar nicht berührte, handelte, mir gegenüber die Inkompetenz des Kriegsgerichts, das über ihn urteilen sollte, nachzuweisen.*

*„Entweder", sagte er, „bin ich österreichischer Erzherzog, oder ich bin Kaiser von Mexiko. In beiden Fällen können sechs mexikanische Hauptleute mit einem Oberstleutnant als Vorsitzendem nicht über mich zu Gericht sitzen."*

*„Kaiserliche Hoheit irren sich", erwiderte ich ihm, „weder als Erzherzog noch als Kaiser werden Sie von uns angesehen."*

*„Aber als was dann?"*

*„Ich bitte, die Schärfe meiner Antwort zu entschuldigen. Dieselbe entspricht aber genau der republikanischen Auffassung, und es dürfte deshalb wichtig für Eure kaiserliche Hoheit sein, sie zu kennen. Da Sie ohne vorherige Kriegserklärung mit bewaffneter Macht in dieses Land, das eine gesetzlich konstituierte Regierung besaß, eingedrungen sind, um diese Regierung zu stürzen, so paßt völkerrechtlich weder die eine noch die andere Bezeichnung, sondern allein diejenige, welche die nordamerikanische Union gegenüber ,einem Walker und ähnlichen Männern' verwendet habe (nämlich Freibeuter)."*

*Maximilian ließ den Kopf auf die Brust herabsinken und murmelte leise einige Worte vor sich hin, die ich nicht verstehen konnte. Ich zweifle nicht, daß meine rücksichtslose Erklärung wie mit einem Blitzstrahl die ihm drohende Gefahr beleuchtete ...*

Maximilian ist also bestätigt worden, daß es ihm ans Leben gehen wird, woran er ohnedies schon lange nicht mehr zweifelte. Dagegen hat Gagern Gewißheit darüber erlangt, daß Maximilian kein Freimaurer ist. Man kann annehmen, daß diese Information ihren Weg zu den zuständigen Stellen gefunden hat. Wieweit sie den Ausgang des Prozesses beeinflußt hat, bleibt offen.

Um 5 Uhr nachmittags kommt der Militäranwalt zu Miramón und fordert ihn auf, sich einen Verteidiger aus Querétaro auszusuchen, weil die aus San Luis angeforderten Licenciados Jáuregui und Alcalde nicht rechtzeitig kommen könnten. So entschließt sich Miramón offiziell für Moreno, obwohl dieser ein älticher Herr mit einem dünnen, kaum hörbaren Stimmchen ist. Offenbar zählt er darauf, seine Sache selbst zu verteidigen. Unter Berücksichtigung der vorgesehenen Fallfristen für die Verteidigung rechnet man jetzt, daß die Hauptverhandlung Samstag, den 25. und Sonntag, den 26. Mai stattfinden wird.

### Mexiko-Stadt

Die Hauptstadt wird seit 12. April von General Porfirio Díaz belagert. Sie wird von 4.500 Mann gegen einen vielfach überlegenen Gegner verteidigt, der aber, so wie bei Querétaro auf Zeit, das heißt auf Bombardieren und Aushungern setzt. Seit dem 16. Mai, also seit einem Tag nach dem Ereignis, weiß man, daß Querétaro eingenommen und Maximilian gefangengenommen worden ist. Diese Nachricht kam in Form eines vervielfältigten, an Porfirio Díaz gerichteten Telegramms aus Querétaro, das die Belagerer im Inneren von Grana-

ten in die Stadt beförderten. Die Anhänger des Kaiserreiches hatten
stattdessen, aufgrund der von Márquez verbreiteten falschen Nachrichten, die baldige Rückkehr Maximilians an der Spitze seines siegreichen Heeres erwartet.

Der preußische Ministerresident Anton von Magnus[404] hat seine
Legationsräume in dem als Hotel geführten Palacio de Iturbide,
ebenso wie sein österreichischer Kollege, Honorar-Legationsrat Baron Eduard von Lago, der den abwesenden Gesandten Graf Thun
vertritt. Der 46-jährige Preuße jüdischen Ursprungs, aber höchst
deutschen Charakters, ist ein methodisch kühler Geist, ein ausgezeichneter Beobachter, der auch die diplomatischen Formen wohl zu
wahren versteht, als diskret und vertrauenswürdig gilt und in der
kleinen Gemeinde der Gesandtschaften beim Imperio hohes Ansehen
genießt. Dies hat auch damit zu tun, daß Preußen die einzige Groß-
macht ist, die nicht in den mexikanischen Bürgerkrieg involviert ist.
Man nennt ihn allgemein „Baron", obwohl er den Freiherrentitel erst
nach dem Tode seines Vaters erben wird.

Baron Eduard von Lago, 42 Jahre alt, ist seit Anfang dieses Jahres
Geschäftsträger der österreichischen Legation, nachdem sein Chef,
Gesandter Guido Graf Thun-Hohenstein, sich „krankheitshalber" hat
beurlauben lassen und nach Österreich zurückgekehrt ist, als die Belagerung der Hauptstadt bevorstand. An Steifheit steht er seinem
preußischen Kollegen um nichts nach, doch was bei diesem als Würde akzeptiert wird, betrachtet man bei Lago als Verzopftheit, zumal
Magnus äußere Selbstbeherrschung übt, während der cholerische
Lago häufig explodiert. Sein Adlatus, der 28-jährige Ritter Dr. Ernst
Schmit von Tavera,[405] Sohn eines ehemaligen Leibarztes des Herzogs
von Parma und aus Graz stammend, ist zwar Jurist wie Lago, doch
gehört seine Vorliebe den Geisteswissenschaften: Fremdsprachen
und Geschichte sind seine Stärken. Ein noch kindlich heiteres, ausge-
glichenes Gemüt, genießt er die für ihn exotische Umgebung, trägt
auch am liebsten mexikanische Charro-Kleidung mit Sombrero. Die
Kollegen aus den anderen Gesandtschaften, – vor allem der Belgier
Fréderic Hoorickx, der Italiener Marquese Curtopassi und natürlich
auch der ernsthafte Magnus – belächeln seine unbekümmerte Art,
die er beibehält, obwohl ihn sein Chef Lago herumkommandiert und
für alle Dinge einsetzt, die ihm selbst nicht liegen. Man nennt ihn
spöttisch-liebevoll den „Gesandtenlehrbub" oder – wegen seiner Vorliebe für die Landestracht – auch den „mexikanischen Ritter".

An diesem Dienstag vormittag um halb 11 Uhr empfängt Magnus
den Besuch des Exministers Mariano Riva Palacio, eines alten Liberalen, dessen Sohn Vicente republikanischer General ist und die Bela-

gerung von Querétaro mitgemacht hat. Er kommt gerade aus dem Lager von Porfirio Díaz, der ihm das Telegramm Maximilians an Magnus übergeben hat. Dieser trifft seine Entscheidung sofort: Er wird selbstverständlich dem Ruf des Exkaisers nach Querétaro folgen, und auch Riva Palacio ist bereit, seine Berufung zum Verteidiger anzunehmen. Darüber wollen sie um 6 Uhr nachmittags beraten. Magnus verständigt auch den im selben Gebäude wohnenden Lago, der sich vorerst einmal gründlich alteriert, daß sich Maximilian nicht direkt an ihn gewendet hat. Er beschließt jedenfalls, daß es dem österreichischen Geschäftsträger wohl anstehe, selbständig zu agieren und daß dies vom österreichischen Ministerium des Äußeren von ihm auch vorausgesetzt und erwartet werde.

Mittwoch, 29. Mai[406]

**Querétaro**

Um halb 1 Uhr nachts geht das Regierungstelegramm ein, in dem Escobedo mitgeteilt wird, daß Magnus und die von ihm berufenen Advokaten die republikanischen Belagerungslinien vor der Hauptstadt passieren dürfen.

Ein Zusammentreffen mit dem Exkaiser hat Präsident Juárez jedoch mit folgender Begründung abgelehnt: *Was das weitere Ersuchen Maximilians um ein Zusammentreffen mit dem Bürger Präsidenten betrifft, so kann dieses wegen der bestehenden Entfernungen und der knappen Gerichtstermine nicht stattfinden; man möge ihn verständigen, daß er im Prozeß alles vorbringen könne, was ihm erforderlich scheint.*

Maximilian wird das im Laufe des Vormittags mitgeteilt. Daß Juárez einem Zusammentreffen ausweicht, muß ihn bedrückt haben, da er immer noch an die befreiende Wirkung einer Aussprache zwischen Menschen guten Willens glaubt und nicht wahrhaben will, daß die Fronten zwischen den politischen Lagern Mexikos nahezu unüberbrückbar sind. Aber er weiß jetzt wenigstens, daß Magnus mit den Verteidigern kommt. Seine Stimmung steigt, er beginnt wieder Hoffnung zu schöpfen.

Es wird Nachmittag. Azpíroz braucht jetzt rasch Verteidiger aus Querétaro, welche die Prozeßakten übernehmen, damit der Fristenlauf beginnen kann. Er sucht Maximilian auf, der offiziell Vázquez nominiert, welcher gerade bei ihm ist. Miramón ist mit Ambrosio Moreno, ebenfalls Professor am Colegio Civil, beisammen, den er als seinen Verteidiger angibt.

Um 5 Uhr trifft mit der Postkutsche aus San Luis ein schwarzbärtiger, entschlossen blickender Amerikaner namens Frederic Hall im Hotel Diligencias ein. Judge Hall ist eine angesehene Persönlich-

keit des amerikanischen Rechtslebens, stammt aus Kalifornien, war
früher Richter und ist jetzt Anwalt. Seine Absicht ist nicht mehr und
nicht weniger, als sich in einem zu erwartenden Gerichtsverfahren –
die amerikanischen Zeitungen schreiben bereits darüber – für Maximilian einzusetzen. Was den Ausschlag für diesen Entschluß gegeben
hat, ob Gewinnstreben oder Idealismus, ist schwer zu entscheiden.
Einerseits könnte ihn ein früherer Agent Maximilians in der nordamerikanischen Union namens Behlan Estvan, recte Heinrich Peter,
unter Hinweis auf ein zu erwartendes kaiserliches Erfolgshonorar
aus Wien dazu bewogen haben.[407] Andererseits muß der zu erwartende Prozeß für den intellektuell aktiven und juristisch brillanten Hall,
der perfekt Spanisch spricht und die mexikanischen Gesetze kennt,
als stimulierende Gelegenheit erschienen sein, sich als eine Art juri-
stischer Deus ex machina zu profilieren.

Im Hotel de Diligencias trifft er mit Bahnsen zusammen, der ihm
Näheres über die Anklage gegen Maximilian und die von ihm gewählten Anwälte mitteilt. Vorläufig möchten aber beide abwarten,
welche Ergebnisse Agnes Salm, die für morgen erwartet wird, aus
San Luis mitbringt.

Um halb 6 Uhr ersucht Mejía den Militäranwalt, ihn einem erwei-
terten Verhör zu unterziehen. Das würde den Fristenlauf unterbre-
chen. Um halb 7 Uhr erscheint Próspero Vega, um Mejías Prozeßakt
zu übernehmen. Er hat für die Ausarbeitung der Verteidigung nur
24 Stunden Zeit. Schließlich wird Escobedo gefragt, und dieser erfüllt
den Wunsch Mejías, der ihm immerhin einmal das Leben gerettet
hat, indem er seine Flucht zuließ.

Nachdem sich Mejía gegenüber Azpíroz neuerlich über seine politische Verhaltensweise verbreitert hat – er habe die Regentschaft und
das Imperio als Ausdruck des Volkswillens angesehen –, kommt er
auf den eigentlichen Punkt. Er betont, er habe Kriegsgefangene immer freigelassen, so Escobedo, Treviño und Arteaga. Escobedo könne
das bezeugen. Es scheint, daß seine vorangehenden Gespräche mit
Próspero Vega ihn dazu bewogen haben, dies zu seinen Gunsten
anzuführen.

Alle Angeklagten sind jetzt mit ihren Verteidigern beisammen,
die auch untereinander konferieren. Vázquez arbeitet mit Maximilian eine Eingabe aus. Darin wird verlangt, daß sich das Gericht für
unzuständig erklären soll. Maximilian rollt die gesamte politische
Vorgeschichte seiner Kronannahme auf, um zu beweisen, daß es sich
hier um Angelegenheiten der hohen internationalen Politik handelt,
über die ein Kriegsgericht nicht urteilen könne. Schließlich sei in den
Vereinigten Staaten auch kein Prozeß gegen den Präsidenten der

Konföderierten, Jefferson Davis, geführt worden. – Die Verteidiger Miramóns und Mejías planen ähnliche Eingaben.

Bereits um 21 Uhr erscheint Vázquez bei Azpíroz und präsentiert ihm die Forderung nach einer Unzuständigkeitserklärung des Gerichtsherrn Escobedo. Wenn man den Bericht Concha Miramóns über ihren am nächsten Tag erfolgten Besuch bei Azpíroz liest, muß man annehmen, daß der Militäranwalt über diesen massiven Vorstoß der Verteidigung in Wallung geriet und schlecht oder gar nicht schlief.

Donnerstag, 30. Mai[408]

Bereits seit einigen Tagen bespricht Salm mit dem Exkaiser einen Fluchtplan. Maximilians Standpunkt dazu: Wenn überhaupt, dann nur mit Miramón und Mejía. Am Morgen bringt Severo Salm das Frühstück. Im Brot findet dieser folgendes handgeschriebenes Zettelchen:

*Ich brauche notwendig feinen schwarzen Faden zum Binden, Wachs zum Kleben, womöglich eine Brille. Auf dem Pferde müssen zwei Sarapes, zwei Revolver und ein Säbel angebracht sein. Nicht zu vergessen Brot oder Zwieback, roter Wein und Schokolade. Eine Reitpeitsche ist auch notwendig.*

Maximilian will nämlich im Fluchtfalle seinen Bart nicht abschneiden, sondern ihn hinten im Nacken zusammenbinden und eine Brille aufsetzen.

Später besucht Salm ein republikanischer Infanterieoffizier, den er – wie er annimmt – für den Fluchtplan gewonnen hat. Dieser erklärt ihm, es sei auch die Mitwirkung des Kavallerieoffiziers erforderlich, der die Wache an der Treppe hat. Namen nennt Salm in seinen Memoiren verständlicherweise nicht.

Salm schickt nun an einen Vertrauten in der Stadt die Weisung, sechs Pferde, sechs Revolver und sechs Säbel zu kaufen, *die im Hause befreundeter Damen untergebracht wurden.* Aus Concha Miramóns Memoiren geht hervor, daß es sich um Frau Cobos und ihre Verwandten, Freundinnen der früheren Präsidentengattin, handelte.[409] Der „Vertraute" ist, wie Maximilian selbst Frederic Hall erzählt, ein auf liberaler Seite kämpfender Italiener, ein Hauptmann namens Henry B. del Borgo, der für den Ankauf von Maximilian 2.000 Dollar erhalten hat. Hall, der später die Pferde besichtigt, meint, sie hätten nicht mehr als 800 Dollar gekostet.[410] Wie Miramóns früherer Adjutant Görbitz später an Beust berichten wird, soll del Borgo früher Leutnant in österreichischen Diensten gewesen sein und eigentlich Büchler heißen. Für den Fluchtplan geworben habe ihn Bahnsen an der Table d'hôte des Hotel de Diligencias.[411]

Basch hat von alledem noch keine Ahnung. Er hat bloß gehört, daß heute abend die erste Sitzung des Kriegsgerichts sein soll, doch das ist eine Fehlmeldung. In seinen Memoiren schreibt er über das Tribunal:

*Unerhört! Jungen, die kaum lesen und schreiben können, überträgt man die Aufgabe, internationale Verhältnisse zu beurteilen.*

In welcher Stimmung Basch damals war, zeigt aber die Eintragung in seinem wirklichen Tagebuch.

*Man hat ein Gericht zusammengesetzt, als ob man über Banditen urteilen wollte. Internationale Rechte kennt man hierzulande nicht, und da sie selbst Banditen sind, fehlt ihnen natürlich der Begriff für das Normale und Anständige. Man glaubt im Urwald unter wilden Tieren zu sein, wenn man die Soldaten bei der Präsenzliste brüllen hört.*

Maximilian weiß jetzt seine Sache mit Vázquez in Händen eines tüchtigen Verteidigers, er erwartet den Besuch der Diplomaten und weiterer bekannter Verteidiger. Er beginnt, über den Prozeß hinauszudenken. Es geht wieder um Geld. Bis zu seiner Gefangennahme am 15. Mai sind von den ihm zustehenden Beträgen der Zivilliste noch offen: 10.000 Pesos für März, 1.500 Pesos für die Personen des kaiserlichen Haushalts, 10.000 Pesos für April, 1.500 für den Haushalt und 5.000 Pesos für den halben Mai sowie 750 Pesos für seinen Haushalt, insgesamt also 28.750 Pesos. Er schreibt an Pater Fischer, mit der Anweisung, diese Summe beim Minister des kaiserlichen Hauses, Sánchez Navarro, zu reklamieren und an den preußischen Konsul in Mexiko, Benecke, auszufolgen, der dafür Wechsel für Schiffskapitän Gröller von der Korvette „Elisabeth" in Veracruz ausstellen soll. – Keine Minute kommt ihm in den Sinn, daß mit seiner Abdankung seine Souveränitätsrechte erloschen sind, daß er keinem seiner früheren Minister mehr etwas befehlen kann, daß die Regierung in der Hauptstadt im diplomatischen Niemandsland agiert. Das Schreiben an Fischer wird er Agnes Salm anvertrauen, die ihm zweifellos versprechen wird, es bei Fischer abzugeben.

Maximilian teilt Salm mit, daß López die Dreistigkeit gehabt habe, ihm durch jemanden seine Dienste anbieten zu lassen, die er natürlich abgelehnt habe und daß man dem Verräter seinen Judaslohn nicht ausbezahlt habe.

Vormittags zwischen 10 und 11 Uhr ist Agnes erschöpft aus San Luis zurückgekommen. Sie wohnt immer noch im Hotel de Diligencias, obwohl es dort von republikanischen Offizieren wimmelt und die Zimmer durch die lange Beschießung sehr gelitten haben. Wie sie in ihren Memoiren schreibt, wollte sie dem Kaiser ihre Nachrichten unverzüglich überbringen. Ihr Gatte allerdings erinnert sich, daß sie erst gegen Abend bei den Capuchinas vorbeikam. Der Kaiser hatte gerade „einige Amerikaner" zu Besuch, darunter auf jeden Fall Frederic Hall, den Agnes zu einer Vorsprache animiert hat, und vermutlich den Korrespondenten des New York Herald, den Engländer H.C. Clark, der die gesamte Belagerung in Querétaro mitgemacht hat und die Prinzessin wahrscheinlich von New York her kennt. Er macht von der Ankunft der Fürstin – die mit dem Herausgeber der Zeitung eng befreundet gewesen war – eine auf Wirkung setzende Reportage. Agnes rechnete durchaus damit, sich mit Hilfe der amerikanischen Presse international als Vertraute und Retterin des Kaisers profilieren zu können.[412]

*... ein Soldat kündigte an: „La Señora!" Im nächsten Augenblick hatte Prinz Salm die Ankommende in seinen Armen. Sie war der freiwillige Bote, seine Gattin. Sie war soeben von San Luis Potosí, von Juárez angekommen. Ihr Gesicht war verbrannt von der Sonne und bestaubt, ihr ganzer Körper zitterte in nervöser Abspannung, als sie ihre Hände auf ihres Mannes Schultern legte. Der Erzherzog kam eifrig vorwärts, wartend, bis die Reihe an ihn kam. Man hörte den Prinzen flüsternd fragen:*

*„Hast du irgend welchen Erfolg gehabt? Was sagte Juárez?"*

*„Sie werden tun, was sie in den Depeschen gesagt haben. Sie haben den Aufschub bewilligt."* Sie wandte sich an Maximilian. *„Oh, Ew. Majestät, ich bin so froh."*

*Maximilian nahm die Hand der Prinzessin und küßte sie. „Möge Gott Sie segnen, Madame", sagte er, „Sie sind sehr gütig gegen einen gewesen, der fürchtet, Ihnen nie dienen zu können."*

*Die Prinzessin erzwang ein Lächeln. „Seien Sie dessen nicht zu gewiß, Ew. Majestät. Ich werde hier noch manche Gnade für den Prinzen zu erbitten haben."*

*„Sie werden nie nötig haben, darum zu bitten, Madame", antwortete der Erzherzog, indem er die Dame zu einem Stuhl führte. „Aber Sie sehen angegriffen aus. Prinz, Sie müssen Sorge tragen für Ihre ... Ich ..."*

*Indem Maximilian sein Gesicht abwandte, ging er eiligst nach dem Fenster zu. Es war leicht zu sehen, warum. Sein Schmerz war unterdrückt, allein fast hörbar. Der Prinz – eine Hand auf der Stuhllehne, die andere in stummer Bitte gegen den Erzherzog erhoben – konnte kaum seinen eigenen Schmerz unterdrücken ... Der Besucher, der schon an der Tür stand, grüßte unbemerkt und verschwand.*

Man bespricht auch den Fluchtplan, wobei dies vorwiegend zwischen Agnes und Felix Salm geschehen sein muß, da deren englische Gespräche nicht überwacht wurden. Agnes wird sich nachträglich hinsichtlich des von ihrem „sanguinischen" Mann ausgeheckten Planes skeptisch geben.

*Ich hatte von Anbeginn kein Zutrauen in das Gelingen dieses Plans, ob-wohl ich denselben nach besten Kräften unterstützte. Der Plan selbst war ganz vortrefflich, allein ich traute den Leuten nicht, die mein Mann dazu gebrauchte. Zwei derselben waren von der französischen Armee zu den Liberalen desertiert. Sie waren zu untergeordnete Offiziere und schienen weder die Gewalt noch das nötige Zeug zur Ausführung dessen zu haben, was sie versprachen und machten mir den Eindruck, als ob es ihnen einzig darauf ankäme, Geld zu erpressen ... Da ich nicht auf das Gelingen der Flucht baute, so nötigte ich dem Kaiser das Versprechen ab, nach Baron von Magnus und anderen Gesandten, wie auch nach Advokaten senden zu wollen und erbot mich, nach Mexiko-Stadt zu reisen, um diese zu holen.*

Diese Stelle in Agnes' Memoiren zeigt klar, wie sehr sie nach-träglich Aktionen für sich vereinnahmt, die ohnehin bereits liefen: Magnus und die Advokaten waren bereits telegraphisch vom Wunsch Maximilians in Kenntnis gesetzt und befanden sich im Auf-bruch.

Als Hall zu Maximilian kommt, hat dieser noch die ganze Ge-schichte seiner Thronannahme im Kopf, die er gestern mit Vázquez durchgegangen ist. Und so berichtet er Hall diese Ereignisse gleich noch einmal. Auf Anordnung von Azpíroz muß das Gespräch auf spanisch stattfinden, damit der Wachoffizier es verstehen könne.

*Auf dem Weg in die Hauptstadt,* betont Maximilian, *sagte ich zur Kaise-rin: Die Deputation hatte sicherlich recht, als sie sagten, eine Mehrheit der Mexikaner sei dafür, daß wir kommen, um sie zu regieren!* Dabei denkt er an die vielen Triumphbögen, Begrüßungsadressen und anderen Auf-merksamkeiten seiner Anhänger, vergißt aber, wie sehr ihn die kalte Aufnahme im liberalen Veracruz enttäuschte ...

Der Exkaiser besteht darauf, daß er bei Unterzeichnung des De-krets vom 3. Oktober überzeugt war, Juárez befinde sich in Texas, und daß er fast sicher sei, daß es dafür Beweise gebe. *Das macht Juárez verrückt,* meint er, *zu denken, daß man ihm das nachweisen kann.* Das ist allerdings eine seiner vielen Illusionen, denn Juárez hat sich wohlweislich gehütet, Mexiko während des Bürgerkrieges zu verlas-sen, damit ihm niemand seinen Herrschaftsanspruch aus diesem Grunde streitig machen könne.

Hall arbeitet gleich sehr klar die Hauptproblematik der Regie-rung Maximilians heraus: *Der Vertrag von Miramar brachte Eure Maje-stät in eine außergewöhnlich schwierige Lage. Einerseits erhielt der franzö-sische Oberbefehlshaber die volle Kontrolle über die militärischen Aktionen und Bewegungen der französischen Truppen, andererseits war der Souverän verantwortlich für ihre Handlungen.*

*Ja, das weiß ich,* gibt Maximilian freimütig zu, *und beinahe schäme ich mich dafür, aber ich fand mich damit ab, weil ich annahm, es sei zum Besten des Landes.* Über Juárez sagt er bloß: *Ich glaube, er ist ein guter Mann.* Übrigens hat auch der Präsident diese Meinung über den „Austríaco" – als Mensch, nicht als Herrscher –, den er als *„el gran iluso"* bezeichnet.

Spätere Gespräche zwischen Maximilian und Hall dürfen auf englisch geführt werden. Der Advokat verschafft Maximilian auch eine spanische Übersetzung des Werkes von Wheaton „On the Law of Nations". Beide Seiten werden ja völkerrechtlich argumentieren müssen.

An diesem Vormittag trifft auch Concha Miramón, in Begleitung eines Herrn Argándar, der ein alter Freund der Familie ist, in Querétaro ein. Ihr erster Weg führt sie in die Casa de la Zacatecana, zu Azpíroz, um den erforderlichen Permiso zu erbitten. Azpíroz ist übernächtig und befindet sich in Hochspannung. Er hat die Nacht über nachgedacht, was sich gegen die von Maximilian geforderte Unzuständigkeitserklärung vorbringen läßt und muß das noch mit Joaquín Escoto, Escobedos Rechtsberater, durchbesprechen, bevor er zum Oberkommandierenden geht. Fürchtet er, daß Escobedo die Gelegenheit nur allzu gerne ergreifen und sich für unzuständig erklären könnte? Das muß er verhindern, um nicht Schwierigkeiten mit der Juárez-Regierung zu bekommen. Jedenfalls ist der Ankläger heute nervlich belastet und in juristischen Nöten, wovon aber Concha Miramón nichts weiß.

*Ich begab mich daher,* referiert die ehemalige Präsidentensgattin, *in die Wohnung von Azpíroz, der mich in Hemdsärmeln empfing, eine ziemlich schmutzige weiße Hose trug und an den Füßen nachlässig übergestreifte Hausschuhe ohne Spitzen und Fersen, durch welche man Socken von unbestimmbarer Farbe sah. Azpíroz war ein Mann von etwa 30 Jahren, von mittlerer Größe, schwarzen Augen und schütterem Schnurrbart. Über sein Benehmen kann ich nichts sagen, denn er hatte keines.*

*Er empfing mich auf einem Sofa liegend, und als er mich erblickte, rührte er sich nicht, außer, daß er mir den Kopf zuwandte und mich mit ausgesprochener Grobheit fragte. „Was wollen Sie denn?" „Ich bitte vielmals",* sagte ich, *„daß Sie mir die Bewilligung geben, mit meinem Gatten, General Miramón zu sprechen." Azpíroz gab keine Antwort, erhob sich vom Sofa, ging zu einem Schreibtisch, schrieb einige Zeilen auf einen Zettel und gab ihn mir. Ich ging weg und wunderte mich über die Flegelhaftigkeit dieser traurigen Gestalt, welche die Feinde meines Gatten auserwählt hatten, um einen Prinzen aus dem erhabenen Haus Habsburg zum Tode zu verurteilen.*[413]

Concha geht durch das Stadtzentrum in das Hotel Diligencias zurück, wo sie vorläufig logiert, sie hat aber vor, die nächste Zeit bei einer alten Freundin, Frau Cobos, zu wohnen, deren Mann, ein Arzt, kürzlich durch einen tragischen Reitunfall zu Tode gekommen ist. Concha Cobos ist es, die Miramón in seiner Gefangenschaft täglich das Essen schickt und ihm Wäsche und Toiletteartikel besorgt. So können die beiden Damen sich gegenseitig Trost spenden, doch kommen auch ihre Gespräche bald auf die erhofften Fluchtmöglichkeiten.

Zu Mittag besucht Bahnsen Miramón in seiner Zelle und kündigt ihm die Ankunft seiner so sehnsüchtig erwarteten Gattin an. Um 4 Uhr kommt Concha, die das Zusammentreffen mit ihrem vergötterten Miguel in ihren Memoiren sehr emotional schildert.

Mit sachverständigem Blick betritt sie, die selbst vor ihrer Ehe jahrelang in einem Kloster in Mexiko-Stadt erzogen worden war, den Kapuzinerinnen-Konvent, der auch, wie sie gleich erläutert, Orden de Santa Coleta hieß, dessen fromme Bewohnerinnen dort auch die gesamte Belagerung überstanden hatten, bevor die Republikaner sie vertrieben. Als sie durch die gewundene Treppe in den ersten Stock kommt, sucht ihr Blick auch gleich die nach Heiligen genannten Bezeichnungen der Zellen. Maximilian ist in der Zelle der Santa Teresa, Miramón in der Zelle der Santa Rosa, und Mejía, ein großer Verehrer der Jungfrau von Guadalupe, in jener der Once mil vírgenes (11.000 Madonnen) [414] untergebracht.

*Halb in Tränen aufgelöst,* stürzt sie – nach eigenen Worten – in die Zelle ihres Mannes. Er aber sagt ihr voll Sanftmut: *Danke, daß du gekommen bist. Ich habe schon gefürchtet, ich würde dich nie mehr sehen.* Was dann folgt, ist ein still vertrautes Gespräch unter Ehegatten. Er läßt keinen Zweifel, daß er den Tod erleiden muß, aber: *Stell dir vor, daß dein Mann schwer krank wäre, daß ihn die besten Ärzte betreuen, aber daß es keine Heilung gibt, glaubst du nicht auch, daß das das gleiche wäre?* Er küßt ihr die Hand. *Danke, Concha, daß Du gekommen bist, so kann ich Dich noch um Verzeihung bitten, daß ich Dich unglücklich mache. Jetzt kann ich ruhig sterben. Ich habe Dir nie geglaubt, Deine Ratschläge schienen mir übertrieben, doch jetzt sehe ich, wie sehr Du mich geliebt hast. Wenn Du wüßtest, was ich während der Belagerung von Querétaro mitgemacht habe. Wenn Du wüßtest, was ich geleistet habe ... Du weißt, daß ich Dir nie von meinen Heldentaten gesprochen habe, aber jetzt, wo ich sterben muß, kann ich Dir versichern, daß ich hier Wunder gewirkt habe ...* So wenigstens hat Concha dieses Gespräch in Erinnerung.[415] Miramóns liebevoll gefaßter Umgang mit seiner Gattin, die ihn fast täglich besuchen kommt in diesen letzten Tagen seines Lebens, läßt sich auch

aus seinen eigenen Tagebucheintragungen ablesen. Sie sprechen auch
über Conchas Onkel Joaquín Corral, der hier in Querétaro wohnt,
sich während der Belagerung bei Miramón nicht sehen ließ, doch
sofort kam, als er hörte, daß der General gefangen war. Falls man
Miramón hinrichten sollte, ist Corral bereit, ihn auf seinem letzten
Gang zu begleiten und sich um seine Leiche zu kümmern ...

Ein Zusammentreffen zwischen Concha und Gagern, wie dieser
es behauptet, scheint es nicht gegeben zu haben. Es wäre für sie im
übrigen sehr unerwünscht und peinlich gewesen, hatte Gagern doch
ihren späteren Gatten, als sie noch Kollegen an der Militärakademie
von Chapultepec waren, von einer Heirat mit ihr abhalten wollen ...

Von Azpíroz erfährt Maximilian nun offiziell, was er durch Agnes
Salm bereits weiß: daß nämlich die Verteidigungsfrist für alle Angeklagten neuerlich zu laufen beginnt. Daß heißt: die Regierung will
warten, bis die Verteidiger, die schon unterwegs sind, in Querétaro
eintreffen. Auch Miramón und Mejía werden verständigt, Miramón,
während seine Frau bei ihm ist.

*Gottseidank lassen sie uns noch drei Tage am Leben*, notiert Miramón,
der sich keinerlei Illusionen hingibt, in sein Tagebuch.

Doch das Stimmungsbarometer Maximilians steigt wieder. Er
stattet Miramón, während seine Frau noch bei ihm ist, einen Besuch
ab. Er bringt ihm sogar eine Flasche Rheinwein, der bald seine Wirkung tut. Concha sagt ihm Dinge, die Miramón sehr bewegen und
den Exkaiser rühren. Maximilian, so sieht es Miramón wenigstens,
bedauert es, daß er erst jetzt den wahren Wert seiner Freundschaft
schätzen lernt. Ob er seinerseits auch einsieht, daß Maximilian ihn,
den ehrgeizigen Rivalen, stets mit äußerster Noblesse behandelt hat?

Am Abend kehrt Concha Miramón wieder in das Hotel de
Diligencias zurück, von wo sie ihre Freundin, Señora Cobos in ihr
Haus bringt. Von ihr erfährt sie, daß ein Fluchtplan für Maximilian
und die anderen Angeklagten in Vorbereitung ist, und daß die Pferde
dafür bereits in ihrem Stall stehen.

Heute hält der militärische Rechtsberater Escoto die Eingabe Maximilians, bestehend aus der Forderung nach Unzuständigkeitserklärung Escobedos, in der Hand und versichert dem General –
zweifellos nach gründlicher Erörterung des Falles mit dem über-
nächtigen Azpíroz –, aufgrund des Gesetzes vom 25. Jänner 1862
könne und dürfe er sich gar nicht für unzuständig erklären. Der
General ist sehr beruhigt darüber, daß in diesem Spezialfall seine
Machtbefugnisse so gering sind.

**Mexiko-Stadt**
Um 11 Uhr treffen sich im Hotel Iturbide Magnus, Riva Palacio,
Martínez de la Torre und Pater Fischer. Letzterer hat vor etwa acht
Tagen, in der Annahme, die Nachricht von der Gefangennahme des
Kaisers könne doch wahr sein, den Licenciado Eulalio Ortega für den
Prozeßfall engagiert. Die beiden Advokaten beeilen sich zu versi-
chern, daß sie beide mit Don Eulalio befreundet seien und gerne mit
ihm zusammenarbeiten würden. Es dürfte ihnen bekannt sein, daß
Ortega vor allem auch umfangreiche Geschichtskenntnisse besitzt,
was für ein Plädoyer in einem politischen Prozeß ein wichtiges
Moment darstellt. Morgen um 4 Uhr nachmittags soll die Abreise
erfolgen. Magnus richtet eine entsprechende Note an Porfirio Díaz.
Fischer will unbedingt mitkommen, aber seine Stellung als Privatsekretär Maximilians läßt die Chancen dafür eher gering erscheinen.

Freitag, 31. Mai[416]
**Querétaro**
Am Morgen, ehe Concha sich bereit macht, wieder ihren Gatten zu
besuchen, geht sie mit Frau Cobos in den Stall, um die für die Flucht
gekaufen Pferde zu sehen.
*Man stelle sich vor, wie sehr ich überrascht war, als ich dort eine auslän-*
*dische Dame und einen mir unbekannten Offizier erblickte. Frau Cobos*
*sagte mir, daß jene Dame die Prinzessin Salm war, und ihr die Pferde*
*gehörten, und daß der Offizier ein junger Mann namens Ricardo Villanueva,*
*ein Adjutant Escobedos war. „Und wieso ist dieser Offizier da?", fragte ich.*
*„Er steht im Einvernehmen mit der Princesa", antwortete meine Freundin*
*leise. – Die Prinzessin Salm war Amerikanerin und sprach nur englisch,*
*doch Oberst Villanueva beherrschte diese Sprache ausgezeichnet und führte*
*mit der Prinzessin ein höchst angeregtes Gespräch. Das gefiel mir eigentlich*
*gar nicht, denn es war seltsam, daß ein hoher Offizier mit der Gattin eines*
*Gefangenen, der mit dem Kaiser im selben Gefängnis war, so vertraut war*
*und öffentlich mit ihr ausging. Nach einigen Minuten im Stall verabschie-*
*dete ich mich von Frau Cobos und sagte ihr, daß mir dieses Fluchtprojekt*
*kopflos erschiene.*[417]
   Maximilian unternimmt einen weiteren Schritt, um die befreundeten europäischen Mächte zu einer diplomatischen Intervention zu
seinen Gunsten zu bewegen. Am Morgen erhält Salm im Frühstücks-
brot, das ihm Severo bringt, ein Zettelchen, das Basch im Auftrag
Maximilians geschrieben hat:
*Sie müssen durch den Hamburgischen Consul Bahnsen die englische, italie-*
*nische, preußische, belgische, spanische und österreichische Gesandtschaft*
*in México telegraphisch avisieren lassen, daß man den Kaiser unter Proceß*

*gesetzt hat und daß er Zeit benöthige, um dringende und wichtige Privat-*
*angelegenheiten sowie auch wichtige internationale Angelegenheiten*
*zwischen Oesterreich und Belgien, die Person der Kaiserin betreffend*[418] *zu*
*ordnen.*
Allerdings ist die Hauptstadt infolge der Belagerung durch
Porfirio Díaz telegraphisch gar nicht erreichbar. Von San Juan del Río
aufgegebene Depeschen gelangen nur bis Guadalupe Hidalgo, wo
sich das Hauptquartier von Porfirio Díaz befindet. Es bleibt seinem
Gutdünken überlassen, ob er solche Telegramme durch Boten weiter-
befördern läßt oder nicht.

Am Vormittag sitzt Salm lange am Bett Maximilians. Die Frage,
die sie beide beschäftigt, ist leicht zu erraten: Weder Maximilian noch
sonst jemand in Querétaro weiß, ob und wann die von Maximilian
gewünschten Personen verständigt wurden und ob und wann sie
nach Querétaro kommen können.

Das Gespräch wird plötzlich durch Hundegekläff unterbrochen.
Ein black and tan-Terrier stürmt draußen über die Wendeltreppe und
stürzt sich durch die Zellentür auf das Bett des Gefangenen. Es ist
Jimmy, den der Sohn von Gordon Bennet, des amerikanischen
Zeitungszaren und Gründers des New York Herald, Agnes geschenkt
hat. Salm hat ihn seit Monaten nicht gesehen, entsprechend stür-
misch ist die Begrüßung. Dann kommt Agnes, der die Vorstellung,
als kaiserlicher Kurier nach Mexiko-Stadt zu gehen, neuen Auftrieb
verleiht. Sie versprüht wieder Optimismus, und der Kaiser läßt sich
gerne anstecken. Sein Brief an Magnus, den er später Salm diktiert,
zeigt eine hoffnungsvollere Zukunftsplanung.

*Querétaro, 31. Mai 1867*
*Lieber Baron von Magnus!*
*Ich wünsche sehr, Sie zu sehen und bitte Sie, sobald wie möglich hierher*
*zu kommen; bringen Sie den Österreichischen und den Belgischen Vertreter*
*mit, da ich mit beiden Herren wichtige Familienangelegenheiten internatio-*
*nalen Charakters zu besorgen habe. Oberst Schaffer und Graf Khevenhüller*
*bitte ich zu retten, vielleicht läßt es sich arrangieren, daß man beide Herren*
*als preußische oder englische Couriere abschickt. Schaffer und Khevenhüller*
*sollen mich dann in der Havana erwarten. Vielleicht wäre es gut, auch den*
*englischen Vertreter mitzubringen.*
*Meine Sachen bitte ich zu Herrn Will und Comp. Preuß. Consul in der*
*Havana, zu schicken.*
*Ihr wohlgeneigter*
*gez. Maximilian*

Wie von früher gewohnt, hat Minister Aguirre, der als Gefangener Zellengenosse Salms ist, das Schreiben mit zu unterzeichnen.

Weitere Briefe schreibt Maximilian an Márquez, dessen Schutz er die „Princesa Salm" empfiehlt, an Riva Palacio und Martínez de la Torre sowie an Pater Fischer. Schließlich erlangt Agnes noch am gleichen Tag ein Schreiben Escobedos an Porfirio Díaz, in dem er diesen den Reisezweck der unternehmungslustigen Dame mitteilt und sie *in Berücksichtigung ihres Geschlechts* seinem Wohlwollen empfiehlt.[419]

Mit den Salms werden auch die Fluchtmöglichkeiten erörtert. Zunächst möchte man die Sierra Gorda erreichen, um von dort aus nach Tuxpán und dann nach Veracruz zu gelangen, wo noch eine kaiserliche Besatzung liegt. Von dort aus will Maximilian mit den Liberalen verhandeln, um vor allem bessere Bedingungen für die ihm treu gebliebenen Untertanen herauszuholen.

Nachdem, wie der Exkaiser meint, Juárez sie nicht als Kriegsgefangene, sondern als Rebellen behandelt, hält er sich nun aller Verpflichtungen für ledig. *Man hat die weiße Fahne aufgezogen und sich als Kriegsgefangene ergeben, und General Escobedo hat uns am Cerro de las Campanas als solche anerkannt* – das ist Maximilians stets wiederkehrendes Argument.

Mit Hall erörtert er die juristischen Aspekte einer möglichen Flucht. Hall hält eine Flucht für gerechtfertigt. *Mir kommt nicht vor, daß das Kriegsgericht Ihnen Gerechtigkeit wird widerfahren lassen. Die Gesetzeslage ist für Sie günstig, doch aus meinen Diskussionen mit Regierungsbeamten über Rechtsgrundsätze entnehme ich, daß die Absicht besteht, Sie auf jeden Fall schuldig zu sprechen.* Maximilian meint, er würde lieber einem Kongreß Rede und Antwort stehen, aber da man es auf sein Leben abgesehen habe, habe er keine Skrupel wegen einer Flucht. *Ich habe niemals mein Wort gegeben, daß ich nicht fliehen würde. Das war klug gehandelt.*[420]

Er befaßt sich bereits mit den nautischen Details des ihm immer mehr beschäftigenden Fluchtplanes. *Die österreichischen Schiffe sind genau zu instruieren, wie sie zu kreuzen haben (unterstreichen Sie das). Des nachts Signale und bei Tag Flaggen. Außerdem häufig kleine Boote ans Land senden. Wäre gut, sich auch mit englischen und spanischen Schiffen ins Einvernehmen zu setzen.*[421]

Es tut Maximilian offenbar gut, „seiner" Marine, die ihn an seine erfüllte Zeit an der Adria, an Miramar und die verlorene Freiheit erinnert, Anweisungen zu erteilen, auch wenn diese auf dem Papier bleiben werden.

Fluchttermin ist die Nacht vom 2. auf den 3. Juni. Die bestochenen Akteure sind zwei französische Kavallerieoffiziere und ein mexikanischer Rittmeister, der eine Eskorte von 25 Mann mitzunehmen verspricht.

Zu Mittag kommt Azpíroz zu Maximilian und läßt auch Vázquez holen. Er eröffnet ihnen, daß Escobedo es abgelehnt hat, sich für unzuständig zu erklären. Vázquez hat das natürlich vorausgesehen und legt Berufung ein. Azpíroz kontert, daß das Sondergesetz, nach dem hier vorgegangen werde, keine Berufungsinstanz kenne. Vázquez ist darauf vorbereitet – Verfahrensrecht ist sein Thema am Colegio Civil. Er zitiert so viele Autoritäten und Gesetze, daß Azpíroz diese „aus Zeitmangel" gar nicht protokollieren kann. Wenn schon nicht gegen das Urteil, so müsse doch gegen Zwischenentscheidungen berufen werden können. Und konsequenterweise weigert sich Vázquez – es ist jetzt 12 Uhr 30 und die Verteidigungsfrist sollte nun wieder zu laufen beginnen – die Prozeßakten zu übernehmen, solange nicht über seinen Einspruch entschieden sei.

Miramón wartet den halben Vormittag vergeblich auf seine Gattin. Als sie gegen 11 Uhr endlich kommt, hat sie gehört, daß es um Miguel nicht gut steht und ist untröstlich. Doch als sie zusammen zu Mittag essen, beruhigt sie sich. Miramón schreibt in sein Tagebuch, er habe noch selten ein Mittagessen so genossen. Ihre Freundin Concha Pinzón bringt etwas später noch Miramóns Töchterchen Lola, ein Kind mit riesigen schwarzen Augen.

Concha Miramón ist entsetzt über die tristen Bedingungen des Gefängnisses.

*Die Hitze im Gefängnis war nicht auszuhalten. Die Sonne durchflutete den engen Bogengang und drang in die Zellen ein, die nur Fenster neben den Türen hatten, sodaß es nicht den kleinsten Luftzug gab und die Zellen zur Mittagsstunde richtige Öfen waren. Die Fliegen ... flogen dort zu Tausenden herum, die Ausdünstung der Wachsoldaten und bestimmte ekelhafte Schmarotzer, die bei sovielen schwitzenden Soldaten unvermeidlich sind, machten die Gefangenschaft dieser Unglücklichen doppelt bitter. Und zu denken, daß weder der Monarch noch seine edlen Gefährten jemals ein Wort der Klage oder des Hasses gegen ihre Schlächter ausstießen.*

Um 7 Uhr abends läßt sie der Kaiser zu sich bitten:
*(Er) ... befand sich im Bett. Die Blässe seines Gesichts, seine blonden Haare und der melancholische Blick seiner hellen Augen boten ein bedrückendes, herzzerreißendes Bild. Zu Füßen des Bettes stand ein großer Armsessel, und die sonstigen Möbel waren ähnlich wie in der Zelle meines Gatten.*

*Als Maximilian mich erblickte, setzte er sich im Bett auf, reichte mir die Hand und mit einem ausdrucksvollen, liebenswürdigen Lächeln lud er mich ein, mich zu setzen. Er erzählte mir gleich über den Mut meines Gatten, und was dieser alles während der Belagerung geleistet hätte. Mit Abscheu sprach er vom Verrat von López und vom Verhalten von Márquez, um sodann hinzuzufügen: „Hätten wir die nötigen Mittel gehabt, hätten sie Querétaro nicht eingenommen."* *Ich sagte ihm, ich gedächte nach San Luis zu reisen, um mit Juárez zu sprechen und eine Begnadigung zu erreichen. Der Kaiser war mit diesem Vorhaben einverstanden, doch empfahl er mir große Vorsicht walten zu lassen und unter keinen Umständen Juárez zu beleidigen oder es zu einer Auseinandersetzung kommen zu lassen. Das sagte der Kaiser, weil man ihm erzählt hatte, ich sei eine Frau mit Haaren auf den Zähnen. Als ich das hörte, sagte ich: „Señor, wie kann ich einen Mann beleidigen, den ich um das Leben meines Gatten bitten möchte?"*

Concha, vom augenscheinlichen Erfolg der Reise von Agnes Salm zu Juárez angespornt, möchte morgen um 3 Uhr früh mit einer gemieteten Sonder-Diligence nach San Luis fahren, um ebenfalls beim Präsidenten vorzusprechen. Und Sra. Pinchón will, den Spuren der Fürstin folgend, nach Mexiko-Stadt reisen, um ebenfalls die Abreise von Magnus zu beschleunigen ... General Rocha, mit dem Miramón von früher befreundet ist, hat sich ebenfalls angeboten, bei Juárez für ihn zu intervenieren, doch ist er jetzt nach San Juan del Río abgegangen, und niemand weiß auf wie lange.

### Mexiko-Stadt

Magnus, Riva Palacio, Martínez de la Torre und Ortega machen sich für 4 Uhr nachmittags zur Abreise bereit. In der Bevölkerung hat sich das Ereignis wie ein Lauffeuer verbreitet. Viele fragen sich, warum die Truppen der Hauptstadt noch immer das Kaiserreich verteidigen, wenn doch Maximilian bereits gefangen und angeklagt sei. Porfirio Díaz hat für die geplante Abfahrtsstunde die Feuereinstellung verfügt. Es ist vorgesehen, daß die Gräben der Verschanzungen mit Holzbrücken belegt werden, um die Überfahrt der Wagen zu ermöglichen. Viele wohlhabende Bewohner rüsten ihre Kutschen, um im Schutz der Feuerpause die belagerte und schon halb ausgehungerte Hauptstadt ebenfalls zu verlassen. Massen von armen Bewohnern möchten sich zu Fuß anschließen.

Da läßt der unruhig gewordene Márquez die Abreise für diesen Nachmittag verbieten. Ein langer Zug Wagen und Menschen, die vergeblich vor den Verschanzungen gewartet hatten, kehrt daraufhin in die Stadt zurück.

Magnus und Pater Fischer begeben sich nun zum Stadtkommandanten General Tabera, um für den nächsten Tag Pässe zu erwirken. Um 5 Uhr nachmittag erfahren sie, daß Márquez für den nächsten Tag die Ausreise bewilligt hat.

Für den österreichischen Geschäftsträger, Freiherrn Eduard von Lago, wäre es das einfachste und sicherste gewesen, sich Magnus und seiner Gruppe anzuschließen. Doch die zwischen Preußen und Österreich herrschenden Spannungen sowie sein fast schon pathologisches Pochen auf seine Würde, treiben Lago, der mehr Bürokrat als Diplomat ist, dazu, eine jener „Parallelaktionen" zu unternehmen, die in der österreichischen Bürokratie Tradition haben, aber auch meist zum Scheitern veruteilt sind, da Alleingängen das Gewicht der „kritischen Masse" fehlt. So wird auch Lago bald in Turbulenzen und damit unter Rechtfertigungszwang geraten.

Bereits die Abreise wird zum Problem. *Da H. v. Magnus meine selbständigen Dispositionen kannte, so hat er mir den Antrag, „mich mit mitzunehmen" nie gestellt.*[422] Zu diesem Selbständigkeitsdrang gehört es, daß Lago überhaupt nicht zugibt, von Magnus über die Situation in Querétaro informiert worden zu sein. Vielmehr will er aus einem Privatschreiben den Wunsch des Kaisers erfahren haben, *daß ich mich sofort nach Querétaro verfügen möge und wurde mir dies fast gleichzeitig durch H.v. Magnus bestätigt.*[423]

Der junge Ritter Ernst Schmit von Tavera wird jedenfalls von Lago in das Kriegsministerium entsendet, um die erforderlichen Reisepässe zu beantragen. Eine beachtliche Menschenmenge wartet dort auf die Ausstellung ihrer Pässe. Tavera weiß, daß Lago ungeduldig seiner harrt und drängt sich vor, begehrt schließlich sogar den Kriegsminister Murphy zu sprechen. Zufällig tritt dieser nach zwei Stunden des Wartens aus seinem Zimmer. Als Tavera ihn anspricht, empfindet der frustrierte Murphy, der unter Márquez in militärischen Dingen ohnedies nichts zu reden hat, dies als Affront und brüllt den jungen Mann als willkommenen Sündenbock an. Dieser reagiert mit einer Belehrung darüber, was in zivilisierten Staaten üblich sei. Murphy verschwindet wortlos, doch werden die Pässe zum Schluß doch noch ausgestellt.

Tavera muß noch zum Stadtpräfekten, General O'Horan, und zur Genehmigung der Überschreitung der Schanzen zum Stadtkommandanten, General Tabera. Überraschenderweise verweigerte der sonst so freundliche ältere Herr Lago die Bewilligung zum gesonderten Überschreiten der Schanzen und stellt das plausible Ansinnen, die Österreicher mögen die Schanzen mit Magnus gemeinsam überschreiten. Nachdem diese Gemeinsamkeit jedoch seitens Lagos keinesfalls gewünscht wird, erteilt Tabera den Rat, die Hauptstadt zu Schiff über den altaztekischen Kanal von Santa Anita zu verlassen.

Lago beschließt nun trotzdem, morgen zwar im eigenen Wagen, aber hinter Magnus die Stadt zu verlassen. Zuvor aber scheint es ihm erforderlich, allfällige Vorwürfe seiner Obrigkeit, des österreichischen Ministeriums des Äußeren, die er mit sicherem Gefühl vorausahnt, auch vorauseilend zu entkräften. Daher diktiert er Tavera folgendes in die Feder:

*Bis gestern abends befanden wir uns hier im Zweifel über das Schicksal, welches S.M. den Kaiser betroffen hat. Während von liberaler Seite auf das Bestimmteste versichert wurde, daß Seine Majestät gefangen in Querétaro sich befinde, kündigten die Organe der Regierung im Gegenteile an, daß „nach sicheren Nachrichten" Seine Majestät in kürzester Frist mit seinem Heere vor den Wällen der Hauptstadt eintreffen werde. Gestern abends erhielt nun der preußische Minister Resident von Magnus eine telegraphische Depesche des Kaisers aus Querétaro (die von den Liberalen durchgelassen worden war) und welche die Aufforderung enthielt, sich „mit den von Seiner Majestät zu höchst ihren Anwälten auserkorenen hiesigen Advokaten Sres. Mariano Riva Palacio und Martínez de la Torre schleunigst nach Querétaro zu begeben ...*[424]

Das Gedächtnis des österreichischen Geschäftsträgers kann nicht so kurz gewesen sein, daß ihm entfallen wäre, daß er die erste Nachricht über Maximilians Gefangennahme von Magnus am 28. und nicht erst am 30. Mai erhalten hat. Augenscheinlich geht es Lago darum, den bereits eingetretenen Zeitverlust durch eine kleine „Datumskorrektur" aktenmäßig zu eliminieren. Schmit von Tavera, den Lago nach bewährtem Bürokratenbrauch durch Informationsentzug „klein hält", muß von Magnus' Mitteilung gar nichts erfahren haben.

Nachdem Lago weiters referiert hat, was man sich in Mexiko-Stadt über die Gefangennahme Maximilians erzählt – eine bunte Mischung von Tatsachen und Phantasie –, kommt er auf das ihn irritierendste Faktum zu sprechen: daß nämlich der Preuße Magnus und nicht er die Aufforderung erhalten hat, nach Querétaro zu kommen.

*Der kgl. Preuß. Minister Resident S. (sic!) von Magnus, an welchen das kaiserl. Telegramm gerichtet ist, war namentlich infolge seiner ganz besonderen Intimität mit dem Privatsekretär Seiner Majestät, P. Fischer (welche freilich inzwischen einem vollständigen Bruche Platz gemacht hat) öfters von S. M. dem Kaiser in wichtigen Staatsangelegenheiten konsultiert worden. Er war es ganz vorzüglich, welcher durch seine Ratschläge im Verein mit Grl. Márquez, P. Fischer, Minister Lacunza u. a. m. Seine Majestät zum Verbleiben in Mexiko nach Abgang der Franzosen bestimmte. Hierbei leitete H. von Magnus nebst seiner persönlichen Überzeugung und gewiß unzweifelhaften Ergebenheit für den Kaiser ein beinahe leidenschaftlicher Franzosenhaß. Herr von Magnus hatte sich auch allein unter seinen Kollegen im Sinne der Expedition S. M. des Kaisers nach Querétaro ausgesprochen. Diese Präzedentien und der Umstand, daß die preußische Mission von allen hiesigen Gesandtschaften unbedingt die in politischer Hinsicht am wenigsten kompromittierte ist, dürften wahrscheinlich Seine Majestät vermocht haben, gerade H. von Magnus mit dem obenerwähnten wichtigen Auftrag zu beehren. Obwohl unter anderen Umständen eine derartige Umgehung der k.k. Gesandtschaft für dieselbe verletzend gewesen wäre, so kann ich mich im Interesse der Sache sowie der Person Seiner Majestät selbst bei der gegenwärtigen Sachlage nicht im Entferntesten über irgend eine Hintansetzung beklagen und wünsche nur, daß H. v. Magnus dem in ihn gesetzten Vertrauen in vollstem Maße zu entsprechen in der Lage sein möge.*

Abends fügt Lago diesem Bericht eigenhändig folgendes Postskriptum an.

*Soeben traf ein Brief eines deutschen Kaufmannes aus Querétaro ein enthaltend den ihm geheim von S. M. dem Kaiser erteilten Auftrag, auch mich sofort dorthin zu berufen. – Es wurde mir zu gleicher Zeit mitgeteilt, daß S. M. vor von einem Obersten präsidiertes Kriegsgericht gestellt worden sei. Es ist für uns und die von S. M. gewählten Verteidiger somit höchste Zeit, an unsere Bestimmung abzugehen, und nichtsdestoweniger werden von Seiten des „lugarteniente des Kaisers" und der übrigen „kaiserlichen" Generäle unserem Abgange die größten Schwierigkeiten entgegengestellt, doch hoffe ich noch morgen früh Mexiko-Stadt verlassen zu können.*[425]

Wer ist der „deutsche Kaufmann aus Querétaro?" Ein deutscher Kaufmann namens Daus befindet sich tatsächlich gerade auf der Reise von Querétaro nach Tacubaya, wo er am 2. Juni auf Magnus und seine Gruppe treffen wird. Er trägt Maximilians Schreiben an Lago vom 30. Mai bei sich. Er kann daher nicht identisch sein mit jenem „deutschen Kaufmann", der heute – am 31. Mai – Lago Nachricht von Maximilian überbringt. Der Wunsch Maximilians, auch Lago nach Querétaro zu holen, ist in einem Telegramm Escobedos an Porfirio Díaz vom 28. Mai enthalten, welches in dessen Hauptquartier liegt. Lago weiß in Wirklichkeit noch gar nicht, daß der Kaiser auch ihn berufen hat, außer es gibt wirklich diesen ungenannten deutschen Kaufmann, was aber sehr unwahrscheinlich ist. Was bleibt, ist Lagos einsamer Entschluß, in Erwartung und Vorwegnahme einer späteren Einladung durch Maximilian Magnus, dessen Abreiseplanung für morgen er kennt, auf jeden Fall nach Querétaro zu folgen. Er kann es einfach nicht zulassen, daß ausgerechnet Magnus alle diplomatischen Lorbeeren, die es hier zu erwerben gibt, allein zufallen ...

## Washington

Aufgrund neuerlicher Vorsprachen Wydenbrucks läßt sich Seward dazu bewegen, an Campbell folgende Weisung zu drahten: *Begeben*

*Sie sich so rasch als möglich an den Wohnsitz von Präsident Juárez und treten Sie Ihre Mission an. Ersuchen Sie um Milde für Maximilian und, wenn nötig, für andere Kriegsgefangene.* Der designierte Gesandte bei der mexikanischen Republik hat jedoch noch immer keine Eile, seinen Posten anzutreten. Er erkundigt sich umständlich nach der günstigsten Reiseroute. Seine mit gewöhnlicher Post an Seward aufgegebene Rückfrage braucht fünf Tage, bis sie im State Department eintrifft.

Samstag, 1. Juni[426]
**Mexiko-Stadt**
Im Morgengrauen fahren Lago und Schmit von Tavera zum Torgebäude am Ende des Paseo de Bucareli, um dort das Eintreffen des preußischen Diplomaten abzuwarten. Wenig später rollt Magnus in Begleitung seines Kanzleibeamten Scholler in seiner Postdiligence heran. Allerdings ist die Kutsche schon ziemlich besetzt. In ihr befinden sich auch der italienische Geschäftsträger Marchese Curtopassi, die drei Verteidiger Riva Palacio, Martínez de la Torre und Ortega, sowie der französische Konsul in Mazatlán, Forest. Als die beiden Kutschen sich um halb 8 Uhr den Befestigungswerken nähern, befinden sich dort bereits Hunderte von Wagen und etwa zweitausend Bewohner der Hauptstadt, welche die günstige Gelegenheit benützen wollen, um zusammen mit den Diplomaten die Stadt zu verlassen. Stundenlang wartet man auf die Bewilligung, die Verschanzungen zu passieren. Die Belagerer kennen die genaue Stunde der Ausreise nicht und beschießen wie sonst die Stadt. Eine weiße Flagge wird am Tor gehißt. Die Beschießung wird eingestellt. Dann aber werden die Belagerer durch eine Truppenbewegung der Verteidiger irritiert und eröffnen abermals ein heftiges Geschützfeuer, das zum Glück über die Köpfe der Menschenmenge hinweggeht. Der preußische Gesandtschaftssekretär Scholler wird als Parlamentär zu den gegnerischen Vorposten entsendet und erreicht ein Ende der Kanonade. Gegen Mittag kommt Scholler zurück und meldet, daß nur Magnus und zwei weitere Kutschen die Brücken passieren dürfen.

Die Postkutsche mit Magnus und seinen Begleitern sowie zwei andere Wagen rollen aus dem Tor. In diesem Augenblick springt ein schmaler bärtiger Herr mit kränklichem Gesicht auf die Kutsche des Preußen zu und zwängt sich hinein. Es ist der belgische Geschäftsträger Fréderic Hoorickx.

Lago läßt seinen Wagen ebenfalls auf den Ausgang der Garita zufahren, doch wird ihm die Durchfahrt verweigert. Nun hoffen die

Österreicher, daß Magnus ihnen von Tacubaya aus, wo Porfirio Díaz' Hauptquartier ist, die Ausreise ermöglichen kann, doch als zu Mittag ein republikanischer Parlamentär eine Liste von Personen bringt, denen Díaz die Durchreise gestatten will, ist die österreichische Gesandtschaft nicht erwähnt. Freiherr von Lago läßt nun seinem cholerischen Temperament die Zügel schießen und ergeht sich in Beschimpfungen des am Tor kommandierenden Generals. Er erreicht dadurch nur das Gegenteil seiner Absicht: Den beiden Mitgliedern der österreichischen Gesandtschaft bleibt das Tor unerbittlich verschlossen, während andere Personen, die auch nicht auf der Liste stehen, anstandslos passieren können.

Lago fährt ins Ministerium des Äußeren. Dort hört sich Staatssekretär Pereda, ein zum Glück sanftmütiger Greis, geduldig die Invektiven des aufgebrachten Lago gegen Márquez und seine Satelliten an, und versichert ein um das andere Mal, der Kommandant der Garita habe aus militärischen Rücksichten nicht anders vorgehen können.

Magnus ist mit seinen Begleitern nach kurzer Fahrt in Tacubaya, dem republikanischen Hauptquartier, angekommen. Sie werden von Porfirio Díaz empfangen und bemühen sich um eine Ausreiseerlaubnis für Lago. Díaz ist befremdet und klärt sie auf, er selbst habe auf Anweisung seiner Regierung alle von Maximilian gewünschten Personen durchzulassen. Die Verhinderung der Abreise Lagos gehe von den Kaiserlichen aus.

Am Abend diskutieren sie in ungezwungener Runde mit dem so bedeutenden Truppenführer, der noch dazu ein weitsichtiger politischer Kopf ist und sich gerne human zeigt. Sie erwähnen seine jüngste militärische Großtat, die Einnahme Pueblas, die Márquez nicht verhindern konnte, und kommen schließlich auf Maximilian zu sprechen. Porfirio Díaz versichert ihnen, daß er selbst nichts tun werde, um dessen Prozeß zu beschleunigen oder gar die Hinrichtung zu fordern. Schließlich läßt er Magnus via San Juan del Río und Querétaro ein Telegramm an den Außenminister Sebastián Lerdo de Tejada senden, in dem er um Aufschub des gerichtlichen Verfahrens bis zum Eintreffen der Verteidiger in Querétaro ersucht.

**Querétaro**
Gagern besucht erneut Maximilian. Zu Basch sagt er nachher: *Es besteht kein Zweifel, der Kaiser wird erschossen.* Maximilian hat noch keine Ahnung, daß die von ihm Berufenen bereits unterwegs sind. Salm und er betreiben in aller Naivität ihren Fluchtplan. Ein Wechsel zu Handen eines mexikanischen Fluchthelfers wird ausgestellt:

*Querétaro, 1. Juni 1867*
*Das Banquier-Haus in ... hat ... der Familie des Rittmeisters, falls letzterer*
*sterben sollte, gleich die Summe von fünftausend Pesos auszuzahlen.*
*gez. Maximilian.*
Weiters diktiert er Salm folgendes, das dieser auf einer Schreibtafel (!) vermerken soll:
*Einen guten Führer nach Sierra Gorda verschaffen, – Blendlaternen ankaufen, – Cavalleriepferde vergiften oder unbrauchbar machen – Schreibmaterialien mitnehmen.*
Und Salm Salm fügt diesen Anweisungen in seinen Memoiren erläuternd hinzu:
*Die Garnison von Querétaro war sehr gering und man brauchte nicht viele Cavalleriepferde unbrauchbar zu machen oder zu tödten, um eine Verfolgung zu verhindern, da alle irgend entbehrlichen Truppen zu Porfirio Díaz nach Mexiko-Stadt geschickt waren.*
Salms Optimismus ist grenzenlos. Der übervorsichtige Escobedo hat noch am 22. Mai in seinem Bericht an Juárez geschrieben: *Bei der Garnison, die wir haben, ist nichts zu befürchten.* Es ist richtig, daß Escobedo bedeutende Truppenverstärkungen an Porfirio Díaz geschickt hat, doch muß die verbliebene Besatzung noch einige tausend Mann betragen haben.
Weiters wird vereinbart, daß Basch von der Flucht nichts erfahren soll.
*Dr. Basch ist eine treue Seele,* sagt der Exkaiser, *allein ich fürchte sehr, daß er sich durch sein aufgeregtes Wesen verraten möchte. Da er aber merken könnte, daß etwas im Werke ist, so wollen wir ihm sagen, daß ich wahrscheinlich nach San Luis Potosí reisen muß und daß Sie mich begleiten würden. Um das wahrscheinlicher zu machen, lassen Sie sich von ihm einige Rezepte für mich geben, die ich jedenfalls haben muß.*
Da Salm zu ebener Erde, Maximilian aber im ersten Stock gefangen ist, wird davon ausgegangen, daß eine getrennte Flucht nötig sein könnte. Für den Fall, daß Maximilians Flucht scheitert, die von Salm aber gelingt, will der Monarch, daß Salm das österreichische Schiff Elisabeth aufsucht, das vor Veracruz kreuzt, und Maximilian gibt ihm auch ein Empfehlungsschreiben für Schiffskapitän von Groeller mit.
Schließlich kommt der bestochene Infanterieoffizier und erklärt, daß alles zur Flucht bereit sei. Agnes Salm ist noch nicht nach Mexiko-Stadt abgereist. Sie kommt ins Gefängnis und besucht Maximilian und Miramón.
Basch speist mit dem Kaiser und leistet ihm über Mittag Gesellschaft.

*Der Kaiser spricht von einer Reise nach San Luis Potosí. Er trägt mir auf, die Medikamente vorzubereiten. Für den Fall, daß er ohne mich reisen müsse, wird Salm dieselben zu sich nehmen. – Mir ist alles klar.* Basch ist nicht so leicht zu täuschen. Über das mit Gagern geführte Gespräch erzählt ihm Maximilian: *Er wollte mir beweisen, daß mexikanische und amerikanische Verhältnisse gleich seien. Das war mir doch zu arg, und ich habe ihm gesagt: Wie können Sie nur die Vereinigten Staaten mit dieser Regierung vergleichen. Dort regiert das Recht, hier nichts als der Wille und die Launen einer Partei.*

Salm erzählt Basch, er habe zwölf republikanische Offiziere um ihr Urteil gefragt, und sie alle haben erklärt, daß der Kaiser sicher erschossen werde. Und Basch schreibt dazu im Originaltagebuch: *Wo ist das Recht, wenn man schon im vorhinein aburteilt. Ist es Komödie, dann ist sie teuflisch, wird es Tragödie, dann wehe den Autoren und Schauspielern.*

Miramón verbringt eine einsame Zeit. Concha ist in San Luis, und sein Verteidiger Jáuregui wird frühestens am Abend eintreffen. Frau Pinzón bringt ihm sein Töchterchen Lolita. Von General Rocha hört er, daß er von San Juan del Río zurück ist und jetzt nach San Luis geht, um sich für die Begnadigung der drei Angeklagten einzusetzen.

### Sonntag, 2. Juni[427]
**Mexiko-Stadt**
*... und konnte ich,* schreibt Lago in seiner späteren Großen Rechtfertigungsschrift, *begleitet von dem K. K. Gesandtschaftsattaché Schmit v. Tavera nur mit Hilfe des Unter Commandantens Tabera nächtlicherweise insgeheim die Hauptstadt verlassen und mit einem Umwege und Zeitverluste von beinahe zwanzig Stunden, nach dem eine Viertelstunde außerhalb der Thore Mexicos gelegenen Ort Tacubaya gelangen.*

Was bei diesem österreichischen Alleingang in Detail geschieht, beschreibt Lagos jugendlicher Adlatus. Das Dilemma der Österreicher war in der Tat tragikomisch:
*... was mußte unter allen Umständen der Kaiser sich von dem österreichischen Geschäftsträger denken, wenn dieser dem an ihn ergangenen Rufe nicht Folge leistete! Niemand war da, um in Querétaro über die Vorgänge bei unserer Abreise einen wahrheitsgetreuen Bericht zu erstatten!*

So schreibt Schmit v. Tavera über die Ängste seines Chefs Lago. Er selbst ist schon am Morgen erlebnisfreudig im Einsatz und sein mexikanischer Fast-Namenskollege General Tabera, ein alter Herr, dessen muntere Töchter dem „Gesandtschaftslehrling" gerne Plauderstündchen gewährt haben, wiederholt seinen guten Rat vom

Vortag, doch den Kanal von Santa Anita zu benützen. Er telegraphiert auch gleich an den dortigen Kommandanten, sie passieren zu lassen.

Zu einem exorbitanten Preis wird ein Boot gemietet, und so gleiten die beiden Mitglieder der österreichischen Gesandtschaft zunächst unbemerkt den Canal de la Viga hinunter. Die Garita kann anstandslos passiert werden. Dem Rate des dortigen Kommandanten folgend, stellt sich Tavera an die Spitze des Bootes und hält an einer langen Stange sein Schnupftuch zum Zeichen des Friedens hoch. Von den Juaristen werden sie zwar beobachtet, aber nicht oder kaum behelligt.

Sie passieren das Ausflugsörtchen Santa Anita und verlassen, der Anweisung eines republikanischen Offiziers folgend, bei Txachalco das Boot. Der höfliche Major, ein Lancero aus Michoacan, war bei der Einnahme Querétaros dabei gewesen und gibt ihnen einen Bericht über die Umstände der Einnahme. Dann befiehlt er zwei Soldaten, sie auf ihrer Kanalfahrt bis Mexicalcingo, dem Hauptquartier Riva Palacios, zu begleiten.

Der General gestattet ihnen, über Nacht im Hauptquartier zu bleiben, will aber die beiden Austriacos nicht sehen. Gleichzeitig mit diesen hält eine Schwadron gut uniformierter Lanzenreiter ihren Einzug in Mexicalcingo. Es sind die Reste des ehemaligen Garderegiments de le Emperatriz, die von Oberst López kommandiert worden waren. Wie in Mexiko üblich, sind auch sie ohne weiteres in die republikanische Armee übernommen worden.

In der Kneipe des Ortes gibt es nur „frijoles" (braune Bohnen) und „tortillas" (Maisfladen). Lago würgt an dem Gericht, während eine Banda „Adiós Mamá Carlota" schmettert. Sie bewundern die wohluniformierten Soldaten der Division Riva Palacios. Die Nacht verbringen sie schlaflos in der Kirche. Mitten in der Nacht gibt es Alarm; man befürchtet einen Ausfall der Márquez'schen Truppen, der aber nicht stattfindet.

Magnus und seine Begleitung sind an diesem 2. Juni bereits seit dem Morgen von Tacubaya nach Tepejí del Río unterwegs. Auf der Straße begegnen sie dem in der Gegenrichtung reisenden deutschen Kaufmann Daus, welcher ihnen das Schreiben Maximilians vom 30. Mai an Lago übergibt. Scholler besorgt die Abschrift, und Daus reist mit dem Original weiter nach Tacubaya, von wo er es mit einem Boten nach Mexiko-Stadt sendet. Dort läßt Márquez den Boten ins Gefängnis werfen und verkünden, er habe einem Brief aus Querétaro entnommen, der Kaiser sei mit 5.000 Mann nach der Hauptstadt im Anmarsch.

Von Tepejí del Río aus telegraphiert Magnus um 7 Uhr abends an Escobedo, dieser möge *dem Gefangenen* die bevorstehende Ankunft seiner Verteidiger ankündigen. Auch Riva Palacio sendet ein Telegramm an einen *hiesigen Einwohner* (von Querétaro), wie Escobedo tags darauf nach San Luis meldet.[428] Man kann annehmen, daß es Vázquez ist, dem er die Ankunft für übermorgen, Mittwoch, den 4. Juni ankündigt.

**Querétaro**
Der Habsburger bespricht sich mit Frederic Hall. Auch Vázquez wird beigezogen. Man behandelt das Thema der Verfassungswidrigkeit des Gesetzes vom 25. Jänner, nach dem der Prozeß geführt wird. Für den Amerikaner Hall ist das der entscheidende Punkt. Vázquez hingegen ist skeptisch: Die Regierung handle gegenwärtig noch außerhalb der Verfassung – gemeint ist die eigenmächtige Mandatsverlängerung von Präsident Juárez. Allerdings habe auch Lerdo de Tejada als Kongreßmitglied die Verfassungswidrigkeit mancher Regierungsbeschlüsse kritisiert. Hall bringt seine Rechtsmeinung zum Fall Maximilian zu Papier, vieles davon geht später in die Argumentation von Maximilians Anwälten ein. Als der Exkaiser hört, Hall habe sich in Vázquez' Büro die Anklagepunkte durchgelesen, meint er: *Als man sie mir vorgelesen hat, mußte ich mir die Hand vor den Mund halten, um nicht zu lachen, so dumm waren sie.* Im Augenblick ist Maximilian optimistisch.

Concha Miramón ist in San Luis, zu Mittag kommt General Rochá, der Miguel Miramón verspricht, sich bei der Regierung für ihn einzusetzen. Am Nachmittag kommen Freunde, und man schimpft gemeinsam über Doktor Licea. Miramóns Tagebuch enthält, vielleicht aus Vorsicht, keinerlei Andeutung über einen Fluchtplan. Basch ist Briefträger zwischen Maximilian, Salm und Miramón, dessen kleine Wunde Basch noch täglich verbindet. Dieser denkt sich sein Teil, tut aber als ahnte er von den Fluchtabsichten nichts.

**Montag, 3. Juni**[429]
**San Luis Potosí**
Am Morgen kommt Concha Miramón nach einer wahren Rennfahrt in der gemieteten Postkutsche wie gerädert am derzeitigen Sitz der republikanischen Regierung an. Sie eilt sogleich zu ihrer gerade in San Luis wohnenden Schwester Lupe, in deren Haus zahlreiche Damen aus den bekanntesten konservativen Familien versammelt sind. Sie alle wollen sich bei Juárez für eine Begnadigung der Gefangenen einsetzen. Concha aber möchte den Präsidenten sofort sprechen.

Es ist etwa sieben Jahre her, daß sie selbst gemeinsam mit dem siegreichen General Miguel Miramón als jungvermählte Gattin auf Einladung des Provinzgouverneurs den „Palacio de Gobierno" bewohnt hat. Das zweigeschoßige klassizistische Gebäude, dessen Flachdach von einer pompösen Balustrade gekrönt wird, ist nun provisorischer Sitz der Juárez-Regierung.

*Als wir* (Concha und ihre Schwester Lupe) *in den Vorraum traten, empfing uns ein Türsteher, dem wir unseren Namen sagten. Dieser verschwand und kam in wenigen Augenblicken wieder, um uns in einen kleinen Salon zu führen, wo sich Präsident Juárez befand. Juárez war ein Sohn des Volkes, im Staate Oaxaca geboren und reinblütiger Indio. Seine Gesichtsfarbe war schokoladebraun, sein Haar glatt und seine Augen dunkel und ohne jeden Ausdruck. Wie alle Abkömmlinge seiner Rasse war er bartlos, sein Gesicht glänzte matt. Umso hervortretender war sein breiter Mund, der unter seiner kleinen, flachgedrückten Nase noch breiter erschien. Seine Statur war eher untersetzt als mittelgroß, und etwas füllig. Was jedoch bei diesem Mann am meisten auffiel, war die völlige Unbeweglichkeit seines kalten Antlitzes, das dem Davorstehenden wie das eines aztekischen Götzen erschien.*

*Meine Anwesenheit berührte ihn nicht im mindesten. Er reichte mir die Hand und ließ mich in seiner Nähe Platz nehmen.*

*„Sie werden wohl den Zweck meines Besuches erraten, Señor", sagte ich zu ihm, „ich bitte um die Begnadigung der Gefangenen von Querétaro". –*

*„Das hängt nicht von mir ab", antwortete er mir.*

*„Von wem denn?", fragte ich ihn.*

*„Es hängt davon ab, was das Volk verlangt, ich kann da nichts machen."*

*Darauf begann ich, in Tränen aufgelöst, ihn um Gnade zu bitten, stellte ihm vor Augen, welche Popularität ihm ein Akt der Großmütigkeit in Europa verschaffen würde, trachtete sein Herz als Vater zu rühren und gab ihm zu bedenken, wie groß es ihn vor unserem eigenen Land und der Welt machen würde, wenn er den Gefangenen von Querétaro das Leben schenkte. Doch nichts rührte dieses versteinerte Herz, nichts erweichte seine kalte und rachsüchtige Seele.*[430]

Die beiden Damen versuchen es noch bei Außenminister Lerdo de Tejada, der sie aber nicht einmal empfängt, sowie bei Justizminister Iglesias, der ihnen aus Mitleid einige anteilnehmende Worte sagt. Concha beschließt, sofort die Rückfahrt nach Querétaro anzutreten, denn sie ahnt, daß ihrem Gatten nur noch eine kurze Lebensspanne bleibt.

**Querétaro**

Der von Miramón gewählte Verteidiger Jáuregui ist mit einer Eilpost aus San Luis in Querétaro angekommen. Gemeinsam mit dem schon für Miramón tätigen Moreno wird beschlossen, daß die beiden um 18 Uhr bei Azpíroz die Prozeßakten übernehmen, um die Verteidigung vorzubereiten. Sie suchen sich einzureden, daß eine Revisionsverhandlung in San Luis zu erreichen sein wird. Jáuregui meint, daß eine Verurteilung Miramóns nur möglich ist, wenn die Verfassung „durchlöchert" (barrenar) wird.

Maximilian unterhält sich die meiste Zeit mit Miramón. Er ist jetzt euphorisch, denn morgen soll Magnus mit seinen Verteidigern eintreffen. Alle glauben, daß die Verhandlung am Freitag stattfinden wird. Miramón hat man gesagt, es seien dafür *vier Hauptleute von der dümmsten und verkommensten Sorte* ausgewählt worden.

In der Calle del Descanso bringt an diesem Tage Mejías Gattin Agustina de Castro in verzweifelter Stimmung einen Sohn zur Welt. Seine Vornamen lauten: José Isaac, Tomás, Carlos, Maximiliano, Higinio ... Vorläufig hat die von Angst und Sorge um ihren Mann und um ihre Zukunft zerrissene junge Gattin von Don Tomasito nicht die Kraft, sich um eine rasche Taufe zu bemühen. Irgendwie läßt sie die Nachricht in die Zelle der „Elftausend Jungfrauen" bringen, in der General Mejía mit rheumatischem Fieber darniederliegt.

Um 12 Uhr mittags beziehen die drei von Salm für den Fluchtplan gewonnenen Offiziere die Wache. Um 1 Uhr ist Salm bei Maximilian. Es wird vereinbart, daß die Flucht in der kommenden Nacht stattfinden soll. Dies hindert allerdings Agnes Salm, die bereits über die Erlaubnis zur Abreise nach Mexiko-Stadt verfügt, daran, Querétaro zu verlassen, denn wenn die Flucht gelingt – woran sie eigentlich nicht glaubt –, erübrigt sich ihre Mission, das Kommen der Gesandten zu beschleunigen. Sie und ihr Gatte haben daher in Gegenwart Maximilians eine Auseinandersetzung. Agnes gibt nach – sie wird später abreisen, sie wird aber, um keinen Verdacht aufkommen zu lassen und Zeit zu gewinnen, Escobedo bitten, sicherheitshalber auch noch telegraphisch die Zustimmung von Juárez einholen zu lassen. Als sie nach ihrem Besuch bei Escobedo, der den Kopf schüttelt, aber tut, was sie wünscht, zu Maximilian zurückkommt, hört sie gerne dessen Lob: *Wahrhaftig, meine liebe Prinzessin, wenn ich jemals wieder frei werde, mache ich Sie sicher zu meinem Minister des Auswärtigen.*

In Salms Vorstellung sehen für heute abend[431] die Fluchtmöglichkeiten rosig aus:

*Alle Verhältnisse waren so günstig als nur immer möglich. Oberst Palacios wohnte in einem sehr abgelegenen der zahlreichen Höfe des Klosters. Er wäre zu fürchten gewesen, obwohl er nicht ganz so wild war als er aussah. Wegen dieses Aussehens nannte ihn der Kaiser, der jeden gern mit einem Beinamen zu bezeichnen pflegte, „die Hyäne" – Außer durch die Cavalleriewache an der Treppe und die Infanteriewache vor dem Tore des Klosters wurden die Gefangenen durch keine andere bewacht. Die Offiziere waren gewonnen und die Soldaten folgten, ohne zu denken, den Offizieren. Der Rittmeister nahm sogar eine Eskorte mit. In der Stadt lagen nur einige Truppen zerstreut in den Häusern und die Straßen wurden nicht später als bis nachts elf Uhr von kleinen Infanterie-Patrouillen bezogen. Vor Querétaro standen keine Posten und auf dem ganzen Wege zwischen der Stadt und der Sierra Gorda befanden sich keine Truppen. Große Hindernisse waren nicht zu fürchten und das Begegnen einer Patrouille hatte wenig zu bedeuten, da wir alle bewaffnet waren. Mich selbst wollte der Infanterie-Offizier in der Uniform eines seiner Soldaten aus dem Kloster führen.*

*Als ich auf dem Gange spazieren ging, eine Zigarre rauchend, machte mir General Miramón ein Zeichen, als ob er mir etwas mitzuteilen, das heißt, etwas zuzustecken habe. Indem wir um einander herumgingen, eine Gelegenheit abzupassen, fiel es mir ein, meine Zigarre fallenzulassen. Als ich sie aufhob reichte mir Miramón sehr artig vor den Augen des dicht dabei stehenden Postens ein Schächtelchen mit Schwefelhölzern. Als ich es öffnete, sah ich unter den wenigen Hölzchen ein Papier liegen. Ich schloß das Schächtelchen und reichte es dankend Miramón, der jedoch, wie ich erwartete, und wie es mexikanische Höflichkeit erfordert, ablehnte. Ich steckte es also in meine Tasche und las in meinem Zimmer folgendes Zettelchen: „Meine Pferde sind mir gestern weggenommen worden, daher habe ich keine. Was die Pistolen betrifft, so habe ich sie bei mir. Ich möchte wissen, wie Sie das arrangiert haben, denn ich fürchte, wenn schon keinen Verrat, so doch eine schlechte Leitung, die uns das Leben kosten kann. Schreiben Sie mir gleich dazu. M. M."*[432] Über dieses Zwischenspiel mit Salm enthält Miramóns Tagebuch keine Angaben.

Um 1 Uhr hält Maximilian das Telegramm in Händen, in dem Anton von Magnus gestern die bevorstehende Ankunft der Diplomaten und Verteidiger signalisiert hat. Der Exkaiser, der sich einigermaßen wohl fühlt und durch die Besprechungen mit den so kompetent scheinenden Advokaten etwas optimistischer geworden ist, wird langsam wegen des doch so riskanten Fluchtplanes nachdenklich. Gegen 5 Uhr läßt er Salm rufen und teilt ihm mit, daß er in dieser Nacht nicht fliehen will. Salm reagiert entsetzt:

*Es war mir, als schlüge der Blitz vor meine Füße; denn eine Gelegenheit, wie sie in der heutigen Nacht geboten war, kehrte wahrscheinlich niemals wieder. Ich beschwor den Kaiser fast auf meinen Knien, von seinem Vorsatz abzugehen, besonders da der Grund, den er für den Aufschub anführte, mir so wenig stichhaltig erschien.*

*„Was würden die fremden Gesandten, die ich hierher bestellt habe", sagte er, „von mir denken, wenn sie ankommen und mich nicht hier finden!" – Ich versicherte ihm, sie würden herzlich froh sein, ihn nicht zu finden ... allein, alles war vergebens und er beschwichtigte meine Besorgnisse um sein Leben mit den Worten: „So schnell geht es ja doch nicht, auf ein paar Tage kommt es nicht an ..."*

*Als ich den Wachoffizieren den Entschluß des Kaisers mitteilte, hatte ich größte Mühe, sie zu beruhigen, denn es lag ihnen daran, nicht allein das gebotene Geld zu gewinnen, sondern fast ebensoviel daran fortzukommen, da sie mit Recht Verrat fürchteten. Es wüßten zu viele Personen darum, jetzt sei die Sache noch ein Geheimnis und die Ausführung so gut wie gelungen, allein eine Gelegenheit wie die heutige komme nicht wieder.*[433]

Aber Maximilian setzt jetzt alle seine Hoffnungen in die Ankunft des Herrn von Magnus, dessen verläßlich-umsichtiger Charakter ihm als ein leuchtender Kontrast erscheint zu den Vertretern Österreichs und Belgiens. *Hätten sie sich nicht so eifrig bemüht, die fremden Truppen* (die Freikorps aus Österreich und Belgien) *vom Hierbleiben abzuschrecken, so würden sie geblieben und von ungeheurem Nutzen gewesen sein,* wirft er ihnen vor. Der würdige Vertreter Preußens, der die einzig neutrale Macht in diesem Konflikt vertritt, sich auf diplomatische Weise verhält und sich in gepflegt gemessenem nordischen Deutsch ausdrückt, ist nun für ihn zur neuen Symbolgestalt der Rettung geworden – ein wahrer Trost nach den dauernden Reibereien mit den österreichischen Diplomaten, die ihrem Landsmann Maximilian weisungsgemäß nur die Distanz seines Heimatlandes zu seinem mexikanischen Abenteuer signalisiert haben.

Am Abend enthüllt Maximilian seinem Arzt, was er ihm bisher verschwiegen, was dieser aber längst geahnt hat: daß ein Fluchtversuch geplant war, der nun aber nicht ausgeführt werden kann. Den Exkaiser kostet es vor allem Überwindung, Basch zu gestehen, daß er geplant hatte, ohne ihn zu fliehen. Er deutet ihm an, daß immer noch die Möglichkeit bestehe, daß er, Maximilian, zusammen mit Miramón und Mejía fliehe, obwohl er in Wirklichkeit bereits mit Salm ausgemacht hat, daß der Fluchtplan abgeblasen wird. Doch der Habsburger ist – wie nicht nur Juárez längst erkannt hat – kein Mann definitiver Entscheidungen.

Um 7 Uhr wird plötzlich die bisherige Wache – eine Kompanie Cazadores de Galeana – durch andere Soldaten ersetzt. Sie gehören der Banda, dem Musikkorps an, und machen auf Instrumenten entsprechenden Lärm.

Magnus beschreibt in einem späteren Bericht an Bismarck die neue Situation:

*Auf der Treppe und in den Gängen des alten Klostergebäudes werden von nun ab nicht nur zahlreiche Wachtposten aufgestellt, sondern es lagern daselbst Tag und Nacht schmutzige zerlumpte Soldaten mit ihren Weibern und Kindern, so daß man sich nur mit Mühe durch die von beiden Seiten vorgestreckten Füße durchwinden kann. Niemand darf den Kaiser besuchen, ohne von einem Adjutanten des Generals Escobedo begleitet zu sein, welcher der Unterredung mit dem Monarchen beiwohnt, und dennoch wird man beim Eintritt und beim Fortgehen von jedem Posten angerufen und nur nach Erteilung der Genehmigung des wachhabenden Offiziers resp. Unteroffiziers vorbeigelassen. Bei Nachtzeit sind in der erleuchteten Zelle des Kaisers stets mehrere Offiziere anwesend, welche oft rücksichtslos ihre Zigarritos rauchen, ins Zimmer speien und sich laut unterhalten.*[434]

Da auch die Offiziere ersetzt werden, weiß man: Auch wenn man jetzt noch wollte, kann man nicht mehr fliehen. Da um diese Zeit der liberale Kapitän Borgo mit dem Rest des Geldes für den Ankauf der Pferde aus Querétaro verschwunden ist, nimmt Hall an, daß er es war, der auch den Fluchtplan verraten hat. Magnus tischt noch dazu in seinem diplomatischen Bericht an Kanzler Bismarck ein ganz geheimnisvolles Detail auf:

*Während nun in Querétaro alle Anstalten zur Flucht des Kaisers getroffen waren, gelangte ein Brief aus San Luis Potosí dorthin zur Kenntnis Seiner Majestät, dessen Verfasser noch nicht mit Sicherheit hat entdeckt werden können. In diesem Schreiben wurde der Monarch vor einer Persönlichkeit gewarnt, welche seiner Majestät in seinem Unglücke wichtige Dienste geleistet und unumstößliche Beweise von Anhänglichkeit gegeben hatte. Diese Person wurde in dem Brief beschuldigt, ein Werkzeug des Juárez zu sein, beauftragt, den Kaiser zur Flucht zu verleiten, damit S. M von den benachrichtigten Wachtposten niedergemacht werde. Auf diese Weise hoffe Juárez, sich des Kaisers zu entledigen, um hinterher vor aller Welt behaupten zu können, daß er das Leben des Kaisers habe schonen wollen, daß seine Majestät aber durch ihren Fluchtversuch den Tod gefunden habe. Der Kaiser hat dem verleumderischen Inhalt dieses Briefes niemals Glauben geschenkt, dagegen widersetzte sich Madame Miramón in der heftigsten Weise der Flucht des Gatten, weil sie den in dem Briefe entwickelten teuflischen Plan des Juárez für wahr hielt. Da aber seine Majestät den General Miramón nicht im Stiche lassen wollte, so wurde leider die Flucht verschoben.*

Magnus enthüllt nicht, wer ihm über diesen angeblichen Brief berichtet habe. Er nennt auch nicht die Person, die in diesem Schreiben verleumdet werden sollte. Es ist sehr fraglich, ob es ein solches

MILITÄRGERICHTSVERFAHREN – FLUCHTVERSUCHE – INTERVENTION

Schreiben überhaupt gegeben hat. Doch auf die Frage, wer Maximilian denn ständig zur Flucht drängt, gibt es nur eine reale Antwort: das Ehepaar Salm. Da Agnes bei Juárez immerhin einiges für Maximilian erreicht zu haben schien, lag der Versuch nahe, sie, wenn man ihr übel wollte, als Agentin von Juárez hinzustellen. Concha Miramón, die dem Gerücht nach den Inhalt des angeblichen Schreibens für wahr hielt, ist auch in ihren Memoiren eine Kritikerin von Agnes Salm. Wie immer dem auch sei, muß man doch annehmen, daß sich die „Princesa" nicht deshalb so sichtbar für die Befreiung Maximilians einsetzt, weil sie ein Werkzeug von Juárez ist, sondern, weil sie davon ausgeht, daß ihre Bemühungen, sofern sie nachweisbar sein würden, seitens der Familie des Habsburgers nicht unbelohnt bleiben würden.

Nun aber ist der Plan bis auf weiteres ad acta gelegt. Nur Basch ist nervös, weil er die Flucht nach seinem Gespräch mit Maximilian doch noch für heute Nacht erwartet. Da er nicht mit soll, möchte er den Gefängniswachen unverdächtig erscheinen. In seiner Zelle legt er sich splitternackt auf die Kokosmatte. Wenn nach Entdeckung der Flucht Maximilians und seiner Gefährten die Hölle losbricht, möchte er, Basch, im Adamskostüm erscheinen und so zeigen, daß er keinesfalls den Fluchtversuch mitmachen wollte. Da aber in Wirklichkeit niemand mehr an eine Flucht denkt, ist Basch in dieser Nacht unter den Gefangenen nicht nur der einzige Nackte, sondern wahrscheinlich der einzige Schlaflose. Auf Maximilians Zelle wird die ganze Nacht der Lichtstrahl einer Laterne gerichtet.

**Tacubaya**
Heute gelangen die beiden österreichischen Diplomaten endlich dorthin, wo Magnus und die Verteidiger bereits am 1. Juni angekommen waren, in Porfirio Díaz' Hauptquartier. Diese zwei Tage Zeitverlust gegenüber den rascheren Konkurrenten machen Lago innerlich schwer zu schaffen. Indessen beobachtet der davon unberührte Tavera die für ihn faszinierende Szenerie. 20.000 Flüchtlinge aus Mexiko-Stadt und 6.000 bis 7.000 Soldaten muß das Örtchen derzeit aufnehmen. Straßen und Gärten sind mit improvisierten Hütten bedeckt, die Schutz vor den Wolkenbrüchen der für den Sommer typischen Regenperiode bieten sollen. Selbst zarte Damen müssen, wie Tavera anteilnehmend feststellt, auf den Bänken der Alameda übernachten. Zum Glück klappt wenigstens die Versorgung bereits annähernd.

Lago wird durch einen Handelsmann namens Hube – bei dem Agnes Salm eine Zeitlang logiert hatte –, General Porfirio Díaz vorgestellt. Der junge General, der den Kommandanten der roten Husaren, Khevenhüller, kennt und fast freundschaftlich schätzt, möchte helfen, aber er verlangt eine Gegenleistung: Lago soll namens der österreichischen Gesandtschaft von Khevenhüller die Einstellung der Feindseligkeiten verlangen. Lago ist dazu bereit und sendet an Khevenhüller eine Botschaft, die ein Indio überbringen soll. Allerdings gibt dieser das Briefchen an einen Privatmann weiter, der das kompromittierende Papier später vernichtet.

Tavera wird bei solch wichtigen Verhandlungen natürlich nicht beigezogen, aber der lebensfrohe Grazer ist seinem cholerischen Chef darüber nicht besonders gram. Er genießt weiterhin das farbenfrohe Ambiente von Tacubaya.

In dem Gewühle spielte selbstverständlich das militärische Element die hervorragendste Rolle: ... *Sämtliche Monturen der republikanischen und auch der kaiserlichen Armee waren hier bunt zusammengewürfelt; ein Infanterist hatte seine Beine in der engen Hose eines österreichischen Husaren stecken, aber er hatte noch nicht Gelegenheit gehabt, das zerrissene Hemd, die einzige Umhüllung seines Oberkörpers, durch ein besseres Kleidungsstück zu ersetzen; hier stand ein Guerillero in prächtigem, von allerlei Silberornamenten strotzendem Nationalkostüm, nebenan trieb sich ein Bursche herum, der nicht mehr viel Kleidung abzulegen brauchte, um die Rolle eines Adam im Paradiese spielen zu können, einzelne Reiter stolzierten in scharlachroten Blusen herum, während neben ihnen gänzlich abgerissene Kavalleristen sich präsentierten, welche, was die Jämmerlichkeit ihres Anzuges betraf, vortrefflich in das ... Quiroga'sche Reiterregiment gepaßt hätten. Es wäre wohl kaum möglich gewesen, auch nur ein Dutzend Soldaten zusammenzubringen, welche wenigstens annähernd gleich gekleidet gewesen waren. Mühsam arbeiteten sich durch das Gedränge zahlreiche berittene Ordonnanzen hindurch, welche ein ganzes Arsenal von Waffen auf sich trugen. ... Soeben treffen wieder aus Querétaro abgesendete Verstärkungen in Tacubaya ein. Zwei Batterien recht altmodischer Belagerungsgeschütze werden von gänzlich ausgehungerten Maultieren weitergeschleppt, die Bedienungsmannschaft erinnert mich lebhaft an die Gestalten jener zerlumpten Bettler, wie sie in Italien vor den Kirchentüren zu finden sind.*

Da kommt Lago zurück und versichert, er sei von Porfirio Díaz sehr freundlich aufgenommen worden. Aber: die Abreise dürfe erst am nächsten Tag erfolgen. Und wahrscheinlich ist es auch Lagos steifem Ungeschick zuzuschreiben, daß ihm der General nicht, wie Magnus, gestattet, auf der direkten Straße nach Querétaro zu fahren, die noch durch Verschanzungen teilweise gesperrt ist, sondern mit der normalen Postkutsche, die über Toluca und Celaya umgeleitet wird. Sie können sich ausrechnen, daß sie kaum vor 6. Juni in Querétaro eintreffen werden.

Die Nacht verbringen sie im Stübchen des Gärtners eines ihnen bekannten Mexikaners, während ein Wolkenbruch seine Wassermassen in das überfüllte Tacubaya schleudert und das Örtchen überschwemmt.

### Dienstag, 4. Juni[435]
**Querétaro**
Die Nacht war ungestört, denn man hat aufgrund einer Beschwerde Miramóns die Soldaten des Musikkorps, welche die Wache hatten, wieder durch Infanteristen ersetzt. Nur Basch ist übernächtigt. Als Hall am Morgen zu Maximilian kommt, sagt ihm dieser: *Wir müssen uns mit dem Geschäft beeilen. Ich habe mit Miramón gesprochen. Er hat die Zeit durchgerechnet und gesagt, er glaube, sie werden uns Freitag früh erschießen.* Hall beruhigt: Der Präsident werde den nötigen Aufschub gewähren. Man erwartet voll Ungeduld das Eintreffen der für heute angekündigten Verteidiger.

Zu Mittag organisiert Maximilian in der Gangnische vor seiner Zelle, wo die Sonne nicht hinkommt – es ist laut Miramóns Tagebuch schrecklich heiß – eine Dominopartie, um, wie Basch meint, seine Ruhe unter Beweis zu stellen, wenn die Verteidiger ankommen. Miramón, Mejía und Salm nehmen daran teil. Salm läßt sich vom Exkaiser die Spielregeln erklären. Später kommt Hall hinzu, und man lädt ihn ein, mitzuspielen. Maximilian meint entschuldigend zu ihm: *Das ist ein dummes Spiel, eigentlich ein Kinderspiel.* Hall antwortet, das Spiel sei gar nicht so dumm, und es sei besser zu spielen als müßig herumzusitzen. So spielt man eine volle Stunde. Auf einer Seite des Tisches sitzen Maximilian und Mejía, gegenüber Miramón, Hall und Salm. Maximilian erzählt dem stets traurigen Mejía – er dürfte inzwischen von der Geburt seines Sohnes erfahren haben – von seinen Besitzungen in Miramar und Lacroma. *Falls der Prozeß glücklich abläuft, werde ich Sie nach Europa mitnehmen,* sagt er zu Don Tomás. Darauf dieser mit seinem typischen ironischen Lächeln: *Majestät werden an mir keine Last in Europa haben. Ich habe gar keine Bedürfnisse, und werde nichts tun als fischen.* Das friedvolle Dominospiel ist für die Anwesenden in ihrer prekären Situation so beeindruckend, daß es in den Memoiren von Salm, Basch, Hall und Miramón auftaucht.

Durch ein Telegramm erfährt Miramón, daß Concha San Luis verlassen hat. Er kann sich denken, daß sie nichts erreicht hat.

Die Verteidiger kommen auch an diesem Nachmittag noch nicht.

Sie haben San Juan del Río verlassen und, da sie den nötigen frischen Vorspann nicht bekommen haben, sind sie mit den alten Pferden in der Anfahrt nach Querétaro.

Salm darf nun im selben Stock wie der Exkaiser schlafen, er wird mit Basch die Zelle teilen.

*Am Abend saß ich lange am Bett des Kaisers, der nicht schlafen konnte und ganz außerordentlich weich und trübe gestimmt war. Er legte seine Hand in die meinige und machte mir die vertraulichsten Mitteilungen über seine persönlichen und Familienverhältnisse. Von dem Inhalt dieser Unterhaltung kann ich nur soviel sagen, daß er mit unendlicher Liebe von der Kaiserin, von seiner Mutter der Erzherzogin Sophie und von seinem Bruder, dem Erzherzog Karl Ludwig redete. Er sprach sich mit ziemlicher Schärfe über den Familien-Entsagungsact aus, welchen man ihn zu unterzeichnen genötigt hatte, als er die Kaiserkrone von Mexiko annahm.*

**Tacubaya**

Lago und Tavera sitzen in der Postdiligence. Zweieinhalb Tage soll die Reise nach Querétaro dauern. Die Straße nach Toluca verläuft über erloschene Vulkane. Von oben sieht man hinunter auf die belagerte Hauptstadt, vor der Geschützdonner dröhnt. In Toluca, wo sie am Nachmittag ankommen – es befindet sich schon in der Tierra fría – nimmt sie ein sauberes Posthotel auf. Die Weiterfahrt ist für 3 Uhr früh angesetzt.

**Mittwoch, 5. Juni**[436]

**Querétaro**

3 Uhr früh. Während Lago und Tavera mit der Postkutsche Toluca verlassen, treffen Magnus und die Verteidiger bereits in Querétaro ein und beziehen Logis in der Casa de Diligencias.

Eine Stunde später kommt nach einer Eilfahrt die von Concha Miramón gemietete Sonderpostkutsche in Querétaro an. Die erschöpfte Insassin nimmt wieder bei ihrer Freundin Frau Cobos Quartier. Dann besucht sie ihren Gatten, der eine schlechte Nacht verbracht hat. Was seitens der Wachmannschaft schon am 3. Juni Maximilian widerfahren war, hat nun auch er erdulden müssen:

*Um zehn Uhr,*[437] *als ich schon schlief, wachte ich auf, weil meine Tür geöffnet wurde. Zwei der drei Offiziere lehnten sich gegen diese. Ich schlief wieder ein und als ich Lärm hörte, sah ich, daß mein Zimmer durch eine Talgkerze erleuchtet war, die nach ihrem Abbrennen jeweils bis sechs Uhr früh durch andere ersetzt wurde. Außerdem blieben zahlreiche Offiziere wach, darunter der Oberst des Bataillons – Palacios – denn diesen sah ich, als ich um sechs Uhr aufstand, im Zimmer des Hauptmannes der Wache ...*

*Der Hauptmann ließ mir sagen, daß weder Mejía noch ich mit dem Kaiser reden dürfen. Das hat uns geärgert ... Mit San Luis bin ich sehr zufrieden, besonders mit den Damen. Sie haben mit Juárez gesprochen und sind entschlossen, nicht zu ruhen, seit man ihnen gesagt hat, sie müßten Juárez und die Minister bearbeiten, um uns zu retten. Die arme Concha ist völlig fertig nach ihrer vier Tage dauernden Hin- und Herfahrt, das heißt, 140 Meilen. Womit kann ich ihr das vergelten ...?*

Am Morgen führt der erste Weg von Magnus und den Verteidigern zu Vázquez. Dieser läßt ihnen keine großen Hoffnungen, was den Ausgang des Prozesses betrifft. Dann meldet er Maximilian persönlich die Ankunft der Verteidiger. Bevor man gemeinsam durch die Calle de San Antonio zum Exkaiser geht, stellt man sich im Hauptquartier in der Casa del Tratado bei Escobedo vor. Lakonisch und trocken, wie gewohnt, weicht dieser allen Suggestivfragen der Besucher aus, erklärt, er könne Magnus nicht als preußischen Gesandten empfangen, da Preußen sein Land nicht anerkenne, sondern als Privatperson Magnus, einen Freund Maximilians, einen „agente de la familia", dem er alle Erleichterungen gewähren wolle. Im übrigen werde er sich in allem strikt an die Befehle der Regierung halten. Um 10 Uhr möchte man bei Maximilian vorsprechen.

Im Capuchinas-Kloster ist das Hauptgesprächsthema noch immer der gescheiterte Fluchtplan. Früh am Morgen hat Salm vom Offizier der Wache erfahren, daß Escobedo von diesem Wind bekommen hat. *Wenn die Sache entdeckt wurde, so trugen die von mir gewonnenen Offiziere größtenteils selbst die Schuld. Sie besuchten mich viel zu häufig, um Geld zu erpressen und konnten es nicht unterlassen, mit dem erhaltenen Golde groß zu tun, was den Verdacht und Neid ihrer Kameraden erregen mußte. General Escobar hatte mich schon einmal gewarnt, wenn ich feindlichen Offizieren in meinem Zimmer Geld gebe, da er selbst das Klingen von Geldstücken gehört habe. Ich vermute, daß die Offiziere, als sie sahen, daß sie beargwohnt wurden, selbst die Anzeige machten und vorschützten, sich nur zum Schein auf meine Vorschläge eingelassen zu haben, um größerem Übel vorzubeugen, was ihnen am Ende niemand verdenken kann.*

Die Republikaner ziehen natürlich ihre Konsequenzen. Als Salm von einem Besuch bei Maximilian in seine nun nebenan liegende Zelle zurückgeht, tritt ein republikanischer General ein. Salm erinnert sich nicht genau an seinen Namen – laut Miramóns Tagebuch ist es General Paz, der von Escobedo beauftragt ist, die Gefangenen zu verwarnen –, dafür aber an das folgende Gespräch:

*Und wenn ich es getan hätte, würde ich mehr getan haben als meine Pflicht und Schuldigkeit? Wenn Sie Ehrgefühl und Liebe zu Ihrem Chef hätten, würden Sie wahrscheinlich dasselbe getan haben. Es ist nicht das erste Mal, daß ich mein Leben für den Kaiser wage, und ich bin noch immer bereit, es für seine Rettung abermals aufs Spiel zu setzen.*

*Das wissen wir, und General Escobedo hat mir gesagt, daß Sie auch der Mann wären, es auszuführen. Allein deshalb werden wir dafür sorgen, daß Sie an einen Ort gebracht werden, wo es Ihnen unmöglich gemacht wird.*

*Sie können mich nur erschießen lassen. Allein, heute wir, morgen Sie, das ist mexikanisch.*

Salm ist sicher in allen Phrasen bewandert, aber seine Spanischkenntnisse sind so rudimentär, daß man ihm diesen flüssig-flotten Ton des Gesprächs kaum zutraut. Auf jeden Fall ist dies ein Vorspiel für seine Überführung in das Casino, zusammen mit den übrigen bisher in Zellen des Kapuzinerinnenklosters untergebrachten Generälen und Stabsoffizieren. Eine im Grunde recht harmlose Maßnahme. Der Abmarsch soll am Nachmittag stattfinden.

Auch Escobedo, der sich noch dazu sehr krank fühlt, ist schwer besorgt, daß seine dürftig versorgten Soldaten zu leicht bestochen werden könnten. In einem Schreiben an Juárez klagt er:

*Leider muß ich Ihnen die Situation schildern. Abgesehen von meinen Krankheiten, die täglich drückender werden, leide ich sehr darunter, daß ich den Sold nicht auszahlen und den Soldaten nicht einmal täglich ihre armselige Menage bieten kann ... Sie wissen, daß die Gefangenen mit Gold um sich werfen können, um sich zu retten, sodaß man verläßliche Leute braucht, die habe ich zwar, aber es sind wenige, und obwohl sie ganz arm sind, habe ich keine Angst, daß man sie korrumpiert ... Lieber würde ich kämpfen als in dieser schweren Verantwortung zu stehen, wo eine Intrige nach der anderen gesponnen wird und unsere Feinde alle Mittel anwenden, um die Angeklagten zu retten.*[438]

Am Vormittag zwischen 10 und 11 Uhr steigt Magnus die Treppe zu Maximilians Zelle empor. Hoorickx ist nicht mitgekommen; er möchte den Gefangenen später allein aufsuchen. Der Exkaiser empfängt den preußischen Diplomaten im Bett liegend, aber ruhig und heiter. Zwei Stunden später kommen die Verteidiger nach. Die Besucher sind nach ihrer Lagebesprechung mit Vázquez bedrückt, aber Maximilian geht gar nicht auf seine ernste Lage ein. Im leichten Konversationston erkundigt er sich nach vielen Personen in der Hauptstadt. Er erzählt in allen Details die Einnahme der Stadt und betont, daß Miguel López ihn um 7.000 Pesos verraten habe. Sodann beklagt er sich über die Untreue des Márquez.

*Wenn mir Juárez die Wahl ließe, wen er erschießen solle, López, der mich verkauft hat, oder Márquez, würde ich sagen, Márquez.*

Er möchte gegen alle Regierungsakte von Márquez schriftlich protestieren:

*Wenn ich auch erschossen werde, so will und kann ich vor der Mit- und Nachwelt nicht die Verantwortlichkeit für Handlungen übernehmen, die Márquez in meinem Namen, aber gegen meine ausdrücklichen Instruktionen und Befehle begangen hat.* [439]

Er erwägt die Abfassung eines formellen Protestschreibens. Die vorsichtigen Advokaten werden später jedoch davon abraten, weil ein Exkaiser keine Souveränitätsakte setzen könne. Maximilian wird das Schreiben trotzdem verfassen, aber Magnus nicht damit belasten.

Wie Maximilian betont, betrachte er sich jetzt durchaus wieder als Kaiser, da seine Thronentsagungsakte in Mexiko nicht publiziert worden sei. Dieser Gedanke gefällt seinen Verteidigern weniger als ihm.

Über seine Zukunft ist er sich jetzt völlig klar.

*Ich weiß, daß Juárez mein Blut will. Ich habe immer geglaubt, daß diese Republikaner für eine hohe Idee begeistert sind. Ich habe eine gute Meinung von ihnen gehabt. Erst jetzt sehe ich ein, daß sie blutdürstig und noch schlimmer sind als manche meiner eigenen Anhänger, und das will leider viel sagen.*

Aber ihm liegt nicht mehr allzuviel am Leben:

*Wenn ich jetzt noch einmal die Wahl hätte, so würde ich ganz ebenso handeln. Lieber mein jetziges Los erdulden, als die Schmach, von den Franzosen gedrängt, das Land zu verlassen.*

Sein Haß auf die Franzosen ist deutlich. Zu sehr hat ihn der präpotente Bazaine gedemütigt. Dafür steigt nun Preußen in seiner Wertung.

*Wenn ich lebend nach Europa zurückkehren sollte, so werde ich Ihren König,* sagt er zu Magnus, *um die Erlaubnis bitten, in seinem oder in des Kronprinzen Hauptquartier den Krieg gegen die Franzosen mitmachen zu dürfen.*

Und nochmals kommt er auf Fluchtpläne zu sprechen, die nur aufgeschoben, aber nicht aufgehoben seien:

*Von dem unwürdigen Kriegsgericht, vor das man mich stellen will, und von Juárez habe ich nichts zu hoffen. Es bleibt nur die Flucht. Alles ist vorbereitet. Können wir die ganz nahe gelegene Sierra erreichen, in welcher der General Mejía unumschränkter Herr ist, so sind wir gerettet...*

Während des Gespräches mit Magnus ist auch Agnes Salm anwesend. Die gemessen einherschreitenden Diplomaten haben von Anfang an ihre Spottlust herausgefordert, aber in das deutsch geführte Gespräch zwischen den Exkaiser und Magnus mischt sie sich nicht ein. Als vom Fluchtplan die Rede ist, merkt sie allerdings, daß Magnus sehr dagegen ist.

*Der Baron erklärte das alles für Torheit und daß man durchaus nicht nötig habe sich auf solch ein gewagtes Unternehmen einzulassen. Er gab zu ver-*

*stehen, daß eine Flucht gegen die Würde des Kaisers sei.* Er hatte großes Zutrauen in den Erfolg von diplomatischen Unterhandlungen.

Auch die Verteidiger sind betreten, sind sie doch nicht nach Querétaro gekommen, um dem Exkaiser zur Flucht zu verhelfen. Vor allem der würdige Riva Palacio trachtet diese seiner Meinung nach „müßige Rederei" zu beenden und zur Sache zu kommen. Magnus hat schon vor ihrer Ankunft nach San Luis telegraphiert, um einen neuen Aufschub zu erbitten. Riva Palacio und Martínez de la Torre planen, in San Luis direkt mit Juárez zu verhandeln. Und Magnus, der Vertreter des neutralen Preußen, wäre für sie ein erwünschter Begleiter. Ob Magnus oder vielleicht auch der österreichische und der belgische Vertreter der republikanischen Regierung genehm sind, muß aber erst in San Luis geklärt werden.

*Ich hoffe,* sagt Maximilian, als sie wieder allein sind, zu Basch, *daß die Sachen nun besser gehen werden. Jetzt ist einmal einer da, der es verstehen wird, sie ordentlich zu behandeln.*

Magnus und die Verteidiger besuchen auch Miramón, der gerade mit seiner Gattin beim Mittagessen sitzt, und übergeben ihnen Briefe von Freunden und Verwandten.

Dann begeben sich Riva Palacio, Martínez de la Torre und Ortega zu Azpíroz und erklären sich offiziell zu Verteidigern Maximilians. Sie deponieren, daß das Kriegsgericht für die Verhandlung nicht zuständig sein könne. Welches Gericht dann zuständig sein solle, fragt der Militäranwalt. Das möchten sie in einer eigenen Erklärung darlegen, sagen die Anwälte. Azpíroz teilt ihnen mit, daß die Regierung den Aufschub bewilligt hat. Die neue Verteidigungsfrist wird um 5 Uhr zu laufen beginnen. Maximilians Juristen stehen jetzt vor dem Dilemma, einerseits die Zuständigkeit des Kriegsgerichts anfechten zu wollen, andererseits die vielleicht letzte Fristverlängerung für die Verteidigung nicht genutzt zu haben. Ihr Beschluß ist jedoch salomonisch: Unabhängig von ihrer Ablehnung des Gerichts, wird Vázquez die Prozeßakten übernehmen, um auf jeden Fall eine Verteidigungsschrift auszuarbeiten. Als die drei Herren ihre Unterschriften in die Prozeßakten setzen, weiß Azpíroz, daß er, der bisher Unbekannte, es mit drei der hervorragendsten Rechtsgelehrten Mexikos zu tun hat, die kein Mittel und keine Anstrengung scheuen werden, um das Dekret des Präsidenten Juárez nicht nur vor dem Gericht, sondern vor den Augen der ganzen Welt als verfassungswidrig zu brandmarken.

Um halb 2 Uhr nachmittags, während der drückendsten Mittagshitze, werden die Stabsoffiziere und Salm abgeholt. Begleitet von Oberst Palacios gehen sie langsam durch die glühenden Straßen der

Stadt bis zum Casino, jenem Hotel-Restaurant in der Calle del Hospital Real, wo Maximilians erstes Hauptquartier war. Auch Basch hat man mitgenommen. Als er zusammen mit den Stabsoffizieren in den vorderen großen Saal des Casinos kommt, in dem Maximilian nach seinem Einzug in Querétaro seinen ersten großen Empfang veranstaltet hat, geht er wütend auf und ab. Dann legt er sich wie zum Protest auf einen Tisch und schläft von der großen Hitze erschöpft ein. Nach einer Stunde weckt man ihn auf und schickt ihn zu Maximilian zurück.

*Das haben wir nur den Weibern zu verdanken,* sagt der Kaiser wissend, *ich glaube, die Miramón muß geschwätzt haben.* Diese Idee hat ihm vermutlich Agnes Salm eingegeben. Die beiden Damen können sich nicht ausstehen. Agnes hat Maximilian bis jetzt ungehindert besuchen können. Ab nun braucht sie allerdings wieder schriftliche Permisos.

Maximilian hat in der Zwischenzeit Besuch gehabt. Mit Magnus zusammen ist auch Fréderic Hoorickx, der belgische Geschäftsträger nach Querétaro angereist. Er sucht und findet eine Gelegenheit, dem Ex-Monarchen allein einen Besuch zu machen. Zwei Stunden – in denen Basch gerade nicht bei Maximilian ist – dauert das Gespräch:

*Ich bin von allen verraten und getäuscht worden,* wiederholt Maximilian immer wieder traurig, aber ohne Vorwurf, *und schließlich bin ich für 11 Goldunzen verkauft worden. – Alles ist verloren außer der Ehre.*

Er spricht sodann von Europa, seiner Familie, seiner Mutter und der Kaiserin:

*Ich getraue mich gar nicht, ihnen zu schreiben, aus lauter Angst, diesen mir so teuren Menschen Schmerz zu bereiten, ... es wäre doch grausam, sie zu ängstigen. Übrigens hat ihnen mein Beichtvater geschrieben, um sie vorzubereiten ...*

Hoorickx[440] ist ein weicher, gefühlvoller Mensch, immer etwas kränklich. Wegen seiner Empfindlichkeit ist er bei den anderen Diplomaten ebenso wenig beliebt wie der cholerische Lago. Seine Beziehung zu Maximilian ist emotional, anders als die von Magnus, der rational denkt, entschlußkräftig ist und staatsmännische Aktionen setzen möchte, die dem Ansehen Preußens und ein bißchen auch seinem eigenen dienen.

Um 7 Uhr abends erscheint Vázquez bei Azpíroz und übernimmt ein Aktenbündel von 130 von Meléndez säuberlich beschriebenen Seiten. Mit allen inzwischen beantragten und stets gewährten Fristverlängeungen hat er mit der Rückgabe bis Dienstag, den 11. Juni, Zeit.

Am Abend treffen sich die beiden Advokaten Riva Palacio und Martínez de la Torre, die schon zu Mittag telegraphisch bei Außenminister Lerdo de Tejada angefragt und sich nach erhaltener Bewilligung für die Reise nach San Luis entschieden haben[441] – Ortega soll mit Vázquez zusammen in Querétaro an der Verteidigungsschrift arbeiten – mit Agnes Salm, von deren Intervention bei der Regierung sie gehört haben. Agnes wohnt jetzt im prachtvollen Patrizierhaus der wohlhabenden Señora Pepita Vicente, das nur wenige Schritte vom Hotel de Diligencias entfernt ist.

*Da ich wußte, daß die Zeit dieser Herren sehr knapp bemessen war, so hielt ich es für besser, sie selbst aufzusuchen. Ich teilte ihnen mit, daß Herr Iglesias – der Justizminister – günstig gestimmt scheine und die Idee eines Arrangements, und namentlich die Andeutung mit Interesse aufgefaßt habe, daß die europäischen Mächte vielleicht geneigt sein möchten, ein bedeutendes Lösegeld zu zahlen, oder die mexikanische Kriegsschuld zu garantieren, wenn das Leben des Kaisers geschont würde.*

Agnes trat also, wie gewohnt, auch bei den zur Abreise bereiten, sicherlich im Moment frappiert zuhörenden Juristen von sich aus fulminant in Erscheinung. Die von ihr angebotenen Verhandlungsideen sind jedoch bei näherer Überlegung so absurd, daß sie bei den Gesprächen in San Luis keine Rolle spielen können. Allerdings wird der Gedanke eines Lösegeldes von der amerikanischen Presse ventiliert werden und sogar in Europa Echo finden. Da der Korrepondent des New York Herald, Clark, den Agnes von New York her kennt, noch immer in Querétaro weilt, ist die Annahme naheliegend, daß auch ihn die Fürstin mit solchen journalistisch wirksamen Andeutungen versorgt hat.

Am Abend wird im Capuchinas-Kloster wieder strengste Bewachung befohlen. Sechs Offiziere schlafen auf den Bogengängen. Um Mitternacht werden die Türen der Gefangenen geöffnet.

**Toluca**

In der Postkutsche, die in Richtung Querétaro rollt, sitzen außer Lago und Tavera noch der Postverwalter und eine tief verschleierte Dame. Als sie vernimmt, wer die beiden Diplomaten sind, schlägt sie ihren Schleier zurück und gibt sich als Gattin des Ministers Aguirre zu erkennen. Sie ist sicher, daß ihr Mann erschossen werden wird.

Sie fahren über die staubige Hochebene, wo die Regenzeit an der Westseite des Gebirges noch nicht begonnen hat. Der Straßenstaub ist so dicht, daß die Postverwaltung dort alljährlich zahlreiche Pferde einbüßt. Nun wird auch dem jugendlichen Tavera unter den Strahlen der tropischen Junisonne sterbensübel, er bekommt Fieber. In der

Nachtstation Maravatio wirft er sich todmüde auf das Bett und ist sicher, daß er am nächsten Morgen dort allein wird zurückbleiben müssen.

## Tacubaya

Freiherr von Lago wäre sehr getröstet, wenn er wüßte, daß er keineswegs der letzte der Diplomaten ist, die nach Querétaro unterwegs sind. An jenem 5. Juni sitzt nämlich sein italienischer Kollege, Cavalliere Curtopassi, an einem Tisch in Tacubaya und schreibt einen Bericht an den Außenminister des Königreiches Italien. Er erwähnt, daß die kaiserlichen Behörden in Mexiko-Stadt seine Abreise verzögert haben. Er lobt den höflichen Empfang durch Porfirio Díaz, bedauert, daß er erst für morgen früh einen Wagen für die Reise nach Querétaro mieten konnte, hofft aber, noch *zum Kriegsgerichtsprozeß zurechtzukommen*. Als Italiener, dessen Land gegen das Lombardo-Venetische Königreich Krieg geführt hat, steht er dem Schicksal Maximilians bei aller menschlichen Anteilnahme zwiespältig gegenüber.

Donnerstag, 6. Juni[442]
Mariano Riva Palacio und Martínez de la Torre reisen, wie geplant, frühmorgens mit der Postdiligence von Querétaro nach San Luis ab. Vázquez und Ortega bleiben in Querétaro und leisten den ganzen Tag über harte Arbeit. Anhand der Verfassung von 1857 wird versucht, nachzuweisen, daß die in diesem Dokument vorgesehenen Bundesgerichtshöfe, – die aber wegen des Kriegszustandes noch nie eingerichtet worden sind – für die Behandlung der Causa Maximilian zuständig wären. Ein Kriegsgericht sei jedenfalls unzuständig. Die Verteidiger fordern, daß die Regierung darüber konsultiert werden möge, ob sie beabsichtige, solche Bundesgerichtshöfe tatsächlich einzurichten. Zugleich pochen die Verteidiger auf die Verfassungsbestimmung, wonach wegen politischer Verbrechen keine Todesstrafe verhängt werden dürfe.

Am Abend überreichen die Anwälte dem Fiscal ihre Eingabe, die an Escobedo gerichtet ist. Azpíroz weiß, daß der Oberkommandierende, der trotz seiner gut gespielten Ruhe ein reizbarer Mann ist, darüber in Wut geraten wird, weil er genau weiß, was seine Regierung von ihm erwartet, und daß das Ansinnen der Verteidiger nur zur Verschleppung des Verfahrens dienen soll.

Rasch diktiert Azpíroz seine Stellungnahme, in der er die in der Verfassung genannten Ausnahmefälle betont, für die doch die Todesstrafe zulässig sei. Außerdem sei das Juárez'sche Dekret kein Sondergesetz – also keine Lex Maximilian – weil es für alle derartigen Fälle gelte. Heute möchte er Escobedo mit diesen Fragen nicht mehr behelligen, aber morgen früh wird er ihm das Problem zugleich mit seiner Lösung vorlegen.

Salm ist im Casino mit den österreichischen Kriegskameraden Oberstleutnant Pitner, Graf Pachta, Major Malburg sowie dem früheren Adjutanten Miramóns, dem Deutschen Major von Görbitz, zusammengekommen. Im Unterschied zum Kapuzinerinnen-Kloster, wo die Wachen verstärkt werden, und wo niemand mehr ohne Erlaubnisschein hineinkommt, geht es im Casino eher locker zu: *Wir feierten unser Wiedersehen bei einer Bowle von Cognac, der uns durch Soldatenweiber gegen ein Trinkgeld besorgt wurde und einer Partie Whist.*

## Maravatío

Die gesunde Natur Taveras ist während der Nacht seines Fieberanfalls Herr geworden. Um 3 Uhr früh sitzt er bereits wieder auf dem Kutschbock der Postdiligence. Sie hat so schlechte Pferde, daß die Fahrt nur langsam voran geht. Der immer ungeduldiger werdende Lago ergeht sich Frau Aguirre gegenüber in cholerischen Verzweiflungsausbrüchen, welche die Dame, die ja in mexikanischen Zeitbegriffen lebt, nicht versteht. Ihre Sorge gilt dem Leben ihres Gatten.

## Acámbaro

Hier gelingt es den Reisenden, die schwerfällige Postkutsche zu verlassen und in einen leichter gebauten Wagen umzusteigen. Jetzt endlich geht es flott voran. Sie rasen auf Celaya zu, in der Hoffnung, dort in die Postkutsche aus Guanajuato umsteigen zu können.

## Celaya

Doch sie kommen knapp zu spät. Allerdings hat Frau Aguirre hier einen Bekannten, der den Reisenden ein privates Pferdewägelchen verschafft. Es ist nur für zwei Personen gebaut, aber unter Zurücklassung ihres Gepäcks zwängen sich alle drei samt dem Kutscher hinein und gelangen so wider Erwarten um etwa 10 Uhr abends nach Querétaro.

## Querétaro

Die Stadt ist wie ausgestorben. Nirgends sieht man ein beleuchtetes Fenster. Geisterhaft wandeln die Serenos (Nachtwächter) durch die dunklen, öden Gassen. Da und dort gähnen weite Löcher in den Mauern. In der Casa de Diligencias will man sie anfangs gar nicht aufnehmen, denn das Hotel ist überfüllt. Die Leute schlafen zum Teil auf den Treppen. Lago und Tavera versuchen außerhalb Quartier zu finden, doch vergebens. Nachdem sie Frau Aguirre in einer Küche untergebracht haben, wo sie auf dem Boden schläft, entschließen sie sich, in ihrem Wägelchen, das nahe der Casa de Diligencias steht, zu übernachten. Allerdings ist, abgesehen von der unbequemen Lage, auch sonst nicht an Schlaf zu denken, denn eine Banda spielt in der Nähe zu einem Tanzfest der Republikaner auf ...

### Freitag, 7. Juni[443]

Verschmutzt und mit zerknitterten Kleidern, ohne jede Möglichkeit sich umzuziehen – das Reisegepäck haben sie in Celaya zurückgelassen – erscheinen die österreichischen Diplomaten am Vormittag in Escobedos Hauptquartier. Die nur einstöckige, aber historisch bedeutsame Casa de los Tratados erscheint Tavera als „unansehnliches Häuschen". Zerlumpte, halbnackte Ordonnanzen liegen vor dem breiten Hauseingang auf dem Pflaster. Lago versucht sich in österreichischer Liebenswürdigkeit, fragt nach dem Oberkommandanten, erntet aber nur höhnische Bemerkungen. Im Inneren des Hauses wimmelt es von Offizieren in den verschiedensten Uniformen. Auch hier stößt Lagos gespielte Freundlichkeit auf Verachtung. Die „Austríacos", die Landsleute Maximilians, gelten bei den Republikanern generell als „chambelanes" – Kammerdiener.

Endlich erscheint Escobedo in Zivil, jedoch sofort kenntlich an seinen berühmten abstehenden Ohren. Lago spricht ihn in ersterbender Stimme an, und ersucht, Maximilian besuchen zu dürfen. Escobedo spricht kein Wort, nickt nur, und entläßt Lago mit einer trockenen Verbeugung. Ein Adjutant führt diesen zu Azpíroz, wo er den Permiso erhält.

Beim Capuchinas-Kloster angelangt, heißt Lago seinen Adlatus wie gewöhnlich am Tor zu warten. Tavera, der spätere Historiker des maximilianeischen Reiches, wird daher den Exkaiser in Querétaro nicht mehr lebend zu Gesicht bekommen, während Lago noch mehrfach Gelegenheit bekommt, diesen zu sehen.

Innerlich schwer bedrückt von Selbstvorwürfen wegen seiner späten Ankunft, steigt Lago die Treppe zu Maximilians Gefängnis hinauf. Sein späterer Bericht an Beust über seinen Besuch zeigt sein Dilemma, da er gegen besseres Wissen den 3. Juni nachts als Datum seiner Ankunft nennt. Da der Bericht am 25. Juni geschrieben wird, also zu einem Zeitpunkt, als Lago bereits um den tragischen Ausgang jener Gefangenschaft wissen wird, wird er unter der ständigen Angst stehen, sein Ministerium könne ihm vorwerfen, durch zu spätes Eintreffen zu wenig für eine vielleicht doch noch mögliche Rettung Maximilians getan zu haben. So wird er jene kleine Mogelei mit

dem Datum begehen, von der er nicht annimmt, daß sie jemals aufkommen wird.

Nun aber, als er Maximilian sieht, berührt ihn das traurige Schicksal des Gefangenen, wie auch sein Bericht zeigt:

*Ich begab mich ... sofort in das Gefängnis im Convento de las capuchinas,
allwo ich Seine Majestät im Bette liegend, körperlich sehr leidend (Dysenterie mit Geschwüren im Unterleib), aber geistig frisch und voll mutiger
Fassung und Ergebenheit antraf. Auf den zum Gemach S. M. führenden
Treppen und Korridoren lagen Hunderte von Soldaten in einer Weise, daß
man buchstäblich über sie hinwegschreiten mußte. Das Gemach selbst war
eine am Ende eines Korridors (im ersten Stockwerk) befindliche Zelle, etwa
10 Schritte lang, 6 Schritte breit und enthaltend nichts als ein Feldbett,
einen Schrank, zwei Tische, einen Rohrlehnstuhl und 4 Rohrstühle, es hatte
einen rohen Ziegelboden, eine Türe und ein Fenster auf den Gang hinaus.
Vor ersterer stand eine Schildwache, vor letzterem lag auf einer Strohmatte
ein Offizier, nachts hielten ein General und drei Obersten mit Revolvern in
der Faust Schildwache vor dem kaiserlichen Gemach.*[444]

Die nun und in den nachfolgenden Tagen geführten Gespräche
drehen sich um die jüngsten Vorgänge, vermutlich bezeichnete Maximilian heute auch Lago gegenüber *den Lugarteniente Márquez als den
größten Verräter, ... welcher, seit er Querétaro verlassen habe, den ihm von
Höchstdemselben erteilten Instruktionen stets schwerstens entgegen-
gehandelt habe. So sagte mir der Kaiser, daß Gr. Márquez nie nach Puebla
aufzubrechen autorisiert gewesen sei, und daß er den Befehl gehabt habe,
mit der Garnison von México und den dort erliegenden Geldern nach
Querétaro zu marschieren, allwo der Kaiser dem liberalen Hauptheer alsdann eine Entscheidungsschlacht, deren Ausgang unzweifelhaft ein günsti-
ger für ihn gewesen wäre, angeboten haben würde.* Auch der Verrat des
Miguel López wird angeprangert. Obwohl Lago in seinem Bericht an
Beust betont, daß er mit dem Kaiser täglich mehrstündige Unterredungen führte, *in denen S. M. mich mit höchster Gnade und Herab-
lassung behandelte,* bleibt Magnus, von dem sich Maximilian den
wichtigsten Einfluß auf die Juárez-Regierung verspricht, dessen
Hauptvertrauter.

Während der ersten Unterredung Lagos mit dem Exkaiser steht
Tavera[445] vor dem Tor des Klosters und mustert die Wachmannschaften von den „Cazadores de Nuevo León", welche die breite Auf-
gangstreppe buchstäblich bedecken. Sie tragen einen nur aus Hemd
und leinener Hose bestehenden Anzug, der ekelerregend schmutzig
ist. Plötzlich wird er erstaunlicherweise auf deutsch angesprochen.
Ein aus dem deutschen Baden stammender Hauptmann Karl von
Kreutz, der aus der deutschen Armee und dann aus der französi-

schen Fremdenlegion desertiert war, und offenbar dem deutsch geführten Gespräch zwischen Lago und Tavera zugehört hat, fragt, ob
er Österreicher sei. Er stellt sich dann als Hauptmann der Torwache
vor. Der eher vorsichtige Tavera findet, daß er ein „Galgengesicht"
hat und hält sich zurück.

Als Tavera mit Lago wieder zurück im Hotel ist, erscheint Kreutz
dort und beginnt von dem bestehenden Fluchtplan Maximilians zu
reden. Tavera aber bleibt einsilbig.

Kreutz spielt den Entrüsteten: *Was, Sie können zugeben, daß ein
deutscher Prinz erschossen wird? Und er wird sicherlich sterben müssen,
wenn wir ihn nicht retten. Und das ginge auch ganz leicht, wenn Sie nur
das nötige Geld herbeischaffen wollen, damit wir noch einige Offiziere bestechen können. Ich habe schon die zur Flucht nötigen Pferde angekauft.*[446]

Als noch Lago hinzukommt, erklärt er diesem, gegen eine Summe
von 10.000 Pesos den Kaiser retten zu können. Lago, erfreut über eine
Gelegenheit, sich trotz seines „Zuspätkommens" nützlich machen zu
können und schließlich doch als Retter dazustehen, meint, Geld
könne er schon beschaffen. Kreutz empfiehlt sich, Tavera rät Lago
zur Vorsicht.

Kurz darauf treffen sie Magnus, der im gleichen Hotel wohnt und
auf Nachricht aus San Luis wartet. Die Begegnung ist kühl. Als Lago
eine gemeinsame Vorgangsweise aller Diplomaten anregt, meint Magnus bloß: *Gemeinsam? Was meinen Sie unter gemeinsam?* Als Lago das
Fluchtprojekt und das Angebot des Hauptmanns von Kreutz erwähnt, beschwört ihn Magnus, sich ja nicht auf ein Fluchtprojekt
einzulassen.

Lago erhält aber noch mehrmals am Tag den Besuch des Hauptmanns.

*Er spielte in auffälliger Weise den Geheimnisvollen, suchte eine Unter-
redung um die andere bei mir nach, indem er mich vor den übrigen unser
Hotel frequentierenden juaristischen Offizieren trotz meiner Vorstellungen
kompromittierte, lockte mir kontinuierlich Geldsummen unter der Drohung
des Verrates seines Mitverschworenen ab, bis er endlich ausblieb.*[447]

Am Nachmittag ist Lago wieder bei Maximilian, und dieser
spricht ganz ernsthaft von Flucht. Er kritisiert die Vorsicht von Magnus und lobt Agnes Salms unermüdliche Tätigkeit.

So ist man wieder beim Thema Flucht. Das Gespräch wird
deutsch geführt, obwohl die Besucher an sich spanisch zu sprechen
hätten. Doch für ein paar Goldstücke hört der diensthabende Offizier
weg. Lago ist nun den Fluchtplänen gegenüber skeptisch, verweist
auch auf den geschwächten Gesundheitszustand Maximilians, aber
dieser meint: *Nun denn, es ist doch besser für mich, vor Ermattung auf*

*meinem Pferde zugrunde zu gehen als von den Liberalen erschossen zu werden.*

In diesem Ton geht es weiter: *Mit Geld geht hier alles, machen Sie nur einmal den Versuch und Sie werden sehen, daß die Truppen bataillonsweise abfallen.*

Die beiden Österreicher glauben nicht mehr an den Erfolg von solch phantasievollen Fluchtplänen, aber das Problem ist jetzt, von Karl von Kreutz wieder loszukommen, der in den nächsten Tagen immer wieder erscheint und seinen Erpressungsversuch fortsetzt.

Im Hotel bewohnen Lago und Tavera dasselbe Zimmer, in dem kurz vorher ein republikanischer Offizier seinen Wunden erlegen ist. In der Wand sind erst kürzlich zwei riesige Löcher – Einschläge von Kanonenkugeln – zugemauert worden. Im übrigen ist das Hotel ähnlich gebaut wie die meisten mexikanischen Casas de Diligencias. Um einen großen Hof, in welchen die Postkutschen einfahren, laufen auf vier Seiten offene Bogengänge. Die Zimmertüren münden auf diese, Fenster sind selten, meist haben die Zimmer nur eine Lüftungsöffnung oberhalb der Tür.

Tavera streift durch die Straßen, in denen noch immer Mauertrümmer liegen. In der Alameda riecht er die Ausdünstungen der dort nur oberflächlich verscharrten Leichen der Gefallenen. Da und dort sieht man noch ein Stück Uniform aus dem Boden heraus schauen. Aasgeier sitzen auf den Stümpfen der blätterlosen Bäume, deren Laub während der Belagerung als Pferdefutter eingesammelt worden war.

An diesem Tag ist endlich auch der Geschäftsträger Italiens, Cavalliere Curtopassi, in Querétaro angekommen. Maximilian hat ihm, wie allen wichtigen Besuchern, die dramatischen Stunden des 15. Mai geschildert. Er erhält auch, so wie Hoorickx, die Kopie eines Protestschreibens Maximilians gegen die Willkürakte von Márquez, und der Exkaiser fordert ihn, den Juristen auf, Gegenargumente gegen die Anklagepunkte zu suchen.[448] Lago (nach eigenen Angaben) oder Curtopassi (nach Agnes Salm) setzt sich auch mit dem republikanischen Oberarzt Rivadeneyra in Verbindung und möchte von ihm erreichen, daß Maximilian in ein Privathaus überstellt wird. Dabei hat man die Hacienda de San Juanico im Auge, die etwa eine Meile außerhalb Querétaros liegt.

Agnes Salm ist durch die Anwesenheit der Diplomaten, die nicht an Fluchtmöglichkeiten glauben, und die ihren Begleiter Villanueva – vermutlich richtig – als Beobachter im Auftrag Escobedos einstufen, in ihrer Glaubwürdigkeit gestört. Entsprechend schlecht ist die „Fürstin" auf sie zu sprechen. Während Curtopassi sie offenbar chevaleresk behandelt und deshalb Lob erntet, begegnen ihr die Österreicher und Hoorickx undiplomatischerweise mit Ablehnung und offenem Mißtrauen. Dementsprechend werden auch sie in ihren Memoiren nachträglich in Verruf gebracht. *Schon als die französischen Truppen abzogen, taten sie* (Lago und Tavera) *alles mögliche, um fremde Soldaten, die in Mexiko-Stadt zurückbleiben und dem Kaiser dienen wollten, davon abzuhalten und nun benahmen sie sich und redeten als seien sie vollständig auf der Seite ihrer Feinde.*

*Herr Horrieks* (sic!), *der belgische Geschäftsträger, ging in dieser Politik so weit, daß er öffentlich vor dem General Escobedo und dessen Stab in den aller unpassendsten Ausdrücken von dem Kaiser sprach. Er gebrauchte Ausdrücke, die mit „dummer Kerl" gleichbedeutend sind und sagte, die liberale Regierung sei vollkommen in ihrem Recht, ihn zu erschießen.*[449]

Dies alles erfährt Agnes aus erster Hand, denn, wie sie betont:

*Ich stand auf einem freundlichen Fuß mit allen höheren Offizieren in Escobedos Stab. Meine Anhänglichkeit an den Kaiser, der Eifer, den ich für ihn zeigte, und die ganze Art, wie ich für ihn auftrat, gewannen mir ihre Achtung und ich weiß, daß die meisten von ihnen, wenigstens im geheimen, mir einen glücklichen Erfolg wünschten. Von ihnen erfuhr ich manches, was anderen verborgen blieb, und sie sagten mir, daß die Dazwischenkunft und das Auftreten der Repräsentanten nicht nur gänzlich nutzlos, sondern im Gegenteil schädlich sei und die Katastrophe beförderte. Nichts könne den Kaiser retten als Flucht – das wurde mir von mehr als einem jener Herren eindringlich ins Ohr geflüstert.*

Lago wird später zu diesem Punkt schreiben: Es war *das auf fast jeder Seite ihres Tagebuch wiederkehrende Bestreben, ... uns Diplomaten zu verdächtigen, zu verketzern und lächerlich zu machen, und zugleich aber ihre Person und ihren Mut zu verherrlichen.*[450] Die Diplomaten pflegen derzeit aber der Zukunft Maximilians gegenüber tatsächlich noch einen gewissen Zweckoptimismus. Lago gibt das auch offen zu:

*Es ist wahr, daß wir in Querétaro versammelt gewesenen Diplomaten (Herr von Magnus vor seinem Abgange nach San Luis nicht ausgenommen) weder eine Verurteilung des Kaisers für eine ausgemachte Sache hielten, noch im affirmativen Falle eine Hinrichtung S. Majestät für wahrscheinlich annehmen mochten. Wir bauten alle mehr auf eine durch kräftigen diplomatischen Druck zu erzielende Amnestie als auf Fluchtprojekte, die auch durch Beobachtung der tatsächlichen Verhältnisse in Querétaro gleich vom Anfange unseres Aufenthaltes an als Utopien erschienen waren.*

Basch setzt fort, wozu Lago oder Curtopassi den Anstoß gegeben hat. Er veranstaltet ein Consilium von sechs Ärzten, unter denen sich der Chefarzt der Republikaner Dr. Rivadeneyra und der Queretaner Arzt Dr. Ciurob befinden. Wohnungswechsel und strengste Ruhe, so

meinen die Mediziner übereinstimmend, seien für die völlige Rekon-
valeszenz Maximilians nötig. Basch läßt dies protokollieren, aber
Rivadeneyra unterschreibt es erst, nachdem Escobedo die Erlaubnis
dazu erteilt hat. Der General lehnt die Übersiedlung aber dann natürlich ab, weil dadurch eine Flucht erleichtert würde.

General Paz kommt zu Miramón, um diesen – zwei Tage nach
dem Ereignis – auf den Fluchtplan anzusprechen und für den
Widerholungsfall äußerste Härte anzudrohen. Miramón spielt den
Unschuldigen:

*Ich habe vermutet, daß so etwas vor sich geht, da schon seit zwei Tagen
Vorsichtsmaßnahmen gegen uns angewendet werden. Concha hat mit dem
Militäranwalt darüber gesprochen und dieser ist ganz einverstanden mit
den Maßnahmen des Oberkommandierenden gegen die Leute, die flüchten
wollten ...*

Hall wird am Morgen dieses Tages zu Escobedo beordert. Er ahnt
warum, denn er hat sich bisher um die Fluchtpferde gekümmert,
worüber er in seinen Memoiren nicht spricht, doch man erfährt es
aus Agnes Salms Tagebuch. Im Hauptquartier empfängt Escobedo
den Amerikaner nicht eben unhöflich, denn Hall ist nicht nur Angehöriger einer befreundeten Nation, sondern er spricht auch hervorra-
gend Spanisch. Einige Minuten plaudert man über Belangloses, dann
sagt Escobedo sehr angelegentlich, er habe soeben eine Anordnung
erlassen, wonach alle Ausländer Querétaro morgen verlassen müssen. Er beeilt sich hinzuzufügen, Hall sei nicht der einzige, den dies
betreffe.

*Sind irgend welche Anschuldigungen gegen mich erhoben worden?*,
fragt Hall.

*Keinerlei*, antwortet Escobedo lakonisch wie immer.

Maximilian nimmt die Mitteilung Halls betroffen auf, denn er hat
sich von dem Auftreten des Amerikaners in seinem Prozeß viel erhofft. Er schickt ihn zu Vázquez. Doch der Anwalt weigert sich offen,
bei Escobedo zu intervenieren, weil er schon vor Hall bei Escobedo
war und dieser „über irgend etwas" erbost zu sein schien.

Vázquez weiß natürlich genau, worüber Escobedo so verärgert
war. Schließlich hat er gestern abends in seiner Eingabe an den
Gerichtsherrn Escobedo wieder die Unzuständigkeit des Militärge-
richts betont. Heute früh hat Escobedo davon erfahren und lange mit
Azpíroz darüber diskutiert. Schließlich hat er die Eingabe an seinen
Rechtsberater Escoto zur Stellungnahme weitergegeben. Er hat sich
aber vorgenommen, Vázquez auf alle Fälle den Kopf zu waschen.
Niemand weiß, was er dem Anwalt, der ebenso trocken wie
Escobedo ist, angedroht hat. Ein noch Jahre später in Querétaro zir-

kulierendes Gerücht behauptet, er habe gedroht, ihn an die Wand stellen zu lassen. Es ist klar, daß er dazu keinerlei gesetzliche Handhabe gehabt hätte. Es scheint aber, daß der Auftrag, mit dem er ihn am Sonntag betrauen wird, eine kleine Rache dafür darstellt, daß er sich sosehr mit dem Schicksal Maximilians identifiziert.

Hall macht am Nachmittag seinen letzten Besuch bei Maximilian. *Er sagte mir äußerst liebenswürdig Good bye und fügte eine für mich sehr schmeichelhafte Bemerkung hinzu. Dann nahmen wir Abschied, einen Abschied, den ich nie vergessen werde.*

Noch einen letzten Versuch unternimmt Hall bei Escobedo: *Ich bin einer von Maximilians Rechtsbeiständen,* betont er, *und Maximilian will, daß ich bleibe.* – *Ausländer dürfen vor unseren Gerichten nicht als Anwälte auftreten,* ist die trockene Antwort Escobedos. Und er fügt hinzu: *Wenn ich das Ausländerrecht bestimmen könnte, würde ich Ausländern gar nicht erlauben, in Mexiko zu wohnen, solange sie nicht Mexikaner geworden sind.* Der Amerikaner weiß genug. Er wird morgen nach Tacubaya abreisen.

### Samstag, 8. Juni[451]
**San Luis Potosí**

Am Morgen treffen Riva Palacio und Martínez de la Torre am provisorischen Regierungssitz ein. Als bekannte Liberale kennen sie einige Regierungsmitglieder persönlich, die sie zu inoffiziellen Gesprächen aufsuchen. Doch bald erkennen sie, wie gering ihre Chancen sind.

Der Außenminister, Lerdo de Tejada, genannt „el Puro", empfängt sie zu einem dreistündigen Gespräch. Er verschanzt sich anfangs hinter der unverbindlichen Aussage, das Kriegsgericht allein sei für die Beurteilung des Falles zuständig. In der Diskussion mit seinen liberalen Glaubensgenossen tritt er dann aber vehement dafür ein, daß es gerecht und notwendig sei, das Gesetz vom 25. Jänner 1862 anzuwenden. Die Advokaten wissen, daß Lerdo die treibende Kraft hinter der Anklageerhebung gegen Maximilian war; sie wissen, daß es sich hier und jetzt um das entscheidende Gespräch für die Rettung des Exkaisers handelt. Sie wollen erreichen, daß der Prozeß einen Monat aufgeschoben wird, denn sie hoffen auf eine Intervention der Vereinigten Staaten auf Ersuchen der europäischen Mächte. Sie argumentieren voll Leidenschaft: Man müsse die Vergangenheit bewältigen, die Aussöhnung der Konfliktparteien im Auge haben, die Konstitution von 1857 ernstnehmen, dürfe Mexikos internationales Ansehen nicht gefährden und müsse endlich den inneren Frieden herstellen.

Lerdo de Tejada bleibt kühl und gemessen: Die Regierung habe alles leidenschaftslos, ohne Haß und Rachegefühle erwogen, auch seien alle Ansuchen um Fristerstreckung bisher bewilligt worden. Er empfiehlt ihnen, jetzt gleich mit dem Präsidenten zu sprechen. Und er versichert ihnen, bevor er sie entläßt, er werde alles, was sie ausgeführt haben, dem Ministerrat berichten.

Wenige Minuten später stehen sie vor Juárez. Der Präsident ist gealtert und müde, aber er blickt freundlich. Er empfängt sie zunächst wie gute Bekannte, die er lange Jahre nicht gesehen hat. Man spricht über gemeinsame Freunde und die Schwierigkeiten der Reise. Dann kommen die beiden Advokaten zur Sache. Sie verlangen ein anderes Gericht, und daß der Termin für die Beweisführung um mindestens einen Monat erstreckt werde.

Sie bringen ihre Argumente vor: Das Dekret vom 25. Jänner 1862 sei ein Ausnahmegesetz, grausam und blutdürstig. Mexiko müsse seine Bundesgerichte und nicht ein Kriegsgericht für den Fall einsetzen. Die Vereinigten Staaten seien interessiert, das Leben eines Prinzen zu retten, hinter dem so viele Souveräne Europas stehen.

Der Präsident verzieht, wie gewöhnlich, keine Miene, verwendet keinen Ausdruck der Feindschaft oder Rache. Doch, was für die Besucher erschreckend ist, er zeigt sich unwiderruflich hart in seinem Entschluß. Man habe viele Tage lang alles reiflich erwogen, die nationale Gerechtigkeit und die Sicherheit der Republik bedacht, die auch in der Zukunft erhalten bleiben müßten. Der Beschluß stehe fest: Maximilian und seine Gefährten seien dem Urteil des Kriegsgerichts zu unterwerfen.

Die Advokaten appellieren nun an die menschlichen Gefühle des Präsidenten. *Der Friede des Vaterlandes kann durch Verzeihen an einem einzigen Tag gewonnen werden, während das Blut, das man vergießen will, einen Abgrund des Elends für Mexiko eröffnen kann.*

Alles was sie vorgebracht hätten, werde im Ministerrat erwogen werden, versichert ihnen Juárez mit unbewegtem Gesicht, als er sie entläßt. Es ist 8 Uhr abends geworden. Es scheint den Advokaten nicht passend, um diese Stunde noch den Justizminister, José María Iglesias, und den Kriegsminister, Ignacio Mejía, aufzusuchen. Ohne Hoffnung kehren sie zurück in ihr Quartier.

## Querétaro

Escobedos Rechtsberater Escoto hat einen neuerlichen Einspruch der Anwälte Maximilians gegen die Zuständigkeit des Militärgerichts vor sich liegen. Er braucht also nur zu wiederholen, was er bereits früher dagegen gesagt hat. Aber Escobedo ist kein Jurist, sondern

General und Befehlsempfänger. So fügt er hinzu, daß der Prozeß „auf höhere Weisung" nach dem Gesetz vom 25. Jänner abzuwickeln sei. Gegen den Willen des Präsidenten soll, kann und wird Escobedo nicht entscheiden. Noch am gleichen Tag lehnt er den Einspruch ab.

Die Regierung hat in Sachen der Hauptangeklagten entschieden, offen ist nun noch, was mit den wichtigsten kaiserlichen Generälen, die im Casino gefangen gehalten werden, und mit den Offizieren geschehen soll. In Querétaro wird heute folgendes Telegramm des Kriegsministers Mejía vom 6. Juni bekanntgegeben:

*An General Mariano Escobedo, Querétaro.*

*Kraft Verordnung des Präsidenten der Republik sind folgende Anführer und Offiziere des Heeres des Erzherzogs vor ein Gericht zu stellen, um sich wegen besonderer ihnen zur Last gelegten Verbrechen zu verantworten.*

*General Severo del Castillo, General Pantaleón Moret, General Pedro Valdez, Oberst Manuel Guzman, Oberst Prinz Salm, Oberst Pedro Ormaechea, Oberst Tomás Prieto, Oberstleutnant Ernest Bittner (sic!), Major Maxim Görbitz ... (es folgen vier weitere Namen).*

*Über den Rest der Gefangenen hat der Präsident folgendermaßen verfügt:*

*Die Obersten sind mit 6 Jahren, die Oberstleutnants mit 5, die Majore mit 4, die Hauptleute mit 2 Jahren Gefängnis zu bestrafen. Die Subalternoffiziere fremder Nationalität sind vorläufig in San Luis Potosí in Haft zu halten, bis über sie verfügt wird, jene mexikanischer Herkunft hingegen sind freizulassen, doch an ihrem künftigen Aufenthaltsort für zwei Jahre unter Polizeiaufsicht zu stellen.*

*Mejía*[452]

Maximilian, Miramón und Mejía scheinen in diesem Telegramm nicht auf, weil sie ohnedies bereits gemäß Anklagebefehl vom 21. Mai vor ein Kriegsgericht zu stellen sind. Diese Situation ist auch Felix Salm geläufig. Er weiß, *daß der Kaiser und sämtliche Generale vor ein Kriegsgericht ... gestellt werden* sollen. Was aber erzählt seine Gattin Agnes dem staunenden Exkaiser und Miramón? Der letztere berichtet:

*Um fünf Uhr kam Corral (ein Onkel von Miramóns Frau) und teilte mir mit, er habe die Freilassung der subalternen Offiziere, in der Straße, in der sein Haus ist, und wo auch Escobedo wohnt, miterlebt. Augenblicke später kam die Prinzessin zum Kaiser und erzählte ihm, daß Escobedo ihr von einem Telegramm aus San Luis Mitteilung gemacht hat, das folgendermaßen lautet. „Die subalternen Offiziere sind sofort in Freiheit zu setzen. Die Hauptleute werden ein Jahr lang an der Straße nach Piedras Negras arbeiten. Die Majore und Oberstleutnants erhalten drei Jahre. Die Obersten sechs, und die Generäle und der Kaiser bleiben gefangen bis zu ihrer Ab-*

*urteilung durch den Kongreß." Diese Nachricht ist so günstig, daß ich noch daran zweifle ... aber da Riva Palacio diese Idee hatte und seine genaue Ankunftszeit mitgeteilt worden ist, ist zu hoffen, daß sie stimmt. Somit bleibt uns noch einige Zeit zu leben und mehr Überlebenschancen, denn es werden intelligente Leute über uns richten und nicht sechs ungebildete Hauptleute, die nur tun, was man ihnen vorsagt.*

Agnes Salm ist es wieder einmal gelungen, mit falsch verstandenen oder bewußt verdrehten Nachrichten Optimismus zu verbreiten. Daneben arbeitet sie aber auch auf ihre Art an den Fluchtplänen weiter. Oberst Villanueva, den sie schon vollständig für sich gewonnen zu haben vermeint, betont, daß für die Flucht viel Bestechungsgeld nötig sei. Außerdem müsse noch Oberst Palacios gewonnen werden. Agnes ist wie immer rasch entschlossen:

*Zu diesem Ende verlangte ich, daß der Kaiser 100.000 Dollars in Gold in der Bank des Herrn Rubio plazieren solle, auf die man nach Erforderniß ziehen könnte, denn Bargeld, sagte ich dem Kaiser aus alter Erfahrung, sei durchaus notwendig, wenn man mit Amerikanern unterhandeln wolle. Der Kaiser erwiderte, daß Geld die geringste Sorge sei, da sowohl Baron Magnus als die anderen Gesandten ihm versichert hätten, daß Summen zu jedem Betrage zu seiner Verfügung stünden. – Es war in der Tat seltsam! Am Ende jedes Wortes dieser Herren hing eine Goldunze, – aber an ihren Fingerspitzen nicht ein armseliger Dollar! Es ist wohl begreiflich, daß ich ungeduldig und empört wurde, wenn ich daran dachte, daß dieser jämmerliche Geiz der Gesandten den Kaiser umbrachte!*

Natürlich sieht die wirkliche Möglichkeit, im ausgeplünderten Querétaro Bargeld zu beschaffen, dürftig aus. Schon in der Hauptstadt konnten die Gesandten nicht viel Bargeld, d.h. Goldpesos, auftreiben. Sie versahen sich daher mit Tratten und Kreditbriefen, in der Hoffnung, daß diese von Banken honoriert würden. Lago hat in Querétaro kaum das für seinen Lebensunterhalt nötige Bargeld aufgetrieben, er hofft, daß Magnus, wenn er nach San Luis abreist, dort Bargeld einlösen kann, freilich nur in bescheidenem Ausmaß. Kurz, die 100.000 Dollar, von denen Agnes Salm spricht, sind in Wirklichkeit nicht im entferntesten aufbringbar.

Lago, stets voll Pessimismus, schließt aus dem – bereits am 6. Mai von San Luis angeordneten – Abtransport der subalternen europäischen Offiziere, daß von Kreutz seine Gespräche mit ihm Escobedo hinterbracht habe. Er grübelt jetzt nur mehr darüber nach, was dies für seine Person an Gefahren bedeuten könnte ...

Tavera besucht indessen die gefangenen österreichischen Offiziere, die teils im Casino, teils im „Teresitas"-Kloster untergebracht sind, um ihnen kleinere Geldsummen zu übergeben. Er spricht mit

Graf Pachta, Major Pitner und Baron Fürstenwärther. Die Offiziere haben alles verloren, und besitzen nur mehr, was sie am Leibe tragen. Sie schlafen auf Strohmatten oder auf dem Boden. Zweimal am Tag erhalten sie Suppe, die in einem großen Faß hereingebracht, wird und die unvermeidlichen Tortillas. Allerdings können mitleidige Queretanerinnen ihnen ungehindert mit Essen und Kleidungsstücken aushelfen.

Fürstenwärther, der bei den „Teresitas" gefangen ist, ist von alledem unerschüttert und bereits voller Pläne für die Zukunft. Der Steirer hatte während einer dreijährigen Kampagne in Michoacan die unerhörtesten Strapazen ertragen müssen; so hat er volle 14 Monate hindurch nie in einem Bett geruht. Jetzt sitzt er als Kriegsgefangener in Querétaro und weiß nicht einmal, ob er erschossen werden soll oder nicht. Aber schon trägt er den Plan in seinem Kopf herum, falls er hier mit dem Leben davonkäme, in die Armee des Vizekönigs von Ägypten einzutreten ... Inzwischen gibt er sich einem historisch nützlichen Zeitvertreib hin. Er sieht sich das „Teresitas"-Kloster, in dem auch Maximilian gefangen war, genau an, zählt die Schritte, wenn er umhergeht und macht Skizzen. So pflegt er nicht nur seine topographischen Kenntnisse, sondern überliefert der Nachwelt die Orte in dem weitläufigen Gebäude, an denen Maximilian und die Generäle untergebracht waren und andere Gefangene noch jetzt sind.[453]

Im Laufe des Nachmittags reitet Frederic Hall auf einem gemieteten Pferd auf dem Camino Real die Cuesta china aufwärts. Sein Ziel ist Tacubaya. Von dort möchte er versuchen, in die belagerte Hauptstadt zu gelangen, die ja auf jeden Fall vor der Kapitulation steht. Er hat die Paßhöhe noch nicht erreicht, als er von Wegelagerern aufgehalten und überfallen wird. Er ist erfahren genug, um zu wissen, daß er sich nicht wehren darf. Die Ladrones nehmen ihm Gepäck, Geld und – merkwürdigerweise – auch den Rock mit allen Papieren und Aufzeichnungen ab. Sie lassen ihm aber sein Pferd, und er setzt seine Reise fort und wird mit den Diplomaten nach dem unfreiwilligen Ende von deren Mission in Tacubaya zusammentreffen. Dort wird er ihnen von dem Überfall erzählen,[454] der, wie er annimmt, nicht ohne Auftrag Escobedos vorstellbar ist. Da Hall aber auch als Geschäftsvermittler mit der republikanischen Regierung zu tun hat, wird er sich hüten, das peinliche Ende seiner juristischen Hilfsaktion in seinen Memoiren auch nur zu erwähnen.

Sonntag, 9. Juni[455]
**San Luis Potosí**
Riva Palacio und Martínez de la Torre sind am Vormittag wieder im Regierungspalast. Justizminister Iglesias, ein lebhafter Herr mit Glatze, dunklen Augen, schwarzem Bart und Brille, sowie Kriegsminister Mejía, der mit seinem hellen Teint und Haar eher europäisch als mexikanisch wirkt, äußern sich in dem sicherlich vorher mit Juárez abgestimmten Sinn: Der Ministerrat werde aber über ihr Gesuch beraten. Um 12 Uhr kommen sie wieder, doch die Besprechungen der Minister sind noch im Gang, und Juárez läßt sie bitten, um 3 Uhr wieder zu erscheinen. Nach einem bedrückenden Mittagsmahl finden sie sich abermals im Regierungsgebäude ein. Man erfährt nicht, mit wem sie sprechen, vermutlich nicht mehr mit Juárez selbst. Aber der Präsident läßt ihnen, wie befürchtet, ausrichten, der Ministerrat habe beschlossen, in nichts von der einmal festgelegten Linie abzuweichen. Das begonnene Gerichtsverfahren sei weiterzuführen. Es werde auch keinen weiteren Aufschub mehr geben.

Don Mariano und Don Rafael teilen dieses entmutigende Ergebnis telegraphisch ihren Kollegen in Querétaro mit. Da es keinen Aufschub mehr gibt, muß es diesen überlassen bleiben, die Verteidigungsschrift abzufassen und die Plädoyers zu halten. Was sie nicht schreiben, aber wohl wissen, ist folgendes: Die Regierung hat auf diese Weise erfolgreich verhindert, daß vor allem der politisch einflußreiche Liberale Riva Palacio mit dem Prestige seiner Stellung als früherer Justizminister vor dem Kriegsgericht auftritt. Sie können in San Luis nichts tun als das Urteil abwarten und dann schleunigst um Begnadigung ansuchen.

**Querétaro**
Im Capuchinas-Gefängnis machen die Wachen des Nachts wieder großen Lärm, der Basch nicht schlafen läßt. Schon ab 4 Uhr früh schmettern die Trompeten.

Nachdem Tavera bereits gestern Besuche absolviert hat und die gefangenen Österreicher erfahren haben, daß nicht nur der Gesandtschaftssekretär, sondern auch der Geschäftsträger selbst in Querétaro ist, besucht heute auch Lago zusammen mit seinem in mexikanische Tracht gekleideten Adlatus das Casino, um mit den Gefangenen zu sprechen. Dort befindet sich auch Fürst Felix Salm. Zuerst sucht man sich geflissentlich zu übersehen. Erst als Salm, wie er behauptet, endlich zufällig fast in ihn hineinläuft, würdigt Lago ihn einer flüchtigen Begrüßung. Der „mexikanische Ritter Schmit" wagt sich nicht anders zu verhalten als sein Chef.

Für Lago war, wie er selbst zugibt, der Preuße Fürst Salm, dessen Gesellschaft er schon in Mexiko erfolgreich vermieden hatte, hier im Gefangenensaal des Casinos erst vorhanden, nachdem dieser ihn *begrüßend angeredet hatte.* Diese gewiß undiplomatische und kleinliche Haltung Lagos, zu der noch einige andere Anlässe kommen sollten, wird das Ehepaar Salm zu einem Rachefeldzug gegen ihn aufbringen. Lago unterschätzt die Möglichkeiten des von ihm verabscheuten Paares, ihm zu schaden, völlig. Er hat keine Ahnung, daß Agnes eine Dame ist, die man ein Jahrhundert später als „Skandaljournalistin" bezeichnen würde, und daß Felix Salm zwar das schwarze Schaf seiner Familie ist, aber gestützt auf einen uradeligen Namen, ihn in seinen Memoiren in aller Form diffamieren und dafür weithin Glauben finden wird. Die beiden werden von nun ab in perfektem Zusammenspiel jede Gelegenheit benützen, um die „österreichischen Diplomaten" in Wort und Schrift schlecht zu machen.

Am Vormittag werden die gefangenen mexikanischen Offiziere vom Leutnant abwärts vor dem Hauptquartier in der Calle de San Antonio versammelt. Tavera steht in der Nähe und beobachtet. Escobedo kommt persönlich heraus und hält eine seiner seltenen Ansprachen.

*Die Regierung hätte über das Leben aller jener verfügen können, die darauf vergessen haben, daß sie Mexikaner sind, und für einen Ausländer gekämpft haben, der von den französischen Invasoren zur Macht erhoben wurde. Jedoch die Regierung ist wie immer großmütig und verzeiht jenen, die bis heute Feinde ihres eigenen Vaterlandes gewesen sind. Sie erwartet, daß sie mit ihrem künftigen Verhalten für die Milde danken, die sie den verirrten Söhnen Mexikos angedeihen läßt. Sie sind jetzt frei und können ihre Pässe für ihre künftigen Aufenthaltsorte verlangen.*[456]

Die Reise der Freigelassenen in die künftigen Wohnsitze muß zu Fuß vonstatten gehen, das Gepäck auf dem Rücken mitgeschleppt werden. Nur für die Verwundeten gibt es Karren.

Zu Mittag müssen dann die Stabsoffiziere, soweit sie nicht ein Kriegsgerichtsverfahren zu gewärtigen haben, im Hof des Casinos zum Abmarsch antreten. Die für den Abtransport bestimmten Hauptleute warten bereits außerhalb der Stadt. Begleitet von einer Kavallerieeskorte müssen sie zu Fuß, jeder mit seinem Bündel auf dem Rücken, bei glühender Hitze den Marsch nach Morelia antreten. Allerdings wird die Bevölkerung an den Orten, durch die sie kommen, große Anteilnahme zeigen und mit Lebensmitteln und Maultieren aushelfen. Pitner hätte als Oberstleutnant den Marsch mitmachen sollen, ist aber für ein kriegsgerichtliches Verfahren ausgesondert worden. Er ist nun davon überzeugt, daß er erschossen werden wird.

Am Nachmittag teilt Azpíroz, höchstwahrscheinlich auch bereits telegraphisch über die gestrige Ministerratsentscheidung in Kenntnis gesetzt, Vázquez und Ortega Escobedos Beschluß mit, daß das Kriegsgericht zuständig bleibt. Die beiden Advokaten berufen dagegen, obwohl das aussichtslos ist, weil es in diesem Verfahren keine Berufungsinstanz gibt.

Concha Miramón kommt nach der 12 Uhr Messe zusammen mit einem Freund in das Gefängnis. Sie hat am Vormittag vom Verteidiger Jáuregui erfahren, daß die von Agnes Salm verbreitete tröstliche Nachricht, der Kongreß werde über die Angeklagten urteilen, blanker Unsinn ist. Das Kriegsgericht bleibe zuständig und die Verhandlung werde am Mittwoch stattfinden.

Der Exkaiser wird verständigt, aber er beharrt darauf, daß die ursprüngliche Nachricht stimme. So weiß man eigentlich nichts. Gerüchte aller Art gehen um: Die Gefangenen sollen nach San Juanico gebracht werden, damit der Exkaiser bessere Luft bekomme. Andere sagen, man warte auf neue Uniformen für die Galeanajäger, dann würden die Gefangenen nach San Luis überführt. *Inzwischen vegetieren wir hier dahin*, schreibt Miramón in sein Tagebuch. Und: *Den Rest des Tages haben wir weniger glücklich verbracht als sonst, denn Concha und ich kamen auf Politik zu sprechen, und diese Saiten haben zwischen uns nie sehr gut getönt.* Der Freund Joaquín Corral kommt um 8 Uhr, um Concha abzuholen. Immerhin: Miramón ist der einzige unter den Gefangenen, der bis zum letzten Tag sein Familienleben weiterführt, was die Wachmannschaften als Mexikaner instinktiv respektieren.

Um 14 Uhr erhalten auch Vázquez und Ortega aus San Luis die telegraphische Verständigung, daß die Regierung die Zuständigkeit des Kriegsgerichts bestätigt hat.

Vázquez hat heute die seltsame Aufforderung bekommen, einem Komitee aus verdienten Bürgern anzugehören, die einen öffentlichen Festakt für einen republikanischen Helden vorbereiten sollen. Dieser Mann heißt Damián Carmona, und im exkaiserlichen Querétaro wissen die wenigsten, wer er ist. Umso bekannter ist er in der republikanischen Armee.

Bald weiß auch Vázquez: Damián Carmona war ein einfacher Soldat vom fünften Bataillon von San Luis Potosí. Am 27. April – dem Tag der Schlacht am Cimatario – befand er sich in einem Schützengraben südlich des Rio Blanco, wo er Wachdienst hatte. Die Zone war ruhig, denn die Kämpfe spielten sich im Süden der Stadt ab. Als bekannt wurde, daß der Durchbruchversuch der Kaiserlichen mißglückt war, begann die Besatzung des Grabens lautstark „Los Cangrejos" zu singen. Die kaiserlichen Kanoniere der nahegelegenen

Cruz hörten das verhaßte Lied und feuerten einige Geschoße gegen den Graben ab. Eine Granate platzte neben Carmona. Er blieb unverletzt, aber ein Splitter riß ihm das Gewehr aus der Hand. Darauf kam es zu dem historisch gewordenen Gespräch:

*„Unteroffizier vom Dienst!"*

*„Was gibt's?"*

*„Ich bin ohne Waffe"* (Estoy desarmado).

Man brachte ihm ein neues Gewehr, und Carmona blieb auf seinem Posten. Doch sein lakonischer Ausspruch machte die Runde. Oberst Verástegui – er wird später dem Kriegsgericht angehören – kam und beförderte ihn sogleich zum Unteroffizier.

Dieser Carmona soll in Querétaro geehrt werden, und zwar, nachdem der Prozeß vorbei ist und die Urteile vollstreckt sind. Vázquez ist durch den Prozeß voll beansprucht, er arbeitet mit Ortega fieberhaft an der Verteidigungsschrift. Doch kann er den ehrenvollen Auftrag, den er vielleicht der Malice Escobedos zu verdanken hat, ablehnen? Das Leben wird eben auch nach Maximilians Tod – an den er vorläufig gar nicht zu denken wagt – weitergehen. So beschließt er, die Sphären zu trennen. Maximilian und seine Umgebung werden nie erfahren, wer Damián Carmona ist.

## Montag, 10. Juni[457]
### San Luis Potosí

Das Begehren der in Querétaro tätigen Advokaten, Escobedo möge die Unzuständigkeit des Kriegsgerichts erklären, wird, obwohl es bereits gestern abgelehnt wurde, um 10 Uhr 30 telegraphisch an Riva Palacio übermittelt. Dieser und Martínez de la Torre reichen es mit einem Begleitschreiben an die Regierung weiter, in dem sie die Abtretung des Prozesses an eines der künftig einzurichtenden Bundesgerichte fordern.

Juárez läßt umgehend antworten, daß sein Gesetz von 25. Jänner 1862 in keinem Widerspruch zur Verfassung stehe, *daß ferner das konstitutionelle Verfahren infolge des noch fortdauernden Krieges suspendiert ist, daß keine Berufung an eine höhere Instanz stattfinden könne und daß es unstatthaft sei, daß die Regierung über die in der Eingabe angeführten Punkte entscheide ...* Das heißt also, nicht das Kriegsgericht ist unzuständig, sondern die Regierung selbst. Diese habe nur zu befinden, wenn „Gesetzeszweifel" vorliegen, und das sei nicht der Fall. Damit ist den Rechtsgelehrten klar, daß das Todesurteil über Maximilian gesprochen ist. Sie können es nur mehr abwarten, und dann um Begnadigung bitten.

## Querétaro

Agnes Salm hat erreicht, daß ihr Gatte mit ihr Maximilian besuchen darf. So kommt es zu einem jener für die Gefangenen so seltenen Gänge durch die Stadt. Die Calle del Hospital Real, in der sich das Casino befindet, hat abgeschlagene Fassaden, Haufen von herabgestürzten Trümmern liegen auf der Straße. Die Bewohner sind im Inneren der Häuser mit Aufräumungsarbeiten beschäftigt.

Salm findet den Kaiser zwar krank, aber gefaßt seinem Schicksal entgegensehend. Ihre Gespräche drehen sich wieder um eine mögliche Flucht. Salms Phantasie ist angeregt, die des kranken Gefangenen nicht minder: *Wenn eine Flucht bewerkstelligt werden könnte, sollte sie zunächst nach der Sierra Gorda und von hier nach dem Rio Grande und dann nach Vera Cruz gehen. Hier erwartete der Kaiser über eine Million in der Kasse zu finden, und da die Mexikaner keine Flotte hatten es zu verhindern, konnte man Lebensmittel von Havana und Truppen von dem kaiserlich gesinnten Staate Yucatan einführen und sich wenigstens ein Jahr halten, während Miramón und Mejía im Lande tätig waren. Ein Jahr ist eine lange Zeit in Mexiko, und die Sache des Kaisers konnte wieder eine glückliche Wendung nehmen.*

Salm versucht zu erreichen, daß er wieder in der Nähe Maximilians untergebracht wird, doch Escobedo gestattet ihm nur, den Kaiser ab und zu in Begleitung eines Stabsoffiziers zu besuchen.

Während Felix Salm Maximilian Illusionen über die Möglichkeiten der Flucht macht, drängt Agnes diesen, möglichst viel Geld zu beschaffen. Lago soll sich darum bemühen. Maximilian schickt nach dem österreichischen Geschäftsträger. Vorerst geht es ihm aber noch gar nicht um Geld. Lago soll ihm vielmehr helfen, ein Kodizill zu seinem schon 1864 in Miramar gemachten Testament auszuarbeiten.

In diesem Kodizill des von Todesahnungen erfüllten Habsburgers spielt Schloß Miramar eine wichtige Rolle. Dessen Präfekt, der Legationsrat Eduard Radonetz, mit dem er von Mexiko aus ständig korrespondiert hat, soll in seiner Funktion bleiben. Die Kaiserin, die er sich schon als vereinsamte Schloßherrin vorstellt, soll auch den langjährigen Kammerdiener Anton Grill bei sich aufnehmen. Die „innere Decoration" des Schlosses nach Entwürfen von Julius Hoffmann soll fertiggestellt werden. Carl Graf Bombelles soll Obersthofmeister der Kaiserin werden. Maximilians Yacht „Undine" möge verkauft werden. Unter den Empfängern des Erlöses sind Felix Salm, P. Fischer, Schiffskapitän Schaffer, Fregattenkapitän Günner, Dr. Basch, Oberstleutnant Pradillo und Blasio genannt. Carlos Rubio, Bankier aus Querétaro, der ihm während der Belagerung persönlich 8.000 Pesos geborgt hat, soll diese ebenfalls aus dem Erlös des

Yachtverkaufes erhalten. *Die Frau Gräfin Miramón, geborene Lombardo, als die unglückliche Gemahlin eines der tapfersten Generale, die an meiner Seite kämpften,* wird der Kaiserin Charlotte persönlich anempfohlen, die bedürftige, aus dem einfachen Volk stammende Gattin des ebenso tapferen Generals Mejía, Agustina de Castro, die mittellos mit einem Kleinkind zurückbleiben wird, findet dagegen keine Erwähnung. Und Maximilian schließt:

*Ich will, daß eine geschichtliche Darstellung der drei Jahre meines Aufenthaltes in Mexiko und der vorbereitenden Periode mit Hilfe der in England und Miramar aufbewahrten Dokumente geschrieben werde. Ich wünsche, daß der Ex-Minister D. Fern. Ramírez und der Prinz Philipp (sic!) von Salm Salm die Güte haben, sich dieser Arbeit zu unterziehen.*

*Dank und Anerkennung allen meinen guten Freunden und Anhängern meines neuen Vaterlands, so wie meinen tapferen und getreuen Waffengefährten, welche so mutig und würdig eine edle Sache verteidigten. Grüße meiner geliebten österreichischen Marine, so wie allen übrigen guten Freunden an der adriatischen Küste und im Lombardisch-Venetianischen. Meine Anerkennung den HH. Diplomaten und Rechtsanwälten, welche gekommen sind mir hier in Querétaro beizustehen. Im Betreff meines Begräbnisses habe ich dem österreichischen Geschäftsträger meine Weisungen erteilt.*[458]

Die Abfassung des Kodizills, die in spanischer Sprache erfolgt, geht langsam vor sich. Lago, selbst Jurist, berät Maximilian, nimmt Notizen und diktiert Tavera, der die leserlichere Handschrift besitzt, die Niederschrift. Er überläßt wahrscheinlich ihm, der die spanische Rechtssprache besser beherrscht und sich auch bei den Advokaten Maximilians Rat holen kann, die Endfassung, die jedoch Maximilian nicht mehr zu Gesicht bekommen wird, da die Abreise der Diplomaten früher erfolgen muß als vorgesehen.

Concha Miramón bemüht sich auf ihre Weise, die Chancen ihres Gatten zu verbessern. Sie erscheint wieder bei Azpíroz, um einen Prozeßaufschub zu erreichen. Doch Azpíroz ist jetzt nicht ansprechbar. Er weiß, daß es keinen Aufschub mehr gibt, daß jetzt die Auseinandersetzung mit den Advokaten bevorsteht und die Regierung von ihm erwartet, daß er die wohldurchdachten Einwände gegen die Gesetzmäßigkeit des Verfahrens mit Argumenten entkräftet, welche in der Folge auch einer öffentlichen Auseinandersetzung standhalten. So empfängt er Concha, die nicht mehr als Präsidentengattin auftritt, sondern als flehentliche Bittstellerin, voll Nervosität. Als sie eindringlich zu sprechen beginnt, erhebt er sich statt jeder Antwort brüsk vom Schreibtisch, an dem er gearbeitet hat. Concha, in Tränen aufgelöst, greift bittend nach seiner Hand, fleht um Mitleid für ihre armen Kinder, ja will sich zu seinen Füßen werfen. Er stößt sie mit einer Geste des Widerwillens zurück, entzieht ihr seine Hand und sagt: *Señora, no me gusten las comedias.*[459]

Sie hat schon versucht, zwei Offiziere mit 10.000 Pesos zu bestechen, doch war sie dabei so ungeschickt, daß die Sache aufkam und die beiden aus Querétaro abgezogen wurden. Sie hat sogar daran gedacht, nachts mit ihrer Verwandten, Frau Cobos, auf das Flachdach über der Zelle ihres Mannes zu steigen, dort ein Loch zu öffnen und ihrem Gatten ein Fluchtseil hinunterzuwerfen. Die Besitzerin des Nachbarhauses, die zur konservativen Partei gehörte, wollte ihnen durch Leitern den Aufstieg bis zur Klostermauer ermöglichen. Als sie aber den Versuch unternahmen, mußten sie zu ihrem Schrecken entdecken, daß auch die Flachdächer von Wachposten kontrolliert wurden.[460]

Magnus, der immer noch im Hotel de Diligencias wohnt, hat sich bisher abwartend verhalten. Von Vázquez und Ortega erfährt er nun, daß die Bemühungen der nach San Luis gereisten Advokaten bislang fruchtlos waren. Auch ein Telegramm Bahnsens teilt ihm die gänzliche Erfolglosigkeit der Intervention mit. Maximilian selbst erfährt von diesem Mißerfolg durch seine hier tätigen Verteidiger um etwa 14 Uhr. Man sieht ihm gar nicht an, daß er durch diese Nachricht besonders berührt würde. Die Advokaten scheinen jedenfalls aufgeregter zu sein als er.

Um 5 Uhr geht Maximilian wie gewöhnlich schon zu Bett. *Was glauben Sie,* fragt er Basch, *wie die Sachen enden werden?*

*Eure Majestät,* antwortet der Arzt sehr gegen seine Überzeugung, *ich halte noch immer den ganzen Prozeß für eine Komödie, die sie spielen, um Europa gegenüber damit großzutun, daß sie Gnaden ausgeteilt haben. Ich glaube, sie werden diese zu Ende führen, aber für den Ausgang ist mir nicht bang. Denn ich halte das ganze für ein bloßes Spiel, wenn ich auch gestehen muß, daß es viel zu hart gespielt wird und viel zu lange dauert.*

*Nein,* widerspricht ihm Maximilian ganz ruhig, *das glaube ich nicht. Sie werden uns einfach erschießen. Es ist ein Rechenexempel, das man sich an den Fingern abzählen kann. Die Obersten bekommen sieben, die Generäle zehn Jahre Gefängnis. Nach mexikanischen Gesetzen gibt es dann kein höheres Strafausmaß mehr als den Tod.*

Maximilian hat völlig recht, denn auch das Gesetz, nach dem man ihn richten will, kennt nach den Strafen von 6, 8 und 10 Jahren als höheres Strafausmaß nur den Tod. In vertraulichem, leicht triumphierendem Ton setzt der Exmonarch hinzu:

*Übrigens will ich jetzt gestehen, daß ich, trotzdem es niemand an mir gemerkt hat, nie an einen anderen Ausgang geglaubt habe. Ich habe Sie bis jetzt nicht alarmieren wollen. Deshalb habe ich selbst so getan, als ob ich an meine Rettung glaubte. Die einzige Rettung wäre noch die Flucht. Den Tod habe ich übrigens schon zwei Mal erwartet. Das erste Mal – und daran werden Sie sich noch erinnern –, als man mich zu Escobedo führte. Das zweite Mal, wo ich von den „Teresitas" hierher gebracht wurde. Beide Male hatte ich schon vollkommen mit mir abgeschlossen.*

Maximilian setzt offenbar seinen Stolz darein, daß er nicht sagt, was er weiß oder denkt. Für viele Mexikaner, die ihn näher kennen, ist dieses „Tun, als ob" allerdings nichts anderes als Verstellung. Er übertreibt auch gerne sein „Vorauswissen", hat er sich doch in den letzten Tagen ohne Bedenken Fluchthoffnungen hingegeben, so trügerisch sie auch sein mochten.

Am Abend ruft ein Telegramm der Advokaten, die jetzt nur mehr auf politische Intervention setzen, Anton von Magnus nach San Luis. Kurz darauf überbringt ihm ein Kurier auch ein Schreiben Bahnsens, worin es heißt, daß Juárez die Abhaltung eines Kriegsgerichtsverfahrens unabänderlich beschlossen habe. Magnus weiß genau, daß das ein Todesurteil bedeutet. Obwohl er sich nur geringe Chancen ausrechnet, durch sein persönliches Auftreten in San Luis die Lage zu ändern, beschließt er doch zu reisen, *um zur Verhütung einer entsetzlichen Untat auch meinerseits alles zu tun, was mit der Würde des mir Allerhöchst anvertrauten Postens irgend vereinbar sein möchte.*[461]

Magnus spricht aber zuerst mit Vázquez und Ortega, die auch meinen, seine Anwesenheit in San Luis sei tatsächlich dringend erforderlich. Dieser Ansicht sind auch seine Diplomatenkollegen Hoorickx und Curtopassi. Mit Lago, der den unbedingten Wunsch hegt, sich anzuschließen, gibt es eine längere Auseinandersetzung, aber der Österreicher muß Magnus schon recht geben, wenn dieser meint, daß ja noch Österreicher auf kaiserlicher Seite kämpften, weshalb Österreich bei der Juárez-Regierung nicht als unparteiisch gelte.

Es ist schon fast Nacht, als Magnus sich zum Abschied in das Gefängnis zu Maximilian begibt. Der Kaiser, nach Baschs Bericht schon im Bett, meint, er sehe ihn ungern scheiden, da er ihm in Querétaro möglicherweise nützlicher sein könnte. In San Luis könne er wohl gar nichts ausrichten – Juárez wolle sein Blut.

Magnus verhehlt Maximilian gar nicht, daß er noch schwanke. Wenn er aber der Aufforderung der Advokaten aus San Luis nicht Folge leiste, müßte er sich im Falle eines schreckensvollen Ausganges ewige Vorwürfe machen. Aber er wolle die Entscheidung dem Kaiser überlassen.

Maximilian reicht ihm die Hand. *Sie haben recht, und so wenig Erfolg ich mir auch davon verspreche, so müssen Sie doch nach San Luis gehen. Ich werde in Ihrer Abwesenheit die Zeit benutzen, um mit Lago und*

*Hoorickx meine Familien- und Vermögensangelegenheiten zu ordnen. Es tut mir leid, Sie entbehren zu müssen. Sollte aber mein Tod unabänderlich beschlossen werden, so müssen Sie mir versprechen, vor meinem Ende zu mir zurückzukehren, weil ich Ihnen alsdann noch einige Aufträge für meine Familie zu geben wünsche.*

Magnus gibt Maximilian dieses traurige Versprechen.[462] Er nimmt noch in der gleichen Nacht die Postkutsche nach San Luis.

## Dienstag, 11. Juni[463]

Am Morgen wird Salm wieder in das „Teresitas"-Kloster überstellt, da nach dem Abgang der Subalternoffiziere dort die Bewachung leichter erscheint als im Casino. Basch dagegen wird aufgrund einer telegraphischen Weisung aus San Luis in Freiheit gesetzt. Palacios sagt ihm, er könne nun seinen Paß verlangen und abreisen. Doch Basch beschließt, trotz aller Unbill, die er bisher erfahren hat und die ihn sicherlich noch erwartet, an der Seite Maximilians auszuharren und weiter im Gefängnis zu wohnen. Wie könnte er auch einen Patienten im Stich lassen, welcher der Bruder des Kaisers von Österreich ist? Basch strebt eine wissenschaftliche Karriere in seiner Heimat an. Eine jetzige Rückkehr nach Österreich würde ihm den Ruf eines Deserteurs eintragen. Und nicht zuletzt: Maximilian braucht nicht nur Baschs Opiate, sondern auch den intellektuellen, gebildeten Gesprächspartner. So zynisch sich der Arzt auch gibt, Maximilian ist und bleibt „sein Kaiser". Mehr noch: Basch sieht seine Vertrauensstellung als ein ihm zuteilgewordenes einmaliges menschliches Erlebnis an, das er – wenn er es zustandebringt – bis zum bitteren Ende durchstehen möchte. Doch an ein solches wagt er noch nicht zu denken.

Maximilians Verteidiger werden wieder aktiv. Da ihnen die Bestimmungen des Sondergesetzes, nach dem der Prozeß geführt wird, keinen Spielraum für weitere Erstreckungen der bereits verlängerten Beweisfrist geben, berufen sie sich in einer Eingabe auf das Naturrecht. Jeder Prozeß müsse einfach genügend Zeit für Beweise und Gegenbeweise bieten. Weiters wird unter Hinweis auf die Bestätigung Dr. Rivadeneyras nunmehr ganz offiziell die Überstellung Maximilians an einen Ort mit besseren hygienischen Bedingungen gefordert.

Azpíroz hält das alles für eine Verschleppungstaktik und kontert mit der Forderung, Escobedo möge den Prozeß nun für verhandlungsreif erklären. Daß der General nicht nach ärztlichen Gesichtspunkten entscheidet, ist ohnedies klar.

Lago erlangt aber doch von Dr. Rivadeneyra noch ein weiteres Zeugnis, wonach Maximilians Gesundheitszustand ein Erscheinen

vor Gericht nicht erlaube. Der Kaiser ist trotzdem besorgt, man
werde ihn persönlich vorführen. Miramón, der mit seiner Gattin in
Maximilians Zelle kommt, versucht ihm diese Befürchtung auszure-
den. Während sie sprechen, findet ein Wechsel der Wache statt. Der
abgehende Wachoffizier macht den neuen darauf aufmerksam, daß
er „Maximiliano de Habsburgo" bewache. Der Neuankömmling
blickt verachtungsvoll in die Zelle und spuckt Maximilian vor die
Füße.

Miramón springt wütend auf, hält dem Wachoffizier die Faust
unter die Nase und brüllt: *Elender Feigling!* – Maximilian auf französisch: *Vorsicht, das sind Nadelstiche, um die wir uns nicht kümmern
sollen.*

## Mittwoch, 12. Juni[464]

Im Gefängnis wird die Wache abermals ausgetauscht, die Gardisten
der Supremos Poderes werden von Kavalleristen der Galeana-Jäger
abgelöst. Das Getöse der auf dem Steinboden nachschleifenden Säbel
und der klirrenden Sporen in Höfen und Gängen ist peinigend.
Außerdem stellt man den Gefangenen nachts wieder Kerzen in die
Zellen, und die Türen bleiben halb offen. Wer kann da durchschla-
fen? Am Morgen fühlt sich Maximilian ganz elend, und auch Mejía
hat über Nacht wieder Fieber bekommen.

Escobedo entscheidet nach Stellungnahme seines Rechtsberaters
Escoto, daß der Prozeß nunmehr verhandlungsreif für das Kriegsgericht sei. Die Ansuchen der Verteidiger um weitere Fristverlängerun-
gen werden abgelehnt. Zugleich wird ein Oberstleutnant Platón
Sánchez zum Vorsitzenden des Kriegsgerichts ernannt. Auf Anweisung Escobedos werden weiters sechs Hauptleute als Beisitzer bestimmt.

Concha kommt zu Mittag zu Miramón auf Besuch. Man speist
gemeinsam und ist einigermaßen bei Laune. Doch um 4 Uhr nachmittags kommt ihr Onkel Corral mit der vorerst inoffiziellen Nachricht, morgen, Donnerstag, um 8 Uhr früh solle der Prozeß beginnen.
Ort des Tribunals: das Iturbide-Theater. Alle nicht diensthabenden
Offiziere haben dem Kriegsgericht beizuwohnen. Der Eintritt ist für
alle Einwohner Querétaros frei, doch werden wegen des zu erwartenden Ansturms schon ab heute Zählkarten ausgegeben. Dann erscheinen die Verteidiger und teilen dies den Gefangenen auch offiziell mit. Alle nehmen Anstoß daran, daß statt Generälen Hauptleute
als Beisitzer gewählt worden seien. *Sie werden sich schon die richtigen
ausgesucht haben (ya los conocerán en su casa)*, kommentiert Miramón in
seinem Tagebuch.

Die Wahl eines Theaters für den Prozeß ist für den Mexikaner Miramón – nach seinen Tagebuchaufzeichnungen zu schließen – nicht besonders anstößig, löst aber Empörung bei den Europäern aus. So schreibt Salm:

*Warum man das Theater dazu wählte, während es soviel andere anständigere Lokale in Querétaro gab, die für diesen Zweck geeignet waren, kann ich mir nur dadurch erklären, daß man den Kaiser dadurch zu beschimpfen meinte, wenn man nicht etwa andeuten wollte, daß ja das ganze Rechtsverfahren nur eine Komödie sei.*

Genau das ist aber eben nicht die Absicht der Regierung, den Republikanern ist es vielmehr mit ihrer Justiz ernst. Sie sehen sie als dramatischen Höhepunkt einer notwendigen Abrechnung mit den ihrer Meinung nach am Krieg Hauptschuldigen. Ganz bewußt wird ein öffentlicher Prozeß angestrebt, mehr noch, durch Veröffentlichung des gesamten Verfahrens soll die ganze Welt von der verbrecherischen Gesinnung der Angeklagten überzeugt werden. Zweifellos gäbe es auch in den vielen Klöstern Querétaros entsprechende Säle, doch fehlte es dort an Sitzgelegenheiten für Zuseher. Man hätte schon in eine Kirche ausweichen müssen. ... Das Iturbide-Theater war aber seit seiner Gründung immer auch für politische Akte, etwa die Uraufführung des Himno santanista, der Nationalhymne, herangezogen worden; Jahrzehnte später wird dort sogar das mexikanische Parlament eine neue Verfassung beschließen.

Als Salm die Zelle betritt, legt Maximilian ein Buch weg – eine passende Lektüre übrigens, denn das Buch behandelt das Ende Charles I. von England ... Er reicht Salm die Hand: *Jetzt, Salm, ist alles bald vorüber...* Und dann besprechen sie trotzdem den neuen Fluchtplan, den Agnes Salm zusammen mit ihrem Mann entworfen hat. Daß sie dafür zweimal 100.000 Pesos braucht, weiß Maximilian bereits. Er gibt Agnes, als sie ihn abends besucht, seinen goldenen Siegelring mit: der von ihr gewonnene Fluchthelfer möge sich ihm durch diesen Ring zu erkennen geben.

Der Habsburger glaubt allerdings nicht recht an eine erfolgreiche Flucht, denn was er Salm bittet, in seine Brieftasche zu schreiben, zeigt, daß er sich im Augenblick wenig Illusionen macht: 1. daß man zu seiner Hinrichtung gute Schützen aussuche, 2. daß diese nach der Brust zielen und 3. daß er zugleich mit seinen beiden Generälen Miramón und Mejía erschossen werde.

Er fordert Salm auf, die „Geschichte des Kaiserreiches" zu schreiben, und sich – *um jeden Preis in den Besitz der nötigen Dokumente ... setzen, und sei es mit dem Revolver in der Hand* – eine Vorstellung, an der Salm sich erbaut haben mag. Weiters diktiert er ihm Ordensverleihungen – ein Beweis dafür, daß er seinen erklärten Rücktritt selbst nicht mehr ernst nimmt. Magnus und Salm sollen jeweils das Kommandeurkreuz des Adlerordens erhalten, Kanzler Scholler, Magnus' Begleiter, das Offizierskreuz des Guadalupeordens, Dr. Basch, der als Militärarzt im Oberleutnantsrang steht, das Offizierskreuz des Adlerordens, die Rittmeister Pawlowszki und Leutnant Kaehlig von der Husareneskorte das Ritterkreuz des Guadalupeordens. Auch Curtopassi soll dekoriert werden, wogegen von Lago und Hoorickx keine Rede ist.

Am Tag vorher oder noch am gleichen Tag hat Maximilian Lago, Hoorickx und anderen Diplomaten angekündigt, daß er sie alle dekorieren wolle. Sie sollten sich von Blasio, der noch im „Teresitas"-Kloster ist, „Ordens-Diploms-Blanquette" holen, welche dieser noch insgeheim aufbewahre. Der stets mißtrauische Lago befürchtet, Blasio könne davon Escobedo Mitteilung machen, wodurch dieser zur Auffassung kommen könne, Maximilian betrachte sich durch Verleihung kaiserlicher Orden noch als Souverän Mexikos. Er und seine Kollegen lehnen schließlich im Interesse Maximilians und ihrer selbst diese Ordensverleihungen ab, die nach dem Ende des Kaiserreiches ohnehin nur mehr Erinnerungswert haben.

Maximilian erzählt Salm auch, er habe einen Brief an seine Mutter, die Erzherzogin Sophie geschrieben, welchen er, wenn er freikäme, nach Europa befördern solle. Der Brief, der kein Datum trägt, muß demnach vor dem 12. Juni geschrieben worden sein. Da er ihn aber erst am Tage vor seinem Tode an P. Soria übergeben wird, wird dieser zur Meinung kommen, Maximilian habe ihn am 18. Juni geschrieben.

*Querétaro, Gefängnis der Capuchinas*
*den Juni 1867*
*Liebe beste Mama!*
*Fest im Glauben und treu meiner Ehre gehe ich mit ruhigem Bewußtsein dem unverdienten Tode entgegen. Nicht Schuld sondern Unglück hat mich nach Gottes Rathschluß in diese Verhältnisse gebracht; ich bin ehrenhaft unterlegen der Übermacht der Feinde und dem Verrathe. 72 Tage haben wir uns in einer Stadt, die eine offene unvorbereitete war, gegen einen siebenmal stärkeren Feind tapfer und ritterlich gehalten, nächtlicher Verrath hat uns in die Hände unseres Feindes geliefert. Durch Freunde werden Sie, beste Mutter, die näheren Details erfahren. Im Augenblicke der Gefangennehmung war ich an Dissenterie schwer krank; in den verschiedenen Gefängnissen, in welche man uns brachte, litt ich noch viel. Meine letzten Gedanken auf dieser Welt sind für meine gute, arme Charlotte und für Sie, geliebte*

*Mutter, der ich so vieles Gute zu danken habe. Ich schreibe nicht an meine arme Charlotte, da ich nicht weiß in welchem Gesundheitszustande sie sich befindet, Sie, beste Mutter, werden sie trösten und aufrichten. Seit diesem Jahre habe ich keine direkten Nachrichten weder von Ihnen noch von Charlotten. Papa küsse ich in Ehrfurcht die Hände, den Brüdern, Verwandten und Freunden sende ich die herzlichsten Grüße. Sie, beste Mutter, Charlotten und die früher Erwähnten bitte ich aus ganzem Herzen um Verzeihung für Kränkungen und Unrecht, die ich Ihnen allenfalls angethan habe. Ich sterbe ruhig mit dem wahren Trostgefühle das Gute gewollt und angestrebt zu haben und mit der Genugthuung viele wahre und edle Freunde in diesem Lande zurückzulassen, denen mein Andenken theuer bleiben wird. – Ein Freund bringt Ihnen, beste Mutter, mit diesen letzten Zeilen als Andenken für Sie den Ring mit den Haaren der seligen Amalie v. Braganza, den ich täglich trug, und für meine arme, geliebte Charlotte den Ehering.*

*Sie heißgeliebte Mutter um Ihren Segen und Ihre Gebethe bittend verbleibe ich Ihr Ihnen ewig treuer Sohn*

   *Max* [465]

Von der Vorahnung des Todes schwingen die Gedanken Maximilians bisweilen noch hoffnungsvoll in die Gegenrichtung. Salm berichtet:

*... wenn nämlich die Flucht gelänge. Er wolle zunächst in seiner Yacht nach Cadix fahren und dort einige seiner mexikanischen Anhänger unterbringen und namentlich nannte er Miramón, Mejía, Castillo und den Minister Aguirre. Auch Lacroma wollte er besuchen, dann mit seiner Mutter und der Kaiserin zusammenkommen und den Winter entweder in Neapel oder im Orient oder in Brasilien zubringen.*

Salm kehrt erst am Abend in das „Teresitas"-Kloster zurück, wo er jetzt untergebracht ist. Dort wartet seine Frau auf ihn. Beide befassen sich nun intensiv mit der schriftlichen Fixierung des Fluchtplans, von dessen Gelingen nicht nur das Leben Maximilians und seiner Mitgefangenen, sondern unter Umständen – wenn das Haus Habsburg sich entgegen seinem verbreiteten Ruf dankbar zeigen sollte –, auch die finanzielle Zukunft seiner Schöpfer und Helfer abhängt.

Miramón erhält heute von seinem Verteidiger Jáuregui den ersten Teil seiner Verteidigungsschrift – die Argumente scheinen ihm ausgezeichnet. Der zweite Teil wird noch besser werden, verspricht der Advokat. Maximilian fühlt sich abends ernstlich unwohl. Immer mehr belastet ihn der Gedanke, man werde ihn trotz seiner Krankheit vor das Gericht schleppen. Basch holt daher Dr. Rivadeneyra, der sich überzeugt, daß Maximilian wirklich leidend und verhandlungsunfähig ist. Es ist also sehr unwahrscheinlich, versichern die Ärzte, daß man ihn morgen vorführt.

An diesem Tag, vermutlich nach dem Besuch des republikanischen Militärarztes, wird der Kaiser auch von Antoine Forest besucht, dem früheren französischen Konsul in Mazatlán, den der Gesandte Dano nach Querétaro entsandt hat. Seinem Bericht nach[466] war Maximilian völlig vom Fluchtplan der Salm-Salms absorbiert, wollte über seinen bevorstehenden Prozeß nicht sprechen und erwartete auch nichts von der Intervention seiner Verteidiger in San Luis. Dennoch tauchte das Prozeßthema im Gespräch immer wieder auf. *Morgen wird man über mich urteilen, nicht wahr? Also gut, ich werde vor diesem Gericht nicht erscheinen. Niemals, hören Sie, Forest! Eher noch gehe ich jedes Risiko ein. Ich setze mich nicht auf die Anklagebank! Niemals, hören Sie gut zu, niemals!*

Forest verstand, daß sich Maximilian einem Auftritt vor Gericht nicht aussetzen wollte und versicherte ihm, daß er aufgrund der vorliegenden ärztlichen Zeugnisse auch nicht erscheinen müsse. *Und sollte es doch der Fall sein, mögen Eure Majestät daran denken, daß die Anklagebank für Ludwig XVI. und Marie Antoinette zu einem Denkmalsockel wurde.*

Der Kranke rief erregt: *Ich gehe nicht vor Gericht! Ich bin so schwach, daß ich eine Verhandlung nicht durchhalte. Und wenn mein Körper versagt, werden meine Feinde sagen, ich sei moralisch zusammengebrochen.*

Als Maximilian wieder von seinen Fluchtplänen sprach, bemühte sich Forest ihm aufzuzeigen, wie absurd die Annahme sei, seine früheren Gegner würden ihm jetzt dabei behilflich sein. Schließlich versuchte er, ihn moralisch aufzurichten, indem er erzählte, wie lobend sich die französischen Gefangenen in Querétaro, die er besucht habe, über ihn geäußert hätten. Ihre Ausdrücke wage er aber nicht zu wiederholen, sie seien zu volkstümlich. Maximilian wollte sie trotzdem erfahren. *Also gut, Sire, Sie sagen, Sie hätten immer viel Mut und Selbstverleugnung bewiesen, und Sie seien ... ein anständiger Kerl!*

Maximilian freute sich, äußerte, er sei doch wohl besser, als seine Feinde meinten, ließ Dano grüßen und verabschiedete sich mit der Versicherung, er fühle weder Verhärtung noch Bitterkeit in seinem Herzen.

### San Miguel de Allende

Concha ist von vielen Seiten geraten worden, sich an Escobedos Mutter zu wenden, die in San Miguel, einem „wenige Meilen von Querétaro gelegenem Örtchen", wohne. So macht sie sich einen Tag vor Prozeßbeginn auf den Weg. Die alte Dame empfängt sie ohne weiteres, ist aber so kalt und unhöflich, daß Concha jede Hoffnung verliert. *Escobedos Mutter war um die achtzig, groß, vertrocknet und voll Falten. So wie ihr Sohn besaß sie riesige abstehende Ohren, so daß* sie Concha, *genau so wie ein Orang-Utan* vorkommt. Während die temperamentvolle Gattin des Generals ihr Anliegen vorbringt, hört die Achtzigjährige völlig interesselos zu und fragt dann: *Und was wollen Sie, daß ich machen soll? Haben Sie auf die Morde von Tacubaya vergessen?*[467] Unter Miramóns Regierung hatte Márquez 1859 dort nach einer gewonnenen Schlacht Kriegsgefangene, darunter Spitalspersonal, erschießen lassen, eine Untat, die die Liberalen Miramón anlasteten. Völlig ohne Hoffnung kehrt Concha nach Querétaro zurück.

**San Luis Potosí**
Abends kommt Magnus an und, obwohl er todmüde ist, trifft er sich sogleich mit Bahnsen. Dieser berichtet von den bisher vergeblichen Bemühungen der Verteidiger. Riva Palacio und Martínez de la Torre haben heute für den anzunehmenden Fall eines Todesurteils im Namen ihres Mandanten um Gewährung der Begnadigung angesucht. Übrigens werde Magnus bei den maßgebenden Personen die höflichste Aufnahme finden.

**New Orleans**
Campbell befindet sich noch immer in seinem Hotel. *Ich bin,* wie er an Seward berichtet, *durch einen Gallenanfall an mein Zimmer gefesselt. Mein Arzt sagt, ich dürfe jetzt nicht reisen, ohne meine Gesundheit zu gefährden, besonders via Havanna und Vera Cruz, wo das gelbe Fieber ausgebrochen ist.*[468] Er bietet seinen Rücktritt an, den Seward gerne annimmt, der den amerikanischen Konsul Otterbourg mit weiteren, ebenso wirkungslosen Schritten betrauen wird. Wenige Tage später wird Campbell seine Gesundheit aufs Spiel setzen, um zu seiner Familie nach Ohio zu reisen.[469]

Donnerstag, 13. Juni[470]
**Querétaro, Capuchinas-Kloster**
Der Morgen des ersten Verhandlungstages des Kriegsgerichts bricht an. Schon um 6 Uhr beziehen 50 Cazadores de Galeana und 50 Mann von der Guardia de Supremos Poderes unter dem Befehl von Oberst Miguel Palacios Posten vor dem Capuchinas-Kloster.

Um 7 Uhr früh fordert der Kommandant des Wachbataillons die Gefangenen auf, sich für eine Überführung vor das Kriegsgericht bereit zu halten. Concha befindet sich bereits wieder in der Zelle zu Besuch bei ihrem Gatten. Maximilians Zustand hat sich während der

Nacht so sehr verschlechtert, daß man ihn endgültig in der Zelle läßt.
Beide beruhigen ihn, daß man ihn sicherlich nicht mit Gewalt aus
dem Gefängnis schleppen wird.

## Iturbide-Theater

Das Innere des Iturbide-Theaters ist für den Anlaß mit republikanischen Fahnen und anderen nationalen Emblemen behangen und hell
erleuchtet wie vor Beginn einer jeden anderen Vorstellung. Auf der
Straße vor dem Theater spielt eine Regiments-Banda.

Ab 8 Uhr setzen auf der Bühne, über welcher der hochgezogene
Vorhang schwebt, die Vorbereitungen für die Hauptverhandlung des
Kriegsgerichts ein. Zugleich beginnt eine große Menschenmenge in
das Theater zu strömen. Unter ihnen sind so viele der neubestimm-
ten republikanischen Gemeinderäte von Querétaro, daß eine zum
gleichen Zeitpunkt angesetzte Sitzung im Palacio Municipal mangels
Beschlußfähigkeit ausfallen muß. Man sieht eine Menge Offiziere,
hauptsächlich aber sind es die Bürger von Querétaro, die gekommen
sind, um jene Männer zu sehen, die das Kaiserreich repräsentieren,
für das in der Stadt noch genügend Sympathien bestehen. Daß Maximilian nicht kommen wird, spricht sich rasch herum und ist enttäu-
schend.

Nur zwei der in Querétaro anwesenden höheren Diplomaten lassen sich hier blicken, die Berichte der anderen werden nur Nachrichten aus zweiter Hand enthalten. Einer ist Antoine Forest, der andere
der „Gesandtenlehrbub" Schmit von Tavera, den Lago von jedem
Kontakt mit dem Exkaiser fernhält. Er sitzt mangels anderer Aufga-
ben im Zuschauerraum, der seinem Bericht nach jetzt bereits in völliger Dunkelheit liegt. Stets auf der Suche nach dem Anblick hübscher
Mexikanerinnen, erkennt er aber doch *in einer der Logen drei der kaiserlichen Partei angehörige Damen, welche mit derselben (echt kreolischen)
Unbefangenheit sich umsahen, als wenn es sich um die Aufführung des
erstbesten gewöhnlichen Schauspieles gehandelt hätte.* Da Tavera in der
kurzen Zeit seines Aufenthaltes in Querétaro kaum wissen kann, um
wen es sich hier handelt, dürfte er wohl Kommentare seiner Sitz-
nachbarn belauscht haben.

Die Anwesenheit der „Presse" beschränkt sich auf zwei Herren,
den Redakteur der Sombra de Arteaga und – immerhin – den Berichterstatter des New York Herald, den Engländer Clark, der die
gesamte Belagerung mitgemacht hat und jetzt natürlich erst recht in
Querétaro bleibt. Allerdings befürchtet er, daß ihn seine dürftigen
Spanischkenntnisse kaum wirklich in die Lage versetzen werden,
dem Prozeß zu folgen. Er wird sich daher auf den Bericht seines

mexikanischen Kollegen verlassen müssen. Diesem hat Escobedo klargemacht, daß er Historikerpflichten erfüllen müsse.

Die Bühne, die durch entsprechende Kulissenwände in einen Saal verwandelt worden ist, *zu dem man durch einen langen Säulengang gelangte, an dessen Ende sich ein Springbrunnen befand,*[471] liegt im Halbdunkel. An der Rampe flackern Petroleumlampen. Rechts steht ein großer Tisch, um den an drei Seiten die Sessel für Vorsitzenden und Beisitzer, deren Rechtsberater und den Staatsanwalt stehen. In der Bühnenmitte stehen drei Hocker ohne Lehnen für die Angeklagten. Tavera hält fest, daß sie durch die Kulissen fast verdeckt werden, er muß also links außen im Saal gesessen sein. Auf der linken Seite steht eine Stuhlreihe für die Verteidiger. Im Hintergrund wachen einige Garden der Supremos Poderes mit gefälltem Gewehr und aufgepflanztem Bajonett.

Erst zwischen 9 und halb 10 Uhr werden Miramón und Mejía, der unter Fieberanfällen leidet, in zwei geschlossenen Kutschen zum Iturbide Theater gefahren, vier Kompanien der Supremos Poderes und eine Kavallerieschwadron der Cazadores de Galeana begleiten den Zug, der sich durch die Calle de San Antonio bewegt, in der sich eine neugierige Menschenmenge drängt, die vergebens darauf wartet, auch Maximilian zu sehen.

Im Vestibül des Theaters läßt man für die beiden Angeklagten zwei Stühle hinstellen. Nun beginnt für sie ein stundenlanges Warten, bis sie am Nachmittag nacheinander vorgeführt werden.

Als man weiß, daß die Angeklagten endlich da sind, eröffnet Platón Sánchez die Hauptverhandlung. Alle Mitglieder des Kriegsgerichts sind in Uniform und haben ihre Offiziersmützen auf. In den Berichten wird auf die Verteidiger vergessen, doch dürften auch sie bereits auf ihren Stühlen links im Bühnenraum gesessen sein.

Azpíroz, der – wie Tavera findet – *jugendlich aussehende Fiskal,* beginnt eine Folge von Dokumentenverlesungen mit den von der Regierung vorgegebenen Anklagepunkten. Dann tritt Jacinto Meléndez vor und verliest das Protokoll mit den Einvernahmen der Angeklagten. Im eintönigen Redefluß des Gerichtsschreibers geht die Dramatik der Ereignisse verloren, die Suche nach Verteidigern, die Berufung der Diplomaten, das Hin und Her der Telegramme.

*Wegen des raschen Ablesens und der Verwirrlichkeit der Protokolle können wir jetzt noch keinen genauen Bericht mit Zahlen, Daten und exakten Inhalten geben,* entschuldigt sich vorsorglich der Berichterstatter der Sombra de Arteaga. Immerhin bekommt er mit, daß Maximilian die Zuständigkeit des Gerichts bekämpft, daß Juárez ein Gespräch mit ihm abgelehnt hat und daß er laut ärztlichem Zeugnis heute verhandlungsunfähig ist.

Azpíroz hat, um allen möglichen Vorwürfen zuvorzukommen, kurz vor der nun folgenden Vorführung der Angeklagten das nahegelegene Capuchinas-Gefängnis aufgesucht und sich davon überzeugt, daß Maximilian zu krank ist, um vorgeführt zu werden. Sein Besuch ist eine reine Formsache, denn das ärztliche Zeugnis liegt bereits bei Escobedo. Niemand besteht auf der persönlichen Anwesenheit Maximilians vor dem Gericht – wahrscheinlich sind alle froh, sich und dem Publikum die peinliche Szene ersparen zu können, daß ein Nachfahre Karls V., von mitleiderregendem Aussehen, auf den Brettern einer Bühne seinen erlauchten Namen, aber dann kein Wort mehr sagt.

Um 3 Uhr nachmittags holt man Mejía auf die Bühne, deren Stufen er nur mit Anstrengung ersteigt, und läßt ihn auf einem der Hocker Platz nehmen. Sein Äußeres wirkt vernachlässigt. Auf die Routinefrage des Vorsitzenden, wie er heiße, erwidert er mit breitem spöttischen Indiolächeln: *Bien lo saben Ustedes* (Das wissen Sie ohnehin). Dann tritt Próspero Vega, sein Verteidiger, vor und beginnt sein Plädoyer.

*Wir haben schon eine Menge gehört und gelesen, doch hat uns noch nie jemand sosehr in Bewunderung versetzt wie dieser tüchtige Verteidiger,* gesteht der Journalist der Sombra de Arteaga. *Dieses rhetorische Meisterstück hat die gesamte Zuhörerschaft zutiefst erschüttert.*

Vega, dessen Gesicht deutliche Indio-Züge trägt, läßt nicht die Logik des Juristen, sondern die Emotionen sprechen. Er zeichnet Mejías Lebensweg nach, den die meisten hier ohnedies kennen, betont, daß er sich nie der Intervention angeschlossen, sondern die politische Entwicklung in einer Art bewaffneter Neutralität in der Sierra Gorda abgewartet habe. Zwar habe er oft, wenn man ihn angegriffen habe, liberale Offiziere, ja Generäle gefangen genommen, doch niemals habe er deren Blut vergossen. Dies könnten Escobedo und Treviño bezeugen – ein deutlicher Wink mit dem Zaunpfahl für den Gerichtsherrn. Mejía sei seinen konservativ-religiösen Überzeugungen stets treu geblieben. Seine Parteinahme für das Imperio, hinter dem er den Ausdruck des Volkswillens vermutet habe, sei allerdings ein Irrtum, aber kein Verbrechen gewesen. Und Vega endet in einem dramatischen Appell:

*Ihr werdet Herrn Mejía nicht töten, nein, da Ihr wißt, was Dankbarkeit bedeutet, und einen nicht dem schandvollen Tode überantwortet, der Euren teuersten Waffengefährten das Leben bewahrt hat. Don Tomás Mejía, der Führer der Reaktion, schonte stets das Leben der Liberalen, wie sollten wir*

*nicht das seine retten! Wahrhaftig, wie sehr würden wir uns durch das Gegenteil selbst schaden! Es wird für uns schwierig sein, gegen das von ihm gegebene Vorbild nicht abzufallen! Gott möge uns dabei helfen!*[472]
Eine Welle der Anteilnahme schlägt Mejía entgegen, der sich im Elend seiner Krankheit, von Fieberschauern geschüttelt, mit Mühe auf seinem Hocker aufrecht hält, zumal die Füße des kleingewachsenen Mannes kaum den Boden erreichen. Ob er noch etwas zu sagen habe, fragt ihn der Vorsitzende. Mejía sagt nein, sein Anwalt habe alles vorgebracht, sollte er etwas vergessen haben, würde er es noch rechtzeitig vorbringen. Er ist froh, daß man ihn endlich wegführt, er sehnt sich nach der Ruhe seiner Zelle. Ein Offizier und zehn Mann der Supremos Poderes eskortieren ihn hinaus zum Wagen.

Miramón wird um 4 Uhr vorgeführt. Der Expräsident Mexikos ist der Prototyp kreolischer Eleganz, wie Tavera mit Bewunderung feststellt. Er ist auch jetzt sorgfältig in einen schwarzen Anzug gekleidet und betritt die Bühne mit gemessen stolzem Schritt. Der eher kleingewachsene Mann, dessen Gesicht noch die kaum vernarbte Streifschußwunde zeigt, sitzt aufgerichtet auf seinem Hocker und hört den Ausführungen seiner Verteidiger, Jáuregui und Moreno zu. Inzwischen fixiert er die Richter mit stolzem Blick und zwingt sie wiederholt, die Augen vor ihm zu senken.

Seine politische Biographie ist nicht so geradlinig wie die Mejías. Schließlich war er 1860, also noch vor der französischen Intervention, Präsident des konservativen Mexiko, und die Anklageschrift wirft ihm auch für diesen Zeitraum Usurpation, Aufstand gegen die verfassungsmäßige Regierung vor. Genau deshalb, argumentieren die Verteidiger, könne ein Gesetz aus dem Jahr 1862 nicht auf ihn anwendbar sein. Während der Intervention sei er in Frankreich emigriert gewesen, ja er habe sogar Juárez seine Dienste angeboten, widrige Umstände hätten eine Zusammenarbeit verhindert. Als er schließlich aus Heimatliebe nach Mexiko zurückgekommen sei, war das Kaiserreich bereits fest etabliert. Dessen Machthaber hätten ihn aber alsbald ins Ausland abgeschoben. Erst als die Franzosen abzogen, habe er für das Kaiserreich die Waffen ergriffen und betrachte sich jetzt als einen durch das Völkerrecht geschützten Kriegsgefangenen.

Das argumentum ad hominem hat sich Jáuregui zum Schluß aufgehoben: Als unter Miramóns Regierung der für ihn kämpfende General Márquez unter gefangengenommenem liberalen Sanitätspersonal in Tacubaya Erschießungen vornehmen ließ, habe Miramón persönlich eingegriffen und Jáureguis Bruder das Leben gerettet. Der zweite Verteidiger, Moreno, appelliert an das Ehrgefühl der Offiziere

des Kriegsgerichts: *Was werdet Ihr den zivilisierten Völkern Europas ant-*
*worten, wenn sie Euch ins Gesicht schleudern, daß dieser Prozeß kein*
*Prozeß ist, und daß die Anklage nach dem Naturrecht ungerechtfertigt ist?*
*Man wird Euch entgegenhalten, daß Euer Urteilsspruch der von unzivili-*
*sierten Wüstenbewohnern ist, und dagegen könntet Ihr nichts sagen. Doch*
*so wird es nicht sein, denn in Eurer Brust schlägt ein mexikanisches, vater-*
*landsliebendes und ehrbares Herz. Mexiko über alles, und Mexiko will nicht*
*von seinen Söhnen verunehrt werden.*

Diese Argumente sitzen, aber den Verteidigern, so Miramón,
selbst ein begeisternder Redner, später in seinem Tagebuch, fehlt
Feuer und Brillanz. Als Jáuregui den Schluß für seine lange Rede
nicht findet, zieht Miramón ungeduldig seine Taschenuhr, sieht nach
der Stunde – es dürfte gegen 6 Uhr gewesen sein – und klappt den
Deckel mit ostentativer Gleichgültigkeit möglichst geräuschvoll
wieder zu. Er selbst beschließt aber, nichts zu sagen und mißt
das Kriegsgericht nur mit verachtungsvollen Blicken. Sein stolzes
Schweigen bereut er hinterher. Ein Oberst führt ihn von der Bühne
ab, und mit der restlichen Eskorte bringt er ihn durch die, wie
Miramón auffällt, *von Menschen überquellenden Straßen* der Innenstadt
zurück ins Gefängnis.

Azpíroz erklärt vor dem Gericht – welches natürlich bereits informiert ist –, eigentlich aber vor dem Publikum, daß Maximilian krankheitshalber unmöglich erscheinen könne. Viele Zuhörer erfahren davon erst jetzt. Die Gefühle, Enttäuschung oder Erleichterung, dürften
gemischt gewesen sein.

Vázquez und Ortega haben sich die Arbeit geteilt. Der Professor
des Colegio Civil erliegt der Gefahr, eine Vorlesung über Verfahrensrecht zu halten. Ein Kriegsgericht sei für die Beurteilung staatspoliti-
scher Entscheidungen nicht zuständig, man habe daher die Verteidigung nur gezwungenermaßen übernommen. Außerdem sei das
Gesetz, nach dem das Verfahren abläuft, verfassungswidrig. Verfas-
sungsbestimmungen und Rechtsautoritäten werden zitiert – die Mitglieder des Kriegsgerichts, die schon seit 10 Stunden bei Kerzenlicht
und im Schein von Petroleumlampen sitzen und passiv zuhören
müssen, gähnen, blicken gelangweilt oder unterhalten sich.

Dann resümiert Ortega – durch die uninteressierten Mienen seines Auditoriums nicht gerade ermuntert – die historischen Umstände, die Maximilian nach Mexiko brachten. Er verschweigt weder, daß
die französische Intervention die Voraussetzungen für das Kaiserreich geschaffen hat, noch daß die Zustimmungserklärungen vieler
Gemeinden im französisch besetzten Mexiko unter militärischem
Druck zustandekamen. Aber er wird nicht müde zu betonen, daß

Maximilian letztlich in gutem Glauben die ihm von Mexikanern angebotene Krone annahm, und daß er den Landansprüchen der Franzosen stets entgegentrat. Das Blutgesetz vom 3. Oktober 1865, das man Maximilian vorwirft, sei ein Werk der Franzosen gewesen, und der Kaiser habe alle Ansuchen um Begnadigung gewährt. Das Gesetz, nach dem er nun verurteilt werden soll, sei verfassungswidrig und widerspreche den liberalen Prinzipien, weil es letztlich die Sieger zum Richter über die Besiegten mache. Der Sieg in diesem Krieg sei umso größer, je größer die Kraft des Verzeihens sei, endet Ortega.

Es ist 21 Uhr. Oberstleutnant Platón Sánchez vertagt die Verhandlung bis morgen 8 Uhr. Die Besucher strömen ins Freie. Tavera geht zurück in das nahegelegene Hotel. Der Reporter der Sombra de Arteaga eilt in die Druckerei, die im Keller des San Antonio-Klosters liegt. Er korrigiert seine hastigen Notizen und schreibt zu seiner Entlastung dazu: *Wir hatten weder einen Stenographen noch Zugang zu den Dokumenten, um Irrtümer richtigzustellen. Unser Bericht ist das Ergebnis von 14 Stunden geistiger Anspannung, und wir ersuchen den Herrn Staatsanwalt und das Gericht zu entschuldigen, wenn wir in unserer Arbeit als Historiker nicht exakt waren. ...*

## „Teresitas"-Kloster

*Schon früh am Morgen des 13., berichtet Salm, kam meine Frau zu mir, um mit mir näheres über die Flucht des Kaisers zu besprechen, die in der folgenden Nacht stattfinden sollte. Der Kaiser hatte die Wechsel von 200.000 Pesos auf seine Familie in Wien ausgestellt, Baron von Lago hatte sie auf seinen Wunsch mit unterzeichnet und mitgenommen, um sie auch von den anderen diplomatischen Bevollmächtigten unterschreiben zu lassen.*

Diese Darstellung ist vom Ablauf her gesehen unrichtig. Salm stellt hier offenbar irrtümlich die von Agnes geplante Vorgangsweise als bereits geschehen hin. Denn in Wirklichkeit setzt er dem Kaiser den obigen Plan vorerst ausführlich in einem langen Brief auseinander. Diesen soll Agnes dem Gefangenen überbringen, da sie wahrscheinlich nicht Zeit und Gelegenheit finden würde, dem Kaiser alles mündlich mitzuteilen.

Da Agnes sich jedoch immer genügend Zeit und Gelegenheiten genommen hatte, was sie jeweils wollte mit Maximilian zu besprechen, ist der wirkliche Grund offenkundig ein anderer: Maximilian soll nach Erhalt des Briefes diesen sozusagen aus Sicherheitsgründen an Lago weitergeben, der ihn – wie Salm wohl annehmen oder hoffen durfte –, als wichtiges Dokument nach Wien mitnehmen würde – *um seiner Familie und anderen zu zeigen, in welchem Verhältnis wir zueinander gestanden und was ich für ihn gewagt hätte. Offenbar war es die großmütige Absicht des Kaisers, mir dadurch einen freundlichen Empfang in Wien und Brüssel zu bereiten.* Die Idee der Weitergabe dieses Beweisstücks für die Dienste der Salms muß von Agnes dem Kaiser allerdings erst vermittelt werden. Diese fein gesponnene Spekulation der Salms auf die Großzügigkeit des Hauses Habsburg wird allerdings, wie man sehen wird, schon auf halbem Wege scheitern.

Salms Brief mit dem Fluchtplan enthält unter anderem die Forderung, daß die von Maximilian auszustellenden zwei Wechsel – für Villanueva und Palacios – von den in Querétaro anwesenden Diplomaten gegenzuzeichnen seien. Da Palacios zu diesem Zeitpunkt von der ihm zugedachten Rolle als Fluchthelfer noch nichts weiß, kann diese Idee der „Contrasignierung" nur von Villanueva stammen. Wer weiter denkt als Agnes, die eine Meisterin des „wishful thinking" ist, muß darin die Schlinge sehen, die Escobedo – über seinen Vertrauten Villanueva – den ihm äußerst verdächtigen Diplomaten zu legen gedenkt.

Auch Concha Miramón befindet sich an jenem ersten Prozeßtag im „Teresitas"-Kloster, wo sie Miramóns verwundeten Adjutanten, Oberst Ordóñez, besucht. Auch die Generäle Casanova, Ramírez, Valdés, Escobar und andere umdrängen die schmerzerfüllte Gattin des Expräsidenten. Als sie sich verabschiedet, hört man plötzlich lautes Schreien in den Klostergängen. Zwei gefangene junge Offiziere schleppen Miramóns deutschen Adjutanten von Görbitz heran, der sich von ihnen loszureißen versucht. Vorhin war Dr. Licea, dem man die Auslieferung Miramóns an die Republikaner anlastet, zu einem Krankenbesuch im Kloster, und als der Deutsche ihn sah, hat er sich wütend auf ihn geworfen und hätte ihn erwürgt, wenn man ihn nicht daran gehindert hätte.

### Capuchinas-Kloster

Wieder ein „dreizehnter". Basch denkt an das für Maximilians Leben schicksalhafte Datum. Er schreibt in sein Tagebuch: *Heute vor vier Monaten Ausmarsch aus Mexiko. Es ist 11 Uhr. Keine Nachricht aus dem Gerichtssaal.*

Als Maximilian erfahren hat, daß das Kriegsgericht aus lauter jungen Leuten besteht, meint er resigniert zu seinem Arzt, dessen Sinn für Sarkasmen er kennt: *Gott verzeih' mir's, aber ich glaube, sie haben zum Kriegsgericht bloß diejenigen ausgesucht, welche die besten Uniformen haben, damit das ganze wenigstens äußerlich einen anständigen Schein bekommt.*

Nachmittags macht Basch zum erstenmal von seiner amtlich bewilligten Freiheit Gebrauch und geht aus. Er hätte ins Theater gehen können, tut es aber offenbar nicht, sonst gäbe es – neben denen von Tavera und Forest – einen dritten europäischen Augenzeugenbericht über diesen Nachmittag. Er denkt an die nächsten Tage, an denen ihn der Kaiser wohl besonders brauchen wird. ... Von der erneut geplanten Flucht weiß er, ist auch bereit, zu helfen, aber persönlich will er eigentlich nicht mitflüchten, sein Leben ist ja gesichert. Auf jeden Fall erwirkt er sich die Erlaubnis, das Gefängnis, in dem er vorläufig noch wohnt, auch nachts verlassen zu dürfen.

Agnes Salm geht am Nachmittag mit dem Brief ihres Gatten zu Maximilian, wobei sie sich durchaus genügend Zeit nehmen kann, auch mündlich die Flucht im Detail auszumalen. Sie habe bereits alles mit Villanueva abgemacht, erklärt Agnes. Dieser werde Maximilian nachts aus dem Gefängnis führen. Eine Eskorte von hundert Mann stehe bereit, um sie zuerst in die Sierra Gorda und dann nach der Küste zu bringen. Maximilian ist mit allem einverstanden, will allerdings, daß Agnes und Basch ihn zu Pferd begleiten. Im Falle einer Entdeckung könne die Gegenwart einer Dame die Entdecker davon abhalten, ihn zu erschießen, meint er naiv.

Agnes sagt, daß noch Palacios gewonnen, d.h. bestochen werden müsse, insgesamt brauche sie 200.000 Dollar oder Pesos. Sie verläßt Maximilian, der offenbar versucht – wie, erfährt man nicht, es kann nur über Basch gewesen sein – Bargeld aufzutreiben. Als Agnes zurückkommt, kann er ihr nur zwei von ihm zu unterschreibende Wechsel anbieten, möchte aber bis zum Abend doch 5.000 Pesos in bar beschaffen. Agnes bleibt bis 20 Uhr. Maximilian übergibt ihr, wie geplant, seinen goldenen Siegelring; diesen solle sie jenem Offizier, der ihn befreien werde, als Erkennungszeichen aushändigen.

Beim Weggehen trifft sie Oberst Palacios, an den sie sich als einen *Indianer* erinnert, *der kaum lesen und schreiben konnte.* Weder das eine noch das andere stimmt. Palacios ist, wie sein Tagebuch zeigt, des Lesens und Schreibens sehr wohl kundig, und sein Foto zeigt europäische Züge und – wie genauer beobachtende Augenzeugen bestätigen – einen schielenden Blick, was der „Prinzessin", die alle Details großzügig zu übersehen pflegt, als einziger entgangen ist.[473] Als sie ihn jetzt trifft, ist es allerdings schon dunkel.

Nachdem nun Maximilian überzeugt ist, unter allen Umständen 200.000 Dollar beschaffen zu müssen, läßt er gegen 9 Uhr abends Lago rufen. Dieser hat auf sein Verlangen bereits früher Wechselformulare gekauft. Maximilian hat sie inzwischen unterzeichnet und dabei eigenhändig die Namen der Adressaten, Palacios und Villanueva, in die Formulare geschrieben ... Nunmehr – es ist etwa 10 Uhr abends – zeigt er Lago den Brief Salms mit dem Fluchtplan und sagt ihm, so wie Agnes Salm ihm eingeredet hat, und wie offenbar auch im Fluchtplan steht, daß die Fluchthelfer wünschten, daß auch Lago und Curtopassi auf den Wechseln mitunterzeichnen. Er ersucht Lago um seine Dienstunterschrift.

Durch diese Aufforderung ex abrupto gerät Lago in Panikstimmung. Da er glaubt, sein Kopf stehe wieder einmal auf dem Spiel, findet er plötzlich zu großer Beredsamkeit.

*Ich erklärte Seiner Majestät, daß ich bis in das Innerste meines Gewissens von der Überzeugung durchdrungen sei, daß seitens jener Offiziere Escobedos ein verräterisches Spiel getrieben und die Eitelkeit und Leichtgläubigkeit der Prinzessin Salm von denselben nur in schwindelhafter Absicht, nicht aber zur Rettung S. M. ausgenützt werde.*

*Durch die plötzlich gestellte Bedingung der Mitunterfertigung des kaiserl. Wechsels wolle man nur einen greifbaren Beweis unserer Mitschuld an den Rettungsbestrebungen erzielen, um einen Prätext zu finden, unserer Anwesenheit in Querétaro ... ein Ziel zu setzen.*[474]

Auf Maximilian, der immer ungeduldiger wird, geht ein förmlicher Hagel von zweifellos klarsichtigen Argumenten nieder: Ecobedo könne gegenüber den zwischen Agnes und Villanueva bestehenden Beziehungen nicht blind sein. Allein, er lasse sie zu, weil Villanueva sein Agent sei. Und was sei denn von Männern zu halten, denen die Unterschrift eines Kaisers auf einem an Seine Kaiserlich-Königliche Apostolische Majestät gerichteten Dokument weniger wert sei als die mehrerer Diplomaten?

*Da ich sah, daß der geistig und körperlich tiefgebeugte Monarch an die ihm von Mme. Salm eingeflößten Flucht-Ideen sich klammernd die Triftigkeit meiner ihm ehrfurchtsvoll entgegengehaltenen Anschauungen nicht einmal prüfen wollte, und vertrauend auf jene Frau und ihre Versprechungen zu einem selbst mir noch geheim gehaltenen Wagnisse entschlossen war, so suchte ich mir wenigstens der an mich ... gestellten Zumutung mit allen erdenklichen Gründen zu erwehren und bat seine Majestät, mir doch zu gestatten, mich mit den Wechseln nach Hause zu begeben und dort mit den meiner harrenden Kollegen diese so überaus wichtige und unerwartet gekommene Sache zuvor einer gebührenden reiflichen Überlegung und Betrachtung unterziehen zu dürfen.*

Jedoch der Kaiser, sich wie ein Ertrinkender an seine illusionäre Hoffnung klammernd, beharrt: *Wenn einmal Ihre Unterschriften drauf stehen, zweifle ich nicht, daß sich auch der italienische Geschäftsträger, den ich als einen Gentleman kenne, gewißlich ebenfalls entschließen werde, als zweiter Zeuge mitzuunterfertigen.*

Wieder argumentiert Lago verzweifelt: Eine Mitunterschrift des Italieners sei unter keinen Umständen zu erwarten. Maximilian ist nun endgültig der Auseinandersetzung müde. Vergessen ist, daß der Geschäftsträger Österreichs nicht sein Untertan ist, daß ein Diplomat gegen Unrecht protestieren, aber nicht seine Hand zu einer windigen Bestechungsaffäre leihen kann. Er will einfach die Unterschrift Lagos, drückt ihm die Feder in die Hand und sagt eindringlich: *Jetzt, Lago, unterschreiben Sie.* Der Österreicher Lago weiß nicht mehr, was ungeheuerlicher ist: daß er dem Bruder seiner Apostolischen Majestät eine halbe Stunde lang ins Gesicht widerstanden hat, oder daß er nun contre coeur seine Dienstunterschrift auf den Wechsel setzt und so Österreich in einer Weise kompromittiert, die nach den Weisungen aus Wien absolut zu vermeiden ist. Doch während er das noch überlegt, hat er unter dem verzweifelt befehlendem Blick des Habsburgers bereits am Rande des Wechsels unterzeichnet, denn er will ja, wie ihm blitzartig durch den Kopf schießt, nicht schuld sein, wenn Curtopassi, wie er sicher weiß, nicht unterzeichnen wird.

Maximilian gibt nun – so geht tatsächlich der erste Teil von Salms Intentionen in Erfüllung – Lago den Fluchtplan mit, damit dieser Curtopassi die Briefstelle über die nötige Gegenzeichnung vorweisen könne. Lago wird später unter Berufung auf seinen Diensteid bestätigen, daß Maximilian bei dieser Gelegenheit nichts über Salms Verdienste gesagt habe. … Daß aber der Kaiser sich sklavisch an alles hält, was der Brief vorschlägt, beweist zur Genüge, wie hoch er die Planungen des Ehepaars einschätzt. Freilich wird die Salm'sche Hoffnung, der Brief werde als Beweis zu seinen Gunsten im Wiener Ministerium des Äußeren landen, bald zunichte werden.

Maximilian hat erreicht, was er wollte, er atmet auf. Basch wird nach einiger Zeit die hoffentlich von den Diplomaten mitunterzeichneten Wechsel im Hotel abholen können. Es ist schon 10 Uhr abends.

**Querétaro, Calle de San Antonio, Haus von Frau Pepita Vicente**
Agnes bringt in ihren Memoiren auch die rührend-abenteuerliche Geschichte von ihrem Versuch, den pflichtgetreuen Oberst Palacios zu bestechen:
*Der Oberst begleitete mich nachhause und ich lud ihn in mein Parlor.* (Dies muß sie anstandshalber betonen, weil der zweite Raum ihrer Wohnung das Schlafzimmer war). *Ich fing sogleich an, vom Kaiser zu sprechen, um zu erfahren, wie er gegen ihn gesinnt sei, und ob ich irgend eine Hoffnung auf Erfolg haben könne. Er sagte mir, er sei ein großer Feind des Kaisers gewesen, doch seit er solange um ihn und Zeuge davon gewesen sei, wie gut und edel er sich in seinem Unglück benommen, und seit er in seine treuen blauen Augen gesehen habe, fühle er für ihn die größte Teilnahme, wenn nicht Liebe und Bewunderung. Nach dieser einleitenden Unter-*

*haltung, die etwa zwanzig Minuten währte, – es ist jetzt etwa 8 Uhr 30 abends – kam ich mit zitterndem Herzen zur Sache. Es war in der Tat ein Augenblick von der höchsten Spannung und Bedeutung, an welchem das Leben oder der Tod eines edlen und guten Mannes hing, der mich mit seiner Freundschaft beehrte und mein Kaiser war. Ich sagte, daß ich ihm eine Mitteilung zu machen habe, die sowohl für ihn als auch für mich von der allerhöchsten Wichtigkeit sei, doch ehe ich es tue, müsse er mir nicht nur sein Ehrenwort als Offizier und Gentleman geben, sondern bei dem Leben seines Weibes und seines Kindes schwören, daß er, was ich ihm sage, niemandem verraten wolle, selbst wenn er auf meine Vorschläge nicht eingehe.*

*Er gab mir das verlangte Ehrenwort und leistete in feierlichster Weise den Eid bei dem Leben seines Weibes und seines Kindes, die er beide mehr liebte als alles auf der Welt. Ich sagte, ich wisse nun mit aller Bestimmtheit, daß der Kaiser zum Tode verurteilt und sicher erschossen werden würde, wenn er nicht entfliehe, was er als vollkommen richtig einräumte. Dann teilte ich ihm mit, daß ich durch andere Personen alles zur Flucht vorbereitet habe, die in dieser Nacht stattfinden solle, wenn er darein willige, nur für zehn Minuten den Rücken zu wenden und seine Augen zu schließen. Ohne ihn könne nichts geschehen, wir seien gänzlich in seiner Hand und das Leben des Kaisers hänge gänzlich an seinem Willen. Das Dringende der Lage setze mich in die Notwendigkeit, mit ihm ganz offen zu reden. Ich wisse, daß er arm sei. Er habe eine Frau und ein Kind, deren Zukunft in diesen unruhigen Zeiten sehr unsicher sei. Nun biete sich ihm eine Gelegenheit, denselben ein gutes lebenslängliches Auskommen zu sichern. Ich biete ihm hier einen Wechsel von 100.000 Dollars an, welche die kaiserliche Familie in Österreich bezahlen werde und 5.000 Dollars in barem Gelde werde ich sogleich für seine Soldaten erhalten und ihm übergeben. Was ich ihm vorschlage, sei nichts gegen seine Ehre, denn indem er es annähme, diene er seinem Vaterlande am besten. Der Tod des Kaisers würde die ganze Welt gegen Mexiko bewaffnen, entfliehe aber der Kaiser, so würde er das Land verlassen und keine europäische Macht würde sich ferner in die Arrangierung seiner inneren Angelegenheiten mischen.*

*Ich schwieg und er nahm das Wort. Er legte die Hand auf sein Herz und versicherte, daß er wirklich die größte Teilnahme für Maximiliano fühle und daß er in der Tat glaube, es sei das beste für Mexiko, ihn entfliehen zu lassen. Er könne jedoch über eine so wichtige Sache nicht in fünf Minuten entscheiden, allein, wenn er darauf eingehe, so wolle er doch den Wechsel nicht annehmen. Er nahm denselben jedoch in die Hand und betrachtete ihn mit Neugierde. Der Indianer konnte wahrscheinlich nicht den Gedanken bemeistern, daß in solch kleinem Stückchen Papier, worauf etwas gekritzelt war, ein sorgenfreies Leben für sein Weib und Kind enthalten sein sollte; ein Beutel mit Gold würde weit überzeugender geredet haben.*

*Er reichte mir den Wechsel zurück und sagte, – nein, er könne ihn nicht annehmen. Er wolle in der Nacht darüber nachdenken und mir morgen das Resultat sagen.*

*Ich zeigte ihm den Siegelring des Kaisers, sagte ihm, was derselbe meine und bat ihn, denselben dem Kaiser noch heute Abend zuzustellen. Er nahm den Ring und steckte ihn an seinen Finger. Nach einer Weile zog er ihn wieder ab und sagte, daß er ihn nicht annehmen könne. Er müsse alles überlegen ...*

*Nun Oberst,* sagt Agnes, *ich sehe, Sie haben sich noch nicht entschlossen. Denken Sie darüber nach und erinnern Sie sich Ihres Ehrenwortes und Ihres Schwurs. Sie wissen, es kann ohne Sie nichts geschehen und es würde ganz zwecklos sein, mich zu verraten.*

Zwischen 9 und 10 Uhr, während sie noch reden, kommt Villanueva hinzu. Die Prinzessin konnte fast kein Wort spanisch und Palacios ebensowenig englisch. Vermutlich hat Villanueva, der die Fäden in dieser Angelegenheit zieht, diesen vorbereitet und dolmetscht nach seinem Eintreffen.

In bezug auf den angeblich überreichten Wechsel hat Agnes die Handlung frei erfunden. Die beiden Wechsel lagen nämlich zwischen 8 und 10 Uhr, als die Besprechung zwischen Agnes und Palacios stattfand, noch bei Maximilian, der sie zwischen 10 und 10 Uhr 30 an Lago weitergab und diesen zur Unterschrift nötigte. Bis ungefähr 11 Uhr 30 waren sie bei den Diplomaten im Hotel de Diligencias, dann brachte sie Basch ununterschrieben und verstümmelt Maximilian zurück.

Sicher ist immerhin, daß die Besprechung zwischen Agnes und Palacios in der Wohnung der Fürstin stattfand, und daß Agnes versuchte, Palacios durch ein Geldangebot zur Mithilfe zu veranlassen. Ein mexikanischer Bericht, der kurz darauf zusammen mit den Prozeßdokumenten veröffentlicht werden wird, bestätigt das. Er lautet:

*Die Prinzessin Salm erreichte von Palacios, daß er sie in ihrer Wohnung besuchte, wo sie dem Oberst mitteilte, daß sie alle Einzelheiten seiner persönlichen Verhältnisse kannte: er sei ein armer Soldat, mit einer äußerst mittellosen Familie, seiner Frau, die gerade ein Kind geboren hatte, fehle es am Lebensnotwendigsten. Er müsse die Zukunft seiner Kinder sichern. Mit diesen Worten legte sie eine wertvolle Banknote in seine Hand, indem sie hinzufügte, das Geschenk würde noch wertvoller sein, wenn er ihr einen kleinen Dienst erweise, der natürlich geheim bleiben müsse, worauf Palacios sein Ehrenwort geben müsse.*

*Palacios gab dieses, wobei er jedoch Verstöße gegen Pflicht, Ruf und Ehre ausschloß. Voll Erstaunen über die genaue Kenntnis der Dame über die kleinsten Umstände seines Privatlebens und die Höhe der angebotenen Summe, fragte er sie, worum es ihr ging.*

*Die einzige Gefälligkeit, welche die Prinzessin verlangte, war, daß er einen Augenblick einschliefe, denn nur das benötigte sie noch, um die Flucht Maximilians zu erreichen, für die sie ihre Vorbereitungen getroffen hatte.*

*Diese Eröffnung schockte den Oberst, da er sofort den Verdacht faßte, daß vielleicht schon Leute seiner Truppe bestochen waren. Er beruhigte die Prinzessin mit dem vagen Hinweis, da müsse er sich zuerst mit Escobedo absprechen, ein Hinweis, den die Prinzessin vielleicht wegen ihrer mangelnden Sprachkenntnis nicht oder so verstand, daß Escobedo mitbestochen werden sollte. Dann verabschiedete er sich höflich und ging sofort zum Oberkommandanten, um ihm Meldung zu machen.*[475]

Binnen kurzem wird diese Begebenheit in Querétaro zum Tagesgespräch, wobei es an ausschmückender Phantasie nicht fehlt. Die von Agnes in ihrem extrovertierten Verhältnis zu Villanueva ganz offensichtlich zur Schau getragene erotische Komponente wird dabei auf Palacios übertragen, obwohl sowohl Agnes als auch Palacios nur von geldlicher Verführung berichten, die Prinzessin bei einer sittenstrengen älteren Witwe einquartiert ist, der stocksteife, schielende Palacios keinen Vergleich mit dem eleganten Villanueva aushält, und Basch laut seiner Angabe „beide Obersten" zugleich bei ihr angetroffen hat. Das Gerücht ist trotzdem da, und Tavera, der Augen und Ohren stets offen hält, vernimmt es bei einem späteren Besuch in Querétaro und bringt es in seinen Memoiren. Corti, der dieses Gerücht kolportiert, bezieht sich merkwürdigerweise nicht auf diese, sondern auf eine Mitteilung Khevenhüllers.[476]

### Querétaro, Capuchinas-Kloster

Um 9 Uhr abends sind alle Fluchtwilligen reisefertig. Wenige Minuten vor 10 Uhr erscheint plötzlich Dr. Rivadeneyra und erkundigt sich, anscheinend in höchster Besorgnis, nach der Gesundheit des Exkaisers. Basch wollte, um das Kloster verlassen zu können, einen Besuch bei Rivadeneyra vortäuschen. Das geht jetzt nicht mehr. Er braucht einen anderen Vorwand. Schnell verschreibt er ein Rezept und geht fort, um es selbst aus der Apotheke zu besorgen. Rivadeneyra begleitet ihn. Sie trennen sich vor dem Kloster. Was Basch in seinen Erinnerungen nicht schreibt, ist, daß er im Auftrag Maximilians 5.000 Dollar für Agnes auftreiben und außerdem die beiden 100.000 Dollar Wechsel, die hoffentlich inzwischen von den Diplomaten unterzeichnet worden sind, abholen soll. Wahrscheinlich ist, daß er wegen des Bargeldes zu Carlos Rubio geht, dort aber nichts erhält.

### Querétaro, Calle de San Antonio, Haus von Pepita Vicente

Einige Minuten nach 10 Uhr ist Basch in der Wohnung von Agnes Salm im ersten Stock des Hauses der Witwe Pepita Vicente. Dort sind bereits die beiden angeblichen „Fluchthelfer" Palacios und Villanueva. Agnes gibt Basch in einem Nebenraum den Siegelring Maximilians zurück, mit dem sich gemäß dem Fluchtplan Palacios dem Exmonarchen als Helfer hätte zu erkennen geben sollen.

Heute könne man nichts mehr unternehmen, erklärt Agnes dem Arzt. Morgen werde sie um 10 Uhr mit dem zweiten Oberst – vermutlich Palacios – den Kaiser besuchen. Der „erste Oberst" – wahrscheinlich Villanueva – beruhigt Basch. Es seien ja noch drei Tage Zeit, bis das Urteil des Kriegsgerichts vollzogen werden könne.

Palacios und Villanueva verlassen die Wohnung Agnes Salms, nachdem Basch gegangen ist, um nebenan im Hotel de Diligencias die Diplomaten aufzusuchen. Die beiden Obersten aber wissen jetzt endgültig, daß Agnes Salm Vorbereitungen für einen Fluchtversuch unternommen hat und daß man dabei auf die Unterstützung der Diplomaten rechnet. Von deren Weigerung, die Bestechungswechsel zu unterschreiben, welche die Obersten überhaupt nicht gesehen haben können, wissen sie nichts. Lago wird dies, von seinem ewig schlechten Gewissen getrieben, akribisch in seiner Rechtfertigungsschrift nachweisen können.

Um Mitternacht ist Escobedo, der nur einige Häuser entfernt wohnt, durch Palacios über die Vorgänge informiert. Er ist wütend und zufrieden zugleich, denn sein von Anfang an bestehendes Mißtrauen gegen Agnes Salm und die „fremden Vertreter" hat sich bewahrheitet. Morgen wird er durchgreifen. Die Legende fügt noch einen weiteren Grund hinzu. Palacios habe Escobedo gewarnt. *Sie können darauf schwören, daß Maximilian aus seiner Zelle nicht herauskommt, aber diese Frau ist sehr hübsch, und ich kann nicht garantieren, daß ich mich nicht in sie verliebe. Daher tun Sie mir bitte den Gefallen und schaffen Sie sie mir von Leibe.*[477]

### Querétaro, Calle de San Antonio, Hotel de Diligencias

In „hoher Gemütserregung" trifft Lago um etwa 10 Uhr 30 nachts mit den beiden Wechseln bei seinen Kollegen ein. Er berichtet über das Vorgefallene, wobei er sich namentlich an Curtopassi wendet, dessen Unterschrift der Kaiser besonders angesprochen habe. Der Cavalliere lehnt erwartungsgemäß sofort ab. Unter keiner Bedingung könne er dies vor seiner Regierung verantworten. Auch die anderen Diplomaten, Hoorickx, Tavera und Forest erklären die „Contrasignatur" für ein Ding der Unmöglichkeit. Sie sind sich einig, daß Palacios, als

Kerkermeister, eine Vertrauensperson Escobedos ist und Villanueva von Anfang an Agnes Salm als Beobachter beigegeben war. Die Wechsel würden nie zur Rettung des Kaisers verwendet werden, sondern binnen weniger Stunden bei Escobedo landen. Lago hat in seiner Voraussicht recht behalten, doch wird er dessen nicht froh. Seine Dienstunterschrift steht ja allein neben der des Kaisers auf den beiden Formularen.

Seine Kollegen diskutieren erregt weiter: Wie können die Diplomaten mit ihrer Unterschrift dazu beitragen, daß ihre rettenden Bestrebungen in ihr Gegenteil verkehrt, oder gar, daß eine fingierte Flucht nur dazu dienen könnte, den Kaiser vielleicht schon vor der Gefängnistür oder außerhalb des Gefängnisses aus einem Hinterhalt zu überfallen und zu töten? Die Leistung der Unterschrift käme *einer moralischen Mitschuld an dem verräterischen Gaunerstreiche, welcher nach unserer Ansicht feindlicherseits gegen den Kaiser geplant wurde* ...[478] gleich. Das leuchtet jetzt auch Lago ein, doch für ihn ist es zu spät.

Plötzlich taucht auf dem Tisch, an den die Diplomaten sitzen, eine Schere auf. Und *einer der anwesenden fremden Vertreter*, wie es Tavera diplomatisch formuliert, schneidet einfach Lagos Unterschriften von den beiden Wechselformularen ab. Es geht so schnell, daß man nachher nicht mehr weiß, ob es Curtopassi, Hoorickx oder – horribili dictu – gar Lago selbst war. Kurz darauf – es ist etwa 11 Uhr 30 nachts – erscheint Basch. Es ist anzunehmen, daß er nach erfolgloser Geldsuche und nach seinem darauffolgenden Besuch bei Agnes Salm auf dem Rückweg ins Capuchinas-Kloster hier vorbeikommt. Man übergibt ihm die beiden verstümmelten Wechsel mit ein paar bedauernd erklärenden Worten.

### Capuchinas-Kloster

Basch macht sich seinen eigenen Reim auf diese nur halb erklärte Wechsel-Affäre. Er hat nun den Eindruck, Lago habe seine Unterschriften selbst mit der Schere beseitigt und so sagt er es Maximilian, als er ihm die verstümmelten Wechsel zurückbringt. Lago hat Angst, daß man ihn hängt, berichtet er Maximilian.

*Was wird sein, wenn man ihn hängt? Die Welt verliert nicht viel an ihm*, soll Maximilian darauf gesagt haben. Böse Worte, wenn er sie wirklich in dieser Form geäußert hat. Unmöglich ist es nicht, denn er hat wieder einmal all seine Hoffnung in eine illusionäre Rettungsaktion gesetzt, die nun scheinbar durch Lagos Schuld zunichte wurde. Wenn diese Worte gefallen sind, dann hat Basch allein sie gehört und offenbar Salm weitergesagt, der sie in seinen Memoiren, in denen ja Lago gründlich diffamiert werden soll, wiedergibt.

Basch bringt Maximilian auch den Siegelring zurück und berichtet über sein Gespräch mit den beiden Obersten. Maximilian meint, es sei ein gutes Zeichen, daß man mit diesen wenigstens offen über Flucht reden konnte ...

An diesem Tag geht Concha Miramón zu Escobedo und ersucht ihn um eine Extrapost zur Beförderung eines Gnadengesuches nach San Luis. Als sie ihn fragt, ob es besser wäre, dies vor oder nach dem Urteil zu tun, sagt er, am besten jetzt gleich. Somit kann sie sich vorstellen, wie das Urteil ausfallen wird. Sie schreibt – nach eigener Einschätzung – einen Brief *zum Steinerweichen*, adressiert an Lerdo, „el Puro", in dem sie den bösen Geist hinter Juárez vermutet. Nach dem Datum der Antwort des Außenministers dürfte dieser Brief ihn am 16. Juni erreicht haben.

Und obwohl Concha Miramón in ihren Memoiren kein genaues Datum nennt, dürfte sie an diesem Tag auch versucht haben, ihrem Gatten die Flucht in einer Verkleidung zu ermöglichen:

*Mein Plan bestand in folgendem: Ich war absichtlich immer ins Gefängnis ... mit einem dichtem Schleier über dem Gesicht und mit vor den Mund gehaltenem Taschentuch gekommen. Ich wollte nun wie üblich, aber in Männerkleidung ins Gefängnis kommen, über der Hose einen Reifrock ... tragend, darüber den Rock meines Kleides und einen langen Mantel, der mich einhüllte. Da beim Abendläuten der wachhabende Kavallerist seinen Dienst in der Zelle beendete, konnten wir die Stunde bis neun Uhr, in der wir allein waren, nutzen. Mein Gatte sollte über die Hose die Krinoline, den Rock ... und den Mantel anziehen, meinen Hut mit Schleier aufsetzen und sich mein Taschentuch vor das Gesicht halten. Und wenn mich dann um 9 Uhr mein Onkel Corral abholen käme, sollte er an meiner Stelle mit ihm das Kloster verlassen.*

Als Miramón diese Idee von seiner Gattin hört, meint er lächelnd, sie könnten doch nicht das Geschlecht tauschen, sie solle an mögliche Repressalien denken. Schließlich aber läßt er das Argument gelten, daß es für die Zeit, in der man nach ihm suche, zu einer Prozeßeinstellung kommen könne, und erlaubt, daß sie den Versuch mache. Um sich einen Männeranzug zu verschaffen, geht Concha zu „C. R.", – worunter vermutlich wieder der hilfreiche Carlos Rubio gemeint ist – der ungefähr Miramóns Statur besitzt und ihr auch mit einem seiner Anzüge aushilft. Wieder zuhause, überzeugt sie sich, daß Fluchtpferde und Waffen bereit sind.

Als Concha am Nachmittag in ihrer Verkleidung ins Gefängnis kommt, wird sie jedoch zu ihrem Erstaunen von mehreren Offizieren durchsucht, die ihr auch den Schleier wegnehmen. Sie darf nun zwar zu ihrem Mann, doch unter Bewachung, und um 7 Uhr weist man sie aus dem Gefängnis. Zuhause erfährt sie dann von einer Vertrauensperson aus dem Hauptquartier, daß „C. R." ihren Plan verraten hat.[479] Man muß annehmen, daß dieser Plan mit Agnes Salm abgesprochen war, und daß die Pferde, die im Stalle der Frau Cobos standen, für eine gemeinsame Flucht von Maximilian und Miramón bestimmt waren, die allerdings keinerlei Erfolgschancen hatte, da die „Fluchthelfer" samt und sonders nur zum Schein mitmachten, um über die Pläne der beiden Damen informiert zu sein und diese dem Hauptquartier zu melden.

Concha läuft nun von einem republikanischen General zum andern, um sie zu einer Fürsprache für Miguel Miramón zu gewinnen, doch vergebens. Selbst der Generalquartiermeister der republikanischen Armee, José Justo Alvarez, der mit Concha verwandt ist, und dessen Familie von den Miramóns Wohltaten erhalten hatte, meint nur trocken: *Sag mir, was soll ich machen? Warum hat sich auch Miramón mit Maximilian eingelassen?*[480]

**San Luis Potosí**

An jenem dramatischen Donnerstag, an dem sich in Querétaro die Ereignisse überstürzen, kommt es auch in San Luis zum verzweifelten Versuch, das Schicksal Maximilians gegen alle Erwartungen doch noch zu wenden.

Am Morgen treffen sich Magnus und Bahnsen mit Riva Palacio und Martínez de la Torre. Der Preuße spart nicht mit großen Worten: *Im Namen ganz Europas darf ich um die Begnadigung des unglücklichen Kaisers Maximilian bitten.* Freilich wird Europa in diesen Tagen für die republikanische Regierung eher ein Reizwort als eine Drohung sein.

Sodann geht Bahnsen mit Magnus zu einem von den Advokaten bereits fixierten Termin mit Außenminister Lerdo und führt den Preußen bei ihm ein. Auch Innen- und Justizminister Iglesias ist anwesend. Lerdo zeigt sich äußerst glatt und höflich, zumal er weiß, daß er in der Sache nicht nachgeben darf.

Magnus versucht sich im Spanischen, das er mit Eifer studiert und bereits recht gewandt verwendet, aber wo es komplizierter wird, weicht er ins Französische aus, das ihm doch noch leichter von der Zunge geht. Er komme ohne Auftrag seiner Regierung, betont er, lediglich als Privatmann, der sich für die Erhaltung des Lebens des fürstlichen Gefangenen einsetze (das Wort „Kaiser" vermeidet er natürlich im Umgang mit republikanischen Stellen). Allerdings, setzt er hinzu, erhoffe er sich Berücksichtigung seiner Überlegungen, da er mit der „diplomatischen Vertretung der königlich preußischen Regierung in Mexiko" betraut sei. Er betont, daß die preußische Regierung für das Land den inneren Frieden wünsche und kein spezielles Regime bevorzuge. Lerdo kann das schwerlich glauben.

Magnus weist auf das *enorme Interesse* hin, *das das Gouvernement von Washington an der Erhaltung dieses kostbaren Lebens bereits bekundet habe und das jedenfalls von einem großen Teil der mexikanischen Nation und von allen Fürsten und Völkern Europas auf das lebhafteste geteilt werde.* Er empfiehlt *Milde und Mäßigung gegen die Besiegten.*

Lerdo hört mit höflichem Gesicht zu und antwortet spanisch mit perfekter diplomatischer Ausgewogenheit. Er werde Präsident Juárez Mitteilung machen, die Regierung wisse Magnus' Motive wohl zu würdigen. Mexiko schätze die freundschaftliche Gesinnung der preußischen Regierung. Die Entscheidung über den Erzherzog sei noch offen. Es sei dabei aber abzuwägen, ob die Schonung seines Lebens mit dem Frieden der Nation vereinbar wäre. Magnus möge selbst überlegen: Wenn der Erzherzog als der Hauptverantwortliche nicht erschossen werde, könne überhaupt kein Todesurteil vollstreckt werden. Die republikanische Regierung habe Márquez, Miramón und Mejía bereits früher in ihrer Gewalt gehabt und Milde walten lassen. Nichtsdestoweniger haben sich diese Generäle der französischen Intervention angeschlossen.

Magnus entgegnet, auf Maximilian treffe dies nicht zu, er sei im Glauben gekommen, durch ein Majoritätsvotum des mexikanischen Volkes berufen worden zu sein. Er verweist ferner darauf, daß auch die Geschäftsträger Österreichs, Belgiens und Italiens – über den Franzosen Forest schweigt er lieber – sich für die Erhaltung von Maximilians Leben einsetzen.

Lerdo versichert, die Regierung sei weit entfernt davon, *die sehr natürliche Fürsprache der drei Repräsentanten zu mißdeuten.* Auf die Frage von Magnus setzt er hinzu, der Präsident werde ihn mit Vergnügen empfangen. Einen konkreten Wunsch gewährt Lerdo bereits jetzt. Sollte Maximilian zum Tode verurteilt werden, würde man mit der Vollstreckung so lange zuwarten, bis Magnus wieder in Querétaro eingetroffen sei, um allfällige Aufträge Maximilians für seine Familie zu übernehmen. Damit ist Magnus sehr zufrieden, denn wenn er sich hier schon bis zum letzten einsetzt, dann soll man das am Wiener Hof auch erfahren.

Am Nachmittag steht Magnus vor Juárez. Der Präsident ist müde, aber sehr höflich und verbindlich, versichert, die Regierung werde alles, was Magnus vorgebracht hat, sehr genau prüfen. Weitere Fragen mögen aber mit Lerdo besprochen werden.

Als Magnus das Zimmer verläßt, stößt er noch im Regierungsgebäude auf Kriegsminister Mejía. Dieser hat mit dem Problem

Maximilian wenig zu tun, er ist nur der Briefträger für die Telegramme an Escobedo. So ist er freundlich, besucht Magnus sogar in dessen Quartier und lädt ihn zu sich ein.

Was in Querétaro vor sich gegangen ist, erfahren die hier weilenden Advokaten erst um 10 Uhr abends aus einem Telegramm ihrer dortigen Kollegen:

*Heute um 8 Uhr morgens wurde das Verfahren eröffnet und um 8 Uhr abends wieder unterbrochen, um morgen um 8 Uhr wieder aufgenommen zu werden. Alle Plädoyers sind verlesen worden. Morgen wird der Militäranwalt den Strafantrag stellen, auf den wir nötigenfalls replizieren werden.*

Die Depesche sagt wenig aus, nur eines ist klar: die Zeit drängt. Magnus schreibt noch in der Nacht einen Brief an Lerdo, dem er das morgige Datum gibt. Nach einer langen Einleitung, in der die Freundschaft zwischen Preußen und Mexiko hervorgehoben wird, kommt er auf den Kern der Sache.

*Dem Weitblick, der Eure Exzellenz als Staatsmann auszeichnet, kann es nicht verborgen bleiben, daß sowohl die Vereinigten Staaten als auch die europäischen Regierungen das Leben des gefangenen Prinzen als ein Kleinod von größtem Wert schätzen. Darum wird sie auch die Dankbarkeit gegen diejenen, welche dieses Leben schonen, verpflichten, jene Garantien zu gewähren, welche die mexikanische Nation für die Erhaltung ihrer Unabhängigkeit und Freiheit braucht.*[481] Das ist eine vornehm ausgedrückte Drohung, wenn man auf die Idee kommt, den Umkehrschluß zu ziehen. Aber selbst wenn man diese Drohung versteht – im Augenblick des großen republikanischen Siegeszuges und nach dem Abzug der Franzosen fühlt sich die mexikanische „República restaurada" stark und unangreifbar. Sowohl Nordamerika als auch Europa gelten als Interventionsmächte, sich ihnen zu widersetzen wird gerade jetzt zur nationalen Aufgabe.

Auch die Advokaten überreichen heute Lerdo eine Eingabe, worin sie für den Fall eines Todesurteils um Begnadigung für Maximilian bitten.[482]

Freitag, 14. Juni[483]
**Querétaro**
Um 7 Uhr läßt Maximilian Basch rufen. Er beauftragt ihn, wie der Arzt berichtet, zu Lago zu gehen und diesen zu drängen, ihm das Kodizill zur Unterschrift vorzulegen. Von Hoorickx und Curtopassi soll er die von ihnen zu schreibenden Briefe verlangen. Dann soll er zu Agnes Salm gehen. Wozu wohl? Basch ist in seinen Erinnerungen bei allem, was seine Rolle beim Fluchtplan betrifft, natürlich zurückhaltend.

In Wirklichkeit hat Basch Lago, bei dem er um 7 Uhr 30 ankommt, zunächst mitzuteilen, daß sich der Kaiser hinsichtlich der Weigerung der Diplomaten, die zwei Wechsel zu unterzeichnen, beruhigt habe. Der Fluchtplan bestehe jedoch weiter, und bei Vorlage des Kodizills zu Mittag solle Lago um jeden Preis 5.000 Pesos in bar mitbringen. Diese solle Agnes Salm der Frau Palacios aushändigen, die sich offenbar mit ihrer Familie in Querétaro befindet.

Die Diplomaten wollen helfen und teilen den aufzubringenden Betrag unter sich auf. Die Absicht ist, das benötigte Bargeld durch Ausstellung von Wechseln bei verschiedenen Handelsfirmen der Stadt zusammenzubringen. Als Lago zwischen 8 und 9 Uhr als letzter das Hotel verläßt – es ist ihm inzwischen gelungen, tatsächlich eine kleinere Geldsumme zu borgen –, sieht er, daß Curtopassi, Hoorickx und Forest von Soldaten durch die Straße eskortiert werden. Sie sind verhaftet. Lago geht gleich mit.

Das „Stadtkommando", wohin man sie laut Lago führt, dürfte mit der „Comandancia militar" identisch gewesen sein, die in der Calle del Biombo, gegenüber Rubios Wohnhaus liegt. Stadtpräfekt ist General Refugio González. Dieser bedeutet ihnen in seiner brutalen Art, sie müßten innerhalb von zwei Stunden Querétaro verlassen. Lago bemerkt, es werde nicht möglich sein, innerhalb so kurzer Zeit eine Postkutsche aufzutreiben. *Gut*, brüllt der als Zyniker bekannte González, *dann packen Sie sich zu Fuß fort.* In einem Kaufladen fertigt man ihnen einen Zwangspaß für Tacubaya, dem Hauptquartier von Porfirio Díaz aus. Dann werden sie in ihr Hotel zurückeskortiert.

Auf dem Rückweg kommen sie beim Stadttheater vorbei, das außer Forest noch keiner von ihnen betreten hat. Dort befindet sich aber der einzige noch nicht verhaftete Diplomat, Tavera. Er will Zeuge des historischen Prozesses sein, auch wenn Maximilian nicht dort auftritt. Lago betritt das Theater, findet den offenbar am Rand sitzenden Tavera und holt ihn heraus. Im Hotel angelangt, erreicht sie ein weiterer Befehl Escobedos: Sie haben die Stadt sofort zu verlassen. Da ihr Hotel zugleich die Postkutschenstation ist, ist es wider Erwarten nicht so schwierig – natürlich gegen entsprechenden Spezialpreis, nämlich 1.800 Francs – einen Wagen nach Tacubaya zu mieten.

Basch ist inzwischen bei Agnes Salm gewesen. Dabei ist es dem von den Ereignissen völlig absorbierten Mann gar nicht aufgefallen, daß das Haus, in dem sie ihr Quartier hat, bewacht wird. Er erledigt zweifellos seinen Auftrag, die Übergabe der beiden Wechsel. Da nämlich die von Maximilian gezeichneten Wechsel wenig später wieder bei Agnes Salm auftauchen, muß man annehmen, daß Basch der Überbringer war. Er gibt ihr auch eine von Maximilian gezeichnete

Erklärung, die verhindern soll, daß jemand die beiden Wechsel nach dem Tode Maximilians einlöst.

*Die beiden Wechsel über einhunderttausend Pesos, die ich heute für die Obersten Palacios und Villanueva ausgestellt habe und die von dem Hause und der kaiserlichen Familie von Österreich in Wien bezahlt werden sollen, sind erst gültig ab dem Tage, an welchem ich durch die beiden Obersten vollständig gerettet sein werde.*

*Maximilian*

Als das erledigt ist, und Basch zusammen mit dem deutschen Kaufmann Schwesinger, der Salms Sekretär gewesen war, das Quartier der Amerikanerin verläßt, nähert sich ihm General Refugio González mit einem anderen Offizier.

*Wie geht es denn eigentlich Ihrem Patienten?*, fragt er ihn spöttisch. Basch ahnt Schlimmes. Und tatsächlich läßt González sie von seinem Begleiter zu Escobedo bringen.

*Was haben Sie auf der Straße zu suchen?*, fährt ihn der Oberkommandant an.

*Ich bin doch absolut frei*, entgegnet Basch herausfordernd.

*Gut*, meint Escobedo trocken und befiehlt einem Adjutanten: *Führen Sie diesen Herrn in die Kaserne des Coahuila-Bataillons.* Dort, in einem Ex-Kloster, erhält er Einzelhaft, versucht vergeblich, mit dem Kaiser Verbindung aufzunehmen, hört nur, daß auch dieser scharf bewacht wird.

Die Diplomaten sind inzwischen beim Packen. Curtopassi versucht, dem Kaiser durch einen bestochenen Offizier der Torwache Nachricht von der Verhaftung zu geben. Da fällt Lago ein, daß er noch den Fluchtplan Salms bei sich trägt. Wieder gerät er in Panik. Der Brief kompromittiert ihn, den Kaiser, ja auch seinen Verfasser, Salm. Hoorickx ist wieder hilfreich, laut Lago ist er es, der den Brief vernichtet. Lago ahnt nicht, welche Folgen das Verschwinden dieses Salm'schen Schreibens, in dem das fürstliche Paar dem Wiener Hof den Beweis für seinen gewagten Einsatz für Maximilian zuspielen will, haben wird.

Er vernichtet auch noch andere Dokumente, nur das Kodizill, das Maximilian noch nicht unterschrieben hat, behält er bei sich.

Die Diligence nach Tacubaya, wohin sie ausgewiesen werden, geht direkt vom Hotel ab. Zur Sicherheit schickt Escobedo noch einen Offizier aus dem nahen Hauptquartier mit der Botschaft vorbei: *Wer von Ihnen zurückbleibt oder sich innerhalb der nächsten vier oder fünf Tage in Querétaro blicken läßt, wird erschossen.*

So reisen sie alle zusammen in Richtung Tacubaya ab. Von jeder Poststation auf der Strecke wird über die Telegraphenleitung – diese

war zwischen Querétaro und San Juan del Río unterbrochen, ist aber
bereits wiederhergestellt – die Durchfahrt der Diligence an das
Hauptquartier gemeldet.

Nun beginnt das gleiche Spiel mit Agnes Salm. Sie hat nach Baschs
Abgang erfahren – angeblich von einem Stabsoffizier Escoedos – daß
Palacios Escobedo den Fluchtversuch gemeldet hat. Als sie das Haus
der Pepita Vicente verläßt, wartet Refugio González schon auf sie:
Escobedo wolle sie sehen. Im Hauptquartier trifft sie inmitten war-
tender Offiziere, die sich über die bevorstehende Szene bereits jetzt
amüsieren, auf einen ironisch düster blickenden Escobedo.

*Die Luft in Querétaro scheint Ihnen nicht zu bekommen,* beginnt er.
Als sie protestiert, versichert er ihr, sie sehe wirklich schlecht aus. Er
habe einen Wagen mit Eskorte für sie anspannen lassen, der sie nach
San Luis bringen werde. Dann sagt er vorwurfsvoll: sie habe seine
Güte mißbraucht und versucht, seine Offiziere zu bestechen und ihn
dadurch zu kompromittieren. Sie weiß genau, daß das alles stimmt,
meint aber, sie habe nichts getan, dessen sie sich zu schämen
brauchte.

*Wir wollen das hier nicht erörtern, Madam, aber ich wünsche, daß sie
Querétaro verlassen,* läßt Escobedo übersetzen. Alle ihre Hinweise auf
ihren Mann, der hier seinen Prozeß erwarte, nützen nichts. Escobedo
verweist darauf, daß auch die Gesandten Querétaro hätten verlassen
müssen.

Als man sie in ihr Quartier führt, steht vor ihrer Tür schon ein mit
vier Maultieren bespannter Wagen. Der sie begleitende Hauptmann
möchte verhindern, daß sie noch in ihre Wohnung hinaufgeht. Sie
schüchtert ihn – wohl halb im Scherz – mit einem kleinen Revolver
ein, den sie als amerikanische Lady natürlich bei sich trägt. Dann
beginnt sie, den Verblüfften um den Finger zu wickeln. Er möge
ihr jemanden besorgen, der ihr beim Packen hilft. Er geht zu Escobedo, der ihm den Kopf zurechtsetzt, und kommt mit einer sechs
Mann starken Eskorte zurück. Agnes muß allein einpacken. Sie darf
noch ein paar Zeilen an ihren Mann schreiben. Zu guter Letzt kommt
noch Villanueva zu einem Abschied ohne Emotionen. Sie gibt
Villanueva die zwei Wechsel mit der Bitte, sie dem Kaiser zurück-
zustellen.[484]

Als sie mit ihrem Indio-Mädchen, dem Hund Jimmy und Gepäck
davonfährt, geht es plötzlich nochmals ins Hauptquartier, aber
Agnes, die ihr Spiel in Querétaro verloren hat, wehrt sich erfolgreich,
dem unwirschen Escobedo nochmals zu begegnen. Der Wagen bringt
sie in die Sierra Gorda nach Santa Rosa. Von dort kann sie per Postkutsche nach San Luis weiterreisen.

Felix Salm erfährt von alldem durch einen Zettel, den ihm eine Indianerin überbringt, worauf Agnes lakonisch mitteilt, sie müsse plötzlich nach San Luis reisen, und sie bedaure, ihn vorher nicht mehr sehen zu können. Kurz darauf bringt ihn ein Offizier mit einigen Soldaten in eine kleine Kapelle im Garten des Teresitas-Klosters, wo er Einzelhaft bekommt. Man beschuldigt ihn, ein Komplott angestiftet, Offiziere und Soldaten bestochen zu haben. Jetzt weiß er, daß das Fluchtprojekt endgültig gescheitert ist. Vielleicht erinnert er sich, daß man in Mexiko zum Tode Verurteilte vor der Hinrichtung in eine Kapelle bringt. Sein Prozeß steht ja noch bevor.

**Iturbide-Theater**

Das Verfahren wird um 8 Uhr fortgesetzt. Heute ist der große Auftritt des Militäranwalts Azpíroz. Er hat in der Nacht die Plädoyers der Verteidiger genau studiert und, anstatt in seinem Strafantrag nur auf das Ergebnis der Verhöre einzugehen, bemüht er sich, auch die Argumente der gestrigen Plädoyers der Verteidiger zu entkräften.

Der Prozeß, erklärt er, stütze sich auf öffentlich bekannte Fakten, ein Beweisverfahren sei daher gar nicht notwendig gewesen. Außerdem gebe es einwandfreie Geständnisse. Dann rollt Azpíroz aus republikanischer Sicht die Geschichte der Ankunft Maximilians in Mexiko auf, die Besetzung durch die Franzosen, die von diesen einberufene Notablenversammlung in der Hauptstadt, die von den Franzosen eingetriebenen Zustimmungserklärungen, die Aufstellung ausländischer Freiwilligenkorps, das Dekret gegen die „Dissidenten" vom 3. Oktober 1865, die Weiterführung des Krieges gegen die Republik auch nach dem Abzug der Franzosen und schließlich die Einsetzung einer Regentschaft, die auch nach dem Tode Maximilians das Kaiserreich weiterführen sollte. Dabei bezieht er sich auf die in Maximilians Zelle in der Cruz gefundenen Kopien seiner Dekrete über Abdankung und Einsetzung einer Regentschaft.[485]

Es folgt der leicht zu führende Nachweis, daß aufgrund des Gesetzes vom 25. Jänner 1862 – das Benito Juárez nur im Hinblick auf die, damals von ihm richtig vorausgesehene Entwicklung, erlassen hat –, alle diese Vorgänge strafrechtliche Tatbestände darstellen. Daher fordert er, durchaus im Sinne dieses Gesetzes, dessen Verfassungskonformität jedoch umstritten ist, die Todesstrafe für Maximilian und seine Mitbeschuldigten.

Die Repliken der Verteidiger sind heute wirkungsvoller, weil sie nun frei argumentieren und nichts herunterlesen.

Vázquez weist in seiner bedächtigen Art die Beschuldigungen gegen den Erzherzog zurück und schließt: *Wenn Sie den Erzherzog zum Tode verurteilen, ist mir nicht deshalb bange, weil es in Europa eine Koalition geben wird und die Vereinigten Staaten eine drohende Haltung gegen Mexiko einnehmen werden. Ich vertraue auf die liberale Armee, welche die Franzosen von unserem Boden vertrieben hat. Was ich aber sehr wohl fürchte, ist der allgemeine Vorwurf, der wie ein Anathema gegen unser Land erhoben werden wird, und zwar nicht sosehr nur wegen des Todesurteils, sondern weil das Verfahren dieses Gerichts rechtswidrig ist.*

Sodann erhebt sich, gestützt auf seinen Stock, der kleine, zart gebaute Licenciado Eulalio Ortega und läßt ein rhetorisches Feuerwerk auf den Gerichtshof los: Der Militäranwalt hätte seinen Strafantrag stellen müssen, bevor die Verteidigung gesprochen hat, denn das letzte Wort müßten in diesem Gerichtshof die Angeklagten haben. Der Ankläger hat seinen Strafantrag völlig auf die Argumente der Verteidigung abgestellt, was allen verfahrensmäßigen Gepflogenheiten widerspreche. Er habe unfairerweise die nächtliche Unterbrechung des Prozesses genutzt, um seinen Strafantrag, der auf Beweisen der Anklage aufbauen müsse, auf die Aussagen der Angeklagten und die Plädoyers der Verteidigung abzustellen.

Und was die Beschuldigung betreffe, der Erzherzog habe den Krieg verlängert, indem er für den Fall seines Todes eine Regentschaft einsetzte, betont Ortega mit feierlichem Nachdruck: *Ich erkläre, daß Maximilians Abdankungsdokument vom Cerro de las Campanas existiert. Und ich versichere Ihnen auf meine Ehre, und das kann auch der untadelige Liberale Mariano Riva Palacio bestätigen, daß in dieser Abdankungserklärung von keiner Regentschaft die Rede ist.*

Das ist sehr schlau ausgedacht, denn diese Abdankungsurkunde (vom 12. März), die, wie auch Riva Palacio weiß, beim Staatsratspräsidenten Lacunza in Mexiko-Stadt liegt, sagt tatsächlich nichts über die Einsetzung einer Regentschaft, doch hat der so wankelmütige Maximilian in drei späteren Erklärungen sehr wohl Regentschaften eingesetzt.

Obwohl beide Verteidiger – nicht nur aus Maximilians Mund, sondern auch aus vielen Hinweisen aus der republikanischen Armee – den „Verrat" des Oberst López kennen, wird dieser in ihren Plädoyers mit keinem Wort erwähnt. Dabei wurde zweifellos berücksichtigt, daß es unklug gewesen wäre, die offizielle Version der Sieger in Zweifel zu ziehen, bei der López gar nicht vorkommt.[486] Auch wenn die Kollaboration von López einverständlich mit Maximilian erfolgt wäre, – was an sich ein mildernder Umstand für den Angeklagten hätte sein müssen –, hätte dies aus dem gleichen Grunde nicht als Argument angeführt werden können.

Jáuregui verteidigt heute Miramón mit Enthusiasmus. Dieser falle nicht unter das Sondergesetz. *Wenn man ihn tötet,* schließt er, *so ist das nicht, weil man Gerechtigkeit übt, sondern weil man Angst vor ihm hat.* Moreno, der gestern kaum vernehmlich gesprochen hat, hat offenbar seine Stimme wiedergefunden und protestiert energisch gegen die Zulassung von Beweisen nach Abschluß des Ermittlungsverfahrens. Miramóns Anhänger sind zufrieden und rechnen sich sogar gewisse Chancen für ein mildes Urteil aus.

Um 1 Uhr mittags schließt Platón Sánchez die öffentliche Hauptverhandlung. Für das Publikum ist der Prozeß vorbei. Die Bürger strömen auf die Straße, der Reporter der Sombra de Arteaga beginnt den zweiten Teil seines Berichts ins reine zu schreiben, in der Hoffnung, am Abend das Urteil zu erfahren.

José María Vázquez und Eulalio Ortega dürften nun zu Maximilian gegangen sein, um zu berichten. Bei dieser Gelegenheit dürfte er auch erfahren haben, daß die Diplomaten Querétaro verlassen mußten. Über diesen sehr wahrscheinlichen Besuch gibt es keine Tagebuchaufzeichnung, denn Basch sitzt in der Coahuila-Kaserne im Gefängnis. Für einen solchen Besuch spricht aber auch, daß die Advokaten ihre Kollegen in San Luis erst zwei Stunden nach dem Ende der Verhandlung telegraphisch verständigen.

*Telegramm aus Querétaro. – Empfangen in San Luis Potosí um 3 Uhr nachmittags am 14. Juni 1867.– An die Herren Mariano Riva Palacio und Lic. Rafael Martínez de la Torre.*

*Die Verhandlung ist heute mittag, 12 Uhr 30 zu Ende gegangen, nachdem der Militäranwalt in seinem Strafantrag die Todesstrafe verlangt hat und die Verteidiger repliziert haben. Derzeit berät das Gericht hinter verschlossenen Türen.*

*Ortega – Vázquez.*[487]

Am Nachmittag erscheinen Miramóns Schwager Alberto Lombardo und Concha Pinzón in Hochstimmung in Miramóns Zelle. Nur die Gattin Concha ist seit ihrem gestrigen Gespräch pessimistisch und voll düsterer Vorahnungen.

*Ich habe versucht, sie zu trösten, aber das ist ein schwieriges Geschäft, denn sicher hat sie recht,* schreibt Miramón in sein Tagebuch.

Im Iturbide-Theater kommt es beim Kriegsgericht seit 1 Uhr mittags zur Abgabe der Partikularvoten. Neben dem Vorsitzenden Oberstleutnant Rafael Platón Sánchez besteht das Gericht aus den 6 Beisitzern, 2 Majoren und 4 Hauptleuten. Ebenfalls anwesend ist der „Asesor militar" Licenciado Joaquín Escoto, um, wie es im Gesetz vom 25. Jänner 1862 heißt, *die Mitglieder des Kriegsgerichts durch seine Stellungnahme aufzuklären.* Diese Rechtsbelehrung besteht zweifellos darin, daß sie Escoto auffordert, in ihren schriftlichen Voten zu bestimmen, ob sie die einzelnen Angeklagten schuldig finden, und, wenn ja, unter welche Artikel und Absätze dieses Gesetzes die Straftaten der Angeklagten einzureihen sind.

Da die abgegebenen 6 Voten ziemlich ähnlich ausfallen, nur wenige Zeilen umfassen, alle auf „schuldig" lauten und den Tod durch Erschießen verlangen, da ferner das Todesurteil nur eine beschriebene Seite umfaßt, aber erst gegen 10 Uhr abends von Platón Sánchez verlesen wird, ergibt sich die Frage, was der Grund für die lange – neunstündige – Dauer dieser Beratung gewesen sein kann. Gerüchten zufolge, die Salm zugetragen wurden, habe es eine Diskussion darüber gegeben, ob man Maximilian zum Tode verurteilen oder bloß verbannen sollte. Allerdings ist Verbannung in dem betreffenden Gesetz als Strafe nicht vorgesehen. Da aber mit Ausnahme Escotos alle Beteiligten Nichtjuristen sind, ist anzunehmen, daß man sich weniger damit befaßt hat, wie ein Todesurteil juristisch zu begründen sei, – wenn man das Sondergesetz gelten ließ, war dies einfach – sondern damit, welche Folgen es für Mexiko haben werde. Im Grunde ging es bei dieser Debatte wohl um die gleichen Fragen, welche die Regierung in San Luis seit Tagen beschäftigten.

Die am nächsten Tag verfaßte Stellungnahme des „Militärberaters" Escoto, der ja bei dieser Debatte dabei war, dürfte die wesentlichen Themen der Diskussion und die natürlich von ihm beeinflußten Schlußfolgerungen wiedergeben.[488] Nachdem stundenlang diskutiert worden ist und man sich überzeugt hat, in der jetzigen Situation ein Todesurteil auch politisch „durchstehen" zu können, muß es relativ rasch zur Abfassung der Voten und – mit Hilfe Escotos und des neu ernannten Schreibers Ricardo Cortés – zur Formulierung und schriftlichen Fixierung des Urteils gekommen sein. Darin heißt es zum Schluß:

*Maximilian ist hinlänglich überführt, die Verbrechen gegen den Staat, das Völkerrecht, die öffentliche Ordnung und den Landfrieden begangen zu haben, die in Art. 1, Abs. 1, 3, 4 und 5., Art. 2, Abs. 5 und Art. 3, Abs. 10 des Gesetzes vom 25. Jänner 1862 angeführt sind. Die Angeklagten Miguel Miramón und Tomás Mejía sind hinlänglich überführt, die Verbrechen gegen den Staat und das Völkerrecht begangen zu haben, die in Art. 1, Abs. 2, 3, 4 und 5 des genannten Gesetzes festgelegt sind. Auf alle drei trifft zu, daß sie hier auf frischer Tat während einer Kriegshandlung am 15. Mai dieses Jahres angetroffen wurden, wodurch sie unter Art. 28 des genannten Gesetzes fallen. Auf Grund dieses Gesetzes werden daher die Angeklagten Ferdi-*

*nand Maximilian, Miguel Miramón und Tomás Mejía zu der für die genannten Verbrechen festgesetzten Todesstrafe verurteilt.*
*Querétaro, vierzehnter Juni achtzehnhundertsiebenundsechzig.*
*R. Platón Sánchez*
*Ignacio Jurado, Emilio Lojero, José V. Ramírez, Juan Rueda y Auza, Lucas Villagrana, José C. Verástegui.*

Um 10 Uhr 30 abends begibt sich Azpíroz, begleitet vom Schreiber Cortés, in die Wohnung Escobedos und übergibt diesem das Konvolut von 295 Seiten sowie zwei Mappen mit Dokumenten. Die Mitglieder des Kriegsgerichts sitzen aber noch bis etwa Mitternacht beisammen. Vermutlich diskutieren sie mit Escoto, was nach der Erklärung der Rechtsgültigkeit des Urteils weiter geschehen wird oder kann, bis es zur Exekution kommt. So wird es in verschiedenen Berichten zur Annahme kommen, das Urteil sei erst gegen Mitternacht gefällt worden.

Der Militäranwalt hat seine Pflicht getan, fühlt sich erschöpft, ja krank, sieht auch erbärmlich aus.[489] Im Hauptquartier erinnert er Escobedo daran, was ausgemacht war, als er seine Aufgabe übernommen hat. Nicht er, der Maximilian so nahe gekommen ist, will es sein, der diesem das Todesurteil überbringt. Escobedo, der Maximilian als gefährlichen Ausländer, als kuriosen Abenteurer betrachtet, aber gelegentlich neben Neugierde so etwas wie Respekt vor ihm empfindet, versteht. Er wird einen „harten Mann", Refugio González, der sich ohnedies als neuer Stadtpräfekt um das „Nachher" kümmern muß, zum neuen Fiscal machen. Er soll die Todesbotschaft überbringen, sobald das Urteil Rechtskraft erlangt hat. Diese will er morgen vormittag erklären und dann möglichst rasch zur Exekution schreiten. Dazwischen müssen jedoch die Verteidiger ein paar Stunden Zeit bekommen, in San Luis Gnadengesuche vorzulegen. Allerdings möchte er ihnen möglichst wenig Zeit einräumen, damit sie nicht zuviel unternehmen können ...

**San Luis Potosí**
Im Regierungsgebäude hat Magnus heute eine abermalige Unterredung mit Außenminister Lerdo. Er nimmt sich kein Blatt vor den Mund:

Das kriegsgerichtliche Verfahren werde in den Augen der ganzen Welt als ungeheuerlich erscheinen. Das sei eine erniedrigende Behandlung für einen Souverän, der von allen europäischen Mächten anerkannt worden sei. Maximilian wäre ohnedies bereit gewesen, Juárez die Regierung zu überlassen, wenn ein Nationalkongreß dies so beschlossen hätte. Sein Zug nach Querétaro habe ja den

Zweck gehabt, direkte Verhandlungen mit dem Präsidenten aufzunehmen.

Die illusorische Idee des Nationalkongresses zeige nur, entgegnet
Lerdo, daß Maximilian die wahre Stimmung der Nation nicht ge-
kannt habe. Es sei schon richtig, daß Maximilian an Juárez einen
Emissär aus Querétaro entsendet habe, doch der Präsident habe es
natürlich abgelehnt, mit jemandem zu verhandeln, der sich ungerechtfertigterweise als Inhaber der höchsten Regierungsgewalt in
Mexiko betrachtete und durchaus die Absicht hatte, die republikanische Regierung mit Waffengewalt zu stürzen, wenn ihm dies möglich
gewesen wäre.

Dann geht Lerdo auf den Charakter von Maximilian ein: der Erzherzog sei unschlüssig und schwankend, auf sein Wort sei nicht zu
bauen. – Maximilian besitzt diesen Ruf in Mexiko nicht erst seit seiner „Abdankungskrise" in Orizaba, sondern seit jenem Augenblick,
in dem er durch seine liberale Handlungsweise jene, die ihn riefen,
die konservativ-kirchliche Partei, enttäuscht hat.

Magnus plädiert schließlich für Zeitgewinn: es sei doch nicht
nötig, über Maximilians Schicksal so rasch zu entscheiden. Warum
sollte Mexiko im Interesse seiner Sicherheit nicht versuchen, von den
Vereinigten Staaten, die sich für die Rettung Maximilians einsetzten,
Garantien zu erhalten?

Jeder Aufschub, meint Lerdo, sei untunlich. Sollte ein Todesurteil
gefällt werden, werde die Regierung sofort handeln, entweder im
Sinn der Begnadigung oder der Vollstreckung. Und von den Vereinigten Staaten sei nichts zu erwarten ...

Magnus bringt den Wert guter Beziehungen Mexikos zu Europa
ins Spiel. Eine Hinrichtung Maximilians würde dem in Mexiko ohnedies schon vorhandenen Fremdenhaß neuen Auftrieb geben, wodurch aber das Land völlig in Isolation geraten könnte.

Der Außenminister beteuert: Nur wenn Wohlfahrt und Sicherheit
der Nation den Tod Maximilians verlangen, werde ein Todesurteil
vollstreckt werden.

Auch der Hinweis des preußischen Diplomaten, daß die Vereinigten Staaten gegen den Präsidenten der besiegten Konföderation,
Jefferson Davis, nicht gerichtlich vorgegangen seien, geht ins Leere.

Ob die Regierung etwas einzuwenden hätte, wenn sich auch die
Vertreter Österreichs, Belgiens und Italiens für Maximilian einsetzten, fragt Magnus schließlich.

Keinesfalls, versichert Lerdo, und er habe übrigens soeben von
der Postverwaltung erfahren, die Herren seien bereits aus Querétaro
abgereist. Er sagt es so, daß Magnus glauben muß, sie reisten nach

San Luis.[490] Und damit geleitet Lerdo den preußischen Diplomaten zur Tür.

Den Advokaten wird auf ihr gestriges vorsorgliches Gnadengesuch eine formalistische Antwort des Präsidenten zuteil. *Auf ihre Eingabe ... hat der Präsident der Republik verfügt, Sie wissen zu lassen, daß es nicht statthaft ist, über ein Begnadigungsgesuch zu beschließen, ehe man weiß, ob der Angeklagte wirklich verurteilt ist.*[491]

Langsam gewinnen die Advokaten den Eindruck, daß die Regierung sie in Zeitnot versetzen möchte und daß das Leben ihres Mandanten zum Schluß davon abhängen könnte, wie zügig die Telegrammübermittlung zwischen Querétaro und San Luis funktioniert.

Samstag, 15. Juni[492]

**Querétaro**

Im Hauptquartier hat der militärische Rechtsberater Escoto das Urteil und die Prozeßdokumente vor sich. Die Argumente in der gestrigen Debatte des Kriegsgerichts gehen ihm noch durch den Kopf. Er faßt sie in wenigen Seiten zusammen: Es sei gar nicht zulässig, über die Anwendbarkeit des Sondergesetzes zu debattieren, die Verantwortung dafür komme der Regierung zu, die einem künftigen Kongreß darüber Rechenschaft abzulegen habe. Damit ist diese Frage elegant gelöst. Maximilians guter Glaube könne nicht angenommen werden, da er in ein von den Franzosen besetztes Land kam und außerdem noch ausländische Freikorps anwarb, sodaß er offenkundig nicht wirklich daran glaubte, sich mit Mexikanern allein halten zu können. Maximilian und seine Gefährten seien auch keine gewöhnlichen Kriegsgefangenen, denn es handle sich um keinen normalen, sondern um einen völkerrechtswidrigen Krieg.

Mit dieser Stellungnahme geht er zu Escobedo. Bei diesem liegt inzwischen auch eine Eingabe von Vázquez und Ortega. Sie ersuchen den General, sich nicht mehr mit Escoto zu beraten, da dieser bereits das Kriegsgericht beraten habe und daher voreingenommen sein müsse. Interessanterweise schließt sich Azpíroz, der dazu Stellung zu nehmen hat, erstmals fast völlig der Überlegung der Verteidigung an, der es natürlich wieder in erster Linie um Zeitgewinn geht.

*In meiner Stellungnahme muß ich Ihnen sagen, daß meinem Empfinden nach die von den gezeichneten Advokaten verlangte Ablehnung begründet ist. Denn erstens geht es um die Überprüfung eines Urteils in einem Prozeß, der unter Mithilfe des Licenciado Escoto abgewickelt worden ist. Wenn dieser nun gewissermaßen seine eigenen Handlungen überprüfen soll, kann man annehmen, daß er nicht die erforderliche Unvoreingenommenheit besitzt, auch wenn er nicht mala fide handelt. Dies ist umso berücksichti-*

*gungswürdiger, als die Verteidiger diesen Prozeß als mit Rechtsmängeln behaftet und nichtig betrachten. Rechtsmängel und Nichtigkeit, die bereits vom Rechtsberater beurteilt worden sind, könnten auch das Urteil beeinflussen. Zweitens spricht meiner Meinung nichts dagegen, daß Sie sich mit einem anderen Juristen beraten, dies wäre sogar noch eine bessere Garantie für die Angeklagten und für die Rechtfertigung des Verfahrens. Trotzdem können Sie aufgrund ihrer besseren Einsicht verfügen, was Sie für gerechtfertigt halten.*

Es scheint, daß hier Azpíroz, der genau weiß, daß die Vollstreckung der Todesurteile unausweichlich ist, und daß er selbst vor den konservativen Mexikanern und vor der Geschichte als einer der Hauptverantwortlichen dastehen wird, seine Objektivität in einem Prozeßdokument demonstrieren will.

Escoto repliziert auf den Einwand damit, daß aufgrund der königlichen Verordnung vom 23. Juni 1803 – die also noch aus der Zeit vor der mexikanischen Unabhängigkeit stammt – militärische Rechtsberater nicht wegen Befangenheit abgelehnt werden können, da sie an Kriegsgerichten ohne Richtereigenschaft teilnehmen.

Damit ist für Escobedo der Fall erledigt. Escoto bleibt, seine Meinung gilt weiter. Escobedo kann also jederzeit das Todesurteil in Kraft setzen. Er verschiebt das auf den nächsten Tag. Scheint ihm der Sonntag für die Verkündigung des Urteils in einem von den Querétanern mit soviel Anteilnahme verfolgten Prozeß angemessener?

Den Verteidigern in Querétaro werden diese Beschlüsse, die im Verlauf des Samstags erfolgen, offiziell nicht bekannt. Sie können daher heute nur aufgrund ihrer Vermutungen agieren. Escobedo verfolgt damit die gleiche Taktik, die auch die Regierung in San Luis anwendet: Zwischen Urteilsbestätigung und -vollzug sollen nur wenige Stunden liegen, daß für Interventionen fast keine Zeit mehr bleibt. Die durch Bürgerkrieg und Quasi-Exil zerrüttete Nervenkraft von Präsident Juárez bedarf der Schonung.

### Capuchinas-Kloster

Um 9 Uhr kommt Vázquez zu Maximilian und teilt ihm mit, daß das Gericht gestern um halb 12 Uhr nachts (richtig: 10 Uhr ) das Todesurteil ausgesprochen hat, das allerdings noch durch Escobedo bestätigt werden muß. Wann das erfolgen wird, weiß noch niemand. Dann kommt der Advokat Moreno zu Miramón mit der gleichen Nachricht.

*Das habe ich ohnedies erwartet, folglich hat es mich nicht sehr aufgeregt,* kommentiert der stets trockene Miramón.

Um 10 Uhr wird Basch von Villanueva und Dr. Rivadeneyra aus dem Gefängnis geholt. Man kann annehmen, daß der republikanische Oberarzt nicht die Verantwortung für den schwer kranken Gefangenen übernehmen will. Man bringt Basch zuerst zu Escobedo.

Der General empfängt ihn mit süß-saurem Lächeln: *Wir wissen, was Sie auf dem Kerbholz haben. Ich mache Sie für alles verantwortlich, was mit Maximilian geschieht, und Sie sind dann der erste, den ich aufhängen lasse.* Ironisch entgegnet der Arzt: *Señor, ganz wie es Ihnen gefällt.*

Der Kaiser befindet sich im Bett: *Ich habe mich schon gefürchtet, daß Sie nicht mehr in Querétaro sind, denn wie man mir erzählte, soll gestern der Befehl ergangen sein, auch Sie nach San Luis zu transportieren ... Lago ist fort mit dem ununterschriebenen Kodizill. Ich habe ihm allerdings schon gestern nachtelegraphieren lassen, aber sie müssen jetzt noch an ihn schreiben, daß das Kodizill seine Geltung haben muß, weil drei Zeugen bestehen, die von dem Inhalt Einsicht genommen haben, Sie, Lago und Hoorickx.*

Das Schreiben, das er Basch diktiert, beginnt mit einem leisen Vorwurf, der die glühenden Kohlen auf dem Haupte des österreichischen Geschäftsträger noch vermehrt:

*Lieber Baron Lago!*

*Ihre unverhoffte und plötzliche Abreise nimmt mir leider die Gelegenheit, über einige wichtige und noch unerledigte Angelegenheiten mich mit Ihnen zu besprechen.*

Es folgen Aufträge. Die Rechtsgültigkeit des Kodizills ist zu sichern, die Höfe in Wien und Brüssel sind davon zu verständigen. Lago soll auch die Geldgebarung des P. Fischer überprüfen, gegen den Maximilian mit Recht mißtrauisch zu werden beginnt. Seine Koffer sollen nach Habana an das preußische Konsulat geschickt werden und schließlich – besonders unangenehm für Lago – beordert er ihn (für „nachher") – nochmals nach Querétaro: Die Schuld an Rubio sei zu tilgen, Ärzte und andere Personen zu honorieren. Zum Schluß dann doch noch huldvolle Worte:

*Schließlich danke ich Ihnen lieber Baron Lago für Ihre mir bewiesene Treue und Anhänglichkeit und wollen Sie auch Ihren Collegen die warmen Gefühle meiner Erkenntlichkeit aussprechen.*

Basch legt das Schreiben vor und eigenhändig setzt Maximilian darunter:

*Ihr Ihnen wohlgewogenster Maximilian*[493]

In diesem Augenblick tritt Mejía in die Zelle. Er bringt die Nachricht, daß die Kaiserin gestorben sei. Niemand weiß, wer ihm diese Meldung überbracht hat, niemand weiß, daß sie falsch ist.[494] Maximilian glaubt sie, und sie wirkt auf ihn als Schmerz und als Befreiung zugleich.

*Ein Band weniger,* sagt er Basch, *das mich ans Leben fesselt,* und er diktiert ihm das berühmt gewordene Postskriptum zum Schreiben an Lago:

*Soeben erfahre ich, daß meine arme Frau von ihrem Leiden erlöst ist. Diese Nachricht, sosehr sie mein Herz zerschmettert, ist doch andererseits für mich von unnennbarem Troste. Ich habe nur noch einen Wunsch auf der Erde, daß mein Leichnam an der Seite meiner armen Frau bestattet werde, womit ich Sie, bester Baron, als Vertreter Österreichs beauftrage.*

Auch in seinem Schreiben an den Präfekten von Miramar, Radonetz, in dem es vorerst um das Kodizill geht, brechen seine innigen Gefühle für Charlotte durch.

*Heute brachte man mir die Nachricht, daß meine arme Frau von ihrem Leiden erlöst sei. Diese Nachricht hat mein Herz zerschmettert, doch der heiße Wunsch und die Hoffnung, mit der, die Ich liebte und schätzte wie Keinen auf der Welt, bald vereint zu sein, lindert meinen Schmerz und mit größerer Ruhe als zuvor erwarte ich den Tod, der uns nicht mehr trennen, sondern verbinden soll.*[495]

Dann setzt er für eine Reihe von Personen aus seiner alten Umgebung in Europa lebenslange Pensionen aus, welche seine eigenen Erben sowie die des Vermögens seiner als verstorben angenommenen Gattin bezahlen sollen. Das gleiche setzt er für seine Umgebung in Mexiko fest. Unter anderem wird für *Hofarzt Samuel Basch, der alle Kriegsgefahren, meine Gefangenschaft geteilt und bis zum letzten Momente treu an meiner Seite ausgeharrt,* eine Jahrespension von 500 Gulden jährlich ausgesetzt. Erstaunlich ist der Vergleich dieser Summe mit der Pension von 960 Gulden für den Kammerdiener Anton Grill, dessen Frau Elisabeth zusätzlich 240 Gulden erhalten soll. Auch der Koch Tüdös soll 360 Gulden bekommen.[496]

An diesem mehrere Seiten langen Schreiben, in dem der Habsburger mit der ihm eigenen Präzision in Detailfragen die Zukunft seiner Getreuen und die von Schloß Miramar sichern möchte, arbeitet er bis zum 16. Juni.

Vázquez hat Maximilian P. Soria als Beichtvater empfohlen, der über Mittag kommen soll.

*Ich beichte nicht jedem, der Geistlicher ist,* vertraut der Kaiser Basch an, *und ich habe den Padre rufen lassen, um zu erfahren, ob wir uns über gewisse Vorfragen einigen können.*

Bedeuten diese Worte, daß Maximilian sich mit ihm nicht über die politische Auseinandersetzung zwischen dem Kaiserreich und dem Vatikan unterhalten möchte? Daß er die von diesem verlangte Rückgabe des von Juárez konfiszierten Kirchenvermögens als eine politische, keine Gewissensfrage verstanden wissen möchte? Oder geht es um intime Probleme zwischen ihm und Charlotte, über welche in Mexiko viele Legenden kursieren? Sicher ist nur, daß er sich über diese „Vorfragen" mit Soria einigen konnte, da er diesen noch sehr loben wird.

Pater Soria ist etwas über 50 Jahre alt, der Abstammung nach ein Otomí, so wie Mejía, klein gewachsen, von schwächlichem Körperbau und kränklich. Er ist schüchtern, doch geistig rege, demütig und nach Tugend strebend, sanftmütig in Wort und Umgangsformen. Er ist Advokat im Gerichtssprengel Querétaro, als Priester gehört er dem Oratorium des Philip Neri an. Als Kapitelvikar leitet er die Diözese Querétaro, seit Bischof Gárate gestorben ist.

Soria selbst erinnert sich lebhaft an diesen ersten Besuch:

*Am 15. Juni nachmittag war ich zum ersten Mal bei Maximilian, weil er mich holen ließ, um zu beichten und zu kommunizieren (was er nicht an diesem Nachmittag, sondern erst am nächsten Tag machte) und damit ich ihm in seinen letzten Augenblicken beistehe. In den nächsten Tagen besuchte ich ihn am Vormittag und am Nachmittag. Ich ging auch manchmal zu Escobedo um gewisse Dinge zu regeln. Wenn ich mit Maximilian sprach, redete ich ihn mit Eure Majestät an, doch wenn ich ihn vor Escobedo erwähnte, sagte ich: der Erzherzog, weil ich Angst hatte, ha, ha ha. ...*

*Das erste, was Maximilian an jenem 15. mir sagte, war: „Ich habe die Nachricht erhalten, daß die Kaiserin tot ist. Jetzt sterbe ich wirklich ruhig. Die einzige Qual, die ich mit ins Grab nahm, war, daß ich diese Frau zurückließ, noch dazu in ihrem Zustand", und als er so sprach, liefen ihm die Tränen über die Wangen. Das war das einzige Mal, daß ich ihn weinen sah. Mejía hatte ihm diese Nachricht gebracht und es waren er und Miramón, welche sich das ausdachten, um ihm den Tod erträglicher zu machen ...* [497]

Offenbar waren aber die beiden Generäle nicht selbst, wie Soria annimmt, die Erfinder der Nachricht, denn abends kommt ein Adjutant Escobedos und fragt Maximilian im Auftrag des Generals, ob ihm schon die Nachricht vom Tode der Kaiserin bekannt ist. Das Hauptquartier – Escobedo – kennt also diese Meldung. Salm wird später von einem Oberst (Villanueva?) erfahren, daß Miramón und Mejía, als sie von dieser Nachricht hörten, anfänglich im Zweifel waren, ob sie dem Kaiser noch vor seinem Tode damit Schmerz bereiten sollten. Mejía habe dann doch beschlossen, sie Maximilian mitzuteilen. Da diese Nachricht erfunden sein muß, bleibt die Frage zu stellen, wer sie wohl erfunden hat und zu welchem Zweck. Ist sie eine barmherzige Lüge, um Maximilian das Sterben zu erleichtern? Soll ihm dadurch ein Argument für das zu erwartende Gnadengesuch genommen werden? Die Historiker haben darüber bisher noch keine Unterlagen gefunden.

Erstaunlich bleibt bei alledem, wie leicht Maximilian und seine Umgebung zu täuschen waren. Nachrichten solcher Art können nur auf telegraphischem Weg nach Querétaro gelangt sein, doch Telegramme werden weder vorgewiesen noch als Beweis verlangt. Maximilian ist zu diesem Zeitpunkt zwar durch seine Krankheit und die nervlichen Belastungen der Ungewißheit schon sehr geschwächt, doch zeigen seine letzten Verfügungen und Briefe eine ungebrochene Geistesstärke. Die Nachricht vom Tode Charlottes dürfte also etwas gewesen sein, woran der Kaiser auch ohne lange Nachprüfung glauben wollte. Auch Basch, nach dem Weggang Salms Maximilians letzter Vertrauter, der von heute an auch in der Zelle des Kaisers schlafen wird, hat nicht versucht, näheren Aufschluß über den Ursprung der Todesnachricht zu erhalten.

Diese erreicht auch Miramón und seine Frau, die zusammen mit einigen Verwandten Mittag essen. Da Maximilian in einem Brief vom 31. Mai, den er Concha übergeben hat, sie und ihre Kinder – wie auch im Kodizill vorgesehen – der Fürsorge der Kaiserin empfohlen hat, um deren Tod man nun zu wissen glaubt, läßt sich die sehr realistisch denkende Concha von Maximilian einen handschriftlichen Zusatz auf das Schreiben setzen, in dem dessen Eltern ersucht werden, dieser Empfehlung nachzukommen.[498]

*Sollte sich die traurige Nachricht vom Tode meiner Frau bestätigen, ersuche ich meine Eltern, die im vorliegenden Schreiben gemachte Empfehlung zu verwirklichen.*

*15. Juni 1867 Maximilian*

Zur Sicherheit läßt sie dieses Schreiben noch von Salm und dessen früherem Adjutanten Görbitz unterschreiben. Um die Zukunft dieser Frau braucht Miramón wahrhaft nicht bange zu sein.

Nach dem Essen kommt Jáuregui, Miramóns Anwalt, und fragt, ob er nach San Luis reisen soll. Miramón erwartet sich nichts davon, läßt ihn aber gehen.

*Die Nacht war fatal: außerordentlich scharfe Bewachung, die Wachposten verdoppelt; außerdem standen ein Wachtmeister und ein Unteroffizier dicht vor meiner Tür und zahlreiche Offiziere machten die ganze Nacht ihre Runde. Meine Tür machten sie mir ganz auf und der Lärm der Wachen auf dem Flachdach, zusammen mit denen auf dem Gang haben mir einen großen Teil des Nachtschlafes genommen.*

## Santa Rosa

Agnes Salm besteigt am Morgen in Santa Rosa die nach San Luis abgehende Postkutsche, in der für sie und ihr Mädchen schon zwei Plätze reserviert sind. Als diskreter Begleiter figuriert ein Offizier

Escobedos in Zivil, der sie nicht aus dem Auge läßt, aber kein Wort zu ihr spricht.

Agnes verläßt die Szene ihrer Abenteuer nicht ohne Einsicht in die Langmut der Mexikaner, mit denen sie bisher zu tun hatte:

*Damals war ich natürlich wütend gegen General Escobedo; allein, wenn ich bedenke, was ich zu tun versuchte und daß ich nichts weniger als fügsam war, so kann ich nur mit Dank anerkennen, daß ich nicht nur von General Escobedo, sondern ebenso von Herrn Juárez, wie von seinen Ministern, kurz, mit seltenen Ausnahmen von allen Mexikanern, mit denen ich in Berührung kam, mit der größten Höflichkeit und Rücksicht behandelt wurde.*

### San Luis Potosí

Um 10 Uhr 50 trifft folgendes Telegramm von Vázquez und Ortega an ihre Kollegen ein, das sie dazu drängt, aktiv zu werden:

*Gestern nachts um 11 Uhr 30 endeten die Beratungen des Kriegsgerichts. Obgleich wir das Ergebnis noch nicht kennen, fürchten wir es doch und glauben, daß Sie so handeln müßten, als sei es uns schon bekannt.*[499]

Anton von Magnus erhält dagegen ein Schreiben von Lerdo de Tejada, das ganz bewußt alles in der Schwebe läßt:

*In gebührender Erwiderung auf Ihre gestrige Note, kann ich nur wiederholen ... daß in einem so wichtigen ... Falle, in dem es sich um das Geschick des Erzherzogs Maximilian und aller Gefangenen in Querétaro handelt, die Mitglieder der Regierung der Republik alles gehörig überdacht haben und unter Einbeziehung Ihrer Vorstellungen auch weiterhin alles sorgfältig prüfen werden, um alle Gründe für Milde und Gnade gegenüber den Pflichten der Gerechtigkeit und der Notwendigkeit, den Frieden der Republik zu sichern, reiflich abzuwägen.*[500]

Die Verteidiger in San Luis lassen sich aber nicht mehr durch solche Erklärungen einlullen. Sie gehen jetzt einfach davon aus, daß das Todesurteil feststeht und wenden sich in einer zweiten Eingabe an den Präsidenten.

*Er ist zum Tode verurteilt worden, und als seine Verteidiger ... wiederholen wir unsere Bitte um Begnadigung des Erzherzogs. ... Der Tod Maximilians und seiner Gefährten ... mag, auf der politischen Waagschale der Gerechtigkeit gewogen, die verdiente Strafe sein, aber diese ist moralisch bereits durch die Verkündigung des Urteils abgebüßt, und ihre Vollstreckung ist unnötig und sinnlos. Der Fall des Kaiserreiches ist endgültig, das Bestehen der Republik ist gesichert ... Jetzt, wo die Macht, die sich Kaiserreich benannte, gebrochen ist, gibt es keine dringlichere Notwendigkeit als den Frieden ... Wieviele Tränen und Opfer hätten sich manche Völker erspart, wenn ihre Lenker die traurigen Folgen einer übertriebenen Strenge vorausgesehen hätten. Noch niemals hat diese Frieden gestiftet. Unsere große Entfernung vom Prozeßort und die Möglichkeit einer übereilten Urteilsvollstreckung zwingen uns, den Herrn Präsidenten zu ersuchen, ... diese solange aufzuschieben, bis über unser Gesuch endgültig entschieden ist. Es wäre traurig, wenn ein Gebrechen am Telegraphen oder eine sonstige zeitliche Verzögerung die Gewährung einer Begnadigung verhindern, und wenn ein moralisch so bedeutsames Anliegen durch den Ausfall eines Kommunikationsmittels scheitern würde. Mexiko wäre mit der Hinrichtung des Erzherzogs Maximilian und seiner Gefährten weder groß, noch klug noch hochherzig. Unser Volk kann es sich nicht leisten, alle möglichen Früchte eines großen Sieges aufzugeben, um den Leidenschaften bürgerlicher Zwietracht zu frönen ...*

*Das Volk fühlt mit uns. Männer aller Parteien werden in der Begnadigung Maximilians einen Akt der hohen Politik erblicken, den die Milde und das Verlangen nach Frieden erfordern.*

*San Luis Potosí, 15. Juni 1867*

*Mariano Riva Palacio, Rafael Martínez de la Torre.*

Die formalistische Antwort der Regierung erfolgt nach wenigen Stunden durch Kriegsminister Mejía.

*Der Präsident hat mich in Kenntnis dieser neuerlichen Eingabe beauftragt, Ihnen mitzuteilen, daß ... ein Gnadengesuch nicht erwogen werden kann, ehe die Verurteilung bekannt ist, denn eine formelle Verurteilung liegt erst vor, wenn der Spruch des Kriegsgerichts ... durch den Oberkommandanten bestätigt wurde.*

Magnus und die Advokaten müssen damit weiterhin fürchten, daß sie von der Urteilsbestätigung erst erfahren, wenn es zu spät ist, um die Urteilsvollstreckung zu verhindern.

An diesem Tag erhält Juárez auch ein schriftliches Gnadengesuch für Maximilian und seine beiden Generäle, das von zahlreichen Damen aus San Luis unterzeichnet ist, die der klerikalen Partei nahestehen. Der Gouverneur von San Luis hat zwar den Umlauf des zur Unterschrift herumgereichten Gesuches verboten, Lerdo, stets darauf bedacht, Angriffsflächen für Kritik zu vermeiden, hat jedoch das Verbot wieder aufgehoben.

## Puebla

Der kaiserliche Exoberst Miguel López, der schwer unter den Beschuldigungen leidet, die seine Handlungsweise ihm eingebracht hat, schreibt an seinen Stiefschwiegervater Jorge Vázquez, Buchhalter in Durango, den folgenden Brief, der ein bezeichnendes Licht auf die Mentalität und den Bildungsgrad des Vertrauten Maximilians wirft:

Señor, im Leben passieren so unangenehme Dinge, daß einen das fast den Glauben kostet, wie Sie vermuten werden, war ich mit Kaiser Maximilian in Querétaro, die Sache ging, wie Sie wissen, für das Kaiserreich schlecht aus, und nach einem Dienst, den ich General Veles leistete, nachdem er mich gefangen genommen hatte, bin ich zum Opfer von Redereien geworden, die zwar von meinen Feinden stammen, die mir aber schaden, man sagt, daß ich die Stadt Querétaro übergeben habe und steigert den Wert meines dafür erhaltenen Lohnes von 5.000 auf 60.000 Pesos, und außerdem soll ich auf Miramón einen Schuß ins Gesicht abgegeben haben, und da das alles falsch ist, möchte ich in wenigen Tagen ein Manifest an die Öffentlichkeit herausgeben, zusammen mit einigen Bestätigungen, welche diese Verleumdungen widerlegen, denn ich möchte eine Bestätigung vom Kaiser und eine andere vom General Escobedo und von den Generälen Veles, Chabarria und verschiedenen anderen Chefs. Wahr an dem ganzen ist, daß ich am 15. vorigen Monats beim Abgehen meiner Linie gefangengenommen wurde, einer meiner Freunde ist Veles, dem ich einmal das Leben gerettet habe, und kritische Umstände zwangen mich, meine Truppen die Waffen strecken zu lassen, was ich tat, um dem Kaiser das Leben zu retten und Zeit zu geben, ihn zu verständigen, und um das Vergießen von Blut zu vermeiden, das in Strömen geflossen wäre, und so zu vermeiden, daß alle Arten von Verbrechen in der Stadt verübt werden, die durch uns soviel gelitten hat, wobei es keine Verteidigungsmöglichkeit mehr gab, weil wir keine Munition mehr hatten, und da hätten wir am nächsten Tag die Linien durchbrechen sollen, was nicht möglich war, wo wir 25.000 Mann und 6.000 Pferde gegen uns hatten und wir nur 4.800 hatten, die die Moral verloren hatten und nur 800 waren beritten. Ich hoffe, Sie werden das Manifest sehen, das ich veröffentlichen werde und nur so können Sie sich ein Urteil bilden über das, was geschehen ist.

Wie Sie vermuten werden, leide ich mit oder ohne Manifest durch meine Feinde, denn Aussichten gibt es nur, wenn man mit der Revolution mitmacht, und das hat mir nie gepaßt.

Wegen allen dieser Ungelegenheiten bitte ich Sie mir zu raten und mir zu sagen, ob ich in Ihrer Stadt ruhig leben kann, wobei ich natürlich meine Familie mitnehmen würde, ich möchte eine kleine Hacienda oder Ranch in der Nähe von Durango pachten oder irgend ein sonstiges Geschäft betreiben.

Ich lege Ihnen einen Schrieb (papelucho) bei, den ich veröffentlichen ließ und schicke Ihnen gerne den weiteren, sobald er veröffentlicht ist, und inzwischen bitte ich Sie, diese unangenehme Angelegenheit Ihren Freunden gegenüber nicht zu erwähnen.[501]

## Mexiko-Stadt

In der belagerten, ausgehungerten Hauptstadt läßt der als Diktator auftretende General Márquez durch die amtliche Zeitung Diario del Imperio folgende bewußt gefälschte Nachricht verbreiten, wobei er den tags zuvor nach einer langen Flucht eingelangten General Arellano als Gewährsmann angibt.

*BEVORSTEHENDE ANKUNFT S. M. DES KAISERS AN DER SPITZE SEINER HELDENHAFTEN UNBESIEGTEN TRUPPEN.*
*Die aus besonderer Quelle an uns gelangten Nachrichten über die Ereignisse des 15. Mai in Querétaro, die von den Feinden der Gesellschaft, die vor den absurdesten Erfindungen und schändlichsten Mitteln nicht zurückscheuen, verdreht und entstellt wiedergegeben worden sind, ... haben sich bestätigt:*
*Unser erhabener, großmütiger und tapferer Herrscher hat zum genannten Zeitpunkt an der Spitze seiner tapferen Armee ... Querétaro verlassen, um der Hauptstadt zu Hilfe zu eilen.*
*Der pflichtgetreue General Ramírez Arellano überbrachte diese Nachricht als Bote S. M. ... In kürzester Zeit werden somit die treuen und wackeren Verteidiger mit dieser ansehnlichen Armee zusammentreffen, und unser heldenhafter Herrscher wird an der Spitze seiner treuen Truppen jenen, die unserem Volk schon soviel Übles zugefügt haben und noch zufügen wollen, die nötige Lehre erteilen.*[502]

## Sonntag, 16. Juni[503]

*Nordarmee. – Der kommandierende General. – In Übereinstimmung mit dem vorstehenden Gutachten des Bürgers Militärberater wird das am 14. ds. vom Kriegsgericht ausgesprochene Urteil, das über die Angeklagten Ferdinand Maximilian von Habsburg und seine sogenannten Generäle Miguel Miramón und Tomás Mejía die Todesstrafe durch Erschießen verhängt, in allen Teilen bestätigt.*
*Die Prozeßakten werden an den Militäranwalt zur Durchführung zurückgestellt.*
*Querétaro, 16. Juni 1867.*
*Escobedo*[504]

Es ist soweit. Vor der offiziellen Bekanntgabe erfüllt Escobedo jedoch Azpíroz' Wunsch und entfernt ihn aus Maximilians Gesichtskreis. Als neuen Staatsanwalt ernennt er den nunmehrigen Stadtkommandanten von Querétaro, General Refugio González. Seine Aufgabe wird es sein, den Gefangenen die Todesurteile zu verkünden. Unterstützen soll ihn dabei ein ebenfalls neu bestimmter, von Refugio González ernannter Gerichtsschreiber, Félix Dávila, welcher als Feldwebel bei der Sanitätstruppe dient. Soll Dávila etwa sanitäre Hilfe leisten, wenn ein Gefangener nach Anhörung des Todesurteils zusammenbricht? Wie immer dem auch sei, Dávilas Einsatz wird sich aufs Schreiben beschränken können, denn keiner der drei fürchtet mehr den Tod.

Um 10 Uhr 30 läßt González die Verteidiger suchen, um ihnen bekanntzugeben, daß ihr Antrag auf Ablehnung des Militärberaters wegen Befangenheit abgelehnt ist. Die Suche verläuft allerdings erfolglos, und die Zeit drängt.

González wird nervös und läßt schließlich protokollieren: *Da er jedoch diese nicht so rasch findet, als es die knappe Zeit erfordert, über die der Militäranwalt verfügt, wird dieser Schritt als erledigt betrachtet und zu den Akten genommen.*

Zum Gefängnis sind es keine zehn Minuten. Am Tor angekommen, geht Palacios voran, es folgt General González mit dem Schreiber Dávila und einem Trupp Soldaten.

Laut Protokoll ist der erste Angeklagte, dem das Todesurteil verkündet wird, nicht Maximilian, sondern Miramón. Nach den Aufzeichnungen von Basch und auch Miramón ist aber der Kaiser der erste, der das Urteil vernimmt.

Die Tür zur Zelle steht offen, als González hereintritt und dem Habsburger das Todesurteil vorliest. Der Kaiser ist bleich, aber er lächelt ruhig.

*Estoy pronto,* sagt er, *ich bin bereit.* Als González weiter zu Miramón gegangen ist, sagt Maximilian zu Basch: *Auf 3 Uhr ist die Stunde festgesetzt. Sie haben noch mehr als drei Stunden Zeit und können ruhig alles vollenden.* Gemeint sind die Briefe, die er Basch diktiert hat.

Miramón erfährt sein Urteil um 11 Uhr 30. Er übergibt dem Militäranwalt eine vorbereitete schriftliche Erklärung, worin er unter Berufung auf das Militärreglement die Aufschiebung der Urteilsvollstreckung fordert.

In sein Tagebuch schreibt er nachher: *In diesem Augenblick, um 11 Uhr 30, verkündigt man mir das Urteil, das um drei Uhr nachmittags vollstreckt werden soll, sodaß ich nur mehr Zeit habe, mich Gott zu übergeben. Ich schließe dieses Tagebuch und bitte Dich* – so schreibt er seinem Bruder – *daraus zu entnehmen, was für die Geschichte gut ist.*

Mejía erfährt als letzter sein Todesurteil. Er spricht kein Wort.

Die Verteidiger Maximilians dürften die Urteilsbestätigung etwa zur gleichen Zeit – 11 Uhr 30 – erfahren haben. Doch weder das Prozeßprotokoll noch die Berichte der Augenzeugen lassen erkennen, ob dies im Gefängnis selbst geschieht oder in Escobedos Hauptquartier. Das Telegraphenbüro befindet sich im selben Haus wie dieses. Dabei kommt es in der Eile und Aufregung tatsächlich zu einer jener Pannen, die von den Verteidigern gefürchtet worden waren, nämlich zu einem fatalen Hörfehler. Das in San Luis eingelaufene Telegramm lautet:

*Telegramm aus Querétaro. – Empfangen in San Luis Potosí um 11 Uhr 45 am 16. Juni 1867.*

*An die Herren Mariano Riva Palacio und Lic. Rafael Martínez de la Torre.*

*In diesem Augenblick, 11 Uhr 30 vormittag, wird das vom Oberkommandierenden bestätigte Urteil bekanntgegeben. Für die Exekution ist 6 Uhr nachmittags angesetzt.*

*Ortega Vázquez*

Die Empfänger müssen aufgrund dieses Textes annehmen, daß bis zur Erschießung noch sechs Stunden Zeit bleibt.

An diesem Morgen hat Maximilian bei Soria gebeichtet und die Kommunion empfangen. Der Kanonikus berichtet:

*Am Nachmittag sagte mir Maximilian: „Seien Sie so gut und bringen Sie mir un libro valiente"* (ein tapferes Buch). *Da er nicht gut spanisch sprach, wollte er damit sagen, „ein Buch, das mir Kraft für den Tod gibt", und ich brachte ihm am nächsten Tag einen Band mit den Predigten von Massillon, und als ich ihn wieder besuchte, umarmte er mich und sagte im Hinblick auf das Buch „wunderbar, wunderbar!"*

Anschließend läßt Maximilian, nachdem er eigenhändig Abschiedsbriefe an Graf Bombelles und andere geschrieben hat, seinen früheren Sekretär Blasio rufen, der im „Teresitas"-Kloster gefangen ist. Er soll die spanischen Abschiedsbriefe schreiben, an Josefa Iturbide, die älteste Tochter des ebenfalls füsilierten ersten Kaisers von Mexiko, Agustín Iturbide, die Maximilian in den Rang einer Prinzessin erhoben hat, an einige seiner Minister und schließlich an Carlos Rubio. Diesen bittet er um ein letztes, von seinen Verwandten rückzahlbares Darlehen für die Kosten der Einbalsamierung seiner sterblichen Überreste und deren Überführung nach Österreich, wo er neben der Kaiserin begraben werden möchte.

Wie immer schreibt Blasio nach des Kaisers Diktat die „Minuta" (Rohschrift), um daraus in peniblen Schriftzügen die Reinschrift anzufertigen. Der Kaiser unterzeichnet diese und paraphiert den Entwurf, den Blasio in seine Tasche steckt.

Gegen den Türrahmen gelehnt, sitzt ein junger Offizier mit ausgestreckten Beinen. Jedesmal, wenn Maximilian bei der Tür vorbei muß, ist er gezwungen, über die Beine des jungen Mannes zu steigen. Auch der Kammerdiener Grill ist in der Zelle und sieht der Szene weinend zu.

*Wozu weinen?*, tröstet der Kaiser. *Sterben müssen wir alle, und heute bin ich dran. Außerdem, denken Sie nicht, daß ich in diesem letzten Augenblick meinen ganzen Mut brauche und daß Ihr Weinen mir ihn wegnimmt? Ich habe gehört*, fügt er hinzu, *daß die arme Charlotte gestorben ist, so gehe ich ruhiger in mein Grab. Sie war das einzige Band, das mich noch an die Erde gebunden hat, jetzt ist sie schon im Himmel.*

Wenig später sagt er zu Blasio: *Ich habe Sie nicht sosehr rufen lassen, damit Sie diese Briefe schreiben, die ich ja auch Dr. Basch diktieren könnte, sondern weil ich mich von Ihnen verabschieden und Ihnen sagen möchte, Sie sollen, wenn Sie hier lebend herauskommen, nach Wien reisen und sich meiner Familie vorstellen, der ich Sie schon empfohlen habe. Außerdem habe ich Ihnen in meinem Kodizill ein kleines Andenken vermacht.*

Nun tritt Oberst Palacios zusammen mit Oberstleutnant Margain in die Zelle. Maximilian bedankt sich bei ihnen für alles, was sie bei aller Einhaltung ihrer Pflichten für ihn tun konnten. An Margain händigt er fünf Goldunzen kaiserlicher Prägung aus. Sie sind für jene fünf Schützen bestimmt, die heute auf ihn feuern sollen.

Einige Minuten nach 12 Uhr wird Blasio von einem Offizier Escobedos weggebracht, nachdem Maximilian ihn umarmt und ihm ein Notizbuch mit seiner Unterschrift geschenkt hat.

Während Refugio González zusammen mit Oberst Palacios in die Zellen der Verurteilten geht und ihnen das Urteil verkündet, drängt sich Concha Miramón verzweifelt durch die Wachen, welche den Hof und die Treppe verstellen und sie nicht weitergehen lassen. Die Soldaten strecken ihr ihre quergelegten Gewehre entgegen, doch Concha schiebt und drängt sich durch diese Hindernisse, bis sie in der Zelle ihres Gatten ist.

*Beruhige Dich*, sagt dieser, *einige Stunden dürfen wir noch leben. Gerade haben sie uns gesagt, daß wir heute um drei Uhr geopfert werden. Jetzt mußt du Ruhe bewahren und auf Dich schauen und für unsere armen Kinder leben.*

Nachdem er einige Briefe geschrieben hat, bemerkt er: *Der arme Kaiser. Ich habe wenigstens dich an meiner Seite, und ich weiß, daß du meinen Leichnam übernehmen wirst. Er aber hat niemanden und leidet schrecklich unter seiner Einsamkeit, komm, gehen wir ihn trösten.*

Maximilian sitzt totenbleich in einem Sessel, doch sein Gesicht ist ruhig. Als er Concha erblickt, gibt er ihr die Hand und beruhigt sie über ihre Zukunft. Seine Familie werde für sie und ihre Kinder sorgen. Er drückt seinen Schmerz aus, daß er keinen seiner Getreuen hier habe, der sich um seinen Leichnam kümmern könnte. Concha bietet sich an, es zu tun – aber noch weiß niemand, was die Regierung darüber beschließen wird.

Als Miramón wieder mit seiner Gattin in der Zelle allein ist, gesteht er ihr: *Weißt du, daß ich größere Angst habe, meinen Beichtvater zu sehen als die Soldaten, die mich erschießen werden?* Concha, die in einem Kloster aufgewachsen ist, weiß sofort, was sie zu tun hat. Zufällig hat sie ein Büchlein mit geistlichen Übungen bei sich, das auch einen „Beichtspiegel" enthält. Und so bereitet sie ihren Mann Frage für Frage auf das gefürchtete Beichtgespräch vor. ... Da fällt ihnen ein, daß dieser Sonntag der Santísima Trinidad geweiht ist, die sie zuhause stets an einem eigenen Altar gefeiert und angebetet hatten. Draußen wartet schon der Beichtvater, Kanonikus Ladrón de Guevara.

Doch vorher wollen sie noch Mejía sehen. Ihn hat vorhin seine Frau mit dem neugeborenen Sohn besucht. Als sich González mit dem Urteilsdokument seiner Zelle näherte, hat Maximilian selbst – wenn man der Überlieferung glauben darf – die in Tränen aufgelöste Agustina zu sich in die Zelle geführt, um ihr die Verlesung des Urteils zu ersparen. Mejías Gesicht ist stark verändert, er kommt ihnen entgegen und schließt Concha zärtlich in die Arme.

Dann gehen sie nochmals zu Maximilian. *Señora, bald werden Sie meine Mutter, Erzherzogin Sophie, sehen.* Er nimmt eine Medaille, die an einer Goldkette hängt, vom Hals und bittet sie: *Überbringen Sie ihr diese Medaille und sagen Sie ihr, daß ich als guter Christ sterbe.* Dann küßt er sie auf die Stirn und sagt ihr *Adiós.*

Es ist 1 Uhr. Noch zwei Stunden bis zur Exekution. Concha, am Arm ihres Onkels, schleppt sich die Treppen hinunter und setzt sich auf die letzte Stufe. Sie möchte warten, bis sie ihren Mann zum Exekutionsplatz führen. Die Soldaten müssen sie mit Gewalt zum Verlassen des Klosters bringen.[505]

### San Luis Potosí

Als die beiden Advokaten und Magnus das Telegramm aus Querétaro in Händen halten, ist es knapp mittag. Bis zur Erschießung fehlen laut Telegramm noch 6 Stunden. So eilen sie gemeinsam mit einer vorbereiteten Bittschrift, worin um Milde gebeten wird, zum Regierungsgebäude.

Auf der Straße kommt ihnen der Telegraphenbeamte entgegen, der ihnen zuruft:

*Aus Querétaro wird gerade gemeldet, daß die Hinrichtung um 3 Uhr und nicht um 6 Uhr nachmittags stattfinden soll, wie irrtümlich im Telegramm steht.*

Im Spanischen kann man sich bei den Zeitangaben „a las tres" und „a las seis" leicht verhören, zumal im Hauptquartier, von dem aus telegraphiert worden ist, an diesem Tag ständiger Trubel herrscht, da die Vorbereitungen für den Truppenaufmarsch schon laufen. Die Berichtigung aus Querétaro war jedenfalls nicht auf Initiative des dortigen Telegraphenbeamten erfolgt, sondern durch jene, welche den Exekutionszeitpunkt genau kannten und offenbar nachprüften, was Vázquez und Ortega nach San Luis gemeldet hatten.

Man hat also nur mehr drei Stunden Zeit. Sie übergeben Lerdo de Tejada das erhaltene Telegramm, wobei der Außenminister allerdings erklärt, die Regierung sei offiziell von der Bestätigung des Todesurteils noch nicht verständigt worden.

Sie übergeben ihr Gesuch um Milde, bringen auch mündlich ihre Bitte vor, wobei besonders Magnus aus seinem Schmerz kein Hehl macht. Er erinnert Lerdo an seine Zusage, die Regierung werde sich ihre Entscheidung über Leben oder Tod nicht leicht machen. Schließlich fordert er Lerdo auf, mindestens ihm, Magnus, die versprochene Frist zu bewilligen, damit er noch rechtzeitig in Querétaro eintreffen könne.

Das Gesuch appelliert an die menschlichen Gefühle des Präsidenten.

*Als treuer Vater seiner Familie, die er dazu erzogen hat, das schreckliche Schauspiel des für politische Vergehen vergossenen Blutes zu verabscheuen, kann der Präsident wohl glauben, daß seine Kinder und seine würdige Gattin, wenn er ihre Stimmen vernehmen könnte, im Namen Maximilians und der unglücklichen Prinzessin Charlotte um das Leben dieses so schwer geprüften Prinzen bitten würde ... Arme Mutter! Wie bald wird sie ihren Sohn im Grabe wissen, wenn nicht der Präsident ihn rettet ...*

*Wenn diejenigen, die mit dem Herrn Präsidenten berufen sind, über diese Begnadigung zu entscheiden, überlegten, für welche Seite ihre Familienmitglieder, gesetzt sie wären hier, bitten würden, dann könnten wir der von uns erflehten Verzeihung gewiß sein. ...*

*Alles erwarten wir von seinem großmütigen Herzen und bitten ihn, die Begnadigung zu bewilligen und umgehend die Aufschiebung der Hinrichtung anzuordnen, damit nicht die Beschlußfassung über dieses Gesuch zu spät käme und damit unwirksam würde.*

Es ist 12 Uhr 15. Nach dreiviertel Stunden des bangen Wartens erscheint Lerdo wieder. Die Regierung hat entschieden. Ein Telegramm an Escobedo ist bereits abgegangen. Es lautet:

*Die Verteidiger Maximilians und Miramóns haben soeben der Regierung angezeigt, daß das Urteil des Kriegsgerichts, das sie sowie Mejía zum Tode verurteilt hat, bestätigt worden und daß die Hinrichtung für heute nachmittag angesetzt ist. Für die drei Verurteilten wurde um Begna-*

*digung gebeten, welche die Regierung nach reiflichster Überlegung abgelehnt hat.*

*Damit aber die Verurteilten die nötige Zeit zur Ordnung ihrer Angelegenheiten haben, hat der Präsident der Republik beschlossen, daß die Hinrichtung nicht vor dem Morgen des 19. ds. stattfinden soll. Sie werden gebeten, das Nötige anzuordnen und mir den Empfang dieses Telegramms zu bestätigen.*

*Mejía.*

Magnus findet, der 19. Juni sei zu nahe, die Aufschiebung sollte bis 21. erfolgen, damit er genügend Zeit habe, nach Querétaro zu reisen, aber Lerdo versichert, er würde, wenn er noch heute abreise, bereits Montag nacht oder Dienstag morgens in Querétaro ankommen. Und auf Maximilian zurückkommend, fügt er hinzu: So sehr es die Regierung auch bedauere, sei es unmöglich, das Leben des Erzherzogs zu schonen. Da Miramón und Mejía, die sich nie unter die rechtmäßige Autorität gebeugt hätten, unbedingt erschossen werden müssen, weil sonst immer neue bewaffnete Auflehnungen und Störungen des inneren Friedens zu befürchten seien, müsse auch ihr Oberhaupt, Maximilian, hingerichtet werden. Umgekehrt: begnadige man Maximilian, müßten auch die beiden Generäle begnadigt werden.

Magnus bietet nun namens der preußischen Regierung Garantien an, daß, wenn die drei Gefangenen nach Preußen ausgeliefert würden, keiner von ihnen jemals nach Mexiko zurückkehren werde. Lerdo glaubt nicht an diese Möglichkeit, doch abgesehen davon sei die Erschießung des Erzherzogs unabänderlich beschlossen, da sein Tod *zum Nutzen und Wohle des Landes* unbedingt notwendig sei. Zur höheren Glaubwürdigkeit seines Berichts fügt Magnus auch die von Lerdo verwendeten spanischen Ausdrücke bei: *por la utilidad y la conveniencia pública.* Er wird dies in seinem Bericht an Bismarck allerdings als reinen Vorwand interpretieren:

*Hinter der „utilidad" und der „conveniencia publica" verbarg Juárez, und mehr noch Lerdo selbst, den unverkennbar tief gewurzelten Haß und das Rachegefühl für das in Paso del Norte erduldete Exil. Dem republikanischen Hochmut genügte es nicht, durch die Stellung vor das unwürdige Kriegsgericht den Kaiser und das monarchische Prinzip überhaupt zu erniedrigen; das Blut des einem der ältesten und hervorragendsten Fürstengeschlechter Europas entsprossenen Kaisers mußte vergossen werden!*

Wenig später erhalten die Advokaten die schriftliche Antwort auf ihr Gesuch um Milde.

*Nachdem das vorliegende Begnadigungsgesuch sowie alle anderen zu diesem Thema mit allem Bedacht, welchen der Ernst des Falles erheischt,*

*geprüft wurde, hat der Präsident der Republik sich veranlaßt gesehen zu beschließen, daß dasselbe nicht bewilligt werden kann, da sich einem Akt der Milde die bedenkenswertesten Rücksichten der Gerechtigkeit und die Notwendigkeit, den Frieden der Nation zu erhalten, entgegenstellen ...*
*Mejía.*[506]

Niedergeschmettert verlassen sie den Regierungssitz. Was soll Magnus jetzt noch unternehmen? Der Preuße ist so fassungslos, daß er im Moment gar nichts entscheiden kann, da er nach Querétaro zurückkehren muß. Um Mitternacht geht eine Sonderpost ab, welche die Regierung ihm zur Verfügung stellt.

Kriegsminister Mejía sendet anschließend an Escobedo ein telegraphisches Memorandum, das als Sachverhaltsdarstellung gedacht ist. Man entnimmt daraus, daß Lerdo sehr wohl wußte, daß die ausländischen Diplomaten aus Querétaro ausgewiesen worden waren, und daß die Aufschiebung der Exekution in erster Linie erfolgte, um Magnus, dessen eigentliches Anliegen – die Begnadigung Maximilians – man nicht erfüllen wollte, in einer Nebensache gefällig zu sein, an der Magnus offenbar sehr gelegen war. Diesem verständlichen Ehrgeiz des preußischen Diplomaten, sich um die sterblichen Überreste des Kaisers zu kümmern und diese womöglich nach Europa zurückzubringen, ist letztlich der dreitägige Aufschub der Exekution zuzuschreiben, der den Verurteilten ebenso lange zusätzliche Qualen bereitete.

Außenminister Lerdo hat nun noch das Gnadengesuch für Miguel Miramón zu beantworten, das ihm Concha am 14. Juni geschickt hat – einen Brief, wie sie selbst formuliert, „zum Steinerweichen". Der Gedanke an die junge, hübsche und ihm wohlbekannte Gattin des Ex-Präsidenten, deren Elend er sich lebhaft vorstellen kann, gibt seinen diplomatischen Wendungen einen humanen Unterton.

*San Luis, 16. Juni 1867*
*Sehr verehrte gnädige Frau:*
*Ihr Schreiben von vorgestern, worin die Begnadigung Ihres Herrn Gemahls erbeten wird, würde für sich allein genügen, um die Regierung zu veranlassen, wenn sie dies nicht bereits getan hätte, alle günstigen Beweggründe dafür abzuwägen.*
*Sie dürfen mir glauben, daß die Regierung diese Abwägung vorgenommen hat, daß sie jedoch zu ihrem Leidwesen die unausweichliche Notwendigkeit erkannt hat, traurige Pflichten zu erfüllen.*
*Sie können mir auch glauben, daß die Regierung Ihr und Ihrer Kinder Unglück beklagt, da sie einem solch großen Unglück nicht gefühllos gegen-*

*überstehen kann. Dennoch kommt sie zum schmerzlichen Schluß, daß dieses nicht vermeidbar ist.*

*Ich beantworte Ihren Brief mit aufrichtigem Bedauern und empfehle mich als Ihr sehr ergebener Diener, der Ihnen die Hand küßt.*

*Lerdo de Tejada* [507]

In ihren Memoiren druckt Concha Lombardo diesen Brief mit einem Kommentar ab, der aus einem einzigen, vernichtenden Wort besteht: HIPOCRITA! (Scheinheiliger!)

**Querétaro**

Maximilian und die Generäle haben gebeichtet und die Kommunion empfangen. Sie warten mit ihren Beichtvätern auf dem Gang vor ihren Zellen, bis man sie abholt. Auch Vázquez und Ortega sind dabei. Maximilian ist froh, daß nun alles bald vorüber sein wird. Er genießt den herrlich blauen Himmel und sagt: *Ich habe mir schon immer gewünscht, bei schönem Wetter zu sterben. Dieser Wunsch geht jetzt in Erfüllung.*

Als das chiffrierte Telegramm aus San Luis um die Mittagsstunde im Hauptquartier eintrifft, tönen bereits Trommeln und Militärmusik aus der Alameda, wo sich die Truppen zum Abmarsch auf den Cerro de las Campanas formieren. Salm hört das alles aus der Kapelle des „Teresitas"-Klosters, in der er gefangen ist und meint, daß die Erschießungen nahe der Alameda erfolgen werden, wie das bei Méndez der Fall war. Die Stadt ist wie ausgestorben, nur Doppelpatrouillen von mit Pistolen bewaffneten Offizieren durchstreifen die Straßen. Eine Menge von Leuten wartet auf dem Cerro de las Campanas. Dort formieren sich auch bereits die Truppen zum geteilten Karree. Da entsinnt man sich, daß man noch über keinen „Paredón" – keine Wand zum Erschießen – verfügt. So holt man sich luftgetrocknete Adobeziegel von den früheren kaiserlichen Schanzen und improvisiert eine Mauer.

Im Hauptquartier hält Licenciado Escoto, der froh ist, daß der Prozeß vorüber und er seiner Mühen enthoben ist, das Regierungstelegramm zunächst ratlos in der Hand. Er sieht sich plötzlich mit der Aufgabe konfrontiert, den bereits angelaufenen Apparat, der mit der Exekution enden soll, zum Stillstand zu bringen.

*Ich selbst war eben im Begriff, alles für die Exekution vorzubereiten, als ein Telegraphenbeamter mir meldete, daß eben von dem in San Luis Potosí weilenden Juárez ein an General Escobedo gerichtetes chiffriertes Telegramm eingelaufen sei, das als sehr dringend bezeichnet wäre. Ich sagte ihm, daß ich den Schlüssel besäße und die Depesche entziffern wolle. Wir eilten nun nach dem Telegraphenbüro und sahen, daß Juárez die Exekution bis zum*

*19. aufgeschoben hatte. Was war nun zu tun? Es war nicht mehr Zeit, vor drei Uhr, der Unglücksstunde, General Escobedo zu benachrichten, und General Díaz de León war bereits mit den Truppen auf dem Cerro aufgestellt.*

*„Das ist eine Grausamkeit", sagte ich. „Wäre es ein wirklicher Pardon, dann könnte ich diese Depesche verstehen. Aber nur ein Aufschub! Wäre ich verantwortlich, ich würde mich in der Tat bewogen fühlen, die Depesche zu unterdrücken und die Exekution vollziehen zu lassen." Oberst Doria, dem ich das gesagt hatte, meinte, am einfachsten wäre es, Oberst Palacios, welcher die Gefangenen unter seiner Obhut hatte, zu ersuchen, diese nicht auf den Exekutionsplatz zu bringen, bis neue Befehle von Escobedo eingetroffen wären. Gleichzeitig entschlossen wir uns, einen reitenden Boten mit der Depesche an Escobedo zu senden, der – wie er uns nachher selbst erzählte – in Pueblito mit dem Feldglas in der Hand aus der Ferne die Vorgänge auf dem Cerro beobachtete. Er gab den Befehl zum Aufschub bis Mittwoch.*

Inzwischen ist es 4 Uhr geworden. Die Verurteilten warten seit 3 Uhr mit ihren Beichtvätern auf dem Gang vor ihren Zellen auf ihre Abholung. Den Notizen Baschs zufolge diktiert ihm Maximilian um halb 4 Uhr noch folgende letztwillige Verfügungen, die er offenbar zum Teil selbst schreibt:

*Eigenhändig geschriebene Verfügungen des Kaisers.*

*Von der Erbschaft sollen womöglich jene braven Österreicher und Belgier, die ersten des Korps, namentlich die Invaliden, unterstützt werden.*

> *Querétaro, 16.VI.1867, 3 ½ Uhr*
> *Maximilian*

*Hut und Mütze wegschicken. Ärzten sagen, daß sie honoriert werden sollen. Photographien für Madame Miramón. Geld für die Armen von Triest, Mailand, Ragusa. Abschiedsbriefe an die Generäle und die zwei Advokaten. Ich sende durch meinen Arzt Doktor Basch, der meine Leiche zu begleiten hat, folgende Andenken für meine nächsten Verwandten …*

Auch die Freunde werden bedacht: Felix Salm erhält den berühmten Marinetubus, ein „Perspektiv" oder Fernrohr, mit dem Maximilian während der Belagerung die Kämpfe beobachtet hatte. Für Agnes bestimmt er den Fächer, den er während seiner Gefangenschaft in seiner dumpfen Zelle verwendet hatte. Diese Andenken übergibt er jetzt an Vázquez mit der Weisung, sie „nachher" an Basch auszuhändigen.

Dann aber kommt Oberst Palacios, begleitet von Refugio González und dem Schreiber Dávila, mit dem Telegramm in der Hand zu den Gefangenen und läßt sie alle in die Zelle Maximilians kommen. Dort liest er ihnen den Inhalt vor, der auf Maximilian wie ein Donnerschlag wirkt.

*Das ist hart,* erregt sich der Kaiser, *denn ich hatte jetzt schon ganz mit der Welt abgeschlossen.* Und er gibt zu Protokoll, daß er mit dem Gnadengesuch seiner Verteidiger nicht einverstanden ist. Dagegen erheben Miramón und Mejía keinen Einwand. In Basch flammt wieder Hoffnung auf, aber Maximilian reagiert jetzt völlig gleichgültig: *Komme was da wolle, ich gehöre nicht mehr dieser Welt an.*

Auch Miramón erinnert sich: *Der Eindruck auf den Kaiser war entsetzlich. Er erklärte, wie grausam es sei, uns physisch noch drei Tage leben zu lassen, wenn wir doch schon moralisch tot seien. Ich sagte, daß langes Leben ein Geschenk Gottes an die Guten sei, daher sollten wir dankbar sein und warten.*

Jahre später wird Escoto dem mexikanischen Historiker Rivera, dessen höchst talentierter Schüler er in Guadalajara gewesen war, einen eigenen Augenzeugenbericht liefern, der allerdings Diskrepanzen zu den übrigen Berichten aufweist, die vielleicht auf Mißverständnisse Riveras zurückgehen. Da Escoto das Telegramm empfangen und entschlüsselt hat, ist es durchaus glaubwürdig, daß er Palacios bei der Überbringung begleitet hat, obwohl die sonstigen Augenzeugen nicht auf ihn geachtet haben. *Ich stieg mit dem Schreiber Meléndez (in Wirklichkeit war es ein gewisser Dávila) die Stiegen des Capuchinas-Klosters hinauf, als die drei Verurteilten bereits begannen, in Begleitung ihrer Priester die selben Stiegen hinabzusteigen, um zur Richtstätte zu gehen. (Tatsächlich warteten sie auf dem Gang, weil sie nur von Palacios hätten abgeholt werden können.) Und ich machte ihnen ein Handzeichen stehenzubleiben. Da konnte ich die Verschiedenartigkeit der Gefühle gemäß der Verschiedenartigkeit der Charaktere und Rassen beobachten. In den Gesichtern Maximilians und Miramóns drückten sich Freude und Hoffnung aus, das von Mejía zeigte weder Freude noch Hoffnung, sondern als einziges Gefühl die totale Gleichgültigkeit. Ich trat näher und las ihnen das Telegramm vor. Maximilian sagte: „Oh, das ist eine große Grausamkeit!" Miramón gab einige Worte des Ärgers von sich, und Mejía sagte nichts und ging in seine Zelle zurück.*

Miramón läßt sogleich Concha rufen. Diese berichtet:[508]
*Als die Stunde der Exekution sich näherte, ergriff mich eine schreckliche Nervenaufregung, da ich mir vorstellte, wie mein Gatte aus seiner Zelle trat, die Stiegen hinunterging und seinen Kreuzweg begann … Ich vermeinte die Gewehrsalven zu hören und darauf die Schritte jener, die seinen blutigen Leichnam brachten, um ihn mir in die Arme zu legen … Als es vier Uhr vorbei war und wir schon glaubten, daß alles vorüber sei, hörten wir Stimmen, die aus dem Hof riefen. Es waren mein Onkel, mein Bruder und die Verteidiger meines Gatten, die mir ankündigten, daß die Exekution auf den 19. verschoben worden war.*

Sie kommt mit ihren Verwandten und der kleinen Lolita ins Gefängnis. Miramón sagt ihr: *Gott hat es so gefügt, daß ich dich nochmals sehe,* und er fügt bitter hinzu: *Was sie mit uns gemacht haben, ist eine Bosheit, weil sie uns so zweimal töten. Der Kaiser hat protestiert, ich nicht, denn jede Stunde, welche uns die Vorsehung gewährt, ist ein Geschenk, und ich glaube, daß der Himmel uns ein paar Stunden länger leben läßt, damit wir unsere Seelen besser vorbereiten, in die Ewigkeit zu gehen.*

Kaum hat der Exkaiser von der Ankunft Conchas erfahren, läßt er sie rufen. Er hat sich wieder zu Bett gelegt und scheint so weniger zu leiden. *Sie haben uns schon moralisch umgebracht,* sagt er, *und jetzt haben sie nicht mehr das Recht, uns nochmals zu töten. Ich habe eine große Bitte an Sie, ich glaube, Sie müssen wieder nach San Luis gehen und zusammen mit meinen dortigen Verteidigern erreichen, daß sie uns begnadigen.* Und Miramón unterstützt diese Bitte. *Meine Concha, gib mir diesen letzten Beweis Deiner Liebe, ich glaube wie der Kaiser, daß Du die Begnadigung erreichst, und ich möchte sie Dir verdanken.*

Sie essen gemeinsam und beschließen, daß Concha sofort nach San Luis fahren soll. Dem General ist völlig klar, daß sie nichts erreichen wird, doch will er, wie er seinem Beichtvater Ladrón de Guevara später gesteht, *ihr das blutige Schauspiel ersparen.*[509] Ihr Bruder Alberto läßt gleich eine Sonderpost für heute nacht bestellen. Dann bleibt er mit seiner Gattin allein: *Mija mía,* bittet er sie, *sprich mir von Gott.* Sie sprechen lange über die Ewigkeit. Dann bittet er sie: *Wenn wir uns nicht wiedersehen, dann bringe nach deiner Rückkehr meinen Leichnam aus dieser Unglücksstadt weg und laß ihn neben dem Grab meiner Eltern bestatten.* Dann stellt er ihr frei, sich nochmals zu verheiraten, doch sie ist sicher, daß sie Miramóns Namen bis zum Tode tragen möchte.[510]

### Querétaro, „Teresitas"-Kloster

Salm hat in der Kapelle, aus der man nicht auf die Straße sehen kann, weil eine hohe Mauer davor liegt, voll Bangen darauf gewartet, aus der Alameda die Todesschüsse fallen zu hören. Doch ab 3 Uhr nachmittags tritt draußen eine beängstigende Stille ein.

Gegen 5 Uhr stürzt der Oberst Villanueva in die Kapelle und ruft Salm zu: *Auf Befehl des Präsidenten ist die Exekution bis zum 19. aufgeschoben worden.*

Salm: *Ist er gerettet?* –

*Ich will in Ihnen keine falschen Hoffnungen erwecken,* antwortet Villanueva, *aber in meinen Augen ist er gerettet.*

*Der Oberst ging um sechs Uhr und ich gab mich der Freude hin. Ich ließ mir eine Flasche Wein bringen und trank auf das Glück des Kaisers, und dann ging ich, eine Zigarre rauchend und singend in der mit Marter-Raritäten verzierten Kapelle auf und nieder. Die Schildwache mußte glauben, ich habe den Verstand verloren und sah mich mit offenem Maule an. Um bessere Gedanken in ihr zu erwecken, schenkte ich ihr vier Realen, und da sie dafür ebensowenig den Grund begreifen konnte, wie für meine plötzliche Heiterkeit, so wurde der Zweifel an meinem gesunden Menschenverstande durch das Geschenk wahrscheinlich nur vergrößert.*

Da Salm wußte, daß seine Gattin Agnes um diese Zeit nach San Luis unterwegs war und theoretisch bereits angekommen sein konnte, mochte er auch annehmen, daß das aufschiebende Telegramm eine Folge der von Agnes geplanten neuerlichen Vorsprache bei der Regierung war. Dadurch wären die Aussichten auf Honorierung der Salm'schen Bemühungen durch das österreichische Kaiserhaus natürlich gestiegen.

**San Luis Potosí**
Abends kommt Agnes Salm in San Luis an. Von ihr erfährt Magnus, daß die Gesandten aus Querétaro ausgewiesen worden sind, und daß auch Basch verhaftet ist.

*Die von Minister Lerdo am Tage vorher mir mitgeteilte Nachricht, daß die drei Geschäftsträger nach San Luis kommen würden, war also unbegründet. Ob derselbe mich absichtlich getäuscht hatte, vermag ich nicht zu beurteilen.*[511]

Magnus weiß nur, daß er jetzt die traurige Aufgabe erfüllen muß, den Leichnam Maximilians zu übernehmen und einbalsamieren zu lassen. Zu diesem Zweck wendet er sich an einen in San Luis ansässig gewordenen deutschen Arzt, Dr. Szenger, der mit dem österreichischen Freikorps nach Mexiko gekommen war.

Am Abend reist er zusammen mit Vizekonsul Bahnsen mit einer von der Regierung bezahlten Sonderpost[512] ab.

**Donnerstag, 17. Juni**[513]
*Mit bleiernen Schwingen, schreibt Basch, verstrich der 17 Juni. Minute für Minute verrann, eine Ewigkeit, und immer noch wollte die heißersehnte Rettung nicht kommen.*

Welche Rettung, muß man sich fragen? Der einzige, der an Rettung glaubt, ist Salm. Vom Weine beschwert, hat er auf seinem harten Lager so vortrefflich geschlafen wie kaum jemals. Sein bewährter Optimismus gaukelt ihm die Rettung des Kaisers vor. Und nun möchte auch er frei sein. Er probiert, auf welche Weise er über die Klostermauer auf die Straße steigen könnte. Er hat noch genügend kleinere und auch größere Münzen, um von einer Schildwache zu

MILITÄRGERICHTSVERFAHREN – FLUCHTVERSUCHE – INTERVENTION

erreichen, daß sie ihm zwei Haken aus der Wand der Kapelle zieht, die er in die Mauer schlagen kann, um diese nachts zu überklettern. Villanueva, der ihn um 1 Uhr hätte besuchen sollen, kommt nicht. So vergeht auch für Salm der Tag mit Warten.

Maximilian diktiert oder unterschreibt Briefe. Unter anderen einen an den von Maximilians Weigerung, die mexikanischen Kirchengüter zu restituieren, enttäuschten Papst Pius IX. Soria erinnert sich:

*Am 17. besprachen wir ein Schreiben an den heiligen Vater, worin er ihn um Verzeihung für alle Fehler bitten sollte, die er als katholischer Kaiser begangen hatte. Er erklärte sich gerne dazu bereit und sagte mir: „Verfassen Sie den Brief und ich unterschreibe ihn." Ich meinte, besser wäre, er würde ihn verfassen, damit er spontan seine Gefühle zum Ausdruck brächte. Allein er bestand darauf, ich solle ihn schreiben, und ich gab nach.*[514]

### San Luis Potosí

Agnes Salm hat sich wieder im Hause Bahnsens einquartiert. Heute morgens versucht sie mit Juárez zu sprechen, der jedoch für sie vorerst keine Zeit hat. Er schickt ihr Minister Iglesias, der infolge seiner guten Englischkenntnisse prädestiniert für ein Gespräch ist. Von ihm erfährt Agnes, daß der Präsident es schon bereue, Magnus nachgegeben und einen dreitägigen Aufschub gewährt zu haben. Agnes entwickelt wieder große Pläne. Sie möchte einen weiteren Aufschub der Exekutionen von acht Tagen erlangen, *bis ich eine Antwort von Präsident Johnson erhalten haben würde, den ich sehr gut kenne, und den ich durch den Telegraphen von Brownsville aus bitten wollte, nochmals und energischer gegen die Hinrichtung des Kaisers zu protestieren.*[515]

Ob es ihm nicht lieber gewesen wäre, wenn Maximilian entflohen wäre, fragt Agnes den Minister. … Iglesias antwortet auf diese Suggestivfrage mit einem Lächeln, das sie als Zustimmung deutet. Fast scheint es, als möchte sie ihre Fluchtpläne als den wahren Intentionen der Regierung entsprechend darstellen. Auf jeden Fall will sie unbedingt wieder nach Querétaro zurückfahren, und das schleunigst: Sie bange nämlich um das Leben ihres Mannes, sagt sie. Sie möchte aber auch in den letzten Stunden des Kaisers in seiner Nähe sein, um später in Wien als Augenzeugin auftreten zu können. Und sie insistiert, mit dem Präsidenten zu sprechen.

Mit ihrer Gabe, auf charmante und sehr weibliche Art lästig zu fallen, hat Agnes schon viel erreicht. Und so tritt sie um 5 Uhr nachmittags tatsächlich vor Juárez hin. Er weiß natürlich, daß sie Maximilian zur Flucht verhelfen wollte, daher hält sie es für besser, von selbst darauf zu sprechen zu kommen. Er antwortet lakonisch, er wisse bereits alles. Da er ihr keine Vorwürfe macht, meint sie, im Grunde wäre ihm eine Flucht nicht sehr unangenehm gewesen. Aber die Abreise erlaubt er ihr nicht; sie müsse in San Luis bleiben, und die Behörden würden ein besonderes Augenmerk auf sie haben. Für Maximilian könne er nichts tun, aber ihrem Mann, versichert er ihr, werde nichts geschehen.

Dienstag 18. Juni[516]
**San Luis Potosí**
Próspero Vega, der Verteidiger Mejías, bestürmt zusammen mit einem Freund den Justizminister Iglesias um Begnadigung für Don Tomasíto. Die Regierung bleibt auch in diesem Fall unbeugsam. Auch Maximilians Advokaten besuchen nochmals verschiedene Regierungsmitglieder sowie den Präsidenten, teils um sich zu verabschieden, teils um noch einen letzten Versuch der Umstimmung zu machen. Doch man nimmt ihnen jede Hoffnung.

Ihren Kollegen in Querétaro telegraphieren sie die niederschmetternde Nachricht:

*Liebe Freunde! Alles war vergeblich. Wir bedauern das aus tiefster Seele und bitten Herrn von Magnus, unserem Mandanten unseren bittersten Schmerz zum Ausdruck zu bringen.*
*Mariano Riva Palacio*
*Rafael Martínez de la Torre.*[517]

Um 8 Uhr abends spricht Agnes Salm nochmals bei Juárez vor. Iglesias dolmetscht. Der Präsident ist blaß und leidend. Agnes bittet mit zitternden Lippen um das Leben des Kaisers. Juárez sagt, er könne keinen Aufschub mehr bewilligen, morgen früh müsse Maximilian sterben.

Agnes bricht zusammen. Iglesias hebt sie auf, der Präsident beruhigt sie nochmals wegen ihres Mannes. Er sei sehr kompromittiert, werde sicherlich verurteilt, aber er, Juárez, werde dafür sorgen, daß sein Leben nicht angetastet werde. Als sie hinausgeht, steht vor der Tür eine Delegation von Damen aus San Luis, die ebenfalls gekommen sind, um für das Leben der drei Verurteilten zu bitten.

Am Abend erfahren Mariano Riva Palacio und Martínez de la Torre, daß Concha Miramón, die gerade bei ihrer Schwester angekommen ist, sie sehen will. Sie gehen in das nahegelegene Haus und finden Concha, von 20 Damen umgeben.

*Ist Hoffnung, Miguel zu retten?*, ruft sie ihnen entgegen. *Keine*, ist die knappe Antwort.

Concha macht ihrem Schmerz durch lautes Wehklagen Luft. Sie verlangt, die Advokaten mögen ihr eine Vorsprache beim Präsidenten verschaffen. Juárez läßt die Herren vor, sagt aber abwehrend: *Erlassen Sie mir diese peinliche Unterredung und der Dame den Schmerz, daß der einmal gefaßte Beschluß unwiderruflich ist.* Als sie sich darauf von Juárez verabschieden, kann Martínez de la Torre seine Gefühle nicht länger bändigen.

*Kein Blut mehr, Herr Präsident,* ruft er mit tränenerstickter Stimme, *möge sich kein Abgrund auftun zwischen den Verteidigern der Republik und den Besiegten. Der Frieden braucht Verzeihung. Hier spricht jetzt nicht der Verteidiger Maximilians zu Ihnen, Herr Präsident, ihn, Miramón und Mejía sehe ich bereits im Grab. Ich bin ein Mann, dessen Vaterlandsliebe unendlich ist, deshalb bitte ich jetzt: Möge die Zukunft Mexikos nicht durch das Blut seiner Söhne getrübt werden. Die Verirrten sollen nicht mit ihrem Leben sühnen, denn die Trauer ihrer Familien würde für die Sieger, für den Triumph der Freiheit, zum dunklen Vorwurf werden.*

Ist Juárez von diesem Ausdruck kreolischen Temperaments beeindruckt? Die Antwort, die er an den Älteren und den Jüngeren richtet, klingt etwas weicher als sonst: *In Erfüllung Ihrer Aufgabe als Verteidiger,* sagt er langsam, *haben Sie viel unter der Unbeugsamkeit der Regierung gelitten. Heute können Sie deren Notwendigkeit und Gerechtigkeit nicht verstehen. Nur die Zeit kann sie richtig würdigen. Das Gesetz und das Urteil sind im Augenblick unerbittlich, denn so verlangt es das öffentliche Wohl. Dieses kann auch verlangen, Blut zu ersparen, und das wäre die größte Freude meines Lebens.*

Concha und ihre Schwester versuchen trotzdem, zum Präsidentenzimmer vorzudringen. Zwei Adjutanten erklären ihnen kalt, der Präsident könne sie nicht empfangen. Conchas Schwester versucht darauf, gewaltsam zu Juárez zu gelangen, doch die beiden Offiziere bringen die Damen fast unter Gewaltanwendung aus dem Regierungsgebäude. Soweit die Darstellung Conchas.[518] Diese behauptet auch, Lerdo habe sie nicht empfangen wollen und nur brieflich geantwortet. Da Lerdos Brief an sie vom 16. stammt, sie jedoch erst am 18. in San Luis ankam, scheinen ihr in den viel später entstandenen Memoiren Verwechslungen unterlaufen zu sein.

Agnes Salm behauptet dagegen, Juárez habe Concha sehr wohl empfangen.

*Später kam Frau Miramón, die ihre beiden Kinder an der Hand führte. Der Präsident konnte es ihr nicht abschlagen, sie zu empfangen. Herr Iglesias sagte mir, daß es eine herzzerreißende Szene gewesen sei, als die arme Frau und ihre unschuldigen Kleinen um das Leben des Gatten und Vaters gebeten hätten. Der Präsident sagte, er litte in jenem Augenblick unaussprechlich darunter, daß er sich in die grausame Notwendigkeit versetzt sah, das Leben eines edlen Mannes wie Maximilian und das zweier*

*Brüder zu nehmen, – allein er könne nicht anders. Frau Miramón fiel in Ohnmacht und mußte aus dem Zimmer getragen werden.*[519]

## Querétaro

Am Morgen kommt Pitner einen Augenblick zu Salm in den kleinen Hof vor der Kapelle und flüstert, daß es schlecht um den Kaiser stehe. Kurz darauf erscheint Villanueva und beklagt, daß er sich getäuscht habe. Maximilian sei ohne Rettung verloren. Er werde morgen um 8 Uhr früh erschossen.

Um 9 Uhr morgens geht im Hauptquartier ein chiffriertes Regierungstelegramm mit genauen Anweisungen über die Behandlung der Leichname der drei Verurteilten ein: Es enthält den offenbar bereits am 17. Juni gefaßten Regierungsbeschluß, Maximilians Leiche nicht auszuliefern.

*San Luis Potosí, 18. Juni 1867, 9 Uhr morgens.*
*An den Bürger General Mariano Escobedo, Querétaro.*

*Die Regierung wurde ersucht, den Leichnam Maximilians nach der Exekution zur Überführung nach Europa freizugeben. Dies ist nicht gewährt worden, doch ersucht Sie aus diesem Anlaß der Bürger Präsident der Republik, nach folgenden Anweisungen zu verfahren.*

*Erstens: Nach der Hinrichtung der Verurteilten werden Sie den Verwandten von Miguel Miramón und Tomás Mejía, wenn sie dies wünschen, gestatten, sofort über die Leichname zu verfügen.*

*Zweitens: Was Maximilians Leichnam betrifft, haben Sie allein das Nötige zu veranlassen und nicht zu gestatten, daß jemand anderer dies tue.*

*Drittens: Sie haben zeitgerecht Särge aus Zink und Holz für den Leichnam Maximilians, und, falls deren Verwandte sie nicht für sich beanspruchen, für die von Miguel Miramón und Tomás Mejía anfertigen zu lassen.*

*Viertens: Sollte jemand verlangen, man möge ihm gestatten, die Leiche Maximilians einzubalsamieren oder auf andere Weise zu behandeln, wogegen nichts spricht, haben Sie nicht zuzulassen, daß dies jemand anderer vornehme. Diesfalls haben Sie es jedoch selbst zu veranlassen und dafür zu sorgen, daß es durch vertrauenswürdige Mexikaner geschieht, wobei Ausländer zugegen sein dürfen und alles auf zweckmäßige Weise und auf Kosten der Regierung zu erfolgen hat.*

*Fünftens: Nach der Exekution haben Sie dafür zu sorgen, daß die Leichname Maximilians und der anderen, falls deren Verwandte sie nicht beanspruchen, mit jenem Anstand behandelt werden, der bei Vollstreckung eines rechtmäßigen Urteils zusteht.*

*Sechstens: Sie haben zu veranlassen, daß der Leichnam Maximilians an einem passenden und sicheren Ort unter behördlicher Aufsicht aufgebahrt wird.*

*Siebentens: Für die Aufbahrung der Leichname Maximilians und der
anderen, falls deren Verwandte nicht deren Auslieferung begehren, haben
Sie die üblichen religiösen Zeremonien zu veranlassen.*
*Lerdo de Tejada.*[520]

Magnus kommt zusammen mit Bahnsen am Vormittag in Querétaro
an und sucht sogleich Escobedo auf. Dieser kommt von sich aus auf
die von ihm ausgewiesenen „fremden Vertreter" zu sprechen. Sie
und die Prinzessin hätten den Versuch gemacht, einen Teil seiner
Truppen zu bestechen, um mit deren Hilfe dann die Befreiung des
Erzherzogs zu erwirken. Ihre Ausweisung sei erfolgt, um nicht zu
strengeren Maßnahmen greifen zu müssen. In Begleitung von Oberst
Palacios begeben sich Magnus und Bahnsen darauf zu Mittag zu
Maximilian. Magnus berichtet:
*Auf dem Wege nach dem Gefängnis erzählte mir der Oberst Palacios, daß
ihm die Prinzessin Salm eine vom Kaiser gezeichnete Schuldverschreibung
über hunderttausend Pesos als Belohnung angeboten habe, wenn er die
Befreiung des Kaisers aus dem Gefängnis und seine Rettung durch die
Flucht bewerkstelligen wolle. Er habe dieses Anerbieten mit Entrüstung
zurückgewiesen und pflichtgemäß von dem Vorfalle dem General Escobedo
Anzeige gemacht.*
*An demselben Tage erfuhr ich, daß in der Tat zwei von dem Kaiser
eigenhändig unterzeichnete Schuldverschreibungen, jede über 100.000 Pesos, sich im Besitze eines anderen republikanischen Offiziers[521] befanden,
welche dem letzteren aller Wahrscheinlichkeit nach durch die Vermittlung
der Prinzessin Salm zugestellt worden waren. Die eine dieser Schuldverschreibungen solle für den Obersten Palacios und die andere für den gedachten Offizier gewesen sein. Da die Flucht nicht zur Ausführung gekommen war, so gab jener Offizier am 18. Juni beide Schuldverschreibungen in
die Hände des Kaisers zurück.*[522] *Ich habe begründete Ursache zu vermuten,
daß auch jener Offizier nie die Absicht gehabt hat, zur Rettung des Kaisers
behilflich zu sein, daß derselbe vielmehr im Auftrage des Generals Escobedo
mit der Auskundschaftung etwa beabsichtigter Fluchtversuche betraut war.*
Der Exkaiser ist, als Magnus in die Zelle tritt, ruhig und gefaßt
wie immer. Nachdem ihm der Diplomat über seinen Mißerfolg in San
Luis berichtet hat, sagt er: *Ich wußte es und habe es Ihnen vorhergesagt,
daß Juárez meinen Tod will, und daß ich von ihm keine Schonung zu erwarten habe. Meine einzige Rettung war die Flucht, aber dazu haben Ihre
Kollegen keinen Versuch machen wollen.* Dann sprechen sie über Salm,
und Magnus gibt die lobenden Aussagen Maximilians mit so vielen
Details wieder, daß man annehmen muß, daß Salm ihn darum gebeten hat.

*Salm ist mir ein wahrer und treuer Freund geworden, wäre ich nach Europa zurückgekehrt, so hätte ich ihn nie von mir gelassen. Ich hatte auch die Absicht in diesem Falle für seine Frau zu sorgen. In einem Kodizill, ... habe ich meine Erben ersucht, dem Salm eine anständige Pension zu gewähren, ich habe aber hierfür keine bestimmte Summe bezeichnet. Deshalb bitte ich Sie, wenn Sie nach Europa kommen, in meinem Namen dafür zu sorgen, daß dem Salm, oder wenn auch er erschossen werden sollte, seiner Frau, eine angemessene Pension bewilligt wird ...*

Tatsache ist, daß Maximilian in seinem Kodizill Salm keinerlei Pension bewilligt, sondern lediglich einen Anteil am Verkaufserlös seiner Yacht Undine zuerkannt hat, den der stets geldbedürftige Salm so rasch es geht an einen Dritten – einen Förster aus Holland – veräußern wird, bevor noch das Schiff versteigert werden kann.[523]

Maximilian erzählt Magnus, welche Qualen ihm die Nachricht über den dreitägigen Aufschub verursacht habe. Nun ist Magnus ehrlich genug, dem Habsburger zu bekennen, daß er selbst Anlaß für diesen Aufschub gewesen sei. Einerseits wollte er rechtzeitig in Querétaro eintreffen, um noch Maximilians Aufträge erfüllen zu können, andererseits habe er doch auf ein Eingreifen der Großmächte gehofft. Maximilian nimmt es gelassen: *Sie haben in der besten Absicht gehandelt, und ich danke Ihnen herzlich dafür. In das Unvermeidliche muß man sich fügen, es ist einmal die Bestimmung, daß ich sterben soll, allein es ist recht hart, zweimal mich auf den Tod vorbereiten zu müssen. Es ist wunderbar, daß ich seit meiner frühen Jugend immer die Überzeugung gehabt habe, daß ich keines natürlichen Todes sterben werde. ...*

Nun tritt Basch ein. Magnus wendet sich an ihn und begrüßt ihn. Er entschuldigt sich bei Maximilian, daß er ihm dabei den Rücken zugewendet hat. Darauf der Kaiser: *Genieren Sie sich gar nicht, es bedarf durchaus keiner Entschuldigung; seit vorigem Sonntag gehöre ich nicht mehr zu dieser Welt und bin hier nur noch ein Eindringling.* Maximilian ist sichtbar seelenruhig und tröstet jene, die sein Geschick betrauern.

Am Nachmittag begibt sich Magnus wieder zu Escobedo, wo er eine Delegation von etwa hundert schwarzgekleideten Damen vorfindet, die diesem ein Gnadengesuch mit zahlreichen Unterschriften überreicht haben. Sie bestürmen Escobedo, auch seinerseits einen solchen Gnadenappell nach San Luis zu richten. Das lehnt Escobedo natürlich ab, läßt aber doch das Gesuch der Damen telegraphisch an Lerdo übermitteln.

Magnus ersucht Escobedo, ihm nach der Erschießung die Leiche Maximilians auszuliefern, damit er sie durch Dr. Basch und den aus San Luis mitgebrachten Arzt Dr. Szenger einbalsamieren lassen könne.

Escobedo überlegt, denn nach den Anweisungen seiner Regierung ist ihm das verboten. Dann erwidert er, er werde alle Wünsche Maximilians erfüllen, welche dieser ihm schriftlich in bezug auf seine Leiche übermitteln werde. Magnus ist entsetzt: Maximilian habe doch bereits testamentarisch verfügt, daß sein Leichnam einbalsamiert und nach Europa überführt werden solle. Es sei doch ungeheuerlich, von ihm noch am Abend vor seinem Tod ein schriftliches Gesuch über die von ihm gewünschte Behandlung seiner Leiche zu verlangen. Genau das fordert aber Escobedo, und Magnus muß ihm das mitteilen.

Weder Maximilian noch Magnus wissen aber zu diesem Zeitpunkt, daß die Regierung Escobedo bereits angewiesen hat, Maximilians Leichnam nicht auszuliefern. Von sich aus kann Escobedo von diesem Regierungsbeschluß nicht abweichen. Er will ihn aber auch nicht mitteilen, weil er sonst weitere Interventionen bei der Regierung befürchten muß. Dagegen könnte er sehr wohl ein schriftliches Ansuchen Maximilians nach San Luis schicken. Das dürfte – vielleicht – der Grund für sein Verlangen gewesen sein, welches in diesen Augenblicken freilich allen Betroffenen als absurde Grausamkeit erscheinen mußte.

Im Gefängnis bespricht Magnus das Ansinnen zuerst mit Basch. Aber Maximilian hört mit und ruft Basch zu sich. Er befiehlt ihm, rückhaltlos zu sagen, was Escobedo von ihm will. Basch bringt die Wahrheit nur zögernd heraus.

*Das hat doch gar keinen Anstand,* sagt Maximilian. Basch diktiert dem ebenfalls anwesenden Oberst Villanueva auf deutsch ein paar Zeilen, die der Oberst, welcher die Sprache in Deutschland erlernt hat, sogleich auf spanisch niederschreibt. Der Kaiser bespricht den Text nachher noch mit Blasio und unterzeichnet ihn.

*Querétaro, 18. Juni 1867*
*Herr General!*
*Ich wünsche, daß, wenn möglich, mein Leichnam an Herrn Baron Magnus und Herrn Dr. Basch übergeben wird, damit er nach Europa gebracht werde, und Herr Magnus soll sich um die Einbalsamierung, die Überführung und die sonst noch nötigen Dinge kümmern.*
*Maximilian*[524]

Der Kaiser schreibt noch weitere Briefe. Den an seinen Bruder Franz Joseph diktiert er seinem Arzt Basch:

*Querétaro, im Gefängnis de las Capuchinas, Juni 1867*
*Lieber Bruder!*
*Durch die Fügung des Schicksals gezwungen, schuldlosen und unverdienten Tod zu erleiden, sende ich Dir noch diese Zeilen, um Dir für Deine brüderliche Liebe und Freundschaft aus vollem Herzen zu danken. Möge*

*Gott sie Dir durch Glück, Freude und Segen, für Dich, die Kaiserin und die lieben Kinder reichlich vergelten. Für Fehler, die ich begangen, für Kummer und Verdruß, die ich Dir im Leben bereitet, bitte ich Dich aus ganzem Herzen um Verzeihung. Eine einzige Bitte richte ich noch an Dich, daß Du den treuen belgischen und österreichischen Militärs, die mit Anhänglichkeit und Aufopferung bis zum Schluß meiner Laufbahn gedient haben, in Liebe gedenken mögest, um so mehr, als ich mit tiefem Schmerz einsehen mußte, daß das hiesige Land nichts für sie getan hat.*

*Indem ich Dich mit inniger Liebe umarme, die Kaiserin und die lieben Kinder grüße, und Euch bitte, meiner armen Seele stets in Eurem Gebete zu gedenken, verbleibe ich bis ans Lebensende*

*Dein Dir ewig treuer Bruder* [525]

An Juárez sendet er ein Telegramm, das um 1 Uhr 50 in San Luis eingeht und in dem er selbst um das Leben von Miramón und Mejía bittet:

*An Herrn Benito Juárez*

*Ich wünschte, daß den Herren Miguel Miramón und Tomás Mejía, die vorgestern alle Qualen und alle Bitterkeiten des Todes erlitten, das Leben geschenkt würde, und daß, wie ich bereits bei meiner Gefangennahme aussprach, ich das einzige Opfer sein möge.*

*Maximilian*[526]

In vier Briefen dankt er seinen Verteidigern.[527] So schreibt er an Riva Palacio:

*Lieber Riva Palacio!*

*Die Ausdauer und Energie, mit der, wie ich weiß, Sie meine Sache in San Luis Potosí verfochten, und die Mühen, denen Sie sich deshalb trotz Ihrer Jahre und angegriffenen Gesundheit unterzogen haben, erheischen, daß ich Ihnen meine aufrichtige Dankbarkeit für diesen edlen und hochherzigen Dienst ausspreche, der tief in mein Herz eingegraben ist.*

*Es tut mir leid, daß ich Ihnen dies nicht mündlich ausdrücken und Ihnen nicht ebenso, wie ich es schriftlich tue, empfehlen kann, in Ihren Gebeten zu gedenken*

*Ihres ergebensten*

*Maximilian*[528]

Die im „Teresitas"-Kloster gefangenen Generäle Escobar, Casanova, Moret und Herrera y Lozada übersenden durch Vázquez ihre Antwort auf Maximilians Dankschreiben, die mit den Worten schließt:

*Sire, auch wir, die besiegten Generäle, Ihre Bewunderer und Freunde, sind auf dem Wege zur Hinrichtung, und wenn das unversöhnliche Geschick uns allen verderblich sein sollte, dort, Sire, im Himmel, werden wir uns um Euer Majestät, wie um unsere erhabene Kaiserin scharen, die schon unter den Engeln weilt. Sire, wir sind Euer Majestät begeisterte Diener. ...*[529]

An Präsident Juárez schickt er eine letzte Botschaft, mit dem Auftrag, sie erst an seinem Todestag abzusenden.

*Querétaro, 19. Juni 1867*
*Herrn Benito Juárez*
*Im Begriffe den Tod zu erleiden dafür, daß ich versuchen wollte, ob neue politische Institutionen imstande wären, dem blutigen Krieg, der seit so vielen Jahren dieses unglückliche Land verheert, ein Ende zu setzen, werde ich mein Leben mit Freuden hingeben, wenn dieses Opfer zum Frieden und der Wohlfahrt meines neuen Vaterlandes beitragen kann. Zuinnerst überzeugt, daß nichts Dauerhaftes auf einem blutgetränkten und durch heftige Beben erschütterten Boden gedeihen kann, beschwöre ich Sie mit jener Feierlichkeit und Aufrichtigkeit, die den Augenblicken eigen ist, in denen ich mich befinde, daß mein Blut das letzte sein möge, das man vergießt, und daß Sie die nämliche Ausdauer, die ich mitten im Glück anzuerkennen und zu schätzen wußte, mit der Sie die soeben zum Siege gelangte Sache verteidigten, nun auch dem edlen Zweck widmen, die Gemüter zu versöhnen und auf einer dauerhaften, festen Grundlage die Ruhe dieses unglücklichen Landes wiederherzustellen.*
*Maximilian*[530]

Als Magnus und Bahnsen mit Villanueva und Vázquez kommen, gibt Basch dem Anwalt sicherheitshalber alle ihm gehörigen Papiere zur Aufbewahrung.

Die letzte Eintragung Miramóns in sein Tagebuch lautet:

*Nun sind alle Türen verschlossen, außer der Himmelstür. Der Kaiser hat sein letztes Werk vollbracht, das unvergänglich im Geiste aller Mexikaner weiterleben wird. Er hat Juárez um unser Leben gebeten, natürlich hat Juárez abgelehnt. Mejía und ich sind sehr dankbar. Man hat uns die Zeit, die noch bleibt, verkürzt. Statt elf Uhr ist sechs Uhr für die Hinrichtung angesetzt worden. Ich habe wieder gebeichtet, ich bin bereit und nehme den Tod an, den Gott mir zugedacht hat. Da ich keine Zeit mehr habe, schließe ich hier. Ich habe zwei entsetzliche Tage verbracht, während Concha weg war. Nie habe ich erfahren wie heute, wie sehr ich sie liebe.*
*Adiós, geliebter Bruder, kümmere dich um Concha und um meine vielgeliebten Kinder ... und empfange Du einen letzten Gruß von Deinem Bruder*
*Miguel*

Gegen Abend erscheint Magnus wieder im Gefängnis. Maximilian kehrt im Gespräch immer wieder zu der ihm am Sonntag widerfahrenen Grausamkeit der Verschiebung des Exekutionstages zurück, – womit er freilich glühende Kohlen auf Magnus' Haupt sammelt. Er fordert diesen auf, sich unter Berufung auf dieses inhumane

Vorgehen nochmals telegraphisch bei Lerdo für eine Begnadigung einzusetzen. Er könne dem Minister, sagt er, die Zusicherung erteilen, daß alle mit ihm verwandten Souveräne Europas dafür garantieren, daß weder er selbst noch seine beiden Generäle im Falle der Schonung ihres Lebens jemals wieder nach Mexiko zurückkehren würden. Und der Habsburger beginnt Magnus seine regierenden Verwandten aufzuzählen ... Er habe in San Luis schon darauf hingewiesen, sagt Magnus, daß auch die Vereinigten Staaten eine solche Garantie gerne übernehmen würden. Seine am Sonntag erlittene schauervolle Qual könne doch auf Juárez nicht ohne Eindruck bleiben, besteht Maximilian, besonders wenn ihm die Garantien der hervorragendsten europäischen Mächte nochmals angeboten würden. Juárez würde mit Rücksicht auf des Kaisers Verwandtschaftsverhältnis zu den Fürsten fast aller europäischen Staaten doch wohl Bedenken tragen, in seiner Person die Souveräne Europas tödlich zu beleidigen.

Obgleich Magnus weiß, daß sich die republikanische Regierung eines Landes, das sich von der spanischen Monarchie unabhängig gemacht hat, durch das Prestige erblicher Fürsten nicht beeindrucken lassen will, verspricht er aus Mitleid mit dem Kaiser, diesen letzten Versuch zu machen. Magnus konzipiert den Text in deutsch, Ortega übersetzt ihn ins Spanische und diktiert ihn seinem Schreiber.

Als Magnus mit dem Telegramm zu Maximilian zurückkehren will, ist es schon so spät, daß ihn der wachhabende Offizier nicht mehr einläßt. Da aber der Advokat Ortega greifbar ist, der als Verteidiger jederzeit Zutritt zu ihm hat, läßt er dem Kaiser durch diesen die Depesche überbringen. Maximilian stimmt dem Text zu und Escobedo gibt die Bewilligung zur Absendung.

*Telegramm*                               *Querétaro, 18. Juni 1867*
*Herrn Sebastián Lerdo de Tejada*
*Nachdem ich heute in Querétaro angelangt bin, habe ich die Überzeugung gewonnen, daß die drei am 14. ds. Verurteilten am vergangenen Sonntag moralisch gestorben sind, und daß jedermann es so betrachtet, denn nachdem sie schon vollständig zum Tode vorbereitet waren, haben sie eine ganze Stunde lang jeden Augenblick erwartet, nach dem Orte geführt zu werden, wo sie den Tod erleiden sollten, ehe man ihnen von dem durch den Telegraphen übermittelten Befehle, die Ausführung zu verschieben, Mitteilung machen konnte. Die humanen Gebräuche unseres Zeitalters gestatten nicht, daß man sie morgen ein zweites Mal sterben lasse, nachdem sie diese schreckliche Marter erlitten haben. Daher beschwöre ich Sie im Namen der Menschlichkeit und des Himmels: den Befehl zu erteilen, ihr Leben zu schonen, und aufs neue wiederhole ich Ihnen meine Zuversicht, daß mein Herr,*

*der König von Preußen, sowie alle durch Blutsverwandtschaft mit dem gefangenen Fürsten verbundenen Monarchen Europas, namentlich sein Bruder, der Kaiser von Österreich, seine Kusine, die Königin von Großbritannien, sein Schwager, der König der Belgier, seine Kusine, die Königin von Spanien, und seine Vettern, die Könige von Italien und Portugal, sich mit Leichtigkeit dazu verstehen werden, seiner Exzellenz, dem Herrn Benito Juárez alle Garantien zu gewähren, daß kein einziger der drei Gefangenen je wieder das mexikanische Gebiet betreten wird.*[531]

Die Antwort aus San Luis an Magnus trifft um 22 Uhr 05 in Querétaro ein.

*Ich bedaure Ihnen in Beantwortung ihres Telegramms von heute abend sagen zu müssen, daß der Bürger Präsident, wie ich Ihnen bereits vorgestern bedeutet habe, es im Hinblick auf die Sicherheit der Republik für unmöglich hält, die Begnadigung des Erzherzogs Maximilian und seiner Mitverurteilten zu gewähren.*

*Lerdo de Tejada*[532]

Ob Maximilian von diesem Telegramm beim zweiten Besuch von Magnus oder erst später durch Escobedo informiert wurde, wird aus den Augenzeugenangaben nicht klar.

Als Magnus mit neuerlicher Erlaubnis Escobedos Maximilian besucht, ist wiederum, und zwar in Miramóns Zelle, ein Altar errichtet. Dort soll am nächsten Morgen für die drei Todeskandidaten die Messe gelesen werden. Diese sei auf 7 Uhr früh und die Erschießung auf 10 Uhr angesetzt gewesen, sagt ihm der Kaiser. Jetzt aber habe Escobedo Soria befohlen, die Messe solle schon um 5 Uhr beginnen. Die Erschießungen werden daher wahrscheinlich früher stattfinden. Er würde gerne die genaue Stunde wissen. Magnus versucht, dies bei Escobedo erfragen zu lassen, doch der General lehnt höflich jede Auskunft darüber ab.

Als Pater Soria, Maximilians Beichtvater eintritt, bemerkt der Kaiser zu Magnus: *Das ist ein braver, aufgeklärter, verständiger Mann, ich bin außerordentlich mit ihm zufrieden, sein Zuspruch hat mir sehr wohlgetan. Ich habe jetzt noch einige Briefe mit ihm zu schreiben und muß deshalb Abschied von Ihnen nehmen.* Er reicht ihm die Hand und sagt wehmütig: *Grüßen Sie mir ja Ihren König und die Königin, meine Tante, die Königin Elisabeth und den Kronprinzen und die Kronprinzessin auf das herzlichste und überbringen Sie ihnen allen meine Abschiedsgrüße.*

Während dieses Gespräches kommt Oberst Palacios kurz in die Zelle. Er überbringt als Antwort auf Maximilians Brief betreffend die Behandlung seiner Leiche, Escobedos beruhigende, aber falsche Mitteilung, er werde seinen Verfügungen in allem und jedem nachkommen. Maximilian, der zu diesem Zeitpunkt bereits die letzte Entscheidung des Präsidenten über seinen Tod kennen muß, ersucht ihn mit der ruhigsten Miene, er solle dafür sorgen, daß seine Soldaten am nächsten Morgen auf seine Brust zielen, damit er nicht durch das Gesicht geschossen werde. Palacios verspricht das.

Soria bringt den Entwurf für ein Schreiben Maximilians an den Papst. Es ist in spanischer Sprache gehalten, der einzigen, in der Maximilian und Soria sich verständigen konnten:

*Gefängnis im Capuchinas-Kloster in Querétaro*
*18. Juni 1867*
*Heiliger Vater!*

*Auf dem Weg zur Richtstätte, wo ich eines unverdienten Todes sterben soll, wende ich mich mit bewegtem Herzen und mit der Liebe eines Sohnes der heiligen Kirche an Eure Heiligkeit, um volle und ganze Genugtuung zu leisten für die Fehler, die ich gegenüber dem Stellvertreter Christi begangen habe und für alles, womit ich Ihr väterliches Herz beleidigt haben könnte, mit der Bitte, wie ich es von einem guten Vater erwarte, Verzeihung zu erlangen. Auch bitte ich Eure Heiligkeit demütig, Sie mögen meiner in Ihren christlichen, innigen Gebeten nicht vergessen* (auf Wunsch des Kaisers eingefügt) *und meiner armen Seele, wenn möglich, eine Messe widmen. Ich bin Eurer Heiligkeit demütiger* (auf Wunsch Maximilians hinzugefügt) *und gehorsamer Sohn, der Euren apostolischen Segen erbittet. Maximilian*[533]

Soria schreibt den Brief um, wonach ihn Maximilian umarmt und lobt (excelente, excelente!). Dann unterschreibt er erleichtert. Zwischen ihm und dem Oberhaupt der katholischen Kirche hat es auch bei seinem Besuch in Rom vor seiner Mexikoreise nur einen Austausch von Beteuerungen der Ergebenheit einerseits und Segenswünschen andererseits gegeben. Die wirklich anstehenden Probleme wurden weder damals angetastet, noch werden sie jetzt berührt. Der Kaiser hat sich also mit keinem Wort von jenen Regierungsmaßnahmen distanziert, mit denen er die „Reforma" von Juárez bestätigt und weitergeführt hat. Soria wird das Schreiben an Schmit von Tavera übergeben, der es weiterleiten wird. Der Papst wird dieses ergeben-fromme Schreiben Sorias gerührt den Kardinälen vorlesen, ihnen über die letzten Momente des Kaisers berichten und in der Sixtina ein feierliches Requiem unter Anwesenheit des diplomatischen Korps feiern. Doch der letzte päpstliche Nuntius in Mexiko-Stadt, Meglia, der in schwerem Zerwürfnis vom Kaiserpaar geschieden ist, wird angesichts der realen, von Maximilian bewußt nicht geänderten Situation 120 Jahre keinen Nachfolger bekommen.

Um 9 Uhr abends legt sich der Kaiser nieder und liest im Bett noch eine Stunde in dem Buch von Thomas a Kempis „Nachfolge

Christi", das ihm Soria besorgt hat. Um 10 Uhr löscht er die Kerze aus. Er bekommt jedoch wider Erwarten noch einen Besuch. Basch, der neben ihm sein Lager hat, erinnert sich: *Um halb zwölf Uhr, der Kaiser war eben eingeschlafen, trat jemand ins Zimmer. Mit freudigem Schreck springe ich auf, es ist Dr. Riva de Neyra (sic!), der mir sagt, der General (Escobedo) sei da und wünsche den Kaiser zu sprechen. Das Geräusch hatte den Kaiser geweckt, er zündete Licht an, Escobedo trat ein und ich verließ mit Riva de Neyra das Zimmer.*

Escobedo überbringt ein Telegramm aus San Luis mit dem abschlägigen Bescheid auf das Gnadengesuch für Miramón und Mejía. Maximilian ersucht den General, nach seiner Exekution seinen Leichnam an Magnus auszuliefern. Escobedo antwortet ausweichend. Schließlich erbittet der General ein Porträt des Kaisers. Escoto hat viele Jahre später dem deutschen Reiseschriftsteller Hesse-Wartegg erzählt, das Porträt bei Escobedo gefunden zu haben. Es hätte folgende Widmung in des Kaisers Handschrift getragen: Al Señor General en jefe, Querétaro 18 de 1867. Maximilian hatte vor Aufregung vergessen, den Monat hinzuzufügen.[534]

*Nach einigen Minuten kam der General heraus und ich ging wieder zum Kaiser. „Escobedo war da, um von mir Abschied zu nehmen. Schade! Ich hatte gerade so gut geschlafen." Kurz darauf löschte der Kaiser wieder die Kerze aus und nach einer Stunde, für mich eine Ewigkeit, merkte ich an seinem ruhigen, gleichmäßigen Atem, daß er eingeschlafen war.*

Escobedo war noch zu Miramón und Mejía gegangen. Der Indio-General, der Escobedo einmal gefangengenommen, von seinen Wunden geheilt und ihm die Flucht ermöglicht hatte, hat von Escobedo sicherlich Gegendienste erwartet.

Escobedo hätte ihm auch unter Umständen die Flucht ermöglicht, jedoch nur ihm allein, was Mejía nicht wollte. Nun hat ihm Escobedo versprochen, die Kosten für seine Einbalsamierung und Bestattung zu übernehmen und sich um seinen kleinen Sohn und seine Gattin zu kümmern.

### Mittwoch, 19. Juni[535]

Um halb 4 Uhr früh erwacht der Exkaiser. Basch, der wohl kein Auge zugetan hat, weckt die Diener Grill und Severo sowie den Koch Tüdös, die in der schräg gegenüberliegenden Zelle schlafen. Sie helfen Maximilian beim Ankleiden. Es gibt nicht viel Auswahl. Der Kaiser hat im Gefängnis nur eine weiße Jacke besessen. Carlos Rubio hat aber für heute einen schwarzen Anzug mit Gehrock geliefert. Maximilian hat mit Miramón auch über die Kleiderfrage gesprochen und sich erkundigt, was man wohl in einem „solchen Fall" trage. Miramón hat – einer Legende nach, die etliche Variationen kennt – geantwortet, so genau wisse er das auch nicht: es sei nämlich das erste Mal, daß ihm so etwas zustoße. Jedenfalls haben sich die drei Gefangenen darauf geeinigt, ihre letzten Momente nicht in Uniform, sondern in zivilem Schwarz zu erleben. Mejía, so will es die Legende,[536] hat sich allerdings unter dem Gehrock seine Generalsschärpe umgelegt. Maximilian seinerseits, immer praktisch in Details, stopft sich einige Taschentücher unter die Brust des Gehrocks. Er vermutet, daß dieses Kleidungsstück zu einer Reliquie werden wird – so soll es möglichst nicht durch Blut beschmutzt werden.

Um 4 Uhr kommen die Beichtväter, Kanonikus Soria y Breña für den Kaiser, D. Pedro Ladrón de Guevara für Miramón und D. Francisco Figueroa für Mejía. Während die Verurteilten, jeder auf seine Art, sich in ihr Schicksal zu ergeben versuchen, können sie von draußen Kommandorufe, Pferdegetrappel und den Marschtritt zahlreicher Truppen hören. 4.000 Mann sind unterwegs, die größte Truppenbewegung seit der Belagerung. Seit 4 Uhr 30 befindet sich fast die ganze Garnison im Anmarsch auf den Cerro de las Campanas. Im „Teresitas"-Kloster sind die Galeana-Jäger, die ebenfalls zum Exekutionsplatz ausmarschieren, durch Kavallerieeinheiten ersetzt worden.

Um 5 Uhr hört der Kaiser mit den Generälen in der Zelle Miramóns, in der man einen Altar errichtet hat, die Messe und empfängt die Sterbesakramente. Zeit seines Lebens war er ein Liberaler – ein echtes Kind seiner Zeit. Doch dem Tod will er erst ins Auge schauen, nachdem er „den ererbten Glauben fromm bekannt" hat – „fidem avitam religiosissime confessus", wie es auf seinem Sarkophag in der Wiener Kapuzinergruft heißen wird.

Kurz vor 6 Uhr nimmt Maximilian in seiner Zelle das letzte Frühstück zu sich: Kaffee, Huhn, eine halbe Flasche Rotwein und Brot. Basch sitzt appetitlos dabei – er hofft immer noch auf ein Wunder.

Zum zweiten Mal gibt Maximilian dem Arzt seinen Trauring. Dann steckt er ein Skapulier, das ihm Soria gegeben hat, in die Brusttasche seiner Weste: *Das werden Sie meiner Mutter bringen* – der letzte Auftrag, den Basch aus des Kaisers Mund vernimmt.

Um halb 7 Uhr erscheint Oberst Palacios mit der Wachmannschaft. Basch, der bis zuletzt auf eine Begnadigungsnachricht gehofft hat, bricht jetzt innerlich zusammen. Es wird ihm klar, daß er den Kaiser auf seinem letzten Gang nicht begleiten kann, wenn er auch wollte. Er ahnt auch, daß es genug Leute gibt, die ihm daraus einen Strick drehen werden.[537]

Maximilian tritt in die Mitte der Wachmannschaft. Bis zur Treppe begleitet ihn der Arzt noch, dann verlassen ihn seine Kräfte. Maximilian merkt es wohl, blickt voll Verständnis auf den vor Aufregung zitternden Intellektuellen, über dessen Sensibilität er schon immer leise gelächelt hat. Er reicht ihm mit ruhig freundlichem Kopfnicken die Hand. Es ist ein Abschied für immer.

Als er auf die Straße tritt, ist die Sonne noch nicht aufgegangen, aber der Himmel ist wolkenlos und klar. Der Habsburger, ein passionierter Spaziergänger, der so lange gute Luft vermißt hat, atmet tief. *Ein solches Wetter,* bemerkt er zu seiner Begleitung, *habe ich mir für meinen Sterbetag schon immer gewünscht.*

Für die Verurteilten sind gebrechliche Mietkutschen vorgefahren. Maximilian und Soria wollen in den Wagen Nr. 10 steigen, dessen Tür allerdings klemmt und sich trotz aller Mühe nicht öffnen läßt. So müssen sie über den niedrigen Wagenschlag klettern. Miramón besteigt mit Padre Ladrón de Guevara den Wagen Nr. 16 und Mejía mit D. Francisco Figueroa die Kutsche Nr. 13.

30 berittene Rifleros bilden die Spitze des Zuges, zwei Bataillons Infanterie marschieren zu beiden Seiten, und zwei Schwadronen Kavallerie beschließen den Zug. Dieser bewegt sich im Schrittempo aus der Calle de Capuchinas, biegt um die Ecke in die Calle de la Laguna, die den Ost-West Straßenzug der Calle de San Antonio nach Westen fortsetzt. Es sind kaum Leute auf den Straßen, die Fensterläden sind zum Zeichen der Trauer geschlossen oder werden aus Protest zugeworfen, alle Geschäfte haben gesperrt.

Während sie fahren, sagt der Kaiser zu Soria, indem er auf die Brust seines Gehrockes hinweist: *Ich habe mir acht Sacktücher hier untergelegt, damit mein Blut das Gewand nicht beschmutzt.* Der gefühlvolle Soria schluchzt vor sich hin, Maximilian muß ihn trösten.

Plötzlich taucht mit gellenden Schreien Mejías Frau auf, ihr neugeborenes Kind in den Armen. Sie drängt sich dicht an die letzte Kutsche, in der ihr Mann fährt. Mejía ist völlig apathisch, von allen irdischen Beziehungen gelöst, er dürfte sie kaum bemerkt haben. Soldaten reißen sie zurück, aber sie folgt unbeirrbar dem Zug, der nun durch die Calle de San Antoñito und die Calle del Campo fährt, die bereits in Grünland übergeht. Man hat das Vorfeld des Cerro de las Campanas erreicht.

Noch im Wagen sitzend, sagt Maximilian zu Soria: *Hier wollte ich die Siegesfahne aufpflanzen, und nun komme ich hierher, um zu sterben. Das Leben ist doch nur eine Komödie.* Natürlich sind sich auch die Republikaner dieses Symbols bewußt. Mit oder ohne Verrat des Miguel López: Der Cerro ist für sie der Berg des Sieges, das Grabmal für das Kaiserreich. Darum muß die republikanische Justiz gerade hier triumphieren.

Miramón sagt in der Kutsche zu Padre Ladrón de Guevara: *Sehen Sie, dort ist schon der Hinrichtungsplatz. Meine Stunde hat geschlagen.* Er greift in die Tasche nach einer Fotographie und löst seine Taschenuhr vom Gilet. *Geben Sie bitte dieses Bild und diese Uhr meiner Gattin.* Dann greift er wieder nach dem Kreuz und spricht leise: *Oh mein Gott, ich biete Dir mein Blut als Sühne für meine Sünden an und bitte Dich um das Glück meines Vaterlandes.*

Die Wagen halten am Fuß des Hügels. Hier hat Maximilian seinen Degen zum Zeichen der Kapitulation übergeben, ebenfalls bei Anbruch eines prächtigen Tages. Denkt der Kaiser noch daran? – Er und Soria müssen wieder über die blockierte Wagentür steigen. Maximilian nimmt dazu seinen weißen Sombrero ab. Da sieht er, daß sich ihm helfende Hände entgegenstrecken. Es ist sein ungarischer Koch Tüdös, der ihm aus dem Wagen hilft. Dabei sagt ihm der Kaiser leise und etwas spöttisch auf ungarisch: *Na, glaubst du jetzt, daß sie mich erschießen?*

100 Schritte sind es noch bis zur Höhe des Hügels. Dort stand früher das Pulvermagazin, der Kaiser hat dort oft auf der nackten Erde geschlafen. Auf dem Cerro wartet heute seit 5 Uhr ein geteiltes Karree von etwa 4.000 Mann unter dem Befehl des zweiten Generalstabschefs Escobedos, General Díaz de León. Das Karree läßt im Osten einen Zugang zum Exekutionsplatz frei, im Westen lehnt es sich an die aus Resten der früheren Befestigung aufgeworfene Mauer aus Adobeziegeln – den „Paredón". Tausende Paar Augen heften sich auf die drei Verurteilten, die langsam auf die Mauer zugehen

Magnus, Bahnsen, der deutsche Kaufmann Stephan und der Arzt Dr. Szenger stehen schon seit dem frühen Morgen auf dem Cerro. Der preußische Diplomat blickt ins Tal und sieht den Zug herankommen. Nach seinem Zeugnis waren neben den Truppen nur ungefähr 50 Zuseher auf dem Cerro.

*Die Wagen hielten am Fuß des Hügels, wenige Schritte seitwärts des Karrés, ungefähr dessen Mitte gegenüber. Hier verließen die drei Todesopfer die Wagen, traten in das Viereck und schritten langsam den Hügel hinan, nach der soeben erwähnten Lücke. Zuerst kam der Kaiser, schwarzgekleidet, mit zugeknöpftem, auf die Knie hinabreichenden Rock. Seine Majestät trugen ein großes Kruzifix in der Hand, zu seiner Linken ging sein Beichtvater Padre Soria. Dann folgte der General Miramón und diesem der General Mejía, beide gleichfalls in schwarzen Kleidern, jeder mit einem Kruzifix versehen und von seinem Beichtvater begleitet. Zu beiden Seiten der Verurteilten marschierten die zur Eskorte kommandierten Infanteristen. Der Kaiser, sowohl als die beiden Generale waren unbedeckten Hauptes, keinem von ihnen konnte man die mindeste Aufregung ansehen. Der Kaiser ging festen*

*Schrittes und in ruhiger würdevoller Haltung. Sein Gesicht, ein wenig blasser als am vorhergehenden Tage, hatte einen milden, fast verklärten Ausdruck.*

*Auf der Höhe des Hügels angelangt, stellte sich der Kaiser, mit dem Gesicht nach der Stadt zugewandt, einige Schritte vor der erwähnten Befestigungsmauer auf, rechts neben ihm Miramón, und neben diesem Mejía.*

Gagerns Adjutant von Glümer berichtet allerdings, daß Maximilian krank und gebrochen aussah, was seinem schweren Leiden entsprochen hätte. Miramón dagegen zeigte ein leichtes Lächeln auf seinen furchtlosen Zügen, und Mejía war sichtlich leidend und schien gegenüber allem gleichgültig zu sein.

Während Maximilian auf die Mauer zugeht, bleibt sein Rockschoß am Stachel eines Kaktus hängen und erhält einen Riß.

Das Exekutionskommando, das den Verurteilten folgt, besteht aus Schützen des Bataillons Nuevo León unter dem Befehl von Hauptmann Simón Montemayor. In bezug auf die Anzahl der Schützen widersprechen sich die Augenzeugenaussagen.

So wird Tüdös Schmit von Tavera erzählen: *Zur Exekution waren je vier Soldaten kommandiert, drei standen in Reserve. Ein Kapitän kommandierte die Exekution des Kaisers, ein Teniente (Leutnant) die der anderen Herren.*

Von Glümer, der als republikanischer Offizier vor den Reihen des Karrees gestanden sein muß und eine gute Sicht hatte, erinnert sich anders: *Dann trat das aus ungefähr acht Mann und einem Sergeanten bestehende Exekutionspeloton unter Führung eines Offiziers vor.*

Wie aber auch Salm von Anwesenden gehört hat, soll es doch drei getrennte Exekutionskommandos gegeben haben, eines für jeden der Verurteilten. Die Namenslisten sind nicht aussagekräftig, denn Namen werden später überhaupt nur vier bekannt sein: Jesús Rodríguez, Ignacio Lerma, Marcial García, Carlos Quiñonez.

Gegen die Berichte über drei vorhandene Exekutionskommandos wird später hauptsächlich eine Tatsache sprechen, zu der ein Mann den Anlaß gibt, der heute ebenfalls unter den Zusehern weilt: François Aubert, der Photograph. Er wird das Erschießungskommando in seinem Atelier auf die Platte bannen, sogar zweimal, und es werden jene „ungefähr acht Mann und ein Sergeant unter Führung eines Offiziers" sein, die von Glümer gezählt hat, von dem man annehmen kann, daß ihn als Europäer die Person Maximilians mehr interessiert hat als die der beiden Generäle. Es werden Bilder sein, die zu Hunderten zirkulieren, und es wird eine Ehre sein, diesem Peloton angehört zu haben. Warum? Weil der Ausländer Maximilian – zwar guten Glaubens, aber de facto doch – als Werkzeug der ausländischen Intervention gegen Mexiko tätig war und dafür verurteilt und erschossen wird. Miramón und Mejía dagegen sind Mexikaner, ihr Tod gilt vielen als Rachemaßnahme gegen Militärs, unter denen die Liberalen viel gelitten haben. Wenn es eigene Exekutionskommandos für diese beiden Generäle gegeben haben sollte, dann war das Aufscheinen der Schützen auf öffentlich zirkulierenden Fotos vergleichsweise viel riskanter als im ersten Fall.

Dem mexikanischen Militärreglement entsprechend muß vor Exekutionen ein „Bando"[538] verlesen werden, der da lautet: *Wer um Gnade für die Verurteilten bittet, soll die gleiche Strafe erleiden.* Während dumpf die Trommeln wirbeln, treten an allen vier Seiten des Karrees Offiziere vor und verlesen diese Warnung.

Die Augenzeugen Magnus, von Kreutz und Tüdös bestätigen, daß, wie die Tradition behauptet, Maximilian an die Soldaten des Pelotons Goldmünzen verteilt habe. Dabei ging es ihm darum, daß die Schützen tief genug zielten, um nicht sein Gesicht zu entstellen, Palacios hatte ihnen auch strengen Befehl dazu erteilt, da man an eine Auslieferung der Leiche an die Familie danken mußte.

Tüdos wird einige Tage darauf Schmit von Tavera folgendes berichten: *Die Soldaten standen auf fünf Schritt Distanz der Verurteilten. S. M. gab jedem der vier Soldaten eine Unze und sagte ihnen, sie möchten gut zielen und ihn nicht in den Kopf schießen. Hierauf nahm der Kaiser seinen Hut und gab ihm dem Tödös (sic!) mit dem Auftrage, ihn seinem Vater zu bringen. Dann trocknete sich S. M. die Stirn mit dem Sacktuche (die Sonne schien sehr heftig) und beauftragte den Tödös (sic!) dasselbe der Kaiserin zu überbringen, wenn sie lebe, wo nicht, seiner Mutter.*[539] Der Kaiser blickt flüchtig auf den strahlenden Himmel und die grünende Landschaft. Die drei Verurteilten gehen aufeinander zu, umarmen einander und verabschieden sich. Maximilian, bis zum letzten Moment voll altösterreichischer Höflichkeit, bittet Miramón, rechts von ihm zu stehen.

Der berühmt gewordene Platztausch zwischen Maximilian, der ursprünglich in der Mitte der Todesopfer stehen sollte, und Miramón, den der Kaiser an seine Rechte bat, wird u.a. von dem mexikanischen Arzt Dr. Manuel Calvillo bestätigt, der die offizielle Totenbeschau durchzuführen hat und daher in der Nähe der Verurteilten steht: *Maximilian, der die mittlere Stelle einnahm, trat diese Miramón ab und stellte sich links auf.*

Karl von Kreutz, immer noch Kommandant der Torwache bei den Capuchinas und selbst von unernstem Wesen, will folgendes Gespräch gehört haben: *Der General Miramón sagte halb im Scherz zum Kaiser, ob er glaube, daß sie hinunter oder hinauf kämen. Der Kaiser erwiderte, zweifellos hinauf, und zwar sehr bald, denn schon würden die Gewehre zurechtgemacht. Mejía sagte, man möchte doch nicht davon sprechen.*[540]

Nun wendet sich Maximilian mit kaum vernehmlicher Stimme an die Truppen: Er wird nur von den in der Nähe Stehenden verstanden, vor allem von den Beichtvätern. Er gibt nicht jene pathetische Erklärung ab, die man später erfinden wird und die mit den für ihn gar nicht charakteristischen Worten beginnt: „Leute meines Standes ...", sondern sagt mit der für ihn bezeichnenden Einfachheit: *Ich vergebe allen und bitte auch alle, daß sie mir vergeben. Möge mein hier vergossenes Blut diesem Lande zum Wohle gereichen. Viva México, viva la Independencia.*

Nun wendet sich auch Miramón mit lauter, aber vor Aufregung gepreßter Stimme an die Umstehenden, doch verliest er eine vorbereitete Erklärung:

*Mexikaner! Vor dem Kriegsgericht wollten meine Verteidiger mein Leben retten, nun stehe ich hier, bereit, es zu verlieren. Im Angesicht Gottes protestiere ich gegen die gegen mich erhobene Anschuldigung des Verrates. Dieses Verbrechens bin ich nicht schuldig. Ich verzeihe jenen, die mich töten und hoffe, daß auch Gott mir vergibt und daß meine Landsleute von meinen Kindern dieses Schandmal abwenden und mir Gerechtigkeit widerfahren lassen. Viva México.*

Magnus erlebt auch die letzten Sekunden Maximilians vor der todbringenden Salve mit: *Mit einem milden, nicht zu beschreibenden, mir aber unvergeßlichen Ausdruck blickten S. M. erst links und dann rechts in völligster Ruhe noch einmal um sich.*

*Auf einem Berge will ich sterben* – dieser von Maximilian in seinen Jugendjahren in ein Gedicht gebrachter Wunsch steht vor der Erfüllung.

Nun ziehen sich die Priester zur Seite zurück, und auch die hinter den Verurteilten stehenden Personen – Dr. Calvillo, Tüdös, die Verwandten Miramóns – weichen auf eine der beiden Seiten aus.

Hauptmann Montemayor reißt seinen Degen hoch und ruft mit seiner jungen Stimme: Preparen! Die Pelotons heben ihre sechsschüssigen Springfield-Gewehre. Apunten! Die Schützen nehmen die drei Verurteilten ins Visier. Vier Läufe zielen auf die Brust Maximilians, je vier weitere Läufe (nach der Version des Tüdös) auf die beiden anderen Todeskandidaten.

Eben diesen Augenblick hält der auf der Nordseite des Karrees stehende Photograph François Aubert auf seinem Skizzenblock fest. Er sieht das Exekutionskommando in perspektivischer Verkürzung, so daß seine Zeichnung das Peloton wie eine düstere Gewitterwolke darstellt, aus der jetzt der Blitz zucken wird. Wie viele Männer oder gar Pelotons es sind, kann man daraus nicht ersehen.

Die drei Opfer blicken in die Gewehrmündungen. Maximilian teilt mit den Händen seinen blonden Bart und zeigt mit beiden Fäusten auf seine Brust, kreuzt dann auf seine typische Art die Hände hinter seinem Rücken und schließt die Augen. Miramón blickt kaltblütig wie auf dem Schlachtfeld – *Stellen Sie sich einfach vor, wir sterben auf dem Schlachtfeld!* – hat er vor kurzem zu Maximilian gesagt. Und Mejías Augen sind blicklos, während seine Lippen *Virgen Santísima* murmeln.

Der Degen Montemayors senkt sich. Fuego! Im Peitschenknall der Salve sinken die drei Opfer zu Boden. Pulverdampf hüllt das Todesspektakel ein. Magnus blickt unwillkürlich auf seine Taschenuhr. Diese zeigt 6 Uhr 40.

Von vier Kugeln durchbohrt fällt der Kaiser nach rückwärts. Im Fallen schlägt sein linker Vorderarm gegen eine Felskante und bekommt einen Bluterguß.

Ob es „letzte Worte" des Sterbenden gab – einige Mexikaner wollen die Worte *Hombre, hombre* gehört haben, ist mehr als zweifelhaft.

Tüdös sieht es aus der Nähe: *Er bewegte noch die Augen und Arme, konnte aber nicht mehr sprechen. Einer der Geistlichen trat hinzu und besprengte seinen Körper mit Weihwasser. Ein Soldat schoß ihm durch die Brust, worauf S. M. mit der Hand krampfhaft an dem Rock riß, das Gewand entzündete sich und Tüdös schüttete Wasser darauf. Ein Soldat zielte auf die Brust, doch der Schuß ging nicht los. General Diaz kommandierte schnell einen anderen Soldaten zum Feuern, dessen Gewehr aber auch nicht los ging. Der nächste Schuß durchbohrte das Herz. S. M. atmete schwer und zuckte noch mit der Hand. Das Gewand entzündete sich abermals und wurde mit Wasser gelöscht. 4 cargadores*[541] *legten die Leiche in einen von innen ungehobelten, schwarz* [542] *gestrichenen Sarg.*[543]

Tatsächlich war der Sarg schwarz mit gelben Verzierungen. Tüdös wird das wahrheitsgemäß Schmit so berichten. Doch der junge Diplomat, der von Lago gelernt hat, in erster Linie Fehler zu vermeiden, wird fürchten, mit einem Bericht, wonach die Mexikaner Maximilian in einen in den österreichisch kaiserlichen Farben Schwarz/Gelb gehaltenen Sarg gelegt hätten, Lächerlichkeit zu erregen. Daher wird er „Gelb" streichen.[544]

Dr. Calvillo, der ebenfalls ganz in der Nähe steht, berichtet: *Als der Rauch sich verzog, näherte ich mich, um meine Pflicht zu tun und kam zuerst zu Mejía. Ich fühlte seinen Puls und zweifellos war es meine Aufregung, die mich das Schlagen der Arterie nicht fühlen ließ, denn als ich das*

*Herz abhörte, schlug dieses wie wild. Ich nahm meine Hut und stand auf. „Lebt er noch?", fragte mich der Offizier. Ich antwortete nicht und ging nur einige Schritte zurück. Der Offiziere verstand und hieß einen Soldaten vortreten, indem er mit der Degenspitze auf die Herzgegend wies. Der Soldat zielte darauf, ich wandte den Kopf ab. Als der Schuß krachte, blickte ich wieder hin und sah, daß Mejía mit seiner Linken nach der soeben erhaltenen Wunde griff, die Hand aber alsbald wieder sinken ließ.*

Erschöpft setzt sich Calvillo auf einen Felsen und überblickt die Todesszene: *Dort drüben Mejía, dessen Todeskampf in seinem Gesicht neue Züge der Häßlichkeit erweckte. Da Miramón, dessen ruhiger Anblick auf einen sofortigen Todeseintritt ohne Leiden hinwies, und hier Maximilian mit aufgerissenen Augen, die ich ihm zudrückte und einem sardonischen Lächeln, das durch einen schmerzhaften Krampf beim Durchschuß des Zwerchfellnervs ausgelöst worden war.*[545]

Der Cerro de las Campanas kann von den Kirchtürmen Querétaros mit Ferngläsern gut beobachtet werden. Gegen 7 Uhr beginnen alle Kirchenglocken der Stadttürme „Repique" zu läuten. Die Einwohner wissen nun, daß die Exekutionen vollzogen sind.

Die Priester treten zu den Erschossenen und verabreichen ihnen durch Bestreichen der Stirnen die Letzte Ölung. Miramóns Schwager Alberto Lombardo und der Onkel Conchas, Joaquín Corral, gehen mit einem Leichentuch auf Miramóns Körper zu und heben ihn in einen der drei einfachen Särge, die von Lastträgern mitgeführt worden sind. Magnus und Dr. Szenger nähern sich dem Leichnam Maximilians. Einer der Generäle fragt den Arzt, wer er sei: Magnus erklärt, er sei mit ihm gekommen, um die sterbliche Hülle des Kaisers zu übernehmen. Schon will der General die Leiche ausliefern, da erscheint rasch Oberst Palacios. Er habe von Escobedo Befehl, den Leichnam zu den Capuchinas zurückzubringen. Magnus denkt an das von Escobedo gegebene Versprechen, es werde alles nach Maximilians Wunsch vor sich gehen. Er wird dem General dies vorhalten.

Unmittelbar nach dem wilden Durcheinander, das nach der Salve eingesetzt und etwa eine Viertelstunde gedauert haben kann, diktiert Refugio González dem Schreiber Félix Dávila das Exekutionsprotokoll:

*Auf dem Cerro de las Campanas, 700 Meter vom Westrand der Stadt Querétaro entfernt, am neunzehnten Juni achtzehnhundertsiebenundsechzig, um sieben Uhr fünf früh.*

*Ich, der gefertigte Schriftführer bezeuge, daß aufgrund des vom Bürger Kommandierenden General der Nordarmee nach eingeholtem Gutachten bestätigten Urteil des ordentlichen Kriegsgerichts, wonach an den Angeklagten Ferdinand Maximilian von Österreich, genannt Kaiser von Mexiko, und seinen Generalen Tomás Mejía und Miguel Miramón die Todesstrafe durch Erschießen zu vollziehen ist, diese unter sicherer Bedeckung an den genannten Ort gebracht wurden, wo die zur Durchführung der Exekution bestimmten Truppen unter dem Befehl des Bürgers General Jesús Díaz de León Aufstellung genommen hatten. Nachdem der Genannte die im Reglement vorgesehene Warnung öffentlich verlesen hatte, wurden die vorgenannten Angeklagten gleichzeitig zur genannten Stunde und am genannten Ort hingerichtet. Der Militäranwalt ließ dies protokollieren und unterzeichnete mit mir, dem gefertigten Schriftführer.*

*González Félix G. Dávila*[546]

Die Geschichtsschreiber werden sich bald daran gewöhnen, als Todesstunde 7 Uhr 05 anzugeben. Magnus versichert aber glaubwürdig, daß die Todesschüsse um 6 Uhr 40 fielen. Ebenso plausibel scheint es anzunehmen, daß González erst dann wieder die Ruhe fand, das Exekutionsprotokoll zu diktieren, als Calvillo mit der Totenbeschau fertig war und die Toten in die Särge gelegt worden waren.

Als die Truppen den Cerro verlassen haben, nähern sich Indios und tauchen zum Gedächtnis an die Toten weiße Leinentücher in das vergossene Blut.

Zwischen 8 und 9 Uhr ziehen die Truppen in ihre Kasernen zurück. Im „Teresitas"-Kloster ist bereits um 6 Uhr Oberstleutnant Pitner zu Salm in die Kapelle gekommen und hat gesagt: *Jetzt haben sie ihn schon fortgeschleppt.* Atemloses Warten beginnt. Als um 7 Uhr die Glocken überall läuten, ruft Pitner außer sich: *Jetzt ist er tot!* Dann liegen sich der große, korpulente Österreicher und der schlank gebaute, kühle Deutsche stumm in den Armen. Keiner von ihnen glaubt in diesem Augenblick, daß er selbst lebend die Heimat wiedersehen wird.

Während die Truppen stadteinwärts marschieren, kommt es vereinzelt zu Protesten der Bevölkerung. Namentlich Frauen, unter denen Maximilian viele Anhängerinnen hatte, beschimpfen die Truppen. Einige Personen werden festgenommen.

Escobedo sieht dem Rückmarsch der Truppen vom Fenster seines Wohnhauses in der Calle de San Antonio zu. Den Anblick der Erschießung hat er sich erspart. Er meldet die Exekutionen telegraphisch an die Regierung und erteilt an Dr. Rivadeneyra den schriftlichen Befehl, an die Einbalsamierung von Maximilians Leichnam zu schreiten.[547] Dieser ist aber nur nominell dafür verantwortlich. Den bezahlten Auftrag für die effektive Durchführung erhält Dr. Licea, vermutlich durch den Einfluß seines Schwagers General Refugio González.

Unversehens meldet sich Magnus bei Escobedo an. Der General empfängt ihn zugeknöpft. Der Preuße erinnert ihn an seine Zusage, mit der Leiche Maximilians nach dessen Wünschen zu verfahren, und an sein Versprechen, diese an Magnus zu übergeben. Der General verbirgt seine Verlegenheit hinter Wortkargkeit. Es sei strikter Befehl aus San Luis gekommen, Maximilians Leiche durch mexikanische Ärzte einzubalsamieren. Magnus ist verärgert, verweist auf Dr. Basch und den eigens mitgebrachten Dr. Szenger. Es spreche nichts dagegen, erklärt Escobedo, daß diese bei der Einbalsamierung anwesend seien, ja sie könnten gute Dienste leisten und sich überzeugen, daß alles ordnungsgemäß vonstatten gehe. Abschließend versichert er bieder, daß für die Aufbahrung des Leichnams unter Beobachtung aller von der katholischen Religion vorgeschriebenen Gebräuche gesorgt sein werde.

Magnus verabschiedet sich mit wenigen Worten. Er möchte mit Escobedo eigentlich nichts mehr zu tun haben. Er beschließt, nochmals nach San Luis zu reisen. Für Preußen und für ihn selbst ist es von ungeheurer Wichtigkeit, daß die Auslieferung der Leiche an ihn erfolgt. Die diplomatische Bedeutung eines solchen Erfolges für Preußen, das im Falle einer Auseinandersetzung mit Frankreich auf Österreichs Neutralität hofft, liegt auf der Hand.

Kaum ist Magnus gegangen, erläßt Escobedo Instruktionen für den Chefarzt General Rivadeneyra. Dieser hat die Einbalsamierung zu überwachen, die Arbeiten aber können gegen entsprechende Honorierung an Dr. Licea abgetreten werden. Als Frauenarzt besitzt dieser dazu allerdings wenig fachliche Voraussetzungen.

Um 8 Uhr erfährt Basch von Oberst Palacios, daß er endgültig frei sei und bei der Einbalsamierung zugegen sein könne. Es scheint, daß er die ihm von Maximilian diktierten Briefe und zur Mitnahme nach Europa anvertrauten drei Koffer und Erinnerungsstücke nun aus Sicherheitsgründen an Bahnsen übergeben hat, der dies alles vorläufig beim Bankier Carlos Rubio deponiert, weil er morgen mit Magnus nach San Luis zurückreist. Hierfür sind ebenfalls Sicherheitsgründe maßgebend, da Überfälle auf Postkutschen gegenwärtig an der Tagesordnung sind. Vorläufig jedenfalls scheinen ihm diese wertvollen Gegenstände im Hause Rubios am sichersten zu sein. Er hat keine Ahnung, zu welchen Komplikationen dieses Depot noch führen wird.

Basch berichtet: *Gegen acht Uhr kam Oberst Palacios zurück, und man sah ihm an, daß er mühsam die Erschütterung unterdrückte, die sich seiner bemächtigt hatte, er reichte mir die Hand und sagte mit gepreßter Stimme: „Era un alma grande – Er war eine große Seele". Palacios meldete mir, daß*

*ich für immer frei sei und die Erlaubnis habe, der Einbalsamierung beizu-
wohnen. Er führte mich hinab in die Kirche zum Leichname des Kaisers, der
mit einem Tuche bedeckt auf einem Tische lag. Seine Züge waren nicht
entstellt, der Körper von sechs Kugeln durchbohrt.*

*Die Schüsse wurden aus kürzester Distanz abgefeuert und alle sechs
Kugeln durchschlugen den Körper, so daß keine einzige von ihnen bei der
Sektion aufgefunden wurde. Die drei Brustwunden waren absolut tödlich,
die eine hatte ihren Weg durch das Herz (die rechte Vor- und linke Herz-
kammer) genommen, die zweite das Brustblatt durchbohrend die großen
Gefäße zerschnitten, die dritte Kugel endlich die rechte Lunge durchbohrt.
Der Natur dieser drei Wunden nach konnte der Todeskampf des Kaisers nur
der allerkürzeste sein.*

Soweit Baschs ärztlicher Befund.

Von Glümer ist einer der vielen Neugierigen, die den erschossenen Maximilian in der Capuchinas-Klosterkirche sehen wollen:
*In der Stadt führte ich einen mir befreundeten deutschen Kaufmann
aus San Luis in die Klosterkirche. Der Kaiser lag noch in seiner blutbefleckten Kleidung in einem gewöhnlichen Sarge, den man nahe dem
Alter niedergestellt hatte. Das Antlitz zeigte einen sanften, friedlichen Ausdruck.*

Noch im Laufe des Vormittags wird eine Wache vor die Kirchen-
tür gestellt, die keinen Unbefugten eintreten läßt. Escobedo hat nämlich vernommen, daß Eindringlinge begonnen hätten, der Leiche
Barthaare auszureißen.

Dr. Rivadeneyra und Dr. Licea beginnen mit der Einbalsamierung, die acht Tage dauern wird. Man raucht dabei und führt laute,
bisweilen auch verwegene Reden. Leute, die in der Kirche zu tun
haben, hören das und sind entsetzt über solche Pietätlosigkeiten, die
nicht viel anderes zeigen als die Hilflosigkeit der zu diesem Geschäft
bestimmten Männer. Ob, wie manche Berichte lauten, Licea wirklich
gesagt hat, es sei ihm eine Wollust, in Maximilians Blut zu wühlen,
ist nicht durch echte Ohrenzeugen belegt. Zu vermuten ist, daß bei
alledem viel Alkohol im Spiele war.

Die Hilfeleistungen der europäischen Ärzte werden, zumal sie
gratis sind, gerne angenommen, ebenso die von Dr. Szenger aus San
Luis herbeigeschafften Ingredienzien, da die Apotheken Querétaros
wegen der langen Belagerung keinerlei brauchbare Vorräte mehr
haben.

Mejías Leichnam wird ebenfalls ins Capuchinas-Kloster gebracht
und dort von Dr. Rivadeneyra einbalsamiert. Die Kosten übernimmt
Escobedo persönlich, der so Mejías Familie gegenüber seine freundschaftlichen Gefühle für den Indio-General zeigen will.

Miramóns Verwandte bringen den Leichnam des „jungen Generals" in die Casa de la Zacatecana, wo er auf Kosten der Familie konserviert wird.

Maximilians Kleider – der schwarze Anzug, Hemd, Unterwäsche und die unter den Gehrock gestopften Taschentücher, sind in einer Ecke der Kirche achtlos auf einen Haufen geworfen worden. Während noch die Sonnenstrahlen darauf fallen, kommt – zweifellos mit Wissen und Bewilligung Liceas und Palacios – ein Mann mit einer Kamera und richtet das Objektiv auf diesen blutbefleckten, ebenso makabren wie schaurig malerischen Kleiderhaufen. Es ist François Aubert, der inoffizielle Hofphotograph des Kaisers. Obwohl die Belichtung zu wünschen übrig läßt, wodurch das Bild etwas verwaschen und rätselhaft wirkt, wird diese Aufnahme in den nächsten Tagen zu einem der in Querétaro meist verkauften und herumgereichten Bilder werden. Auberts Spekulation beginnt aufzugehen. Er hat die glänzende Klientel der Hofszene eingebüßt, doch hält er sich am Totenreich der nostalgischen Erinnerung schadlos. Er ordnet Kopien seiner vorhandenen Porträtfotos zu Medaillons in Kreuzesform. Aubert wird sich von Licea, der sofort daran gedacht hat, aus dem Einbalsamierungsvorgang Kapital zu schlagen, auch einzelne Kleidungsstücke verschaffen und diese in seinem Atelier in der Calle del Hospital Nr. 4 auf Kleiderbügel aufhängen. So werden unter idealen Belichtungsverhältnissen leicht reproduzierbare Bilder entstehen. Der Gehrock mit Durchschüssen,[548] das Gilet mit 6 Einschüssen, das blutbefleckte Hemd – Aubert photographiert und bereitet sie auf, umgibt die Bilder mit spielkartenähnlichen Einrahmungen. Der Photograph kennt den Markt, er weiß um die Sehnsucht der Menschen, geschichtliche Katastrophen dramatisch an Bildern mitzuerleben, mögen die Motive echte Anteilnahme oder die bloße Sucht nach flüchtigem Nervenkitzel sein. Aubert wird die Prozeßbeteiligten, Staatsanwalt und Verteidiger, die zum Tode verurteilten Generäle und die stolzen Sieger gleichermaßen auf seine Platten bannen, mit dem Blick des gelernten Malers und dem Geschick des geschäftstüchtigen Kaufmanns, der Bedürfnisse zugleich weckt und befriedigt.

Aubert weiß, daß er vom Leichnam Maximilians erst dann Fotos machen darf, wenn die Einbalsamierung vollendet sein wird. Maximilian soll wie ein Lebender in einem neuen, ansehnlichen Sarg ruhen. Das Foto soll der Welt zeigen, daß die Republik nicht nur nach amerikanischem Vorbild die Menschenrechte propagiert, sondern auch ihren nach legalem Urteil hingerichteten Feinden die jedem Menschen zustehende Ehre erweist.

Doch Aubert wird die Zwischenzeit nutzen. Die Kunst des Franzosen spricht sich bald herum. Jene sieben Mann, die Maximilian exekutiert haben, samt ihrem Hauptmann Montemayor, kommen noch am Nachmittag des gleichen Tages in Auberts Atelier, das von der Sonne hell erleuchtet wird. Aubert macht gleich zwei Fotos. Auch die Kutscher der Mietwagen, welche die Verurteilten auf den Cerro geführt haben, lassen ihre Gefährte aufnehmen. Escobedo dürfte das alles nicht nur geduldet, sondern sogar angeregt haben. Das Drama, in dem er seinen Part mit der seiner Rolle angemessenen Würde gespielt zu haben vermeint, muß für die Nachwelt dokumentiert werden.

## Tacubaya

An diesem 19. Juni, an dem mit Maximilian das Imperio stirbt, bricht auch der Widerstand zusammen, den General Márquez bisher starrsinnig aufrecht erhalten hat. Da sich Porfirio Díaz hilfreich einschaltet, gelingt es Lago, den in der Hauptstadt befindlichen österreichischen Offizieren die Kapitulationsbedingungen zuzuspielen. Die Österreicher hissen auf ihrer Kaserne die weiße Fahne, die Wälle bedecken sich mit weggeworfenen Monturstücken, jeder Widerstand erlischt. Márquez ist spurlos untergetaucht. General Tabera kapituliert bedingungslos.

Lago und Tavera sind durch Vermittlung des Hamburger Kaufmanns Hube in Tacubaya untergebracht. Tavera fühlt sich im Vergleich zur rohen Behandlung in Querétaro wie *in einem Kreise wohlwollender Fremdlinge*. Am Abend trifft hier das Telegramm Escobedos über die durchgeführten Exekutionen ein. Hube, ein Feind des Imperio, teilt Lago die Nachricht nicht ohne Befriedigung mit.

Lago wird sofort aktiv. Noch am Abend ersucht er in einem lakonischen Telegramm den „Bürger Präsidenten" um Auslieferung des Leichnams Maximilians.

*An den Bürger Präsidenten*

*Ich ersuche Sie, mir den Leichnam Maximilians auszuliefern, um diesen nach Europa zu bringen.*

*Baron Lago*[549]

Zugleich beauftragt er Schmit von Tavera, *morgen nach Querétaro zu reisen, um an Ort und Stelle darüber zu wachen, daß dem kaiserlichen Leichname eine würdige Behandlung zuteil werde, sowie auch um die nötigen Vorbereitungen zum Transporte desselben nach Europa zu treffen.*[550]

Daß Lago selbst nicht mitfährt, erklärt sich zunächst daraus, daß er auf eine Antwort aus San Luis auf sein Telegramm wartet. Tavera ist über den erhaltenen Auftrag todunglücklich. Lago hat ihm kaum

Geld gegeben, um die Reisekosten zu bestreiten und er weiß nicht, wovon er in Querétaro leben soll. Lago verspricht ihm spätere Anweisungen. Tavera fürchtet – an den Tag der Ausweisung denkend – bei einer Rückkehr nach Querétaro füsiliert zu werden. Da er von Lago schriftliche Instruktionen verlangt, schreibt dieser ihm auf ein Zettelchen, daß er alles tun könne, was die Umstände erforderten.[551]

Donnerstag, 20. Juni[552]

**Tacubaya**

Der Tag ist noch nicht angebrochen, als Tavera mit der Postkutsche Tacubaya verläßt, die – unbehelligt durch die damals gerade sehr häufigen Raubüberfälle – am nächsten Tag Querétaro erreichen wird.

Lagos Telegramm an Juárez wird erst im Laufe des heutigen Tages übermittelt und trifft aus unbekannten Gründen in San Luis erst um 21 Uhr 25 ein.

Bereits um 22 Uhr 15 antwortet die republikanische Regierung darauf.

*Im Auftrag des Herrn Präsidenten der Republik teile ich Ihnen in Sachen Ihres gestrigen, heute abend eingegangenen Telegramms mit, daß dieser aus schwerwiegenden Gründen Ihnen die Verfügung über den Leichnam Maximilians nicht gestatten kann.*

*S. Lerdo de Tejada.*[553]

**Wien**

Beust richtet ein Telegramm an Wydenbruck, wonach Kaiser Franz Joseph verfügt habe, Maximilian werde nach seiner Rückkehr wieder voll in seine Rechte eingesetzt werden. Diesem Beschluß ist ein Familienrat vorangegangen, bei dem seitens eines Erzherzogs der Einwand vorgebracht worden sein soll, eine Rückkehr Maximilians könne eine Gefahr für die Dynastie darstellen. Darauf habe Franz Joseph geantwortet: Es geht um ein Menschenleben![554] – Dieses war allerdings zu jenem Zeitpunkt bereits erloschen.

Freitag, 21. Juni[555]

**Querétaro**

Schmit von Tavera dürfte im Laufe des Nachmittags in Querétaro eingetroffen sein. Er logiert wieder in der an unerquicklichen Erinnerungen reichen Casa de Diligencias, von der Magnus heute morgen nach San Luis Potosí abgereist ist. Tavera begibt sich sofort in das nahe Hauptquartier, in dem nun, nach der Abreise Escobedos nach San Luis, der eher gutherzige General Treviño, ein berühmter Reiterführer, das Kommando führt. Er läßt Tavera durch seinen Adjutanten sagen, er könne ohne weiteres den Leichnam des Kaisers sehen. Als er um die Ecke zum Capuchinas-Kloster kommt, fordert der wachhabende Offizier allerdings einen schriftlichen Permiso. Tavera kehrt in das Hauptquartier zurück, wo sich aber niemand um ihn kümmert. Nun versucht er, ohne Erlaubnis in die Kirche zu gelangen, was ihm aber erst gelingt, als Dr. Rivadeneyra zufällig herauskommt.

Während nun überraschenderweise vor den Capuchinas ein Feuerzauber von Raketen losgeht und die Geschütze auf dem Cerro de las Campanas Freudensalut feuern – soeben ist die Nachricht von der Kapitulation der Hauptstadt eingetroffen –, tritt Tavera in die zum Laboratorium umgestaltete Kirche. Licea, in Hemdsärmeln, aber mit umgeschnalltem Revolver tritt ihm entgegen. Er verwehrt ihm jeden Blick auf den Leichnam, den Tavera im Auftrag Lagos identifizieren soll.

*Er sieht häßlich aus, hat die Augen offen und Sie werden sich entsetzen, wenn Sie sein Gesicht sehen,* sagt er zu dem jungen Mann. Er solle lieber warten, bis er mit dem Einbalsamieren weiter vorangekommen sei. Tavera gibt aber nicht auf. Nach langem Sträuben gibt Dr. Licea endlich nach:

*.... und ließ mich sein Laboratorium betreten. Es war eben um die Zeit der in den Tropen so rasch sich vollziehenden Abenddämmerung. Bei Betreten des Gemaches erblickte ich eine in ein leinernes Umschlagtuch gewickelte menschliche Gestalt von abnormer Magerkeit, welche von einem mitten in dem Raume an der Decke desselben befestigten Stricke frei schwebend herabhing. Das mußte des Kaisers Leiche sein – ich wagte es kaum, meinen Blick nach jener Gestalt zu richten! Ich sollte aber auf ihren Anblick noch durch ein anderes erschreckendes Bild vorbereitet werden. Dr. Licea führte mich zunächst zu einem in der Ecke der Kapelle aufgestellten Holzsarge, in dem der ehrliche tapfere Mejía ausgestreckt lag. Da Licea sah, wie ich entsetzt meinen Blick von dem Inhalte jenes Sarges abwendete, bemerkte er lachend:*

*„Ja, Sie haben recht, Mejía sieht recht häßlich aus. Aber was wollen Sie, ich kann aus einem Indianer nichts Schönes zustandebringen und sollte ich Juárez in eigener Person (der Präsident war wie Mejía ein Vollblutindianer) zum Einbalsamieren bekommen, ich würde nur mit Widerwillen an die greuliche Arbeit gehen. Ja, aber el Emperador (der heuchlerische Doktor gebrauchte in meiner Gegenwart stets nur diese Bezeichnung, während selbst die Imperialisten nur einfach von Maximiliano sprachen und sich niemals des Kaisertitels bedienten) ist ein sehr schöner Mann und das ist für mich ein Vergnügen, einen so schönen Menschen einzubalsamieren. Jetzt freilich sieht er nicht gut aus, aber warten Sie nur, bis ich fertig bin – ich werde ihn ganz zu ihrer Befriedigung herrichten. ..."*

*Es drohte bald dunkel zu werden und Licea, der keine Zeit mit mir zu verlieren hatte, führte mich zu jener verhüllten weißen Gestalt. Indem er mir erklärte, daß er die Leiche habe aufhängen müssen, damit sie rascher eintrockne, beseitigte er das Tuch, in welches das Haupt des Leichnams eingewickelt war, und ich erblickte die Züge des verewigten Kaisers von Mexiko wieder, seit ich ihn zuletzt in Mexiko in seinem Palaste von einem zahlreichen Hofstaat umgeben gesehen hatte. Damals erklärte er von seinem Throne aus, daß er die kaiserliche Krone mannhaft gegen ihre Feinde zu verteidigen entschlossen und daß ein Habsburger niemals seinem Worte untreu geworden sei.*[556] *Jetzt hing die Leiche des durch schmählichen Verrat vom Throne gestürzten Kaisers an einem nachlässig um den Leib geschlungenen gewöhnlichen Stricke, die matten hellblauen Augen blickten mir starr, aber ausdruckslos ins Gesicht und der schöne blonde Bart hing steif zu beiden Seiten des Antlitzes herab, letzteres war mit einem gewöhnlichen glänzenden Firnisse überstrichen worden. Die Gestalt des Kaisers befand sich enge in weiße Bandagen eingeschlossen, was wohl darauf hindeutete, daß die Einbalsamierung der Leiche noch nicht vollendet war.*

*Dieser niederschmetternde Anblick überwältigte mich sosehr, daß ich den weiteren Bemerkungen Liceas kein Gehör zu schenken vermochte. Als befänden wir uns in einem gewöhnlichen anatomischen Laboratorium, setzte mir der Doktor das von ihm angewendete Einbalsamierungsverfahren auf das gründlichste auseinander. Nicht wenig tat er sich auf die große Sorgfalt zugute, deren er sich deshalb beflissen habe, damit „die Angehörigen des Kaisers durch die Resultate seiner Arbeit zufriedengestellt würden".*

*Um mich überzeugen zu können, daß die Züge nicht entstellt wären, nötigte mich der Doktor, auf einen Stuhl zu steigen und aus nächster Nähe in das Antlitz des Kaisers von Mexiko zu blicken. Erkennen Sie ihn wieder? frug mich Licea – ich brachte die bejahende Antwort nicht über meine Lippen. Was mußte ich nun gewahren, als ich wie betäubt von meinem Stuhle herabstieg? Fast im Schatten der Leiche sitzend, las ein Offizier, den ich bisher noch gar nicht bemerkt hatte, seine Abendzeitung. Das war Oberstleutnant Sánchez, der Präsident des Kriegsgerichtes, welches das Todesurteil über den Kaiser ausgesprochen hatte.*[557]

*Aber Licea war nicht gesonnen, mir sobald Ruhe zu gönnen. Ich mußte mir noch von ihm genau vorrechnen lassen, was die verschiedenen von ihm zur Einbalsamierung verwendeten Ingredienzien gekostet hatten, so sollten unter anderem der Leiche gläserne Augen eingesetzt werden – da aber in Querétaro keine blauen Augen zu bekommen waren, habe er eben an diesem Tage eigens einen Soldaten nach Mexiko geschickt, um dort den benötigten Einkauf zu besorgen;*[558] *das koste so und so viel als Extraauslage, und der Weingeist, mit dem die Leiche gewaschen wurde, wäre von der feinsten Qualität und darum auch besonders teuer gewesen.*

Tavera hat alle Mühe, sich dem Redeschwall Liceas zu entziehen. In seinem Hotelzimmer hat man inzwischen wegen Überfüllung noch einen zweiten Reisegast einquartiert, der dem völlig deprimierten Österreicher durch sein Geschwätz auf die Nerven geht, jedoch bereits am nächsten Morgen abreist.

**Samstag, 22. Juni**[559]
Am Morgen kommt der ungarische Koch Tüdös zu Tavera ins Hotel und übergibt diesem Rock und Weste des Kaisers. Tavera fragt nach Details – als Diplomat der Monarchie spricht er auch ungarisch – und nimmt eine Art Protokoll auf.[560] Dann gehen sie gemeinsam jenen Weg zum Cerro des las Campanas, den am 19. Juni der Zug mit den drei Verurteilten genommen hatte.

Als sie die Höhe erreicht haben, sehen sie, daß die Exekutionsstätte mit drei kleinen hölzernen Kreuzchen gekennzeichnet ist, die in drei Haufen von losen Steinen stecken. In der Nacht auf Freitag haben fromme Indios den drei Toten diese ersten Denkmäler gesetzt. Kurz darauf hat Aubert seine Kamera angeschleppt und eine Nahaufnahme gemacht. Auf ihr sieht man – an Maximilians Kreuz gelehnt – auch zwei verschlungene M aus Eisen, die auf Siegelringen und heraldischen Emblemen aufscheinenden Initialen des zweiten Kaisers von Mexiko.

Sie unterhalten sich auf ungarisch. Ihr Erstaunen ist groß, als sie von einem Mann in der Uniform der republikanischen Cazadores de Galeana ebenfalls auf ungarisch angesprochen werden. Er ist ein ehemaliger ungarischer Husar aus dem früheren mexikanischen Korps österreichischer Freiwilliger. Er ist gefangengenommen und nach Landessitte unter die mexikanischen Truppen eingereiht worden. Von seinen mexikanischen Kameraden wegen dieses früheren Dienstes verhöhnt, ist er dabei zu desertieren, nimmt sich einige Steinchen von der Gedächtnisstätte mit und entflieht in die Sierra.

Tavera trifft sich auch mit Dr. Basch, der jetzt im Hotel Hidalgo in der Calle del Hospital „wie ein Eremit in der Klause" wohnt. Er verlangt von ihm die Hinterlassenschaft des Kaisers. Basch – der diese nach dem Willen Maximilians nach Europa bringen sollte – sagt ihm, er hätte diese aus Sicherheitsgründen Bahnsen nach San Luis mitgegeben. Der hamburgische Vizekonsul habe auch den Schlüssel zu zwei Koffern, die bei Carlos Rubio deponiert seien.

Tavera mißbilligt das finanzielle Arrangement, das Basch mittels der Bürgschaft von Bahnsen und Magnus getroffen hat. Aus einem von Rubio gewährten Darlehen von 4.000 Pesos haben die europäischen Diener des Kaisers – Tüdös und Grill – je 500 Pesos erhalten. Nun soll noch die Bürgschaft der österreichischen Gesandtschaft hinzukommen. Tavera findet, die Entlohnung für die Diener sei viel zu hoch, er werde nur für 3.000 Pesos bürgen, die Diener sollten nach Lagos Entscheidung in Mexiko-Stadt entlohnt werden.

Nun gehen beide zu Rubio, vor dem Basch und Tavera über diese Frage nochmals in hitzigen Streit geraten. Der Mexikaner kalmiert: ihm genüge die Bürgschaft von Bahnsen und Magnus.

Bei Carlos Rubio, dem Bankier, wird Tavera nun selbst für ein Darlehen vorstellig. Er erhält es ohne Schwierigkeit. Doch dann zeigt ihm Rubio die zwei Koffer, die verschiedene aus dem kaiserlichen Nachlaß herrührende Objekte enthalten sollen, und Tavera überrascht Rubio mit der Forderung, ihm, als Vertreter der österreichischen Gesandtschaft, diese Koffer auszuliefern. Rubio bedauert höflich, er dürfe dieses Depositum an niemanden ausfolgen. Taveras juristische Überlegungen führen zum Schluß, daß dem hamburgischen Vizekonsul über die von Maximilian hinterlassenen Sachen keinerlei Verfügungsrecht zustehe. Aufgrund der von Lago gegebenen Vollmacht läuft Tavera nun endlich zu hoher Aktivität auf und will sich um jeden Preis in den Besitz dieser Koffer sowie der hinterlassenen Objekte setzen. Er schickt in Baschs Namen – der, nur um den plötzlich so energischen Grazer loszuwerden, allem zustimmt – ein Telegramm an Bahnsen, in dem er die Herausgabe der Hinterlassenschaft sowie des Schlüssels zu den Koffern fordert.

Bahnsen hat den jungen Tavera, der während seines Aufenthalts in Querétaro von Lago von jeglichen Vorsprachen bei Maximilian ferngehalten worden war, überhaupt nie gesehen und antwortet ihm gar nicht. Er telegraphiert aber sofort an Rubio, er dürfe das Depositum nicht ausfolgen. So beginnt ein diplomatischer Kleinkrieg, die sogenannte „Kleideraffäre".

### Dienstag, 25. Juni
**Mexiko-Stadt**
Zu den ersten Sorgen Lagos nach seinem Eintreffen in der Hauptstadt gehört es, seine Handlungen in Querétaro vor seiner Regierung zu rechtfertigen. Daß er sich von Maximilian die Unterschrift auf dem Bestechungswechsel abpressen ließ, ohne vorher mit seiner Regierung Fühlung nehmen zu können, kann ihm von dieser vorgeworfen werden. Daß „man" – in Lagos Interesse – diese Unterschrift vom Wechsel wieder abschnitt, kann ihm von jenen vorgeworfen werden, die jene Flucht so wohldokumentiert vorbereiteten. Er fürchtet die spitze Zunge der Salms, die – wie er noch erfahren wird – auch eine

spitze Feder führen. In einem chiffrierten Schreiben an Beust geht er zum Präventivkrieg gegen die Amerikanerin über: *Kaiser Maximilian setzte in den letzten Augenblicken unseres Aufenthaltes seine ganze Hoffnung in Fluchtpläne. Er bat uns, die Truppen und die Richter zu bestechen, das nötige Geld zu beschaffen und die Wechsel mitzuzeichnen. Wir trachteten trotz riesiger Schwierigkeiten und Gefahren, uns so gut uns dies möglich war den Wünschen des unglücklichen Monarchen zu fügen, doch fast vom Anfang an verdarb die Unvorsichtigkeit der Prinzessin Salm, welche dem Kaiser sehr ergeben war, doch ihrer Umgebung zu sehr vertraute, die wenigen Erfolgschancen. Obwohl gegen uns kein Beweis vorlag, wurden wir ausgewiesen und die Prinzessin eingekerkert. Sollten zwei von Kaiser Maximilian gezeichnete Wechsel, worin das österreichische Kaiserhaus zur Zahlung von 100.000 Pesos an Herrn Villanueva und weiteren 100.000 Pesos an Herrn Palacios aufgefordert wird, in Wien vorgelegt werden, so bitte ich, diese als nichtig zu betrachten. Ich möchte noch erwähnen, daß wir Herrn Magnus unbeschränkten Kredit eingeräumt haben, um Juárez und Lerdo zu bestechen.*[561]

In Wien wird man dieses Schreiben am 8. August 1867 emotionslos der beamtenmäßigen Erledigung zuführen: *In vorläufigem Einvernehmen mit dem Ministerium des kaiserlichen Hauses und des Äußeren wird die k.k. Privat-, Fideicommiß-, Familien- und Avitical-Fonds-Cassen Direction mit dem Ersuchen verständigt, die beiden Kreditbriefe nicht honoriren zu wollen.*[562]

## Donnerstag, 27. Juni
## Querétaro

Die Einbalsamierung ist abgeschlossen. Rivadeneyra verfaßt den offiziellen Bericht an Escobedo, der sich auf der Rückreise von San Luis befindet:

*An den Bürger Oberkommandanten.*
*Heute nach neun Tagen und Nächten ist die mir anvertraute Einbalsamierung der Leiche Maximilians abgeschlossen worden. Am neunzehnten d.M. um 7 Uhr 30 wurde mir der genannte Leichnam vom Bürger Oberst Palacios, dem Chef der Einheit, die ihn bewachte und die Exekution ausführte, übergeben.*

*Mit der Arbeit wurde sofort begonnen und die eingetretene Verzögerung kam daher, daß uns selbst die einfachsten Ingredienzien fehlten.*[563] *Sie selbst, Bürger General, wissen um die Situation, in der Querétaro sich befand, als es von den unter Ihrem würdigen Kommando stehenden Truppen besetzt wurde. Es gab große Schwierigkeiten, um nur ein wenig Holzkohle zu beschaffen. Die Apotheken waren völlig ohne Vorräte, und nur den Beziehungen und Mühen von Dr. Licea ist es zu verdanken, daß man einige der*

*nötigen Substanzen beschaffen konnte, welche man für die genannte Operation benötigte. Ich werde Ihnen noch einen detaillierten Bericht über die angewendeten Verfahren legen, für heute beschränke ich mich darauf, Sie um eine Entscheidung zu bitten, an wen die Leiche auszuliefern ist.*
*Unabhängigkeit und Reform. Querétaro, 27. Juni 1867. Ignacio Rivadeneyra. An den Bürger Oberkommandierenden der Nordarmee. Loco.*[564]

Freitag, 28. Juni
Escobedo trifft in Querétaro ein. In San Luis hat man durch den Telegraphen erfahren, daß die Einbalsamierung abgeschlossen ist. Escobedo weiß, daß Juárez in einigen Tagen auf der Durchreise in Querétaro eintreffen wird. Er weiß auch, daß vorläufig von einer Auslieferung der Leiche keine Rede sein kann. Daher erläßt er den Befehl, die Leiche einfach wieder an Oberst Palacios zu übergeben. Die sterblichen Überreste Maximilians befinden sich jetzt in einem Doppelsarg aus Zedernholz und Zink mit einer verschiebbaren Glasplatte, durch die man das Antlitz des Toten erblickt. Man hat ihm seine Generaluniform angezogen – die offenbar aus einem der bei Rubio deponierten Koffer stammt: Schwarze Hose, hohe Stiefel, langer Gehrock mit Goldknöpfen, feines weißes Hemd und Glacéhandschuhe. Der Kopf ruht auf einem schwarzen Samtkissen mit Goldstickereien.

So photographiert ihn endlich Aubert, der auch während der Einbalsamierung gekommen ist, um Skizzen zu machen – darunter jene makabre, photographisch vervielfältigte Zeichnung mit der am Strick hängenden gefaschten Leiche.

Der Franzose hebt den Sarg, bis er im einfallenden Licht steht und löst den Verschluß aus. Das Bild zeigt den entseelten Leib, voll Elend, aber auch voll Größe. Die aus Mexiko-Stadt beschafften Glasaugen blicken starr auf den Betrachter, Jugendlichkeit kämpft auf tragische Weise mit Verfall.

Wachen stehen draußen und drinnen. Aber an diesem Tag läßt man das Publikum zu – Maximilian ist präsentabel genug. So sehen die Queretaner zum letzten Mal jenen Österreicher, der ihre Stadt zwei Monate lang als „Residenz des Kaiserreiches" bezeichnete.

Tavera hat bereits Vorbereitungen zur Überführung getroffen, wobei er an den kürzesten Weg nach der Küste über die Sierra Gorda denkt. Aus dem von Rubio gewährten Kredit hat er Reit- und Tragpferde gekauft und eine Art Sänfte zum Transport des Sarges anfertigen lassen. Er weiß aber jetzt, daß eine Auslieferung in absehbarer Zeit nicht zu erwarten ist. Er weiß ferner, daß er die Frage des Zugriffs auf Maximilians Nachlaß seinem Chef wird überlassen müssen.

Er hat nichts erreicht, außer daß er von Tüdös, Karl von Kreutz und Soria Details über die Erschießungen erfahren und diese protokolliert hat. Auch Salm hat ihm einen kurzgefaßten Bericht über die Belagerung von Querétaro in die Feder diktiert. Soria, der ihn kaum in seine Wohnung lassen wollte, hat ihm jenen Brief an Pius XII. übergeben, den Maximilian kurz vor seinem Tod unterschrieben hatte. Es ist verständlich, daß Soria Tavera anfleht, in diesem Zusammenhang seinen Namen nur ja nicht zu nennen, da Soria selbst der Verfasser war und Maximilian nur Einfügungen gemacht hatte. Schließlich schreibt Soria, durch Taveras Anwesenheit bewogen, jetzt den Brief an die Erzherzogin Sophie, welchen er dem Kaiser versprochen hatte. Auch diesen wird Tavera überbringen. Im übrigen muß er Aubert kennengelernt haben, dem er alle von diesem bisher gemachten Fotos abkauft, selbst jene des „Galgenvogelgesichts" von Kreutz. Sein peinlicher Zusammenstoß mit Basch wird in seinen Memoiren nicht aufscheinen.

Nachdem nun nach vielen erfolglosen Versuchen, Lago zu telegraphieren, eine Depesche des Geschäftsträgers eingelangt ist, die Tavera erlaubt, Querétaro zu verlassen, beschließt der junge Grazer, morgen abzureisen. Als Dr. Licea das vernimmt, erscheint er und präsentiert eine Rechnung von 40.000 Pesos für die Einbalsamierung. Tavera hat natürlich keine Ahnung, daß die republikanische Regierung bereits am 18. Juni angeordnet hat, *que todo se haga ... por cuenta del gobierno* (daß all das auf Rechnung der Regierung erfolgen soll), aber Licea muß es bei Übernahme des Auftrages erfahren haben und möchte offenbar zweimal kassieren. Zum Glück hat Tavera ohnedies kaum Geld. Zitternd und zagend verweist er Licea an die österreichische Regierung, welche dafür wohl aufkommen werde, voll Angst, Licea könne ihn als Bürgen verhaften lassen. Doch Licea insistiert nicht, er hat bloß probiert und erkannt, daß er aus dem Mittellosen nichts herauspressen kann.

Samstag, 29. Juni
Die von der Regierung zugelassenen „üblichen religiösen Zeremonien" werden abgehalten. Es ist wieder Padre Soria, der Maximilian auf seinem letzten Gang begleitet hat, der nun die Totenmesse hält. Der Zustrom der Bevölkerung ist so stark, daß die republikanischen Behörden beschließen, den aufgebahrten Kaiser den Blicken der Öffentlichkeit zu entziehen. – Tavera, der nichts darüber berichtet, dürfte Querétaro zu diesem Zeitpunkt verlassen haben.

Sonntag, 30. Juni
Oberst Palacios erhält den Befehl, den Leichnam Maximilians in die
künftige Casa del Gobierno in der 2a Calle de Santa Clara 8 zu bringen. Dieses von der Provinzregierung zum Ankauf vorgesehene
Haus der Patrizierfamilie Cabanas ist ein geräumiges Adelspalais mit
Wappenschild, stammt aus dem Ende des 18. Jahrhunderts und gehört noch dem Privatmann Muñoz Ledo. In diesem Haus soll auch
der für morgen erwartete Präsident Juárez untergebracht werden.

Oberst Palacios wartet auf einen Moment, in dem die Straßen
menschenleer sind und die Abenddämmerung einfällt. Soldaten der
Supremos Poderes bewerkstelligen die Überführung. Im Hof des
Gebäudes hält der Zug inne, dann wird überlegt, wohin man den
Sarg stellen soll. Wichtig ist vor allem ein Ort, an dem niemand die
sterblichen Überreste Maximilians vermuten würde.

Dieser Ort ist bald gefunden. Links vom ersten Zwischenabsatz
der großen Treppe befindet sich ein kleiner, früher als Archiv dienen-
der Raum, dessen Fenster in den Hof geht. Dorthin stellt man den
Sarg Maximilians und versperrt die Tür.

So endet dieser letzte Tag des Juni, eines Monats, in dem Querétaro noch schwer an den Folgen der Belagerung leidet: Nur 19 Ehe-
schließungen haben stattgefunden, wie die heutige „Sombra" berichtet, 150 Kinder wurde geboren, aber 512 Personen sind gestorben,
davon 372 an der Ruhr,[565] jener Krankheit, die vielleicht auch im Falle
einer Begnadigung Maximilian noch dahingerafft hätte.

An jenem Tag, an dem Maximilian aus dem Gesichtsfeld der
Queretaner verschwindet, schlägt für Blasio die Stunde der Freiheit.
Man holt ihn aus den „Teresitas" und führt ihn vor Escobedo. Als
dieser erfährt, Blasio habe keinerlei militärischen Rang besessen, läßt
er ihn gleich frei. Der immer umsichtige Blasio hat bei der mit ihm
befreundeten Familie Trejo seine nicht verbrauchten Reisediäten hinterlegt. Nun versieht er sich damit, besorgt sich ein Pferd und verständigt sich mit den bereits auf freiem Fuß befindlichen Dienern
Tüdös und Grill. Diese wollen so wie Blasio nach Mexiko-Stadt und
von dort nach Europa weiterreisen. Man beschließt, die Reise gemeinsam zu unternehmen.

Mittwoch, 3. Juli
Blasio verläßt Querétaro mit Tüdös und Grill inmitten einer Trup-
peneinheit, die in die Hauptstadt unterwegs ist. So ist man vor Über-
fällen sicher. Der Kammerdiener Grill, über den man von den Augenzeugen praktisch nichts erfährt, ist Maximilian durch seine Treue,
vielleicht auch nötige Verschwiegenheit sehr nahe gestanden, was

man aus der großzügigen Pensionsfestsetzung im Kodizill ersehen kann. Er war nie etwas anderes als ein stummer Diener seines Herrn. Auf dem gemeinsamen, monotonen Weg nach México wird jedoch Grill Blasio gegenüber gesprächig. Erstens freut er sich, seine in der Hauptstadt zurückgebliebene Gattin Elisabeth wiederzusehen, zweitens denkt er schon an seine Rückkehr nach Österreich. So vertraut Grill in seinem Überschwang dem dankbar zuhörenden Blasio mancherlei Dinge an, welche dieser Jahrzehnte später – unter ausdrücklicher Bezugnahme auf den Kammerdiener – in seinem Buch „Maximiliano Intimo" veröffentlichen wird. Was Grill davon wirklich gesehen, gehört oder erfunden hat, bleibt dahingestellt.

**Donnerstag, 4. Juli**
**Querétaro**
Da nun die gesicherte Nachricht eintrifft, daß Juárez und seine Minister auf ihrer Durchreise in die Hauptstadt morgen in Querétaro eintreffen werden, wird die Casa del Gobierno – wo Maximilian seit Tagen in einem Kämmerchen aufgebahrt liegt –, geputzt, dekoriert und mit einigen neuen Möbeln versehen.

Dort wo die Calle del Hospital auf die Plaza de San Francisco einmündet, entsteht einer jener Triumphbögen, mit dem die Hauptstadt 1864 auch Maximilian gefeiert hat. Acht Distichen begrüßen den Präsidenten. Militärkommando und Hauptquartier rufen die Bevölkerung auf, ihre Häuser zu schmücken.

Von den Europäern ist Basch unter den wenigen, die sich frei bewegen können. Er bleibt noch in seiner „Klause" im Hotel Hidalgo. Schließlich weiß er, daß die Behörden von Maximilians letzter Verfügung über seinen Leichnam Kenntnis haben, wonach er, Basch, die Leiche übernehmen und nach Europa bringen soll. Vielleicht wird es eine Entscheidung geben, wenn Juárez morgen kommt und, woran kaum zu zweifeln ist, sich den Leichnam seines großen Feindes ansehen wird.

**Freitag, 5. Juli**
Schon seit dem Vormittag bilden die Truppen Spalier, aber die Ankunft des Präsidenten verzögert sich von Stunde zu Stunde. Die Bevölkerung drängt sich hinter den Soldaten und als um 5 Uhr nachmittags ein kräftiger Platzregen über Querétaro niedergeht – man ist schon am Beginn der Regenzeit –, werden die Schaulustigen bis auf die Haut naß.

Als die Wagenkolonne mit Juárez, Lerdo, Mejía und Iglesias endlich über die Straße von San Luis die Stadtgrenze erreicht, brennen bereits die Öllaternen in den Straßen – ist ist 9 Uhr abends. Um die wartende Bevölkerung nicht zu enttäuschen, bewegt sich die Wagenkolonne, nachdem sie die Vorstadt San Sebastian passiert und den Puente Grande durchfahren hat, durch die Calle del Puente, die Calle de Miraflores, und gelangt am Theater vorbei auf die Plaza de San Francisco. Durch den Triumphbogen biegt man westwärts ein in die Calle del Hospital – es ist zu vermuten, daß Basch hier unter der Menge steht. Die Runde endet in der Calle de Santa Clara vor der Casa del Gobierno. Wahrscheinlich hat man vorher auch die auf dem Weg liegende Calle de Capuchinas in Nordrichtung durchfahren und Juárez auf das einstige „Militärgefängnis" für den Austríaco aufmerksam gemacht.

Juárez steigt mit seinem Gefolge die große Treppe hinauf. Im Großen Saal erwarten ihn Escobedo und der Provinzgouverneur, Julio María Cervantes. Die republiktreue bürgerliche Gesellschaft ist durch den Club José María Arteaga vertreten, der Juárez zum Ehrenpräsidenten gewählt hat.

Escobedo hält eine seiner militärisch-knappen Reden. In ostentativer Bescheidenheit – und den wahren Vorgängen entsprechend – erwähnt er mit keinem Wort seinen militärischen Erfolg mit der Einnahme Querétaros. Es folgen die Routinebegrüßungen seitens des Stadtkommandanten Cervantes und der hohen Beamten.

Die große Begrüßungsansprache hält aber Luciano Frías y Soto, Chefredakteur der „Sombra de Arteaga". Seine Aufgabe ist klar: Er hat den Makel der „kaisertreuen Stadt" zu beseitigen. Er gebraucht ein einfaches Argument: Durch seine topographische Lage sei Querétaro als eine der ersten Städte der ausländischen Intervention zum Opfer gefallen und aus dem gleichen unglücklichen Grund als eine der letzten befreit worden.

Sein Bruder Eleuterio, Besitzer der Druckerei, welche die „Sombra" herstellt, wird noch deutlicher: *Querétaro ist nicht die Stadt, die Verrat geübt, sondern die Stadt, die dem Verrat zum Opfer gefallen ist.* Und am Schluß seiner Rede ruft er aus: *Querétaro hat die Ehre, das Grab des sogenannten Kaiserreiches zu sein!*

„La tumba del Imperio", ein griffiges Schlagwort, das ab nun zum festen Bestand patriotischer Reden zählen wird.

Der Präsident ist todmüde. Nach dem einfachen Bankett entläßt er seine Gäste. Escobedo bleibt mit ihm allein zurück. Es scheint, daß er ihm in diesen Augenblicken gestanden hat, Mejía die Befreiung angeboten zu haben, daß aber der Indio nur mit Maximilian zusammen fliehen wollte. Und die Legende schreibt dem Indio Juárez die dazu passende Antwort zu: „Er war Indio, und er war treu".

**Samstag, 6. Juli**
Nur wenige Stunden ruht der Präsident. Er ist ein Frühaufsteher. Es dämmert erst, als er bereits aufsteht. Er weiß, mit wem er unter einem Dach geschlafen hat. Und im Morgengrauen geht er, während der Mayordomo einer Hacienda, Terrazas, mit einer Laterne voranleuchtet, mit dem Gouverneur Cervantes in die Kammer, in der sich der Leichnam des „Austríaco" befindet.

Der Sarg steht auf Holzbänke gestützt und gegen die Wand gelehnt. Der Deckel ist offen. Im fahlen Schein der Laterne blickt Juárez in das Gesicht seines toten Gegners, den er nicht sehen wollte, solange er lebte, aus Angst, wie so viele andere der verführerischen persönlichen Ausstrahlung des Wiener Erzherzogs zu unterliegen.

Gesprochen wird nichts. Juárez überläßt es den Legendendichtern, Bemerkungen zu erfinden, die er angeblich angesichts des Toten gemacht hätte. Drei Stunden noch bleibt er in Querétaro. Um 8 Uhr morgens verläßt die Wagenkolonne die Stadt in Richtung auf die Cuesta China.

Dr. Basch hat vergeblich versucht, beim Präsidenten vorgelassen zu werden. *Der Präsident ist heute durch Querétaro durchgereist, ich habe keine Antwort wegen der Leiche erhalten. Ich reise also, wenn man mir keine Hindernisse in den Weg legt, ab,* schreibt er an Bahnsen. Doch selbst wenn es ihm gelungen wäre, von Juárez empfangen zu werden, hätte man ihn nur vertröstet. In diesen Tagen weiß die republikanische Regierung tatsächlich noch nicht, was sie mit den sterblichen Überresten Maximilians machen will. Basch wird sich bei nächster Gelegenheit nach Mexiko-Stadt begeben, um das von ihm ungeliebte Land möglichst rasch zu verlassen. Vom Hotel Iturbide aus, wo er auf Zimmer 53 wohnt, unterschreibt er am 27. Juli 1867 ein Gesuch an Außenminister Lerdo de Tejada, worin er die Auslieferung des Leichnams Maximilians erbittet.[566] Er weiß genau, daß die Regierung dieser Bitte nicht entsprechen wird, doch liegt ihm daran, in Wien den Nachweis zu erbringen, daß er alles unternommen hat, um den letzten Wunsch Maximilians zu erfüllen. Diesen Beweis wird ihm die Regierung durch ihre kurze, abschlägige Antwort vom 29. Juli postwendend liefern.[567]

**Montag, 15. Juli**
Im Iturbide-Theater findet wieder ein Prozeß statt. Angeklagt sind die gefangenen Generäle. Salm, dem Beispiel Maximilians folgend, erklärt sich als krank und erscheint nicht. Alle Angeklagten werden zum Tode verurteilt. Keiner von ihnen wird wirklich hingerichtet werden. Salm wird einige Jahre Zuchthaus erhalten und seine Strafe

im Santa Brígida-Gefängnis in Mexiko-Stadt antreten. Seine Gattin wird sich in bewährter Weise für ihn einsetzen, und Magnus wird pflichtgemäß für den preußischen Untertanen das gleiche tun, obgleich er ihn nicht besonders schätzt. Ende Oktober bereits wird sich Salm von Veracruz aus auf der „Panama" nach Europa einschiffen, um zunächst in Österreich zu versuchen, sich mit seinen Gläubigern zu arrangieren.

Mit welcher Routine er und seine Gattin sich immer wieder Geld zu verschaffen versuchen, stellt das fürstliche Paar noch vor seiner Abreise aus Mexiko unter Beweis:

Als Tegetthoff, der als „Privatmann" nach Mexiko gekommen war, um – schließlich erfolgreich – die Auslieferung von Maximilians sterblichen Überresten zu betreiben,[568] am 25. November mit dem in einen Dreifachsarg gelegten kaiserlichen Leichnam in Veracruz ankam, wo das Übergabeprotokoll ausgefertigt wurde, erwartete ihn ein Schreiben mit einer Fürstenkrone im Briefkopf:

Felix zu Salm Salm fragte an, *ob Sie nicht die große Güte hätten, meiner Frau die Mittel zu verschaffen, um ihre Reise nach Washington machen zu können. Ich würde mir später, wenn sich meine Verhältnisse mal gebessert haben werden, erlauben, diese … mit wärmstem Dank zurückzuerstatten.*[569]

Ferner fand er ein Schreiben von Agnes Salm vom 21. November vor, worin sie ihm – nach ihrer bereits erfolgten Abreise – folgende Nachricht hinterließ: *I have been obliged to borrow money from a friend to defray my expenses to the United States. Therefore, if you will do me the favor to give to Mr. Louis G. Aguirre the sum of one thousand (1000) dollars. My husband will have the pleasure of returning it in Europa* (sic!) *to you …*[570]

Tegetthoff leistete im Hinblick auf anzunehmende Verdienste Felix Salms um Kaiser Maximilian aus ärarischen Mitteln eine Abschlagszahlung von immerhin 300 Dollar …

## Die „Kleideraffäre"

In der griechischen Tragödie folgte dem tragischen Teil zumeist ein abschließendes Satyrspiel. Der Grund mag darin liegen, daß dramatische Höhepunkte nur eine gewisse Zeitlang durchgehalten werden können. Nach dem Wegfall von Todesdrohung und Gefahren kehrt der Alltag mit seinen kleinlichen Ambitionen, Neidereien und Selbstbespiegelungen wieder. Nachdem der zweite Kaiser von Mexiko seinen Leidensweg beendet hatte und auch die Bewährungsprobe für die Diplomaten mit unterschiedlichen Ergebnissen abgeschlossen war, ging es Bahnsen, ebenso wie Lago und Magnus darum, vor ihren Regierungen mit Meriten aufzuwarten, die sie sich um den nunmehr als „hochseliger Monarch" bezeichneten Habsburger erworben zu haben glaubten. Maximilian war, da er sich von allen in Querétaro erschienenen Diplomaten Hilfe erwartete, auch allen mit vertrauensvoller Liebenswürdigkeit begegnet, die für seinen Umgang als Herrscher typisch war, wenn auch einige Berechnung damit verbunden sein mochte. Er hatte Aufträge erteilt, Geldbeträge angenommen, sich beraten lassen und zum Schluß auch seine letzten Habseligkeiten übergeben. Es lag auf der Hand, daß der Überbringer solcher Objekte in Wien als jemand auftreten konnte, dem der Kaiser besonderes Vertrauen entgegengebracht hatte. Darüber hinaus mußten diese „Effekten" für Maximilians Familie den Wert von Reliquien erlangen.

Unter diesen Umständen ist es nicht unverständlich, daß Lago, als er von Tavera benachrichtigt wurde, daß mehrere Koffer mit Habseligkeiten Maximilians sich im Besitze des hamburgischen Generalkonsuls Bahnsen befanden – der sie bei Carlos Rubio in Querétaro deponiert hatte – beschloß, nun selbst entscheidend in den Konflikt um den Nachlaß des Kaisers einzugreifen. Er sandte daher kurz entschlossen am 2. Juli 1867 ein geharnischtes Schreiben an Bahnsen:

*Geschätzter Herr!*

*Durch den Gesandtschafts Attaché Herrn v. Tavera habe ich erfahren, daß Sie sich im Besitz verschiedener Schreiben Sr. M. des Kaisers Maximilian an Mitglieder Sr. Familie, ferner eines Schreibens Sr. M. an mich selbst befinden. Schließlich haben Sie verschiedene Gegenstände mit sich nach S. Luis genommen, von welchen ich weiß, daß dieselben als Andenken für verschiedene Mitglieder der kaiserl. Familie in Wien bestimmt sind. Ich weiß dies, weil ich persönlich mit Hs. Sr. M. dem Kaiser Maximilian ein Codizill in Querétaro (welches Actenstück in meinen Händen sich befindet) ausgearbeitet habe. Ob Kaiser Max Ihnen obige Briefschaften und Gegenstände selbst zur einstweiligen Aufbewahrung – in momentaner Abwesenheit eines legalen Vertreters Sr. Alh. Familie – eingehändigt hat, oder ob dies durch Dr. Basch – mit oder ohne Auftrag – mit oder ohne Empfangsbestätigung Ihrerseits geschehen ist, ist mir bisher nicht in bestimmter Weise bekannt.*

*Aus einem mir vorliegenden, an den in Querétaro anwesend gewesenen k.k. Gesandtschaftsattaché H. v. Tavera gerichteten Schreiben entnehme ich, daß Sie auf das bestimmteste verweigern, demselben die in Ihrem Besitze befindlichen oben erwähnten Briefschaften und Gegenstände auszuliefern.*

*Ja, Sie haben sogar an H. Carlos Rubio den Auftrag erteilen lassen, zwei Koffer mit kaiserlichen Effekten (nicht Waren, wie Sie sich auszudrücken belieben) unter keiner Bedingung an H. v. Tavera auszuliefern, sondern sogar noch weiter in das Land herein nach S. Luis zu senden.*

*Es dürfte Ihnen, geschätzter Herr, nicht unbekannt sein, daß stets die diplomat. oder Konsularbehörden den Nachlaß ihrer betreffenden Staatsangehörigen im Ausland zu besorgen haben. Es wird also der k.k. österreichischen Gesandtschaft gewiß nicht das Recht bestritten werden können, die nachgelassenen Briefschaften, Andenken, Effekten eines Österreichischen Erzherzogs zu übernehmen und an die hohe kaiserl. Familie zu geleiten. Ich werde wahrscheinlich in kurzer Zeit Mexiko verlassen (da wie es scheint, die Auslieferung der Leiche des Kaisers nicht gewährt wird). Mit welcher sicheren und raschen Gelegenheit wollen Sie, geschätzter Herr, die kaiserl. deposita nach Wien gelangen machen, als durch die direkt dorthin zurückkehrende k.k. Österreichische Gesandtschaft, welcher von Veracruz aus ein kais. Österreichisches Kriegsschiff zu Gebote steht? Ich mache Sie daher aufmerksam, daß es Ihre Pflicht ist, meiner hiermit dienstlich Ihnen gegenüber ausgesprochenen Aufforderung gemäß, die bezüglichen Briefschaften und Gegenstände (nachdem Sie durch Verweigerung der Auslieferung derselben an H. v. Tavera nur kostbare Zeit verloren haben) mir, d.i. der k.k. Gesandtschaft, allhier durch H. von Magnus oder eine andere sichere Gelegenheit schleunigst anherzusenden, eventuell persönlich herzubringen, wofür ich Ihnen nicht nur persönlich zu Dank verpflichtet sein würde, sondern in welchem Falle die k.k. Regierung und der kais. Hof Ihnen seine Anerkennung in vollem Maße angedeihen lassen wird. – Im entgegengesetzten Falle werden Sie sich durch Verweigerung der Anerkennung der Rechte der k.k. Gesandtschaft auf den Erzherzoglichen Nachlaß und die dadurch erzielten Verzögerungen um allen Dank des kaiserl. Hofes, und ich garantiere Ihnen dies, um jede Anerkennung bringen, indem ich mir hier und in Deutschland (Hamburg) weitere Maßnahmen vorbehalten werde. Auch würde ich sämtliche kaiserl. Offiziere allhier von Ihrem Benehmen in Kenntnis setzen.*

*Mit Hochachtung*
*(gez.) Baron von Lago*
*k.k. Geschäftsträger.*

*Dieses Schreiben ist an mehrere angesehene Herren hier als Zeugen mitgeteilt worden.*

*NB. Bitte die Antwort an das hies. hanseat. Gl. Consulat oder an Herrn Hube in Tacubaya zu senden.*[571]

Bahnsen, der sich in San Luis Potosí aufhielt, hatte seit 9. Juli abend Lagos Schreiben in Händen. Was ihn daran maßlos reizte, war der ehrenrührige Ton des Barons, der in Querétaro weniger als nichts erreicht hatte, während er, Bahnsen, mit dem Vorteil seiner Akkreditierung bei der republikanischen Regierung, doch – wie er meinte –

einiges für den Kaiser hatte tun können. Als Liberaler und Inhaber eines erfolgreichen Handelsgeschäftes, der es in Mexiko aus eigener Kraft zu Wohlstand gebracht hat, fühlte sich der rechtschaffene Deutsche dem cholerisch-verzopften Baron aus dem als rückschrittlich bekannten Österreich auch menschlich und sozial überlegen.

So ließ er seinen sachlichen Argumenten eine sich steigernde moralische Standpauke folgen, die fast einer Aufforderung zum Duell gleichkam:

*San Luis Potosí, 10. Juli 1867*

*Herr Geschäftsträger!*

*Euer Hochwohlgeboren erwidere ich auf Ihr gestern Abend mir zugegangenes dienstliches Schreiben vom 2. d. M. ergebenst folgendes:*

*Zunächst muß ich Ihnen erklären, daß ich Ihr Recht, den kaiserl. Nachlaß zu regulieren, keineswegs in Zweifel ziehe, noch weniger habe ich die Absicht, die mir anvertrauten Gegenstände direct nach Europa zu senden. Die letzteren, sowie an Dr. Basch dirigierten Briefschaften, bewahre ich, nach dem ausdrücklichen, vor Zeugen mir ausgesprochenen Willen des Kaisers, von welchem auch der Advocat Vásquez, bei dem die Sachen deponiert gewesen waren, den Befehl erhalten hatte, mir sämtliche Gegenstände zu überliefern. Euer Hochwohlgeboren schließe ich hier ein genaues Verzeichnis der in meinem Gewahrsam befindlichen Gegenstände bei. Ich habe vom Kaiser die bestimmte Weisung erhalten, diese Gegenstände, sowie drei (und nicht zwei) in Querétaro deponierte Koffer dem Dr. Basch zur Mitnahme nach Europa zu übergeben. Der Grund, weshalb ich mit Vorwissen und ausdrücklichem Verlangen Sr. Majestät diese Dinge mit hierher genommen habe, ist folgender: Der Advocat Vásquez, welcher die Sachen aufbewahrt hatte, verließ mit mir auf mehrere Wochen Querétaro. Dr. Basch hat im Wirtshaus keine Sicherheit gegen Diebstahl. Überdies war Dr. Basch mehrmals gefänglich eingezogen worden, und es lag die Besorgnis vor, daß die Militairbehörde die in Rede stehenden Nachlaßgegenstände mit Beschlag belegen könnte. Dr. Basch hielt selbst sein Eigenthum für so wenig sicher, daß er mich bei meiner letzten Abreise bat, auch seine Papiere mit den kaiserlichen nach San Luis zu nehmen. Der Kaiser aber hat mir unter anderem seinen Siegelring an den Finger gesteckt, und mich beauftragt, ihn der größeren Sicherheit wegen auf diese Weise hierherzunehmen, um den Ring alsdann zu den anderen Gegenständen zu thun.*

*Vorstehendes wird Ihnen hoffentlich genügend erklären, auf welche Weise die oft gedachten Gegenstände sich hier in meinem Depot befinden. Ich wiederhole, daß ich aus dem Munde des Hochseligen Kaisers den bestimmten Auftrag erhalten habe, diese in dem einliegenden Verzeichnis aufgeführten Dinge dem H. Dr. Basch zur Mitnahme nach Europa zu übergeben. Sie begreifen gewiß, daß ich mich dieser kaiserlichen Bestimmung durchaus nicht entziehen konnte. Dem Kaiser war Ihre Anwesenheit im Lande bekannt, er mußte jedenfalls wissen, in wie weit Sie zur Empfangnahme seiner Nachlassenschaft berechtigt sind. Dessenungeachtet hat S. Majestät mich beauftragt, nicht Ihnen, sondern dem Dr. Basch diese kleinen Gegenstände und Briefschaften zu übergeben. Sie hoben in Ihrem Schreiben durch Unterstreichen hervor, daß Sie im Besitze eines kaiserlichen Codizills sich befinden. Mir ist dies wohlbekannt und beziehe ich mich in der s.e./ erwähnten Einlage darauf.*

*In Betreff der in Querétaro deponierten 3 Koffer hatte ich allerdings deren Hierhersendung angeordnet, weil damals bestimmt war, daß der Leichentransport und daher die Reise des Dr. Basch über Matamoros, wo ich auch etabliert bin, würde bewerkstelligt werden, so lange México und Veracruz belagert waren. Als ich aber die Einnahme der Hauptstadt erfuhr, habe ich unverzüglich verfügt, die Koffer in Querétaro zu lassen.*

*Euer Hochwohlgeboren werden einsehen, daß ich nur dem Dr. Basch die in Rede stehenden Gegenstände überantworten kann. Da derselbe aber österreichischer Unterthan ist, Ihre Rechte und seine Pflichten gegen Sie gewiß genau kennt, so stelle ich Ihnen anheim, sich wegen des Transportes der Sachen nach Europa mit Dr. Basch ins Benehmen zu setzen. Gerne würde ich Ihren Wünschen soweit als möglich entsprechen, aber zur Dekkung meiner eigenen Verantwortlichkeit muß ich darauf dringen, daß Dr. Basch die Sachen von mir direct empfange. Die Übersendung der Gegenstände bietet bis dort in diesem Augenblicke, wegen der Unsicherheit der Wege große Schwierigkeiten dar. Der Preuß. Minister liegt hier krank darnieder, auch würde sich jetzt kein Reisender bereit finden lassen, immerhin wichtige Gegenstände auf die Gefahr hin mitzunehmen, ausgeraubt zu werden. Als ich die Sachen hierher mitnahm, reisten wir mit einer Privatgelegenheit, waren sämtlich gut bewaffnet und hatten bewaffnete Diener bei uns.*

*Euer Hochwohlgeboren ersuche ich demnach, mit Dr. Basch das nötige zu vereinbaren und mich alsdann zu benachrichtigen, wohin und auf welche Weise ich die Gegenstände senden soll. Ich stelle anheim, Dr. Basch hierher kommen zu lassen, die Sachen abzuholen und mit denselben, sowie mit den drei Koffern in Querétaro, nach México zu gehen. In diesem Falle aber müßten Sie ausreichende Maßregeln für die Sicherheit des Dr. Basch und der Nachlaßsachen auf der Reise treffen. Ob das möglich ist, muß ich Ihrer besseren Einsicht überlassen, glaube es aber nicht. Ein anderes, zwar auch kein absolut sicheres, nach meiner Ansicht aber das beste Mittel ist der gewöhnliche Transport durch nach Mexiko-Stadt gehende Karren. Mit Zustimmung des Dr. Basch werde ich jederzeit bereit sein, die Koffer, als auch die hier befindlichen Sachen, falls Sie es wünschen, durch zuverlässige Carieros (sic!572) mit dem Auftrage an meine Freunde in Mexiko-Stadt zu senden, sämtliche Gegenstände dem Dr. Basch dort einzuhändigen. Ihnen bleibt es dann überlassen, von Dr. Basch die Ausantwortung der Sachen zu erwirken.*

*Indem ich vorstehend Ihre Anfragen, wie ich glaube, erschöpfend beantwortet habe, sehe ich Ihrer gefälligen Mitteilung über den Ort entgegen, wie Sie im Einverständnis mit Dr. Basch, dem ich darüber schreibe, die Versendung der Nachlaßsachen bewirkt zu haben wünschen.*

*Inliegend beehre ich mich, Ihnen Copie der letzten mit Dr. Basch gepflogenen Correspondenz zu behändigen, so wie das Schreiben, welches mir der Hochselige Kaiser für Sie übergab, wie ich Ihrem Herrn v. Tavera unterm 24. Juni anzeigte und worauf Sie sich beziehen.*

*Hiernach bedaure ich Ihr Schreiben in einer andern Richtung beantworten zu müssen. Sie haben geglaubt, meine Rechtlichkeit in Zweifel ziehen zu dürfen und gaben mir zu verstehen, daß ich mir ... (?) Nachlaßgegenstände angeeignet haben könnte. Sie stellen mir, falls ich Ihrem souverainen Befehl sofort Folge leisten würde, von Seiten Ihres Allerhöchsten Kaiserhofes eine Anerkennung in Aussicht; dagegen verbürgen Sie sich, daß im Falle meines Ungehorsams mir keinerlei Anerkennung zutheil werden solle. Als ob ich ein Roßknecht wäre, stellen Sie an mich das Ansinnen, persönlich Ihnen die Nachlaßsachen zu überbringen. Sie drohen mir mit Schritten, die Sie in Hamburg und anderwärts gegen mich zu thun gedenken, wiederum ich es wagen sollte, Ihrem Gebote nicht pünktlich Folge zu leisten.*

*Ich muß vorweg bemerken, daß ich aus Pflichtgefühl und Anhänglichkeit an die Person des Kaisers gleich nach seiner Gefangennahme zu ihm geeilt bin, zu einer Zeit, wo keine dem unglücklichen Kaiser ergebene Persönlichkeit aus Mexiko-Stadt nach Querétaro gelangen konnte. Ich that dies keineswegs in meiner consularischen Eigenschaft, in welcher Sie es für nötig erachten, so harte Beleidigungen an mich zu richten, sondern als Privatmann und als Deutscher. Mit Freuden habe ich meine schwachen, geringen Kräfte, meine Zeit und Geld, dem bedauernswerthen Kaiser gewidmet, ohne jeden Nebengedanken an eine anerkennende Auszeichnung. Wer mit den hiesigen Zuständen bekannt ist, mich und meine Stellung kennt, muß einsehen, daß mein Reisen zum Kaiser keineswegs ohne Gefahr für meine persönliche Stellung und meine Interessen gewesen sind. Zu meinem Nachtheil habe ich bereits erfahren müssen, daß Böswilligkeit hier bereits bemüht ist, aus meiner Anhänglichkeit an den Kaiser Waffen gegen mich zu schmieden. Unter solchen Verhältnissen erhielt ich plötzlich von Ihrem Herrn Attaché, dessen Existenz mir völlig unbekannt war, für mich äußerst compromittierende, telegraphische Depeschen. Der Herr fordert von mir den Schlüssel zum (... unleserlich) des Kaisers und Waren desselben. (Die original Depesche ist in meinem Besitz). Da Sie Gewicht darauf legen, muß ich bemerken, daß „efectos" in der That „Waren" und nicht, wie Sie anzu-*

*nehmen scheinen, Effecten bedeutet. H. v. Tavera hat es nicht einmal der Mühe werth erachtet, gleichzeitig an mich zu schreiben, um mir seine Ansprüche auf Ausantwortung des Nachlasses darzulegen, die doch wohl nur in Ihrem Auftrag geschehen konnte, während ich ihn ohne Verpflichtung höflichst schrieb, ohne daß dieser Herr mir antwortete, statt dessen aber im Namen von Dr. Basch eine schlimmere Depesche an mich laufen ließ, welche dieser Herr widerrufen hat.*

*Die republikanischen Behörden, welche von jedem Telegramm Kenntnis nehmen, mußten infolge der Depeschen des Herrn Tavera vermuthen, daß ich der Depositor von bedeutenden zum kaiserlichen Nachlaß gehörenden Schätzen sei. In der That haben sie es gethan, und die Gefahr einer Confiscation selbst dieser fast werthlosen Gegenstände lag nahe. Aus einem mir zugegangenen Schreiben ersehe ich ferner, daß Herr von Tavera sich in Querétaro in mich betreffende Geldangelegenheiten, in einer für mich in hohem Grade verletzenden Weise gemischt hat. Bei seiner Rückkehr müssen Sie aber von H. von Tavera erfahren haben, daß außer den Koffern und bei mir deponierten Gegenständen noch andere auf den Nachlaß bezügliche Dinge zu regulieren sind. Wollen Sie sich in der That für berechtigt und verpflichtet halten, den Nachlaß zu regeln, so hätte ich erwarten dürfen, daß Sie mich in höflicher Weise aufgefordert hätten, Sie von der ganzen Lage der Angelegenheit, die mir von Anfang bis zu Ende genau bekannt ist, in Kenntnis zu setzen, was ich gerne gethan haben würde. Ich bin übrigens weit entfernt, Sie soweit ich interessiert bin, in Anspruch nehmen zu wollen, da ich schon wissen werde, wohin ich mich deshalb zu wenden habe.*

*Ich habe das Bewußtsein, gegen den unglücklichen Kaiser meine Pflicht gethan zu haben, ich rechne dafür weder auf Dank und Anerkennung, aber ich gestehe Ihnen, daß ich, nachdem ich mich compromittiert, meine wichtigsten und persönlichen Interessen und meine Zeit einen Monat lang mit Freuden dem Kaiser geopfert habe, nachdem ich auf des Kaisers Wunsch unbedenklich für alle Bedürfnisse gesorgt habe, ich Sie und die übrigen Herren auf Wunsch des Kaisers und die Advocaten auf meinen Vorschlag selbst von México rief, die Erlaubnis zu Ihrem Kommen vom Präsidenten Juárez auswirkte, und vom Kaiser aufs neue zu diesem geschickt wurde, während Sie sich in Querétaro aufhielten, ich wenigstens nicht auf einen so schwer beleidigenden Brief von dem kaiserlichen Geschäftsträger rechnen konnte.*

*Sie drohen mir, mich bei den österreichischen Offizieren zu verklagen. Thun Sie das ja, besonders Ihre gefangenen Landsleute in Querétaro und hier in San Luis werden gewiß davon erbaut sein. Sie zwingen mich, Herr, von mir Dinge zu sagen, die ohne das niemand erfahren haben würde. Fragen Sie den Oberlieutenant Pitner nach mir, welchen General Escobedo, wie mir dieser selbst gesagt hat, aufhängen wollte, und dem ich Sicherheit des Lebens von der Republikanischen Regierung erwirkt habe, nachdem ich schon bei seiner ersten Gefangenschaft für ihn und andere sorgte. Fragen Sie Ihre anderen gefangenen Landsleute, ob ich nicht redlich nach meinen schwachen Kräften bemüht war und bin, ihre traurige Lage zu erleichtern.*

*Glauben Sie wirklich, daß ich mich dem Kaiser zur Disposition gestellt habe und mich für meine gefangenen deutschen Brüder aus Sucht nach einer Ordensauszeichnung interessierte? Ich muß annehmen, daß die zahlreichen beleidigenden Äußerungen Ihres Briefes aus überreizter Aufregung entstanden sein mögen. In dieser Voraussetzung fordere ich Sie hiermit allen Ernstes auf, mir umgehend genügende schriftliche Erläuterungen zugehen zu lassen, aus denen hervorgehen müßte, entweder, daß Ihnen eine Absicht mich zu beleidigen nicht beiwohnt, oder daß sie nach erhaltener besserer Einsicht des Sachverhaltes, mir die gebührenden Entschuldigungen anbieten.*

*Sollte ein derartiges begütigendes Schreiben mir Ihrerseits nicht in kürzester Frist zugehen, so müßte ich mich für beleidigt erklären, wegen Ihres ausgesprochenen Zweifels an meiner Redlichkeit, – wegen des hochmütigen Thones, in welchem Sie sich erlaubt haben, mich eventuell zu beauftragen, Ihnen persönlich die Effekten nach Mexiko-Stadt zu bringen, – wegen Ihrer Drohungen mir in Hamburg und anderweit in Europa schaden zu wollen u.s.w.*

*Ich würde in solchem Falle von Ihnen diejenige persönliche Satisfaction fordern, welche unter Ehrenmännern gebräuchlich. Gleichzeitig würde ich mich aber genötigt sehen, unsere ganze unerfreuliche Correspondenz mit den erforderlichen Erläuterungen nach Wien an S. E. den Herrn Minister Präsidenten Baron von Beust einzusenden, damit Ihre Allerhöchste Regierung zwischen unserem beiderseitigen Verfahren entscheide.*

*Sie selbst zwingen mich dazu, meine von Ihnen angegriffene Ehre auf das nachdrücklichste zu verteidigen. Haben Sie doch gewiß nicht in wohlwollender Absicht Ihren Brief an mich mehreren angesehenen Personen gezeigt, diese Herren wissen also, daß Sie mir einen maßlos beleidigenden Brief geschrieben haben. Meiner Ehre bin ich es schuldig, nebst Ihrem Briefe, meine gegenwärtige Antwort, falls Sie die mir zugefügten empfindlichen Beleidigungen nicht zurücknehmen sollten, ebenfalls höchst ehrenwerten Herren zur Entscheidung zwischen Ihnen und mir zu unterbreiten.*

*Mit Hochachtung*
*gez. John H. Bahnsen.*[573]

Dienstag, 16. Juli
**Mexiko-Stadt**
Am 16. Juli lag Bahnsens zuerst sachliche, dann aber mit einem furiosen Finale endende Antwort auf Lagos Schreibtisch im Palacio de

Iturbide. Lago erkannte zu seinem Entsetzen, daß er zu früh scharf geschossen hatte und jetzt Schadensbegrenzung üben mußte, wollte er sich nicht den dienstlichen Unwillen seines Ministeriums zuziehen.

*Mexiko-Stadt, 16. Juli 1867*
*Euer Wohlgeboren.*
*Beide Schreiben vom 10. d.M. sind mir heute richtig zugekommen.*
*Vor allem beeile ich mich aus eigenem Antriebe und nach endlich erlangter Einsicht in die Verhältnisse mein Bedauern darüber auszudrücken, daß ich in einem barschen Tone das, was ich für Recht hielt und noch halte von Ihnen verlangt habe. Von H. von Magnus gänzlich ohne Nachricht gelassen (nun bereits seit 4 Wochen), von Dr. Basch erst in der letzten Zeit etwas ausführlicher unterrichtet, und ohne Sie, Herr Bahnsen, selbst zu kennen, mußte ich nothgedrungen über das Schicksal der im kaiserlichen Codizille erwähnten Andenken etc. sowie der Briefe in Besorgnis gerathen. Auch dachte ich, von einem Augenblicke zum andern vielleicht genötigt zu sein, México zu verlassen, ohne den in Ihrem Besitz befindlichen an mich gerichteten kaiserlichen Brief erhalten zu haben. Niemals aber wäre es mir eingefallen, in Ihre persönliche Rechtlichkeit auch nur den geringsten Zweifel zu setzen und begreife ich nicht, daß Sie aus meinem in Hast und Drange der Beschäftigung geschriebenen Briefe irgend etwas derartiges herauslesen konnten. Auch kann ich Sie versichern, mein Herr, und Dr. Basch und Herr Gohs werden es Ihnen bestätigen, – daß Allem was zwischen uns vorgefallen eine Reihe trauriger Mißverständnisse, unterschlagener Briefe, Telegramme etc. zu Grunde lagen. Es lag, ich wiederhole es, nicht im entferntesten in meiner Absicht, Sie zu beleidigen, im Gegentheil danke ich Ihnen, mein Herr, für alle Bemühungen, denen Sie sich in dieser Angelegenheit unterzogen haben.*

*Ich werde wahrscheinlich morgen México verlassen und nach Europa zurückkehren, da die Hauptzwecke meines verlängerten Aufenthalts – die Auslieferung der kaiserl. Leiche und die Acceptation der von mir zu Gunsten der Österreicher mit Gl. P. Díaz abgeschlossenen Capitulations-Bedingungen seitens der Republ. Regierung, Ersterer vorderhand unerreichbar, Letzterer aber vollständig erlangt sind. Ich finde es mit der Würde der kaiserl. Regierung nicht vereinbar unter diesen Umständen länger hier zu verbleiben. Zur Besorgung aller Angelegenheiten, die noch nicht geregelt sind, – darunter in erster Reihe die Übernahme der in Ihrem und Dr. Baschs Besitze befindlichen kaiserl. Briefe und Habseligkeiten und deren sichere Weiterbeförderung nach Wien – habe ich ein mit gehörigen Vollmachten versehenes Comité bestellt, welches in meinem Namen nach meiner Abwesenheit nach bestimmten Instructionen vorgehen wird, dieses besteht aus Herrn Banquier Nath. Davidson, H. Richard Gohs und dem Major Csizma-*

*dia. Ich ersuche Sie demnach, H. Bahnsen, die Güte zu haben, obenerwähnte kais. Briefe und Habseligkeiten dem Vorstand des Comités H. Davidson weniger schleunig als in sicherster Weise zusenden zu wollen und verbleibe mit voller Hochachtung*
> *Ihr ergebener*
> *Baron von Lago*[574]

Damit endete der diplomatische Krieg um die von Bahnsen über-nommenen „Effekten" des hingerichteten Kaisers. Doch die „Kleider-affäre" hatte noch ein makabres Nachspiel: Weitere Kleidungsstücke befanden sich nämlich noch im Besitz des Arztes Licea, der sich um den Verkauf an den Meistbietenden bemühte. Als die republikani-sche Regierung sich nach langem Schwanken doch entschloß, Maxi-milians sterbliche Überreste nach einer abermaligen Einbalsamie-rung[575] an seine Familie auszuliefern[576] und Vizeadmiral Tegetthoff Ende 1867 zur Übernahme nach Mexiko kam, erhielt auch er von Dr. Licea das folgende in Querétaro am 10. Oktober 1867 aufgestellte *Inventar der Effecten, die dem hochseligen Kaiser Maximilian gehörten und sich gegenwärtig im Besitze des Herrn Dr. Don Vicente Licea befinden.*

*1. die rotseidene Leibbinde, mit seinem Blute getränkt*

*2. das schwarze Beinkleid (gewaschen) mit den Löchern einer Kugel, die ihm den Bauch durchbohrte.*

*3. Flanellunterjacke, mit seinem Blut bedeckt*

*4. das Paar weißer Unterhosen mit den Beinkleidern entsprechenden Löchern*

*5. das Paar Fußsocken*

*6. das Taschentuch, das er im Augenblick des Erschießens einsteckte*

*7. die beiden Taschentücher, mit denen er sich bei derselben Gelegenheit den Bart strich*

*8. die schwarze Cravatte von Gras de Naples*

*9. das Brett der Kiste, auf das seine Leiche gelegt wurde*

*10. Haar aus seinem Barte*

*11. Haar von seinem Kopfe*

*12. das Negativ der Maske in Gyps*

*13. das Leintuch, in das der Leichnam gewickelt wurde (gewaschen)*
*Querétaro, 7. Oktober 1867*
*Die Effekten sind alle um 15.000 Pesos zu haben.*

Tegetthoff beschwerte sich bei dem republikanischen Außenminister Lerdo de Tejada und konnte am 9. November 1867 an Beust berich-ten, ... *daß Dr. Licea ... auf Befehl der Regierung arretiert, hierher gebracht und nunmehr wegen Diebstahl einer gerichtlichen Untersuchung unterzo-*

*gen wird.*[577] *Ich muß hier bemerken, daß Minister Lerdo über das schändliche Benehmen des genannten Arztes empört war und sich mit Bereitwilligkeit meinem Wunsche fügte und nach Querétaro den Auftrag gab, die fraglichen Reliquien hierher kommen zu lassen. Sie werden morgen hier erwartet, und ich werde in der Lage sein, sie mit dem Leichnam mitzunehmen.*[578]

Die sterblichen Überreste Maximilians wurden mit einer mexikanischen Eskorte nach Veracruz überführt, wo sie am 2. Oktober um 4 Uhr nachmittags eintrafen. Zwölf Unteroffiziere der seit 9. September vor der Insel Sacrificios vor Anker liegenden österreichischen Propellerfregatte „Novara" hielten in der Kathedrale die nächtliche Ehrenwache vor dem Sarg. Am 3. Oktober um 10 Uhr übernahm Tegetthoff offiziell die Leiche und unterfertigte das mexikanische Übergabeprotokoll. Ein von einer englischen Kriegskorvette geliehenes Motorboot nahm die Barkasse der „Novara" mit dem Sarg ins Schlepptau und zog sie zur Fregatte. Während der Überfahrt gab das englische Kriegsschiff 23 Ehrensalven ab. Maximilians Leichnam wurde in der Steuerbord-Batterie in einer großen Kabine aufgebahrt, in der zwei hohe Wachskerzen brannten. Die österreichische Fregatte, die selbe, mit der Maximilian und Charlotte nach Mexiko gereist waren, verließ Veracruz und nahm Kurs auf Havanna.[579]

Nach verschiedenen Aufenthalten langte das Kriegsschiff am 16. Jänner, geleitet von der k.k. Eskadre und Schiffen des österreichischen Lloyd in Triest an.[580] Von den Forts auf Muggia, der Leuchtturmbatterie und der Fregatte „Schwarzenberg" wurden die „Todtensalven" von 21 Schuß abgefeuert. Die Ausschiffung der Leiche auf dem Molo San Carlo erfolgte nach einem schon Tage vorher erarbeiteten „Detail-Programm".[581] Nachdem der Sarg mit der Südbahn nach Wien überführt worden war, wurde der Leichnam in einen in Österreich angefertigten neuen Sarkophag umgebettet[582] und in der Hofburg in der mit schwarzem Tuch ausgeschlagenen Kammerkapelle aufgebahrt. Maximilians Leichnam ruhte auf einem von zahlreichen Kerzen umgebenen Katafalk.

Unter den Anwesenden auf der Tribüne befand sich die schon seit Dezember in Wien weilende Gattin Miguel Miramóns. Sie hatte den Rat des in Querétaro gefangenen Kaisers, sich an seine Familie zu wenden, ernst genommen, bei Hof vorgesprochen und war mit ihren Kindern von Erzherzogin Sofie freundlich aufgenommen worden. Die Mutter Maximilians war von der perfekt französisch sprechenden, wortgewandten Concha Lombardo so eingenommen, daß sie ihr eine Jahrespension von 3.000 Gulden für die gesamte Zeit ihrer Witwenschaft verschaffte.[583]

Am Trauerkondukt, der Maximilians sterbliche Überreste am 18. Jänner 1868 zur Kapuzinerkirche, der letzten Ruhestätte der Habsburger, überführte, nahmen Kaiser Franz Josef, seine Brüder Carl Ludwig und Ludwig Victor, sowie Vizeadmiral Tegetthoff teil.[584] Trauergäste, die mit Maximilian in Mexiko in engster Verbindung gestanden hatten, waren die Grafen Bombelle und Zichy, der mit der Gräfin Kollonitz verlobte Félix Eloin[585] und Felix Salm Salm, während die von ihm einst mit Diplomaten- und Ministerwürden ausgezeichneten Mexikaner Almonte, Hidalgo, Arrangoiz, Velázquez de León und José Fernando Ramirez, die wieder nach Europa emigriert waren, nicht erschienen waren.[586] Nur Gregorio Barandiaran, der letzte kaiserlich-mexikanische Gesandte in Wien, nun völlig mittellos, nahm als wandelnde Erinnerung an das Imperio teil.

# Epilog
## Zwanzig Jahre später – Wer verriet wen?

Am 15. Juli 1867 zieht Juárez unter dem Jubel seiner Anhänger in die Hauptstadt ein. Am gleichen Tag erklärt Porfirio Díaz seinen Austritt aus der Armee, um sich auf seiner Finca La Noria scheinbar der Landwirtschaft zu widmen, in Wirklichkeit jedoch, um sich auf eine Politikerlaufbahn vorzubereiten. Bereits drei Monate später tritt er als Rivale von Benito Juárez bei den Präsidentschaftswahlen auf, erhält aber gegen den erfahrenen Politiker nur ein Drittel der Stimmen. 1871 wiederholt er den Versuch. Juárez wird wiedergewählt, erhält aber nur mehr die Hälfte der Stimmen. Porfirio Díaz, unterstützt von lokalen Caudillos, erhebt sich in einer Revolte gegen die „Wiederwahl", wird aber von den Regierungstruppen immer wieder geschlagen. Juárez aber stirbt sieben Monate nach seiner Wahl, am 18. Juli 1872. Lerdo de Tejada folgt ihm nach und erläßt ein Amnestiegesetz für die Aufständischen. Díaz zieht sich wieder einmal ins Privatleben zurück und macht in Tlacotalpan eine Tischlerei auf. Als Lerdo 1876 zur Wiederwahl antritt, revoltiert Díaz abermals, und diesmal gelingt es ihm, die Regierungstruppen in der Schlacht von Tecoac zu schlagen und an die Macht zu gelangen.

1877 beginnt unter seiner Präsidentschaft eine Epoche der politischen Konsolidierung, die bis 1911 dauern und unter der Bezeichnung „Porfiriat" mit weitgehend positiven Vorzeichen in die mexikanische Geschichte eingehen wird. Der populistisch agierende Präsident, dem es an Bildung und politischer Erfahrung fehlt, erkennt mit einer Art Unternehmerinstinkt den Zug der vom technischen Fortschritt geprägten Zeit, an dem auch Mexiko nicht vorbeigehen kann. Er nimmt jene „materiellen Verbesserungen" in Angriff, welche die Liberalen seit jeher auf ihre Fahnen geschrieben hatten: Eisenbahn- und Straßenbau sowie der Ausbau der Postverbindungen und Telegraphenlinien werden forciert. Eine Epoche von „poca política y mucha administración"[587] – wie sein berühmt gewordenes Schlagwort lautet – folgt einem halben Jahrhundert von Bürgerkriegen. Das chronisch notleidende Staatsbudget wird saniert. Was der Österreicher Maximilian in seinen hochfliegenden Plänen erreichen wollte, aber durch seinen Mangel an politischem Wirklichkeitssinn nicht zustandegebracht hatte, das gelingt nun dem ebenso naiv-tatkräftigen wie intelligent-schlauen Mexikaner Porfirio Díaz, der so fast zu einem ungekrönten Kaiser wird.

Während der ersten zehn Jahre nach dem Untergang des Zweiten Kaiserreiches erscheinen die apologetischen, triumphierenden oder anklagenden Memoiren der Verlierer und der Sieger. 1867 veröffentlichen die Verteidiger Maximilians im Prozeß von Querétaro, Riva Palacio und Martínez de la Torre, ihr „Memorandum über den Prozeß gegen Erzherzog Ferdinand Maximilian von Österreich".[588] Zugleich publiziert die mexikanische Regierung die gesamten Prozeßdokumente.[589] So stehen einander die Argumente beider Seiten gegenüber, doch noch geht es den Autoren, die jetzt über das Imperio schreiben, um eine Art literarische Weiterführung des Bürgerkrieges oder um gegenseitige Beschuldigungen auch innerhalb des gleichen Lagers. Ramírez de Arellano widmet aus seinem Exil in Frankreich sein 1869 erschienenes Buch „Die letzten Stunden des Kaiserreiches"[590] der Glorifizierung seines Protektors Miramón, auf die Márquez vom New Yorker Exil aus mit einer „Widerlegung"[591] antwortet. Als die Memoiren von Felix Salm Salm 1868 auf deutsch und wenig später auf spanisch erscheinen, publizieren die ehemaligen kaiserlichen Generalstäbler Peza und Pradillo 1870 ihre Widerlegungsschrift.[592] In diesen und anderen Kampfschriften beharren die Autoren auf ihren Ideologien; alles was die Gegenseite angibt, wird von vornherein als böswillige Lüge abgetan. Unversöhnlichkeit heißt die Devise in der liberalen Republik des Benito Juárez. Es herrscht Pressefreiheit, und beide Seiten nützen diese, um gegeneinander zu polemisieren.

Im Lauf der Jahre kristallisiert sich der „Fall López" zu einer Art Prüfstein für die Glaubwürdigkeit zweier Schüsselpersönlichkeiten des Endkampfs zwischen Republik und Imperio, Maximilian und Escobedo, heraus. Maximilian war zwar in der Rolle des Verlierers, doch besaß er noch zahlreiche Anhänger und Bewunderer, die vor allem seinen wachen Geist und aufrichtigen Charakter schätzten.

Wenn es nun zutraf, daß López in seinem Auftrag Escobedo die kampflose Einnahme von Querétaro anbot, sofern dieser Maximilian und seinen Hofstaat entkommen lasse, war dies einer Treulosigkeit des Kaisers an seinen Generälen gleichzusetzen. Maximilian, nicht López, wäre der „Verräter" gewesen. Diese These wurde erstmals von Escobedos Chronisten Arias in seiner Geschichte der Nordarmee vertreten und von späteren Autoren wie Iglesias Calderón[593] ausgebaut.

Wenn es dagegen den Tatsachen entsprach, daß López ohne Wissen des Kaisers mit Escobedo verhandelte, dann wäre die Bedingung,

EPILOG

Maximilian und seine Suite entkommen zu lassen, von viel geringerem Gewicht gewesen. Es wäre dann hauptsächlich um den Preis gegangen, den López selbst für seine Kollaboration von Escobedo gefordert hätte. Weiters hätte sich Escobedo gegen den Vorwurf zu wehren gehabt, er habe die Stadt nicht durch eine heroische Waffentat, sondern durch Kauf eines Kollaborateurs eingenommen.

Da einerseits Escobedo, andererseits Maximilian Symbolfiguren für die Republik bzw. für das Kaiserreich und deren Anhänger darstellten, wurde ein Urteil über López meist auch zugleich zum Urteil über die Glaubwürdigkeit der einen oder der anderen Partei. Aus diesem Grund wurde der Tat des Miguel López ein breites Spektrum von Interpretationen unterlegt:

Für die Anhänger des Imperio war er einfach „der Verräter" par excellence, eine fast satanische Gestalt. Auch viele liberale Nutznießer dieses „Verrates", also die Sieger von Querétaro, waren ihm im Grunde gram, denn „Verrat" galt auch ihnen als Makel. Außerdem wäre ihnen eine ruhmreiche Waffentat zur Einnahme Querétaros lieber gewesen, zu der sich ihrer Meinung nach ohnedies früher oder später eine Gelegenheit geboten hätte. Der prominenteste Nutznießer des „Verrates " des López wäre Escobedo gewesen. Seine Lösung des Dilemmas bestand darin, daß er erklärte, das Angebot des López abgelehnt, aber die Gelegenheit der eingestandenen Schwäche der Belagerten optimal genutzt zu haben, wodurch die Einnahme Querétaros doch einem genialen Handstreich zugeschrieben werden konnte.

Auf der anderen Seite des Spektrums stehen jene, die López als einfachen Erfüllungsgehilfen des Kaisers sehen, der bloß den Befehl seines Herrn ausführte. Angeblich soll Pater Soria sich in späteren Jahren in diesem Sinn geäußert haben.[594] In diesem Fall träfe der Makel der Falschheit Maximilian selbst; und in der Tat gibt es in der historischen Literatur Mexikos sehr betonte Hinweise auf die vermutete Hinterhältigkeit, Doppelzüngigkeit und Falschheit des Österreichers.[595] Der pflichtgetreue López erscheint dann als eine Art Opfer Maximilians.

Da López sowohl mit Maximilian als auch mit Escobedo ohne Zeugen gesprochen hatte, konnten politisierende Historiker diesen Besprechungen beliebige Inhalte unterstellen, je nachdem, wen von den drei Beteiligten sie diffamieren oder glorifizieren und welcher politischen Kraft sie in ihrer jeweiligen Gegenwart nützen wollten.

Neben den vielfältigen Interpretationen kamen im Laufe der Jahre jedoch auch Fakten ans Licht, welche eine differenzierte Beurteilung der damaligen Situation und ein Abgehen von der Schwarzweißbetrachtung bewirkten, die in Wirklichkeit die historiographische Bewältigung blockierte statt förderte. Vor allem wurde versucht, aufgrund der Vergangenheit des Miguel López auf seine wahrscheinliche Rolle beim Fall Querétaros zu schließen.

Die umstrittene Vergangenheit des Miguel López war Maximilian übrigens nicht unbekannt gewesen, denn in den Notizen seines berühmten Libro Secreto, einem Notizbuch, das Angaben über wichtige Persönlichkeiten des Imperio enthielt, stand unter „López" die Eintragung: *Oberst des Regiments der Kaiserin. Er kämpfte in den Antiguerillaeinheiten, welche die Amerikaner 1847 aufstellten. Nachdem er von Santa Anna protegiert worden war, stellte dieser ihn wegen Vaterlandsverrates außerhalb des Gesetzes, er ist sehr tapfer, doch zweifelt man an seiner Rechtschaffenheit.*[596]

Richtig daran war, daß López von Santa Anna aus dem Militärdienst ausgestoßen worden war, was den Generälen Maximilians durchaus bekannt war. Eine Rolle hatte dieses Wissen aber erst gespielt, als Maximilian López zum General machen wollte. Die Vergangenheit von Miguel López wurde in Mexiko erst 20 Jahre später zum Forschungsthema, als seine Mitwirkung an der Einnahme Querétaros durch die Republikaner den Gegenstand erbitterter Auseinandersetzungen bildete. Die genauen Nachforschungen von Alfonso Junco[597] in den Dreißigerjahren des 20. Jahrhunderts haben – auf eine wahrscheinlich abschließende Weise – wesentlich neue Elemente zur Kenntnis des Charakters und der typischen Vorgangsweise von López erbracht, was eine Beurteilung seiner Kollaboration mit den Republikanern erleichtert, die in den Ereignissen des 15. Mai 1867 gipfelte.

Miguel López wurde am 12. Mai 1827 in Puebla geboren. Sein Großvater, Antonio López, war Oberst der vizeköniglichen Streitkräfte. Miguel López hatte zwei Brüder, Mariano und Agustín, die ebenfalls die Offizierslaufbahn wählten. Verheiratet war López mit Luisa Escárzaga, mit der er zwei Kinder hatte. Die Tochter María heiratete später einen Spanier, und der Sohn, Maximiliano Miguel bekam Kaiser Maximilian als Taufpaten. Der Monarch ließ sich bei der Taufe am 5. Jänner 1866 allerdings durch den politischen Präfekten von Puebla, Alonso M. Peón, vertreten. Seltsamerweise war auch López selbst dabei nicht anwesend. Dennoch ergab sich daraus die nach mexikanischer Anschauung wichtige Patenbeziehung: López und Maximilian waren „compadres".

Zwischen 1844 und 1867 war López Soldat. Am 15. März 1845 trat er als Freiwilliger in das Dragonerregiment (Lanceros) von Guana-

juato ein. 1846 kämpfte er in Monterrey gegen die amerikanischen
Invasoren. Eine Bescheinigung des Generals Ampudia bestätigt ihm
Tapferkeit vor dem Feind und Vaterlandsliebe. Am 1. Jänner 1847
wurde er Unteroffizier, jedoch im Oktober hetzte er in Tohuacán die
Truppen der Eskorte des Präsidenten Santa Anna, der den mexikanischen Oberbefehl im Kampf gegen die Nordamerikaner führte,
zum Aufstand gegen den Präsidenten auf. Zwischen 1848 und 1853
machte er den Feldzug gegen die nomadisierenden Indianerstämme
(„Indios bárbaros") mit. Am 12. Februar 1854 wurde er Fahnenjunker
im Regiment von Nuevo León.

    Als Juan Alvarez am 16. März gegen den Diktator Santa Anna
revoltiert, stellt sich López hinter diesen. Kurz darauf hilft er auch
bei der Niederschlagung einer weiteren, von dem Alvarez-Anhänger
Juan Graso angeführten Juli-Revolte gegen die Alteza Serenísima. Da
jedoch kurz darauf – am 8. Juli 1854 – Santa Anna ihn aus der Armee
ausstößt, gibt es das Gerücht, wonach López in Wirklichkeit nicht
für, sondern gegen Santa Anna gekämpft haben soll. Allerdings erreichte López, der am 10. September ein kalligraphisch geschriebenes,
wenn auch von Rechtschreibfehlern strotzendes, Zerknirschung zei-
gendes, mit Gefälligkeitsbestätigungen versehenes Wiederaufnahme-
gesuch an Santa Anna[598] richtete, daß er am 3. April 1855 als Leutnant
wieder in die Armee aufgenommen und am 31. Juli zum Rittmeister
des Dragonerregiments (Lanceros) von Matehuala ernannt wurde.

    Der liberale Präsident Comonfort – der den Plan von Ayutla un-
terstützte – ernannte ihn am 17. März 1857 wegen seiner im Kampf
auf seiten der Liberalen geleisteten Dienste zum Rittmeister der
Schwadron Cuernavaca. Am 17. Dezember 1857 unterstützte López
jedoch den konservativen Plan von Tacubaya, wofür er den Oberbefehl über eine Landwehreinheit in Puebla erhielt. Am 15. Juni suchte
er selbst – möglicherweise unter sanftem Zwang, weil Miramón ihn
für unzuverlässig erachtete – um Entlassung aus dem Militärdienst
an. In jener Zeit dürfte er bei der Revisionskommission der Armee,
die von General Adrian Woll geleitet wurde, um Tilgung der ihn
belastenden Angaben aus seinem Personalakt angesucht haben, was
aber von Woll nach Rückfrage beim Generalstab abgelehnt wurde.
Die erhaltenen Auskünfte besagten, daß López vor einigen Jahren
gegen die bestehende Regierung gekämpft habe.

    Als die französische Intervention einsetzte, erblickte López eine
neue Zukunftschance. Er wandte sich an den auf seiten der Franzosen kämpfenden General Almonte, der über seine umstrittene Vorgeschichte nicht Bescheid wußte und ließ sich von ihm den Franzosen
empfehlen. Am 10. Mai 1862 tauchte er mit einigen Anhängern im

Lager des Oberbefehlshabers des französischen Expeditionskorps,
Graf Lorencez, auf und stellte sich der Intervention zur Verfügung.
Bis 5. November 1862 diente er in den Streitkräften, die gegen Benito
Juárez kämpften, was ihm das Kreuz eines Chevalier de la Légion
d'Honneur einbrachte. Kaiser Maximilian verlieh ihm das Offiziers-
kreuz des Guadalupeordens. Seine letzte militärische Charge war die
eines Obersten im Ersten Kavallerieregiment der Kaiserlichen Garde.
Im März 1866 kam er nach seiner Teilnahme am Nordfeldzug unter
General Douay in die Hauptstadt, wo er bis zu seiner Teilnahme am
Querétarozug Maximilians verblieb.

Was Kaiser Maximilian an López anzog, war die ausgezeichnete
Organisation seines Kavallerieregiments, die er allerdings dem Major
Pedro González verdankte. Die Beziehungen zwischen den beiden
waren gespannt. Dies ging auf ein besonderes Ereignis zurück: Am
27. Jänner 1867 wurde nahe der Hacienda San Salvador das Regiment
der Kaiserin von den liberalen Caballeros de la Frontera unter dem
Freischärlerführer Pedro Martínez angegriffen. Nachdem die Kaiserlichen unter Pedro González die Angreifer zurückgeschlagen hatten,
suchte man vergeblich nach Miguel López. Schließlich fand ihn
González in einer Scheune unter Strohballen versteckt. Obwohl
López keineswegs den Ruf eines Feiglings hatte und sich wahrscheinlich nur versteckte, weil er von seiner Truppe abgeschnitten
war, scheint der Vorfall dazu geführt zu haben, daß González seinen
Vorgesetzten verachtete. López erkaufte das Schweigen des Majors,
indem er für diesen die Verleihung des Ranges eines Offiziers des
Guadalupeordens veranlaßte. Allerdings erreichte er auch für sich
selbst die Ernennung zum Ritter des mexikanischen Adlerordens.

Bei Hof glänzte er durch elegantes Aussehen, feine Manieren,
Höflichkeit und servile Ausführung aller Befehle, womit er seinen
Mangel an geistiger Brillanz erfolgreich überdeckte. Maximilian hat
mit der ihm eigenen Oberflächlichkeit in seinen Memoiren, die er
während der Belagerung von Querétaro dem Husarenleutnant Theodor Kaehlig diktierte – López lobend erwähnt:

*... unter den Personen meiner Umgebung gibt es vor allem zwei Männer,*
*welchen ich höchste Wertschätzung entgegenbringe, und die mein ganzes*
*Vertrauen besitzen: Das sind Oberstleutnant Joaquín Rodríguez, Komman-*
*dant der Munizipalgarde von México ... und Oberst Miguel López, einer*
*der ersten, die mich im Lande begrüßten, der mir seit damals zur Seite stand*
*und sich nie von mir trennte, und der mir und der Kaiserin viel Anhäng-*
*lichkeit erwiesen hat.*[599]

Nach der Querétaro-Affäre geriet López ins Kreuzfeuer der Kritik
der Anhänger des Imperio, die er durch zwei Manifeste zu entkräften

trachtete. Er schied aus dem Militärdienst aus und zog sich in den Vorort von Mexiko Stadt, Santa Maria zurück, wo er ein Badehaus betrieb. Einige Jahre blieb es ruhig um ihn.

1875 gab es eine publizistische Auseinandersetzung zwischen der konservativen Tageszeitung LA VOZ DE MÉJICO und der liberalen La Revista universal, um die Frage, welcher Partei López eigentlich zuzurechnen war. Während das konservative Blatt den vielgefeierten 15. Mai – Tag der Wiederherstellung der Republik – ironisch als „La fiesta de López" bezeichnete, beeilte sich das liberale Blatt zu behaupten: Glücklicherweise gehörte Miguel López nie der liberalen Partei an, sondern kämpfte unter den Fahnen der Intervention und des Kaiserreiches. Miguel López gehört zu LA VOZ und ihrem Kreis, er gehört zur gleichen Familie und seine Ruhmestaten ebenfalls.[600]

LA VOZ replizierte mit der Frage, warum sich dann Escobedo mit den Federn des Imperio-Anhängers López schmücken sollte und versuchte den Beweis zu führen, daß López sehr wohl zeitweise Anhänger der Liberalen gewesen war.

Zwei Jahrzehnte nach dem Ereignissen – 1887 – ist jedoch die Zeit der gegenseitigen Abrechnungen den ersten Versuchen einer objektiven Wahrheitsfindung gewichen. Mit dem beginnenden Generationswechsel scheinen erstmals Aufklärungsanliegen zu dominieren, die beide Seiten gleichermaßen interessieren. Zu ihnen gehört die Frage, welche Rolle der „Verrat" des Miguel López für die Einnahme von Querétaro wirklich gespielt hat. So unangenehm es Escobedo auch gewesen sein mag, die Besetzung der 72 Tage belagerten Stadt nicht auf einen erfolgreichen Sturmangriff seiner Streitkräfte zurückführen zu können, so sehr war in seinen eigenen Reihen die entscheidende Rolle des kaiserlichen Kollaborateurs ein offenes Geheimnis. Die konservative Seite, ohnedies von der ausschlaggebenden Rolle des Miguel López überzeugt, interessierte sich vor allem für die Frage, wie weit Maximilian selbst den Auftrag zur Kollaboration mit Escobedo gegeben und dadurch seine eigenen Generäle „verraten" hatte. Dutzende mögliche Varianten wurden durchdacht, zahlreiche Zeitzeugen meldeten sich im Rahmen einer Pressekampagne in Leserbriefen oder Interviews. Der Journalismus jener Tage, beeinflußt von nordamerikanischen Vorbildern, wollte aufdecken, gleichgültig, welcher der beiden Seiten dies schadete oder nützte.

Am 29. April 1887 richtet der jetzt 60-jährige López, der anläßlich des Jubiläums wieder zum Tagesgespräch geworden ist, einen offenen Brief an den General, den nun 64-jährigen Escobedo.
*Herr General, sprechen Sie offen und frei heraus, denn meine Rechtfer-*

*tigung hängt sehr von Ihrem Namen als Ehrenmann und Soldat ab, ja ich wage noch mehr zu sagen: durch die Ihnen damals anvertraute Vertretungsbefugnis steht auch die Ehre der Regierung der Republik auf dem Spiel. Bei der Belagerung von Querétaro bestand für Sie aufgrund der Stärke und Hilfsmittel der Belagerer und, zu unserem eigenen Unglück, auch durch die Schwäche und mangelnden Mittel der Belagerten, keine Notwendigkeit, Ihren Namen zu beschmutzen. Sie, Herr General, haben mir einmal schriftlich mitgeteilt, daß Sie nicht gesprochen haben, weil niemand Sie gefragt hat. Doch diesmal frage ich Sie im Namen der Wahrheit und bitte Sie zu sprechen, um meiner und um Ihrer Ehre willen.*[601]

Die erste Antwort darauf holt der Journalist Angel Pola für EL DIARIO DEL HOGAR im Wege eines Interviews mit General Escobedo auf dessen Hacienda in Chamacuero ein. Das Gespräch erscheint am 15. Mai. Der weißbärtig gewordene General und ehemalige Kriegsminister stellt in Abrede, daß López für die Übergabe der Stadt bezahlt worden sei; womit er indirekt zugibt, daß dieser die Übergabe der Stadt bewirkt hat, was er 1867 noch offiziell verschwiegen hatte.[602]

Am gleichen Tag publizierte der konservative EL TIEMPO, bei dem man vom Erscheinen dieses Artikels früher Kenntnis bekommen hatte, eine Meldung, wonach verschiedene höhere Offiziere behauptet hätten, daß Escobedo Querétaro niemals eingenommen hätte, wenn er López nicht gekauft hätte, und daß weiters der frühere Finanzminister der liberalen Regierung, Francisco Mejía, geäußert haben soll, er habe López 500 Pesos ausbezahlt, als Rest der für den Kauf von Querétaro vereinbarten Summe. Mejía dementierte dies in einem offen Brief an López, doch EL TIEMPO bestand auf der Glaubwürdigkeit seines Gewährsmannes.

Noch im Mai interviewt Angel Pola auch López selbst für EL DIARIO DEL HOGAR, doch Escobedo, dem der Journalist seine Mitschrift zeigt, spricht sich gegen eine Veröffentlichung aus. Pola veröffentlicht dieses Interview erst Jahre später.[603] López gibt darin eine neue, gewandelte Variante an, wonach er ohne Zustimmung Maximilians mit Escobedo verhandelt, später jedoch dem Kaiser berichtet habe, Escobedo habe die beste Absicht, ihn entkommen zu lassen, worauf Maximilian mit höchster Entrüstung reagiert habe. Diese Version behält López auch in einem späteren Gespräch mit dem deutschen Arzt Ernst Below bei, dem er sagte:

*Daß Juárez notgedrungen das Todesurteil unterzeichnen würde, war vorauszusehen. Daß man dem Kaiser aber zugleich die Hintertür des Entfliehens offen ließ, ist ausgemacht. Er hatte ja keine Nachkommenschaft, von Kronprätendenten war also nichts zu fürchten. ... Man ging mit dem heimlichen Anerbieten zur Flucht soweit als man eben gehen konnte, ohne sich selbst der Lächerlichkeit preiszugeben ... Er blieb dabei. Ein Habsburger flieht nicht wie ein Dieb in der Nacht ... Mein Plan war, wenn es Ernst würde, sollte er es doch wohl tun. Dann wäre ich sein Retter gewesen, indem ich ihn zwang, sich zu flüchten, wo alles für seine Flucht in Bereitschaft gehalten war. Nun, er hat es nicht gewollt, dadurch bin ich, der ich sein Retter sein wollte, vor den Augen der Welt zu seinem Verräter geworden.*[604]

Escobedo beschloß Ende Mai angesichts zunehmender Zeitungspolemiken persönlich nach Mexiko-Stadt zu kommen. Am 1. Juni veröffentlichte EL TIEMPO sein Schreiben, worin er verlangte, daß die Zeitung die Namen der erwähnten Offiziere bekanntgebe und daß man im Finanzministerium offiziell nach Empfangsbestätigungen für die von López angeblich erhaltenen Summen suchen lassen solle. Die Zeitung replizierte, sie werde die Namen der Offiziere nicht nennen, jedoch ein Schreiben von General Arce veröffentlichen. Sie erwiderte auch, daß es nicht üblich sei, für Bestechungen Empfangsbestätigungen auszustellen.[605]

José Rincón y Gallardo wird, je mehr sich die Diskussion auf die Frage der Bestechungsgelder zuspitzt, unruhig, zumal er weiß, daß Escobedo eine groß angelegte Erklärung über die Rolle von Miguel López vorbereitet. Am 5. Juni schreibt er aus León an Espiridión Moreno, daß seine Einsendung gleichen Datums an EL MONITOR REPUBLICANO rasch veröffentlicht werden soll, weil er es scheut, die erwartete Erklärung Escobedos nachträglich zu dementieren.[606]

Escobedos Erklärung erfolgt am 8. Juli 1887. Er veröffentlicht einen von einem Ghostwriter für ihn abgefaßten, als großes historisches Dokument konzipierten „Bericht an die Regierung",[607] deren nunmehriger Chef Escobedos Kampfgenosse Porfirio Díaz ist. Darin heißt es:

*Am 14. ging ich die Belagerungslinien ab. Um 7 Uhr abends teilte mir ein Adjutant von Oberst Julio M. Cervantes ... mit, daß eine Person aus der Stadt, die sich im republikanischen Lager befand, mich sprechen wollte. Ich begab mich sogleich an den angegebenen Ort, wo mir Oberst Cervantes den kaiserlichen Oberst López, den Kommandanten des Regiments der Kaiserin, vorstellte. Dieser erklärte mir, er habe die Stadt mit einem geheimen Auftrag verlassen, den er mit mir zu besprechen habe, sofern ich dem zustimme. Anfangs glaubte ich, der besagte López sei einer von vielen Deserteuren, welche die Stadt verließen, um sich zu retten, und daß sein Geheimauftrag nichts anderes sei als eine Finte, um die Nachrichten interessanter zu machen, die er mir vielleicht über die Situation der Belagerten mitteilen würde. Doch stimmte ich zu, mit dem kaiserlichen Oberst López ein Gespräch unter vier Augen (reservadamente) zu führen … Darauf teilte er mir kurz mit, daß der Kaiser ihn beauftragt habe, mich zu sprechen und mir … in seinem Namen mitzuteilen, daß er unbedingt vermeiden wolle, daß für seine Sache weiterhin mexikanisches Blut vergossen werde. Er wolle deshalb die Stadt verlassen und spreche die Bitte aus, ihn mit seinem Dienstpersonal[608] und einer Eskorte aus einer Schwadron des Regiments der Kaiserin aus der Stadt zu lassen, damit er nach Tuxpan oder Veracruz reisen könne, wo ihn ein Schiff erwarte, das ihn nach Europa bringen würde. Er versicherte, daß er bei seinem Abmarsch nach Querétaro seine Abdankungsurkunde in Händen seines Premierministers zurückgelassen habe.*

*Zu seiner eigenen Entlastung und um mich sicher zu machen, daß seine Vorschläge bona fide erfolgt seien, erklärte mir Oberst López, daß sein Souverän sich für alle Zeiten durch sein Ehrenwort verpflichte, nach Verlassen des Landes nie wieder mexikanischen Boden zu betreten …*

*Meine Antwort an López war klar und deutlich; ich sagte ihm lediglich, er solle dem Erzherzog mitteilen, daß die Befehle meiner Regierung ein für allemal lauteten, keine andere Regelung als die bedingungslose Übergabe der Stadt zu akzeptieren. Darauf erklärte mir der Oberst, daß sein Kaiser diese Entscheidung … vorausgesehen hatte. Er erklärte mir im Namen seines Souveräns, daß ich Ansehen, Tapferkeit und Erfahrung der Heerführer, die ihm zur Seite stünden, ebenso gut kennen müsse wie die gute Ausbildung und Disziplin der Truppen der Verteidiger, mit denen man jederzeit den Belagerungsring durchbrechen und die Schrecken des Krieges noch für lange Zeit verlängern könne; daß dies aber ein großes und nicht wieder gutzumachendes Übel für Mexiko darstelle, das er für das Land nicht wünsche, weshalb er es verlassen wolle.*

*Da ich diese von … López im Namen seines Souveräns ausgesprochenen Worte für zu hochfahrend hielt, antwortete ich ihm, daß ich das alles sehr wohl wisse, aber auch genaue Kenntnis vom Zustand habe, in dem sich die Verteidiger Querétaros befänden, daß ich informiert sei über die Vorbereitungen, die in der Stadt für einen gewaltigen Ausfall getroffen wurden, von dem man sich Rettung erhoffe, und daß die Kolonnen schon bereitstanden und nur noch auf den Befehl warteten, die Gräben zu überschreiten und mit den Republikanern zusammenzustoßen. Dies alles käme mir gerade recht, ich habe daher Befehl gegeben, sie an allen Orten des Belagerungsringes … durchzulassen, natürlich nur, um nachher mit meinen 12.000 Mann Kavallerie … über sie herzufallen … Der Beauftragte des Erzherzogs nahm das von meiner Seite für beendet angesehene Gespräch wieder auf und sagte, die Instruktionen des Kaisers verlangten, die Sache zu einem Abschluß zu bringen, auch wenn ich mich hartnäckig dagegen sträubte. Sodann erklärte er mir namens des Kaisers, daß dieser die Verteidigung der Stadt weder weiterführen könne noch wolle, … daß allerdings die Kolonnen bereitstanden, welche den Belagerungsring durchbrechen sollten, er aber diese sinnlose Aktion aufhalten wolle, jedoch nicht sicher sei, ob die Chefs ihm Gehorsam leisten würden, die so darauf eingestellt seien, daß sie niemandem mehr gehorchten. Er würde aber trotzdem auf sich nehmen, die Befehle zur Einstellung des Ausfalles zu geben. Ob man sich nun an diese halte oder nicht, er lasse mir sagen, daß er um drei Uhr früh den Kräften, welche den Friedhof verteidigten, befehlen würde, sich auf das Klostergebäude der Cruz zurückzuziehen. Ich solle mich auf irgend eine Weise bemühen, diesen Punkt in meine Gewalt zu bekommen und er würde sich dort bedingungslos gefangen geben.*

*Ich konnte dem angeblichen Beauftragten des Erzherzogs nicht trauen. Solche Vorschläge des Fürsten wollten mir einfach nicht in den Kopf, nach dessen energischen und mannhaften Beschlüssen, die er noch vor wenigen Monaten in Orizaba getroffen hatte.*

*Das sagte ich dem Boten des Erzherzogs ganz offen, der mir sofort erklärte, ich möge jeden Verdacht hinsichtlich seiner Person und seines Auftrages aufgeben, er tue nichts anderes als die Anordnungen seines Kaisers strikt zu erfüllen, für den ihm kein Opfer zu hoch sei, und er hoffe, daß meine Dispositionen ihn aus der Situation, in der er sich befinde, erretten würden.*

*López ging in die Stadt zurück und benachrichtigte den Erzherzog, daß ich um drei Uhr früh die Cruz besetzen würde, ob nun Widerstand geleistet werde oder nicht.*

Escobedo berichtet dann, daß er die Schwäche der Verteidiger benützt habe, um sofort einen Handstreich gegen die Cruz zu führen, der auch gelungen sei.[609] Die von zahlreichen Augenzeugen erlebte Mitwirkung von López erwähnt Escobedo dagegen mit keinem Wort. Seine weiteren Kontakte zu Maximilian nach dessen Gefangennahme beschreibt er wie folgt:

*Am 18. Mai[610] teilte mir der Offizier, welcher die Gefangenen in der Cruz bewachte, mit, daß der Erzherzog mich sprechen wolle. Da ich mein Zelt krankheitshalber nicht verlassen konnte, sandte ich meinen Wagen, um Maximilian unter der Obhut der Obersten Juan C. Doria und Ricardo Villanueva zu mir zu bringen.[611]*

*Der gefangene Fürst sprach mit mir und drückte seinen Wunsch aus, nach San Luis Potosí zu fahren, wenn ich ihm dies gestatte, um mit dem Präsidenten Juárez zu sprechen, dem er geheime Mitteilungen zu machen habe, die für die Zukunft des Landes wichtig seien.[612]* Escobedo habe das verweigert und angeboten eine schriftliche Mitteilung an Juárez weiterleiten zu lassen.

*Darauf fragte er mich, ob ich López erlauben würde, ihn zu besuchen, um mit ihm zu sprechen. Ich entgegnete, nichts dagegen zu haben ...*

*Ich begann zu verstehen, daß der kaiserliche Oberst Miguel López mir bei dem mit mir geführten Gespräch nicht die Unwahrheit gesagt habe, obwohl der Erzherzog sich mir nicht, wie er es versprochen hatte, gefangengegeben hatte.*

*Am 24. kam López zu mir und ersuchte um ein Vier-Augengespräch. Ich stimmte zu ... Er teilte mir mit, daß der Kaiser ihm empfohlen habe, mich zu bitten, über die in der Nacht zum 14. mit mir geführte Unterredung strengstes Stillschweigen zu bewahren, denn er wollte sein Ansehen ... in Mexiko und Europa behalten, das gefährdet sei, wenn Inhalt und Ergebnis jener Unterredung bekannt würden.*

Escobedo sagte das zu, und López überreichte zum Beweis das angeblich autographe Schreiben Maximilians mit dem berühmt gewordenen Text:

*Mein lieber Oberst López!*

*Wir empfehlen Euch, tiefes Stillschweigen über den Auftrag zu bewahren, den wir Euch für General Escobedo anvertraut haben. Denn wenn dieser bekannt wird, würde ein Fleck auf unsere Ehre fallen.*

*Euer wohlgewogener Maximilian*[613]

Escobedo schreibt, er habe diesen Brief geprüft, für echt befunden[614] und ihn kopieren lassen. Allerdings hat er in seinem Bericht den Text ohne das im Original befindliche Datum – 18. Mai –[615] veröffentlichen lassen. Schließlich erwähnt er, daß er von sich aus Maximilian am 28. Mai im Capuchinas-Gefängnis besucht habe – dieser Besuch fiel in Wirklichkeit auf den 26. Mai –, wobei der Erzherzog sich erkundigt habe, ob López schon in seinem Auftrag bei Escobedo war, und hinzufügte, er würde es nicht ertragen, wenn seine Mitverurteilten (Miramón und Mejía) vom Geheimgespräch zwischen Escobedo und López vom 14. Mai erführen. López würde darüber bis zum Tode Charlottes schweigen. Escobedo habe schließlich aus Mitleid mit dem unglücklichen Fürsten versprochen, solange die Umstände es gestatteten, ebenfalls Schweigen zu bewahren.[616]

Da er, Escobedo, nunmehr Details preisgegeben hatte, die er an sich 1867 der Regierung hätte melden müssen, verlangte er – pro forma – die Einleitung eines Disziplinarverfahrens gegen sich selbst, was vom damaligen Präsidenten Porfirio Díaz natürlich aufgrund der Verdienste Escobedos um die Republik abgelehnt wurde.[617]

Am Sonntag, dem 21. August 1887 erscheint gleichzeitig in den Zeitungen EL MONITOR REPUBLICANO und EL COMBATE erstmals der Text des umstrittenen Briefes. Veröffentlicht wurde eine Photographie des Schriftstückes, die eine Widmung des Generals Escobedo trug. Damit verbürgt sich Escobedo ausdrücklich für die Echtheit des Briefes. Am 26. veröffentlicht EL MONITOR ein Schreiben von Miguel

López, worin dieser erklärt, niemanden ermächtigt zu haben, den Brief zu publizieren. Vor einem Jahr schon hatte er allerdings den Brief dem Chefredakteur des EL NACIONAL gezeigt, der aber sofort Einwände gegen dieses Dokument erhob, sodaß López sich zu weiterem Stillhalten entschloß. Als der Brief nun doch erscheint, protestiert López lautstark. Am 29. August bietet er dem MONITOR in einem weiteren Schreiben Dokumente über seine umstrittene Vorgeschichte aus dem Krieg von 1847 an.

Am 24. August kommt die konservative VOZ DE MÉJICO nochmals auf die angebliche Prämie für López zurück und behauptet, in den Büchern des Bankhauses Rincón y Gallardo würden 15.000 Pesos aufscheinen, die an López ausbezahlt worden seien. José Rincón ließ daraufhin durch seinen Bruder Pedro ein eher halbherziges Dementi in den MONITOR REPUBLICANO vom 31. August einschalten.

Zur Frage der Bestechung konnte man damals bereits auf die Erhebungen des angesehenen spanischen Historikers Niceto Zamacois, der 1867 in Mexiko-Stadt war, zurückgreifen, der 1882 den letzten Band seiner Historia de Méjico veröffentlicht hatte, worin er schrieb:

*Die Absprache bestand darin, daß Miguel López den Belagerern die Cruz übergeben würde, und dafür 12.000 Duros[618] erhalten sollte, wobei ihm Leben und Freiheit zugesagt wurden.*

*Aufgrund dieser Abmachung schickte man ihm durch einen Diener einer in Kommerzkreisen sehr bekannten Persönlichkeit[619] mehrere Wechsel, welche die genannte Summe ausmachten, die einem Schreiben des republikanischen Generals ..., einer sehr schätzenswerten und würdigen Persönlichkeit, beilagen. Die Wechsel waren zahlbar in Mexiko-Stadt und waren ausgestellt von dem republikanischen Oberst ..., einer Persönlichkeit in ausgezeichneter sozialer Position und mit Recht in der guten Gesellschaft der Hauptstadt geschätzt.*

*Nachdem der Diener den Brief an Oberst López ausgehändigt hatte und von seinem Auftrag zurückgekehrt war, übergab ihm der gleiche General in San Juan del Río zehn Duros Prämie für die getreuliche Durchführung seines Auftrages.[620]...*

*López war damit von seiner gewohnten Umgebung ausgeschlossen, er erhielt nicht einmal die gesamte Summe von 12.000 Duros, auf die sich die übergebenen Wechselbeträge beliefen, sondern nur 5.600 Duros.[621]*

Am 27. August 1887 schrieb Dr. Franz Kaska, ehemaliger Österreicher, Monarchist und großer Sammler von Maximilian-Objekten, einen Leserbrief an EL NACIONAL und erklärte das angebliche Schreiben des Exkaisers an López als Fälschung, unter anderem, weil Maximilian den Pluralis Majestaticus „Wir" nur in offiziellen, nicht aber in Privatbriefen verwendet habe. Er bot zahlreiche in seinem Besitz befindliche Privatbriefe Maximilians zum Vergleich an.

Am 31. August 1887 äußerte sich Escobedo im MONITOR REPUBLICANO zur Frage, ob López für seine Kollaboration eine Geldprämie erhalten habe.

*Es war mühsam genug, das kleine Vermögen zu verdienen, das ich besitze, doch bin ich bereit, zehntausend Pesos in der Nationalbank zu hinterlegen, um sie demjenigen auszufolgen, der mir nachweist, daß ich López irgend eine Geldbelohnung gegeben habe. Ich wette 10.000 Pesos gegen einen, sofern man mir gestattet, für diesen Peso Schlamm zu kaufen, um ihn jedem ins Gesicht zu schleudern, der an der Ehrlichkeit meiner Worte zweifelt.*

Am 6. September erklären drei Professoren der Kunstakademie von San Carlos, José M. Velázquez, Rafael Flores und Santiago Rebull, vor einem Notar, daß „der Brief eine äußerst schlechte Fälschung" sei. Am 13. stellen die Schriftsachverständigen Manuel María Flores, José Maria Rábago, Eduardo Fernández Guerra und Francisco Díaz Gonzales in einem Notariatsakt fest, „daß die Schriftzüge auf dieser photographischen Kopie nicht von der selben Hand stammen wie die Schirft und Unterschrift auf zahlreichen (echten) Dokumenten", mit denen sie einen Vergleich angestellt hatten.[622]

Am gleichen Tag antwortet General Arce einem Reporter von EL NACIONAL, der ihn fragt, ob er wisse oder gehört habe, daß López nach dem 15. Mai mit Maximilian eine Unterredung gehabt hätte, daß ihm davon nichts bekannt geworden sei. Hätte es eine solche Unterredung gegeben, wäre sie zweifellos in den Memoiren von Blasio, Basch, Fürstenwärther usw., die mit Maximilian im „Teresitas"-Gefängnis waren, erwähnt worden.

Als López 1892 im Sterben lag, erfuhr er die geistliche Betreuung durch P. Clemente Miró, dem er beichtete, und den Pfarrer von Santa María, Mateo Palazuelos, der sein guter Freund war und sich auch um seine Verteidigung annahm. Dieser war jedenfalls von seiner Unschuld überzeugt. Dabei ist zu bedenken, daß nach katholischer Auffassung eine einzige gültige Beichte genügt, um eine Sünde zu tilgen, sodaß spätere Bekenntnisse nicht mehr erforderlich sind.

Das vorläufig letzte Wort in der Angelegenheit des angeblichen Handschreibens wurde 1902 gesprochen. Escobedo hatte dem Artilleriemuseum eine Fotokopie des umstrittenen Briefes hinterlassen, und am 29. Juli trat die Kommission zur Prüfung der Echtheit von Kriegstrophäen zusammen. Der Kriegsminister, Bernardo Reyes, stellte an die Kommissionsmitglieder zwei Fragen; die eine, ob Maximilian und López sich vor und nach dem 15. Mai leicht und häufig sehen und sprechen konnten. Wenn dies der Fall war, schien es überflüssig, ein Geheimnis dieser Art einem Brief anzuvertrauen, die andere Frage war, ob das Schreiben echt oder falsch war.

Die erste Frage wurde zunächst an eine Reihe von Veteranen aus der Belagerungszeit gerichtet, darunter an die Generäle Vélez, Cervantes, Arce, Yépez und Rincón y Gallardo. Die Antwort lautete, daß die Möglichkeit der leichten Kommunikation bestand – daß sie für die Zeit nach der Gefangennahme nachweislich nicht genutzt wurde, war eine andere Frage. Die zweite Fragestellung wurde von drei Schriftsachverständigen, den Professoren José María Rodríguez y Cos, Benigno Colín und Aparicio Morales dahingehend beantwortet, daß der Brief apokryph sei.

Aufgrund dieser Aussagen stimmte die Kommission ab. Fünf Generäle stimmten für die Falschheit, einer für die Möglichkeit einer Fälschung, wogegen einer (Jesús Lalanne) darauf beharrte, der Brief sei echt, wobei die Schriftunterschiede entweder auf die Aufregung des Erzherzogs oder auf bewußte Verstellung der Schrift zurückgehen konnten. Das DIARIO OFICIAL vom 11. November 1902 enthielt die Feststellung, daß die absolute Mehrheit der Kommission das Dokument als gefälscht ansah.[623] Im mexikanischen Außenministerium, dem das Kriegsministerium dieses Ergebnis notifizierte, atmete man auf, denn die seit 1867 unterbrochenen Beziehungen mit Österreich waren vor kurzem wieder aufgenommen worden. In Österreich, Maximilians Heimatland, war man aber – wohl auch infolge der so lange unterbrochenen diplomatischen Beziehungen – über die seit 1887 in Mexiko immer wieder über die Echtheit oder Falschheit dieses Schreibens geführten Diskussionen kaum informiert,[624] weshalb dieses Ergebnis dort keinerlei Sensation ausgelöst hat. In Mexiko gehen die Diskussionen darüber auch heute weiter.

López, aus dem einfachen Volk stammend, war ein Mensch von tatkräftiger Schlauheit, draufgängerischem Mut und wenig moralischen Skrupeln. Seinem eigenen Geständnis zufolge hat er unter Ausnützung seiner militärischen Schlüsselfunktion als Kommandant der Cruz in einem Alleingang dem Gegner Escobedo ein Angebot unterbreitet, daß dieser im Augenblick eines bevorstehenden Ausbruchsversuchs der Kaiserlichen einfach nutzen mußte. Daß er es ablehnte, Maximilian wirklich die Flucht zu ermöglichen, ist selbstverständlich, dagegen nutzte er sehr wohl die von López gebotene Gelegenheit des kampflosen Einstiegs in die Cruz.

López hat zweifellos versucht, von Escobedo Zusagen zu erhalten, was die Gewährung von Fluchtmöglichkeiten für seinen „compadre" Maximilian betraf. Escobedo hat diese in der ihm eigenen Halb-und-Halb-Weise mit Mentalreservation gegeben, um die Kollaboration des Obersten zu sichern.

Maximilian hat wohl kaum einen direkten Befehl erteilt, López möge mit Escobedo verhandeln. Doch hatte es schon vorher Verhandlungen zwischen den Gegnern, so zwischen Miramón und Rincón y Gallardo gegeben. Verhandlungen mit den Gegnern hätte auch Maximilian nicht prinzipiell abgelehnt, sofern z.b. ein ehrenhafter Abzug aus Querétaro hätte vereinbart werden können. Diese Möglichkeit stand aber nicht zur Debatte – sofern sich nicht neue Konstellationen ergaben. López muß mit Maximilian über mögliche weitere Kontaktnahmen zu früheren Bekannten, die nun im Lager der Republikaner standen, wie Vélez oder Rincón y Gallardo, gesprochen und sich für berechtigt, ja beauftragt gehalten haben, bei Gelegenheit solche Möglichkeiten zu sondieren.

Ein „Show down" enthüllt also bei allen drei Beteiligten „Schwachstellen", gegen die sie sich verteidigen, weil sie ihrem Image schaden, das von den rigiden Ehrbegriffen ihrer Zeit geprägt war. Ein General hatte zu erobern, ein Kaiser bis zuletzt ehrenhaft zu kämpfen, ein Offizier Befehlen unbedingt zu gehorchen.

Die Wirklichkeit sah im Fall Querétaro durchaus nicht negativ aus: López hat immerhin, allerdings um den Preis, als Verräter dazustehen, ein sinnloses Blutvergießen verhindert. Escobedo hat um den Preis, auf militärischen Ruhm für sich selbst und für seine Armee zu verzichten, die einzige Gelegenheit zu einer kampflosen Einnahme genutzt. Und Maximilian, dessen Durchbruchschancen sehr gering waren, hat letztlich das fast kampflose Ende seines Imperio mindestens innerlich nicht ohne Erleichterung akzeptiert, wenn er auch nach außenhin die Sündenböcke López und Márquez brauchte, um die Waffenehre seiner Armee nicht zu gefährden.

# ANMERKUNGEN ZUR EINLEITUNG

1 Historiografía sobre el Imperio de Maximiliano, México, 1993, 82. Als bemerkenswerte Ausnahmen seien die im Literaturverzeichnis genannten Arbeiten des verstorbenen Lokalhistorikers und Rektors der Universität Querétaro, José Guadalupe Ramírez Alvarez, genannt.

2 E. C. Conte Corti, Maximilian und Charlotte, II, 365; so auch F. Anders, Maximilian und Mexiko, in: Maximilian von Mexiko, Ausstellungskatalog, Hardegg, 1974, 118.

3 E. v. Lago, Große Rechtfertigungsschrift, HHStA., Adm. Reg., F 4/185.

4 Briefwechsel abgedruckt bei: Septién y Llata, Maximiliano Emperador de Méjico no fue Traidor, México, 1907, 299ff. Maximilian ließ ihn, als die Republikaner ihn veröffentlichten, als apokryph erklären, doch gilt er heute als echt.

5 Maximilian an Juárez, o.D., Kopie im HHStA., AMM., Faksimile bei Ratz, Maximilian in Querétaro, 98; Text in Band I der vorliegenden Arbeit (Erstveröffentlichung).

6 M. Quirarte, a. a. O., 92.

7 L. Márquez, Refutación hecha por el general de división Leonardo Márquez al libelo del general de brigada Don Manuel Ramírez de Arellano, New York, 1869; L. Márquez, Manifiestos: El Imperio y los Imperiales, México, 1964.

8 E. C. Conte Corti, II, 379; Riva Palacio, Méjico a través de los siglos, 17. Aufl. o. J., Bd. 10, 356–358, meinte, Maximilians Auftrag habe nur den raschen Entsatz betroffen, doch sei die Verteidigung von Puebla durchaus ein geeigneter Schritt dazu gewesen, da mit dem Fall von Puebla auch Querétaro unhaltbar geworden wäre.

9 J. León Torral, Historia militar. La Intervención francesa en México, México, 1962, 268ff.

10 K. Ratz, Maximilian in Querétaro, 280f.

11 E. Pawlowszki Rosenfeldi, Miksa császar mexikói szerencsétlen expeditiójának leirása, Budapest, 1882, 127ff.

12 Arias, Juan de Dios, Resena histórica de la formación y operaciones del cuerpo de ejército del norte durante la intervención francesa: Sitio de Querétaro, noticias oficiales sobre la captura de Maximiliano, su proceso íntegro y su muerte, México, 1867, 224.

13 Septién y Llata, José Antonio, Maximiliano, emperador de México, no fue traidor, México 1907.

14 Junco, Alfonso, La traición de Querétaro. Maximiliano o López? México, 1956.

15 E. Ollivier, L'Empire liberal, Bd. IX, 478.

16 A. Castellot, Maximilien et Charlotte du Méxique, La Tragédie de l'ambition, Paris, 1977, 560ff.

17 M. Kerckvoorde, Charlotte, La passion et la fatalité, Paris, 1990, 224.

18 N. Zamacois weist als glaubwürdiges Detail auf eine Kooperation der Bankiers Carlos Rubio und José Rincón y Gallardo bei der wechselmäßigen Durchführung hin. Historia de México, Bd. 18, 1324.

19 Below, Ernst, Mexiko, Skizzen und Typen aus dem Italien der neuen Welt, Berlin, 1899; Kapitel: Beim Verräter López, 326ff.

20 Er führt das Gerücht auf eine Mitteilung Khevenhüllers zurück. In Wirklichkeit hat es Corti fast wörtlich aus dem der Zensur zum Opfer gefallenen Teil des Manuskripts von E. Schmit von Taveras „Geschichte der Regierung des Kaisers Maximilian I." (HHStA., AMM.) übernommen. Das Gerücht kursierte bereits im Juli 1867 und stammte Schmits Angabe zufolge aus der Umgebung des damaligen Stadtkommandanten J. M. Cervantes.

21 Quellenangaben hierzu bei E. Springer, Kaiser Maximilian von Mexiko, 25.

22 Deutschsprachige Informationen über den Prozeß aus Sicht der Verteidiger gab es erstmalig in der von C. Paschen übersetzten „Denkschrift über den Prozeß des Erzherzogs Ferdinand Maximilian von Österreich." Hamburg, 1868. Erst drei Jahrzehnte später erschien das Werk des beim Prozeß anwesenden österreichischen Diplomaten Schmit von Tavera: Geschichte der Regierung des Kaisers Maximilian I, Wien, 1903.

23 Erstmalig wurde die gesamte Prozeßdokumentation von mir ins Deutsche übersetzt und – mit einem Vorwort von A. Wandruszka – ediert in: K. Ratz, Das Militärgerichtsverfahren gegen Kaiser Maximilian von Mexiko, Hardegg, 1985.

24 J. Haslip, Maximilian, Kaiser von Mexiko, München, 1972, 496.

25 M. Kerckvoorde a. a. O., nennt als Alternative: Todesstrafe und lebenslänglicher Kerker. Doch weder dieser noch die Verbannung waren im Gesetz vom 25. 1. 1862 als Strafen vorgesehen.

# ANMERKUNGEN ZUM HAUPTTEXT

1 Blasio, 312ff., Fürstenwärther, 29ff., Kaehlig, 8ff., Peza/Pradillo, 20f., Salm F., I, 20ff.
2 Schmidl, Fleißig, 277.
3 Hamann, 242ff.
4 Knechtel, 61.
5 Abrazo: span. Umarmung.
6 Basch an Fischer, Cuautitlan, 13. 2. 1867, HHStA., AMM.
7 Maximilian an Ministerien, Cuautitlan, 13. 2. 1867, Abschrift HHStA., AMM.
8 Blasio, 316, Kaehlig, 10, Salm F., I, 24f.
9 Blasio, 316.
10 Maximilian an Sánchez Navarro, Tepejí del Río, 14. 2. 1867, Abschrift, HHStA., AMM.
11 Porfirio Díaz, Rundschreiben an Provinzialregierungen, Acatlán 14. 2. 1867, Abschrift, HHStA., AMM.
12 Burnouf an Maximilian, México, 22. 2. 1867, Original, HHStA., AMM.
13 Blasio, 316f.
14 Ramírez Alvarez, Sitio, 32.
15 Fürstenwärther, 31f., Kaehlig, 10f., Peza/Pradillo, 21, Salm F., I, 28f.
16 Wörtlich: „Hang der Vöglein".
17 Peza y Pradillo, ebd.
18 Basch an Fischer, Arroyozarco, 16. 2. 1867, Original, HHStA., AMM.
19 Max an Fischer, Arroyozarco, 16. 2. 1867, Original, HHStA., AMM.
20 Ramírez Alvarez, Sitio, 9.
21 Blasio, 324ff., Fürstenwärther, 33, Kaehlig, 12f.
22 Blasio, 320.
23 Uliczny J., 115.
24 Deutscher Text in: Ratz, Maximilian in Querétaro, 111.
25 Goldpesos.
26 Maximilian an Fischer, San Juan del Río, 17. 2. 1867, Original, HHStA., AMM.
27 Maximilian an Fischer, El Saúz, 18. 2. 1867, Original, HHStA., AMM.
28 Das Buch enthielt Ansprachen Maximilians.
29 Mexikanisches Amtsblatt.
30 Basch, Bd. 2, 24f., 76f., Blasio 322f., Fürstenwärther, 33f., Montlong, 54ff., Salm F., II, 30f.
31 Wörtlich: Steiniger Hang.
32 In den deutschsprachigen Berichten meist als „Spitalgasse" wiedergegeben.
33 Auf Kuba entstandene Habanera des spanischen Komponisten Irradier, die während des Imperio von der Volkssängerin Conchita Méndez populär gemacht wurde und auch zu den Lieblingsliedern des Kaiserpaares zählte. Beide Kriegparteien versahen dieses Lied mit politischen Texten. Vgl. „La Paloma, Die Geschichte eines Weltschlagers", Sendung von Bayern 1, 3. Juni 1979, Aufnahmen u.a. bei INAH, Cancionero de la Intervención Francesa, Disco 13.
34 Maximilian an Lares, Querétaro 19. 1. 1867, HHStA., AMM.

35 Nacheinander schlagen.

36 Curtopassi, Francesco, Marquese, geb. 1837 (Bisceglie, Prov. Puglia, Italien), gest. 1885 (Wien), Diplomat des Kgr. beider Sizilien, dann des Kgr. Italiens, ab 16. 1. 1865 Legationssekretär in Mexiko-Stadt, von April 1866 bis September 1867 ital. Geschäftsträger in Mexiko, später in Konstantinopel, Wien, Athen, Bukarest und St. Petersburg. Seine diplomatischen Berichte aus Mexiko wurden von Lina Gasparini veröffentlicht (Massimiliano nel Messico, in Nuova Antología, Rom, 1. und 16. September 1938).

37 Curtopassi an Visconti Venosta, México, 26. 3. 1867, zit. nach: Gasparini, L., a.a.O., 183.

38 Arellano, Ramírez de, Manuel, geb. 1831 (Mexiko-Stadt), gest. 1871 (Rimini, Italien), Berufsoffizier. Absolvent des Colegio Militar. 1847 gehörte er zu den Verteidigern von Chapultepec gegen die Nordamerikaner. Schloß sich der französischen Intervention an. 1866 wurde er wegen eines gegen den Kriegsminister gerichteten Artikels zu drei Jahren Gefängnis verurteilt, jedoch von Kaiser Maximilian begnadigt. In Querétaro war er – ein Schützling Miramóns, dessen Sprachrohr er wurde –, Kommandant der kaiserlichen Artillerie. Nach dem Zusammenbruch des Imperio floh er nach Europa, 1869 veröffentlichte er sein Buch „Ultimas horas del imperio", in dem er Márquez angriff. (Personalakt SDN-C XI/111/4-5155)

39 Arellano, Ultimas horas del Imperio, 33.

40 Kaehlig, 13.

41 Max an Fischer, Querétaro, 20. 2. 1867, Original, HHStA., AMM.

42 Max an Sánchez Navarro, Querétaro, 20. 2. 1867, Abschrift, HHStA., AMM.

43 Eine Beschreibung der zur Zeit Maximilians vorhandenen Straßen und Gebäude enthält das erstmals 1910 erschienene Werk von Frías, V. F., Las Calles de Querétaro, ²1984.

44 Bericht von Magnus an Bismarck, San Luis Potosí, 19. 8. 1867, HHStA., PA, XXIV.

45 Zur Wirtschaftsgeschichte Querétaros vgl. Super J. C., La vida en Querétaro durante la Colonia 1531–1810, 1980, und Tschanett, M., Industrialisierung Querétaros, ungedr. Diss., Wien, 1995.

46 „Rote".

47 Obregón Alvarez/Rincón Frías/Anaya Larios: Historia de la Universidad Autónoma de Querétaro, Bd. I, 90ff.

48 Guillermo Prieto gibt eine genaue Beschreibung des Theaters und seines Publikums in der Mitte des 19. Jh.s, abgedruckt in Ramírez Alvarez, Teatro de la República, Querétaro, 1982, 29ff.

49 Salm F., I, 38.

50 Hans, Angehöriger des Méndez'schen Korps, nennt den 21. 2. als Tag der Ankunft in Celaya, Kaehlig den 20. 2.

51 Zit. nach: Luján, 62.

52 Basch, II, 3, Hans, 62ff., Kaehlig, 13, Salm F., I, 39f.

53 Maximilian an Fischer, Querétaro, 21. 2. 1867, HHStA., AMM.

54 Kaehlig, 20.

55 Hans, 272ff., verlegt als Augenzeuge den Trauergottesdienst auf den 22. 2.; laut Gagern, 293f. (kein Augenzeuge) wurde dieser Tagesbefehl am 22. Februar veröffentlicht, der Trauergottesdienst habe am Vortag stattgefunden. Salm F., I, nennt den 23. 2. Es ist kaum anzunehmen, daß die Seelenmesse vor der Ankunft des Méndez'schen Korps am 22. 2. nachmittags stattfand. Dem Tagesbefehl gingen „Biographische Notizen" über Joaquín Miramón voraus. Das

Ganze wurde als Broschüre gedruckt und in Querétaro verteilt (teilweise abgedruckt in Márquez, Manifiestos, 274ff.).

56 Maximilian an Sánchez Navarro, Querétaro 23. 2. 1867, Abschrift, HHStA., AMM.

57 Knechtel, 262.

58 Fürstenwärther, 338ff., Hans, 80–83, Kaehlig, 17ff., Salm A., 41f.

59 Arellano, 35.

60 Fürstenwärther, 39f. Angabe nach „Standesausweisen"; übereinstimmend mit Kaehlig, 17f., der aber die Reservebrigade und die Artilleristen nicht angibt.

61 Arellano, 36f.

62 Max an Fischer, Querétaro, 23. 2. 1867, Original, HHStA., AMM.

63 Hans, 84f., Kaehlig, 20, Salm A., 41f.

64 Maximilian an Fischer, Querétaro, 25. 2. 1867, Original, HHStA., AMM.

65 Ramírez Alvarez, Sitio, 48.

66 Ramírez Alvarez, Sitio, 42.

67 Im Original ein Wort unleserlich.

68 Maximilian an Fischer, Querétaro, 27. 2. 1867, Original chiffriert, Klartext beiliegend, HHStA., AMM.

69 Fischer an Maximilian, México, 27. 2. 1867, Original, HHStA., AMM.

70 Ebd.

71 Ramírez Alvarez, Sitio, 42.

72 Basch, II, 5ff., Fürstenwärther, 41; Kaehlig, 20ff.

73 Zit. nach: Kaehlig, 21.

74 Basch, II, 6.

75 Kaehlig, 22, Fürstenwärther, 42, Salm F., I, 44f.

76 Junco, 62.

77 Licea wollte Mejía urprünglich nicht behandeln, weil er spätere Repressalien der Liberalen fürchtete, doch Mejía ließ ihn festnehmen und zwang ihn, einige Zeit bei ihm zu wohnen und ihn zu betreuen (Licea, V., El Sitio de Querétaro, México, 1887, 18).

78 Basch, II, 13f., Kaehlig, 24f., Salm F., I, 46.

79 „Aufteilungsausschuß".

80 Loyola, B., El Sitio de Querétaro en 1867; Neuaufl. 1967.

81 Spanischer Originaltext in: Zamacois, Bd. 18, 1063, deutsch in: Basch, II, 18ff.

82 Zit. nach: Basch, II, 15.

83 Zit. nach: Basch, II, 15.

84 Blasio, 331, Fürstenwärther, 43, Kaehlig, 26.

85 Über ihn fällte Paula Kollonitz folgendes Urteil: ... *er vertritt Jung-Mexiko von der unerbaulichsten Seite. Eitel, weichlich, unverläßlich und wetterwendisch, muthe ich ihm zu, sich stets jener Partei anzuschließen, die ihm am meisten Gewinn verspricht.*

86 Kaehlig, 23, Hans, 93f.

87 Fürstenwärther, 43, Kaehlig, 26, Basch, II, 28.

88 Ramírez Alvarez, Sitio, 49.

89 Basch, II, 29, Blasio, 334f., Fürstenwärther, 44, Hans, 100f., Kaehlig, 26f., Peza / Pradillo, 30f., Salm F., I, 47ff.

90 Baschs Originalnotizen wurden erst 1927 im Neuen Wiener Journal veröffentlicht, das nachträglich erweiterte Tagebuch, in dem gewisse ausfällige Passagen der Notizen nicht enthalten waren, bereits 1868.

91 Spanischer Originaltext bei Ramírez Alvarez, Sitio, 51.

92  Basch, II, 31f., Basch an Fischer, Querétaro, 8. 3. 1867, zit. nach: Kühn J., 220, Original in HHStA., AMM., Blasio, 336f., Fürstenwärther, 45, Kaehlig, 27.
93  Schmit v. Tavera, Geschichte, 426.
94  Arce, 13, Arias, 154, Basch, II, 232, Fürstenwärther, 45f., Kaehlig, 27.
95  Basch an Fischer, Querétaro, 11. 3. 1867, HHStA., AMM.
96  Arce, 13, Basch, II, 34f., Fürstenwärther, 46, Kaehlig, 28.
97  Arias, 154f., Basch, II, 36f., Basch an Fischer, 11. 3. 1867, HHStA., AMM., Blasio, 337f., Fürstenwärther, 46ff., Kaehlig, 28.
98  Arellano, 46.
99  Arellano, 51.
100  Basch, II, 37.
101  Arce, 13f., Arias, 156f., Basch, II, 38, Basch an Fischer, Querétaro, 11. 3. 1867 HHStA., AMM., Blasio, 339f., Kaehlig, 29.
102  Arce, 14, Basch, II, 40f., Fürstenwärther, 48, Hans, 131f., Kaehlig, 30, Peza/ Pradillo 32f., Salm F., I, 50f.
103  Spanischer Originaltext und deutsche Übersetzung bei Lubienski, Staat, 123ff.; Fotokopie des verlorengegangenen Originals in Biblioteca Gómez Farías, Mexiko-Stadt.
104  Maximilian könnte zu diesem Zeitpunkt im Besitz einer Nachricht seines Außenministeriums gewesen sein, welche die telegraphisch aus Triest eingelangte optimistische Meldung weitergab, Charlottes Gesundheit sei völlig wiederhergestellt. Al Emperador, México, o. D., vermutlich vom März 1867, HHStA.
105  Maximilian, Kodizill, Querétaro 12. März 1867, Original spanisch, HHStA., AMM. (In: E. Springer: Kaiser Maximilian von Mexiko: Zur Problematik seiner Testamente, Hardegg 1982, nicht erwähnt)
106  Arce, 14, Basch, II, 43, Balbontín, M., Memorias del Coronel Manuel Balbontín. Colección de Obras Históricas Mexicanas, Bd. 4, México 1958, 458, Fürstenwärther, 51, Hans, 135, Kaehlig, 31.
107  Arce, 15f., Arias, 158ff., Basch, II, 44–51, Balbontín, 457ff., Blasio, 343f., Fürstenwärther, 52–58, Hans 137–161, Kaehlig, 32–36, Rocha, S., Apuntes históricos sobre el Sitio de Querétaro, Ejército del Norte, General Escobedo, General Treviño, Naranjo y otros jefes, in: Universidad de México, Revista de la UNAM, Bd. XLIII, Nr. 454, Nov. 1988, 53ff., Salm F., I, 52–65.
108  Hans, Albert, geb. 1843 (Paris?), gest. um 1930. Sein 1869 in Paris erschienenes Buch: „Querétaro, Souvenirs d'un officier de l'Empereur Maximilien" enthält den unmittelbarsten Augenzeugenbericht über die Besetzung der Cruz durch die Kollaboration des Miguel López. Hans verfolgte auch nach seiner Rückkehr nach Frankreich die mexikanische Geschichtsschreibung über das Imperio und veröffentlichte 1899 „La guerre du Mexique selon les mexicains", wo er die bis dahin veröffentlichte wichtigste mexikanische Literatur zusammenfaßte. In spanischer Sprache als Anhang zu Martin Quirarte „Historiografía sobre el imperio de Maximiliano", México, 1993 veröffentlicht. Junco korrespondierte noch um 1930 mit ihm und gab als seine Adresse Paris, 67, rue de la Victoire an (Junco, 181).
109  Luftgetrocknete Lehmziegel.
110  Chartrand, 13.
111  Span.: Waffenfabrik.
112  Balbontín, 460f., Fürstenwärther 58f., Hans 162f., Salm F., I, 68f.
113  Fürstenwärther, 59f., Hans, 165ff., Salm F., I, 70ff.

114  Márquez, Refutatión hecha por el General de División Leonardo Márquez al libelo del General de Brigada Don Manuel Ramírez de Arellano, New York 1869, 75ff., verlegt den geplante Angriff irrtümlich auf den 17. März; er weist die Beschuldigungen Arrellanos zurück, stützt sich aber nicht auf die damals gängige Erklärung, Miramón habe verschlafen.

115  Zamacois, Bd. 18, 1393.

116  Balbontín, 460f., Fürstenwärther, 60f.

117  Maximilian an Sánchez Navarro, Querétaro, 17. 3. 1867, Abschrift, HHStA., AMM.

118  Ramírez Alvarez, Sitio, 65. Lt. Arias, 163, begann der Bau der Telegraphenlinie erst am 20. März.

119  Arias, 162.

120  Basch an Fischer, Querétaro, 18. 3. 1867, Original, HHStA., AMM.

121  Maximilian an Fischer, Querétaro, 18. 3. 1867, Original, HHStA., AMM.

122  Blasio, 346.

123  Arias, ebd.

124  Arias, 163, Blasio, 346f., Fürstenwärther, 61, Kaehlig, 37, Salm F., I, 71ff.

125  Das in Salm F., I, 73ff. wiedergegebene Protokoll des Kriegsrates enthält den Hinweis, Márquez habe sich Mejías Meinung angeschlossen. Márquez hat dies später (Refutación, 92) in Abrede gestellt.

126  Márquez, Manifiestos, 34.

127  Das Schreiben Maximilians an Lares vom 21. 3. 1867 war im HHStA., AMM., nicht auffindbar, doch wird sein Erhalt in dem im AMM. vorhandenen Abschiedsschreiben von Lares an Maximilian, Mexiko, 28. 3. 1867, bestätigt. Darin wird der Wortlaut des erwähnten Schreibens Maximilians wie folgt wiedergegeben: *Um in der gegenwärtigen Krise die Militäraktion zu konzentrieren und zu verstärken, hat (Maximilian) es für seine Gewissenspflicht gehalten, aus Verantwortung gegenüber der Nation General Márquez zu seinem Statthalter zu ernennen, und dies mit den allerweitesten Vollmachten, und ihm die Führung aller Geschäfte anzuvertrauen, damit er diese mit seiner gewohnten Energie zu jenem Erfolg bringen kann, den unsere heilige Sache erfordert.* Mit diesem Wortlaut war Márquez das beste Alibi in die Hand gegeben, um in der Hauptstadt nach Gutdünken zu schalten.

128  Basch, II, 60f., Fürstenwärther, 61f., Kaehlig, 37f., Salm F., I, 80ff.

129  Johann Nepomuk Freiherr von Fürstenwärther, geb. am 2. 7. 1835 in Graz, gest. 1897 in Mount Arlington, USA, 1856–1860 Militärdienst, dann Übertritt in den Zivildienst (k.k. Telegraphenbeamter in Parndorf bei Bruck a.d. Leitha). 1864 Überfahrt auf eigene Rechnung nach Veracruz, 12. 1. 1865 Eintritt in die mexikanische Nationalarmee, Kompaniekommandant im Bataillon „Iturbide", später auch Adjutant bei General Méndez, Teilnahme an dessen Michoacán Feldzug sowie an der Verteidigung von Querétaro als Topograph und Offizier von Maximilians Generalstab. Nach dem Ende des Imperio lebte er als Apotheker und Notar in den USA. Seine Memoiren „Kaiser Maximilian von Mexiko" erschienen posthum 1910.

130  Maximilian an Fischer, Querétaro 21. 3. 1867, AMM.

131  Arce, 17f., Basch, II, 57ff., Blasio, 345, Fürstenwärther, 62, Hans, 168f., Kaehlig, 38f., Peza/Pradillo, 41ff., Salm F., I, 81ff.

132  Maximilian an Radonetz, Querétaro, Original, 22. März 1867, HHStA., AMM.

133  Junco, 40, führt an, daß Márquez vor seinem Abmarsch als Anreiz die bronzene Militärverdienstmedaille erhalten habe und sieht darin eine Parallele zur Verleihung dieser Auszeichnung an López, von dem Maximilian ebenfalls

eine militärische Leistung erwartete. Allerdings erscheint in den mir bekannten Augenzeugenberichten vom 22. März keine solche Verleihung auf. Vielmehr wurde Márquez eine solche Medaille erst in Abwesenheit am 30. März
verliehen (s.d.).

134  Arce, 18f., Arias, 164ff., Basch, II, 67, Fürstenwärther, 62, Hans, 171ff., Salm F.,
     I, 84.
135  Doria, Juan C., geb. 1840 (Tamaulipas), gest. 1869 (Mexiko-Stadt), Advokat.
     1865 Adjudant Escobedos. 1866 Gouverneur von Nuevo León, wo er die
     berühmte Kavallerietruppe der „Galeana-Jäger" aufstellte. Nahm teil an
     den Schlachten von San Gertrudis, San Jacinto und der Belagerung von
     Querétaro.
136  Arce, 19ff., Arias, 168ff., Basch, II, 70ff., Hans, 187ff., Fürstenwärther, 64,
     Kaehlig, 39ff., Peza/Pradillo, 46ff., Reséndiz, Memorias, zit. nach: Díaz
     Ramírez, Mejía, 124f., Rocha, 59f., Salm F., I, 86ff.
137  Arce, 21, Arias, 171, Hans, 188, Salm F., I, 93.
138  Hans, 189.
139  Laut Arias, 172, wurde die Kavalleriedivision des Generals Guadarrama erst
     am 29. März Márquez nachgeschickt, Salm F., I, 73, will dagegen davon be-
     reits am 24. erfahren haben.
140  Ramírez Alvarez, Sitio, 77.
141  Maximilian an Fischer, Querétaro 27. 3. 1867, Original chiffriert samt Klartext,
     HHStA., AMM.
     Im gleichen Sinn schreibt der Kaiser auch an Márquez, der daraus nur allzu
     gerne folgert, daß Maximilian seine Hilfe nicht braucht. (Márquez, Mani-
     fiestos, 32)
142  Zit. nach: Márquez, Manifiestos, 35.
143  Da zu dieser Zeit noch vereinzelt Boten durchkamen, ist die Unterlassung
     jeder Berichtstätigkeit wohl der beste Beweis dafür, daß Márquez sehr wohl
     wußte, daß seine Absichten nicht denen Maximilians entsprachen.
144  Fürstenwärther, 67f.
145  In: Basch, II, 72f. zitiertes Brieffragment; als Datum gibt Basch nur an: *nach
     dem 24.*
146  Fürstenwärther, 68f., Salm F., I, 94f.
147  Fürstenwärther, 68, Salm F., ebd.
148  Arias, 172, Basch, II, 74f., Blasio, 348, Fürstenwärther, 69.
149  Mit Brustwehren versehene Artilleriestellung.
150  Zit. nach: Basch, II, 74f.
151  Arias, 174ff., Basch, II, 78f., Fürstenwärther, 69, Kaehlig, 43ff., Salm F., I, 96ff.
152  Lt. Fürstenwärther, 72, wurde das Dokument am 1. April ausgefertigt, jedoch
     erst am 10. April zum Jahrestag der Kronannahme Maximilian überreicht.
153  Fürstenwärther, 72, Salm F., I, 100.
154  Arce, 21f., Arias, 172 ff, Basch, II, 79, Fürstenwärther, 69f., Kaehlig, 50ff.,
     Rocha, 64ff., Salm F., I, 102ff.
155  Diana, span., Tagreveilleblasen, morgentlicher Zapfenstreich, wurde damals
     in Mexiko allgemein als „Blasen von Siegesfanfaren" verstanden.
156  Peza/Pradillo, 52f.
157  Arias, 181, Fürstenwärther, 70, Ramírez Alvarez, Sitio, 84.
158  Fürstenwärther, 70, Salm F., I, 108f.
159  Die Stadt Puebla wurde am 2. April, die Forts wurden am 4. April von
     Porfirio Díaz eingenommen. (Salm F., I, 223)
160  Ramírez Alvarez, Sitio, 86.

161  Wydenbruck an Beust, 4. 4. 1867. HHStA., DA.
162  Arce, 23, Arias, 176, Kaehlig 53.
163  Fürstenwärther, 71, Ramírez Alvarez, Sitio, 88.
164  Licea 19f.
165  Ramírez Alvarez, Sitio, 120ff.
166  Seward an Campbell, Washington, 6. 4. 1867.
167  Fürstenwärther, 71, Ramírez Alvarez, Sitio, 89.
168  Fürstenwärther, 71, Kaehlig, 53, Salm F., I, 223.
169  Arias, 182f., Fürstenwärther, 72, Kaehlig, 57, Salm F., I, 110f.
170  Salm F., I, 111.
171  Ramírez Alvarez, Sitio 191f.
172  Arias, 176f., Basch, II, 85ff., Fürstenwärther, 72f., Salm F., I, 112f.
173  Spanischer Originaltext auszugsweise in: Arias, 178ff., deutsche Übersetzung
     in: Basch, II, 88ff., Zamacois gibt darüber hinaus noch folgenden Text an, der
     aber apokryph sein dürfte: *Niemals werde ich meinen Posten verlassen und ich
     werde keinen Augenblick lang vergessen, daß ich einer Rasse entstamme, die durch
     viel schrecklichere Krisen hindurchmußte als ich jetzt, und nicht ich werde es sein,
     der den Ruhm meiner Vorfahren befleckt.* (Zamacois, Historia de Méjico, Bd. 18,
     1204)
174  Fürstenwärther, 72.
175  Arce, 23, Arias, 179, Basch, II, 94f., Blasio, 349f., Hans, 1898ff., Salm F., I, 114ff.,
     Zamacois, Bd. 18, 1215.
176  Zamacois, ebd.
177  Arias, 185f., Fürstenwärther, 74, Salm F., I, 120ff.
178  Escobedo an Juárez, Querétaro, 11. April 1867 Original, BN Archivo Juárez,
     2881, Escobedo berichtet am 11. April über die Gefangennahme Sautos, die
     jedoch erst am 12. April erfolgte. Escobedo scheint sich im Briefdatum geirrt
     zu haben.
179  Arias, 199f., Fürstenwärther, 374f., Kaehlig, 57, Salm F., I, 121.
180  Arias, 200, Fürstenwärther, 76.
181  Ramírez Alvarez, Sitio, 100.
182  Fürstenwärther, 76, Kaehlig, 58f., Salm F., I, 122ff.
183  Zamacois, Bd. 18, 1215, berichtet – offenbar aufgrund eines Protokolls – De-
     tails über diesen Kriegsrat.
184  Zit. nach: Basch, II, 97ff.
185  Arias, 200ff., Fürstenwärther, 76f., Salm F., I, 126ff.
186  Deutsch in: Basch, II, 99ff., das Original dürfte englisch gewesen sein. Das
     Schreiben hat Otterbourg nicht erreicht, da der Durchbruch nicht gelang.
187  Arce 23f., Fürstenwärther, 79f., Peza/Pradillo, 59, Salm F., I, 129ff.
188  Spanisches Original mit vielen Fehlern abgedruckt in: Salm F., I, 127.
189  Fürstenwärther, 79.
190  Arce, 23.
191  Arias, 186.
192  Arias, 186, Fürstenwärther, 81, Salm F., I, 132.
193  Fürstenwärther, 81, Kaehlig, 59, Salm F., I, 135.
194  Fürstenwärther, 81, Kaehlig, 59.
195  Ramírez Alvarez, Sitio 5.
196  Basch, II, 81ff., Fürstenwärther, 82; Salm F., I, 136.
197  Basch, II, 104f., Fürstenwärther, 83f., Salm F., I, 137f.
198  Rincón y Gallardo, José (Pepe), geb. 1838 (Agusascalientes), gest. 1908
     (Mexiko-Stadt). Ab 1862 militärische Laufbahn, 1864 ernannte ihn Juárez

zum Oberst. (Personalakt ASDN.-C.XI./III.4.5327) Sein Bruder war: Pedro Rincón y Gallardo, geb. 1836 (Ciénaga de Mata, Jalisco) gest. 1909 (Mexiko-Stadt). 1862 Guerrilleroführer. 1863 Teilnahme an der Verteidigung von Puebla. Kriegsgefangener in Frankreich. 1865 Rückkehr nach Mexiko. 1867 Teilnahme an der Belagerung von Querétaro. 1891 General. 1893 Gouverneur des Bundesbezirks Mexiko. Gesandter in Rußland und Großbritannien.

199 Nach Lombardo, 567, war die Mutter der Brüder José und Pedro Gallardo, die Marquesa de Guadalupe, Ehrendame der Kaiserin Charlotte. Der Vater war Pate von Miramóns erstgeborenem Sohn.

200 Arias, 192, Basch, II, 107, Kaehlig, 61, Salm F., I, 138f.

201 Arias, 193f., Arce 23, Basch, II, 108, Blasio, 351f., Dáran, V., 195, Fürstenwärther, 84ff., Hans, 208f., Salm F., I, 140f.

202 Licea, 20.

203 Basch, II, 108f., Fürstenwärther, 86, Kaehlig, 62, Salm F., I, 141ff.

204 Basch, II, 83f., 109f., Fürstenwärther, 87f., Gagern, 295f., Kaehlig, 66f., Salm F., I, 144f.

205 Gagern, Carlos, Frh. von, geb. 1826 (Rehdorf, Neumark, Preußen), gest. durch Attentat 1885 (Madrid). Nach abenteuerlicher Jugend begann er 1845 in Berlin das Jusstudium, das er in Leyden abschloß. Nach der Revolution 1848 emigrierte er in das französische und spanische Baskenland. Dort fand er Anschluß an den aufständischen Carlistengeneral Elio und entging nur knapp der Exekution. 1849 Eintritt in die preußische Armee. Nach revolutionärer Betätigung 1852 beschloß der Sozialist und Atheist die endgültige Emigration in die USA und 1853, durch Alexander von Humbold angeregt, nach Mexiko. Santa Anna machte ihn zum Lehrer an der Militärakademie von Chapultepec. Er wurde zunächst Anhänger, dann Gegner Miramóns, der ihn einkerkern ließ. 1860 Befreiung durch die Juaristen, denen er sich anschloß. Bei der Verteidigung von Puebla gegen die Franzosen geriet er in Gefangenschaft und wurde in Frankreich interniert. Dort traf er mit Erzherzog Maximilian zusammen, den er in einer Denkschrift vor der Annahme der mexikanischen Krone warnte. 1865 kehrte er nach Mexiko zurück, wo er als republikanischer Oberst an der Belagerung von Querétaro teilnahm. Nach publizistischen Angriffen gegen Juárez erneute Emigration. Unter dem Porfiriat wurde er 1883 mexikanischer Militärattaché in Berlin. Bei einer 1865 unternommenen Reise nach Madrid starb er dort unter mysteriösen Umständen. (Nach Angaben von Herrn Falk von Gagern, Wien, wurde er in der Oper in seiner Loge von einer Maske mit Dolchstichen ermordet. Vgl. Gagern, Carlos von, Schwert und Kelle, Leipzig, 1888.)

206 Arce, 24ff., Arias, 193–199, Balbontín, 464, Basch, II, 111ff., Blasio, 352f., Fürstenwärther, 87–91, Gagern, 294–298, 384, Hans, 210–225, Kaehlig, 67–82, Lindenberg, P., Der mexikanische Oberst und die Erschießung Kaiser Maximilians, in: Neues Wiener Journal, 25. 5. 1925, Abschrift im KA., NA B/III/III/0. 47; der in diesem Bericht nur „v. G." genannte mexikanische Oberst war ohne Zweifel v. Glümer, der Adjutant Carlos von Gagerns. Peza/Pradillo, 62–67, Rocha, 68ff., Salm F., I, 146–156.

207 Nach einer Mitteilung von Herrn Falk v. Gagern, Wien, an Mag. W. Enzenhofer (5. 12. 1988) hätte Oberst Carlos v. Gagern, der annahm, Maximilian sei wie er Freimaurer, die von ihm befehligten Einheiten absichtlich zurückgehen lassen, um dem Kaiser den Ausbruch zu ermöglichen. Nach den mir vorliegenden Augenzeugenberichten beider Seiten ist diese Version mehr als unwahrscheinlich.

208 Zit. nach: Kaehlig, 70.

209 Lerdo de Tejada an Campbell, San Luis Potosí, 27. 4. 1867, zit. nach: Valadés J.C., 391.

210 Fürstenwärther, 92ff., Hans, 225ff., Salm F., I, 157f.

211 Fürstenwärther, 94f., Kaehlig, 75f.

212 Zit. nach: Zamacois, Bd. 18, 1271 und Márquez, Manifiestos, 38f. Márquez hat selbstverständlich diesen (letzten) Optimismus Maximilians als Alibi für die Unterlassung eines Entsatzversuchs für Querétaro betrachtet. Maximilian hat es seinerseits nicht gewagt, Márquez in aller Bestimmtheit die Rückkehr nach Querétaro zu befehlen.

213 Balbontín, 464, Fürstenwärther, 95f., Hans, 229f., Salm F., I, 158.

214 Arce, 26, Arias, 202f., Blasio, 355f., Darán, 196–199, Fürstenwärther, 96f., Hans, 230–236, Kaehlig, 82f., Salm F., I, 158–160, Salm A., 25–27.

215 Basch, II, 114, Blasio, 357, Fürstenwärther, 97, Hans, 237, Salm F., I, 160f., Salm A., 27f.

216 François Aubert, geb. 1849 in Lyon, urspr. Maler, 1854 nach Mittelamerika ausgewandert, 1864 in Mexiko-Stadt als Photograph etabliert, 1869 (?) nach Frankreich zurückgekehrt, 1906 in Condrieu gestorben. Teile seiner Platten befinden sich im Armeemuseum Brüssel. Vgl. Ratz, Maximilian in Querétaro, 20ff.

217 Arce, 26f., Arias, 204ff., Basch, II, 115, Blasio, 357f., Fürstenwärther, 97f., Hans, 239–245, Kaehlig, 83–86, Salm F., I, 161ff., Salm A., 27f.

218 Arce, 28f., Basch, II, 114, Blasio, 358, Fürstenwärther, 98f., Salm F., 163.

219 Basch, II, 115f., Blasio, 358ff., Fürstenwärther, 99f., Hans, 248–257, Kaehlig, 86f., Frías, 70f., Salm F., I, 164.

220 Brieftext in: Junco, 85.

221 Fürstenwärther, 100, Hans, 245f., Salm F., I, 165f., Salm A., 28f.

222 Basch, II, 217–221, Fürstenwärther, 101.

223 Ramírez Alvarez, Sitio, 128f.

224 Fürstenwärther, 101, Salm F., I, 167f.

225 Fürstenwärther, 101f., Hans, 297f., Kaehlig, 98f., Salm F., I, 168.

226 Wr. Abendpost, 21. 5. 1867.

227 Basch, II, 123–129, Fürstenwärther, 102, 107–108, Hans, 258–262, Salm F., I, 168ff.,

228 Siehe oben, S. 162.

229 Gostkowski, ein französischer Liberaler, berichtet in seinem Buch „De Paris à México par les Etats Unies" (Paris 1899) über ein 1897 mit General Escobedo während einer Bahnfahrt von Celaya nach Mexiko-Stadt geführtes Interview. Escobedo wiederholte, daß López im Auftrag Maximilians handelte, erwähnt aber erstmalig, daß es vor dem 15. Mai drei Unterredungen mit López gege-ben habe. Bei der ersten habe er, Escobedo, telegraphisch bei der Regierung rückgefragt, die aber auf einer bedingungslosen Übergabe bestand, in der zweiten habe López ein Dokument vorgelegt, das seinen Auftrag erhärtet habe, jedoch aus Escobedos Mund die Ablehnung der Vorschläge Maximili-ans erfahren, in der dritten habe López angekündigt, daß Maximilian be-schlossen habe, bei einem Angriff der Republikaner auf die Cruz keinen Wi-derstand zu leisten. Interessant ist hier lediglich, daß Escobedo hier erstmals zugibt, daß es mehrere Unterredungen zwischen ihm und López gab. Das von Escobedo erwähnte Dokument wurde nach seinen ersten Angaben im „Informe" von 1887 erst am 18. Mai vorgelegt. Die Regierungsinstruktionen

Escobedos gingen seit langem auf bedingungslose Übergabe aus. Die Wünsche Maximilians hat Escobedo erstmalig nach der Übergabe in einem Telegramm vom 17. Mai 1867 der Regierung mitgeteilt und in einem weiteren Telegramm vom 20. Mai strengste Bestrafung für den Ex-Kaiser gefordert. (Archiv SRE., Telegramm Abschriften 3 und 4) Aus diesen Elementen rekonstruierte Escobedo in seinem Interview von 1897 mit seinen notorischen freiwillig-unfreiwilligen Verwechslungen die vor 30 Jahren stattgefundenen Ereignisse.

230  Basch, II, 130f., Kaehlig, 99–102, Salm F., I, 170f., 190.

231  Blasio, 367.

232  Blasio, 366.

233  Fürstenwärther, 106f., Salm F., I, 172, 192f.

234  Basch, II, 132, Fürstenwärther, 108, Kaehlig, 103, Salm F., I, 172, Septién y Llata, 156f., 170.

235  Arce, zit. nach: Wartegg, 117ff., Arias, 214–228, Basch, II, 133f., Blasio, 364–368, Darán, 203–205, Fürstenwärther, 121f., Salm F., I, 171–176, 181, Septien y Llata zitiert verschiedene Augenzeugenberichte: 91–97, 158, 175, 177, 348f., 350f., 359f., Hans, 264–273.

236  Arellano, 52.

237  Spanischer Originaltext in: Arias, 214ff.

238  Hier setzt die „Verratsthese" an, die z.B. von Arias vertreten wird, der schreibt: ... es ging ihm auf, daß man mit solch waghalsigen Ratgebern nichts machen konnte. Und so gelangte er auf den Gedanken, seine eigene Person retten zu können und jene ihrem Schicksal zu überlassen, die, indem sie ihr Leben aufs Spiel setzten, zweifellos auch das seine gefährdeten. (Arias, 224)

239  Arce, Schreiben vom 15. Mai 1887 an die Zeitschrift „La Patria", deutsch zit. nach: Wartegg, Neue Mitteilungen über die letzten Tage des Kaisers Maximilian, 117ff.

240  Frías, 64.

241  Anonymer Leserbrief 6. 9. 1887, veröffentlicht in Nummer 62 von EL NACIONAL, zit. nach: Septien y Llata, 96.

242  Carlos Miramón, Querétaro 1867. In: Historia mexicana. El Colegio de México, Bd. VII-Nr. I–IV, México 1957/58, 32.

243  Salm F., I, 174.

244  Blasio, 368.

245  Hans, 268ff.

246  Dáran, 203ff.

247  Bericht der Stabsoffiziere, zit. nach: Salm F., II, Anhang.

248  Salm F., I, 175.

249  Dáran, 204.

250  Arias, 227: Escobedo hatte ihm alles abgeschlagen, da ihm jede Konzession untersagt war.

251  López selbst behauptet in seiner in: Salm F., I, 171f., wiedergegebenen veröffentlichten Erklärung, er habe Maximilian berichtet, daß seine Mission bei Escobedo gescheitert sei, und daß der Kaiser darüber trostlos war und befahl, die Pferde der Husaren abzusatteln.

252  Basch, II, 133.

253  Salm F., I, 175.

254  Blasio, 366.

255  Arce, zit. nach: Wartegg, a.a.O., 118.

256 Fürstenwärther, 121. Dieser Bericht wird durch Hans, der an der nördlichen Umfassungsmauer Dienst machte, nicht bestätigt. Desertionen waren aber in diesen letzten Tagen der Belagerung an der Tagesordnung.

257 „Übergabe auf Discretion": Bedingungslose Übergabe.

258 Lopez an die Welt, deutsch in: Salm, 171f. Das spanische Original wurde jedoch nicht von López selbst, sondern von einem „ghost writer", J.M del Castillo Velasco verfaßt. (Junco, 12) Der berühmte Liberale Ignacio Altamirano, den López ersuchte, ein solches Manifest für ihn zu schreiben, lehnte dies empört ab. (Albert Hans, in EL TIEMPO vom 10. Jänner 1894, zit. nach: Junco, 109f.)

259 Escobedo, Informe al Supremo Gobierno sobre la ocupación de Querétaro, 1887, oftmals veröffentlicht, u.a. von I. Cavazos Garza, I., Mariano Escobedo, Monterrey 21988, 24ff.

260 Über die Motive von M. López ist viel gerätselt worden. Es scheint aber ziemlich sicher zu sein, daß neben dem für López typischen Drang, sein Leben durch Kollaboration mit einem ihn bedrohlich erscheinenden Gegner zu sichern, auch der Wunsch, seinen Wohltäter Maximilian zu retten, eine Rolle spielte. Das letztere Motiv dürfte sogar eine Rechtfertigungsrolle gegenüber dem ersteren gespielt haben.

261 Arias, 1868, 228ff. Nach dieser Version hatte Escobedo den Kollaborationsvorschlag, den ihm López im Namen Maximilians überbrachte, abgelehnt. Die republikanische Kommandoeinheit habe bei ihrem Eindringen in die Cruz López gefangengenommen und ihn gezwungen, durch falsche Befehle den Widerstand der Kaiserlichen zu lähmen. Dieser Version widersprechen die gefinkelten Täuschungsmanöver, die López als kaiserlicher Oberst in augenscheinlicher Freiheit unternahm, sowie der Umstand, daß er niemals als Gefangener in den Listen der Republikaner geführt wurde und sich nach der Einnahme Querétaros völlig frei in der Stadt bewegte.

262 López mußte, bevor er die Republikaner in die Cruz „einschleusen" konnte, die dafür vorgesehene Schießscharte von kaiserlichen Truppen entblößen. Es ist daher durchaus wahrscheinlich, daß Escobedo ihn nach der Unterredung in die Cruz zurückkehren ließ, bevor López abermals in das republikanische Lager ging, um dem Kommandounternehmen als Führer zu dienen.

263 José Rincón y Gallardo, Brief vom 5. Juni 1887 an Espiridión Moreno, ohne Quellenangabe, zit. nach: Junco, 16.

264 Er scheint in einer Petition an General Foray vom 7. 5. 1863 auf und ist mit Name und Anschrift im Almanaque de la Corte für 1866 angeführt (siehe Junco, 99).

265 Vélez war – Junco, 100, zufolge – mit López gut befreundet und galt als dessen „compadre".

266 Junco, 100.

267 Arce gibt zwei Besuche an: den in der Nacht vom 13. auf den 14. Mai, zwischen 23 Uhr und 3 Uhr früh, und den in der Nacht des 14. Mai. Vgl. Entrevista franca, wiedergegeben in: Septien y Llata, Anhang.

268 Alle Quellenangaben zum 15. Mai wurden (im Gegensatz zur sonstigen Chronik) den einzelnen Ereignissen zugeordnet.

269 Salm F., I, 204.

270 José Rincón y Gallardo, Schreiben an Espiridión Moreno, zit. nach: Septien y Llata, 91.

271 1902 veröffentlichte Iglesias Calderón in Mexiko Stadt sein Buch „La Traición de Maximiliano", worin Vélez als derjenige aufscheint, der López mit der

Pistole bedroht habe. Da Rincón Gallardo dies ebenfalls von sich behauptete, forderte er Iglesias Calderon zum Duell heraus. Der Streit wurde friedlich beigelegt, offenbar weil der mexikanische Präsident Porfirio Díaz keine öffentlichen Meinungsverschiedenheiten zwischen liberalen Offizieren wünschte (Junco, 102).

272 Hans, 266ff.

273 Hans, 275ff.

274 Salm F., I, 176.

275 Stabsoffiziere, in: Salm F., II, 193ff.

276 Salm F., I, 176.

277 Salm F., I, 176.

278 Salm F., I, 177; López wird später behaupten, daß er auf Weisung Maximilians nach seinen letzten Gespräch mit dem Kaiser den Husaren befahl, die Pferde abzusatteln. Maximilian zählte aber offenbar darauf, daß die Husaren diese über Nacht gesattelt hielten.

279 Basch, II, 134ff.

280 Salm F., I, 204.

281 Salm F., I, 204.

282 Salm F., I, 178.

283 Fürstenwärther, 110.

284 1867 leugnete José Rincón, dies gesagt zu haben, gab es aber privat immer zu und schrieb darüber 1887: *Es erschien mir als ein feiges Schurkenstück, ihn als wehrlosen und treulos verratenen Mann gefangenzunehmen ... auch war ich sicher, daß er aus wohlbekannten Gründe nicht würde entkommen können.* (Zit. nach: Junco, 103)

285 Blasio, 371.

286 Salm F., I, 179.

287 Zit. nach: Junco, 89.

288 „López an seine Mitbürger und die Welt"; 1. Manifest vom 31. Juli 1867, zit. nach: Salm F., II, 181f. Das 2. Manifest zu diesem Thema trägt das Datum 3. Oktober und erschien am 13. November 1867 im „Monitor Republicano".

289 Salm F., I, 179.

290 Vgl. die Aussage Pradillos („Stabsoffiziere"), in: Salm F., II, 198, sowie Peza / Pradillo, 1870.

291 Alvarez I., Estudios sobre la Historia General de Méjico, Zacatecas 1877, zit. nach: Junco, 53ff.

292 Blasio, 371.

293 Alvarez, I., a.a.O., zit. nach: Junco, 56.

294 Fürstenwärther, 110.

295 Pradillo („Stabsoffiziere"), in: Salm F., II, 198.

296 Ebd.

297 Haus mit Terrassendach.

298 Fürstenwärther, 111.

299 Kaehlig, 108ff. und Rosenfeldi Pawlowszki, Miska Császár, 127ff. (nur ungarisch).

300 Vgl. die Aussage des Kommandeurs des Artilleriedepots, F. Becerra, in „Stabsoffiziere", in: Salm F., II, 199.

301 Nur erwähnt in: Salm F., I, 180.

302 Biographische Angaben zu Ede Pawlowszki wurden mir freundlicherweise von Major György Markó, Archivdirektor des ungarischen kriegshistorischen Archivs aus dem Personalakt zur Verfügung gestellt. Die Unterlagen enthal-

ten mehrere Schreibweisen des Namens: Pawlowszki (laut seinen oben erwähnten Memoiren), Pawlowsky (lt. Szinnyei J., Magyar Irók élete és
Munkái, ungarisches Autorenverzeichnis, Budapest, 1905) und Pawlowsky in
einem Aktenstück des Honvédministeriums. Der 1834 in Budapest geborene
P. brachte es zum Oberleutnant der k.u.k. Armee, nahm 1859 an der Schlacht
von Solferino teil, trat 1860 in den Magistratsdienst über und ging 1864 mit
dem „Freikorps" nach Mexiko. Er wurde nach dem Fall Querétaros zu zwei
Jahren Gefangenschaft verurteilt, aber Ende 1869 amnestiert und kehrte nach
Ungarn zurück. Er wurde 1869 Oberleutnant der Honvédhusaren, 1872
Hauptmann und trat 1895 in den Dienst des Honvédministeriums. 1902 trat
er in den Ruhestand, ließ sich aber als 80jähriger im Ersten Weltkrieg reakti-
vieren und befehligte eine Rekonvaleszentenabteilung.

303  Die Calle de Vergara.

304  Hauptmann Kaehlig.

305  José Rincón y Gallardo, der mit López perfekt zusammenarbeitet.

306  Pawlowszki, a.a.O., 127ff.

307  Fürstenwärther, 112.

308  Fürstenwärther, 113.

309  Cervantes, Julio María, geb. 1839 (Puebla), gest. 1909 (Mexiko-Stadt), Absol-
     vent der Militärakademie von Chapultepec. Nach dem Fall des Imperio Gou-
     verneur des Staates Querétaro. (Personalakt: ASDN. C. XI/III/2-15-16508)

310  Lombardo, 572.

311  Miramón M., Tagebuch, zit. nach: Sánchez Navarro, 359ff.

312  Licea, El Sitio de Querétaro, México 1887.

313  Márquez, L., Manifiestos (El Imperio y los Imperiales) 1904, Einleitung von
     Angel Pola, Kap. XIV.

314  Alvarez, I., a.a.O., zit. nach: Junco, 57.

315  Fürstenwärther, 115.

316  Salm F., I, 180.

317  Salm F., I, 183.

318  Fürstenwärther, 116.

319  Blasio, 373. Daß die Verbrennung von Fürstenwärther und Blasio gemeinsam
     vorgenommen wurde, wird von Salm F., I, 184 bestätigt. Gubernativas:
     Regierungsangelegenheiten; Caisse: Kasse; Europeas y particulares: europäi-
     sche und private (Briefe).

320  Alvarez I., a.a.O., zit. nach: Junco, 53.

321  Pradillo, „Stabsoffiziere", in: Salm F., II, 199.

322  Salm F., I, 184, spricht von mindestens 10 Minuten.

323  Fürstenwärther, 117.

324  Salm F., I, 185.

325  Alvarez, I., a.a.O., zit. nach: Junco, 59.

326  Salm F., ebd.

327  Blasio, 375; nach Salm F., I, 185, handelte es sich jedoch um einen großen
     amerikanischen Schimmel, auf dem die Kaiserin zu reiten pflegte.

328  Salm F., I, 187.

329  Alvarez, I., a.a.O., in: Junco, 59.

330  Salm F., I, 187.

331  Alvarez, I., in: Junco, 59, versichert, daß Maximilian eine solche Bitte nicht
     geäußert habe.

332  Fürstenwärther, 118.

333 Zit. nach: Hesse Wartegg, E. v.: Mexiko Land und Leute. Reisen auf neuen Wegen durch das Aztekenland, Wien–Olmütz 1899, 116; der Autor, der behauptet, Rubio selbst befragt zu haben, hat seinen Bericht fast wörtlich von einer früheren Quelle, J.J. Aubertin (A fligth to Mexico, London 1887) übernommen, der angibt, dieses Interview selbst mit Rubiko geführt zu haben. Wie dem auch sei – Carlos Rubio ist als unterhaltsamer Fabulierer nur beschränkt als historische Quelle brauchbar.

334 Interview in El Nacional, 6. 9. 1887, zit. nach: Junco, 151.

335 Salm F., I, 205.

336 Salm F., I, 190.

337 Salm F., I, 190.

338 López verweist in seiner Verteidigungsschrift (zit. nach: Salm F., II, 174) darauf, daß die ihm anvertraute Verteidigungslinie, die sich von San Francisquito bis zur Chirimoyo-Straße erstreckte 1.400 m lang war, sodaß er als einzelner Kollaborateur gar nicht vermocht hätte, den Einbruch des Gegners an mehreren Punkten zugleich zu ermöglichen. Augenzeugenberichte bestätigen dagegen, daß es López als Kommandanten der Cruz sehr wohl gelang, die Einstiegstellen durch Abziehen von Truppen zu entblößen oder die Leute Jablonskis zu ersetzen.

339 Salm F., I, 191.

340 Ignacio Altamirano war Oberst unter General Riva Palacio. In seiner „Revista histórica" erwähnt er die Absprachen zwischen López und den Belagerern. (Junco, 109).

341 Basch, II, 145f.

342 Basch, II, 138ff.

343 Diesen Umstand hat López bekanntlich als Argument für seine Behauptung angeführt, er sei von den Republikanern überfallen und zu allem weiteren gezwungen worden. Dagegenzuhalten ist, daß die überaus perfekte Kollaboration des Obersten die Republikaner sehr bald überzeugt haben mußte, daß ihr anfängliches Mißtrauen grundlos war.

344 Basch, II, 144.

345 „Auf Diskretion": bedingungslos.

346 Zit. nach: Junco, 88.

347 Basch, II, 152.

348 Basch, II, 153f., Blasio, 379f., Frias, 64f., Fürstenwärther, 128f., 133f., Hall, F., 194f., Hans, 311ff., Riva Palacio M./Mártínez de la Torre R., 18, Salm F., I, 191–196.

349 Lt. Salm F., I, 192f.; in der spanischen Version, welche der Queretaner Historiker Ramírez Alvarez gibt, heißt es nur La ciudad de Querétaro.

350 Vollständiger spanischer Originaltext in: Ramírez Alvarez, Sitio, 146.

351 „Die letzten Tage Maximilians von Mexiko. Aus dem bisher unveröffentlichten Tagebuch seines Leibarztes Prof. Dr. von Basch." Neues Wiener Journal, Dez. 1927, 5f., KA NAB/1112/ III, p. 48.

352 Basch, II, 155–157, Blasio, 380ff., Fürstenwärther, 129.

353 Die Wohnzelle Maximilians konnte 1989 durch Irmgard Hanl nach meinen Unterlagen identifiziert werden. Siehe Ratz, Maximilian in Querétaro, 228ff.

354 Basch, II, 158f., Basch (1927), 5f., Blasio, 383, Fürstenwärther, 131, Salm F., I, 200, Septién y Llata, 82, 376f.

355 Blasio, 383.

356  I. Peza/A. Pradillo, 98.
357  Basch, II, 159–162, Basch (1927), 5, Blasio, 384f., Dáran, 216, Fürstenwärther, 132, Hans, 314–317, Salm F., I, 200f., Salm A., 30f.
358  Márquez, Manifiestos, XIV.
359  Zit. nach: Dáran, 216.
360  Basch, II, 162–167, Blasio, 387f. Fürstenwärther, 124–127, Salm F., I, 201–205, 201–205, Salm A., 31–35, Septien y Llata, 326.
361  BN, Archivo Juárez, 2365.
362  Der wartende Wagen und die Eskorte vor dem Eingang der „Teresitas"-Kirche wurden wahrscheinlich von Maximilians inoffiziellem Hofphotographen François Aubert, der sich damals vermutlich bereits in Querétaro befand, aufgenommen. (Vgl. das in Ratz, a.a.O., 364, veröffentlichte Photo)
363  Archivo SRE.
364  Die in Arias (Anhang) enthaltene Zusammenstellung ist mit 20. Mai 1868 datiert, doch ist das Buch Ende 1867 erschienen, sodaß das Datum richtig mit 20. Mai 1867 anzunehmen ist. Nur zu diesem Zeitpunkt war auch noch eine Rückschau auf den Munitionsverbrauch der letzten Monate möglich.
365  Basch, II, 167f., Basch (1927), 5ff., Blasio, 388f., Fürstenwärther, 124–127, Salm F., I, 205–208.
366  Deutscher Wortlaut der Anklage in: Ratz, Militärgerichtsverfahren, 66–70; spanischer Wortlaut in „Causa de Fernando Maximiliano de Hapsburgo" (Manuskript AGN, México, 1867), abgedruckt in: Fuentes Mares. El Proceso Maximiliano, México 1966.
367  Basch, II, 168–171, Basch (1927), 5f., Salm F., I, 208f., Salm A., 36f.
368  Escobedo an Juárez, Querétaro 22. Mai 1867, BN Archivo Juárez, 2905.
369  Basch, II, 171f., Blasio, 389f., Salm F., I, 209; Salm A., 36.
370  Basch, II, 172–177, Fürstenwärther, 135–137, Ratz, Militärgerichtsverfahren, 71–73, Salm F., I, 210f., Salm A., 36f., Septien y Llata, 60.
371  Einzelhaft mit Sprechverbot.
372  Siehe Ratz, Maximilian in Querétaro, 253.
373  Veröffentlicht in: Fürstenwärther, 171–181.
374  Lombardo, 591.
375  Basch, II, 150.
376  Basch, II, 177f., Ratz, Militärgerichtsverfahren, 74–81, Riva Palacio, 23f., Salm F., I, 211f., Salm A., 337f.
377  Span. Originaltext in: Fuentes Mares, Proceso, 18ff., deutsch in: Ratz, Militärgerichtsverfahren, 76ff.
378  Lt. Basch, II, 178, dauerte das Verhör von 18 bis 21 Uhr.
379  Spanischer Originaltext in: Basch, II, 228.
380  Basch, II, 178f., Basch, (1927), 5f., Miramón, Tagebuch, zit. nach: Sánchez Navarro, 366–368, Ratz, Militärgerichtsverfahren, 81–84, Salm F., I, 212f., Salm A., 38–40.
381  SRE, Archivo general, H 504. B 854-67 Maximiliano de Habsburgo; Telegramm Abschrift 13, Querétaro, 25. Mai 1867, ohne Uhrzeitangabe. Die tatsächliche Übermittlung nach San Luis dürfte erst am 26. Mai möglich gewesen sein. Aus der Antwort (Telegramm Abschrift 14) San Luis, 28. Mai 1867, geht hervor, daß der Originalbrief am 28. Mai, dem Tag der Ankunft von Agnes Salm, die diesen überbrachte, einlangte.
382  Escobedo, „Informe", siehe unten S. 430.
383  HHStA., AMM. Titelseite – „Cargos" – spanisch erstmalig abgedruckt in Ratz, 1991, 269, hier erstmals in Deutsch veröffentlicht.

384 In Punkt 1 der Geheimartikel des Vertrags von Miramar anerkannte Napoléon III. die von der Regentschaft getroffenen Maßnahmen, allerdings auch Maximilian die Verfügungen Foreys.

385 Arroyo hatte als Außenminister der Regentschaft mit Frankreich ein Abkommen über Gewährung von Schürfrechten in der Provinz Sonora abgeschlossen, welches Maximilian nicht anerkannte.

386 Originaltext vermutlich: *y presto enemistad con Francia*. Maximilian verfiel gelegentlich auch im Spanischen auf italienische Ausdrücke.

387 Ein Wort unleserlich.

388 Ansprache vom 3. 10. 1863 in Miramar, worin ein Ausdruck des wahren Volkswillens gefordert wird, sowie die Ansprache vom 10. April, in der er eine zeitlich beschränkte Herrschaftsdauer und die Promulgation einer Verfassung ankündigte.

389 Das Votum der Notablenversammlung reichte Maximilian nicht aus, er forderte ein „Plebiszit", zu dem es allerdings nie kam.

390 Auf die französische Besatzungsmacht in Mexiko, ohne die es sein Kaiserreich nie gegeben hätte, geht Maximilian hier nicht ein.

391 Gemeint war Juárez, der sein Mandat eigenmächtig verlängerte.

392 Die Urteile nach dem Gesetz vom 3. Oktober werden erst in Punkt 7 angesprochen.

393 Gemeint ist die „Convention …" zwischen Mexiko und Österreich, sowie die auf Ersuchen Maximilians von König Leopold erteilte Zustimmung zur Anwerbung belgischer Freiwilliger; ein zwischenstaatliches Abkommen zwischen Mexiko und Belgien gab es nicht. Vgl. Duchesne, 1967.

394 In der Übersetzung von Conrad G. Paschen abgedruckt in: Ratz, Militärgerichtsverfahren, 218ff.

395 Am 21. Oktober 1866 forderte der zur Abdankung entschlossene Kaiser, der sich von seiner Verantwortung entlasten wollte, Bazaine auf, das Gesetz de facto nicht mehr anzuwenden (Rivera, 258).

396 Gemeint waren vermutlich die durch den Guerilleroführer Franco in Celaya Anfang 1867 veranlaßten Untaten, von denen Maximilian in Querétaro erfahren haben dürfte.

397 Gemeint sind die Erschießungen von 109 Franzosen in San Jacinto durch General Escobedo, in Anwendung des Jurez'schen Gesetzes vom 25. Jänner 1862.

398 Ein Licenciado García übermittelte Juárez im Auftrag Maximilians das oben erwähnte Angebot zur Einberufung eines Nationalkongresses, auf das der Präsident nicht reagierte.

399 AMM., undatiert, vermutlich vom 26. 5. 1867; vgl. die Anklagepunkte oben auf S. 239ff.

400 Obregón Alvarez/Rincón Frías/Anaya Larios, I, 82ff.

401 Sánchez Navarro, Miramón, 368.

402 Basch, II, 180, Ratz, Militärgerichtsverfahren, 86–88, Riva Palacio, 24f., Salm A., 40f.

403 Gagern, 384–299, Kühn, 229f., Lago, Große Rechtsfertigungsschrift HHStA., im folgenden stets zitiert als Lago GR; Ratz, Militärgerichtsverfahren, 89–92, Riva Palacio, 25f., Salm F., I, 218f., Salm A., 41ff., Sánchez Navarro, Miramón, 368f.

404 Magnus, Anton von, geb. 1821 (Berlin), gest. 1882 (Gorlitz). Ab 1848 Diplomat bei den preußischen Gesandtschaften in Stuttgart, Brüssel, Den Haag, und Petersburg. 1866 Ministerresident in Mexiko-Stadt. Er nahm als einziger Di-

plomat an der Exekution Maximilians teil. 1869 Gesandter in Hamburg, 1872 in Stuttgart, 1878 in Kopenhagen. Seine Berichte wurden herausgegeben von Kühn, Ende des maximilianischen Kaiserreiches, Göttingen 1965.

405 Schmit v. Tavera, Ernst, Ritter, geb. 1839 (Graz), gest. 1903 (Wien). Ab 1862 Gesandtschaftsattaché in Bern, wo er im Hinblick auf eine weitere Verwendung in Mexiko Spanisch lernte. 1864 Gesandtschaftsattaché in Mexiko-Stadt. Mit dem österreichischen Geschäftsträger Baron Lago begab er sich im Juni 1867 nach Querétaro, wo er jedoch – von Lago auf Distanz gehalten – den gefangenen Kaiser nie zu Gesicht bekam. Augenzeuge des Prozesses. Nach seiner Rückkehr Diplomat in Kopenhagen, Athen, Washington, Rom, Berlin und Rio de Janeiro. Verfasser einer gründlich dokumentierten „Geschichte der Regierung des Kaisers Maximilian I.", sowie von Memoiren, die jedoch erst 1902 zensuriert erscheinen durften. Er wohnte zuletzt in Wien I., Bäckerstraße 1 (Freisingerhof).

406 Basch, II, 181f., Basch (1927), 5f., Ratz, Militärgerichtsverfahren, 93–98, Salm F., I, 218f., Salm A., 47, Sánchez Navarro, Miramón, 369.

407 Vgl. Springer, Testamente, 18.

408 Hall, 200–203, Ratz, Militärgerichtsverfahren, 98f., Riva Palacio, 26f., Salm F., I, 220ff., Salm A., 44f., Sánchez Navarro, Miramón, 369f., Lombardo, 585.

409 Miramón, Concha.

410 Hall, 200f.

411 Görbitz an Beust, Querétaro, Capuchinas, 20. 9. 1867, Original, HHStA., DA.

412 Görbitz hat das in seinem Bericht an Beust vom 20. 9. 1867 richtig erkannt.

413 Lombardo, 580.

414 Lombardo, 581.

415 Lombardo, 582.

416 Lombardo, 585, Ratz, Militärgerichtsverfahren, 101–104, Riva Palacio, 27f., Salm F., I, 222ff., 222ff., Salm A., 45–49, Sánchez Navarro, Miramón, 371, Schmit v. Tavera, Die mexikanische Kaisertragödie. Die letzten sechs Monate meines Aufenthaltes in Mexiko, 1867 (im folgenden zitiert als KT), Wien 1903, 56–59.

417 Lombardo, 585.

418 Es ging offenbar um die Abfassung des Kodizills zu Maximilians Testament.

419 Escobedo an Porfirio Díaz, Querétaro, 31. Mai 1867.

420 Hall, 200f.

421 Salm F., I, 218f.

422 Lago, GR.

423 Ebd.

424 Lago an Beust, Mexiko, 31. 5. 1867, Original, HHStA., DA.

425 Lago, ebd.

426 Basch, II, 184f., Basch (1927), 5f., Hall, 204f., Kühn, 235ff., Ratz, Militärgerichtsverfahren, 105, Riva Palacio, 28–31, 45ff., Salm F., I, 225ff., Sánchez Navarro, Miramón, 372, Schmit v. Tavera, KT, 60–65.

427 Basch, II, 185, Kühn 237f., Ratz, Prozeß, 106–108, Salm F., I, 229–231, Salm A., 50f., Sánchez Navarro, 372f., Schmit v. Tavera, KT, 65–75.

428 Escobedo an Lerdo de Tejada, Telegramm, Querétaro 33. Juni 1867, Original SRE, Telegr. Nr. 18.

429 Basch, II, 188f., Hall, 206f., Kühn, 241, Riva Palacio, 32f., Salm F., I, 231f., Sánchez Navarro, 374, Schmit v. Tavera, KT, 79ff.

430 Lombardo, 588.

431 Salm F., I, 229f. verlegt die geplante Flucht auf die Nacht vom 2. zum 3. Juni,

Basch, II, 186f. dagegen auf den Abend des 3. Juni. Da das die Absage Maximilians motivierende Telegramm, worin Magnus am 2. Juni um 19 Uhr aus Tepejí del Río die bevorstehende Ankunft der Verteidiger ankündigte, von Escobedo erst am 3. Mai empfangen wurde (Riva Palacio, 32), war die Flucht erst für die Nacht des 3. Juni angesetzt. Dieser Termin wird auch im Schreiben von Görbitz an Beust, Querétaro, Capuchinas, 20. September 1867 (HHStA., PA.) bestätigt.

432 Spanischer Originaltext mit Transkriptionsfehlern in: Salm F., I, 223.

433 Der Plan wurde wahrscheinlich von Soldaten verraten, die als Fluchthelfer Anzahlungen genommen hatten, sich nun jedoch um den restlichen Lohn gebracht fühlten (Görbitz, a.a.O.).

434 Magnus an Bismarck, San Luis Potosí, 15. Juni 1867, in: Kühn, 238ff.,

435 Basch, II, 188f., Hall, 206f., Riva Palacio, 32f., Salm F., I, 231f., Sánchez Navarro, Miramón, 374f., Schmit v. Tavera, KT, 79ff.

436 Basch, II, 189ff, Curtopassi an Visconti Venosta, Tacubaya, 5. Juni 1867, zit. nach: Gasparini, a.a.O., 195, Garibaldi, Castelletti, 5. Juni 1867, in: Scritti Politici e militari, Rom 1907, 441, Hall, 208f., Hoorickx an Rogier, México, 27. Juni 1867, Hoorickx an Rogier, Brüssel, 20. November 1867, beide Briefe in: Ministère des Affaires Etrangères, Correspondence politique, Légation Méxique, 1861–1867, Kühn, 239–247, Maximilian, Querétaro, Capuchinas, 5. 6. 1867, Ministère des Affaires Etrangères, Brüssel, a.a.O., Ratz, Militärgerichtsverfahren, 113–116, Riva Palacio 33–37, Salm F., I, 232–237, Salm A., 54–57, Sánchez Navarro, Miramón, 375f., Schmit v. Tavera, KT, 81–83.

437 Die Tagebucheintragung Miramóns vom 5. Juni schildert die Nacht vom 4. auf den 5.

438 Escobedo an Juárez, Querétaro, 5. Juni 1867.

439 Magnus an Bismarck, San Luis Potosí, 15. Juni 1867, in: Kühn, a.a.O., 238ff.

440 Hoorickx, Frédéric-Désiré, geb. 1836 (Brüssel), gest. 1911 (Brüssel). Nach geisteswissenschaftlichen Studien trat er in den belgischen diplomatischen Dienst ein und wurde den Legationen in Lissabon, Konstantinopel, Bern, Den Haag und London zugeteilt. Im September 1865 übernahm er die Anfang 1865 neugegründete belgische Gesandtschaft in Mexiko-Stadt, die er erst im August 1867 verließ. Ähnlich wie Lago war auch Hoorickx Angriffen seitens einiger Beteiligter (z.B. Basch) wegen angeblich mangelnder Aktivität ausgesetzt. Der belgische Außenminister Rogier verteidigte ihn jedoch, und er konnte seine Karriere mit Missionen in Rumänien, Brasilien Konstantinopel und Luxemburg fortsetzen. (Nach Duchsne A., Artikel „Hoorickx", in: Biographie Nationale, Brüssel, Bd. 8, 1973)

441 Riva Palacio an Lerdo, Telegramm, Original, Querétaro 5. 6. 1867, 12 Uhr 30; Lerdo an Riva Palacio, San Luis, 5. 6. 1867, 19 Uhr, Abschrift, beide in: SRE, Archivo general, Maximiliano de Habsburgo.

442 Basch, II, 191, Hall, 209, Kühn, Magnus, 245–247, Ratz, Militärgerichtsverfahren, 117–123, Salm F., I, 237, Sánchez Navarro, Miramón, 376, Schmit v. Tavera, KT, 83–87.

443 Basch, II, 192f., Curtopassi an Visconti Venosta, México, 27. 6. 1867, in: Gasparini, 194f., Hall, 211f., Kühn, 246, Salm F., I, 237, Salm A., 53f., 58f., Sánchez Navarro, Miramón, 376f., Schmit v. Tavera, KT, 87–107.

444 Lago an Beust, Mexiko 25. 6. 1867, Original, HHStA., DA.

445 Obwohl Maximilian trotz seiner Krankheit nicht ungern Besucher aller Art empfing, nahm Lago seinen Adlatus Schmit v. Tavera kein einziges Mal zu seinen Besuchen mit.

446  Schmit v. Tavera, KT, 90.

447  Lago, GR.

448  Curtopassi an Visconti Venosta, a.a.O.

449  Salm A., 60.

450  Lago, G. R.

451  Basch, II, 193f., Fürstenwärther, 137f., Lago, GR, Ratz, Militärgerichtsverfahren, 125f., Riva Palacio, 37–41, Salm F., I, 237f., Salm A., 60f., Schmit v.
Tavera, KT, 96–101, Sánchez Navarro, Miramón, 377f.

452  Detaillierte Anweisungen betreffend die Aburteilung der Generäle und Offiziere ergingen am 6. Juni schriftlich an Escobedo (Wortlaut in: Ramírez
Alvarez, Sitio, 180–182).

453  Aufgrund dieses Gefängnisplanes, der erst 1910 in Fürstenwärthers posthu-
mem Werk „Kaiser Maximilian von Mexiko", 131, veröffentlicht wurde, konnte 1987 nach meinen Angaben Irmgard Hanl die Gefängniszelle Maximilians
im umgebauten Teresitaskloster lokalisieren.

454  Schmit v. Tavera, KT, 117.

455  Basch, II, 183f., Ratz, Militärgerichtsverfahren, 126, Riva Palacio, 42f., Salm F.,
I, 238–241, Sánchez Navarro, Miramón, 378.

456  Ramírez Alvarez, 186.

457  Basch, II, 194–197, Basch (1927), 5f., Kühn 247ff., Lombardo, 592ff., Ratz,
Militärgerichtsverfahren, 128f., Riva Palacio, 44, 52–54, Salm F., I, 241f., Salm
A., 60f., Sánchez Navarro, Miramón, 379.

458  HHStA., Fam. Urk. 1867, Juni 14–17, deutsche Übersetzung, zit. nach: Springer, Testamente, 31ff.

459  Madame, Komödien gefallen mir nicht (Lombardo, 592).

460  Lombardo, 593.

461  Magnus an Bismarck, San Luis Potosí, 15. Juni 1867, in: Kühn, 283ff.

462  Maximilian hat keine Ahnung, daß die Erfüllung dieses Wunsches ihm und
seinen Mitgefangenen die Pein eines dreitägigen Aufschubs der Exekution
einbringen wird.

463  Basch, II, 197, Basch (1927), 5f., Lombardo, 593ff., Ratz, Militärgerichtsverfahren, 130ff., Salm F., I, 242ff., Sánchez Navarro, Miramón, 379f.

464  Basch, II, 197f., Basch (1927), 5f., Kühn 249f., Ratz, Militärgerichtsverfahren, 133ff., Riva Palacio, 34–50, Salm F., I, 4ff., Sánchez Navarro, Miramón,
380.

465  Maximilian an Erzherzogin Sophie, Querétaro, ? Juni 1867, zit. nach: Anders
F., Erzherzog Ferdinand Maximilian und das Segundo Imperio Mexicano,
Hardegger Beiträge zur Maximilian-Forschung, Hardegg 1974, 141f.

466  Frei wiedergegeben bei Fuentes Mares, Juárez, 214ff.

467  Lombardo, 593.

468  Campbell an Seward, New Orleans, 12. 6. 1867.

469  Ruzicka, 77.

470  Basch, II, 196–202, 238–241, Basch (1927), 5f., Fuentes Mares, Proceso, 240f.,
Kühn 250–254, 266f., Lago, GR, New York Herald, 16. Juli 1867, Ratz,
Militärgerichtsverfahren, 42ff., 188f., Riva Palacio, 75–80, Salm F., I, 247 –261,
Salm A., 62–69, Sánchez Navarro, 380f., Schmit v. Tavera, KT, 108–114.

471  Forest, Bericht ans frz. Außenministerium, zit. nach: Fuentes, 216.

472  Zit. nach: Fuentes Mares, Proceso, 123.

473  Palacios, Miguel, geb. 1838 (Ciudad García), gest. 1886 (Zacastgecas), Berufs-
soldat. 1862 Oberstleutnant. Nach dem Fall von Puebla wurde er gefangen
nach Frankreich überführt. 1864 kehrte er nach Mexiko zurück und kämpfte

unter dem republikanischen General Negrete. Er nahm an der Belagerung von Matamoros, der Schlacht von San Gertrudis und der Belagerung von Querétaro teil. Nach der Einnahme der Stadt führte er die Aufsicht im Capuchinas-Gefängnis. 1873 wurde er Brigadegeneral. 1877 nach dem Sturz Lerdo de Tejadas revoltierte er zusammen mit Escobedo, wurde 1878 gefangen und verlor seinen Dienstgrad. 1881 rehabilitiert. Personalakt: ASDN C. XI., III.2./15-725.

474  Lago, GR.

475  In: Fuentes Mares, Proceso, 240.

476  Corti, II, 394, bezieht sich auf eine „Mitteilung des Grafen Kehvenhüller", der seinerseits ein Gerücht wiedergab. Dieses findet sich detailliert bei Schmit v. Tavera, Manuskript KT, fol. 27ff. Das Manuskript wurde zensuriert. Schmit durfte u.a. folgende Stellen nicht veröffentlichen: *Da es in Querétaro allgemein bekannt war, daß die Fürstin sich mit der Einleitung von Fluchtprojekten befaßte, mußte es als höchst befremdend erscheinen, daß Oberst Villanueva als treuer Schildknappe der Fürstin dieser in so auffälliger Weise seine Gesellschaft zur Verfügung stellte, ohne daß Escobedo hieraus irgendeinen Verdacht geschöpft hätte. Dem Verfasser ist damals von juaristischen Offizieren als stadtbekannte Tatsache mitgeteilt worden, daß die Fürstin mit Villanueva ein Liebesverhältnis unterhalten habe. Das Benehmen der Fürstin rechtfertigte nur zu sehr die Annahme, daß diese Behauptung der Wahrheit entsprach. Erst vor kurzem wurden in Mexiko die Erinnerungen eines mexikanischen Generals aus jenen Tagen veröffentlicht. Wir finden in diesen Aufzeichnungen eine Erzählung des Oberst Palacios, eines Kollegen Villanuevas, worin mitgeteilt wird, daß die Fürstin, um ihn für das Fluchtprojekt zu gewinnen, ihm nicht nur Geld, sondern selbst ihre eigene Person angeboten habe. Die Fürstin hätte ihn dann mit Beschimpfungen überschüttet, weil er, obgleich sie sich bereits zu entkleiden begonnen hatte, ihren Antrag zurückgewiesen habe. Diese Erzählung mag nicht als unglaubwürdig erscheinen, wenn man in Betracht zieht, daß die verwitwete Fürstin Salm ... sich einem Lebenswandel hingegeben hat, dessen nähere Schilderung wir aus Anstandsrücksichten glauben unterlassen zu müssen. Es ist vielfach das Gerücht in Umlauf gebracht worden, daß zwischen dem Kaiser und der Fürstin Salm ein Verhältnis intimer Natur bestanden habe. Dieses Gerücht entbehrt jeglicher Begründung, denn die Fürstin war während ihres früheren Aufenthaltes in Mexico mit Hofkreisen fast niemals in Verkehr getreten und überhaupt beschränkten sich ihre geselligen Beziehungen in der Hauptstadt auf den Umgang mit den Mitgliedern der amerikanischen Kolonie, welche weniger als die mexikanischen Damen Anlaß nahmen an den ungezwungenen Manieren der ehemaligen Kunstreiterin.* Im Manuskript zu Taveras „Geschichte der Regierung des Kaisers Maximilian I." findet sich dazu folgende, nicht veröffentlichte, von Corti (Die Tragödie eines Kaisers, Wien, 41952, 386) fast wörtlich übernommene Stelle: *Aus einer mitgetheilten Unterredung mit General Cervantes ist zu entnehmen, daß Fürstin Salm, als Oberst Palacios sich durch das Angebot von 100.000 Pesos sich (sic!) nicht zur Theilnahme an dem bekannten Fluchtprojekte zu Gunsten des Kaisers gewinnen lassen wollte, den Obersten gefragt hätte: Genügt Ihnen die Summe nicht? Nun, Oberst, hier stehe ich. Die Fürstin habe hierauf sofort begonnen, sich zu entkleiden. Palacios (sic!) erklärte aber, sofort vom Fenster auf die Straße springen zu wollen, wenn die Fürstin nicht die Thür ihres von ihr früher verschlossenen Schlafzimmers wieder aufmache.* Auf Schmit v. Tavera geht offenbar auch die von Corti übernommene Fehlinformation zurück, daß Agnes Salm, die am 15. 12. 1840 als Agnes Elisabeth Winona Leclerc Joy in Swanton (Vermont, USA) geboren wurde, eine gebürtige Kanadierin gewesen sei.

477 Rivera, 328.
478 Lago, GR.
479 Lombardo, 597.
480 Lombardo, 598.
481 Magnus an Lerdo, San Luis Potosí, 14. 6. 1867, Original, in: SRE, Archivo General, Maximiliano de Habsburgo.
482 Riva Palacio und Martínez de la Torre an Juárez, San Luis Potosí, 12. Juni, überreicht erst am 14. Juni 1867, span. Original abgedruckt in: Riva Palacio, 34–50.
483 Basch, II, 202ff., Frías V., Leyendas y Tradiciones Queretanas, 42ff., Hoorickx an Rogier, Mexiko, 27. 6. 1867, Ministère des Affaires Etrangères, Correspondence Politique, Légation Méxique, 1861–1867, Brüssel, Kühn 254–260, Lago, GR, Ratz, Militärgerichtsverfahren, 167, Riva Palacio, 73ff., 84ff., Salm F., I, 261–268, Salm A., 69–75, Sánchez Navarro, 382f., Schmit v. Tavera , KT, Springer, Testamente, 31ff., 35ff.
484 Nichts deutet darauf hin, daß Maximilian die Wechsel zurückerhalten hätte. Da Villanueva nicht damit rechnen konnte, diese Wechsel in Österreich eingelöst zu erhalten und sie ihn, wenn sie in andere Hände fielen, kompromittieren konnten, dürfte er sie vernichtet haben.
485 12. 3. 1867; Abdankungsurkunde, Text bei Lubienski, 1988, Anhang; 7. 3. 1867: Abdankung und Regentschaft (1. Version: Lares wird als Regent genannt), Text bei Schmit, Geschichte der Regierung des Kaisers Maximilian I., 426, 20. 3. 1867: Abdankung und Regentschaft (2. Version: Márquez wird als Regent bestimmt), Text bei Zamacois, a.a.O., 1468, 11. 5. 1867: Regentschaft (Márquez wird als Regent genannt), Text bei Zamacois, a.a.O., 1468.
486 Vgl. Junco, 107f.
487 Riva Palacio, 52.
488 Siehe unten, unter 15. Juni.
489 Vgl. die wahrscheinlich kurz darauf gemachte Aufnahme von F. Aubert in: Ratz, Maximilian in Querétaro, 250.
490 In Wirklichkeit reisten sie, mit Zwangspässen versehen, nach Tacubaya.
491 Riva Palacio, 50.
492 Basch, II, 204–207, Darán, Brief Maximilians, Kühn, 260–265, Ratz, Prozeß, 194–197, Riva Palacio, 78f., 88–92, Salm A., 75f., Sánchez Navarro, 383f.
493 Maximilian an Lago, Querétaro, Capuchinas, 14. 6. 1867, HHStA., Fam.Urk. 1867, Juni 14–17.
494 Charlotte starb erst 1927.
495 Maximilian an Radonetz, Querétaro, 14. 6. 1867, HHStA., Fam.Urk. (Nr. 2541).
496 Springer, Testamente, 40f.
497 Rivera, 343, bezieht sich auf Angaben, die ihm Soria am 12. 3. 1868 machte.
498 Spanischer Text in: Junco, 187.
499 Riva Palacio, 60.
500 Lerdo de Tejada an Magnus, San Luis, 15. 6. 1867, Entwurf, in: SRE, Archivo General, Maximiliano.
501 Die deutsche Übersetzung kann nur annähernd den primitiven Stil des Briefes wiedergeben. López wußte um seine fehlende Bildung und ließ daher seine Rechtfertigungsschrift durch einen Licenciado anfertigen. Das vorliegende kurze Schreiben hat weit über 30 Rechtschreibfehler, und zwar hauptsächlich die noch heute bei spanischsprachigen Personen ohne höhere Bildung häufigen Verwechslungen von „v" und „b", „z" und „s" sowie Auslassung des „h" zu Beginn eines Wortes.

502  Diario del Imperio, 15. Juni 1867, als Kommentar des Herausgebers Angel Pola, zit. nach: Márquez, Manifiestos, 1904, 233.

503  Basch, II, 208–211, Basch (1927), 5f., Blasio, 365–369; Díaz Ramírez, Mejía, Escoto, zit. nach: Hesse-Wartegg, 114f., Fürstenwärther, 150f., Kühn 264f., Lago an Khevenhüller, Tacubaya, 16. 6. 1867, Faksimile in: Hamann, 271; Maximilian an Radonetz, Querétaro, 16. Juni 1867, in: Springer, Testamente, 37–42, Ratz, Militärgerichtsverfahren, 198ff., Miramón an Jáuregui, Querétaro, 16. 6. 1867, in: Darán, 242, Lombardo, 598f., Riva Palacio, 96–100, Salm F., I, 272–276, Salm A., 77f., Sánchez Navarro, 384f., Salm F., I, 268–272.

504  Zit. nach: Ratz, Militärgerichtsverfahren, 197.

505  Lombardo, 598.

506  Vollständiger spanischer Text in: Riva Palacio, 68.

507  Lerdo an Lombardo, San Luis 16. 6. 1867, Entwurf, SRE, Archivo General, Maximiliano.

508  Lombardo, 601ff.

509  Ladrón de Guevara an Concepción Lombardo, Querétaro, 23. 6. 1867, zit. nach: Lombardo, 608.

510  Lombardo, 603.

511  Magnus an Bismarck, 15. August 1867, zit. nach: Kühn, 264.

512  Rechnung der Postverwaltung über 200 Pesos in: SRE, Archivo General, Maximiliano.

513  Basch, II, 212, Lombardo, 604, Salm F., I, 274–276, Salm A., 77f.

514  Zit. nach: Rivera, 344. Rivera hat Soria am 12. März 1868 in Querétaro besucht und seine vertraulichen Mitteilungen in seinen „Anales", 342ff., veröffentlicht.

515  Salm A., 78.

516  Arias, 212f., Basch, II, 212–217, Darán, 234–237, 240–245, Generäle an Maximilian, Teresitas, Querétaro, 18. Juni 1867, in: Basch, II, 213, Kühn 265–276, Lerdo de Tejada an Magnus, Telegramm, 18. Juni 1867, zit. nach: Fürstenwärther, 152, Lombardo, 605, Magnus an Lerdo de Tejada, Telegramm 18. Juni 1867, zit. nach: Fürstenwärther, 152, Maximilian an Escobedo, Querétaro, 18. Juni 1867, zit. nach: Blasio, Maximilian an Franz Joseph, Juni 1867, zit. nach: Basch (1927), 5ff., Maximilian an Juárez, Capuchinas, Querétaro, 19. Juni 1867, zit. nach: Basch, II, 215, Riva Palacio, 100–106, Sánchez Navarro, (Miramón), 385f., Salm F., I, 275–278, Salm A., 79ff., Septién y Llata 368f.

517  Riva Palacio, 71.

518  Lombardo, 604.

519  Salm A., 79f.

520  Lerdo an Escobedo, San Luis Potosí, 18. 6. 1867, Telegramm, Abschrift des Klartextes sowie des verschlüsselten Textes in SRE, Archivo General, Maximiliano, Dok. 80, 81.

521  Villanueva.

522  Magnus dürfte eine Vermutung Palacios' wiedergegeben haben. Da diese beide republikanischen Offiziere kompromittierenden Wechsel unbedingt beseitigt werden mußten, ist, wie gesagt, anzunehmen, daß Villanueva dies selbst besorgt und den Wechsel nicht an Maximilian zurückgegeben hat.

523  Springer, Testamente, 22f.

524  Maximilian an Escobedo, Querétaro, 18. Juni 1867, Original spanisch, zit. nach: Ramírez Alvarez, 208.

525  Maximilian an Franz Joseph, Querétaro, 18. (?) Juni 1867, zit. nach: Basch (1927), 5f. Dieser sehr persönliche Brief wurde in Baschs Veröffentlichung von 1868 nicht aufgenommen.

ANMERKUNGEN ZU DEN SEITEN 379–391

526  Maximilian an Juárez, Telegramm, Querétaro, 19. Juni 1867, SRE.
527  Der Kaiser Franz Joseph ließ die drei Verteidiger aus Mexiko-Stadt um Be-
      kanntgabe ihres Honorars ersuchen. Ortega nannte 9.000 Pesos, Mariano Riva
      Palacio und Martínez de la Torre wollten ihre Hilfestellung als kostenlosen
      Ehrendienst betrachtet wissen. Franz Joseph übersandte jedoch den beiden
      letztgenannten Advokaten kostbare silberne Tafelgeschirre um je 18.000 Pe-
      sos. (Dokumente dazu aus dem HHStA., auf die mich Frau Dr. E. Springer
      aufmerksam machte, sind abgedruckt in: Ratz, Militärgerichtsverfahren,
      229ff.) Am 1. 1. 1869 gab der mittlerweile zum Präsidenten der Stadtverwal-
      tung von Mexiko ernannte Mariano Riva Palacio ein Neujahrsbankett, an
      dem auch der Präsident Juárez teilnahm. Dabei wurde auf dem besagten
      Silbergeschirr serviert. Rivera (364) bemerkt dazu: ... *Juárez aß mit Behagen,*
      *Riva Palacio kummervoll.*
528  Maximilian an Riva Palacio, Querétaro, 18. Juni 1867, zit. nach: Zamacois,
      a.a.O., 1555.
529  Generäle an Maximilian, Querétaro, 18. Juni 1867, spanischer Text veröffent-
      licht bei Zamacois, a.a.O., 1553.
530  Eine verkleinerte photographische Kopie des eigenhändig kalligraphisch ge-
      schriebenen spanischen Briefes Maximilians an Benito Juárez wurde 1905 von
      Graf Hohenwart dem HHStA. übermittelt.
531  Magnus an Lerdo de Tejada, Querétaro, 18. Juni 1867, SRE.
532  Lerdo de Tejada an Magnus, San Luis, 18. Juni 1867, SRE.
533  Maximilian an Pius IX., Querétaro, 18. Juni 1867, Original spanisch, zit. nach:
      Rivera, 344.
534  Hesse-Wartegg, 114.
535  Basch, II, 217–221, Blasio, 401ff., Calvillo Manuel, unveröffentlichte Memoi-
      ren, zit. nach: Díaz R., Mejía, 135, Darán, 246–249, Escobedo an Porfirio Díaz,
      Querétaro, 19. Juni 1867, zit. nach: Díaz R., Mejía, Anhang, Escobedo an Mejía
      (republ. Kriegsminister), Querétaro, 19. Juni 1867, Telegramm, zit. nach:
      Fürstenwärther, 153, Escobedo an Rivadeneyra, Querétaro, 19. Juni 1867, zit.
      nach: Arias, Guevara, Ladrón de, an Concepción Miramón, zit. nach: Sánchez
      Navarro, Anhang, Anm. 290, 357, Díaz R., Mejía, 133f., Fürstenwärther, 153–
      158, Gagern, C. von: Todte und Lebende, Berlin 1884, Soria, zit. nach: Hesse-
      Wartegg, 111ff., Kühn, 277–284, 329f; Lago an Juárez, Tacubaya, 19. Juni 1867,
      Telegramm, SRE, Mariett Bertie, herausgegeben von Steiner P., Die Erschie-
      ßung des Kaisers Maximilian von Mexiko, Zeitungsartikel KA NA B/1112/III,
      46 (ohne Herkunftsangabe), Ratz, Militärgerichtsverfahren, 203, Ramírez
      Alvarez, Cerro de las Campanas, Querétaro, 21981, 45–60, Sánchez Navarro,
      358, Anm. 295, Salm F., I, 278–287, Salm A., 81f., Schmit v. Tavera, KT, 134
      sowie Kap. IV, Schmit v. Taveras Manuskript zur „Geschichte" enthält im
      Anhang die Relationen des Dieners Josef Tüdös, des Hauptmannes Karl von
      Kreutz sowie des Kanonikus Manuel de Soria.
536  Díez R., Mejía, 134.
537  Görbitz an Beust, Querétaro, Capuchinas, 20. 9. 1867, HHStA. Görbitz gibt
      das Gerücht wieder, Basch habe sich während der letzten Stunde vor der
      Abfahrt Maximilians trotz dessen Verlangen diesem nicht gezeigt, sondern sei
      im Bett geblieben.
538  Bando: Verlautbarung, Aufruf.
539  Schmit v. Tavera, Manuskript, Anhang.
540  Ebd.
541  Träger.

542 Gestrichen: „und gelb".
543 Sic!, in Wirklichkeit handelte es sich um einen Sarg.
544 Gestrichen im Manuskript.
545 Calvillo, unveröffentlichtes Manuskript, zit. nach: Díez R., Mejía, 135f.
546 Zit. nach: Ratz, Militärgerichtsverfahren, 203.
547 SRE, Archivo general, Maximiliano, 48.
548 Der Gehrock und die Hose Maximilians wurden jedoch nach der Erschießung bis zum 22. Juni von Tüdös aufbewahrt, der sie nach der Rückführung der Leiche in das Capuchinaskloster von Palacios oder Licea erhalten haben muß. Er übergab sie am 22. Juni dem nach Querétaro zurückgekehrten Tavera. Da Aubert sich aber sämtliche Kleidungsstücke Maximilians zu Aufnahmezwecken verschaffen konnte, ist anzunehmen, daß er dies vorher bei Licea erreichte, der nachweislich aus der Situation finanziell zu profitieren suchte.
549 Lago an Juárez, Tacubaya, 19. 6. 1867, Telegramm, SRE, a.a.O., Nr. 82.
550 Schmit v. Tavera, KT, 124.
551 Schmit v. Tavera, KT, 124.
552 Salm F., I, 288.
553 Kühn, 281, Lerdo de Tejada an Lago, San Luis Potosí, 20. Juni, Abschrift, SRE, Schmit v. Tavera, KT, 124–133.
554 Gaulot, 3. Bd.
555 Schmit v. Tavera, KT, 135–139.
556 Es dürfte sich um Maximilians Ansprache vom 16. September 1866 (Nationalfeiertag, den er mit dem „Schrei von Dolores" beging) gehandelt haben, bei der auch das diplomatische Korps zugegen war. Dabei hatte der Kaiser erklärt: *Ein Habsburger verläßt nicht seinen Posten in den Augenblicken der Gefahr.*
557 Tavera hatte Platón Sánchez während der Verhandlung am 14. Juni als Vorsitzenden des Gerichts erlebt.
558 Dadurch ist die in Querétaro zirkulierende Legende widerlegt, daß Maximilian die Glasaugen einer Statue der heiligen Ursula eingesetzt wurden.
559 Schmit v. Tavera, KT, 140–146.
560 „Relation des ... Tödös", Anhang des Manuskripts zu Schmit v. Tavera, Geschichte.
561 Lago an Beust, Mexiko 25. 6. 1867, Original chiffriert, Klartext in HHStA., DA.
562 HHStA., DA.
563 Immerhin waren die vorsorglich von Dr. Szenger aus San Luis mitgebrachten Stoffe vorhanden.
564 Rivadeneyra an Escobedo, Querétaro, 27. Juni 1867, Original, in: SRE, Archivo general, Maximiliano, 49.
565 Ramírez Alvarez, Sitio, 231.
566 Basch an Lerdo de Tejada, Mexiko-Stadt, 27. 7. 1867, Original, SRE, Archivo General, Maximiliano, Dok. 89.
567 Lerdo de Tejada an Basch, Mexiko-Stadt, 29. 7. 1867, Abschrift, SRE, Archivo general, Maximiliano, Dok. ohne Nr.
568 Die Mission Tegetthoffs ist dokumentiert in: Ratz, Maximilian in Querétaro, 374–381. Seine Korrespondenz mit Lerdo de Tejada befindet sich in: SRE, Archivo general, Maximiliano, Dok. 96–99.
569 Salm F. an Tegetthoff, Vera Cruz, 14. 11. 1867, Original, Beilage zum Schreiben Tegetthoffs an Beust, An Bord der Novara, 28. Nov. 1867, HHStA., PA.
570 Salm A. an Tegetthoff, Vera Cruz, 21. Nov 1867, Original, Beilage zum Schreiben Tegetthoff an Beust 28. 11. 1867, HHStA.
571 Lago an Bahnsen, Mexiko, 2. Juli 1867, Abschrift, HHStA., DA.

572  Es müßte richtig heißen „arrieros": Transportunternehmer.

573  Bahnsen an Lago, San Luis Potosí, 10. Juli, 1867, Abschrift, HHStA., DA.

574  Lago an Bahnsen, Mexiko, 16. Juli 1867, Abschrift, HHStA., DA.

575  Vgl. Ratz, Maximilian in Querétaro, 372. Vgl. Bericht der Ärzte, 11. 11. 1867, Original in: SRE, Archivo general, Maximiliano, 58.

576  Vgl. Ratz, Maximilian in Querétaro, 371ff.

577  Licea hatte in seinem Haus in Querétaro auch das in Alkohol konservierte Herz des Generals Mejía aufbewahrt. Im August 1875 erreichten die mexikanische Regierung Gerüchte, es handle sich um Teile des Leichnams Maximilians. Man beauftragte den Gouverneur von Querétaro mit einer Untersuchung. Diese führte zu einer schriftlichen Erklärung Liceas, es handle sich um das angeblich für die Angehörigen Mejías konservierte Herz des Indiogenerals (vgl. SRE, Archivo general, Maximiliano, Dok. 74 bis 77).

578  Tegetthoff an Beust, Mexiko, November 1867, Original HHStA., PA.

579  Die republikanische Regierung, die den Admiral Tegetthoff mit äußerster diplomatischer Höflichkeit behandelt hatte, veröffentlichte in der Folge im Diario Oficial alle auf die Einbalsamierung Maximilians und die Mission des Abgesandten des österreichischen Kaiserhauses bezüglichen Dokumente (Abschriften in BN, Archivo Juárez). Dazu gehörte eine genaue Beschreibung des mit großem Aufwand hergestellten Dreifachsarges: Die sterblichen Überreste des Habsburgers ruhten in einem mit rotem Samt ausgeschlagenen Rosenholzsarg, der seinerseits in einem Zinksarg ruhte, der ihn gegen die Feuchtigkeit schützen sollte. Beide Särge wurden in einen Zedernholzsarg gestellt.

580  Bericht des ersten Maschinisten Johann Stefan, auszugsweise veröffentlicht in: Ratz, Maximilian in Querétaro, 377f.

581  Abgedruckt in: Aichelburg, W., Maximilian, Erzherzog von Österreich, Kaiser von Mexiko, 178f.

582  Der mexikanische Dreifachsarg befindet sich heute im Bundesimmobiliendepot, Wien.

583  Lombardo, 646f.

584  Ebd., 182f.

585  Die Ehe ging später in Brüche.

586  Rivera, 362.

587  Wenig Politik und viel Verwaltung.

588  Riva Palacio, M./Martínez de la Torre, R., Memorandum sobre el Proceso del Archiduque Fernando Maximiliano de Austria, 1867.

589  Arias, Anhang.

590  Arellano, Ultimas horas del Imperio, 1869.

591  Márquez L., Refutación, 1889.

592  Peza I./Pradillo A., Maximiliano y los últimos sucesos del Imperio en Querétaro y México, México 1870.

593  Iglesias Calderón F., La Traición de Maximiliano y la Capilla Propiciatoria, México 1902.

594  Um den angeblichen Ausspruch Sorias: *López hat nur getan, was ihm aufgetragen wurde*, der am 12. 1. 1897 in einem Artikel in El Correo de Jalisco, gestützt auf eine Aussage eines damals bereits verstorbenen Herrn Idrac, erschien, entspann sich in Mexiko eine heftige Dabatte, die Junco, 45ff., referiert.

595  Agustín Rivera versäumt in seinen „Anales de Mexico" keine Gelegenheit, dafür Beispiele anzuführen („Maximiliano, siempre enganando ..."). 

596  Luján J. M. (Herausgeber), El Libro Secreto, UNAM (Cuadernos del Instituto de Historia), México 1963.

597  Junco A., La Traición de Querétaro, Maximiliano o López?, México 1956.
598  Junco, 139.
599  Kaehlig, a.a.O., 103.
600  Zit. in: Junco, 135.
601  Zit. in: Septién y Llata, a.a.O., Anhang, 2.
602  Text des Interviews in: Cavazos Garza, 99ff.
603  Pola A., Los Traidores pintados por si mismos. Libro Secreto de Maximiliano, 1900.
604  Below, E., Mexiko, Skizzen und Typen aus dem Italien der neuen Welt, Berlin 1899.
605  EL TIEMPO, 1. Juni 1887, zit. nach: Junco, 163.
606  Rincón y Gallardo, Leserbrief, veröffentlicht in EL REPUBLICANO vom 10. Juli 1887, zit. nach: Junco, 164.
607  Escobedo M., „Informe al Supremo Gobierno sobre la ocupación de Querétaro, 1887", vielfach veröffentlicht, u.a. in: Cavazos Garza, a.a.O., 124ff.
608  In einem viel späteren Interview mit dem Enthüllungsjournalisten Angel Pola fügte Escobedo noch hinzu *und mit einigen Chefs* (d.h. seinen wichtigsten Generälen), was den gegen Maximilian erhobenen Vorwurf des Verrats an seinen Generälen entkräften würde (Junco, 22).
609  In diesem Bericht scheint Vélez, nicht aber Rincón y Gallardo auf, weil sich dieser Escobedos Version der Ereignisse nicht angeschlossen hatte, sondern zu jenen gehörte, die von Anfang an auf die Kollaboration des López hinwiesen, die er ja hautnah miterlebt hatte.
610  Diese Unterredung fand in Wirklichkeit erst am 20. Mai statt.
611  In Wirklichkeit fand der erste Kontakt zwischen Escobedo und Maximilian am Sonntag, dem 19. Mai, in der Cruz statt (vgl. obige Chronik). Den Wagen sandte Escobedo erst am 20. Mai. Er befand sich an diesem Tag nicht in seinem Zelt, sondern in der Hacienda „La Purísima". Der Wunsch nach einem Gespräch wurde ihm nicht vom Kommandanten der Cruz vermittelt, sondern von Agnes Salm. Maximilian befand sich zu diesem Zeitpunkt nicht mehr in der Cruz, sondern im Teresitas-Kloster. Diese Ungenauigkeiten beeinträchtigen die Glaubwürdigkeit von Escobedos Bericht.
612  Das Protokoll über diese Unterredung wurde gemeinsam von Félix zu Salm-Salm und Oberst Villanueva erstellt. Es enthält kein Wort über diesen Wunsch Maximilians. Dieser wurde vielmehr erst während des Prozesses geäußert. Escobedo hat am 20. Mai in einem Telegramm an seine Regierung über diese Unterredung gar nichts berichtet, sondern nur die strenge Bestrafung Maximilians gefordert. (SRE, AGLE 1241, copia 4)
613  Escobedo, „Informe", in: Cavazos Garza, a.a.O. López verweist in seinem 2. Manifest (López al mundo entero) vom Oktober 1867 auf einen *feierlichen, unwiderleglichen, heiligen Beweis meiner Unschuld, den ich nicht vulgärem Geschwätz ausliefern darf, den ich jedoch, wo und wann immer es zweckmäßig erscheint, vorlegen werde. Bis dahin schreibe ich keine einzige Zeile mehr* (zit. nach: Junco, 25).
614  Das Dokument wurde 1887 durch Schriftsachverständige sowie Professoren der Academia de San Carlos geprüft und als apokryph erklärt. 1902 kam die Echtheitsprüfungskommission des Kriegsministeriums mit der einzigen Gegenstimme von General Lalanne, der ein Bekannter Escobedos war, zum gleichen Ergebnis (s.u.).
615  Am 18. Mai fanden den ganzen Tag Besuche im Gefängnis Maximilians statt, der nie unbeobachtet und außerdem sehr krank war (siehe obige Chronik). –

López hat in einem Schreiben vom 15. Juni 1867 an seinen Stiefschwiegervater Jorge Vázquez seine Absicht bekundet, ein Zeugnis Maximilians einzuholen, was darauf hinweist, daß er dies bis dahin noch nicht getan hatte. Auch Escobedo, der in seinem „Informe" behauptet, das umstrittene Schriftstück bereits am 24. Mai gesehen zu haben, erscheint durch diesen Brief des López desavouiert (vgl. Junco, 156).

616　Ein Textauszug ist oben in der Chronik unter dem 26. Mai 1867 abgedruckt.

617　Junco, 27f.

618　1 spanischer Duro war 5 Pesetas oder 1 mexikanischer Peso.

619　Wie aus der Chronik der Ereignisse von Querétaro klar hervorgeht, gab es in dieser Stadt nur einen einzigen Mann, auf den diese Bemerkung paßt: den Financier Carlos Rubio, dessen Sohn José María Rubio im übrigen gegenüber Junco diesen Punkt bestätigt hat: *An diesem Schreibtisch unterschrieb Pepe Rincón die Wechsel für Lopez.* Daß ausgerechnet Oberst Rincón der Aussteller war, hat damit zu tun, daß er selbst in der Hauptstadt ein Bankhaus besaß. – Zamacois gibt seine Informanten nicht preis, doch passen seine ebenso konkreten wie diskreten Angaben exakt auf die damaligen Verhältnisse in Querétaro. Es scheint, daß das Bankhaus Rincón an López nur Beträge auszahlte, die vom Finanzministerium refundiert wurden und daß dessen Zahlungen auf höheren Befehl gestoppt wurden.

620　Zamacois, Bd. 18, 1324.

621　Ebd., 1397.

622　Zit. nach: Blasio, 458.

623　Junco, 70–73.

624　Corti widmet dem Thema immerhin eine Fußnote (II, 391).

467

# LITERATUR UND QUELLEN

Aichelburg, Wladimir: Maximilian, Erzherzog von Österreich – Kaiser von Mexiko, in zeitgenössischen Photographien, Wien, 1987.

Almanaque de la Corte: Año de 1866, México, 1866.

Alvarez Orihuela, Francisco: Maximiliano en Cuernavaca, in: Memoria de los Juegos Florales, Cuernavaca, Sept. 1933, 59ff.

Amerlinck y Zirión, Teodoro: Insignias y símbolos de poder del segundo imperio mejicano y sus antecedentes históricos. XVIII. Internationaler Kongreß für Genealogie und Heraldik, 5.–9. Sept. 1988, Innsbruck. Veröffentlichungen des Innsbrucker Stadtarchivs, Neue Folge, Bd. 18, Innsbruck, 1988.

Anders, Ferdinand: Erzherzog Ferdinand Maximilian und das Segundo Imperio Mexicano. Wissenschaft, Münzen & Medaillen, Ordenswesen. Philatelie, Hardegg, 1974.

Anders, Ferdinand / Egger, Klaus: Maximilian von Mexiko, Wien, 1982.

Andrade Warner, Fernando: Maximiliano en Cuernavaca, in: Memoria de los Juegos Florales, Cuernavaca, Sept. 1933.

Arce, Francisco, O.: El sitio de Querétaro del 11 de marzo al 15 de mayo de 1867, Querétaro, 1967.

Arellano, Ramírez de, Manuel: Ultimas horas del Imperio, México, 1869.

Arias, Juan de Dios: Reseña histórica de la formación y operaciones del cuerpo de ejército del norte durante la intervención francesa: Sitio de Querétaro y noticias oficiales sobre la captura de Maximiliano, su proceso íntegro y su muerte, México, 1867.

Armiente Calderón, Gonzalo: Juárez y el juicio a Maximiliano: tesina para ingresar a la sociedad mexicana de geografía y estadística, México, 1985.

Arrangoiz, F. de Paula: Apuntes para la historia del segundo Imperio Mexicano, (1. Aufl. Madrid, 1871), México, 1985.

Arrillaga, Basilio José: Recopilación de leyes, decretos, bandos, reglamentos, circulares y providencias de los supremos poderes y otras autoridades de la República mexicana, México, 1862.

Arroyo Llano, Rodolfo / Manuel Z. Gómez: Gobernador y comandante militar de Nuevo León durante la intervención francesa. Diario de campaña del coronel Miguel Palacios, comandante del batallón primero de Nuevo León, Monterrey, 1977.

Ayala, Echevarri: Bibliografía histórica y geográfica de Querétaro, SRE, México, 1949.

Balbontín, Manuel: Memorias del coronel Manuel Balbontín: Colección de obras históricas mexicanas, Bd. 4, México, 1958.

Basch, Samuel: Erinnerungen aus Mexiko. Geschichte der letzten zehn Monate des Kaiserreiches, Bd. 2, Leipzig, 1868.

– Recuerdos de México. Memorias del médico ordinario del emperador Maximiliano, 1866 a 1867 (span. Übersetzung von Manuel Peredo; enthält auch: Rectificaciones de Don Hilarión Frías y Soto), México, 1870.

– Tagebuch aus dem Gefängnis, veröffentlicht unter dem Titel: Die letzten Tage Maximilians in Mexiko, in: Neues Wiener Journal, 5.12.1927, KA: NA B/1112/III, 48.

Bazant, Jan: A Concise history of Mexico from Hidalgo to Cárdenas, 1805–1940, Cambridge, 1977.

Below, Ernst: Mexiko, Skizzen und Typen aus dem Italien der neuen Welt, Berlin, 1899.

Berry, Charles R.: The Reform in Oaxaca 1856–1876. A Microhistory of the Liberal Revolution, Lincoln, NB, 1981.

Blanchot, Charles: L'Intervention française au Méxique, 3 Bde., Paris, 1911.

Blasio, José Luis: Maximiliano intimo. El emperador Maximiliano y su corte. Memorias de un secretario particular, Paris–México, 1905.

Bopp, Marianne O. de: Maximiliano y los alemanes, México, 1965.

Casanova-Debroise: La fotografía en México en el siglo XIX, in: Documentos gráficos para la historia de México, I, 1848–1911, México, 1985.

Castelot, André: Maximilien et Charlotte du Méxique. La Tragédie de l'ambition, Paris, 1977.

Causa de Fernando Maximiliano de Hapsburgo (Manuskript AGN), México, 1867.

Cavazos Garza, Israel: Diccionario biográfico de Nuevo León, Universidad autónoma de Nueva León, Monterrey, 1984.

– Mariano Escobedo, Monterrey, 2. Aufl. 1988.

Ciro Cardoso (Hrsg.): México en el siglo XIX (1821– 1910). Historia económica y de la estructura social, México, 1983.

Chartrand, René: The Mexican adventure 1861–1867, Men-at-Arms Series, 272, London, 1994.

Constitución Federal de los Estados Unidos de México, México, 1883.

Corti, Egon Caesar Conte: Maximilian und Charlotte von Mexiko, Wien, 1924.

– Die Tragödie eines Kaisers, Wien, 1948.

Daniek, Edmund: Sie zogen nach Mexiko. Ein Denkmal für die österreichischen Freiwilligen für Kaiser Maximilian, 1864–1867, Wien, 1964.

Daran, Victoire: Le général Miguel Miramón. Notes sur l'histoire du Méxique, Rom, 1886.

De la Llata, Manuel M.: Querétaro! Templos, Conventos, edificios y plazas de la ciudad, Querétaro, 1984.

Díaz Ramírez, Fernando: Las dos batallas por Querétaro (Cimatario, 24 marzo y 27 abril de 1867). Publiciones del centenario del sitio de Querétaro, Querétaro, 1966.

– Damián Carmona (documento de su vida y su hazaña). Publiciones del centenario del sitio de Querétaro, Querétaro, 1966.

– La verdadera intervención del coronel Miuel López en el sitio de Querétaro, Querétaro, 1967.

– La vida heróica del general Tomás Mejía, México, 1970.

– La enseñanza del derecho en Querétaro, Querétaro, 1974.

– Galería de Queretarnos distinguidos, Querétaro, 1978.

Domenech, Emanuel: Juárez et Maximilien. L'histoire du Méxique, 3 Bde., Paris, 1868.

Drewes, Michael: Karl Gangolf Kaiser (1837–1895), Hofarchitekt Kaiser Maximilians von Mexiko, in: ARX – Burgen und Schlösser in Bayern, Österreich und Südtirol, Heft 3–4, 1980.

– Proyectos de remodelación del palacio de Chapultepec en la época del emperador Maximiliano, in : Anales del Instituto de investigaciones estéticas. Bd. XIII., Nr. 51, México, 1983.

Drimmel, Heinrich: Die Antipoden. Die Neue Welt in den USA und das Österreich vor 1918, Wien, 1984.

Duchesne, Albert: L'expédition des volontaires belges au Méxique, 1864–1867, MRA, Brüssel, 1967.

Duchesne / Caysens: François Aubert et la photographie au Méxique, in: Charlotte et Maximilien. Les Belges au Méxique, 1864–1867, Brüssel, 1987.

Eggert, Klaus: Kaiser Maximilian und seine Kunstschöpfungen, in: Maximilian in Mexiko; Katalog der Ausstellung auf Burg Hardegg, 1974, 66–78.

Escobedo, José Manuel: Lo que el sitio nos dejó …, in: Querétaro, 48, junio 1989.

Frías, Valentín F.: Las calles de Querétaro, Querétaro, 1910, 2. Aufl. 1984.

– Leyendas y tradiciones queretanas (IV), Querétaro, 1989.

Frías y Soto, Hilarión: México, Francia y Maximiliano, juicio sobre la intervencion y el imperio, escrito con objeto de rectificar los errores de la obra intitulada: Elevación y caída del emperador Maximiliano, escrita por el conde de Kératry, México, 1870.

Fuentes Mares, José: Proceso de Fernando Maximiliano de Hapsburgo, Miguel Miramón y Tomás Mejía, México, 1966.

– Juárez. El imperio y la república. 5. Aufl., México, 1984.

Fürstenwärther, J. N.: Kaiser Maximilian von Mexiko. Die letzten Monate seiner Regierung und sein Tod, Wien, 1910.

Gagern, Carlos von: Todte und Lebende. Erinnerungen von Carlos von Gagern, Berlin, 1884.

– Schwert und Kelle. Aus dem Nachlasse des Verfassers / hrsg. von M. G. Conrad, Leipzig, 1888.

Galeana de Valadés, Patricia: México y su Historia, Bd. 7; México, 1984.

– Benito Juárez, el indio zapoteca que reformó México, Madrid, 1988.

– México y el mundo. Historia de sus relaciones exteriores, Bd. III., México, 1990.

– Las Relaciones iglesia-estado durante el segundo imperio, México, 1991.

Galindo y Galindo: La gran década nacional o: Relación histórica de la guerra de „Reforma", intervención extranjera y gobierno del archiduque Maximiliano, México, 1904.

Gamillschegg, Felix: Kaiseradler über Mexiko, Graz, 1964.

García Rosales, Guillermo: Epigmenio Gonzáles: novela histórica, México, 1989.

Gasparini, Lina: Massimiliano nel Messico, in: Nuova Antología, Rom, 1. und 16. September 1938.

Gimon, Gilbert: François Aubert, in: Prestige de la Photographie, Nr. 3, Dez. 1977, 80ff.

Gaulot, Paul: L'Expédition du Mexique, 3 Bde., Paris, 1905.

Goodhart, Morgan: Kaiser Maximilian I. von Mexiko (ungedr. phil. Diss.), Wien, 1951.

Hall, Frederic: Invasion of Mexico by the French and the reign of Maximilian I., New York, 1868.

Halperín Donghi, Tulio: Historia contemporánea de América latina, Bogotá, 1981.

Hamann, Brigitte (Hg.): Mit Kaiser Max in Mexiko. Aus dem Tagebuch des Fürsten Carl Khevenhüller, 1864–1867, Wien, 1983.

– Der Anteil Charlottes am Abenteuer in Mexiko, in: Massimiliano, Rilettura di un'esistenza, Kongreßbericht, Triest, 1987, 26.

Hamnett, Brian R.: Juárez, London, 1994.

Hans, Albert: Querétaro. Souvenir d'un officier de l'empereur Maximilien, Paris, 1869.

Hansen, Roger D.: La política del desarrollo mexicano. 20 Aufl., México, 1991.

Haslip, Joan: Maximilian Kaiser von Mexiko, München, 1972.

Hernández, Manuel A.: Memorias del gral. de división Juan A. Fernández sobre la guerra de intervención en el occidente y el centro de la República, México, 1962.

Hesse-Wartegg, Ernst v.: Mexiko, Land und Leute. Reisen auf neuen Wegen durch das Aztekenland. Wien–Olmütz, 1899.

Holler, Gerd: Napoleons Sohn. Der unglückliche Herzog von Reichsstadt, Wien, 1987.

Iglesias-Calderón, F.: La traición de Maximiliano y la capilla propiciatoria, México, 1902.

Ireland-Kunze, Leah: Der Bürgerkrieg in den USA 1861–1865, Berlin, 1989.

Junco, Alfonso: La traición de Querétaro. Maximiliano o López? México, 1956.

Kahle, Günter: Erzherzog Maximilians Projekt einer habsburgischen Doppelmonarchie in Amerika, in: Massimiliano, Rilettura di un' esistenza, Kongreßbericht, Triest, 1987, 88–98.

Kaehlig, Theodor: Geschichte der Belagerung von Querétaro, Wien, 1879.

Kerckvoorde, Mia: Charlotte. La passion et la fatalité. 2.(frz.) Aufl., Paris,1990.

Katcher, Philip: The Mexican-American War, 1846–1848, Men-at-Arms Series, 56, London, 1994.

Kitlitschka, Werner: Erzherzog Ferdinand Maximilian und die bildende Kunst, Katalog der Aufstellung auf Burg Hardegg, 1974.

Kollonitz, Paula v.: Eine Reise nach Mexiko im Jahre 1864, 2. Aufl., Wien, 1867.

Krause, Walter: Maximilians Reisen und Reiseberichte, Die Weltumseglung der „Novara", in: Maximilian von Mexiko, Katalog der Ausstellung auf Burg Hardegg, 1974.

Kühn, Joachim: Das Ende des Maximilianischen Kaiserreiches in Mexiko. Berichte des königlich preußischen Ministerresidenten Anton von Magnus an Bismarck, 1866–1867, Göttingen, 1965.

León Toral, Jesus de: Historia militar. La intervención francesa en México, México, 1962.

Licea, Vicente: El sitio de Querétaro, México, 1887.

Lindenberg, Paul: Der Maximilianische Oberst und die Erschießung Kaiser Maximilians, in: Neues Wiener Journal, Wien, 25.5.1924.

Lombardo de Miramón, C.: Memorias, México, 1989.

Loyola, Bernabé: El sitio de Querétaro en 1867. Memorias íntimas por el señor Bernabé Loyola, Querétaro, 1967.

Lubienski, Johann: Der Maximilianeische Staat. Mexiko 1861–1867; Verfassung, Verwaltung und Ideengeschichte, Wien, 1988.

– Maximilian und die Indianer, in: Hardegg, 700 Jahre Stadt, Jubiläums-festschrift, Hardegg, 1990.

Luján, José M.(Hrsg.): El Libro Secreto de Maximiliano. (UNAM, Cuadernos del instituto de historia), México, 1963.

Márquez, Leonardo: Manifiestos: El Imperio y los Imperiales, Mexiko, 1904.

– Refutación hecha por el general de división Leonardo Márquez al libelo del general de brigada Don Manuel Ramírez de Arellano, New York, 1869.

Mariett, Bertie: Die Erschießung des Kaisers Maximilian von Mexiko, hrsg. von Dr. Paul Steiner (Zeitungsausschnitt, KA: NA B/112/III., p. 46, ohne Herkunftsangabe).

Masseras, Emmanuel: Un Essai d'Empire au Méxique, Paris, 1879, spanisch: Ensayo de un imperio en México, México, 1985.

Mendoza Vicente: El Corrido Mexicano, Fondo de Cultura Económica, México, 1976.

Middendorf, Wolf: Maximilian, Kaiser von Mexiko. Sein Leben und sein Prozeß in historischer und psychologischer Sicht, Köln, 1981 (Veröffentlichungen der Gesellschaft Hamburger Juristen, Heft 13).

Miramón, Carlos: Querétaro 1867, in: Historia Mexicana. El Colegio de México, Bd. VII, Nr. I– IV, México, 1957–1958.

Mia cara adorata Charlotte, lettere 1856–1859 dell'Arciduca Massimiliano d'Asburgo alla moglie Carlotta del Belgio (Archivi del Humanities Research Center– Universitá del Texas in Austin), ital. Ausg., Triest, 1987 (ohne Angabe des Herausgebers).

Montlong, Wilhelm v.: Authentische Enthüllungen über die letzten Ereignisse in Mexiko, Stuttgart, 1868.
Moreno Díaz, Daniel: Los Hombres de la Reforma, México, 1995.

Obregón Alvarez, A.E. / Rincón Frías / Anaya Larios, J. R.: Historia de la Universidad Autónoma de Querétaro, Querétaro, 1987.
Ollivier, Emile: L'Empire liberal, Paris, 1895–1915, Bde. V–VII.

Pawlowszki, Ede: Miksa császar mexikói szerencsétlen expeditiójának leirása, Budapest, 1882.
Paz, Octavio: Sor Juana Inés de la Cruz. Las trampas de la fe, 3. Aufl., México, 1983.
Peza, Ignacio de la, y Pradillo, Agustín: Maximiliano y los últimos sucesos del imperio en Querétaro y México, México, 1870.
Pitner, Ernst von: Tagebuch (Manuskript KA, Wien, NA B/1380: 1), Briefe (Manuskript KA, Wien, NA B/1380: 2).
– Im Dienst Kaiser Maximilians von Mexiko. Memoiren und Briefe eines Offiziers. Eine persönliche Geschichte des Mexikofeldzuges 1864–1867, Wien, 1995 (Hg. Etherington-Smith, G.).
Pola, Angel: Los traidores pintados por sí mismos. Libro secreto de Maximiliano, México, 1900.
Porrúa: Diccionario Porrúa de Historia, Biografía y Geografía de México, México, 1967.
Przibram, Ludwig v.: Erinnerungen eines alten Österreichers, Wien, 1910.

Quirarte, Martín: Historiografía sobre el imperio de Maximiliano, 2. Aufl., México, 1993.

Ramírez Alvarez, José Guadalupe: En Querétaro triunfa la República Federal, Querétaro, 1981.
– Cerro de las Campanas, 2.Ausg., Querétaro, 1981.
– Teatro de la República, Querétaro, 1982.
– Sitio de Querétaro y triunfo de la República, 2. Aufl., Querétaro, 1973.
– Guia histórica del Sitio de Querétaro y triunfo de le República en 1867, Querétaro, 1967.
Ratz, Konrad: Das Militärgerichtsverfahren gegen Kaiser Maximilian von Mexiko, Hardegg, 1985.
– Das Theater von Querétaro – Schaubühne des Prozesses gegen Maximilian von Mexiko, in: Rilettura di un' esistenza, Kongreßbericht, Triest, 1987, 101ff.
– „Maximilians Querétaro" und seine Augenzeugen, in: Hardegg, 700Jahre Stadt, Jubiläumsfestschrift, Hardegg, 1990.
– Maximilian in Querétaro. Der Untergang des Zweiten mexikanischen Kaiserreiches, Graz, 1991.
– Auf Maximilians Spuren in Querétaro, in: Edouard Manet, Augenblicke der Geschichte, Katalog der Ausstellung in der Städtischen Kunsthalle Mannheim, 18.10.1992–17.1.1993, München, 1992, 165ff.

- La visita de diplomáticos europeos a la prisión de Maximiliano, in: Querétaro, Juli 1993.
- Querétaro y el telégrafo en los días del segundo imperio, in: Querétaro, August 1993.
- François Aubert. Fotógrafo de la Corte de Maximiliano, in: Querétaro, Oktober 1993.
- Las preocupaciones de Maximiliano, vistas a través de su correspondencia, in: Querétaro, November 1993.
- Maximiliano en Cuernavaca: Anecdotario de un jardín, in: Querétaro, Dezember 1993.
- Querétaro durante el Sitio. Situación de la ciudad y su población al cerrarse el cerco Republicano en 1867, in: Querétaro, Jänner 1994.

Reed Torres, Luis: El General Tomás Mejía frente a la Doctrina Monroe, México, 1989.

Reinach-Foussemagne, H. de: Charlotte de Belgique, Imperatrice du Méxique, Paris, 1925.

Reuter, Paul, H.: United States–French Relations Regarding French Intervention in Mexico: From the Tripartite Treaty to Querétaro, in: Southern Quarterly, 6/4 (1968), 469–489.

Reyes Cruz, Vivaldo: La Abolición del peonaje en el imperio de Maximiliano, México, 1987.

Rincón Frías, Gabriel/Anaya Larios, José Rodolfo/ Gómez Labardini, María Isabel: Breve historia de Querétaro, INA-UAQU, Querétaro, 1986.

Riva Palacio, Mariano / Martínez de la Torre, Rafael: Memorandum sobre el proceso del Archiduque Fernando Maximiliano de Austria, México, 1867 (dt. von Paschen, Conrad: Denkschrift über den Prozeß des Erzherzogs Ferdinand Maximilian von Österreich, Hamburg, 1868).

Rivera, Agustín: Anales Mexicanos. La „Reforma" y el Segundo Imperio, 3. Aufl., Guadalajara, 1897.

Robles, Alesio (hrsg.): Los principales episodios del sitio de Querétaro. SDN, Archivo histórico militar mexicano, México, 1946.

Rocha, Sóstenes: Apuntes históricos sobre el sitio de Querétaro. Ejército del Norte, general Escobedo, general Treviño, Naranjo y otros jefes in: Universidad de México, Revista de la Universidad Nacional Autónoma de México, Bd. XLIII., Nr. 454, Nov. 1988.

Roeder, Ralph: Juárez y su México, México, 1980.

Ružička, Joseph Roman: Der Einfluß der öffentlichen Meinung der Vereinigten Staaten und Europas auf das Schicksal Kaiser Maximilians I. von Mexiko (Ungedr. Diss., Wien, 1950).

Salm Salm, Agnes zu: 10 Jahre aus meinem Leben, 2 Bde., Stuttgart, 1875.

Salm Salm, Felix zu: Blätter aus meinem Tagebuch in Mexiko, nebst einem Auszug aus dem Tagebuch der Prinzessin Agnes zu Salm Salm, Stuttgart, 1868.

Sánchez Albornoz, Nicolás: La población de América latina desde los tiempos precolombinos al año 2.000, Madrid, 1977.

Sánchez Navarro y Peón, Carlos: Miramón, el caudillo conservador, México, 1945 (enthaltend ab S. 359: Diario del General Don Miguel Miramón).

Schmidl, Erwin: Die Aufzeichnungen des Julius Fleissig über seine Teilnahme am mexikanischen Abenteuer Kaiser Maximilians, 1864 bis 1867, in: Mitteilungen des österreichischen Staatsarchivs, 37/1984.

– Das mexikanische Abenteuer Kaiser Maximilians, 1864–1867 (Ungedr. Manuskript, Wien, 1988).

Schmit von Tavera, Ernst: Geschichte der Regierung des Kaisers Maximilians I., Wien, 1903.

– Die mexikanische Kaisertragödie. Die letzten sechs Monate meines Aufenthaltes in Mexiko im Jahre 1867, Wien, 1903.

Séguin, Philippe: Louis Napoléon le Grand, Paris, 1990.

Septién y Llata, José Antonio: Maximiliano, emperador de México no fue traidor, México, 1907.

Sierra, Justo: Juárez su obra y su tiempo, México, 1989.

Springer, Elisabeth: Maximilians Persönlichkeit, in: Maximilian von Mexiko, Katalog der Ausstellung auf Burg Hardegg, 1974.

– Kaiser Maximilian von Mexiko. Zur Problematik seiner Testamente, Hardegg, 1982.

SRE (Hrsg.): México y la Gran Bretana durante la intervención y el segundo imperio mexicano, 1. Bd. 1861–1862, 2. Bd. 1862–1867, México, 1974.

– Versión francesa de México. Informes económicos 1851–1867, México, 1974.

Stefan, Johann: Tagebücher (Unveröffentliches Manuskript des ersten Maschinisten der „Novara").

Stein, Norbert: Pater Augustin Fischer aus Ludwigsburg, letzter Kabinettssekretär Kaiser Maximilians von Mexiko, in: Ludwigsburger Geschichtsblätter, 34/1982.

Stockhausen, Juliana von: Wilder Lorbeer. Aus dem abenteuerlichen Leben der Prinzessin Agnes Salm (Roman), Stuttgart, 1964.

Tamayo, Jorge L.: Benito Juárez. Documentos, discursos y correspondencia, México, 1974.

Tschanett, Markus: Industrialisierung Querétaros (Ungedr. Diss., Wien, 1995).

Tweedy, Alec: Porfirio Díaz. Der Schöpfer des heutigen Mexiko, dt. Ausg., Berlin 1906.

Uliczny, Julius: Geschichte des österreichisch-belgischen Freikorps in Mexiko, Wien, 1868.

Valadés, José C.: El Pensamiento político de Benito Juárez, México, 1972.

– Maximiliano y Carlota en México. Historia del segundo imperio, México, 1976.

Varios: Los gobernadores de Querétaro. Querétaro, ohne Erscheinungsjahr.

Verea de Bernal, Sofía (Hrsg.): Cartas de José Manuel Hidalgo y Esnaurrízar, 2. Aufl., México, 1978.

Wandruszka, Adam: Maximilian von Mexiko. / General-Gouverneur von Lombardo-Venetien. / Maximilian von Mexiko und Franz Grillparzer. Drei Beiträge in: Maximilian von Mexiko, 1832–1867, Katalog der Ausstellung auf Burg Hardegg, 1974.

Weckmann, Luis: Carlota de Bélgica. Correspondencia y escritos sobre México en los archivos europeos (1861–1868), México, 1989.

Weeks, Charles A.: The Juárez Myth in Mexico, Tuscaloosa, 1987.

Wilcek, Felix: Erzherzog Ferdinand Maximilian Joseph, Kaiser Maximilian der I. von Mexiko (1832–1867). Seine Unternehmungen und deren finanzielle Hintergründe (Ungedr. phil. Dipl. Wien, 1988).

Windrow, Martin: French foreign legion, Men-at-Arms Series, Reading, 1971.

Zamacois, Niceto: Historia de México, desde sus primeros tiempos hasta nuestros días, 20 Bde., Barcelona, 1876–1882.

*Zeitungen und Zeitschriften:*

Boletín de Noticias, Querétaro, 1867 (div. Nummern)
Diario del Imperio (HHStA., AMM., Kart. 172 u. 173)
La Sombra de Arteaga, Querétaro, 1867 (div. Nummern)
Le Moniteur Français au Méxique, Bulletin des Actes officiels
New York Herald, div. Ausgaben von Juni und Juli 1867

*Ausstellungskataloge und Kongreßberichte:*

Maximilian von Mexiko, 1832–1867, Burg Hardegg, 13.5.–17.11.1974
Maximilian, von Triest nach Mexiko, Katalog von Laura Ruaro Loseri, dt. Ausg., Triest, 1986
Massimiliano. Rilettura di un' esistenza, Kongreßbericht, herausgegeben von Laura Ruaro Loseri, Triest, 4.–6.3.1987
Edouard Manet. Augenblicke der Geschichte. Städtische Kunsthalle Mannheim, 18.10.1992–17.1.1993

# Abkürzungen

AHDM: Archivo histórico diplomático mexicano, Mexiko-Stadt
AGN: Archivo General de la Nación, Mexiko-Stadt
AMM.: Archiv Max von Mexiko im HHStA.
BN: Biblioteca Nacional, Mexiko-Stadt
DCNC: Dirección Consular y de Negocios Comerciales (im französischen Außenministerium; Dokumentensammlung Díaz, L: Versión francesa de México, Informes económicos 1851–867)
HHStA.: Haus-, Hof- und Staatsarchiv, Wien
INAH: Instituto Nacional de Antropología e Historia, Mexiko-Stadt
KA: Kriegsarchiv, Wien
MAE: Ministère des Affaires Etrangères, Brüssel
MRA: Musée Royal de l'Armée, Brüssel
SDN: Secretaría de la Defensa Nacional, Mexiko-Stadt
SRE: Secretaría de Relaciones Exteriores, Mexiko- Stadt